Guia para observação e registro do comportamento infantil

Dados Internacionais de Catalogação na Publicação (CIP)
(Câmara Brasileira do Livro, SP, Brasil)

Bentzen, Warren R.
Guia para observação e registro do comportamento infantil / Warren R. Bentzen ; tradução All Tasks ; revisão técnica Elizabete Villibor Flory. — São Paulo : Cengage Learning, 2023.

7. reimpr. da 1. ed. de 2013.
Título original: Seeing young children. A guide to observing and recording behavior
6. ed. norte-americana
ISBN 978-85-221-1196-1

1. Avaliação comportamental de crianças 2. Comportamento da criança 3. Observação 4. Observação (Psicologia) 5. Psicologia infantil - Pesquisa I. Título.

12-10639 CDD-155.4072

Índices para catálogo sistemático:

1. Crianças : Psicologia : Método de observação 155.4072
2. Psicologia infantil : Método de observação : Pesquisa 155.4072

Guia para observação e registro do comportamento infantil

Tradução da 6ª edição norte-americana

Warren R. Bentzen, professor emérito
State University of New York at Plattsburgh

Tradução
All Tasks

Revisão técnica
Elizabete Villibor Flory

Doutora em Psicologia Escolar e do Desenvolvimento Humano pelo Instituto de Psicologia da USP. Mestre em Psicologia Social pelo Instituto de Psicologia da USP. Atuação em Psicologia Clínica e Escolar.

Austrália • Brasil • México • Cingapura • Reino Unido • Estados Unidos

Guia para observação e registro do comportamento infantil
Warren R. Bentzen

Gerente Editorial: Patricia La Rosa

Supervisora Editorial: Noelma Brocanelli

Supervisora de Produção Editorial:
 Fabiana Alencar Albuquerque

Editor de Desenvolvimento: Fábio Gonçalves

Título Original: Seeing young children. A guide to observing and recording behavior – Sixth edition

ISBN-13: 978-1-4180-7378-7
ISBN-10: 1-4180-7378-4

Tradução: All Tasks

Revisão Técnica: Elizabete Villibor Flory

Copidesque: Iara Arakaki Ramos

Revisão: Olivia Frade Zambone e Solange Visconte

Editora de Direito de Aquisição e Iconografia:
 Vivian Rosa

Assistente de Direitos de Aquisição e
 Iconografia: Milene Uara

Pesquisa Iconográfica: Ana Parra

Diagramação: Cia. Editorial

Capa: Cynthia Braik

© 2009 Delmar, parte da Cengage Learning
© 2013 Cengage Learning Edições Ltda.

Todos os direitos reservados. Nenhuma parte deste livro poderá ser reproduzida, sejam quais forem os meios empregados, sem a permissão, por escrito, da Editora. Aos infratores aplicam-se as sanções previstas nos artigos 102, 104, 106 e 107 da Lei nº 9.610, de 19 de fevereiro de 1998.

Esta editora empenhou-se em contatar os responsáveis pelos direitos autorais de todas as imagens e de outros materiais utilizados neste livro. Se porventura for constatada a omissão involuntária na identificação de algum deles, dispomo-nos a efetuar, futuramente, os possíveis acertos.

A editora não se responsabiliza pelo funcionamento dos links contidos neste livro que possam estar suspensos.

Para informações sobre nossos produtos, entre em contato pelo telefone **+55 3665-9900**

Para permissão de uso de material desta obra, envie seu pedido
para **direitosautorais@cengage.com**

© 2013 Cengage Learning. Todos os direitos reservados.

ISBN-13: 978-85-221-1196-1
ISBN-10: 85-221-1196-0

Cengage Learning
WeWork
Rua Cerro Corá, 2175 - Alto da Lapa
São Paulo - SP - CEP 05061-450
Tel.: +55 3665-9900

Para suas soluções de curso e aprendizado, visite
www.cengage.com.br

Aviso ao leitor
Esta Editora não se responsabiliza ou garante nenhum dos resultados aqui descritos ou realiza qualquer tipo de análise independente em relação às informações aqui contidas. Não assume e renuncia expressamente a qualquer obrigação de obter e incluir informações que não foram fornecidas pelo autor.

O leitor é expressamente advertido a considerar e adotar todas as precauções de segurança que possam ser indicadas pelas atividades e evitar todos os riscos potenciais. Ao seguir as instruções aqui contidas, o leitor assume todos os riscos em relação a elas.

A Editora não faz nenhuma representação ou garantia de qualquer tipo, incluindo, entre outras, garantias de adequação a determinada finalidade ou comercialização, nem existem representações implícitas no que diz respeito ao material aqui estabelecido, sendo que o editor não assume nenhuma responsabilidade em relação a tais materiais. A Editora não se responsabiliza por quaisquer danos especiais, consequenciais ou exemplares resultantes, no todo ou em parte, do uso ou confiabilidade do leitor neste material.

Impresso no Brasil
Printed in Brazil
7ª reimpressão – 2023

Dedicatória

Dedico esta sexta edição do *Guia para observação e registro do comportamento infantil* à minha falecida sobrinha Melanie Riemersma, médica, que, após uma longa e valente batalha contra um tumor cerebral maligno, finalmente perdeu essa batalha em 30 de setembro de 2007. Ela era um ser humano inteligente, atencioso, compassivo, que fará muita falta. Eu também dedico esta edição a seu marido e filhos e aos pais dela, Robert e Martyne Freed, todos aqueles com quem compartilho uma dor profunda.

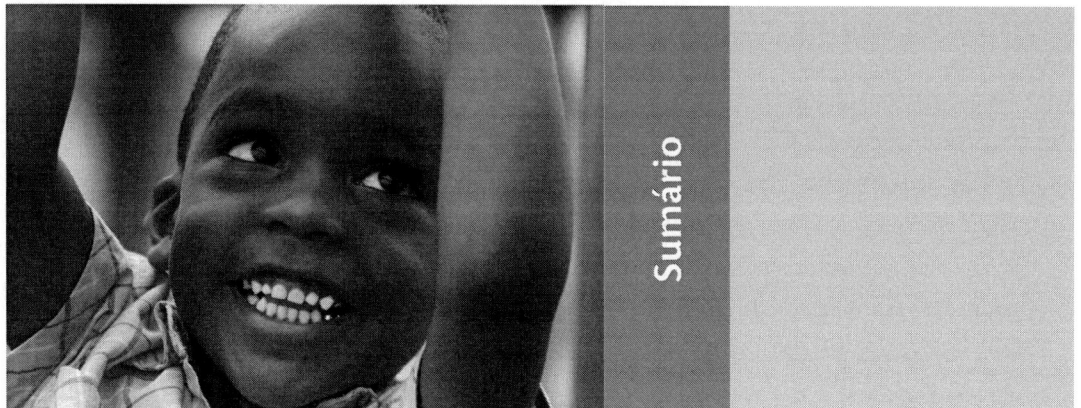

Prefácio / XVII

PARTE UM – VISÃO GERAL / 1

CAPÍTULO 1 Introdução / 3

Observação: reflexões preliminares / 3
    A importância da observação: considerações gerais / 4
    A importância da observação: considerações específicas / 6
Observação e teoria / 8
Você e o processo de observação / 11

CAPÍTULO 2 Introdução ao crescimento e ao desenvolvimento / 17

Crescimento e desenvolvimento: considerações gerais / 18
    Pontos de referência para explorar o mundo da criança / 18
Desenvolvimento: alguns significados e conceitos básicos / 24
    Crescimento *versus* desenvolvimento e mudança quantitativa *versus* mudança qualitativa / 24
Desenvolvimento: algumas considerações teóricas / 26
    Modelos de desenvolvimento: uma breve análise de algumas visões de mundo da natureza básica dos seres humanos / 26
    Por que estudar teorias de desenvolvimento? / 26
Teorias do desenvolvimento: um panorama geral / 32
    Perspectiva psicanalítica / 32
    A perspectiva da aprendizagem / 35
    A perspectiva cognitiva / 37
Explicação ou interpretação do crescimento e do desenvolvimento: o lado prático da observação do comportamento / 39
    Explicação ou interpretação / 39
    Níveis de explicação / 44

CAPÍTULO 3 Diretrizes gerais para observar a criança / 49

Observação: pensamentos preliminares / 49

Preparo para observação / 50

    Quais são seus objetivos? / 50

    Por que você está em um cenário específico de observação? O que deveria ver nesse ambiente? / 50

    Qual área de desenvolvimento ou do comportamento é o foco da observação? / 51

    Quanto tempo você pretende gastar observando os comportamentos que selecionou? / 51

    Quem você deve observar? / 51

    Como você registraria suas observações (listas de verificação, registro de duração, descrição narrativa, amostragem por eventos, amostragem por tempo etc.)? / 52

    Que tipo de interpretação você deve fazer (com base em determinada teoria, no que aconteceu no local)? / 52

    Onde você vai observar? / 53

    O que você pode fazer nesse cenário? / 53

    Observação discreta ou imperceptível / 54

    Ética profissional e confidencialidade / 58

    Fatores que afetam a observação / 61

    Categorias de erros no registro de observações / 63

    Três aspectos do processo de observação / 65

Observação de um grupo ou individual / 68

    Limitações da observação de um grupo / 68

Componentes do grupo / 70

    Componente um: características dos membros / 70

    Componente dois: comportamentos dos membros / 71

    Componente três: características contextuais do grupo / 72

    Componente quatro: episódios do grupo / 73

Algumas abordagens para observação de grupo / 74

Seus objetivos na observação de grupo / 75

PARTE DOIS – OS ELEMENTOS DE OBSERVAÇÃO / 81

CAPÍTULO 4 Métodos, comportamento, planos e contextos / 83

Como fazer: reflexões e cuidados preliminares / 83

    Comportamento: um elemento central de observação e registro / 85

    Cenários e situações / 86

CAPÍTULO 5 Introdução aos métodos de observação e registro / 91

Métodos de observação e registro do comportamento: características gerais / 91

    Observação formal e informal / 92

    Aberta *versus* fechada / 92

Grau de seletividade / 93
Grau de inferência exigido do observador / 94

CAPÍTULO 6 Descrições narrativas / 99

Introdução / 99
    Descrição geral / 100
    Aberta *versus* fechada / 103
    Grau de seletividade / 103
    Grau de inferência exigido / 103
    Vantagens / 104
    Algumas vantagens específicas da descrição narrativa / 104
    Desvantagens / 111
    Uma breve introdução ao uso da descrição narrativa / 112
    Usando a descrição narrativa? A primeira visita à Florence / 112
Florence e a descrição narrativa / 114

CAPÍTULO 7 Amostragem por tempo / 117

Descrição geral / 117
    Um exercício prático possível / 124
    Aberta *versus* fechada / 128
    Grau de seletividade / 128
    Grau de inferência exigido / 128
    Vantagens / 129
    Desvantagens / 129
    Alguns usos e aplicações da amostragem por tempo / 131
Florence e a amostragem por tempo / 134

CAPÍTULO 8 Amostragem por evento / 139

Descrição geral / 139
    Aberta *versus* fechada / 142
    Grau de seletividade / 142
    Grau de inferência exigido / 143
    Vantagens / 143
    Desvantagens / 144
    Algumas aplicações da amostragem por evento / 144
        Em primeiro lugar, diretrizes gerais / 144
        Um segundo tipo de evento: o evento "espaço / equipamento" / 144
        Aplicações sugeridas para a amostragem por evento / 146
Florence e a amostragem por evento / 146

CAPÍTULO 9 Descrição em diário / 149

Descrição geral / 149

    Aberta *versus* fechada / 150

    Grau de seletividade / 150

    Grau de inferência exigido / 150

    Vantagens / 150

    Desvantagens / 151

A descrição em diário e o estudo de caso – Uma breve comparação / 151

Mais informações sobre a descrição em diário / 154

    Descrição em diário, registro corrido, amostragem por evento e registro anedótico / 154

    Uma breve conclusão / 155

    Algumas semelhanças / 155

    Qual é o desfecho de tudo isso? / 156

Florence e a descrição em diário / 157

CAPÍTULO 10 Registros anedóticos / 161

Descrição geral / 161

    Introdução / 161

    Uma perspectiva mais histórica do registro anedótico / 162

    Uma visão mais contemporânea? / 163

    Uma breve comparação de três métodos de registro / 164

    Aberta *versus* fechada / 164

    Grau de seletividade / 165

    Grau de inferência exigido / 166

    Vantagens / 166

    Desvantagens / 166

Mais sobre o registro anedótico / 167

    Usando o registro anedótico: nossa quinta visita à Florence / 167

CAPÍTULO 11 Contagens de frequência ou registros de duração / 171

Descrição geral / 171

    Aberta *versus* fechada / 172

    Grau de seletividade / 172

    Grau de inferência exigido / 172

    Vantagens / 173

    Desvantagens / 174

    Alguns usos da contagem de frequência e do registro de duração / 174

Florence e a contagem de frequência e o registro de duração / 176

CAPÍTULO 12 Listas de verificação (*checklists*) e escalas de avaliação / 179

Descrição geral / 179
    Aberta *versus* fechada / 185
    Grau de seletividade / 186
    Grau de inferência exigido / 186
    Vantagens / 187
    Desvantagens / 187
    Dicas para a construção de listas de verificação / 187
Escalas de avaliação: descrição geral / 189
    Aberta *versus* fechada / 191
    Grau de seletividade / 191
    Grau de inferência exigido / 192
    Vantagens / 192
    Desvantagens / 192
    Dicas para construção de escalas de avaliação / 196
Gravação em vídeo (filmagem) e áudio como ferramentas de observação? / 197
    Filmagem (gravação em vídeo) / 197
    Desvantagens / 198
    Gravação em áudio / 200
Alguns usos ou aplicações da lista de verificação e da escala de avaliação / 200
Usos da lista de verificação: uma breve comparação entre duas listas de verificação / 201
    Usos da escala de avaliação / 203
Florence e a lista de verificação / 205

CAPÍTULO 13 Interpretação das observações, implementação dos resultados e avaliação contínua / 209

Observação: pensamentos preliminares / 209
Interpretação de observações / 210
Lidando com a observação e a interpretação em um ambiente multicultural / 212
    Cultura e interpretação / 214
    Cultura: algumas considerações / 215
    Outra perspectiva sobre a diversidade / 218
    Cultura e comunicação não verbal / 219
    Resumo final / 221
Implementação dos resultados / 221
    Avaliação contínua / 223

PARTE TRÊS – EXERCÍCIOS DE OBSERVAÇÃO / 231

CAPÍTULO 14 Observando o recém-nascido: do nascimento até um mês / 233

Exercício 14.1: características físicas do recém-nascido / 233
    Informações básicas / 233
    Objetivos da observação / 234

Procedimento / 234

Exercício 14.2: os estados do bebê e a capacidade de responder à estimulação / 235
    Informações básicas / 235
    Objetivos da observação / 236
    Procedimento / 236

Exercício 14.3: diferenças individuais e o recém-nascido / 237
    Informações básicas / 237
    Objetivos da observação / 238
    Procedimento / 238

Exercício 14.4: respostas motoras do recém-nascido / 242
    Informações básicas / 242
    Objetivos da observação / 243
    Procedimento / 243

Exercício 14.5: respostas perceptivas do recém-nascido / 244
    Informações básicas / 244
    Objetivos da observação / 245
    Procedimento / 246

Exercício 14.6: funcionamento emocional do recém-nascido / 247
    Informações básicas / 247
    Objetivos da observação / 247
    Procedimento / 247

CAPÍTULO 15 Observando o bebê: de 1 a 24 meses / 259

Introdução / 259
    O que é um bebê? / 260
    Habilidades perceptivas/sensoriais / 262
    Habilidades sensório-motoras/de uso de instrumentos / 262
    Habilidades conceituais/de pensamento / 262
    Memória / 262
    Habilidades representacionais/simbólicas / 264
    Habilidades comunicativas/linguísticas / 264
    Habilidades sociais/interativas / 264
    Habilidades expressivas/emocionais / 264
    Habilidades de autorregulação/enfrentamento / 265
    Por que a primeira fase da infância é importante? / 267

Exercício 15.1: características físicas e habilidades motoras do bebê / criança pequena (1 a 24 meses) / 268
    Informações básicas / 268
    Objetivos da observação / 275
    Procedimento / 275

Exercício 15.2: comportamento social do bebê (1 a 24 meses) / 277
    Informações básicas / 277
    Objetivos da observação / 280
    Procedimentos / 280

Exercício 15.3: comportamento cognitivo e linguagem do bebê (1 a 24 meses) / 285
  Informações básicas / 285
  Objetivos da observação / 289
  Procedimento / 290
Exercício 15.4: desenvolvimento e comportamento emocional do bebê (2 a 18 meses) / 292
  Informações básicas / 292
  Objetivos da observação / 294
  Procedimento / 294

CAPÍTULO 16 Observando a criança pequena: de dois a cinco anos / 307

Introdução / 307
Exercício 16.1: a criança pré-escolar no ambiente físico / 308
  Informações básicas / 308
  Objetivos da observação / 308
  Procedimento / 308
Exercício 16.2: crescimento físico e funcionamento motor / 309
  Informações básicas / 309
  Objetivos da observação / 313
  Procedimento / 313
Exercício 16.3: desenvolvimento e comportamento cognitivo e intelectual / 316
  Informações básicas / 316
  Objetivos da observação / 319
  Procedimento / 319
Exercício 16.4: desenvolvimento da linguagem / 319
  Informações básicas / 319
Os pontos de vista de Piaget e Vygotsky sobre o discurso privado da criança: panorama geral e breve comparação / 320
  As ideias fundamentais da teoria de Vygotsky / 321
  O discurso privado segundo Vygotsky e Piaget / 323
  Breve resumo / 325
  Objetivos da observação / 326
  Procedimento / 326
Exercício 16.5: brincar / 326
  Informações básicas / 326
  Os cinco descritores do brincar, segundo Dworetsky / 327
  As seis categorias do brincar, segundo Craig e Kermis / 327
  Os três tipos de brincadeiras de linguagem, segundo Schwartz / 328
  Definição e descrição de brincar: algumas considerações complementares / 328
  Brincar com objetos / 330
  O ponto de vista de Vygotsky sobre o brincar / 331
  Objetivos da observação / 332

Procedimento / 332
Exercício 16.6: comportamento emocional / 333
  Informações básicas / 333
Os marcos emocionais durante os anos pré-escolares / 334
  Objetivos da observação / 338
  Procedimento / 338
Exercício 16.7: desenvolvimento social e interações com os pares / 338
  Informações básicas / 338
  Objetivos da observação / 339
  Procedimento / 339

PARTE QUATRO – FASE INTERMEDIÁRIA DA INFÂNCIA – A IDADE ESCOLAR / 355

CAPÍTULO 17 A idade escolar: a criança de seis anos / 359

Crescimento físico e funcionamento motor / 359
  Informações básicas / 359
Desenvolvimento e comportamento cognitivo e intelectual / 362
  Informações básicas: a "revolução cognitiva" / 362
  Teoria do processamento de informações e a teoria sociocultural / 363
  Estratégias / 364
  Uma base de conhecimento em expansão / 365
  Metacognição / 365
  Um pouco mais sobre Piaget / 365
  Resumo das habilidades cognitivas / 366
Linguagem / 368
  Informações básicas: linguagem e pensamento segundo Vygotsky / 368
  Consciência metalinguística / 369
  Vocabulário e um pouco de sintaxe / 370
  Metacomunicação / 371
Desenvolvimento social e emocional / 372
  Relacionamento com os pares: amizades / 373
  Comparação social / 374
  Reputação entre os pares / 375
  Mantendo amigos e emoções / 375
  Categorias de *status* sociais que refletem a popularidade da criança / 376
Exercício de observação 17.1: crescimento físico e funcionamento motor / 377
  Objetivos da observação / 377
  Procedimento / 377
Exercício de observação 17.2: desenvolvimento e comportamento cognitivo e intelectual / 378
  Objetivos da observação / 378

Parte 1 – Objetivos da observação / 378
Procedimento / 378

Parte 2 – Objetivos da observação / 379
Procedimento / 379

Exercício de observação 17.3: linguagem / 380

Objetivos da observação / 380

Parte 1 – Consciência metalinguística: objetivos / 380
Procedimento / 381

Parte 2 – Vocabulário e sintaxe: objetivos / 381
Procedimento / 381

Parte 3 – Metacomunicação: objetivos / 381
Procedimento / 382

Exercício de observação 17.4: desenvolvimento social e emocional / 382

Objetivos gerais da observação / 382

Parte 1 – Popularidade da criança (categorização do *status* social): objetivos da observação / 382
Procedimento / 383

Parte 2 – Análise sociométrica da popularidade e amizades da criança: objetivo da observação / 383
Procedimento / 384

CAPÍTULO 18 Idade escolar: a criança de sete e oito anos / 395

Crescimento físico e desenvolvimento motor / 395

Informações básicas / 395

Algumas diferenças de gênero no desenvolvimento motor / 397

Jogos, regras e funcionamento motor / 397

Brincadeiras turbulentas / 398

Desenvolvimento e comportamento cognitivo e intelectual / 398

Informações básicas / 398

Linguagem / 401

Informações básicas / 401

Comportamento social e emocional / 404

Informações básicas / 404

Autoconceito e autoestima / 405

Exercício de observação 18.1: habilidades físicas e motoras gerais / 407

Parte 1 – Crescimento físico e desenvolvimento motor: objetivos da observação / 407
Procedimento / 407

Parte 2 – Diferenças no funcionamento motor relacionadas ao gênero: objetivos da observação / 408
Procedimento / 408

Exercício de observação 18.2: desenvolvimento e comportamento cognitivo e intelectual / 408

Parte 1 – Pensamento operatório concreto: objetivos da observação / 408
Procedimento / 409

Parte 2 – Características gerais do comportamento cognitivo da criança: objetivos da observação / 409
Procedimento / 409

Exercício de observação 18.3: linguagem / 410
   Objetivos da observação / 410
   Procedimento / 410
Exercício de observação 18.4: desenvolvimento e comportamento social e emocional / 410
   Objetivos da observação / 410
   Procedimento / 411
   Epílogo / 412

Apêndice 1 Lista de verificação de desenvolvimento / 423
Apêndice 2 Lista de verificação socioemocional / 429
Apêndice 3 Áreas de atenção ao se observar uma criança / 431
Apêndice 4 Comportamento de dependência emocional: procedimento de amostragem por tempo / 433
Apêndice 5 Registro de observação (Habilidades sociais) / 435
Apêndice 6 Registros de observação / 437
Apêndice 7 Resumo dos dois primeiros estágios do desenvolvimento cognitivo segundo Piaget / 439
Apêndice 8 Tarefas de desenvolvimento de Havighurst – da primeira fase da infância até a fase intermediária da infância / 441

Glossário / 443
Referências / 455
Bibliografia comentada / 460
Índice remissivo / 463

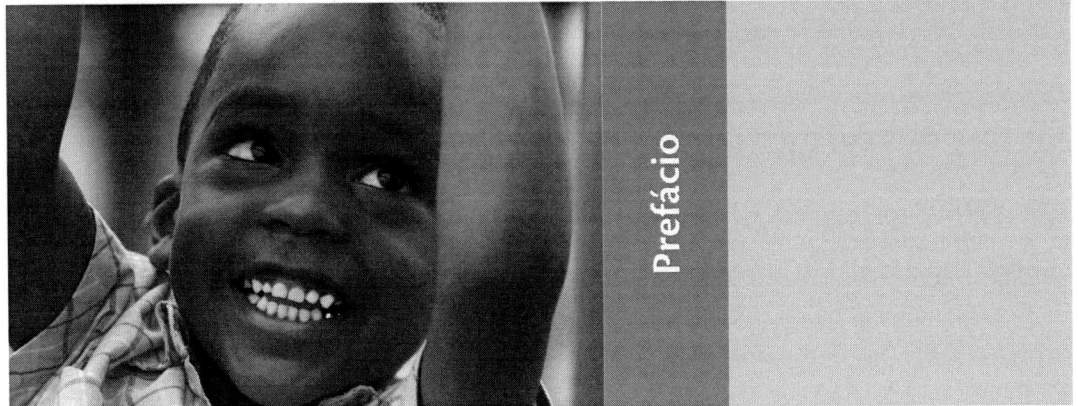

Prefácio à sexta edição

Ao escrever o prefácio à sexta edição do *Guia para observação e registro do comportamento infantil* alegava que um dos problemas com prefácios de livros é que muitas vezes eles não são lidos. Eu acreditava nisso apesar de todas as razões que havia dado para que se *devesse* ler o prefácio de qualquer livro. Talvez a razão mais convincente seja a de que ele dá ao autor a oportunidade de explicar pelo menos algo sobre o que o leitor vai encontrar ao longo do livro, além de apresentar ao autor uma lógica para aquilo que escreveu ou deixou de escrever. Aleguei ainda que julgar um livro sem lê-lo é desonesto. No entanto, a maioria de nós não tem tempo para ler um livro inteiro e decidir se valeu a pena lê-lo. Portanto, embora nenhum prefácio forneça todas as informações que seriam úteis na tomada dessa decisão, espero que considerem a leitura deste um início razoável.

Os públicos leitores pretendidos para esta obra

No que diz respeito ao público leitor e pretendido para o *Guia para observação e registro do comportamento infantil*, nada mudou desde sua primeira publicação em 1985. Ele foi escrito para quem trabalha ou tem interesse em trabalhar com crianças, em qualquer estágio, e para quem a capacidade de observar e registrar o comportamento infantil é uma habilidade valiosa. Este uso define amplo espectro de indivíduos: desde médicos, profissionais prestadores de cuidados à criança e professores de educação infantil, estudantes, pais, avós, funcionários de órgãos/agências de proteção à criança e qualquer outra pessoa que precise entender como a criança muda ao longo do tempo e como documentar tal mudança de forma significativa.

Embora o *Guia para observação e registro do comportamento infantil* aparentemente encontrou seu mercado predominante em cursos universitários de dois e quatro anos,[1] mesmo o leitor comum pode encontrar informações muito úteis em suas páginas, informações que

---

[1] Refere-se à realidade norte-americana. No Brasil não temos cursos universitários de Pedagogia e Psicologia com duração de 2 anos. (NRT)

abrangem desde a descoberta do que é a observação até a teoria do desenvolvimento, além de exercícios ou aplicações práticas de várias técnicas de observação e registro.

Por que escrevi este livro

Inicialmente escrevi o *Guia para observação e registro do comportamento infantil* para substituir um livro que usava nas minhas aulas de desenvolvimento infantil na State University College, em Plattsburgh, Nova York. A obra que utilizava saíra de catálogo e a forte ênfase no componente observacional da minha aula de desenvolvimento infantil determinou que encontrasse um novo livro. Senti que, a fim de satisfazer as exigências impostas pela obra, deveria eu mesmo escrevê-la. À medida que me envolvia no processo de escrita, percebi que há mais na observação do comportamento infantil do que os olhos veem e que todos os sentidos físicos por meio dos quais coletamos informações de nosso ambiente são meramente caminhos para um cérebro que dá sentido a essas informações sensoriais. Também percebi rapidamente que observar o comportamento infantil, como eu deveria conceituá-lo, envolvia muito mais do que apenas assistir uma criança brincando. Consequentemente, observar a criança não é um mero passatempo que busca satisfazer apenas um interesse ocasional ou transitório. De fato, para assistir a criança brincando, você deve, por exemplo, saber o que é brincar e se é isso que você está vendo. Assim, o que pode começar como interesse casual pode ser transformado e resultar em algo significativo se o indivíduo for um observador informado e hábil.

A base conceitual do livro

A base conceitual do *Guia para observação e registro do comportamento infantil* ainda repousa na ideia de que a observação significativa, ao contrário da observação casual, é uma atividade muito mais complicada que aquela envolvida ao tirar uma foto com uma câmera. A câmera captura imagens, mas é impermeável a seus significados. O olho humano também capta imagens, mas o olho está conectado a um cérebro que pode dar sentido a essas imagens e dar-lhes significado. O ser humano é dotado de outras faculdades – olfato, audição, tato e paladar – que também recebem informações sensoriais às quais o cérebro dá um significado. A observação, portanto, como definida e praticada na presente obra, envolve propositalmente a captura de informações contidas no comportamento da criança e dar a essas informações significados que podem ser usados para promover o crescimento, desenvolvimento e bem-estar geral. *Este livro* foi escrito especialmente para permitir que o leitor adquira e implemente os conhecimentos e habilidade necessários para observar, registrar e interpretar as imagens informativas que a criança apresenta em seu comportamento diário.

Organização do livro e as novidades da sexta edição

A organização básica da sexta edição é um pouco diferente das edições anteriores. Esta diferença é o resultado da eliminação do Capítulo 13: "Aplicação: métodos de registro em ação". Agora, algumas aplicações possíveis, bem como outros conteúdos, são apresentados no respectivo capítulo de cada método. As partes 3 e 4 ainda abrangem o período do nascimento aos oito anos, período que a National Association for the Education of Young Children – Naeyc (Associação Nacional para a Educação de Crianças) define como primeira infância.

Alguns críticos queriam que eu aumentasse a abrangência do livro até os 12 anos (por volta do sexto ano).[2] Resisti a essa sugestão por várias razões. Talvez a razão menos importante seja que, para mim, pelo menos, englobar mais quatro anos de vida contradiz o significado de "infantil" no título do livro. Em segundo lugar, minha ênfase sempre foi a observação de crianças em um ambiente geral e de desenvolvimento, que é menos organizada e mais espontânea que aquele que normalmente se encontra em uma sala de aula de escolas públicas, especialmente quando você entra no terceiro, quarto, quinto e sexto anos.[3] Há, sem dúvida, exceções, mas não acredito que haja um número suficiente delas que invalidem a regra. O foco do livro está em observar e dar um significado ao comportamento que gosto de chamar de "natural e livre". Por último, e que poderia ser conceitualmente a razão mais importante, é que as habilidades adquiridas observando e registrando o comportamento da "criança" são essencialmente as mesmas habilidades que seriam necessárias para observar e registrar o comportamento dos 9, 10, 11 e 12 anos. Talvez a diferença principal seja a de que o profissional precisaria ter o conhecimento necessário para a compreensão do significado do comportamento observado. Esse conhecimento seria equivalente às informações gerais apresentadas nos capítulos 14 a 18.

Apesar de o conteúdo não ter sido ampliado, alguns revisores da quinta edição sentiram que abranger apenas os oito primeiros anos de vida tornou o livro muito longo e apresentou muito mais material que aquele utilizado nos cursos ministrados por eles. Este não foi um problema na época e não é um problema agora: simplesmente pule os capítulos que não são relevantes para o momento ou necessidade. Cada período de desenvolvimento discutido neste texto pode ser tomado por si só e, exceto pelo fato de que os estágios iniciais servem como base para os estágios posteriores, o recém-nascido pode ser observado e estudado independentemente do bebê, o bebê independentemente da criança, e assim por diante.

Acredito que as mudanças incorporadas na sexta edição do *Guia para observação e registro do comportamento infantil* tornam o livro muito mais informativo do que o era na quinta. Há uma quantidade considerável de material novo que trata de potenciais usos ou aplicações de cada um dos métodos de registro. A adição desse novo material foi a justificativa para a eliminação do Capítulo 13 e foi feita a pedido de alguns revisores técnicos, que sentiam que esse assunto não deveria ficar confinado a um único capítulo. Fiz também o que poderia ser chamado de "limpeza" gramatical/sintática secundária: reforcei frases que precisavam de ajuste, reformulei sentenças na voz passiva para a voz ativa e substituí palavras que por algum motivo não gostei. Não sei se essas mudanças tornarão o texto mais legível, mas elas satisfazem a minha percepção do que constitui uma escrita respeitável.

Como escrevi no prefácio à quinta adição, observar e registrar o comportamento infantil, assim como se vê nesta obra, não sofre influência do rápido avanço da tecnologia. Os requisitos fundamentais para essa atividade são os mesmos – seus olhos, seus ouvidos, seu cérebro, lápis e papel, todos essencialmente em conjunto e utilizados de acordo com seu conhecimento e habilidade. Isso elimina qualquer necessidade de rever, de forma significativa, os exercícios de observação e os conteúdos que os acompanham. Por conseguinte, com exceção das atualizações bibliográficas e do mesmo tipo de "limpeza" realizada em outros capítulos, os capítulos 14 a 18 permaneceram os mesmos da quinta edição.

---

[2] O autor refere-se ao sexto ano da Elementary School nos Estados Unidos, correspondente ao sexto ano do Ensino Fundamental no Brasil. (NRT)
[3] Equivalentes, respectivamente, aos terceiro, quarto, quinto e sexto anos do Ensino Fundamental no Brasil. (NRT)

Ao contrário da observação tal como definida e praticada na presente obra, a tecnologia tem feito avanços significativos desde que a quinta edição chegou ao mercado. Agora, câmeras de vídeo digitais são populares, e tenho certeza que alguns acreditam que esses dispositivos podem ou devem desempenhar papel importante na observação e no registro do comportamento infantil e, por extensão lógica, também na operação diária de uma escola de educação infantil. Se eu aderisse a esse ponto de vista, seria obrigado a expandir a minha discussão sobre câmeras de vídeo como um meio de coleta de dados de observação. Porém, deixe-me reiterar minha posição anterior sobre esse assunto. Não fui dissuadido de minha crença de que uma câmera de vídeo não é melhor ou mais útil que a pessoa que a utiliza, e tudo aquilo que é visto a partir de uma fita de vídeo (ou DVD) ainda tem de ser compreendido e interpretado por um ser humano com um cérebro. A principal vantagem de uma gravação em vídeo é que ela captura e congela no tempo um segmento de um fluxo contínuo de comportamento. Infelizmente, para aqueles que são fortes defensores da filmagem do comportamento infantil, é inviável acompanhar a criança por várias horas com uma câmera pressionada contra seu olho. Muitas vezes, a observação significativa ocorre na vida diária e deve ser flexível o suficiente para ser realizada em circunstâncias muito diferentes. É certo, porém, que segmentos filmados de comportamentos infantis podem ser uma ferramenta de ensino útil nas mãos de um professor que é também um observador hábil. Conforme o estado atual das coisas, a instrução é o principal objetivo para o qual eu gostaria de recomendar o uso de câmeras de vídeo.

Exercícios de observação

Tal como acontece com a quinta edição, os formulários de registro para os exercícios de observação discutidos nos capítulos 14 a 18 estão no final dos capítulos correspondentes. Esses formulários são apenas exemplos de instrumentos de registro e não devem ser tomados como palavra final sobre como devem ser os formulários. Tenho certeza que alguns leitores gostariam de poder destacar as páginas com os formulários e registrar suas observações diretamente neles. Essa opção não seria viável, especialmente no caso das observações que preservam dados brutos e exigem escrita bastante extensa; a quantidade de espaço alocado para esses formulários de amostras seria demasiadamente restritiva e limitaria a quantidade de informações que você poderia registrar. Como alternativa, a editora oferece acesso a todos os formulários de registros no site www.cengage.com.br, na página referente a este livro.

Agradecimentos

O autor gostaria de agradecer aos seguintes revisores técnicos, indicados pela Cengage Learning, por suas sugestões úteis e críticas construtivas:

- Toni A. Campbell, M.Ed., Ph.D., San Jose State University, Califórnia
- Wenju Shen, Ed.D, Valdosta State University, Geórgia
- Beverlyn Cain, Ed.D, Elizabeth City State University, Carolina do Norte
- Irene Cook, M.A., California State University, Bakersfield
- Tisha Bennett Sanders, Ed.D., Vanderbilt University, Tennessee

- Jill E. Fox, Ph.D., University of Texas, Arlington
- Gail Goldstein, M.Ed., Albuquerque TVI Community College, Novo México
- Tracy Keys, M.S., Kutztown University, Pensilvânia
- Susan S. Johnston, Ph.D., CCC-SLP, University of Utah
- Ann B. Watts, M.Ed., Forsyth Technical Community College, Carolina do Norte

PARTE UM

VISÃO GERAL

CAPÍTULO 1
INTRODUÇÃO

CAPÍTULO 2
UMA INTRODUÇÃO AO CRESCIMENTO E AO DESENVOLVIMENTO

CAPÍTULO 3
DIRETRIZES GERAIS PARA OBSERVAR A CRIANÇA

Capítulo 1

Introdução

Objetivos

Depois de ler este capítulo, você deverá ser capaz de:
- Descrever as diferenças entre ver de forma fisiológica e ver de forma observacional.
- Analisar a importância da observação para a educação infantil ou pré-escolar.[1]
- Analisar a importância da observação para a ciência e para um indivíduo.
- Examinar a relação entre a observação e as perspectivas teóricas e pessoais do observador.
- Discutir em termos gerais o que é a observação e o que ela envolve.

Termos-chave

Observar; percepção; estímulos brutos; empírico.

Observação: reflexões preliminares

Se fosse incapaz de ver, ouvir, sentir, tocar e sentir o gosto das coisas você seria totalmente indefeso, incapaz de se mover, de perceber ou compreender qualquer coisa que estivesse acontecendo no mundo ao seu redor. Provavelmente, a maioria de nós não pode sequer imaginar tal condição, no entanto, há pessoas que são cegas, surdas ou que têm algum tipo de deficiência neurológica que interfere em seu sentido de tato, olfato ou paladar. Esses indivíduos são incapazes de absorver ou perceber determinados aspectos de seu ambiente. Os cegos não conseguem ver cores, formas, objetos ou outras pessoas. Os surdos não podem ouvir vozes, música, canto de pássaros ou ruídos de trânsito. Sem paladar, que prazer teríamos em comer ou como pode-

---

[1] A expressão "early education" diz respeito à fase inicial da educação da criança. Este livro, especificamente, refere-se a crianças de 0 a 8 anos. (NRT)

ríamos saber quando estivéssemos colocando algo prejudicial em nossa boca? Sem o tato, como poderíamos saber quando nos cortamos ou se entramos em contato com outra pessoa? Se não tivéssemos olfato, a fumaça de um incêndio não poderia nos alertar sobre o perigo, nem poderíamos apreciar os aromas da boa comida. Podemos fazer as coisas que devemos fazer para sobreviver e gozar a vida porque temos a capacidade de **observar**.

A maioria de nós absorve mais informações por meio dos olhos que por qualquer um dos outros sentidos, e a audição é o próximo sentido em termos de importância, de modo geral. Neste livro, portanto, a **percepção** visual ou a "visão" será enfatizada, embora a audição também desempenhe papel importante na compreensão do comportamento das crianças.

Precisamos distinguir entre o "ver" em um sentido psicológico e a visão em um sentido fisiológico. Ver fisiologicamente exige, no mínimo, uma retina intacta na parte posterior do olho e acuidade visual razoável para que possamos perceber os objetos para os quais estamos olhando. Dessa forma, o olho age como uma câmera, mas, ao invés de uma imagem visual imposta sobre o filme, como acontece com uma câmera, a imagem visual é imposta sobre a retina. Essas são as informações mínimas necessárias para enxergar neste significado mais básico. Infelizmente, nós, seres humanos, seríamos tão limitados quanto a câmera se víssemos apenas da forma que acabamos de descrever. O que temos e o que a câmera não tem é um cérebro, e o cérebro é o que nos permite ver em um sentido psicológico.

Portanto, a observação depende de nossa capacidade de dar sentido e significado ao que nossos olhos (e nossos ouvidos, e todos os outros sentidos) trazem para nós como **estímulos brutos** (sem interpretação) do mundo exterior.

E assim é o nosso cérebro que realmente torna qualquer visão útil e significativa.

A importância da observação: considerações gerais

A resposta mais básica sobre a importância da observação é que ela nos permite sobreviver. Mas podemos ir além dessa resposta mais básica até outra questão especialmente relevante para o trabalho com crianças pequenas. Sem a capacidade de observar – de "ver" e de "ouvir" – de forma significativa, não poderíamos interagir eficazmente com as crianças sob nossos cuidados. Não conseguiríamos entender como crescem e se desenvolvem e como ajudá-las em seu crescimento e desenvolvimento. Seríamos incapazes de protegê-las dos perigos. Em suma, seríamos ineficazes, se não inúteis, em nossos papéis como cuidadores, prestadores de cuidados à criança, professores de educação infantil, pais ou alunos que aprendem sobre crianças e que, consequentemente, aprendem a assumir uma ou mais dessas funções. Vejamos um exemplo hipotético de uma observação que pode muito bem acontecer em um centro de cuidados infantis real ou escola de educação infantil:

Você é um prestador de serviços treinado em cuidados infantis e está observando algumas crianças de 4 anos brincando na área dos blocos grandes. Você está próximo da Sra. Garcia, mãe de Carlos, que tem 4 anos e é uma das crianças que está brincando com os blocos grandes. A Sra. Garcia se queixa de que não sente que seu filho esteja aprendendo alguma coisa simplesmente empilhando blocos um em cima do outro. Você pede que ela olhe mais de perto e procure exemplos de interações sociais, como compartilhar blocos ou cooperar com outra criança para que consigam levantar um bloco pesado e colocá-lo na pilha. Você pede que ela ouça o que as crianças estão dizendo umas às outras enquanto se movimentam pela área de blocos e participam de um empreendimento cooperativo de construção. "Será que eles dão instruções uns para os outros?", pergunta à Sra. Garcia. Ela balança a cabeça e diz: "Acho que sim".

Você, então, mostra para a Sra. Garcia como as crianças estão aprendendo o sentido de tamanho e peso enquanto selecionam os blocos de determinado tamanho para que eles se encaixem adequadamente na estrutura projetada por eles. Então Carlos grita: "Ei, é mais difícil pegar esse bloco pequeno que este grande". Jonathan responde: "Sim, eu sei, mas precisamos de mais três blocos para terminar esta torre". Carlos diz: "OK, mas não podemos colocar este bloco grande em cima do pequeno, ele não vai ficar".

Provavelmente, a Sra. Garcia e você, nosso observador treinado, teriam descrito o que ocorreu praticamente na mesma linguagem, no que diz respeito ao comportamento geral ou ações visíveis. No entanto, você viu as coisas que a Sra. Garcia simplesmente não conseguiu enxergar. Foi capaz de fazer interpretações e chegar a conclusões relativas a outras situações que estavam acontecendo "abaixo da superfície". Você viu as habilidades e os conceitos sendo expressos ou em vias de serem desenvolvidos. Carlos aprendeu, por exemplo, que tamanho e peso não necessariamente estão relacionados de maneira direta. Ele sabia, provavelmente a partir de uma experiência anterior, que colocar um bloco grande em cima de um muito menor resulta em uma torre instável que provavelmente cairá. Jonathan indicou, pelo menos, alguma compreensão sobre números quando comentou que eles precisavam de "mais três blocos".

Nossos cérebros nos permitem ver de maneira que excedem, em muito, a habilidade de a câmera "enxergar", mas a observação torna-se complicada justamente porque fazemos mais com informações sensoriais que a câmera é capaz. Como o exemplo ilustra, o tipo e a quantidade de informações que percebemos variam de pessoa para pessoa, e existe também uma variação mesmo dentro do mesmo indivíduo, de um momento para outro. Então, é assim que duas pessoas podem ser tornar conscientes visualmente do mesmo objeto ou evento, mas visualmente conscientes de maneiras bem diferentes – por exemplo, a Sra. Garcia e o nosso observador treinado (veja também Hansen, 1958).

O ponto crucial do exemplo é que a mãe de Carlos e o observador treinado viram essencialmente os mesmos comportamentos evidentes enquanto observavam a criança brincando na área de blocos. No entanto, o que descrevemos é a Sra. Garcia vendo apenas uma brincadeira acontecendo. Ela não entende completamente o valor do jogo e os muitos tipos de aprendizagem que estão ocorrendo. Você, o observador treinado, realmente vê a aprendizagem acontecendo durante o jogo. A Sra. Garcia não vê relação espacial ou as habilidades aritméticas adquiridas e praticadas, nem vê Carlos adquirindo habilidades de interação social.

Uma conclusão muito importante é que todos olhamos e organizamos os objetos e os eventos em nosso mundo de acordo com nossas experiências passadas que conhecemos e nas quais acreditamos. Esses fatores compõem o que podemos chamar de nossa personalidade ou de quadros de referência. Essa ideia merece mais explicações.

Cada um de nós traz para qualquer situação nossas próprias personalidades, experiências e até mesmo teorias pessoais sobre como o mundo funciona. O que observamos é filtrado ou processado por meio de nossas teorias e crenças, e tiramos conclusões com base no que passa por meio desse filtro. Cada pessoa percebe as informações de modo diferente (estímulos, eventos) porque somos sensíveis a diferentes aspectos de nosso ambiente. Brandt (1972) indica que a observação é dependente da atenção, e a atenção é necessariamente seletiva. Ou, para colocar a situação em outro contexto, os professores (prestadores de cuidados infantis) têm mais probabilidade de ver os aspectos do comportamento da criança que se encaixam, digamos assim, em seus interesses profissionais ou de formação que aqueles que não. Por exemplo, se uma professora é particularmente interessada no desenvolvimento social da criança, ela pode tender a negligenciar, não ver, ou pelo menos minimizar o comportamento motor. Ou, talvez, mais provavelmente, ela verá o comportamento motor como meio para promover as habilidades sociais – ela vai ver esses comportamentos em termos de sua relevância para o comportamento social. Ao contrário, uma professora cujos interesses ou preocupações especiais sejam o desenvolvimento motor/físico das crianças está mais apta a esquecer comportamentos sociais em favor de observar como a criança caminha, corre, salta, rola, usa suas mãos, e assim por diante.

Em um nível mais geral, um professor treinado no método Montessori provavelmente enxergará muitas oportunidades para que as crianças experimentem aprendizagem de autodescoberta. Outro professor, cuja abordagem para a educação infantil (ou além dela) é baseada em uma análise comportamental, verá oportunidades em que a estrutura e as atividades dirigidas por professores são necessárias. No entanto, se estiverem na mesma sala de aula com as mesmas crianças, ambos os professores terão acesso ao que objetivamente são as mesmas situações e informações, mas cada um simplesmente atenderá a diferentes aspectos da situação.

A importância da observação: considerações específicas

Para dar sentido ao processo de observação, devemos verificar alguns motivos pelos quais ela é importante. Alguns desses motivos serão particularmente relevantes em um cenário de creche[2] formal, como uma escola de educação infantil ou uma instituição de cuidados profissionais para crianças.

Três décadas atrás, Goodwin e Driscoll (1980) defenderam três razões pelas quais a observação é importante na educação infantil. Primeiramente, a observação permite a medição de muitos comportamentos que, de outra forma, não poderiam ser mensuráveis. Muitos testes realizados em adultos recaem sobre sua capacidade de falar, escrever ou em alguma outra maneira de comunicar ideias ou sentimentos bastante complexos. No entanto, a criança ainda tem uma linguagem e habilidades conceituais imaturas e nem sempre consegue expressar sensibilização e compreensão do que está acontecendo a seu redor. Entrevistas ou testes escritos seriam, então, inúteis com crianças muito pequenas. Goodwin e Driscoll afirmam que as emoções são especialmente adequadas para métodos de observação. O observador pode ver a criança como ela realmente se comporta, sem as falhas da capacidade limitada do teste prático, a compreensão pouco confiável de instruções e a ânsia de agradar os adultos respondendo da maneira que acha que eles querem que respondam.

---

[2] Ou, de modo mais geral, quaisquer cenários de cuidados infantis. (NRT)

Em estudos mais recentes, Morrison (1995) fala sobre essa característica também por meio de referência à capacidade de observação para "coletar dados que não podem ser colhidos pela realização de testes escritos ou questionamento de uma criança" (p. 45). Morrison comenta sobre a importância global da observação, notando que:

> Os profissionais reconhecem que as crianças são mais do que é medido por um teste específico. Utilizando meios mais "autênticos" para avaliar a criança, os profissionais percebem que a observação é um dos mais autênticos para aprender sobre a criança e o que ela sabe e é capaz de fazer, especialmente quando ocorre em *ambientes naturais*, como salas de aula, creches, parques infantis e lares. (p. 45, grifos do original)

Ele afirma ainda que "a observação permite aos profissionais obterem diretamente informações que poderiam ser obtidas apenas indiretamente" (p. 45).

Morrison tem uma visão crítica a esse respeito, pois, para o autor, ao observar a criança, os profissionais e pais, por vezes, "realmente não veem o que ela [a criança] está fazendo ou entendendo, pois estão envolvidos em um determinado comportamento ou atividade... É por isso que é necessário aos profissionais que lidam com crianças entender a importância da observação e como utilizá-la para coletar dados sobre a criança" (p. 45).

Em segundo lugar, as crianças não costumam ver os procedimentos de teste formais de modo tão sério como os adultos. Goodwin e Driscoll (1980) acreditam que a criança não leva tão a sério os conselhos dos adultos de que o teste é algo sério e que ela deveria tentar fazer o melhor possível, pois o sucesso do teste formal depende dessa atitude. Há outras críticas contra o teste formal para crianças pequenas. Argumenta-se, por exemplo, que o teste formal é desenvolvimentalmente inadequado para crianças pequenas. Alguns também afirmam que, em vez de não levar o teste tão a sério, como Goodwin e Driscoll alegam, a criança fica, de fato, muito estressada em face das condições de testes formais. A National Association for the Education of Young Children – Naeyc (Associação Nacional para a Educação de Crianças),[3] por exemplo, cita como uma prática inadequada, para o desenvolvimento, a avaliação da criança "apenas em razão de uma medida determinada, como uma norma de grupo padronizada ou padrão de comportamento adulto. Todas devem executar as mesmas tarefas e alcançar as mesmas habilidades definidas em sentido restrito e facilmente medidas" (citado em *Early Childhood Education* 88/89, Annual Editions, p. 111).

No contexto da avaliação, Morrison (1995) cita o valor da observação para avaliação das habilidades da criança, que, por sua vez, "determina as áreas em que ela precisa de suporte e ajuda adicional" (p. 45). Ele menciona que a observação é usada para avaliar o "desempenho da criança ao longo do tempo" e que ela permite aos profissionais reunirem informações que podem ser utilizadas em reuniões de pais e em relatórios para os pais sobre os seus filhos (p. 45).

Spodeck e Saracho (1994) também discutem a questão dos testes padronizados para crianças e assumem essencialmente a perspectiva da Naeyc: "Enquanto algumas formas de avaliação são importantes como indicador da eficácia dos programas, os testes padronizados podem ser o instrumento errado para essa finalidade" (p. 240). Não é nosso objetivo nos envolver na polêmica sobre esses testes. No entanto, o fato de que testes padronizados estão sob sério escrutínio, juntamente com a ênfase resultante na importância e na pertinência da observação naturalista, torna o refinamento das habilidades de observação do comportamento infantil ainda mais crítico.

---

[3] No Brasil não há uma associação organizada como a Nayec. (NRT)

Felizmente, a observação naturalista não compartilha nenhuma dessas desvantagens com o teste formal. O observador quer ver o comportamento infantil assim como ele ocorre, sem interferência dos adultos. Ele não deseja gerar ansiedade ou outras emoções que podem afetar de forma inadequada o comportamento da criança.

Por fim, o terceiro motivo de Goodwin e Driscoll é que, mesmo quando a criança pequena sabe que está sendo observada, ela se sente menos ameaçada ou ansiosa que uma criança mais velha e os adultos. Presumivelmente, a criança pequena também tem menos probabilidade de mudar seu comportamento em resposta à observação que a criança maior. O pressuposto aqui é de que, no caso de crianças maiores e adultos, se alguém sabe que está sendo vigiado, é mais difícil para ele se comportar normalmente do que quando acha que esta só. Já foi dito que, se formos observados comportando-nos como se achássemos que estamos em um momento privado, a maioria de nós seria considerada insana. A observação de crianças pequenas supostamente resulta em comportamento relativamente pouco afetado pelo processo de observação.

Não obstante, a suposição básica dessa crença ou argumento deve ser submetida à verificação empírica ou refutação em qualquer situação e com qualquer criança ou grupo de crianças. Talvez o curso de ação mais sensato não seja tomar como certo que a criança não reagirá negativamente ao ser observada. Essa advertência está realmente relacionada ao princípio geral de permanecer tão discreto quanto possível no cenário de observação (veja o Capítulo 3). No entanto, é um fato irrefutável que é impossível ficar invisível para a criança ou mantê-la não ciente de sua presença em todas as circunstâncias. Consequentemente, a criança irá vê-lo e poderá vir a saber o que você está fazendo em seu "mundo" ou desenvolver uma percepção ou crença sobre o que você está fazendo. Isso deve ser tratado com cuidado, principalmente em nome do bem-estar da criança e, secundariamente, em nome da conclusão bem-sucedida e "honesta" de sua observação.

Observação e teoria

Além dessas razões, há outras que dão importância ao processo de observação. Você pode "se pegar" observando crianças que estão em uma variedade de ambientes (por exemplo: nas salas de aulas pré-escolares, em casa ou salas de aula de escolas públicas). Nosso conhecimento sobre as crianças e como elas mudam ao longo do tempo, em última análise, depende de muitas pessoas que estudam as crianças: observando-as fazer várias coisas, em diversas situações e em várias idades. Há dois aspectos da relação entre teoria e observação. Primeiramente, as teorias que tentam explicar o desenvolvimento têm de ser testadas e demonstradas úteis ou não no entendimento do processo de desenvolvimento. Nesse caso, esses testes devem envolver observação em última instância. Embora seja improvável que você tenha de testar uma teoria de maneira formal ou oficial, pensamos que é preciso dizer que observar e interpretar o comportamento da criança resulta, sim, em testar uma certa teoria. Vejamos um exemplo.

A teoria do desenvolvimento cognitivo de Piaget deu origem a uma grande quantidade de pesquisas, tanto em seu próprio interesse como em nome do desenvolvimento de itens como currículos e programas pré-escolares. Piaget argumentou que o egocentrismo, essencialmente definido como a incapacidade de tomar o ponto de vista ou perspectiva de outra pessoa, é uma característica básica da criança pequena. Sua tarefa de "vista da montanha"[4] é um clássico no campo da pesquisa do egocentrismo, e é a partir do desempenho da criança em tarefas como a vista da montanha que Piaget derivou suas conclusões essenciais sobre a extensão do egocentrismo infantil. (Colocado de forma mais simples, em pelo menos uma versão da tarefa de vista da montanha, a criança é apresentada a uma maquete tridimensional de uma paisagem montanhosa. Em seguida, é apresentada a um conjunto de fotografias tiradas de posições diferentes ao redor da maquete. Uma boneca é colocada nessas diversas posições e a criança é convidada a selecionar a fotografia que melhor representa o que a boneca "vê".) No entanto, já há algum tempo, pesquisadores têm encontrado evidências de que crianças pequenas não são tão egocêntricas como Piaget pensava.[5] Murray Krantz (1994), escritora e pesquisadora, relata que, quando materiais e situações que são familiares à criança são substituídos pela tarefa essencialmente desconhecida da montanha de Piaget, suas respostas são sempre não egocêntricas (p. 295). Laura Berk (2005) oferece uma posição geral sobre as conclusões de Piaget: "As pesquisas indicam que Piaget subestimou as competências das crianças e pré-escolares. Quando a criança recebe uma tarefa com menor grau de dificuldade, sua compreensão parece se aproximar mais das crianças mais velhas e de adultos do que Piaget havia presumido" (p. 22). Ela afirma ainda: "Esta descoberta levou muitos pesquisadores a concluírem que a maturidade do pensamento da criança pode depender de sua familiaridade com a tarefa apresentada e da complexidade do conhecimento amostrado" (p. 22). O ponto aqui é que se você está procurando exemplos de egocentrismo no comportamento típico de crianças em idade pré-escolar, você poderá, ao invés disso, observar casos de comportamentos não egocêntricos, um evento que colocaria as conclusões e a teoria de Piaget à prova.

> A teoria de Jean Piaget desempenha um papel importante em nossa compreensão do desenvolvimento intelectual da criança.

O segundo aspecto da relação entre teoria e observação tem a ver com o fato de que suas observações podem ajudá-lo a entender melhor as teorias que está estudando. Existe uma relação entre aquilo que se aprende nos livros, por exemplo, e as experiências provenientes de observação. Por um lado, o envolvimento com crianças reais pode ajudá-lo a entender o que lê e ouve falar delas; por outro lado, o que está aprendendo sobre crianças e seu desenvolvimento irá influenciar o que vê à medida que for completando os exercícios de observação. Por exemplo, o que você sabe em geral sobre o desenvolvimento da linguagem afetará o que aprende e entende sobre o desenvolvimento da linguagem de uma criança em particular. A natureza de sua compreensão e como explicar o que você vê vai depender de seu conhecimento, suas habilidades de observação e das perspectivas teóricas e pessoais a partir das quais você vê o crescimento, o desenvolvimento e até mesmo as pessoas em geral. Isso também é válido em outras áreas além da educação infantil.

Por exemplo, é muito provável que um terapeuta freudiano perceba um problema de um cliente como envolvendo um conflito psíquico, ao passo que um terapeuta comportamental

---

[4] Em inglês, *"mountain view"*. Piaget fala sobre essa tarefa em seu livro *A construção do real na criança*, porém, não a nomeia. Em textos em português as referências a essa tarefa geralmente são feitas por meio das expressões: "experimento da montanha" ou "tarefa da montanha". (NRT)

[5] Embora o autor se expresse em termos absolutos, é importante relativizar essa afirmação, pois nem todos os pesquisadores concordam com essa visão sobre a teoria de Piaget. (NRT)

provavelmente verá o mesmo problema em termos do histórico de reforço do cliente. Cada terapeuta vê esse comportamento de um ponto de vista diferente em virtude de seu treinamento profissional e é sensível a diferentes aspectos do comportamento do indivíduo. Se você trabalha com crianças, o tipo de treinamento especial que teve o inclinará a ver a criança de determinadas maneiras e interpretar seu comportamento de forma que concorde com seu ponto de vista ou teoria. Este livro foi concebido para ajudá-lo a aprimorar suas habilidades de observação. Ele também enfatiza a necessidade de um quadro conceitual para observação e dar sentido ao que é visto.

A necessidade de um quadro conceitual ou teórico não pode ser enfatizada demasiadamente. Vamos ilustrar com um cenário hipotético:

A cena é uma sala de aula pré-escolar e você veio simplesmente fazer uma visita e observá-la. Você percebe um garoto sentado em uma mesa brincando com um pedaço de argila. Ele está sozinho e você quer se aproximar para ver o que ele está fazendo. O menino (vamos chamá-lo de Robby) sorri quando você se aproxima e pergunta se quer brincar com ele. Você diz: "sim" e ele lhe dá a argila. Enquanto Robby observa bem de perto, você enrola a argila em uma grande bola e depois a divide em duas partes aproximadamente iguais. Você dá uma porção de argila a ele e diz: "Agora nós dois temos a mesma quantidade para brincar". Robby acena com a cabeça e sorri mais uma vez, pega sua bola de argila e a enrola na superfície da mesa. Você pega a sua parte de argila e a achata como uma panqueca. Robby agora está muito interessado, olha fixamente para seu pedaço achatado e, em seguida, grita: "Ei, seu pedaço é maior! Eu quero seu pedaço!" Como você é um convidado e certamente não quer briga com um menino de três anos por causa de um pedaço de argila, você troca seu pedaço com o dele. Ele sorri mais uma vez e volta a brincar.

Você acabou de observar um comportamento infantil em uma situação particular e recebeu informações por meio de seus olhos e ouvidos. Como você poderia explicar o que acabou de ver por um referencial teórico ou conceitual? Uma possível explicação poderia se basear na teoria do desenvolvimento cognitivo de Piaget. Você pode ter "visto" Robby funcionando intelectualmente no estágio pré-operatório do desenvolvimento cognitivo de Piaget. A partir dessa perspectiva, Robby teria sido incapaz de *conservar substância*. Você teria visto a incapacidade de Robby de entender que, se não foi acrescentada nem tirada argila, então a quantidade de argila deve permanecer inalterada. Poderia ter visto Robby ser enganado pelas aparências exteriores do pedaço de argila. Além disso, poderia ter previsto tudo isso só por saber que, por Robby ter três anos, com toda probabilidade, ele estaria no estágio pré-operatório de Piaget.

Perguntas e respostas possíveis, como estas, são essenciais para este texto, e muitas vezes as respostas podem ser baseadas em quadros teóricos e conceituais particulares.

No entanto, queremos enfatizar que este livro não é uma fonte para se aprender em grandes detalhes assuntos como o desenvolvimento infantil, os currículos e aulas práticas de educação infantil ou procedimentos de intervenção na vida das crianças que apresentam problemas específicos. Em vez disso, concentramo-nos nos processos de observação e registro de comportamentos, processos ou técnicas que podem ser aplicados a praticamente qualquer situação ou conjunto de circunstâncias em que as habilidades de observação e registro são necessárias. Exceto para os exercícios práticos, vamos deixar que encontre as ocasiões para essa aplicação e, consequentemente, também encontre o conteúdo específico de suas atividades de observação e registro.

A discussão anterior tem muito a ver com a importância da observação. No entanto, há um aspecto mais amplo para a importância desta. A observação é crucial porque muitas das ciências – sociais e físicas – precisam reunir dados que podem ser vistos, ouvidos, cheirados, tocados ou provados. Esses dados são chamados dados **empíricos**, que dependem de experiência ou observação, em vez de teoria abstrata.

Um psicólogo, às vezes, deve deixar as teorias abstratas de comportamento humano e explorar e avaliar o comportamento "real" de pessoas "reais". Explorar e medir requer observação. Um psicólogo interessado em estudar o comportamento agressivo infantil deve, em algum momento, parar de pensar em agressão apenas em termos teóricos e identificar o que ele entende por agressão em termos empíricos. O psicólogo deve observar e registrar os comportamentos visíveis exibidos pela criança – comportamentos que ele acredita indicar agressão. É provável que ele aceite como comportamentos de agressão bater, empurrar, xingar ou tomar um brinquedo de outra criança. Mas, independentemente de sua definição, a ideia de agressão deve finalmente ser ligada a algo diretamente observável. Com base nesse comportamento observável, o psicólogo pressupõe a presença ou a existência de agressão.

> Você consegue realmente ver agressão ou somente o comportamento que interpreta como sendo agressão?

Você e o processo de observação

Em um sentido muito real, você estará agindo como um cientista quando observa a criança. Estará fazendo o que cada cientista ou pesquisador deve fazer se tiver de aprender sobre o mundo real. Em virtude dos propósitos que fazem parte de suas ocupações, cientistas e pesquisadores trabalham com ideias que são abstratas ou retiradas da vida cotidiana, embora todos lidemos com ideias abstratas em algum momento. Exemplos podem ser encontrados em nossa linguagem cotidiana. Usamos as palavras como símbolos que representam algo mais. A palavra "cadeira" representa uma peça de mobiliário onde (geralmente) sentamos. Em uma conversa normal, a maioria de nós pode concordar com o que se entende por cadeira. No entanto, um problema surge quando nos afastamos de uma conversa casual e vamos em direção a descrições de ideias abstratas, como verdade ou beleza.

Os objetivos geralmente reconhecidos da ciência são descrição, explicação, previsão e controle. Ser capaz de explicar algo indica que se entende, se sabe como aquilo funciona e por que funciona dessa forma. A explicação primeiramente requer descrição. O explicador deve conhecer o que está observando, ele deve ser capaz de apresentar o fenômeno a outras pessoas, mesmo que apenas por meio de uma descrição verbal ou "imagem". Em alguns casos, o explicador pode ter de deixar claro por que ele acha que verá o que está procurando no fenômeno específico escolhido para observação. No seu caso, você vai observar crianças, algumas das quais serão um fenômeno para descrever, explicar, talvez prever e – consequentemente – entender.

Você pode optar por observar uma criança de três anos em busca de evidências do egocentrismo. Provavelmente, parecerá razoável fazer isso porque, segundo Piaget, uma criança dessa idade é tipicamente egocêntrica em algum comportamento e pensamento. Lembre-se de nossa discussão anterior sobre descobertas recentes de que as crianças não são tão egocêntricas como Piaget pensava. Essa nova evidência pode mudar sua visão sobre o egocentrismo e como e onde procurá-lo. No entanto, se decidir procurar o egocentrismo em crianças com três anos, primeiro terá de defini-lo de modo a reconhecê-lo quando ele ocorre. Você irá descrever os comportamentos que se encaixam na definição de egocentrismo, ou a partir dos quais se inferirá a sua presença.

A participação como observador não é apenas uma questão de observar as crianças brincarem e depois escrever o que viu. O que observou deve fazer sentido e deve receber um significado. Mesmo assim, não há garantia de que seu significado será o único válido ou que você vai até mesmo notar todo o significado da situação. Validade (precisão) e integralidade dependem da perspectiva pela qual você observa e de sua habilidade como observador. Observação implica observar e registrar "fatos". Refinamos esse significado de forma a incluir a ideia de procurar algo de maneira *controlada* e *estruturada*. "Controlada" significa que suas observações não são aleatórias ou ao acaso. Você sabe antecipadamente o que quer observar, onde deseja observar e, essencialmente, como quer observar. Todos esses fatores contribuem para o caráter "estruturado" de suas observações. Suas observações evidenciam estrutura quando você usa formas de observação predeterminadas, seja aquelas previstas neste livro ou outras elaboradas por você ou outra pessoa.

Assim, o que você faz no cenário da observação será completamente diferente do que a pessoa "comum" fará quando observar casualmente as crianças brincando, mostrando emoção, e assim por diante. No entanto, os fatos são, raramente ou nunca, puros ou evidentes. Devemos processá-los de alguma forma. Processar um fato significa pensar nele, dar-lhe um rótulo verbal ou colocá-lo em alguma relação significativa com outros fatos. Raramente lidamos diretamente com os objetos, eventos e pessoas em nosso mundo; em vez disso, lidamos com o que é dito sobre eles. Porém, dizer algo sobre um objeto já envolve interpretação e uma perspectiva. Encontrar as palavras apropriadas indica o conhecimento da língua, o conhecimento do objeto e a capacidade de colocar o objeto em uma relação com outros objetos ou outras informações relevantes. Eis uma ilustração.

Pense por um momento no que está envolvido em "observar as crianças brincarem". Você deve, pelo menos, ter alguma ideia do que é brincar. Como você sabe que está observando uma brincadeira em vez de algum outro tipo de atividade? Se você acredita que tudo que as crianças fazem é brincar, não vai fazer nenhuma distinção entre os comportamentos que elas apresentam. Mas se as suas perspectivas (ideias, opiniões) sobre brincar forem mais sofisticadas, é provável que classifique atividades lúdicas e não lúdicas de acordo com critérios baseados, talvez, em uma teoria. Você pode ainda identificar diferentes tipos ou características de brincadeiras e jogos, possivelmente usando as seis categorias ou formas de brincar de Craig e Kermis (1995), que são as seguintes (veja o Capítulo 17 para uma discussão mais completa sobre essas categorias):

1. Prazer sensorial
2. Brincar com o movimento
3. Brincadeiras turbulentas
4. Brincar com a língua/linguagem
5. Jogo dramático e com modelos
6. Jogos, rituais e brincadeiras competitivas

Você consegue ver como é possível ver o "brincar" (ou qualquer outra coisa) de uma forma simples ou complexa? Vejamos mais uma ilustração deste ponto essencial.

Embora os escritos de 1977 das educadoras infantis Constance Kamii e Rheta DeVries possam parecer particularmente desatualizados atualmente, o que elas têm a dizer ainda é atual e relevante. Na discussão sobre as ideias de Piaget sobre o desenvolvimento da inteligência, elas também lidam com um componente necessário de toda observação – a transformação dos fatos. Elas usam o exemplo de uma criança entendendo o conceito de "capital" (especificamente conforme representado na afirmação "Washington, DC, é a capital dos Estados Unidos"). Um aluno do sexto ano[6] tem alguma compreensão sobre tal afirmação, mas como Kamii e DeVries demonstram, com mais seis anos de vida, estudo e outras experiências de amadurecimento, a afirmação assume significados mais ricos e elaborados. Como resultado, escrevem as autoras, a livre associação com a palavra "Washington" pode levar a criança a respostas como "A Casa Branca, o Capitólio, o Lincoln Memorial" (p. 372). A gama de respostas de um adulto para Washington seria ainda maior que a da criança (talvez incluindo "impostos", "uma área de terra de 10 quilômetros quadrados" ou ir à guerra no Iraque). Assim como a resposta da criança, a do adulto seria pertinente à palavra em particular e seu conjunto de significados aceitos. Eles não incluiriam uma resposta como esta: "O preço dos ovos na China" ou "Napoleão" (Kamii e DeVries, 1977, p. 373). A ideia de colocar um fato em uma relação com outros fatos (processamento) é transmitida na seguinte passagem:

> Estas associações livres ilustram a visão de Piaget de que, como o conhecimento é organizado em uma estrutura coerente e completa, nenhum conceito pode existir isoladamente. Cada conceito é apoiado e colorido por toda uma rede de outros conceitos. (Kamii e DeVries, 1977, p. 373)

Esse exemplo de Kamii e DeVries tem a ver com você como observador e com a sua obrigação de transformar o que percebe como fato. A tese de Kamii e DeVries diz simplesmente que ninguém pode dar sentido, digamos, ao Fato 1 sem ser capaz de colocá-lo em algum tipo de relação com o Fato 2 ou Fato 3, e assim por diante. É essa organização de conceitos que compõe o processamento dos fatos; novamente, ela é guiada por teorias do desenvolvimento ou comportamentais e perspectivas pessoais.

Fica claro por agora que a observação não é simplesmente olhar alguma coisa. A observação disciplinada e científica está procurando *por* algo de um modo (ou vários) particular. Essas formas específicas de observar a criança são discutidas nos capítulos 4 a 12.

Há um aspecto final da observação que é digno de nota. A frase *processo de observação* tem sido utilizada várias vezes. Essa frase tem dois significados de nosso interesse. Em primeiro lugar, *processo* se refere a uma série de atividades que exigem tempo para serem realizadas. Assim, observar uma criança envolve uma série de atividades e comportamentos por parte da criança e do observador. A criança tem de expor os comportamentos de interesse para o observador, e o observador tem de fazer algo com esses comportamentos. Ela deve vê-los e depois registrá-los e interpretá-los. O processo também envolve estrutura de algum tipo, que pode ser inerente à própria situação, na medida em que determinadas atividades têm de seguir determinada

---

[6] O autor refere-se ao sexto ano do *Elementary School* nos Estados Unidos, equivalente ao sexto ano do Ensino Fundamental no Brasil. (NRT)

sequência ou ordem do tempo. Por exemplo, você precisa observar um comportamento antes que possa gravá-lo e interpretá-lo. O observador pode impor outros tipos de estrutura à situação, como na escolha de um método especial de registro de comportamentos ou de determinada perspectiva teórica a partir da qual interprete e explique os comportamentos.

Na sua segunda acepção, *processo* pode ser usado como substantivo, quando se refere a uma sequência ou série de ações ou alterações que provocam algum tipo de resultado ou consequência. O *American Heritage Talking Dictionary* (1995) também inclui em sua definição de processo "uma série de operações realizadas na confecção [ou tratamento] de um *produto*" (grifo nosso). Podemos não pensar normalmente nos outros ou em nós mesmos como "produtos", mas, na verdade, é o que somos. E é claro que mudanças estão sempre envolvidas com a confecção de qualquer produto, incluindo o produto que você é – suas habilidades, seus valores, atitudes e personalidade. A mudança é parte da observação (e vice-versa), pois a criança não permanecerá a mesma, mesmo no curto período de tempo necessário para fazer um exercício de observação e muito menos por um período de semanas e meses. Você também vai mudar. Vai aprender teorias sobre desenvolvimento, normas e estudos investigativos. Irá adquirir conhecimentos sobre técnicas de observação e habilidades para executá-las. Seu conhecimento sobre a teoria e suas experiências de observação irão, durante a interação com os outros, se aprimorar ou melhorar. Suas atitudes relativas à criança – como ela cresce e se desenvolve, quem ela é, onde ela se "encaixa" no ciclo de vida – também pode mudar.

Desejamos-lhe sucesso em sua jornada.

Resumo

A observação é algo que fazemos constantemente, conscientes disso ou não. Observamos principalmente por meio de nossos olhos e ouvidos, absorvendo vários tipos de informações sensoriais. Entretanto, toda observação, seja casual ou cientificamente rigorosa, consiste em mais que a recepção física dos estímulos. Nós observamos ou "enxergamos" verdadeiramente quando o que recebemos por meio de nossos sentidos tem significado para nós. Enxergamos quando podemos colocar nossas observações em um enquadramento mental com relevância pessoal. Todos temos enquadramentos pessoais dentro dos quais descrevemos e interpretamos o que acontece em nosso mundo. Esses enquadramentos podem ser chamados de nossa personalidade. Também é possível ter enquadramentos mais formais para descrever e interpretar fenômenos observados. Esses enquadramentos formais podem ser chamados de teorias.

A observação é fundamental por uma série de razões. A razão mais básica é que, em última instância, aprendemos sobre a realidade ao observá-la, tendo contato com ela por meio de um ou mais de nossos cinco sentidos físicos. Logicamente, portanto, se quisermos compreender as crianças, temos de observá-las, ouvi-las e tocá-las. Além disso, devemos pensar nas informações que obtivemos dessa maneira e dar-lhes algum sentido, a fim de agirmos com as crianças de forma adequada e significativa.

Questões para estudo

1. Qual é a importância de ver no sentido físico e ver em um sentido observacional? Como esses dois tipos de visão estão relacionados?

2. Você acha que as habilidades de observação são importantes ou não para que sejamos bons professores ou profissionais prestadores de cuidados infantis? Defenda sua posição com argumentos específicos. Faça o mesmo com a importância ou falta de importância da observação para a ciência e para o indivíduo. Seus três conjuntos de razões são semelhantes ou não uns aos outros? Em outras palavras, a observação é, para o professor, para o cientista e para uma pessoa comum, três atividades diferentes ou eles compartilham alguma característica em comum?
3. Com relação à última parte da pergunta 2, como a observação feita por um cientista em um estudo experimental pode diferir da observação feita, digamos, por um professor pré-escolar em um ambiente ou contexto natural? Se houver diferenças, que forma elas provavelmente terão?
4. Este capítulo defende que a observação é influenciada ou determinada por nossas personalidades (ou seja, nosso conhecimento, valores, atitudes e experiência). Como poderia provar esse argumento como verdadeiro ou falso? O exercício prático a seguir ajuda a ilustrar como nossa personalidade, experiências passadas, valores e conhecimentos podem afetar as nossas observações.
5. Foi dito que é impossível não se comunicar. É também impossível não observar? Tome a visão mais ampla possível de observação para responder a esta pergunta.

Exercício prático

Gostaríamos que obtivesse, a partir deste primeiro capítulo, uma noção de quanto a nossa personalidade ou as nossas experiências influenciam o processo de observação quando nos envolvemos com ele, o que significa a maior parte do tempo. Apesar de esse exercício exigir certo trabalho, acreditamos que valerá o tempo e o esforço gastos.

O tema ou objetivo essencial deste exercício é pedir a várias pessoas que descrevam ou expliquem algum objeto, som ou evento e, em seguida, que comparem suas respostas no âmbito de suas profissões ou ocupações. Selecione dois ou três indivíduos cujas profissões ou ocupações são muito diferentes e aos quais você pode ter acesso para discussão ou entrevista. Por exemplo, você pode reproduzir uma gravação de um trecho de uma música (jazz, música clássica, rock) ou mostrar a cada pessoa uma fotografia de um edifício ou algum outro objeto. A chave para a realização bem-sucedida deste exercício é adequar a tarefa às respectivas profissões dos indivíduos selecionados, de forma a enfatizar as diferenças em suas respostas.

Por exemplo, tocar os compassos iniciais da *Quinta Sinfonia* de Beethoven para um músico profissional, um advogado e um mecânico de automóveis provavelmente resultaria em comentários, explicações ou entendimentos muito diferentes. Poderíamos prever que as respostas do músico seriam bastante detalhadas, informadas e sofisticadas, ao passo que as respostas dos outros dois indivíduos seriam mais gerais e com menos conhecimento sobre os pontos mais refinados da música de Beethoven. Isso apontaria precisamente como quem somos determina como vemos (ouvimos) as coisas e interpretamos seus sentidos ou significados.

Esse mesmo processo geral poderia ser feito usando-se, digamos, a foto de um edifício. Mais uma vez, seria de esperar que as respostas de um arquiteto fossem muito diferentes daquelas de um pedreiro ou um historiador.

Introdução ao crescimento e ao desenvolvimento

Objetivos

Depois de ler este capítulo, você deverá ser capaz de:
- Definir os conceitos de crescimento e de desenvolvimento.
- Descrever as várias características e os princípios do desenvolvimento.
- Discutir os diferentes pontos de vista relacionados a certas características do desenvolvimento.
- Discutir a relação entre a visão de uma pessoa sobre o desenvolvimento e o que se vê ao observar a criança.
- Discutir os modelos que influenciam as teorias do desenvolvimento.

Termos-chave

Pré-linguísticas; complexidade; diferenciação; integração hierárquica; direcional; crescimento; mudanças quantitativas; mudanças qualitativas; propriedades emergentes; visão mecanicista; atividade *versus* passividade; visão organísmica; teoria construtivista; contextualismo; teoria dos estágios; princípio cefalocaudal; princípio próximo-distal; id; ego; superego; crise psicossocial; confiança básica *versus* desconfiança; condicionamento clássico; condicionamento operante; reforço; aprendizagem observacional; reforço vicário; punição vicária; período sensório-motor; período pré-operatório; operatório concreto; operatório formal; assimilação; acomodação; esquema; esquemas comportamentais; esquemas cognitivos; teoria sociocultural.

Crescimento e desenvolvimento: considerações gerais

Sua compreensão sobre o desenvolvimento é essencial para a observação eficaz da criança, o que é especialmente verdadeiro ao se lidar com crianças pequenas em qualquer capacidade significativa por um longo período. Na verdade, a compreensão de como as crianças mudam ao longo do tempo é um dos componentes básicos dos bons cuidados infantis, independentemente do cenário ou da situação em que se encontram as crianças. No entanto, o *Guia para observação e registro do comportamento infantil* não é uma obra básica sobre desenvolvimento infantil ou sobre psicologia do desenvolvimento. A inclusão de um capítulo sobre desenvolvimento e as questões e conceitos que acompanham o tema pode tornar o livro mais longo e mais complicado do que precisa ser. No entanto, não são todos os leitores que têm conhecimento sobre os princípios de desenvolvimento e nem todos poderão fazer cursos sobre psicologia do desenvolvimento ou desenvolvimento da criança, mas poderão fazer uso de um capítulo como este. Se você já é conhecedor do desenvolvimento infantil, poderá saltar este capítulo, e não haverá prejuízo para seus esforços de observação.

Pontos de referência para explorar o mundo da criança

Papalia, Olds e Feldman, autores de *A child's world: infancy through adolescence* (2006), apresentam o que em uma edição anterior (1999) eles haviam chamado "pontos de referência para explorar o mundo da criança"; porém, mais recentemente, referem-se a isso como "um consenso amplo (...) sobre vários pontos fundamentais" com relação ao desenvolvimento infantil (p. 9). Vamos continuar a nos referir a esses pontos fundamentais como pontos de referência. Ofereceremos isto agora como uma estrutura geral para discutir o conceito de desenvolvimento.

Primeiro ponto de referência

O primeiro ponto de referência é a inter-relação de todos os domínios desenvolvimentais – ou seja, as áreas de mudanças físicas, emocionais, sociais, intelectuais e psicológicas que ocorrem ao longo da vida. Os livros de psicologia do desenvolvimento necessariamente dividem a criança em áreas (domínios) funcionais e, essencialmente, lidam com uma área ou domínio de cada vez, porque é virtualmente impossível estudar a criança toda de uma vez. "Dividir" a criança dessa forma pode dar a impressão de que ela é realmente segmentada em fragmentos. O fato é que a criança é um conjunto desses domínios e, embora o desenvolvimento de cada um não ocorra no mesmo ritmo, cada domínio afeta e é afetado pelos outros. Assim, o desenvolvimento físico irá afetar o desenvolvimento social e emocional, por exemplo, com uma série de interações que ocorrem entre outras áreas do desenvolvimento.

Segundo ponto de referência

O segundo ponto de referência afirma que uma ampla gama de diferenças individuais caracteriza o desenvolvimento normal. Um pressuposto básico das ciências comportamentais é que cada indivíduo é único e distinto de determinadas maneiras de todos os outros indivíduos.

Há diferenças físicas, diferenças no temperamento, no potencial intelectual, na resposta emocional, e assim por diante. Conforme Papalia, Olds e Feldman (2006) afirmaram: "Algumas das influências sobre as diferenças individuais são inatas; outras vêm com a experiência. Muitas vezes, os dois tipos de influências trabalham juntos. As características familiares, as influências do gênero, a classe social, a raça e a etnia, além da presença ou da ausência de deficiência física, mental ou emocional, tudo isso faz diferença" (p. 9).

Terceiro ponto de referência

O terceiro ponto de referência reflete a natureza interativa do desenvolvimento. A afirmação "A criança ajuda a moldar o seu próprio desenvolvimento e a influenciar a resposta dos outros para ela" reflete essa interação (Papalia, Olds e Feldman, 2006, p. 9, itálico no original). Este ponto de referência também define o desenvolvimento da criança como ativo, e não passivo, uma conclusão que implica na questão teórica da atividade *versus* passividade. Talvez seja especialmente significativo para suas próprias observações o fato de o comportamento de uma criança, as características de sua personalidade, temperamento e aparência física, entre outros fatores, contribuírem para determinar como as pessoas tratarão ou responderão à criança. Por sua vez, as respostas e as características dos outros ajudam a determinar o comportamento da criança. Por exemplo, uma criança agressiva pode tender a evocar respostas agressivas de outra criança ou de um adulto, enquanto uma criança calorosa, amigável e carinhosa poderia tender a evocar respostas calorosas e amigáveis dos outros. De um modo geral, as pessoas tendem a nos tratar da forma como as tratamos.

Quarto ponto de referência

O quarto ponto de referência se refere às influências contextuais sobre o desenvolvimento. Você achará este ponto de referência consistente com os pontos de vista de Vygotsky sobre o desenvolvimento sociocultural. O significado básico deste quarto ponto de referência é que o desenvolvimento ocorre necessariamente dentro de um ambiente, de uma forma ou de outra. Conforme Papalia, Olds e Feldman (1999) apontam: "Ao estudar a criança, é preciso determinar se os padrões de desenvolvimento são universais ou específicos para determinada cultura. E como o que acontece em torno da criança a afeta de várias maneiras, é importante observar o desenvolvimento em contexto" (p. 2). Em sua mais recente publicação (2006), esses mesmos autores expandem essa ideia de contexto: "Cada criança se desenvolve dentro de um ambiente específico, delimitado por tempo e lugar. É provável que uma criança nascida nos Estados Unidos hoje tenha experiências muito diferentes de uma criança nascida na América colonial ou de uma criança nascida na Groenlândia ou no Afeganistão" (p. 9). A referência dos autores ao "ambiente" incide sobre a questão do multiculturalismo ou diversidade cultural, discutida em outra parte deste livro. Eles citam uma série de influências ambientais que pode ser relevante a suas observações: novas tecnologias, diversos avanços da medicina, além de rápidas e, às vezes, profundas mudanças sociais que contribuem para as mudanças nos contextos de desenvolvimento da criança (p. 2).

Quinto ponto de referência

A resiliência da criança, apesar dos importantes efeitos da experiência inicial, constitui o quinto ponto de referência. O argumento essencial é que, embora uma experiência traumática única e isolada possa ter sérias consequências emocionais para a criança, em geral, não ocorrem necessariamente danos irreparáveis. Esses autores oferecem uma perspectiva bastante otimista sobre a resiliência da criança: "Um incidente traumático ou uma infância com graves privações podem ter sérias consequências emocionais, mas as histórias de vida de inúmeras pessoas mostram que os efeitos da experiência dolorosa, como crescer na pobreza ou a morte de um pai, muitas vezes podem ser superados" (Papalia, Olds e Feldman, p. 10). Ainda que uma discussão detalhada sobre o desenvolvimento cerebral esteja além do escopo deste livro, basta dizer que as conclusões das pesquisas atuais sobre o cérebro têm profundas implicações sobre o desenvolvimento da criança e a política social (veja Papalia, Olds e Feldman, p. 167). Mesmo antes de as descobertas atuais sobre o cérebro serem apresentadas, havia fortes indícios dos efeitos deletérios sobre o desenvolvimento infantil causados por ambientes pobres e desestimulantes. Também se sabe há algum tempo que um ambiente estimulante pode favorecer o crescimento do cérebro e o seu funcionamento.

Embora seja improvável que o típico prestador de cuidados infantis ou educador infantil tenha muita preocupação clínica com o desenvolvimento do cérebro da criança, os profissionais em cuidados infantis estão certamente preocupados em oferecer estímulo apropriado ao desenvolvimento nos cenários de educação. Sob essa luz, portanto, os efeitos da experiência inicial sobre o cérebro infantil e desenvolvimento comportamental assumem grande importância.

Sexto ponto de referência

O sexto e último ponto de referência de Papalia, Olds e Feldman refere-se essencialmente à natureza cumulativa do desenvolvimento: "O desenvolvimento na infância está relacionado ao desenvolvimento pelo resto da vida" (2006, p. 10, itálico no original). O desenvolvimento não acaba em algum momento intermediário no ciclo de vida. Ele continua por toda a vida ou, como esses autores colocam: "Enquanto a pessoa viver, ela tem o potencial para mudar" (p. 10). Cumulativo significa que o nível de desenvolvimento de uma criança não é separado ou independente de todas as mudanças que ocorreram até o presente. As habilidades, competências, os conhecimentos e experiências de uma criança são consequências de tudo o que ocorreu em seu passado. O amadurecimento e as experiências acumuladas formam a base de tudo que se seguirá em desenvolvimento futuro. Talvez um exemplo simples possa ajudar.

Hector é um menino de quatro anos que possui um vocabulário bastante extenso e habilidades expressivas. Ele consegue dizer coisas como: "Mamãe, eu quero mais um copo de leite" ou "Eu não quero ir para a escola hoje". Porém, as habilidades de linguagem atuais de Hector não ocorreram de um momento para outro. Ele não foi para a cama em uma noite de segunda-feira sem falar nada e acordou na manhã de terça-feira sendo capaz de falar frases completas e gramaticalmente corretas. Ele teve de passar por algumas etapas preliminares de aquisição da fala, que incluem fazer barulhos, balbuciar, frases de uma palavra só, frases de duas palavras e assim por diante. As habilidades de linguagem que Hector tem aos quatro anos são o resultado acumulado de todas as outras habilidades **pré-linguísticas** que ele desenvolveu em um momento anterior de seu desenvolvimento.

Em suma, as habilidades de linguagem de Hector aos quatro anos são o acúmulo de todas as habilidades que adquiriu até o presente.

Sétimo ponto de referência

Gostaríamos de acrescentar um sétimo ponto de referência a esta lista. O desenvolvimento manifesta as características de **complexidade, diferenciação** e **integração hierárquica**.

Estas são características importantes, e devem se tornar evidentes para você caso observe crianças durante qualquer período de tempo considerável. Consideramos o desenvolvimento como direcional, e é dessa direcionalidade que surge a complexidade, a diferenciação e a integração hierárquica. Dizer que o desenvolvimento é direcional significa que a mudança no desenvolvimento contribui essencialmente para o progresso do desenvolvimento.

A ideia de um "progresso" do desenvolvimento pode aparentemente envolver, pelo menos, duas ideias ou abordagens: alguém pode questionar se o desenvolvimento leva a alguma "meta ideal" ou "nível mais maduro de funcionamento" (Mussen, Conger e Kagan, 1979, p. 34), ou pode simplesmente definir **direcional** no sentido de que "o desenvolvimento sempre pode ir em direção à maior complexidade" (Sroufe e Cooper, 1988, p. 7), um conceito que continuaremos a discutir mais profundamente.

Nem todos os psicólogos acreditam que o desenvolvimento vai em direção a um objetivo ideal. Como Mussen, Conger e Kagan (1979) apontam: "Os teóricos da aprendizagem não supõem que a criança esteja necessariamente indo a qualquer direção especial, mesmo que seu comportamento mude a cada dia". Neste contexto, comportamento e desenvolvimento levam à capacidade de sobreviver em um ambiente – adaptar-se às exigências de um ambiente físico e psicológico em particular. Piaget, por outro lado, pensou no indivíduo progredindo rumo a um estado de maturidade de desenvolvimento caracterizado por algumas habilidades mentais, tais como a capacidade de raciocinar e deduzir de modo lógico. O que é relevante para sua observação é a questão de como você vai interpretar as diferenças entre crianças de várias idades, bem como as diferenças que determinada criança apresentará em seu comportamento. Será que as diferenças e mudanças podem ser explicadas de forma mais significativa como sendo quantitativas ou qualitativas? Você verá a criança progredindo em direção a algum objetivo ideal ou estado final de desenvolvimento no qual todos os comportamentos se acumulam uns sobre os outros e, por fim, contribuem para atingir essa meta ideal? Ou será que verá a criança mudando por causa da aprendizagem contínua de respostas, considerando-se que essas respostas não conduzem necessariamente a qualquer objetivo em particular ou objetivo de desenvolvimento?

Pontos de referência para explorar o mundo da criança	
Ponto de referência	Implicações para observação
1. Todos os domínios ou áreas de desenvolvimento estão inter-relacionados.	Cada área de desenvolvimento afeta e é afetada por uma ou mais áreas de desenvolvimento. É importante manter isso em mente ao observar a criança, pois pode ajudar a compreender, por exemplo, como o físico pequeno de Pedro pode afetar suas interações sociais com seus colegas maiores.
2. Uma série de diferenças individuais caracteriza o desenvolvimento normal.	Não espere que cada criança seja como qualquer outra. Tammy irá crescer e se desenvolver em seu próprio ritmo e de forma única que serão diferentes de Samantha. O princípio das diferenças individuais se aplica a todas as crianças.

Pontos de referência para explorar o mundo da criança	
Ponto de referência	Implicações para observação
3. O desenvolvimento é ativo e interativo.	As crianças não são apenas receptoras passivas de estímulos ambientais, mas procuram ativamente por experiências. É muito importante o caráter interativo do desenvolvimento. O comportamento de uma criança, as características de sua personalidade, o temperamento e a aparência física, entre outros fatores, ajudam a determinar como as outras pessoas irão tratá-la ou responder a ela. Por sua vez, respostas e características dos outros ajudam a determinar o comportamento infantil.
4. O desenvolvimento necessariamente ocorre em um ambiente de um tipo ou outro.	Este ponto de referência se refere à influência do contexto sobre o desenvolvimento. As visões socioculturais de Vygotsky sobre o desenvolvimento enfatizam este ponto de referência. De especial importância para os prestadores de cuidados infantis são as influências ambientais fornecidas pela família da criança, por grupos de colegas, pela sociedade e pela cultura.
5. As crianças são resilientes, apesar dos importantes efeitos da experiência inicial.	Este ponto de referência distingue os efeitos das experiências relativamente breves e esporádicas dos efeitos das experiências que se repetem e têm relativa longa duração. Resiliência significa que a criança pode se recuperar mesmo a partir de experiências negativas ou adversas, se estas não persistirem por longos períodos de tempo.
6. O desenvolvimento é cumulativo.	O nível de desenvolvimento da criança não é separado ou independente de todas as mudanças que tenham ocorrido até o presente momento. Isto significa basicamente que não podemos ignorar os efeitos do desenvolvimento passado da criança em seu nível de desenvolvimento presente ou o efeito potencial de seu atual nível de desenvolvimento em seu desenvolvimento futuro.
7. O desenvolvimento manifesta as seguintes características:	
a. Complexidade	Isto significa simplesmente que o desenvolvimento leva a comportamentos e capacidades mais complexas e sofisticadas. As ações motoras físicas, a fala, os pensamentos e as emoções de uma criança de quatro anos, por exemplo, são mais maduras, sofisticadas e de uma variedade maior que os de uma criança de dois anos.
b. Diferenciação	Diferenciação significa que os comportamentos inicialmente manifestados de forma difusa, eventualmente, se separam e se tornam mais qualificados, mais específicos e mais independentes uns dos outros. Talvez o exemplo mais evidente desta característica seja observado comparando-se os movimentos de um bebê com os de uma criança de três anos. Quando um bebê de três meses deitado em seu berço alcança um objeto suspenso acima dele, ele tende a envolver todo o seu corpo, enquanto uma criança de três anos alcança e agarra um objeto envolvendo apenas o braço e a mão.
c. Integração hierárquica	A integração hierárquica permite que a criança combine várias habilidades, comportamentos e movimentos para que trabalhem juntos como uma unidade harmoniosa. Os movimentos dos dedos, por exemplo, não só se diferenciam (separam) dos movimentos do braço, mas cada tipo de movimento pode servir a um diferente propósito. Os dedos das mãos e dos braços podem trabalhar independentemente uns dos outros ou podem trabalhar juntos como uma unidade integrada.

Adaptado de Papalia, Olds e Feldman (1999). O sétimo ponto de referência foi extraído deste capítulo.

Complexidade, diferenciação e integração hierárquica

Há outra característica do desenvolvimento com a qual a maioria dos psicólogos concorda, independentemente de suas orientações teóricas: o desenvolvimento, como um reflexo ou uma manifestação de seu aspecto direcional, resulta em aumento de complexidade na organização e no funcionamento. À medida que a criança fica mais velha e mais madura, seu comportamento, emoções, motivações, habilidades e linguagem tornam-se mais sofisticados e refinados, não ao contrário. Este aumento de complexidade é em parte resultado da aprendizagem da criança sobre como fazer mais coisas, mas há algo além disso. O conhecimento e as habilidades da criança cada vez mais formam um todo unificado e integrado. Os psicólogos falam em diferenciação e integração hierárquica quando se referem a este movimento em direção à complexidade. "Diferenciação" significa que os comportamentos inicialmente manifestados de forma difusa eventualmente se separam e se tornam mais qualificados, mais específicos e mais independentes uns dos outros. "Mais específico" significa que partes do corpo e respostas anteriormente não especializadas se tornam especializadas (ver Figura 2.1), assumindo determinadas funções ou papéis específicos. Por exemplo, crianças muito pequenas exibem movimentos musculares aparentemente aleatórios; ela move quase seu corpo inteiro, mesmo quando está respondendo a um estímulo específico e enfocado, como uma picada no pé. Mais tarde, porém, ela será capaz de mover apenas o pé, indicando que os movimentos do corpo e dos grupos musculares tornaram-se diferenciados e capazes de responder com mais precisão a estímulos específicos.

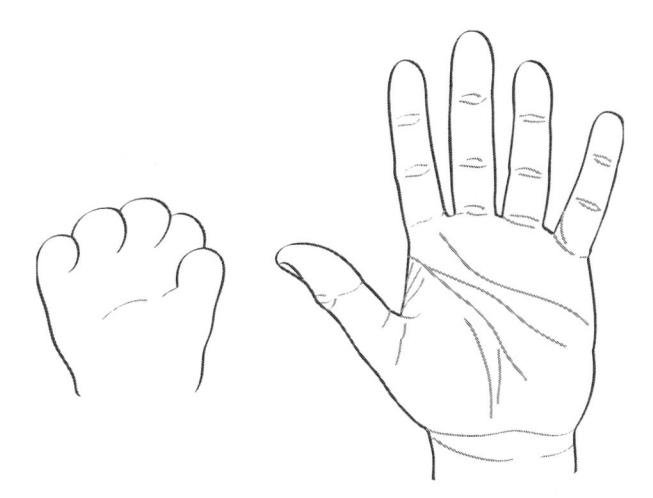

Figura 2.1 – A mudança dessa mão fetal para uma mão completamente formada é um exemplo de diferenciação.

A integração hierárquica ocorre quando a criança consegue combinar várias habilidades, comportamentos e movimentos e os faz trabalhar juntos como uma unidade harmoniosa. Assim, movimentos dos dedos tornam-se diferenciados dos movimentos do braço, e embora cada tipo de movimento possa servir a um propósito diferente e ser realizado independentemente um do outro, os braços e os dedos também podem trabalhar juntos como unidade integrada. Essa coordenação permite à criança alcançar e segurar um objeto. Alcançar e agarrar geralmente também envolve o funcionamento visual, o que demonstra maior integração. Por exemplo, a criança inicialmente diferencia palavras isoladas à medida que adquire um vocabulário de fala e audição; posteriormente, ela combina as palavras em frases complexas e gramaticalmente corretas. Com essa integração, ela pode expressar pensamentos e ideias cada vez mais complexos.

Desenvolvimento: alguns significados e conceitos básicos

Em seu sentido mais básico, *desenvolvimento* se refere a mudanças ao longo do tempo – na estrutura, no pensamento ou no comportamento de um indivíduo que se instalam a partir de influências biológicas e ambientais. Portanto, o estudo científico do desenvolvimento infantil é o estudo de como as crianças mudam ao longo do tempo e também como elas continuam as mesmas. Contudo, a mudança no desenvolvimento não é qualquer tipo de mudança. Ela é ordenada, sistemática e, até certo grau, previsível e, na maioria das vezes, contribui para a sobrevivência e capacidade do indivíduo de se adaptar às exigências impostas pelo ambiente. Shaffer e Kipp (2007) definem desenvolvimento como "continuidades e mudanças sistemáticas no indivíduo, que ocorrem entre concepção (quando o espermatozoide do pai penetra no óvulo da mãe, criando um novo organismo) e morte. Ao descrever *mudanças* como 'sistemáticas', implicamos que elas sejam ordenadas, padronizadas e relativamente duradouras, de modo que as mudanças temporárias de humor e outras alterações transitórias na nossa aparência, nossos pensamentos e comportamentos sejam, portanto, excluídas" (p. 2, grifo do original).

Crescimento *versus* desenvolvimento e mudança quantitativa *versus* mudança qualitativa

Para começar a nossa discussão, devemos fazer uma breve distinção entre crescimento e desenvolvimento. **Crescimento** se refere basicamente a mudanças na quantidade de alguma coisa. Ficar mais alto e mais pesado, acrescentar mais palavras ao vocabulário e mais filhos em uma família são exemplos razoáveis de crescimento. Embora o crescimento físico como realmente ocorre no corpo humano, por exemplo, seja bastante complicado, queremos considerar o desenvolvimento como conceitualmente mais sofisticado ou complicado que o crescimento. Como podemos definir diferenças entre crescimento e desenvolvimento, também podemos definir as diferenças entre mudanças quantitativas e qualitativas.

De um modo geral, **mudanças quantitativas** caracterizam o crescimento e **mudanças qualitativas** caracterizam o desenvolvimento. Com as mudanças qualitativas, vemos mudanças que resultam em uma reorganização dos comportamentos e padrões de comportamento infantil. Mudança qualitativa não significa simplesmente adicionar mais da mesma coisa, como acontece no crescimento físico dos ossos, em que mais carne e tecidos são adquiridos para tornar a criança maior e mais pesada, ou como no desenvolvimento da linguagem, quando a criança adquire mais palavras em seu vocabulário. Algo diferente emerge (resultando no que é chamado **propriedades emergentes**) a partir do processo de desenvolvimento. Alguns teóricos argumentam que essas diferenças não são previsíveis a partir de fases anteriores de desenvolvimento, capacidades e habilidades. A "mudança qualitativa", escreve Papalia et al. (2006), "é uma mudança no tipo, na estrutura ou na organização. Ela é marcada pela emergência de novos fenômenos que não podem ser facilmente previstos com base no funcionamento anterior, como a mudança de uma criança não verbal para aquela que compreende as palavras e consegue se comunicar verbalmente" (p. 10).

Desenvolvimento: alguns significados e conceitos básicos – resumo	
Conceitos	Breve descrição
Crescimento e mudança	Crescimento, neste livro, se refere principalmente a mudanças na quantidade ou grandeza de algo. A criança cresce fisicamente (são acrescentados mais centímetros a sua altura); braços, pernas e tronco aumentam em circunferência, e ela fica mais pesada. Assim, o crescimento essencialmente envolve a adição de mais da mesma coisa – mais tecido ósseo, tecido muscular, e assim por diante. Essa adição descreve a mudança quantitativa, que é o tipo de mudança que caracteriza o crescimento. Podemos também falar de mudanças quantitativas em algo como o vocabulário – a criança adquire mais palavras para se comunicar – ou aumento no número de fatos ou pedaços de informação que compõem o corpo de conhecimento da criança. Entretanto, observe que o aumento no vocabulário e no conhecimento contribuem muito para o desenvolvimento e a mudança qualitativa.
Desenvolvimento, mudança qualitativa e propriedades emergentes	Em vez de uma mudança na quantidade de algo, pense em desenvolvimento como mudanças no modo como a criança se organiza, com consequentes mudanças na forma como ela se comporta. Por meio do desenvolvimento, uma criança é estruturada de modo diferente e funciona de maneira diferente de um período ou estágio de desenvolvimento para outro. Isso caracteriza uma mudança qualitativa. Por exemplo, progredir de engatinhar e se arrastar para caminhar é uma mudança qualitativa, porque a caminhada não é simplesmente mais que engatinhar e se arrastar. Andar é qualitativamente diferente de engatinhar e se arrastar, assim como se expressar por meio de frases completas não é simplesmente mais que fazer barulhos e balbuciar, característica de expressões vocais durante a infância. Em certo sentido, portanto, Amanda, de três anos é uma pessoa diferente de quem ela era com um ano. Ela agora consegue caminhar, correr, pular, subir, comunicar ideias e emoções bastante complexas, além de pensar de maneira muito mais sofisticada. Essas mudanças surgem a partir de competências e habilidades anteriores (que apontam para o fato de que o desenvolvimento é cumulativo), mas são qualitativamente diferentes das competências e habilidades anteriores. Assim, a caminhada é uma propriedade emergente do ato de engatinhar e se arrastar, falar é uma propriedade emergente do ato de fazer barulhos e balbuciar, e assim por diante para as áreas de desenvolvimento semelhantes.

Como este é um conceito importante, um exemplo simples de propriedades emergentes é necessário. A água é composta por dois gases: hidrogênio e oxigênio. Ambos são insípidos, incolores, inodoros e invisíveis. Se não soubéssemos nada sobre a composição da água, provavelmente nunca poderíamos prever que a água seria o resultado da combinação de hidrogênio e oxigênio. Assim, podemos dizer que a "aquosidade" é uma propriedade emergente. Quando ocorre a transformação de dois gases em água tem-se, portanto, uma mudança qualitativa. De forma semelhante, se presumirmos que a caminhada e a corrida não são simplesmente mais engatinhar e se arrastar, então progredir no desenvolvimento de engatinhar para caminhar e correr representa uma mudança qualitativa e propriedades emergentes.

Há outras considerações que temos de levar em conta a fim de compreender o desenvolvimento de forma mais completa. É obrigação dos prestadores de cuidados infantis entender o que está acontecendo na vida das crianças sob seus cuidados. Tal compreensão exige mais que simplesmente ver a criança mudar. O observador deve ter alguma compreensão do contexto dessa mudança, de algumas possíveis explicações sobre a forma como a mudança ocorre e de algumas das questões que acompanham o estudo do desenvolvimento; porém, a forma como vemos o mundo e como podemos conceituar a natureza humana influencia tal entendimento. Teorias e visões de mundo influenciam ou determinam como vemos o mundo e como conceituamos a natureza humana; então, agora, abordaremos esses temas.

Desenvolvimento: algumas considerações teóricas

Modelos de desenvolvimento: uma breve revisão de algumas visões de mundo da natureza básica dos seres humanos

A discussão da teoria muitas vezes afasta as pessoas, porque elas "querem apenas fatos". Porém, as teorias são uma ferramenta indispensável para a compreensão do que chamamos de fatos. Na verdade, um fato nunca pode estar só; ele precisa ser colocado em algum tipo de relação com outros fatos. Podemos adquirir novos conhecimentos precisamente por causa dos conhecimentos já adquiridos. Podemos aprender cálculo somente se tivermos aprendido álgebra, e álgebra somente se tivermos aprendido um pouco de matemática básica. Por sua vez, podemos aprender matemática ou aritmética somente se tivermos alguma compreensão do conceito de *números*. É por isso que é tão importante que os prestadores de cuidados infantis aceitem a criança como ela é atualmente e permitam que o desenvolvimento progrida a partir daí. É prejudicial ignorar a aprendizagem que já ocorreu ou não.

Por que estudar teorias de desenvolvimento?

Por que é importante estudar as teorias de desenvolvimento? Patricia Miller (1993), em seu livro *Theories of developmental psychology*, oferece alguns *insights* sobre sua importância: "Uma teoria do desenvolvimento organiza e dá sentido aos fatos do desenvolvimento. Fatos não falam por si... 'A ciência é construída de fatos, como uma casa é construída de pedras; porém, um acúmulo de fatos não é mais ciência assim como um monte de pedras não é uma casa'" (p. 9). Ela escreve ainda: "Uma teoria dá sentido aos fatos, fornece uma estrutura para os fatos, atribui mais importância a alguns fatos que a outros e integra os existentes" (p. 9).

Desse modo, precisamos das teorias para compreender o desenvolvimento infantil corretamente. No entanto, não há necessidade, nesta obra, de entrar em uma discussão muito detalhada sobre as teorias do desenvolvimento. Com essa limitação em mente, queremos discutir brevemente quatro questões básicas que são levantadas em relação ao desenvolvimento. Este autor está muito agradecido à Patricia Miller (1993) por sua discussão esclarecedora sobre essas quatro questões, que identifica como os principais problemas da psicologia do desenvolvimento.

Questão básica um: qual é a natureza básica dos seres humanos?

Conforme Miller (1993) argumenta, "[Uma] visão de um teórico acerca do desenvolvimento está intimamente ligada ao seu ponto de vista sobre a natureza humana" (p. 18). Dito de outra forma, a visão de desenvolvimento de alguém é afetada pela sua visão de mundo. Há três visões de mundo básicas que têm a ver com nossa concepção de natureza humana. A primeira delas é chamada **visão mecanicista**.

Como o termo sugere, essa perspectiva vê o mundo como uma espécie de máquina que deve esperar que alguma força externa atue sobre ela a fim de fazê-la funcionar. Essa noção não é estranha para nós, pois devemos ativar quase todas as máquinas que fazem parte de nossa vida diária. Um automóvel não arranca a menos que se ligue a ignição, e não irá se mover a menos que o coloquemos em marcha e pressionemos o acelerador. Temos de ligar nossos computadores antes que eles funcionem, e temos de instalar o software adequado para que possamos realizar as tarefas que estabelecemos para eles.

Uma questão importante relacionada a isso é a da **atividade *versus* passividade**.

A visão mecanicista de ser humano considera-nos essencialmente passivos, porque, afinal, as máquinas são essencialmente passivas. Isso não serve apenas para dizer que nós literalmente sentamos em um canto em algum lugar e ficamos esperando por estímulos ambientais para que possamos responder a eles. É uma questão de grau e não uma questão de "tudo ou nada". A questão central é quão importante é o papel desempenhado pelo indivíduo em seu próprio desenvolvimento?

A segunda visão de mundo é chamada **visão organísmica**.

Essa visão está em nítido contraste com a visão mecanicista na medida em que considera os seres humanos como participantes ativos em seu próprio desenvolvimento. As pessoas não ficam de braços cruzados à espera de estímulos ambientais aos quais irão responder. Os seres humanos se colocam em funcionamento, e não precisam esperar serem motivados pelo mundo exterior. Como Miller (1993) escreve: "[As] crianças 'constroem' seus conhecimentos ao formular ativamente e testar hipóteses sobre as categorias de objetos e causas de eventos" (p. 19). Por isso, os seres humanos estão ativamente envolvidos em seu próprio desenvolvimento. Piaget considerava a criança um organismo ativo, em busca de estímulo, e é por isso que sua teoria é muitas vezes chamada **teoria construtivista**.[1]

Os dois primeiros pontos de vista podem ser mais familiares que o terceiro. A terceira visão é chamada **contextualismo**, que diz que o desenvolvimento e o comportamento podem ser entendidos somente dentro de algum tipo de contexto social ou cultural. Consequentemente, só podemos compreender o desenvolvimento e o comportamento infantil se conhecermos sua história de desenvolvimento, que inclui todas as coisas que ela já experimentou por meio da socialização que ocorreu no seu ambiente social e cultural.

Assim, podemos pensar em nós mesmos como máquinas ou como seres viventes, mas ambas as perspectivas nos permitem compreender a nós mesmos sem a necessidade de responsabilizar qualquer contexto social em particular. Há outras questões que caminham juntamente com essas três visões de mundo, e as teorias do desenvolvimento se ligam a uma ou outra dessas visões.

---

[1] Piaget também considerava a interação do indivíduo com o meio fundamental para o desenvolvimento do sujeito, daí sua teoria ser classificada também como "interacionista". (NRT)

Questão básica dois: o desenvolvimento é qualitativo ou quantitativo?

Embora a distinção entre desenvolvimento e mudanças quantitativas e qualitativas já tenha sido discutida, ela merece aqui uma discussão mais aprofundada. A mudança quantitativa é o conceito mais fácil de ser apreendido, provavelmente porque implica a noção de mudanças na quantidade de alguma coisa. (Miller (1993) também inclui mudanças quanto à frequência ou ao grau como constituintes de mudança quantitativa.) Na discussão anterior sobre crescimento, o conceito de mudança quantitativa era pertinente. Crescimento – digamos crescimento físico – consiste em acrescentar ao corpo cada vez mais tecido corporal e ósseo e, consequentemente, a criança fica maior e mais alta. No entanto, é importante reconhecer que muitas – talvez a maioria – das alterações quantitativas resultam em ou contribuem para alterações qualitativas. Sem dúvida, o nascimento de um bebê – que muda a família quantitativamente – também muda qualitativamente essa família, alterando seus padrões de interação, estilos de comunicação, e assim por diante.

As mudanças qualitativas, por outro lado, são mudanças em espécie ou tipo. Como Miller (1993) escreve: "As mudanças qualitativas envolvem mudanças na estrutura ou organização" (p. 21). Lembre-se da discussão anterior sobre propriedades emergentes, conceito que descreve a transformação de um estado para outro. Além do exemplo anterior de como o hidrogênio e o oxigênio se combinam para formar água, essa transformação também pode ser ilustrada pelos vários estágios pelos quais uma borboleta passa quando evolui, passando pelas fases de pupa, larva, lagarta e, finalmente, uma borboleta completa. De maneira geral, acredita-se que cada etapa ou fase bem-sucedida é essencialmente imprevisível a partir de qualquer uma das fases anteriores. É claro que, na realidade, nós podemos prever e prevemos tais mudanças, mas apenas porque estudamos e aprendemos o que são essas mudanças. As mudanças qualitativas tendem a ser de especial interesse para os psicólogos que tratam do desenvolvimento. Porém, mais uma vez, não podemos ignorar o crescimento, porque a mudança quantitativa também é uma característica importante do desenvolvimento humano.

Questão básica três: como a natureza e a criação contribuem para o desenvolvimento?

Esta questão tem a ver com as causas subjacentes do desenvolvimento: quanto do desenvolvimento depende da herança genética e quanto depende das experiências? Esta última questão tem longa tradição em psicologia, e já aconteceram inúmeras discussões sobre qual seria a porcentagem ou proporção de uma característica, capacidade ou função em particular proveniente da hereditariedade e qual seria proveniente do meio ambiente.

Embora ainda haja alguma controvérsia sobre a importância relativa da natureza e da criação, a questão mais central agora é como a hereditariedade e o ambiente trabalham em conjunto ou *interagem* entre si para provocar mudanças no desenvolvimento. Conforme Miller (1993) coloca: "Natureza e criação estão inextrincavelmente interligados" (p. 23). Isso significa que o desenvolvimento depende absolutamente de contribuições tanto da hereditariedade como do ambiente. De fato, sem a hereditariedade não haveria nenhum ser humano, e sem um ambiente não haveria nenhum ser unicamente humano.

Papalia et al. (1999) também falam sobre esta questão:

> Atualmente, os avanços na genética comportamental permitem que os cientistas meçam de modo mais preciso os papéis que a hereditariedade e o ambiente exercem para gerar diferenças em traços específicos, a exemplo da inteligência, e como a força dessas influências pode mudar ao longo da vida (...) No entanto, quando observamos uma criança específica, a investigação relativa a quase todas as características apontam para uma mistura ou interação entre herança e experiência. Assim, apesar de a inteligência conter um componente de hereditariedade forte, o estímulo dos pais, a educação e outras variáveis fazem a diferença. E embora ainda haja considerável disputa sobre o impacto relativo da natureza e da criação, muitos teóricos e pesquisadores contemporâneos (...) estão menos interessados em discutir sobre qual dessas forças é mais importante do que em encontrar formas de explicar como elas funcionam juntas para influenciar o desenvolvimento. (p. 20)

Questão básica quatro: o que é isto que se desenvolve?

Em sua forma mais simples, podemos responder parcialmente a esta pergunta relacionando os domínios comportamentais pelos quais os psicólogos estão interessados. Os domínios cognitivo, social, emocional, físico e linguístico compõem a maior parte do conteúdo do desenvolvimento humano. (Apenas como ponto de referência, Papalia et al. (2006) reduzem essa lista de domínios a três: desenvolvimento físico, desenvolvimento cognitivo e desenvolvimento psicossocial (p. 10)). É claro que você, como observador de crianças, estará interessado em todas essas áreas, e seus exercícios de observação vão exigir que se aprofunde em muitos desses aspectos do comportamento infantil. Caso seja um profissional da área de prestação de cuidados à criança e educador, certamente se preocupará com a forma como a criança progride em cada uma dessas áreas funcionais.

Mais uma questão importante para entender o desenvolvimento e observar como a criança muda ao longo do tempo é a de saber se o desenvolvimento ocorre em etapas. Essa questão recebe como resposta um "não", dentro do modelo mecanicista, e um "sim", dentro do modelo organísmico. Os teóricos mecanicistas seguem uma linha de pensamento quantitativa no que tange à mudança no desenvolvimento, ao passo que os teóricos organísmicos seguem uma linha de pensamento qualitativa. Os mecanicistas argumentam que o desenvolvimento é contínuo, o que significa que é "sempre regido pelos mesmos processos, permitindo a previsão de comportamentos posteriores a partir dos anteriores" (Papalia et al., 2006, p. 26). Os organísmicos alegam que o desenvolvimento não é contínuo, ou que ele ocorre em estágios, como resultado de uma série de mudanças qualitativas. Os estágios de desenvolvimento são em geral descritos como uma escadaria que a criança deve subir. Com efeito, à medida que a criança evolui de um degrau para outro, ela progride de um estágio ou nível de desenvolvimento inferior para a próxima fase ou nível superior. Em contraste, a visão mecanicista vê a progressão no desenvolvimento mais como subir uma colina, em que o progresso é, no mínimo, percebido como mais gradual ou menos abrupto do que quando subimos um lance de escadas.

Os teóricos dos estágios consideram o desenvolvimento como universal, pelo qual "cada pessoa em cada cultura passa pelos mesmos estágios na mesma ordem, porém o momento preciso pode variar" (Papalia et al., 2006, p. 21). A **teoria dos estágios** em geral também impõe o requisito adicional de que nenhum momento pode ser permanente ou temporariamente "pulado" ou ignorado e retornado mais tarde. Assim, na teoria do desenvolvimento cognitivo de Piaget, a criança deve progredir pelo estágio sensório-motor, pré-operatório, operatório concreto e, por fim, o estágio operatório formal. Ela não pode passar do estágio sensório-motor para o estágio operatório concreto, por exemplo, omitindo a fase pré-operatória. Na teoria dos estágios, a pessoa pode diferir na velocidade com que avança as etapas e na última fase alcançada (nem todo mundo chega ao estágio final de pensamento formal de Piaget, por exemplo). As diversas teorias do desenvolvimento, de modo geral, se inserem no modelo mecanicista, organísmico ou contextualista de desenvolvimento. Não há um padrão histórico que caracteriza a adesão dos modelos às várias teorias. Freud, Erikson e Piaget pregam em favor do modelo organísmico e suas teorias são teorias de estágio. As teorias de aprendizagem – como a teoria do condicionamento operante de Skinner – favorecem o modelo mecanicista e não adere ao ponto de vista em estágios do desenvolvimento.

Uma característica importante das teorias de estágio é que elas nos permitem reconhecer determinados princípios ou leis pelos quais a mudança pode ser descrita, explicada e prevista. É a regularidade e a previsibilidade da mudança – dentro de certos limites – que ajudam a possibilitar o estudo científico da criança.

Talvez as sequências mais evidentes que ocorrem em uma criança ao longo do tempo sejam aquelas que descrevem o desenvolvimento físico-motor. As sequências em que as habilidades motoras emergem foram chamadas de princípios, o que significa que operam de modo previsível em quase todas as crianças em todas as culturas. O **princípio cefalocaudal (da cabeça às extremidades)** do desenvolvimento motor diz que a criança obtém primeiro o controle sobre os movimentos da cabeça e do pescoço (levantando a cabeça do colchão, por exemplo), enquanto o controle dos movimentos do pé vem por último. Um segundo princípio, o **princípio próximo-distal**, diz que a criança obtém primeiro o controle sobre as partes do corpo mais próximas à linha mediana do corpo – ombros, braços, peito –, em seguida, ela obtém controle sobre as partes mais distantes, como os dedos das mãos (veja a Figura 2.2). Essas sequências também descrevem um padrão que progride do controle muscular grosso (amplo) para o controle muscular fino (pequeno). Essa sequência geneticamente pré-programada de habilidades motoras pode ser observada quando a criança atinge os marcos de desenvolvimento motor descritos na Tabela 2.1.

Papalia et al. (2006) oferecem uma sinopse muito boa de como os desenvolvimentistas contemporâneos se posicionam em relação à influência relativa dos modelos mecanicista e organísmico:

> Atualmente, o pêndulo fica no meio do caminho. Abordagens semiorganísmicas centradas nas bases biológicas do comportamento estão em ascensão, mas, em vez de tentar delinear estágios amplos, os teóricos procuram descobrir que tipos específicos de comportamento mostram continuidade ou falta de continuidade e quais processos estão envolvidos em cada. Existe amplo consenso de que as influências sobre o desenvolvimento são bidirecionais: a criança muda seu mundo ao mesmo tempo em que ele a muda. Um bebê que nasce com um temperamento alegre é suscetível de obter respostas positivas dos adultos, que fortalecem sua confiança de que seus sorrisos são recompensados e o motivam a sorrir mais. (p. 27)

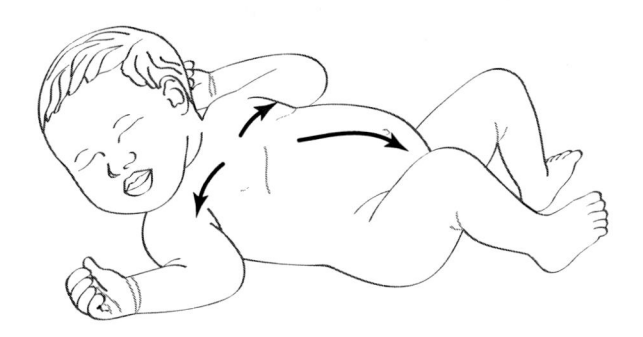

Figura 2.2 – O desenvolvimento físico-motor ocorre conforme os princípios cefalocaudal (da cabeça aos pés) e próximo-distal (do centro às extremidades).

Tabela 2.1 – Marcos selecionados do desenvolvimento			
Idade	Controle postural	Locomoção	Controle manual
2-3 meses	Mantém a cabeça firme quando na posição ereta. Quando na posição deitada, levanta a cabeça o bastante para ver o que está a sua frente.		Começa a alcançar os objetos, mas seus esforços são mal coordenados. Segura os objetos por pouco tempo.
4 meses	Mantém o peito levantado quando deitado. O controle da cabeça é mais estável que antes.	Rola de costas para frente e de frente para trás.	Mostra alcance visual direcionado mais coordenado, mas sua atenção muda alternadamente da mão ao objeto (Faw e Belkin, 1989).
5-8 meses	Senta-se sozinho; senta-se sem apoio. A maioria consegue ficar ereto quando se segura em alguma coisa.	Alguns conseguem se movimentar lateralmente enquanto se seguram nos móveis. Dos 5 aos 8 meses, a maioria aprende a arrastar-se com o corpo na superfície ou a engatinhar com as mãos e os joelhos; alguns se movimentam na posição sentada.	Craig e Kermis (1995) destacam o alcance visual direcionado aos 5 meses. Até esse momento, o bebê tem habilidades componentes individuais, mas não consegue juntá-las de forma coordenada. Aos 8 meses, gostam de passar objetos de uma mão para outra.
9-12 meses	Aos 12 meses, cerca de metade dos bebês consegue ficar de pé sozinha (Craig e Kermis, 1995).	Aos 9 meses, a maioria consegue se levantar; alguns "passeiam" segurando-se nos móveis. A maioria dos bebês anda sozinha entre 11 e 13 meses (Craig e Kermis, 1995).	A maioria dos bebês com 12 meses consegue colocar o polegar e o indicador em posição de pinça. Consegue abrir gavetas, virar maçanetas e inserir objetos em pequenas aberturas (Craig e Kermis, 1995).

Tabela 2.1 – Marcos selecionados do desenvolvimento			
Idade	Controle postural	Locomoção	Controle manual
18 meses	Quase todas as crianças nessa idade têm controle postural suficiente para andar sozinhas; no entanto, elas não conseguem chutar uma bola, por causa da falta de firmeza.	Quase todas as crianças dessa idade andam sozinhas. Algumas ainda não conseguem subir escadas; chutar uma bola é difícil para a maioria e pedalar um triciclo ou pular é praticamente impossível (Craig e Kermis, 1995).	A maioria consegue empilhar blocos e construir uma torre pequena. Conseguem rabiscar com um giz de cera ou lápis. Conseguem se alimentar melhor, e algumas conseguem até tirar suas roupas parcialmente.
24 meses	Conseguem se equilibrar brevemente em um pé só. O equilíbrio durante a locomoção é bom.	Conseguem andar e correr, pedalar um triciclo, pular com os dois pés e subir escadas.	Conseguem jogar uma bola; colocam e tiram objetos de recipientes; manipulam objetos de todos os tipos.

Adaptado de Craig e Kermis (1995).

Teorias do desenvolvimento: um panorama geral

Em vez de lidar apenas com teorias específicas, apresentamos brevemente estruturas ou perspectivas gerais dentro das quais estas teorias defendem seus conceitos e princípios. A discussão explícita de teóricos como Piaget, Vygotsky e Skinner fica reservada para os contextos particulares de observação na qual suas teorias podem ser aplicadas.

Perspectiva psicanalítica

Sigmund Freud

A primeira estrutura ou perspectiva é a psicanalítica, originada e desenvolvida por Sigmund Freud. Aqui, a teoria de Freud é tratada brevemente, principalmente porque, para este autor, conceitos freudianos tais como a repressão e o inconsciente, entre outros, são mais apropriados a um ambiente clínico terapêutico do que a um cenário de cuidados infantis mais típico ou um cenário educacional infantil.

Isso não quer dizer que nenhuma das ideias ou conceitos de Freud é relevante para nosso propósito atual. Podemos ainda falar de forma significativa sobre **id**, **ego** e **superego**, que são as estruturas que constituem a personalidade segundo a hipótese freudiana.

O ego é a parte da personalidade que orienta o indivíduo para a realidade. É por isso que Freud argumentou que o ego opera de acordo com "o princípio da realidade". É de responsabilidade do ego ajudar o indivíduo a satisfazer suas necessidades, interagir adequadamente com outras pessoas, realizar tarefas e cumprir metas e objetivos. Ao mesmo tempo, porém, o indivíduo tem de estar ciente de que faz parte de uma comunidade social, cujos membros também têm as suas próprias necessidades, seus desejos e objetivos. Em contrapartida, o id não se preocupa com as necessidades, os desejos ou objetivos dos outros. Freud pressupôs que o id funciona de acordo com "o princípio do prazer" que, em essência, permanece com o lema "Eu quero o que eu quero quando eu quero".

O superego é a consciência, e como Papalia et al. (2006) colocaram, o superego "integra 'deveres' e 'não deveres' socialmente aprovados ao próprio sistema de valores da criança" (p. 29). O ego deriva essencialmente do superego e é guiado por ele. (Dentro da estrutura conceitual de Freud, a relação entre o ego e o superego faz sentido. Parece lógico que, para que o ego seja orientado pela realidade, ele deve possuir certo grau de consciência social e consciência moral, seja qual for a forma como a sociedade do indivíduo define moralidade.) Freud colocou grande ênfase nos fatores biológicos e afirmou que "a personalidade é formada na infância, à medida que a criança lida com conflitos entre esses impulsos inatos e as exigências da vida civilizada" (Papalia et al., 2006, p. 27-8).

Erik Erikson

Outro teórico importante, cujo trabalho está sob a perspectiva psicanalítica, é Erik Erikson, com sua teoria psicossocial do desenvolvimento da personalidade. A teoria de Erikson é composta por oito etapas que cobrem a vida inteira. Cada etapa envolve uma **crise psicossocial** que o indivíduo deverá resolver de forma adequada para que possa se desenvolver de maneira ideal. Erikson não descartou as ideias de Freud; ele manteve conceitos como o id, ego e superego. Ele também aderiu à noção de estágios, acreditando que a progressão por diversas fases é biológica ou maturacionalmente determinada.

Nesta perspectiva, a criança não tem escolha senão começar na fase oral, em seguida, passar para a fase anal, e assim por diante. A maturação figurativamente "chuta" o indivíduo para cada fase sucessiva do desenvolvimento. Entretanto, o que não é tão somente determinado de modo maturacional é a crise psicossocial com a qual a criança – e o adulto – deve lidar e

Resumo de cinco temas básicos em psicologia do desenvolvimento	
Questões básicas	Discussões
1. Qual é a natureza básica dos seres humanos?	
a. A visão mecanicista:	Essa visão afirma que as pessoas são como máquinas e devem ser "ligadas" por algum tipo de estímulo a partir do mundo exterior. Assim, as pessoas respondem aos estímulos externos, e suas respostas futuras em circunstâncias semelhantes dependem das consequências de seu comportamento anterior. Se suas respostas forem recompensadas ou reforçadas, elas poderão repetir aquele comportamento. Elas serão menos propensas a repetir o comportamento se forem punidas ou não reforçadas. Por conseguinte, a visão mecanicista nos considera essencialmente passivos em relação ao nosso desenvolvimento.
b. A visão organísmica:	Essa visão é quase diametralmente oposta à visão mecanicista. A visão organísmica entende o ser humano como participante ativo em seu próprio desenvolvimento. Ao invés de esperar por algum estímulo externo a que responder, os seres humanos são vistos como organismos ativos em busca de estímulos que, segundo Piaget, por exemplo, literalmente constroem sua realidade mediante suas interações com o ambiente. A teoria do desenvolvimento cognitivo de Piaget é muitas vezes chamada de teoria interacionista ou teoria construtivista.

Resumo de cinco temas básicos em psicologia do desenvolvimento	
Questões básicas	Discussões
1. Qual é a natureza básica dos seres humanos?	
c. A visão contextualista:	Essa é a posição defendida por Vygotsky, que, essencialmente, argumentou que desenvolvimento e comportamento podem ser entendidos apenas dentro de algum tipo de contexto social ou cultural. Em consequência, podemos compreender o desenvolvimento e o comportamento da criança apenas se conhecermos seu histórico de desenvolvimento, que inclui tudo o que ela já experimentou por meio da socialização ocorrida dentro de seu ambiente social e cultural.
2. O desenvolvimento é qualitativo ou quantitativo?	Consulte "Desenvolvimento: algumas considerações teóricas", na página 26.
3. Como a natureza e a criação contribuem para o desenvolvimento?	Esta questão tem a ver com as causas subjacentes do desenvolvimento: quanto do desenvolvimento depende da herança genética (natureza) do indivíduo e quanto depende das experiências (criação) do indivíduo? Apesar do histórico longo e controverso da questão, o consenso é de que a natureza e a criação trabalham em conjunto para orientar e influenciar o desenvolvimento. Nem a hereditariedade nem o ambiente trabalham sozinhos no processo de desenvolvimento. Pelo contrário, eles funcionam de forma interativa, cada um contribuindo com sua porção necessária para o desenvolvimento da criança.
4. O que é isto que se desenvolve?	Esta pergunta simplesmente investiga o conteúdo do desenvolvimento humano. Normalmente, os domínios comportamentais cognitivos, social, emocional, físico e de linguagem compõem a maior parte do conteúdo do desenvolvimento humano. O funcionamento da criança nessas áreas será o foco de suas observações habituais.
5. O desenvolvimento é contínuo ou descontínuo?	As perspectivas mecanicista e organísmica respondem a esta questão de forma diferente. A visão mecanicista, conforme tomada pelos behavioristas, defende que o desenvolvimento é contínuo, o que significa que é "sempre regido pelos mesmos processos, permitindo a previsão de comportamentos posteriores a partir dos anteriores". Essa é a característica central da mudança quantitativa. A visão organísmica, conforme Piaget e outros teóricos, defende a descontinuidade (ou mudança qualitativa) no desenvolvimento. A analogia de uma colina e uma escadaria pode ser usada para ilustrar as diferenças entre a continuidade e a descontinuidade no desenvolvimento. A mudança contínua ou quantitativa é análoga a subir uma colina: a criança progride cada vez mais na colina, mas nada significativamente novo ou diferente se manifesta em seu funcionamento ou comportamento. A maior elevação é simplesmente o que ela conseguiu a mais em relação às elevações mais baixas anteriores. Subir escadas, por outro lado, representa mudança qualitativa ou descontínua, pois cada degrau é diferente, de alguma maneira significativa, de todos os degraus abaixo e todos os degraus acima. O degrau 3 não é apenas mais que os degraus 1 e 2, embora o princípio do desenvolvimento cumulativo dite que o degrau 3 tem suas bases sobre os degraus 1 e 2.

que caracteriza cada etapa de maneira singular. A primeira fase, ou fase oral, emerge de acordo com o cronograma maturacional, e a crise psicossocial associada a essa fase é a **confiança básica *versus* desconfiança**.

Com uma resolução "boa", "positiva" ou "saudável" dessa crise, a criança seguirá adiante para o próximo estágio e sua crise, com um senso geral ou básico de segurança e confiança no ambiente e nas pessoas ali inseridas. Erikson postulou que a resolução bem-sucedida de cada crise durante o ciclo de vida resulta em desenvolvimento saudável do ego.

A vantagem significativa da teoria de Erikson é que ela leva em conta o ambiente social e cultural em que a criança se desenvolve. Nesse aspecto, Erikson está mais próximo à visão de desenvolvimento de Vygotsky que de outros teóricos.

A perspectiva da aprendizagem

Papalia et al. (2006) definem a aprendizagem como "uma mudança duradoura no comportamento com base na experiência ou adaptação ao ambiente" (p. 31). As teorias da aprendizagem se encaixam no modelo mecanicista de desenvolvimento e tendem a considerar as pessoas, bem como outros organismos capazes de aprender, como máquinas. Em consequência, os seres humanos são essencialmente passivos, em vez de ativos e o desenvolvimento é gradual e contínuo (como a subida longa e suave de uma colina), em oposição ao desenvolvimento em degraus descontínuo (como subir um lance de escadas). Teóricos da aprendizagem pendem para o fim do *continuum* que vai da hereditariedade em direção ao ambiente, o que significa que a experiência e a aprendizagem são consideradas as principais fontes de mudança no desenvolvimento. As teorias da aprendizagem também enfocam o comportamento evidente (visível) como fonte de seus dados; sentimentos e pensamentos, embora importantes do ponto de vista prático, têm relativamente pouca importância científica, porque eles não podem ser observados diretamente, mas devem ser inferidos a partir do comportamento visível.

A teoria do behaviorismo e da aprendizagem social são duas das teorias da aprendizagem mais importantes. No âmbito do behaviorismo, existem dois tipos de aprendizagem: condicionamento clássico e condicionamento operante.

Condicionamento clássico

O **condicionamento clássico** ocorre quando um estímulo neutro – que inicialmente não desperta (provoca) uma resposta específica – está atrelado a um estímulo que faz suscitar uma resposta específica. O atrelamento repetido desses dois estímulos resulta no estímulo neutro que adquire o poder de evocar respostas. Por exemplo, se você fosse ao médico para verificar se tem glaucoma, o oftalmologista aplicaria um sopro de ar contra seu globo ocular, o que em geral faria com que você piscasse. Se, por várias vezes, ele emitisse um som imediatamente antes do sopro de ar, talvez, somente o som faria com que você piscasse os olhos antes mesmo de sentir o ar contra o globo ocular. É importante notar que o condicionamento clássico está ligado principalmente a respostas involuntárias – respostas ou comportamentos sobre os quais temos pouco ou nenhum controle.

Condicionamento operante

O **condicionamento operante** se refere a respostas voluntárias. O termo *operante* significa que o indivíduo opera no ambiente respondendo a estímulos de maneira particular. Operar no ambiente é responder a ele, e a resposta influencia ou muda o ambiente e evoca algum tipo de resposta. O condicionamento ou a aprendizagem de uma resposta depende de suas consequências. Se um comportamento resulta em um estado satisfatório ou agradável, e se o indivíduo repete o comportamento sob circunstâncias idênticas ou semelhantes a fim de trazer à tona aquele estado agradável, pode-se dizer que o comportamento foi reforçado. A teoria do condicionamento operante é muitas vezes chamada de teoria do reforço. Um **reforço** é uma consequência de um comportamento que, na verdade, o fortalece ou aumenta a probabilidade de que ele se repita em circunstâncias idênticas ou similares. Fica claro que essas duas teorias dão grande importância ao ambiente e às experiências por ele proporcionadas.

Teoria da aprendizagem social

A teoria da aprendizagem social coloca muita ênfase na aprendizagem observacional. A criança aprende muito observando e imitando outras pessoas (modelos). O psicólogo norte-americano Albert Bandura é conhecido por desenvolver muitas das ideias da teoria de aprendizagem social moderna. Uma distinção importante entre a teoria da aprendizagem social e o condicionamento operante é que a primeira reconhece a importância do pensar: "As respostas cognitivas da criança às suas percepções, ao invés de respostas reflexas ao reforço ou à punição, são vistas como fundamentais para o desenvolvimento" (Papalia et al., 2006, p. 29). A importância dos modelos adultos de comportamento apropriados e desejáveis que a criança pode imitar desempenha um papel proeminente na teoria da aprendizagem social. Curiosamente, Piaget viu a habilidade da criança em postergar a imitação[2] de um modelo como um marco cognitivo. Observar um comportamento modelo e depois imitá-lo quando o modelo não estiver mais presente significa que a criança é capaz de formar um esquema mental para esse comportamento, mantendo-o na memória, e, em seguida, executando o comportamento adequado em um momento mais apropriado.

Os teóricos da aprendizagem social acreditam que "as pessoas aprendem um comportamento social adequado principalmente mediante a observação e imitação de modelos – isto é, pela observação de outras pessoas. Esse processo é chamado *modelagem* ou **aprendizagem observacional**" (Papalia et al., 2006, p. 32) (grifos do original). Existem vários conceitos importantes associados à teoria da aprendizagem social, e os mais importantes para nós são o reforço vicário e a punição vicária. O **reforço vicário** ocorre quando, por exemplo, Victor vê Suzanne receber um prêmio de um adulto por ajudar a guardar os blocos durante a limpeza. Se na próxima limpeza Victor ajudar a guardar os blocos porque ele também quer receber uma recompensa, é provável que o comportamento dele tenha sido indiretamente reforçado pela observação do comportamento semelhante de Suzanne reforçado anteriormente. A **punição vicária** funciona da mesma maneira, só que desta vez Victor pode decidir não se comportar de certa maneira, porque antes ele testemunhou outra criança sendo punida por seu comportamento.

---

[2] Chamada por Piaget de "imitação diferida": quando a criança imita um modelo que não está presente no momento, ou seja, ela imita depois do comportamento modelo ter acontecido e na ausência deste. (NRT)

Também devemos observar que, segundo a teoria da aprendizagem social, a criança escolhe ativamente os modelos que vão imitar, muitas vezes imitando os modelos que ela percebe serem poderosos, capazes de dar uma recompensa ou que sejam de alguma outra forma desejáveis ou atraentes. Dito de outra forma: "O comportamento específico que a pessoa [a criança] imita depende do que ela percebe como valor em sua cultura" (Papalia et al., 2006, p. 32). A tendência natural da criança de imitar o comportamento deixa claro que os adultos não devem dizer a ela: "Não faça o que eu faço, faça o que eu digo". Isso é especialmente verdadeiro com crianças pequenas cujo idioma e habilidades intelectuais ainda não estão desenvolvidos o suficiente para discernir a sabedoria – ou a falta dela – desse conselho.

A perspectiva cognitiva

Cognição refere-se a várias funções mentais – pensamento, processamento de informações, memória, bem como expressar o pensamento por meio de um comportamento. A teoria do desenvolvimento cognitivo de Piaget talvez seja a tentativa mais conhecida para explicar como a criança se desenvolve intelectualmente. Os princípios e conceitos da teoria de Piaget são descritos de modo mais completo nas informações gerais fornecidas pelos exercícios de observação pertinentes ao comportamento cognitivo. Basta dizer que Piaget propôs quatro fases no desenvolvimento cognitivo da criança: o **período sensório-motor**, o **período pré- -operatório**, os estágios **operatório concreto** e **operatório formal**. Lembre-se que a teoria de Piaget é por vezes chamada teoria construtivista, porque ele acreditava que a criança literalmente constrói a realidade por meio de seus próprios processos cognitivos. A princípio, a realidade da criança é compatível com ela, com suas percepções e seus conceitos imaturos sobre o mundo. Com o aumento da maturidade, tais percepções e conceitos começam a corresponder mais aos dos adultos em sua sociedade e sua cultura (ou inicialmente, pelo menos, aos dos adultos de sua família e outros grupos sociais aos quais a criança pertence).

Os conceitos de **assimilação** e **acomodação** podem ser muito úteis ao observar e interpretar o comportamento e habilidades cognitivas da criança. Piaget propôs a ideia de **esquema** cognitivo ou mental, que Shaffer e Kipp (2007) definem como "um padrão de organização de pensamento ou ação usado para lidar com ou explicar algum aspecto da experiência" (p. 60). Piaget identificou **esquemas comportamentais**, que são padrões de comportamento organizados, e **esquemas cognitivos**, que são representações mentais ou conceitos do ambiente.

À medida que a criança amadurece, seus esquemas tornam-se mais sofisticados e mais capazes para lidar de modo eficaz com o mundo. Segundo Piaget, quando confrontada com um objeto, uma pessoa, ou um evento (estímulo), a criança tenta fazê-lo caber em seus esquemas já adquiridos. Se ela for bem-sucedida por já estar familiarizada com esse objeto, pessoa ou evento, então ocorre a assimilação e, com efeito, não haverá uma nova aprendizagem. Se, por outro lado, o estímulo for desconhecido ou novo o suficiente para que não possa ser assimilado – ele não se encaixa em um esquema existente – então, o estímulo desconhecido deverá ser acomodado.[3] A criança faz isso alterando ou expandindo seus esquemas, e essa al-

---

[3] A acomodação, dentro da perspectiva piagetiana, significa uma transformação e ampliação dos esquemas atuais a fim de poder assimilar um novo objeto do conhecimento. Ela acontece no sujeito, e não no objeto. Assim, não é o objeto do conhecimento que será modificado, mas a própria estrutura de conhecimento do mundo do sujeito que o será. (NRT)

teração ou ampliação resulta em aprendizagem. Se o mesmo estímulo for experimentado mais uma vez, a assimilação pode ocorrer porque o estímulo agora se encaixa no esquema recém-adquirido. Assim, enquanto a assimilação não requer reestruturação cognitiva, a acomodação pede, e é precisamente essa reestruturação que caracteriza e resulta em aprendizagem.

Um breve exemplo pode ser útil. Imagine uma criança que tenha um esquema cognitivo para gatos, porque ela tem um gato de estimação, o Tiger. Ela nunca viu um cachorro, mas quando vê um pela primeira vez, ela tenta assimilar este novo animal em seu esquema para o gato. Isso é compreensível, porque, apesar de suas diferenças, gatos e cães compartilham algumas características em comum – eles têm quatro patas, garras, pelos e dentes afiados. A criança chama esse cachorro de "gatinho", mas a mãe diz: "Não, isso não é um gatinho, é um cachorrinho". Agora a criança tem de conciliar seu erro discernindo algumas diferenças significativas entre os dois animais e formando um novo esquema para "cachorros". Piaget supôs que o desenvolvimento cognitivo ocorre por meio desses processos de assimilação e acomodação contínuos e alternados.

A perspectiva sociocultural ou contextual de Vygotsky

A última perspectiva que discutiremos neste capítulo é a **teoria sociocultural** de Vygotsky ou perspectiva sócio-histórica sobre o desenvolvimento cognitivo. As opiniões desse autor são apresentadas em detalhes em outra parte deste livro, e assim, trataremos de suas ideias brevemente aqui.

Vygotsky acreditava que o desenvolvimento de um indivíduo é produto de sua cultura. Em sua teoria, o desenvolvimento "se refere principalmente ao desenvolvimento mental, tal como pensamento, linguagem e processos de raciocínio. Considera-se que essas habilidades se desenvolvam mediante interações sociais com outras pessoas (sobretudo, com os pais) e, portanto, representam o conhecimento compartilhado da cultura" (Vasta, Haith e Miller, 1995, p. 23). Em contraste com a crença de Piaget, de que o desenvolvimento cognitivo de todas as crianças progredia por estágios similares, Vygotsky considerava as capacidades intelectuais como específicas à cultura da criança (Vasta et al., 1995, p. 23).

Um derivado muito significativo da teoria de Vygotsky é a ênfase nas diferenças individuais e a influência do contexto sobre essas diferenças: "Os indivíduos definem metas dentro de um contexto particular conforme o percebam, e então escolhem novas metas dentro do novo contexto que estejam procurando ou que se apresenta. O sucesso depende de como um comportamento é adequado a seu contexto" (Papalia et al., 1999, p. 36). A ênfase de Vygotsky no contexto afirma que a aprendizagem da criança depende da cooperação entre as crianças de determinado cenário cultural ou social e os membros desse mesmo cenário que são mais experientes e cognitivamente mais avançados que a criança em seus diferentes níveis de desenvolvimento. O conceito de comportamento como sendo específico à situação ou ao contexto é muito útil ao interpretar o significado do comportamento infantil.

Explicação ou interpretação do crescimento e do desenvolvimento: o lado prático da observação do comportamento

O estudo do crescimento e do desenvolvimento não é apenas o estudo de teorias. Na verdade, do ponto de vista dos professores, pais e prestadores de cuidados infantis, o crescimento e o desenvolvimento são acima de tudo práticos. Não é preciso ser conhecedor das teorias do desenvolvimento formal para observar as mudanças que ocorrem na criança com o decorrer do tempo. O que poderia ser mais prático e útil que traçar o progresso de uma criança em termos de crescimento físico, aquisição de vocabulário, competência social ou habilidades cognitivas?

Nem todo mundo precisa entender a mais recente teoria do desenvolvimento da linguagem para observar de forma significativa o progresso de uma criança desde a incapacidade inicial de compreender e produzir um discurso até a habilidade de falar sentenças com significado e gramaticalmente corretas ao expressar ideias cada vez mais complexas. Não é preciso ser capaz de explicar como realmente ocorre o desenvolvimento mental antes de saber que tal desenvolvimento está de fato ocorrendo. Isso não é menosprezar a importância das teorias. Tomamos a posição de que deve haver um equilíbrio efetivo entre o teórico e o prático. Por fim, é importante saber não só que as mudanças estão ocorrendo, mas também como e por que elas acontecem e o que essas mudanças podem significar para pais, prestadores de cuidados infantis, educadores infantis e aqueles que estudam comportamentos das crianças.

O porquê e o modo do desenvolvimento, bem como os aspectos relativamente fáceis de serem observados do crescimento e do desenvolvimento, nos levam à questão da explicação ou interpretação.

Explicação ou interpretação

O conceito e o estudo do desenvolvimento podem ser bastante complexos. Isso se mostra verdadeiro quando se tenta explicar (ou interpretar) o desenvolvimento e responder a perguntas tais como "De que modo o desenvolvimento ocorre?". Apesar de a explicação nem sempre ser fácil, trata-se de atividade essencial e um dos principais objetivos das ciências empíricas. A explicação é parte da observação. Mesmo as descrições mais simples envolvem a colocação das informações em algum tipo de enquadramento conceitual. Por conseguinte, a descrição pura e simples é praticamente impossível. Ao limitar-se a descrever um comportamento, já se inicia o processo de interpretação, de relacionar elementos novos a outros fatos já conhecidos ou compreendidos. Em virtude da importância desse assunto, vamos dedicar tempo e espaço para algumas perspectivas de interpretação e sua relação com a observação e compreensão das crianças.

Algumas definições e concepções de explicação

Explicar o comportamento, por exemplo, é torná-lo claro e compreensível. Tornar o comportamento claro e compreensível, por sua vez, pode envolver a interpretação do comportamento de forma a ir além das ações realizadas ou das palavras faladas e dar a essas ações ou palavras um sentido ou significado para algum propósito dentro de um contexto. Neste caso, *explicar* significa "oferecer razões para ou a causa de [algo]" (*The American Heritage Talking Dictionary*, 1995).

Além da definição citada do dicionário, há uma concepção de explicação que é especialmente relevante para o tema fundamental deste livro. Trata-se de uma concepção proposta por Don Ihde (1977) que coloca que "explicação é qualquer tipo de teoria, ideia, conceito (...) que tenta ficar *subjacente* aos fenômenos, para fornecer as razões para eles, em outros termos, 'além do que aparece'" (p. 34, grifo do original).

Embora possa ser um pouco confuso neste momento, a concepção de Ihde para explicação chega ao núcleo do que está envolvido na observação e explicação da mudança no comportamento e no desenvolvimento. Como é possível e que consequências isso tem em suas observações?

A observação é a pedra angular das ciências empíricas, que são aquelas que dependem dos sentidos físicos para coleta de dados relevantes e para medi-los de alguma forma. A ciência também vai um passo além. Ela tenta encontrar uma relação entre os dados adquiridos. Não é suficiente apenas coletar informações, é preciso tentar ver como os fatos que a ciência adquire se encaixam em um referencial teórico mais amplo. Na verdade, Brandt (1972) observa que, por si só, os dados observacionais têm muito pouco significado; tais dados nos permitem, sobretudo, fazer inferências sobre as pessoas com base em seu comportamento. Mais recentemente, Neuman (1994) confirma a colocação de Brandt quando escreve: "Exibições de comportamento não dão sentido; assim, o significado é inferido, ou alguém descobre o significado" (p. 334). Teorias fornecem aos cientistas os meios para fazer tais inferências.

Um breve resumo de três teorias do desenvolvimento	
1. Teorias psicanalíticas	
a. Sigmund Freud	Três dos conceitos de Freud são de particular interesse para nós: o id, o ego e o superego. O ego orienta o indivíduo para a realidade. É de responsabilidade do ego ajudar o indivíduo a satisfazer suas necessidades, interagir adequadamente com outras pessoas, realizar tarefas e cumprir metas e objetivos. O ego também permite que o indivíduo seja parte de uma comunidade social e reconheça que os outros também têm necessidades, desejos e objetivos. O id está preocupado em conseguir o que quer quando quer. Ele não se interessa pelas necessidades, desejos ou metas dos outros. O superego é, sobretudo, a consciência da pessoa e, como tal, orienta o ego para o comportamento apropriado e socialmente aceitável. O ego e o superego são logicamente ligados um ao outro, porque se o indivíduo tiver de ser orientado para a realidade, ele deverá ter certa consciência moral e social, seja qual for a maneira pela qual a sociedade define a moralidade.
b. Erik Erikson	A teoria psicossocial de Erikson define oito estágios de desenvolvimento da personalidade que abrange a vida inteira. Cada etapa impõe o que Erikson chamou de crise psicossocial, a qual o indivíduo deve resolver adequadamente para se desenvolver de forma ideal. Uma vantagem significativa dessa teoria é que se leva em consideração o ambiente social e cultural da criança, colocando assim essa teoria mais perto das visões de Vygotsky sobre desenvolvimento do que de outras teorias.

Um breve resumo de três teorias do desenvolvimento	
2. A perspectiva da aprendizagem	
a. Condicionamento clássico	O condicionamento clássico ocorre quando um estímulo neutro – que inicialmente não desperta (provoca) uma resposta específica – está atrelado a outro que provoca uma resposta em particular. Por exemplo, um sopro de ar contra o seu globo ocular poderia fazer você piscar. Se, em vários testes, um som tocar pouco antes do sopro de ar, o som, por si só, eventualmente faria com que você piscasse. O condicionamento clássico se refere em particular às respostas sobre as quais temos pouco ou nenhum controle (respostas involuntárias).
b. Condicionamento operante	O condicionamento operante se refere às respostas voluntárias. Operante significa que o indivíduo opera no ambiente, respondendo aos estímulos de forma particular. As consequências das respostas de um indivíduo influenciam ou determinam se ele irá ou não responder da mesma forma nas mesmas circunstâncias ou em circunstâncias similares. Se uma resposta for reforçada por suas consequências – isto é, se o indivíduo se deparar com uma resposta gratificante, agradável ou desejável e a repetir em algum momento futuro – diz-se então que a resposta foi reforçada. O condicionamento operante é muitas vezes chamado de teoria do reforço.
c. Teoria da aprendizagem social	A teoria da aprendizagem social enfatiza a aprendizagem observacional. A criança aprende, em grande parte, observando e imitando outras pessoas (modelos). Ao contrário do condicionamento operante, a teoria da aprendizagem social reconhece a importância de pensar. Assim, "as respostas cognitivas da criança para suas percepções, em vez de respostas reflexas ao reforço ou castigo, são vistas como fundamentais para o desenvolvimento" (Papalia et al., 2006, p. 29). A imitação é central para a teoria da aprendizagem social. Dois importantes conceitos derivam do processo de imitação: 1. **Reforço vicário:** Samantha observa Belinda ser elogiada (reforçada) pelo seu professor por ajudar a recolher os blocos durante a limpeza. Samantha, então imita o comportamento de Belinda porque ela também quer que o professor a elogie. A importância do reforço vicário é que o professor não teve de elogiar ou reforçar o comportamento de Samantha diretamente. Samantha recebeu um reforço vicário ou indireto pela simples observação do reforço de Belinda. 2. **Punição vicária:** A punição vicária opera segundo o mesmo princípio do reforço vicário, exceto que a criança observa outra criança sendo punida por determinado comportamento. O castigo é destinado a enfraquecer ou eliminar um comportamento indesejável. Se Gordon observa Timothy ser punido por tomar um brinquedo de Rebecca, Gordon será punido indiretamente se decidir que é uma má ideia repetir o comportamento de Timothy, porque ele não quer sofrer o mesmo castigo.

Um breve resumo de três teorias do desenvolvimento	
3. A perspectiva cognitiva de Piaget e Vygotsky	
a. Piaget	Piaget propôs quatro estágios ou períodos no desenvolvimento cognitivo ou intelectual da criança: os estágios sensório-motor, pré-operatório, operatório concreto e operatório formal. Na teoria de Piaget, a criança deve passar por todos os estágios na ordem fixa aqui indicada. O progresso por meio de cada estágio é feito pelos dois processos complementares de assimilação e acomodação. A assimilação ocorre quando a criança experimenta o que ela já conhece e que, portanto, não exige qualquer mudança no formato de como pensa e processa a informação. No entanto, quando a criança é confrontada com algo que não conhece, a fim de compreender essa nova experiência, deve mudar a maneira como pensa – ela deve mudar ou reorganizar sua estrutura cognitiva. Essa alteração é realizada pelo processo de acomodação.
b. Vygotsky	A perspectiva de Vygotsky sobre o desenvolvimento cognitivo é uma perspectiva sociocultural ou contextual. Ele considerava que o desenvolvimento da criança é um produto de sua cultura e que o pensamento, a linguagem e os processos de raciocínio se desenvolvem por meio das interações sociais com outras pessoas, especialmente com os pais. Piaget acreditava que o desenvolvimento cognitivo de todas as crianças progredia por estágios semelhantes, enquanto que Vygotsky via as capacidades intelectuais como específicas à cultura da criança.

O que um cientista (ou pai ou professor) requer em primeiro lugar são dados, e os dados muitas vezes estão na forma de descrições. Estas são uma parte central de seus exercícios de observação. Além de simplesmente descrever, você vai tentar interpretar ou explicar – isto é, dar um sentido ao que você viu e descreveu. Como vai fazer isso? Uma das maneiras é olhar para os dados descritivos por uma perspectiva teórica em particular que, em certo sentido, lhe diz qual significado poderia ser dado ao que você observou. Porém (e este é um "porém" importante) esse significado, essa explicação sugerida pela teoria, subjaz ao fenômeno e não é experimentado em si. Você forneceu o significado, mas ainda não experimentou o significado da mesma forma que experimentou o comportamento, evento ou objeto observado. Na verdade, seus dados observados e descritos de modo objetivo estão ligados à sua explicação por uma estrutura conceitual abstrata, possivelmente uma teoria ou suas próprias crenças pessoais.

Vejamos um exemplo simples de como a noção de explicação de Ihde poderia funcionar. O exemplo é dado apenas para ilustrar o conceito de explicação de Ihde; em uma situação real, provavelmente iria querer uma amostra muito maior e mais representativa do comportamento antes de tirar conclusões definitivas. Você está observando um grupo de crianças de quatro anos brincando em um *playground* e a seguir vem um exemplo de sua descrição comportamental objetiva:

Samuel vai até Tommy, que está brincando no tanque de areia com um caminhão em uma estrada que ele mesmo fez colocando blocos de madeira na areia. "Posso brincar com você?", pergunta Samuel. "OK", disse Tommy, "mas eu sou o chefe. Esta é a minha empresa de construção e você trabalha para mim!". Samuel acena afirmativamente e pergunta: "O que você quer que eu faça, chefe?".

Você viu Samuel abordar Tommy no tanque de areia; viu Tommy brincando com um caminhão na areia; ouviu a breve conversa entre eles. Você poderia ter descrito mais que aquilo que é dado no exemplo, mas mesmo com essa pequena quantidade de informação surgem perguntas como "O que esse comportamento pode significar?", "Qual o significado disso além de sua mera ocorrência?". Agora você está diante daquele "algo que não é experimentado em si". Você pode oferecer uma das várias explicações ou interpretações para o comportamento e interação dos dois meninos. Suponha que saiba que o pai de Tommy é dono de uma empresa de construção. Poderia, assim, interpretar as ações de Tommy em relação aos materiais da brincadeira e em relação a Samuel como uma indicação de imitação ou identificação com o pai. Tommy finge ter algumas características e comportamento de seu pai – ele é o chefe, diz às pessoas o que fazer e se comporta de forma autoritária. Nessa explicação, seria possível confiar em uma perspectiva histórica – o *background* familiar de Tommy – e aplicar os conceitos psicológicos de imitação e identificação. Você também pode argumentar que Tommy está envolvido em socialização antecipatória, que envolve a prática de alguns dos comportamentos, valores e atitudes que fazem parte do papel do adulto que Tommy imagina que será quando crescer. Poderia considerar Samuel como um seguidor ou emocionalmente dependente de Tommy nessa interação em particular. Existem outros modos de explicar ou interpretar os comportamentos de Tommy e de Samuel. No entanto, seja como for, eles não podem ser vistos, ouvidos, tocados, saboreados ou cheirados.

Isso é o que se entende por uma explicação justificar algo que se encontra "além do que aparece". O que aparece são as coisas que você viu e ouviu acontecer entre Tommy e Samuel. "Além do que aparece" são as ideias abstratas que você usou para explicar o que ocorreu – as ideias de identificação, imitação, socialização antecipatória e dependência emocional. No entanto, você não experimentou a identificação. Experimentou uma pequena parte do comportamento de Tommy que, para você, indicou um processo psicológico particular. Esta ideia geral não pode ser enfatizada demais. O sentido que damos ao nosso mundo – em qualquer nível de sofisticação – é formado por inferências que se baseiam em diversos fatores ou variáveis.

A possibilidade real de que os observadores irão perceber diferentes perspectivas justifica, se não exige, a coleta de diferentes pontos de vista antes de fazer julgamentos ou tomar decisões sobre a criança. Isso ajudará a reduzir os efeitos indesejáveis do viés, embora o viés em si não possa ser eliminado.

Alguns vieses e perspectivas são pessoais e nenhum de nós pode escapar deles ou evitá-los completamente, e por esse motivo são importantes. Se der um valor elevado à limpeza (ao asseio), por exemplo, você deve estar alerta para a presença e influência potencial desse valor quando observar a criança que não se encaixa em sua ideia de como uma criança deveria ser quando vai à escola. Há outros vieses ou perspectivas diretamente relacionados à situação de observação ou que são formalizados como teorias ou filosofias.

O tipo teórico de viés ou perspectiva é uma preocupação neste livro. Nossa intenção é fazer com que finalmente reúna seu conhecimento sobre as teorias do desenvolvimento e suas habilidades de observação, para que possa observar, descrever e interpretar diversos aspectos do comportamento infantil de modo que se ajuste a suas finalidades específicas. Para atingir esse objetivo, você deve estar familiarizado com o conceito de desenvolvimento, algumas de suas características gerais e as diferentes maneiras como os psicólogos e teorias compreendem essas características.

Níveis de explicação

Primeiro nível de explicação: circunstâncias imediatas

Mussen, Conger e Kagan (1979) identificam vários níveis de explicação. Você pode explicar ou interpretar o comportamento infantil em termos de circunstâncias imediatas. Por exemplo, Johnny deixa a área de blocos depois que seu colega Billy o empurra e diz: "Vá embora, eu não quero brincar com você!". A saída de Johnny é uma resposta a um estímulo presente que imediatamente antecedeu sua saída da área de blocos. Este nível de explicação é comum, porque todos reagimos a exigências que o meio ambiente nos faz em determinado momento.

Segundo nível de explicação: razões históricas

O segundo nível de explicação remonta à situação atual para lidar com razões históricas. Outra criança poderia ter respondido de forma diferente ao comando de Billy para "ir embora", talvez dizendo a Billy que ele deveria ir embora ou até mesmo não levar isso em consideração. A reação de Johnny tem uma explicação que se encontra em algum lugar em suas experiências passadas. Seus pais podem ter ensinado a ele que deve responder a uma agressão indo embora, ou talvez em seus encontros anteriores com crianças agressivas, Johnny perdeu brigas e discussões, assim levando-o a evitar essas situações. Este nível de explicação talvez seja relevante para o segundo fator necessário para explicar a mudança no desenvolvimento segundo Sroufe e Cooper (1988), ou seja, que o desenvolvimento atual é dependente do desenvolvimento que já ocorreu. Por sua vez, o desenvolvimento futuro depende do desenvolvimento atual, e assim por diante.

Terceiro nível de explicação: razões adaptativas

Mussen, Conger e Kagan (1979) salientam, no entanto, que nenhum desses motivos explica o "propósito do comportamento infantil". Para o propósito, devemos observar a razão adaptativa ao comportamento: como o comportamento ajuda a criança a funcionar dentro de seu ambiente físico-social ou dentro dos limites de sua própria personalidade e seu temperamento? No caso de Johnny e Billy, poderia haver uma série de razões adaptativas para Johnny ir embora. Ele poderia querer evitar a culpa que sentiria se violasse os conselhos de seus pais ou professor de não brigar, poderia querer evitar ser castigado por seus pais ou por seu professor por brigar ou poderia ter medo de brigar, porque no passado foi machucado por outra criança e quer evitar se machucar de novo.

Quarto nível de explicação: razões evolutivas

O último nível de explicação oferece razões evolutivas. As razões evolutivas estão preocupadas com a forma como nos tornamos o que somos como espécie, e por que apresentamos alguns dos comportamentos que temos em determinadas circunstâncias. Mussen, Conger e Kagan (1979) dão o exemplo informativo, mas talvez um pouco angustiante, de um bebê que chora quando é castigado – angustiante, pois, como alguns poderiam argumentar, os bebês não devem ser castigados – em contraste com os macacos jovens que tendem a "se acovardar e assumir uma postura submissa quando punidos por seus pais". O ponto crítico aqui, segundo esses autores, é que as duas espécies – seres humanos e macacos – exibem respostas diferentes para o castigo por causa de forças genéticas que operaram durante suas respectivas histórias evolutivas. Isso também é importante na medida em que cada espécie é capaz de certos tipos de comportamento, habilidades e aprendizagem que não são necessariamente possíveis para outras espécies. Um exemplo clássico é o da aprendizagem de uma língua verdadeira, uma habilidade que é possível apenas para os seres humanos, apesar de outros animais poderem se comunicar uns com os outros por sinais e símbolos.

Resumo

Acabamos de apresentar um breve resumo de algumas teorias do desenvolvimento e perspectivas que podem ser relevantes para suas metas e seus objetivos de observação. O capítulo inicia com uma breve discussão de seis temas sobre os quais parece haver consenso entre os desenvolvimentistas; esses temas são chamados pontos de referência (ver Papalia, Olds e Feldman, 1999), e são os seguintes:

1. Os domínios funcionais ou comportamentais estão relacionados.
2. O desenvolvimento é caracterizado por diferenças individuais.
3. O desenvolvimento é interativo.
4. O desenvolvimento é influenciado por seu contexto ou ambiente.
5. As crianças são resilientes e não são moldadas de modo permanente por eventos ou experiências únicas.
6. O desenvolvimento é cumulativo.

Alguns significados e conceitos básicos de desenvolvimento são discutidos. Desenvolvimento é definido essencialmente como mudança ordenada e previsível ao longo do tempo. Essa mudança é tanto quantitativa como qualitativa, e com base nesses dois tipos de mudança, uma distinção é feita entre crescimento e desenvolvimento. O crescimento é caracterizado pela mudança quantitativa, que é acrescentar mais da mesma coisa, como quando uma criança fica mais alta por adquirir cada vez mais tecido ósseo. A mudança qualitativa é a característica proeminente do desenvolvimento, em que a mudança resulta de uma reorganização ou repadronização das estruturas comportamentais e cognitivas. Assim, a mudança quantitativa é uma diferença de grau ou quantidade e a mudança qualitativa é a diferença em espécie.

Vários modelos de desenvolvimento são discutidos. Quatro questões básicas são discutidas no que tange a esses modelos. A primeira questão é: "Qual é a natureza básica do ser humano?" Três pontos de vista ou modelos são abrangidos por esta questão: o modelo mecanicista, o modelo organísmico e o modelo contextualista. A segunda questão debate se é a natureza ou a criação que fornece o principal impulso para o desenvolvimento. A terceira questão indaga se a mudança de desenvolvimento é quantitativa ou qualitativa. A quarta questão se refere ao que é isto que se desenvolve ou quais são os domínios do desenvolvimento. Outra questão sobre se o desenvolvimento procede ou não por estágios também é discutida. O conceito de estágio está relacionado aos modelos mecanicista e organísmico de desenvolvimento.

Este capítulo também apresenta um panorama das diversas teorias do desenvolvimento. Ao adotarmos a organização didática mais fácil de acompanhar da discussão feita por Papalia et al. (1999) sobre várias teorias, colocamos estas sob a rubrica geral de perspectiva. A perspectiva psicanalítica é tratada conforme representada por Sigmund Freud e Erik Erikson.

Os conceitos de id, ego e superego de Freud são apresentados, bem como o papel de cada uma dessas estruturas de personalidade no desenvolvimento da personalidade da criança. O conceito de crise psicossocial segundo Erikson também é discutido.

A perspectiva de aprendizagem inclui o condicionamento operante, o condicionamento clássico e a teoria da aprendizagem social. Os termos *operante* e *reforço* são brevemente definidos. Aprendizagem observacional (imitação), reforço vicário e punição vicária são brevemente explicados na discussão sobre a teoria da aprendizagem social.

A perspectiva cognitiva inclui as teorias de Piaget e Vygotsky. Os conceitos de assimilação e acomodação de Piaget são discutidos em alguns aspectos. A estrutura sociocultural da teoria de Vygotsky é tratada brevemente.

Questões para estudo

1. Qual é a diferença mais importante entre crescimento e desenvolvimento? Você acha que essa diferença é importante no que diz respeito à observação e compreensão da criança? Por quê?
2. Mussen et al. (1979) identificaram quatro níveis de explicação: imediato, histórico, adaptativo e evolutivo. Descreva três situações de observação imaginárias em que os três primeiros níveis de explicação possam ser utilizados para compreender ou explicar o comportamento de uma criança.
3. Descreva com suas próprias palavras o que significa a afirmação segundo a qual uma explicação tenta estar subjacente a um fenômeno. O que esta afirmação tem a ver com a observação e a interpretação do comportamento infantil?
4. Um professor acredita que as crianças são passivas no que diz respeito a seu desenvolvimento; outro professor acredita que elas são ativas. Que diferenças poderia observar nas salas de aula destes dois professores? Que tipos de interações poderiam ocorrer nos dois contextos?
5. Dos dois conceitos, diferenças individuais e padrões universais de desenvolvimento, qual você acha que seria o melhor para embasar suas conclusões depois de observar o comportamento de algumas crianças?

Exercício prático

Para alguns leitores, o Capítulo 2 pode ser um dos capítulos mais difíceis neste livro, mas pedimos que tentem chegar a um entendimento razoável, pelo menos, sobre os princípios básicos subjacentes ao crescimento e desenvolvimento, bem como a compreensão dos modelos de desenvolvimento que discutimos.

Em diferentes graus, cada um dos exercícios de observação encontrados nos capítulos 14 a 18 exige a compreensão e a aplicação dos princípios de desenvolvimento, especialmente na interpretação dos comportamentos que você observou. A interpretação é também auxiliada quando colocada no contexto de uma teoria, porque o propósito de uma teoria do desenvolvimento é fornecer uma base para entender e explicar o comportamento e como este muda (se desenvolve) ao longo do tempo. Seria difícil, se não impossível, sugerir um exercício que capture ou envolva todos os conceitos discutidos no Capítulo 2, por isso limitamos o nosso foco às três perspectivas sobre desenvolvimento discutidas nas páginas 32-8.

Para este exercício, observe e registre em detalhes o comportamento de uma criança entre três e cinco anos. Você não precisa determinar antecipadamente os tipos específicos de comportamentos que observará, basta escolher uma criança cujo comportamento pareça interessante e comece a registrar suas observações de forma narrativa. Observe e registre cerca de cinco minutos ou mais. Se necessário, leia novamente as informações relativas às perspectivas psicanalíticas, de aprendizagem e cognitiva sobre o desenvolvimento, como mencionadas no texto, e depois tente explicar ou interpretar suas observações com base em cada uma dessas três perspectivas. Por fim, tente responder às seguintes perguntas:

1. Qual das suas interpretações parece fazer mais sentido?
2. Qual perspectiva, se houver alguma, parece ser a mais crível e útil à luz dos dados de observação que tentou interpretar?
3. Você consegue explicar ou interpretar seus dados sem utilizar qualquer uma das três perspectivas? Justifique sua resposta.
4. Algum dos outros conceitos discutidos no Capítulo 2 é útil para interpretar seus dados? Justifique sua resposta.
5. Você consegue explicar o comportamento que observou, sem necessariamente usar qualquer um dos conceitos e princípios discutidos no capítulo? Justifique sua resposta.
6. Depois de ter respondido às questões 3, 4 e 5, suas explicações ajudaram você a compreender melhor o comportamento infantil?

CAPÍTULO 3

Diretrizes gerais para observar a criança

Objetivos

Depois de ler este capítulo, você deverá ser capaz de:
- Discutir as etapas a serem seguidas ao se preparar para observar.
- Discutir o papel da imperceptibilidade na observação de crianças.
- Analisar o papel da ética profissional na observação.
- Identificar fatores que afetam a observação.
- Discutir as três categorias de erros na observação.
- Discutir os três aspectos que afetam a precisão e a confiabilidade da observação.
- Analisar os perigos potenciais da avaliação do valor do comportamento das crianças.
- Distinguir vários tipos de grupos.
- Discutir diversas abordagens na observação de grupo.

Termos-chave

Evento; observação participante.

Observação: pensamentos preliminares

As diretrizes a seguir fornecem um quadro pelo qual poderá formular seu próprio pensamento e comportamento em relação a várias situações de observação.

Preparo para observação

O preparo envolve diversas etapas organizacionais que devem ser seguidas antes de entrar no local da observação.

Quais são os seus objetivos?

Há muitos motivos para se observar crianças. Você deve ter os seus claramente em mente enquanto faz seus exercícios. Identificar os objetivos é uma tarefa central porque tudo depende disso. Os objetivos devem der definidos com precisão suficiente para fazer com que a atividade de observação seja administrável. Brandt (1972) confirma a importância dessa questão quando destaca que o comportamento em ambientes naturais é tão complexo que não podemos simplesmente observar ou estudar todos os aspectos da situação de uma vez. Ele continua apontando que a tarefa do observador ("investigador") não é levar em conta todos os aspectos da situação de uma vez, mas selecionar e estudar os elementos mais importantes da situação total. O conselho de Brandt diz respeito à afirmação feita no Capítulo 1 – a observação científica não é meramente *olhar* para algo; é *procurar* algo.

Os objetivos observacionais são inúmeros. Um deles pode ser ganhar experiência na observação de crianças de diversas idades. No entanto, ganhar experiência na observação de crianças pode definitivamente servir para finalidades mais específicas e bem definidas. Aprender como as crianças se comportam em determinadas situações, e por que elas o fazem assim, é uma finalidade. Essas informações podem ser usadas para que os equipamentos e materiais da sala de aula sejam trocados ou para alterar a disposição deles. Pode-se modificar o padrão dos lugares durante a hora da história por conta da observação do professor de determinadas crianças, que, quando juntas, parecem brigar ou não prestar atenção. Ou, então, o professor e sua equipe podem querer avaliar a eficácia de seus esforços em fazer que uma criança tímida de quatro anos consiga falar mais e encorajá-la a interagir mais com as outras crianças.

Alguns objetivos observacionais não são identificados previamente de forma específica. No entanto, como no exemplo do comportamento perturbador das crianças durante a hora da história, determinados comportamentos e eventos são percebidos porque o professor e a equipe estão alertas para o objetivo geral da utilização da observação para promover o bem-estar das crianças sob seus cuidados.

Em relação aos exercícios deste livro, você deverá considerar as seguintes perguntas.

Por que você está em um cenário específico de observação? O que deveria observar nesse ambiente?

O sucesso de seus esforços para enxergar o que está procurando depende apenas parcialmente de seus conhecimentos, valores, experiências e habilidades. Os objetivos devem estar ligados aos recursos, cenários e métodos de registro. Por exemplo, se um exercício pedir a observação dos reflexos de uma criança, seria inadequado observar crianças na pré-escola. Se precisa observar comportamentos que ocorrem com pouca frequência, a amostragem por tempo não deve ser o método escolhido porque esta é mais bem utilizada com comportamentos que ocorrem com frequência (consulte o Capítulo 7).

Outras questões também devem ser respondidas antes do início da observação.

Qual área de desenvolvimento ou do comportamento é o foco da observação?

Você vai observar o comportamento social, o comportamento linguístico ou as habilidades físicas/motoras? A resposta pode depender da idade da criança ou das crianças que estiver observando. Você poderá observar comportamentos reflexos em um bebê, mas estes não seriam o foco da observação de uma criança de três anos. Da mesma forma, não seriam observados comportamentos sociais em uma criança de quatro meses, mas se esperaria tais comportamentos em uma criança de três anos.

Quanto tempo pretende gastar observando os comportamentos que selecionou?

Você irá observar por alguns minutos? Uma hora? Ou pelo tempo que o comportamento ocorrer? A resposta depende de uma série de fatores. Além disso, deverá ser feita uma distinção entre quanto tempo se permanecerá no cenário de observação e em quanto tempo serão realmente feitos a observação e o registro do comportamento. Pode ser que peçam para você passar horas em uma sala de aula, por exemplo, mas com apenas 20 ou 30 minutos disponíveis para realmente observar e registrar o comportamento. As técnicas de registro que utilizará também determinarão o tempo. Se usar a técnica de amostragem por tempo em uma turma com 15 crianças, deverá observar cada criança por apenas 1 ou 2 minutos. A descrição narrativa, por outro lado, poderá exigir 5 ou 10 minutos para cada criança, dependendo de quanto tempo determinado comportamento ou sequência de comportamentos durar, de sua capacidade de escrever continuamente por aquele período e de outras considerações.

Quem você deve observar?

A resposta pode parecer óbvia, mas a questão, contudo, deve ser considerada cuidadosamente. Uma resposta encontra-se em parte na combinação adequada entre o nível de desenvolvimento de uma criança e o comportamento que deseja observar. Por exemplo, você não observaria um grupo de crianças de dois anos em busca de amostras de jogos cooperativos ou um bebê de dois meses para amostras de comportamento motor mais complexo, como colocar miçangas em uma linha ou pegar objetos pequenos com o dedão e o indicador. Além disso, você observaria uma criança ou um grupo de crianças? Se fosse uma criança, poderia ser qualquer criança ou uma criança em particular? Se observasse um grupo de crianças, poderia ser qualquer grupo ou um grupo em especial?

Naturalmente, os sujeitos de suas observações são determinados pela população real de crianças em dada instituição de cuidados infantis ou escola de educação infantil. Por exemplo, se estiver em um estabelecimento frequentado apenas por crianças de dois anos, formatos de registro como listas de verificação (*checklists*), amostragens por tempo, contagens de frequência ou amostragens por eventos terão de ser apropriados às capacidades comportamentais e aos níveis de desenvolvimento que as crianças dessa idade provavelmente mostrem. A descrição narrativa não exige tal planejamento porque tudo o que as crianças fizerem é assunto de interesse para sua análise. Isso nos leva à próxima pergunta.

Como você registraria suas observações (listas de verificação, registro de duração, descrição narrativa, amostragem por eventos, amostragem por tempo etc.)?

Essa pergunta foi parcialmente respondida com a resposta à pergunta anterior, mas há considerações diferentes no que diz respeito à idade das crianças e aos níveis de desenvolvimento. Se você quiser preservar os dados brutos, tais formatos de registro como descrição narrativa, amostragem por evento, registro anedótico ou diário seriam os mais adequados. Se quiser saber apenas se determinado comportamento ocorreu ou não, ou se uma criança possui ou não uma habilidade especial, e você não estiver interessado nos detalhes ou contexto do comportamento ou habilidade, então a amostragem por tempo, lista de verificação ou registro de duração seriam uma escolha adequada. Há também considerações sobre tempo, facilidade de uso e preparação prévia que cada formato exige. A descrição narrativa e a amostragem por evento, por exemplo, exigem planejamento com relação a quem você irá observar e quando e onde observar. Mas esses fatores exigem esforço muito menor do que preparar uma lista de verificação ou um instrumento de amostragem por tempo adequados.

Que tipo de interpretação deverá fazer (com base em determinada teoria, no que aconteceu no local)?

Este livro não orienta especificamente sobre como interpretar as informações adquiridas por meio de suas observações. Isso porque os dados observacionais podem ser tão variados ou inconclusivos que seria impossível prever o tipo de informação que as observações produziriam. Além disso, interpretações precisas ou válidas podem realmente ser feitas por meio de observações repetidas que levem em conta os ambientes, as experiências e os níveis de desenvolvimento das crianças.

No entanto, é prudente compreender que há pelo menos duas estruturas básicas nas quais as interpretações podem ser feitas: interpretações baseadas em uma teoria particular e interpretações baseadas no que ocorreu no local de observação, sem ênfase em teoria ou alguma combinação das duas. Como já dissemos, suas observações podem ajudá-lo a compreender melhor a teoria do desenvolvimento infantil, e seu conhecimento sobre a teoria pode ajudá-lo a interpretar e compreender suas observações. Para este autor, é principalmente uma questão de qual destes dois aspectos ou estruturas deseja ou precisa enfatizar.

Algumas dessas questões estão diretamente relacionadas à técnica específica de registro a ser usada. Vejamos a questão de quanto tempo deve durar a observação. Por um lado, um procedimento de amostragem por tempo exige observação e registro intermitentes, mas uniformes, e períodos relativamente curtos de segundos ou minutos. Por outro lado, a amostragem por evento e a descrição narrativa exigem observação durante períodos mais longos. No caso da amostragem por evento, o período da observação e do registro depende da quantidade de tempo em que a criança mostra o comportamento desejado ou o que é chamado de **evento**. Na descrição narrativa, a duração do tempo de observação dependerá principalmente de questões como quantas informações você quer ou precisa e qual sua capacidade física e mental para observar e registrar os comportamentos. Como você irá aprender mais tarde, a descrição narrativa tenta capturar o máximo de informações possíveis e o observador não faz julgamentos prévios nem toma decisões sobre se o que "caiu na rede" é ou não adequado, por assim dizer.

Onde você vai observar?

O local de suas observações está relacionado a seus objetivos e conforme eles mudam o local poderá ter de mudar. Se um número limitado de estabelecimentos estiver disponível, as observações ou determinados aspectos das observações também serão limitados. Sob essas condições, suas observações terão de se adequar às possibilidades oferecidas pelo local de observação. Por exemplo, se o único ambiente estruturado no qual a criança é observada for uma instituição local que oferece cuidados a crianças de três a cinco anos, então você não conseguirá observar crianças de dois anos. Seus exercícios de observação ficam limitados às crianças acessíveis e às características e habilidades típicas de suas faixas etárias. Em outros casos, poderá ter acesso a uma série de oportunidades e estabelecimentos, tais como escolas de educação infantil, escolas de ensino fundamental e parques públicos, que oferecem vasta gama de idades e ambientes. Nessas condições, você terá mais flexibilidade, além de ter de adequar cuidadosamente os exercícios e as propostas de observação aos cenários específicos.

O que você pode fazer nesse cenário?

Saber por que você está no local de observação inclui saber o que poderá ou não fazer lá. Alguns locais de observação podem fornecer margem considerável para fazer o que for necessário para cumprir seus objetivos. Outros podem ser mais formais e não permitir determinados comportamentos. Por exemplo, alguns diretores ou professores de escolas de educação infantil podem não permitir que você se sente, mas que fique apenas observando e registrando; ou, em vez disso, podem pedir para que ajude as crianças durante a ida ao banheiro, na hora do lanche ou quando elas tiverem de se vestir para ir embora. Pode ser que precise sair da sala de aula para fazer as anotações. Neste último caso, terá de confiar em sua memória até chegar a seu caderno e registrar seus dados. Aquilo que lhe for permitido fazer poderá ser afetado pela técnica de registro que escolher. Por exemplo, uma lista de verificação não impediria sua participação. Um professor poderá fazer menos objeções ao registro em sala de aula com uma lista de verificações breve que com uma descrição narrativa mais elaborada. Você precisará aprender o que é permitido e esperado de você como observador antes de assumir esse papel. Isso é duplamente importante pelo fato de que os diretores das escolas de educação infantil, diretores de escolas e professores diferem muito em suas expectativas no que diz respeito ao comportamento aceitável.

É possível que enfrente dificuldades para concluir algumas observações por causa das limitações impostas pelo cenário. Por isso, se houver outras opções, é possível que queira selecionar um local de observação mais compatível.

Há outro aspecto importante relativo à questão do que se pode fazer no local de observação. Em muitas escolas, qualquer pessoa não associada oficialmente ao estabelecimento deve ter uma permissão por escrito antes de ser autorizada a entrar para observar ou conduzir qualquer tipo de atividade. Esse é um assunto que terá de verificar com antecedência e planejamento.

Observação discreta ou imperceptível

Por que ser discreto ou imperceptível?

A sabedoria popular diz que observar um fenômeno o transforma. Observar pessoas pode mudar seu comportamento, embora não possamos saber o quanto ele poderá mudar. A consciência da presença do observador pode distraí-los ou motivá-los a se comportarem de maneira que acreditem agradar ao observador. As alterações comportamentais das pessoas causadas pelo fato de estarem sendo observadas são de profunda preocupação para pesquisadores que desejem estudar grupos como gangues, famílias ou sociedades não industrializadas. Tais investigadores – antropólogos e sociólogos, por exemplo – às vezes tentam minimizar estes efeitos indesejados praticando o que é chamado de **observação participante**. Isso significa que o observador se torna parte do grupo e participa de quantas atividades forem apropriadas à circunstância. Professores são observadores participantes naturais e há poucas dúvidas de que são aceitos pelas crianças e que podem observá-las sem influenciar seu comportamento indevidamente de forma que os objetivos planejados e intenções gerais da escola de educação infantil não sejam alcançados. Reconhecemos que a educação precisa envolver mudança de comportamento; porém, o termo *indevidamente*, como usado anteriormente, refere-se ao que é semelhante aos efeitos involuntários da socialização. Uma pessoa desconhecida na escola de educação infantil ou sala de aula poderá afetar o comportamento, os sentimentos, o desempenho das crianças, e assim por diante, de forma que não seja de interesse do estabelecimento ou não esteja em seus objetivos estabelecidos. No entanto, isso pode ser bem diferente no caso de um observador não percebido como parte do grupo ou ambiente, mas como alguém que vem e vai. Alguns acreditam que o observador irá eventualmente se misturar ao grupo e ser aceito, reduzindo o impacto de ser observado por um estranho. Pode-se argumentar que é impossível um observador disfarçar para o grupo seus reais motivos de estar lá. Em resumo, o argumento é que aqueles observados irão sempre fazer uma performance para a pessoa que os estiver observando.

Há mais uma consideração que vale a pena mencionar com relação a ser discreto ou imperceptível. Cada escola de educação infantil consiste em dois ambientes: um ambiente geral e um ambiente de desenvolvimento. Bentzen e Frost (2003) definem estes dois ambientes a seguir:

> O **ambiente geral** é relativamente fixo e constante. Ele é constituído de equipamentos físicos e materiais, juntamente de sua organização espacial e local. Ele contém pistas ou estímulos aos quais as crianças e os adultos podem responder. O ambiente geral é o único que existe antes de qualquer pessoa colocar o pé na escola de educação infantil ou sala de aula e trata-se de um *ambiente objetivo*. (p. 7, grifos do original)

> O **ambiente de desenvolvimento**, por outro lado, existe dentro do ambiente geral e é um ambiente em ação. Uma vez estabelecido, o ambiente geral não depende de ninguém para nada (com exceções óbvias, como substituir equipamentos e materiais danificados, adicionar novos equipamentos e materiais ou reorganizá-los). Já o ambiente de desenvolvimento é dinâmico e está em constante mudança. Por exemplo, como parte do ambiente geral, blocos de madeira permanecem essencialmente constantes, mas, como parte do ambiente de desenvolvimento, os blocos de madeira podem assumir quantos significados e usos

> as crianças que estiverem brincando com eles encontrarem. Em um sentido objetivo, blocos de madeira são o que são; em um sentido subjetivo, eles são aquilo que as crianças querem que sejam. O ambiente de desenvolvimento é altamente subjetivo. (p. 7)

Pode haver algumas exceções a essa influência. Thorndike e Hagan (1977) acreditam que, ao contrário de crianças mais velhas e adultos, as crianças mais novas ainda não adquiriram a capacidade de se esconder do escrutínio público; desse modo, podemos aprender mais sobre elas por meio da observação. A observação discreta tenta evitar ou minimizar influências indesejadas. Ressalta-se aqui que estamos tratando de *uma influência indesejada sobre o comportamento*. A influência indesejada não é um problema relacionado aos membros da equipe, que, por definição e necessidade, são observadores participantes cuja meta é exatamente influenciar o comportamento das crianças de forma que seja congruente com os objetivos planejados e intenções gerais da escola de educação infantil. No entanto, estudantes ou outros indivíduos que não são parte do ambiente de modo consistente são potencialmente parte do ambiente de desenvolvimento com o qual as crianças interagem. Os efeitos dessas interações entre as crianças e o observador ocasional poderão influenciar o comportamento delas de forma que não seja consistente com os objetivos da escola de educação infantil. Portanto, são essas as influências indesejáveis – reais ou potenciais – que exigem que tais observadores sejam os mais discretos possíveis. Também devemos ressaltar que "discreto" não significa necessariamente estar fora do campo de visão ou audição das crianças, apesar da possibilidade de as coisas ou pessoas vistas ou ouvidas serem definitivamente parte do ambiente de desenvolvimento das crianças e, consequentemente, influenciarem seu comportamento. A influência do ser observado sobre o comportamento das crianças continua sendo um ponto discutível após o observador ter se tornado membro aceito pelo grupo. Relatórios anedóticos sobre o assunto indicam que crianças mais novas se adaptam bem à presença de pessoas estranhas. É prudente verificar de modo empírico se as crianças em um ambiente específico e sob circunstâncias particulares fazem ou não, de fato, ajustes no comportamento na presença de pessoas estranhas. Essa verificação deve guiar ou pelo menos contribuir para quaisquer decisões em relação a suas observações.

Talvez a maneira mais produtiva de pensar sobre ser discreto (ou imperceptível) seja considerar se sua presença e seu comportamento estão influenciando o comportamento das crianças de forma a contradizer a missão e os objetivos do estabelecimento ou afetando negativamente o desenvolvimento e o bem-estar das crianças.

A dificuldade de permanecer imperceptível

Ser imperceptível nem sempre é fácil. Qualquer pessoa estranha na sala de aula provavelmente chamará a atenção das crianças até que a novidade acabe. Às vezes, cabines de observação estão disponíveis, o que permite observar sem ser visto (usando-se espelhos unidirecionais). Sua utilização é baseada na suposição de que as crianças não sabem que há alguém por trás desses espelhos, ou se souberem, um observador que não é visto interferirá menos no comportamento normal delas do que aquele visível. Pela experiência do autor, as crianças aprendem tudo com muita rapidez sobre a existência de cabines de observação, bem como se há alguém dentro observando-as. No entanto, também é provável que se estiverem envolvidas em uma brincadeira, elas irão rapidamente esquecer que há alguém na cabine de observação assistindo-as, ou talvez esqueçam até que há uma cabine de observação; não queremos fazer muito alarde sobre o assunto.

Também é verdade que as crianças podem ficar muito curiosas sobre alguém escrevendo em um caderno, ainda mais se não estiverem acostumadas a ver os adultos que conhecem escrevendo em cadernos. O melhor conselho que podemos dar a você é que se uma criança lhe perguntar o que está fazendo, simplesmente responda "Estou trabalhando" ou alguma outra explicação breve, mas verdadeira. No entanto, não conte à criança que a está observando e escrevendo sobre tudo o que ela faz. Isso não serve para nenhum propósito legítimo e poderá fazer que ela fique nervosa ou constrangida, ou causar um desconforto desnecessário.

Há outros problemas adicionais quando os objetivos da observação são constituídos por registros de comportamentos que não podem ser observados a distância. O comportamento linguístico, por exemplo, exige que o observador esteja perto o suficiente de um falante para ouvi-lo. Naturalmente, ficar tão perto, assim como ter de estar lá com o caderno (ou, se permitido, com o gravador) na mão, traz a possibilidade de chamar a atenção para si mesmo. Problemas também podem surgir quando houver incerteza em relação a se você deve se intrometer em uma situação ou não. O papel do observador participante entra aqui. Professores, diretores de escola de educação infantil, membros da equipe e outros indivíduos similares são necessariamente observadores participantes em algum momento ou outro. No entanto, ser participante traz consigo um problema potencial que o observador imparcial pode não ter de enfrentar – isto é, como cumprir com as responsabilidades relativas às crianças e, se for necessário ou desejado, ao mesmo tempo observar e registrar comportamentos. Krogh (1994), por exemplo, salienta a importância de os professores observarem as crianças na sala de aula, mas ela também aponta uma das dificuldades:

> Aproveite todas as oportunidades de observar cada criança. A observação pode ser formal: faça anotações sobre o que vê e faça registros para futuras consultas. *A maior parte do tempo, porém, a observação formal não é possível porque a interação com a classe é necessária e desejável.* (p. 89, grifo nosso)

Como e quando ser discreto

Apesar das dificuldades mencionadas aqui, uma observação confiável e discreta é possível dentro das exigências e limitações da situação dada. Do ponto de vista do autor, uma parte extremamente importante de ser imperceptível é permanecer tão imparcial quanto possível ou necessário para as crianças e suas atividades. Isso não significa que deve ser frio e distante, mas apenas que não tente influenciar o comportamento além do exigido pelos objetivos da observação ou além do que lhe foi permitido fazer no local. Este conselho deve ser seguido de acordo com sua intenção e dentro do contexto apropriado. Por exemplo, a observação naturalista (ou informal) depende de os objetos de estudo exibirem comportamento espontâneo, e não por indução do observador. Mas há ocasiões em que as crianças são convidadas a se comportarem de uma maneira em particular, como em situações de teste ou estudos de pesquisas formais. Nesses contextos, o observador tem de se intrometer no ambiente das crianças da forma ditada pelos propósitos do estudo ou teste. Em termos gerais, porém, quase todo o ambiente exige alguns comportamentos particulares de seus indivíduos. A maioria dos contextos, por exemplo, exige que os indivíduos se comportem de uma forma socialmente adequada. Mesmo crianças pequenas devem aprender a obedecer às exigências impostas por vários ambientes ou locais. Naturalmente, elas estão apenas aprendendo sobre algumas coisa, como que tipo de comportamento é adequado sob quais circunstâncias – quando é permitido correr e gritar, onde e quando alguém pode ir ao banheiro, e assim por diante. Entretanto, este autor afirmaria que mesmo as crianças com menos idade começam a adquirir algum entendimento sobre o que é um comportamento aceitável ou não. O segredo, claro, é combinar a exigência à capacidade da criança; as expectativas dos adultos devem ser desenvolvidas de forma adequada.

Morrison (1995) trata sobre este assunto considerando os adultos como fornecedores de modelos de comportamento apropriado para as crianças imitarem. Ele cita quatro técnicas específicas que o profissional que trabalha com a primeira infância pode usar "para ajudar as crianças a aprenderem por meio de modelos", e duas destas técnicas são de interesse imediato aqui: modelagem e supervisão. Em resumo, "a modelagem ocorre quando o profissional pratica o comportamento esperado da criança". "A supervisão, por sua vez, é um processo de revisão, insistência, sustentação de padrões e acompanhamento" (p. 480). Em qualquer unidade de atendimento à criança, porém, os adultos conservam certas expectativas a respeito do comportamento das crianças. É importante ter em mente que esses mesmos adultos terão expectativas em relação a seu comportamento enquanto estiverem no local fazendo suas observações.

Outros tipos de exigências são feitas, também, dependendo da finalidade e das características do local de observação. Em outras palavras, nossas ações são quase sempre estruturadas de alguma forma; elas ocorrem dentro de um conjunto de limites aceitáveis. A discrição pode ser alcançada por não estruturar ou afetar o comportamento das crianças, além do que já é parte do ambiente ou situação. Considere um breve exemplo.

Suponha que se queira observar o comportamento linguístico da criança. Isso pode exigir escrever palavra por palavra o que a criança diz, para quem ela fala, e qualquer outra circunstância importante que cerca o uso de sua linguagem. Entretanto, a linguagem é um fenômeno complexo. Você pode estudar apenas ela – isto é, coisas como vocabulário, estrutura da frase e comprimento da sentença. Pode também examinar as condições sob as quais a criança usa a linguagem e para que finalidade – pedir ajuda, dar comandos, fazer perguntas, autorregular o comportamento ou persuadir os outros. Todos esses aspectos fazem parte do desenvolvimento da linguagem e seu uso.

Se estivesse interessado, por exemplo, em ver como Jenine usa seu discurso sob condições naturalistas ou em que não haja testes, você teria de permitir que sua linguagem ocorresse por ela mesma. Assim, Jenine poderia falar com muita frequência e não dizer muito quando ela realmente fala. Nesse caso, você poderia ser incapaz de relatar muito sobre sua proficiência na língua, mas muito mais sobre os aspectos sociais e psicológicos do seu discurso, as circunstâncias sob as quais ela tende a falar, para quem, para que fins, e assim por diante. O que faria nesse caso?

Você poderia permanecer sem ser notado aceitando o comportamento de fala de Jenine como ele naturalmente ocorre. Mas, se as circunstâncias garantirem, poderia também testar Jenine, inserindo-a em uma conversa e tentando retirar dela mais diálogo do que ela demonstrou até o momento. Em tal caso, tentaria determinar seu nível de conhecimentos linguísticos, o nível no qual ela é capaz de se comunicar por meio da fala. Aqui é feita uma distinção entre aprendizagem (habilidade, capacidade, proficiência) e desempenho. A distinção é importante e útil, pois indica que uma criança pode saber como fazer algo, mas não necessariamente mostrar sua capacidade. A maioria de nós sabe bater, por exemplo, mas nós não saímos por aí batendo; nós não demonstramos essa habilidade.

Se testar a criança de alguma forma, mas seus objetivos não justificarem o teste, então, você sacrificou sua discrição desnecessariamente. Entrou no ambiente e mudou o que ocorreu lá. Mais uma vez, porém, apenas estar presente em um local de observação sacrifica sua discrição. Igualmente preocupante é quanta liberdade terá para testar ou interferir de alguma forma no que está acontecendo. Em uma pré-escola, o professor pode não permitir que você interaja com as crianças; você pode ter de ser um observador não participante. A questão da liberdade está diretamente relacionada ao processo de preparação prévia. Por conseguinte, o quanto é permitido participar ou quanta influência é permitido exercer não devem ser surpresas. A participação é um aspecto da observação que deve sempre se discutir com a pessoa responsável pelo ambiente antes de se começar a observar.

Em resumo, pense em observação discreta como uma observação que não impõe ou não introduz nada ao ambiente de observação ou às pessoas e aos objetivos do local, além do que é necessário para atingir objetivos legítimos. Seus objetivos nunca devem estar em conflito com os objetivos, a filosofia ou os procedimentos da pré-escola, escola ou qualquer outro local onde estiver fazendo a observação. Nem seus objetivos e procedimentos devem violar os direitos ou privilégios de qualquer indivíduo ou grupo. Haverá alguns contextos em que as restrições serão menores do que em estabelecimentos particulares. Locais públicos, como prédios do governo, parques infantis e parques, são regidos por leis, regras e até filosofias diferentes das regras e filosofias que regem estabelecimentos que cuidam de crianças. São diferentes apenas porque o último tem objetivos específicos de cuidar e promover o crescimento, o desenvolvimento, a segurança física e psicológica das crianças. Algumas das questões levantadas aqui também se aplicam à ética profissional e à confidencialidade.

Ética profissional e confidencialidade

A ética profissional e a confidencialidade são preocupações inseparáveis de todas as atividades de observação. Quando você entra em determinado lugar, você é, em alguns casos, um visitante (como em uma escola particular ou uma escola pública de ensino fundamental. Em todos os casos, você é um representante de sua escola ou instituição. Isso significa que seu comportamento reflete não apenas você, mas também sua escola e seu departamento. Se não for estudante, ainda assim terá obrigações com aqueles que está observando. Também terá obrigações com os outros que possam ter vindo antes de você, preparado o terreno e conseguido a boa vontade necessária para que a observação e a atividade de pesquisa se tornassem possíveis. Também terá obrigações com qualquer um que precise de você. O comportamento inadequado de uma pessoa poderá estragar todo o resto.

O escopo completo da questão da conduta ética, apesar de uma questão extremamente importante, não pode ser abordado em sua totalidade neste livro. Uma cópia do Código de Conduta Ética pode ser obtida na Naeyc.[1] É um documento que você deve consultar sempre

---

[1] Em trabalhos brasileiros, faz-se referência às medidas de proteção e estímulos ao desenvolvimento apresentadas por ela. No caso de orientações quanto à conduta ética ao observar crianças, creio ser necessário que o observador se remeta às regras da instituição à qual fará efetivamente suas observações e às regras da instituição à qual está vinculado (no caso de ser estudante universitário). Também é possível obter-se orientações específicas sobre a questão da conduta ética em órgãos de classe, como o Conselho Federal de Psicologia (CFP), no caso de psicólogos. (NRT)

que tiver dúvida de como se comportar em qualquer ambiente de cuidados infantis ou, por falar nisso, em qualquer outra situação que envolva crianças.

O que apresentamos a seguir é um tratamento abreviado da ética profissional e confidencialidade – informação suficiente, acreditamos, para iniciar suas observações. Porém, tenha em mente que cada escola de educação infantil terá seu próprio conjunto de princípios pelos quais deverá se guiar, princípios relevantes às circunstâncias únicas que existirem nesse ambiente específico. Espera-se, naturalmente, que se estiver em um ambiente formal, a equipe estará suficientemente familiarizada com os aspectos mais gerais de conduta ética para direcioná-lo em todo comportamento adequado.

A necessidade de ética profissional

Pesquisas com seres humanos estão abertas ao escrutínio atualmente. Já se foi o tempo em que um pesquisador tinha a liberdade de fazer quase tudo o que quisesse em nome da ciência. Os direitos, segurança (física e psicológica) e a privacidade do indivíduo agora são extremamente importantes na condução de pesquisas. Essas restrições às vezes tornam o estudo do comportamento humano difícil; no entanto, a proteção dos direitos e da segurança justifica essa dificuldade, e estes devem ser preservados. Suas observações são, falando de modo estrito, uma forma de pesquisa; elas fornecem métodos e dados para responder a perguntas de pesquisas. Você tenta aprender mais sobre crianças, entender seus comportamentos e como eles mudam com o tempo. Ao fazer isso, se questionará sobre algumas coisas; fará um registro escrito do que determinada criança faz em diversas situações; fará interpretações e poderá até mesmo avaliar os comportamentos das crianças. Em resumo, obterá informações sobre pessoas, que devem sempre ser feitas com cuidado e sensibilidade. Cuidado e sensibilidade são com frequência mais bem oferecidos e alcançados ao sermos objetivos, em vez de subjetivos. Uma descrição precisa de comportamento – isto é, simplesmente transmitir o que aconteceu, o que foi dito e as ações desempenhadas – é em geral preferível a julgamentos em relação ao desejo ou valor do comportamento. É imprescindível ter em mente que até mesmo as descrições chamadas objetivas podem, às vezes, revelar informações que são potencialmente embaraçosas ou que poderiam ser mal utilizadas para caracterizar de modo negativo um indivíduo ou grupo, o que é uma situação inaceitável sob quaisquer circunstâncias. Porém, mesmo informações positivas ou aparentemente inofensivas colocam crianças e seu comportamento no foco da atenção e podem causar desconforto ou alarmar alguns pais e professores. Essa preocupação pode ser parcialmente aliviada ao não se utilizar os nomes reais das crianças, assegurando, assim, a seus pais e professores que os relatórios de observação não revelarão a identidade de qualquer criança. Esta é uma garantia exigida pela preocupação ética em relação à privacidade e à confidencialidade.

Há outras preocupações que envolvem ética. Os pais podem se sentir angustiados com a possibilidade de um observador externo descobrir alguma deficiência em seus filhos. Os pais costumam comparar seus filhos com outras crianças: "Aletha fala tão bem quanto os amigos de sua idade?", poderiam perguntar. O pai de Carl pode perguntar se seu filho apresenta uma coordenação física tão boa quanto a de outras crianças na pré-escola – especialmente de outros meninos. A mãe de Renee pode expressar preocupação em relação à popularidade social dela, se é líder ou esperta. Os pais podem ser sensíveis em relação a outras pessoas que não sejam da equipe escolar, observando e registrando o comportamento e o progresso de desenvolvimento de seus filhos. Isso é especialmente verdadeiro se a criança tiver alguma característica que a distinga das outras de uma forma que os pais vejam como desfavorável. Tal sensibilidade da parte dos pais deve ser combinada com sua própria sensibilidade, até em um grau maior. Você deverá proteger a privacidade da criança e dos pais e também deverá considerar seus sentimentos de forma cautelosa.

Há um princípio que vale a pena mencionar, talvez porque seja muito fácil e frequentemente violado, e porque pareça abranger muitas situações na qual a ética desempenha papel importante. O princípio é este: Não se comunique (fale, escreva, use gestos não verbais) sobre qualquer criança com ninguém que não seja a pessoa que lhe deu permissão para fazer a observação ("ninguém" aqui inclui seu companheiro de quarto, seu melhor amigo, seus pais etc.). Além disso, se conversar sobre uma criança com algum indivíduo adequado, tenha certeza de que a criança em questão, qualquer uma das outras crianças, ou qualquer adulto não estejam ouvindo a conversa. Lembre-se que, quando se trata de crianças, elas ouvem tudo.

Esse princípio não exclui a possibilidade de discutir sobre uma criança em particular com um instrutor ou em uma sala de aula formal, quando o objetivo for auxiliar seu entendimento sobre a criança ou o processo de observação, ou resolver problemas que possam ser encontrados durante as observações. Tais discussões podem ainda ser feitas sem violar os direitos de privacidade e confidencialidade da criança e dos pais.

Privacidade, confidencialidade e direitos também incluem o direito de os pais não terem seu filho como sujeito de observação. Assim, se algum pai não quiser que seu filho seja observado e que não sejam feitos registros sobre ele, você será obrigado a não fazer. Pode ser menos óbvio, mas se uma criança não quiser ser observada, os mesmos constrangimentos éticos se aplicam assim como quando seus pais recusam a participação de seus filhos. E isso nos leva à questão da permissão.

A permissão se estende além do alvo específico de observação e estudo. Você não deve – na verdade, não pode – entrar sem ser anunciado ou convidado em uma sala de aula para fazer seus exercícios. A permissão antecipada é sempre necessária e, no mínimo, sinal de cortesia e respeito com professores, equipe e crianças. Em alguns exemplos, esta também pode ser uma questão de ultrapassar propriedades particulares. Gander e Gardner (1981) sugerem que a autorização escrita seja obtida quando se faz observações nas escolas. O supervisor de distrito ou o diretor e o professor podem conceder a autorização. Gander e Gardner também apontam que funcionários da escola agem *in loco parentis* ("no lugar dos pais") e, assim, a permissão adicional dos pais não é necessária. Algumas escolas fazem com que os pais assinem um formulário declarando se algum estranho pode ou não observar seu filho. Esse formulário geralmente é arquivado na escola de educação infantil ou em sala de aula.

Em situações em que os papéis dos adultos sejam menos definidos do que nas escolas (por exemplo, em clubes, escolas dominicais e organizações similares), Gander e Gardner recomendam que a permissão (escrita e assinada) seja obtida dos responsáveis e dos pais. Se for observar em um local público, tal como um parque, piscina ou parque infantil, não será necessária a permissão. No entanto, até mesmo locais públicos exigem discrição; não é permitido incomodar os outros, tentar fazer com que a criança se apresente para você ou violar, de qualquer forma, os direitos dos outros no local. Ainda sugere-se que, em um local público, caso esteja registrando os comportamentos das crianças cujos pais estejam presentes, você explique o que está fazendo e peça permissão (Gander e Gardner, 1981). Pedir é um gesto de cortesia e pode evitar suspeitas.

Conduta profissional

A ética profissional exige que você se comporte em todos os momentos de maneira profissional. Essa é uma obrigação significativa e de suma importância, pois exige que, quando necessário, você coloque de lado suas preferências pessoais e seus desejos. Sempre aja de acordo com as exigências e as expectativas legítimas (1) do local de observação; (2) dos indivíduos nesse local e, no caso de menores, das pessoas responsáveis por eles; (3) da faculdade e instituição que representa; e (4) dos próprios exercícios de observação. Este último item refere-se a ser intelectualmente honesto na execução de seus exercícios. Em outras palavras, seja leal à disciplina e ao tema do qual suas observações fazem parte.

Fatores que afetam a observação

A observação consiste em ver determinadas coisas e registrar o que se vê de forma que possa ser usado para um propósito particular. Fazer observações significativas e úteis não é uma tarefa fácil. Há uma série de fatores que podem afetar suas observações.

Sensibilidade e consciência

Anteriormente, discutimos como a sensibilidade às crianças muda com a experiência e o treinamento, os quais são influências em longo prazo. Porém, há mais influências imediatas que podem limitar sua sensibilidade e consciência e, possivelmente, influenciar seus dados observacionais e interpretações. Neste exato momento, você possui um conhecimento específico ou, como Lay e Dopyera (1977) colocaram, um "conjunto de entendimentos ou discriminações que é capaz de fazer sobre qualquer criança com que se deparar" (p. 70). Qualquer que seja seu nível de habilidade ou compreensão, haverá momentos em que não observará no nível do qual é capaz. Determinados fatores interferirão na maneira como vê o sujeito de suas observações.

Fadiga, doença e desconforto

Fadiga é uma condição obviamente limitadora, assim como uma doença, um desconforto físico e distúrbios psicológicos. Essas condições podem distraí-lo e tirar sua atenção da tarefa em mãos. Você também poderá se distrair devido a distúrbios psicológicos como problemas pessoais, ansiedades e medos ou tentar fazer muitas coisas de uma vez. Às vezes, perturbações virão do ambiente externo e poderão limitar sua percepção – ruídos, temperaturas extremas, pouca iluminação ou condições de superlotação. Muitas destas variáveis estarão além de seu controle pessoal, mas sua capacidade de reconhecer os efeitos que têm sobre você pode ser inestimável. No mínimo, será capaz de identificar fontes potenciais de distração e outros tipos de erros e, se possível, compensá-los de alguma forma.

Uma forma de compensar os efeitos dessas condições é tentar evitá-las completamente. Por exemplo, fadiga, doenças ou desconfortos podem justificar o adiamento de sua observação até que essas condições sejam remediadas. Se isso não for possível ou plausível, você poderá tentar fazer diversas observações em momentos diferentes. Em ambos os casos, as chances são de que suas observações e seus registros escritos serão mais objetivos e precisos do que seriam se fossem feitos de outra maneira. Tenha em mente que as crianças também sofrem com fadiga, doenças e desconforto. Embora essas condições sejam parte do ser humano e sejam certamente do interesse de todos os educadores infantis e outros funcionários de escolas de educação infantil, às vezes o viés que eles impõem ao comportamento das crianças e ao funcionamento geral trabalhará contra o cumprimento de suas propostas e seus objetivos de observação. Mais uma vez, tomar as medidas discutidas aqui pode aliviar a situação.

A influência do *self*[2] ou da personalidade

Talvez um dos fatores mais difíceis que influenciam as observações seja seu próprio *self* ou sua personalidade, um problema a que Lay e Dopyera (1977) se referem como "separando 'você' do que você vê" (p. 72). Nossa experiência individual, atitudes, necessidades, nossos desejos e medos tendem a atuar como filtros pelos quais nós não apenas processamos o que observamos, mas que também afetam o que observamos em primeiro lugar. Um observador pode, por exemplo, ter uma tendência a projetar seus próprios sentimentos em uma criança; ele pode acreditar que a criança sente o que ele pensa que sentiu quando criança ou que sentiria na situação presente. Ou um professor pode tender a não gostar ou gostar de alguém com determinadas características ou que exibe certos tipos de comportamentos. Esses vieses podem influenciar o professor ou o observador a prestar pouca atenção ou atenção demais a determinados aspectos do comportamento ou da personalidade da criança e a obstruir a percepção de outras características igualmente importantes. Isso parece ser especialmente verdadeiro quando os comportamentos ou características não são aprovados ou considerados tabus pelo observador. Nesse caso, há uma propensão de ser "desligado" pela criança que apresenta essas características. Tal reação negativa pode ser um determinante poderoso sobre como ver e interpretar esse comportamento da criança. Isso se torna de suma importância novamente durante o processo de avaliação.

Controlando nossos vieses

Nós todos temos vieses, e apesar de eles não poderem ser eliminados completamente, podemos ser conscientes deles e tomar medidas para controlá-los. É muito importante que os traços ou características de que gostamos ou não, que aceitamos facilmente ou não, não nos causem a perda de objetividade. É especialmente importante não fazer julgamentos sobre as crianças ou declarações avaliativas que reflitam negativamente o caráter ou a importância delas.

Dizer, por exemplo, que uma criança é agressiva ou dependente, significando que será sempre considerada de personalidade agressiva ou dependente, não é parte de seus exercícios de observação. No entanto, você certamente poderá descrever *comportamento* agressivo ou dependente quando uma criança o exibir. O foco no comportamento pode ser ilustrado pelo conselho já bem conhecido dos pais sobre como reagir ao mau comportamento de uma criança: não diga à criança que é uma menina má. Diga-lhe que o que ela fez é errado. O comportamento é o foco da crítica, não o valor e caráter básicos do indivíduo. A autoestima positiva deve ser sempre reforçada à criança, apesar de falharem no comportamento que os adultos acham indesejáveis.

---

[2] O termo *self* significa, de um modo geral, "combinação das características físicas e psicológicas únicas em cada indivíduo" (Shaffer, D. R. *Psicologia do desenvolvimento: infância e adolescência*. Tradução da sexta edição norte-americana. São Paulo: Cengage Learning, 2008). (NRT)

Apesar de temos declarado anteriormente que "podemos ter consciência de [nossos vieses] e tomar medidas para controlá-los", também devemos dizer que um dos problemas relacionados aos vieses é que eles não necessariamente pulam e nos mordem no nariz. Eles costumam operar fora de nosso conhecimento consciente, de modo similar ao que acontece quando somos críticos ou sarcásticos e expressamos surpresa sincera ou descrença no caso de um amigo (ou inimigo) nos dizer que somos, de fato, críticos ou sarcásticos. Não é sempre possível (e certamente não é fácil) identificar nossos vieses ou os motivos pelos quais os temos. Mas talvez existam ocasiões em que seja mais importante reconhecer outros comportamentos que estejam fundados em vieses inconscientes e lidar com os comportamentos em vez de lidarmos com o próprio viés.

Por exemplo, suponha que por qualquer que seja o motivo, você não goste de crianças agressivas, ou de comportamento agressivo de qualquer tipo, independentemente de quem o exiba. (Ou pode ser um comportamento dependente em particular que irrita você. Ou talvez não goste de crianças que não vão à escola tão asseadas e limpas como acha que deveriam; selecione seu próprio viés.) Isso significa que deve ter uma tendência a generalizar excessivamente em suas observações o comportamento agressivo de uma criança e rotulá-la como agressiva (ou dependente, ou suja). Em outras palavras, você vê um episódio agressivo e julga a personalidade ou o caráter de uma criança. Embora possa não entender por que não gosta de agressividade, você sempre poderá procurar e erradicar a linguagem que reflita uma generalização excessiva ou conclusão precipitada baseada em evidências muito limitadas.

Influência do cenário de observação ou da situação

Outros fatores que poderiam influenciar suas observações são aqueles impostos pelo cenário de observação e pelos indivíduos nele contidos. O cenário inclui algo como o tamanho e a disposição do espaço físico, os equipamentos e materiais disponíveis para as crianças e, em alguns casos, para você, as características, habilidades e personalidades das crianças. O tamanho e a disposição do espaço podem limitar suas observações dificultando ficar perto de determinada criança ou ser discreto. Equipamentos e materiais têm influência fornecendo, ou deixando de fornecer, para as crianças, meios de exercer suas habilidades e seguir seus interesses. As características das crianças afetam o que se pode fazer no cenário, porque elas ajudam a determinar os tipos de comportamentos que serão mostrados. Algumas crianças podem ser fisicamente ativas, outras, passivas e inativas; algumas podem falar muito, outras, pouco; algumas podem interagir bastante com seus colegas, outras, quase nada. A presença de vários comportamentos pode lhe fornecer exemplos do que deseja observar. Se a ausência de determinados comportamentos será desvantajosa dependerá de seus objetivos. Por exemplo, se Tasha normalmente evita seus colegas de classe, isso poderá dar informações valiosas sobre seu autoconceito, suas habilidades sociais, seu *status* entre seus pares. Se, no entanto, seu objetivo for observar comportamentos e interações sociais normais ou mais extensos, você poderá ter de selecionar outra criança.

Categorias de erros no registro de observações

Existem três categorias de erros que podem ser cometidos no registro de seus dados observacionais: (1) erros de omissão, (2) erros de comissão e (3) erros de transmissão (Richarz, 1980).

Erros de omissão

Erros de omissão ocorrem quando se deixa de fora informações úteis ou necessárias para a compreensão do comportamento de uma criança. Se for necessário a seus objetivos, você deverá incluir informações suficientes para fornecer um retrato completo do que acontece durante o episódio comportamental. Tal quadro ajuda a formar concepções mais amplas e mais generalizadas de uma criança em particular do que seria possível de outra maneira. Considere o seguinte exemplo.

Millard, uma criança pré-escolar de quatro anos, está brincando sozinho no tanque de areia com um pequeno caminhão de lixo. Enquanto ele está brincando, Kent se aproxima e, sem dizer uma palavra, tira o caminhão da mão de dele. De repente você olha para o tanque de areia justamente no momento em que Millard bate em Kent e pega o caminhão. Como poderia descrever e interpretar este episódio? Você poderia considerar que Millard se comportou agressivamente com Kent e continuar observando os comportamentos das duas crianças. O ponto aqui é que algo de importante estaria faltando caso tivesse aceitado o incidente como foi visto. A interpretação do comportamento de Millard como agressivo seria prematura e não muito correta. Você poderia ter omitido o incidente crítico de Kent iniciando a ação agressiva. Alguns achariam a resposta de Millard assertiva. A parte que falta na sequência ou interação comportamental pode não invalidar sua descrição objetiva; você poderia registrar com bastante precisão os comportamentos e eventos que observou. Mas, lembre-se que não são as descrições por si só que são importantes, elas devem adquirir um significado que ajudará a entender a criança e seu comportamento. No exemplo de Millard, o significado de suas ações com relação a Kent teria sido alterado de modo significativo, quando não distorcido, se omitido o segmento crítico do comportamento. Você irá descrever segundo um propósito, e parte desse propósito será compreender o contexto mais amplo do comportamento.

Há muitos motivos para os erros de omissão: várias distrações, comportamentos faltantes que já tenham ocorrido (como no exemplo anterior) ou poucas anotações feitas. As anotações feitas são fortemente influenciadas pela passagem do tempo. Você poderá não conseguir fazer muitas anotações (ou nenhuma) durante a sessão de observação e, consequentemente, talvez precise confiar na memória. Quanto mais tempo esperar para registrar suas observações, mais probabilidade terá de esquecê-las. Naturalmente, isso demonstra que você deve fazer suas anotações o mais rápido possível. Um fator muito importante é a forma particular de enxergar o que está se observando: o que e o quanto você percebe; se o que nota é significativo para você e, em sua opinião, vale a pena escrever; qual a relação entre o que vê e o propósito das suas observações no momento?

Erros de comissão

Em comparação, os erros de comissão ocorrem quando se inclui mais informações do que realmente estão presentes na situação. Isso envolve coisas como relatar comportamentos, falas ou interações como se tivessem acontecido quando, de fato, não aconteceram, ou informar que determinadas pessoas estavam no cenário/situação quando não estavam. Estes erros também são cometidos por inúmeras razões, incluindo falta de atenção, confiança em uma memória não muito boa e outros fatores que contribuem para os erros de omissão. Nem sempre é fácil "pegar" esses erros, especialmente quando provêm de seu modo de ver. Todos nós temos lapsos em nossa percepção e compreensão, ou pelo menos eles podem ser chamados de lapsos por alguém que vê as coisas de modo diferente do que vemos.

Erros de transmissão

A terceira categoria é chamada de erros de transmissão. Neste caso, a falha está no registro de comportamentos que se observa em sequência inadequada. Esse pode ser um erro sério, pois é em geral a ordem dos acontecimentos que dá sentido ao ocorrido: o que acontece às 9h20 da manhã pode influenciar o que acontece às 9h35 da manhã, e assim por diante. As chances de cometer esse tipo de erro podem ser reduzidas se for registrada a hora em que se observa um comportamento em particular. Sob algumas circunstâncias, pode-se registrar os horários em que determinado comportamento começou e terminou, ou o momento em que se começou e parou de observar e registrar determinado comportamento. Isso pode ser feito para cada comportamento, evento e interação que você observe durante o período todo. Além de reduzir os erros de transmissão, a cronometragem fornece informações sobre aspectos como a duração da atenção da criança e a proporção de tempo que a criança passa em determinadas atividades.

Três aspectos do processo de observação

Se for bastante atento para evitar os erros, uma observação precisa e confiável é possível. Existem três aspectos do processo de observação que, se forem mantidos de forma clara em mente, irão aumentar sua confiabilidade e precisão: (1) descrição objetiva, (2) interpretação (inferência ou explicação) e (3) avaliação.

Descrição objetiva

Essa é a base da observação, porque dela depende muita coisa. A descrição objetiva, por vezes chamada relatório, consiste em registrar o que se vê da forma mais precisa e completa possível. Não entanto, o termo *completa* deve ser considerado em relação a seus propósitos específicos. Existem ocasiões em que você vai querer grande quantidade de informações, o que irá, portanto, exigir uma grande quantidade de registro. Em outras ocasiões, o seu propósito pode ser satisfeito apenas com o registro de uma resposta específica, como no caso do registro de quantas vezes as crianças agem "agressivamente". A palavra-chave aqui é *objetivo*, que o *American Heritage Talking Dictionary* (1995) define como "Ter existência real ou veracidadade (...) Não influenciado por emoções ou preconceitos pessoais: *uma crítica objetiva*". Das informações objetivas são excluídas suas interpretações, avaliações, impressões e especulações, e as descrições do que você vê e ouve seriam aceitas por alguém que estivesse observando a mesma cena. Por exemplo, o trecho: "Carlita subiu no triciclo e pedalou até o outro lado da sala por cerca de 3 metros. O triciclo virou; Carlita caiu e começou a chorar" é uma descrição objetiva. Outro observador poderia descrever os eventos da mesma maneira. É importante lembrar que a objetividade absoluta não é possível. Cada um de nós vê o mundo a partir de um viés ou perspectiva que difere de outra pessoa. No caso do exemplo, descrever apenas que Carlita "subiu no triciclo e pedalou até o outro lado da sala" requer conhecimento sobre triciclos e do que se entende por "pedalar". De qualquer modo, um nível aceitável de objetividade é possível em parte porque nós em nossa cultura compartilhamos idioma, valores, normas e experiências em comum e, portanto, a maioria de nós entende o que é pedalar um triciclo.

Quando a descrição objetiva ocorre? Ela ocorre no momento em que está realmente registrando o comportamento e usando a descrição narrativa, a amostragem por eventos, o registro anedótico ou métodos de registro de descrição em diário. Esses métodos exigem que se descreva o máximo de detalhes possível sobre o que se está vendo ou ouvindo, sem qualquer enfeite ou interpretação. Uma objetividade razoável é alcançada se as descrições de vários observadores tiverem muito em comum. Em métodos de registro como listas de verificação, escalas de avaliação, contagens de frequência ou registros de duração, a objetividade deve ser alcançada no momento em que se constrói o instrumento de registro. Assim, por exemplo, os itens em uma lista de verificação devem descrever ou representar os comportamentos diretamente observáveis, em vez de coisas como humor, sentimentos e intenções ou motivos, que não são diretamente observáveis e devem ser inferidos a partir de observações diretas.

Interpretação/explicação

Interpretação significa ir além das descrições objetivas e tentar explicar ou dar algum significado. Se no exemplo de Carlita fosse adicionado "porque ela se feriu", isso seria uma interpretação, especialmente se a menina não tivesse indicado que se feriu. O "porque ela se feriu" é uma interpretação (possivelmente precisa), porque vai além da simples descrição. Você e seu companheiro de quarto, por exemplo, podem discordar do fato de Carlita ter se ferido; seu companheiro de quarto pode interpretar o choro dela como resultado de medo ou frustração, em vez de dor ou lesão.

Interpretação ou explicação, então, envolvem tentativas de identificar a causa de algum comportamento ou evento; de atribuir motivos para um indivíduo, de determinar os objetivos de um comportamento; em suma, tentativas de fornecer qualquer informação adicional que possa tornar suas descrições objetivas mais significativas do que seriam de outra forma. Essas informações adicionais também incluem ou se originam de seu conhecimento sobre desenvolvimento infantil e sobre teoria do desenvolvimento. O papel da teoria torna-se bastante óbvio, por exemplo, quando, no contexto da interpretação, procura-se oferecer algumas possíveis razões ou explicações para o comportamento de uma criança. O ponto principal é que de onde quer que a informação venha, ela se move do observador para o que foi observado, e, desse modo, espera-se, há uma compreensão mais profunda do significado de comportamento.

Quando a interpretação ocorre? Ela pode ocorrer em vários momentos, dependendo da técnica de registro. Na descrição narrativa, por exemplo, a interpretação ocorre apenas após o comportamento ter sido registrado objetivamente, pois na descrição narrativa, todo e qualquer comportamento é indispensável a suas observações. Depois que os dados forem registrados você poderá ou precisará interpretar o significado do comportamento em relação ao progresso do desenvolvimento de uma criança, ao ajuste a um cenário em particular ou a outro aspecto apropriado.

Na amostragem por eventos, no registro anedótico e na descrição diária, é necessário um pouco de interpretação antes de realmente registrar qualquer comportamento. Você deve decidir se esse comportamento se adaptará a sua definição de um evento (amostragem por evento), se é suficientemente atípico ou incomum para justificar o registro anedótico ou se se trata de um novo comportamento que contribui para a compreensão sobre a criança em desenvolvimento (descrição diária).

Nas técnicas restantes de registro (listas de verificação, escalas de avaliação, contagens de frequência e registros de duração), a interpretação também será necessária no momento do registro. Você deverá decidir se um comportamento observado se encaixa ou não em alguma das categorias descritivas que tiver selecionado para inclusão no instrumento de registro. É claro que pode ser necessária melhor interpretação caso queira usar seus dados para fazer considerações sobre o progresso geral do desenvolvimento da criança ou simplesmente entender o possível significado do comportamento de uma criança em uma situação particular.

Avaliação

Este terceiro aspecto da observação é possivelmente a parte mais perigosa do processo, pois é neste momento que se aplica seus valores e atitudes em relação ao comportamento, às características e à personalidade da criança. A avaliação refere-se à colocação de um valor ou o julgamento do valor sobre alguma coisa. Infelizmente, é muito fácil fazer julgamentos precipitados ou formar estereótipos sobre alguém. Uma vez que temos o estereótipo, parece não haver necessidade de aprender mais sobre o indivíduo e, possivelmente, de modificar nossa opinião sobre ele com base em novos contatos e interações.

As bases para a avaliação já são estabelecidas durante o processo de observação e registro, pois é aí que termos como *dependente, agressivo* e *ansioso* são usados para descrever e explicar o comportamento. O que é crítico aqui é que termos como esses são muitas vezes utilizados de forma descuidada. Eles podem ser conceitos legítimos, mas devem sempre estar fortemente ligados ao comportamento observável. Além disso, rotular uma criança como preguiçosa, por exemplo, não explica a criança ou o seu comportamento. "Preguiçosa" é uma forma conveniente de resumir as opiniões ou atitudes de alguém sobre uma criança. O que tem de ser descrito são os comportamentos que levaram à decisão de chamá-la de preguiçosa. O que tem de ser explicado são as razões para esses comportamentos.

Rótulos depreciativos, tais como "preguiçoso", "chato" e "desinteressante" não devem existir no vocabulário escrito do observador. Quaisquer conclusões sobre as características ou traços gerais de uma criança devem se basear em amostras representativas, frequentes e objetivamente descritas de comportamento. Esse conselho se aplica tanto a atributos positivos como negativos.

Quando a avaliação ocorre? Ocorre quase sempre depois de adquirirmos os dados de observação porque é preciso tempo para interpretar esses dados e tomar decisões ou tirar conclusões. A avaliação deve ir muito além de formar impressões sobre coisas como a personalidade ou habilidades de uma criança e rotulá-la como dependente, agressiva ou usar esses adjetivos. Precisamos reconhecer o que parece ser uma tendência humana natural, que é resumir nossas percepções e impressões sobre outras pessoas pelo uso de rótulos descritivos convenientes. Assim, podemos nos referir a algumas pessoas como charmosas e inteligentes e a outras como chatas e estúpidas. Quando se trata de crianças pequenas, no entanto, é absolutamente importante não aplicar rótulos, especialmente negativos e depreciativos. Além disso, os rótulos podem ser como os estereótipos, que geralmente consistem em decisões precipitadas sobre uma pessoa ou grupo e que são falsas ou incompletas, porque, na melhor das hipóteses, se baseiam em evidências anedóticas. Uma consequência indesejável de um rótulo ou estereótipo é que não temos nenhum incentivo para aprender mais sobre a pessoa ou grupo ou para buscar evidências que contradigam nossas impressões e percepções apressadas, falsas ou incompletas. É por isso que observações repetidas são essenciais para a compreensão da personalidade, habilidade e progresso do desenvolvimento infantil.

Consequentemente, a avaliação é muito útil e adequada para tomar decisões sobre programas ou currículos acerca dos tipos de experiências e ambientes que melhor promovam o crescimento e o desenvolvimento infantil. Com essa visão, você poderá entender por que a avaliação deverá ocorrer depois de obtermos a quantidade e a qualidade apropriada de informações observacionais.

Observação de um grupo ou individual

A distinção entre observação individual e de um grupo é importante. Ela representa uma distinção entre os dados que são úteis para uma finalidade e os que são úteis para um propósito diferente.

Limitações da observação de um grupo

Em primeiro lugar, é praticamente impossível observar um grupo e obter informações importantes sobre indivíduos específicos. A observação significativa de indivíduos específicos é semelhante a ter uma conversa significativa. Você pode ouvir somente uma pessoa por vez e somente uma pessoa pode falar de cada vez, caso contrário, a conversa se torna incompreensível. Se desejar observar ainda que apenas duas crianças ao mesmo tempo, deverá primeiro observar uma criança e depois a outra, prestando atenção a cada uma.

Observar mais de um indivíduo de uma vez faz sentido quando há uma interação acontecendo. Quando dois indivíduos estão influenciando ou respondendo um ao outro, a interação e seu contexto também se tornam importantes. Existe uma relação inseparável entre o comportamento e o cenário em que ele ocorre. O comportamento é influenciado e regido pelas características do cenário, o que inclui a natureza, a finalidade e a localização da interação, bem como as pessoas específicas envolvidas. Seus comentários em uma conversa são regidos, em parte, pelos comentários da outra pessoa, pelo local em que se encontra e pelo tema da conversa.

Tenha em mente que se for fazer a observação de um grupo, não será possível obter muitas informações sobre os indivíduos. Pode-se estudar o comportamento de grupos, bem como o comportamento dos indivíduos em grupos, mas é necessário considerar as diferenças. Algo do que acabamos de dizer pode ser qualificado ao ser considerado o uso da tecnologia disponível atualmente. Filmagens, por exemplo, fornecem observações repetidas quase ilimitadas do comportamento e atividades de um grupo (ou de uma criança). O modo *rewind* (retroceder) do videocassete ou DVD significa que é possível se concentrar nos comportamentos de cada criança em um determinado grupo e fazê-lo de forma livre. A perda potencial de informações que resulta da mudança de foco de atenção entre as crianças será sanada pelo vídeo gravado. No entanto, nós ainda salientamos que mesmo com a visualização do vídeo, cada *rewind* e *replay* representará uma mudança real do foco de sua atenção de uma criança a outra. O vídeo simplesmente expandiu enormemente o tempo que terá para fazer a mudança, permitindo assim a observação pelo tempo que for necessário para obter as informações que deseja ou necessita. Schickedanz et al. (1993), por exemplo, corroboram com essa vantagem da filmagem, quando, ao discutirem a técnica de registro de amostra (descrição narrativa) eles escrevem: "Esta técnica era extremamente difícil antes de a tecnologia de áudio e vídeo fornecer ao pesquisador as ferramentas para observar um momento na vida de uma criança por diversas vezes" (p. 26).

Um aviso, no entanto: é fácil ficar encantado com a tecnologia, especialmente se ela aparece para facilitar nosso trabalho ou para nos dar dados de uma profundidade e alcance que até então não era possível. Contudo, afirmamos que um vídeo nunca pode tomar o lugar de um observador qualificado, não importa o quão sofisticada a tecnologia venha a se tornar. O vídeo do comportamento das crianças em um ambiente de cuidados infantis não é melhor que o indivíduo que o assiste. Não é a câmera de vídeo que faz a visão ou a audição. São os olhos, os ouvidos e os cérebros humanos que, em última análise, têm de dar sentido ao que a câmera captou. A filmagem é extremamente limitada quando comparada à liberdade e à flexibilidade de um observador ao aplicar seus conhecimentos "em movimento", por assim dizer. É difícil, e em alguns casos, impossível, ter uma câmera de observação em todos os ambientes, e nem sempre é desejável ter. Com um vídeo, você congela no tempo um segmento relativamente pequeno do fluxo comportamental, mas não pode congelar todo o fluxo, não mais do que é possível com técnicas de observação mais comuns. No entanto, este não é o propósito da observação. O melhor que podemos esperar é encontrar amostras representativas do comportamento da criança a partir das quais possamos tirar conclusões razoáveis e significativas que nos ajudem a entender melhor as crianças sob nossos cuidados.

Na análise final, é você quem tem de fazer a observação, e não a câmera. Seja qual for o uso da filmagem na observação de crianças pequenas, a sua utilização, do ponto de vista deste escritor, é secundária quanto ao objetivo de adquirir e refinar as habilidades pessoais de observação.

O que é um grupo? Perspectiva um

Um grupo às vezes é definido como vários indivíduos reunidos em um lugar em particular. O mais simples dos grupos não tem propósito ao redor do qual esteja formalmente estruturado; ele consiste meramente em um número de pessoas que por acaso estão no mesmo lugar, ao mesmo tempo. No entanto, reconhecerá que elas poderiam se reunir por razões comuns, como para fazer compras ou assistir a um evento esportivo. Muito mais interessante é o grupo verdadeiro, que consiste de vários indivíduos organizados em torno de um propósito comum e que têm uma estrutura de identificação social.

Alguns grupos são formados por uma autoridade ou uma agência externa. Um sistema escolar estabelece jardins de infância, escolas de ensino fundamental e de ensino médio; uma agência comunitária, um grupo de igreja ou de pais funda um berçário, e assim por diante. Tais grupos podem ser chamados de grupos institucionais (Brandt, 1972). Este tipo de grupo formal pode conter subgrupos que são espontaneamente formados pelos próprios membros. A adesão é muitas vezes determinada por interesses mútuos e características comuns. "Interesses mútuos e características comuns" podem incluir idade e nível de desenvolvimento, dois fatores especificados por Bukatko e Daehler (1995) quando definem um par como "um companheiro que é aproximadamente da mesma idade e nível de desenvolvimento" (p. 564). Seus comentários sobre pares e grupos de pares são instrutivos:

> Pares, em todo caso, funcionam como iguais, e é principalmente entre iguais que as crianças podem forjar habilidades sociais como comprometimento, competição e cooperação. Assim, as experiências com seus pares fornecem à criança oportunidades únicas para a construção de compreensão social e para o desenvolvimento de habilidades sociais. (p. 564)

Essa descrição abrange aqueles cenários onde as crianças tendem a ser homogêneas em relação à idade e ao nível de desenvolvimento. Porém, tal homogeneidade nem sempre prevalece, limitando assim, a utilidade e a aplicabilidade do conceito de grupo de pares.

A classe pré-escolar, por exemplo, poderia ser um grupo institucional; uma escola de educação infantil e uma classe de ensino fundamental públicos são grupos claramente institucionais por causa da conexão com o sistema educacional maior. As classes de terceiro ano de duas escolas da cidade poderiam incluir grupos de pares, mas três crianças que brincam juntas na pré-escola da Sra. Martin também são um grupo de pares. Esse tipo de grupo poderia ser o foco de suas observações.

A discussão a seguir sobre a questão "O que é um grupo?" pode exigir uma base ou um interesse que alguns leitores podem não ter. Portanto, a abordagem dos sistemas de Martin e O'Connor (1989) sobre o estudo de grupos pode ser omitida sem causar danos à compreensão geral do leitor sobre grupos ou à sua capacidade de observá-los. Nós oferecemos um tratamento mais longo das características de um grupo para aqueles que querem se aprofundar na dinâmica de seu funcionamento.

O que é um grupo? Perspectiva dois

Existe outra maneira de definir ou entender o conceito de grupo que vale a pena ser discutida. Patricia Yancey Martin e Gerald G. O'Connor (1989), que assumem uma perspectiva sistêmica sobre os fenômenos sociais, identificam as características de pequenos grupos com base no que definem como um grupo de quatro componentes. Estes são interessantes porque podem fornecer uma estrutura para firmar suas observações sobre o comportamento do grupo de crianças. Nós adaptamos as ideias complexas e um tanto teóricas desses autores sobre grupos ao caso das crianças.

Componentes do grupo

Componente um: características dos membros

"As *características dos membros* são as propriedades ou qualidades dos indivíduos que pertencem aos grupos" (Martin e O'Connor, 1989, p. 165, grifo do original). Os autores citam inúmeras características individuais importantes para os observadores de crianças pequenas.

Há as características demográficas de idade, gênero, raça, etnia, herança cultural e crença religiosa. Eles também citam os fatores extremamente importantes como "a especificidade da família, a biografia do desenvolvimento e a formação e o estilo psicológicos distintivos" (p. 165). Também estão incluídos nas características dos membros os "sentimentos relacionados ao autoconceito ou autoestima" (p. 165). Estes sentimentos se traduzem em diferenças na assertividade, se a criança fala alto ou de modo persistente, e assim por diante. O tempo pelo qual a criança pertence a um grupo específico também é importante e pode influenciar o modo como ela se comporta no grupo.

A premissa aqui é que essas características afetam o modo como os membros de um grupo vão participar de atividades diversas, bem como os resultados desses processos. Pense nessa premissa como significando essencialmente que todos os estímulos aos quais o grupo responde, todos os comportamentos apresentados pelo grupo dependem fundamentalmente das características, habilidades, personalidades de seus membros individuais. Estes são os filtros pelos quais todos os *inputs*[3] chegam ao grupo e os *outputs*[4] saem do grupo. Pense nisso dessa maneira: não pode haver equipe de atletismo se as pessoas que formam esse grupo não conseguem correr. Um grupo de pré-escolares não pode ser um grupo que persegue um objetivo se os membros não têm os meios necessários para realizar as tarefas que conduzem ao objetivo final.

Considere a seguinte ilustração: um grupo de quatro crianças de quatro anos quer fazer uma brincadeira imaginária em que uma delas é um médico, a outra é uma enfermeira e as outras duas são pacientes. Pode importar muito pouco se essas crianças têm conhecimento preciso sobre o que médicos e enfermeiros realmente fazem ou não; afinal de contas, trata-se de uma fantasia *delas* e elas não têm a obrigação de obedecer exatamente à realidade. O "médico" pode fazer o que a criança achar conveniente para o papel de médico, mas pode fazer a diferença para o sucesso da brincadeira se elas conseguirem chegar a um acordo sobre quem vai assumir cada um dos papéis necessários. Se todas as crianças quiserem ser o médico ou a enfermeira ou o paciente, e se elas forem inflexíveis em sua insistência no papel específico, a brincadeira imaginária nunca irá acontecer. É por isso que "todos os comportamentos exibidos pelo grupo, como um grupo, fundamentalmente dependem das características, habilidades, personalidades de seus membros".

Componente dois: comportamentos dos membros

Comportamentos dos membros são definidos de maneira muito simples por Martin e O'Connor (1989). São "as ações de indivíduos em um grupo", e complementam, "durante as reuniões do grupo" (p. 165). Podemos substituir esta última frase por "durante as atividades do grupo" ou "durante as interações do grupo". Martin e O'Connor enfatizam que os comportamentos dos membros serão diferentes de acordo com a finalidade básica do grupo – um grupo de trabalho, por exemplo, em oposição a um grupo de jogo. É essencial observar que, de acordo com os autores, "o comportamento dos membros será necessário para o desenvolvimento do grupo" e que "sem o comportamento dos membros, os indivíduos permanecerão isolados e um grupo nunca se formará" (p. 165).

O comportamento dos membros parece um requisito tão básico que se pode perguntar por que Martin e O'Connor mencionaram o fato. Para nossos propósitos, só pedimos que se tenha em mente que apenas uma reunião de indivíduos não constitui um grupo. É preciso que haja alguns comportamentos consistentes que "conectam" os membros de alguma forma significativa. Além disso, como discutiremos mais tarde, uma das características essenciais de um grupo são as relações ou os padrões de relacionamento que, eventualmente, se formam e se distinguem não apenas de um grupo para outro, mas também um grupo de um não grupo.

---

[3] *Input*, nesse contexto, significa tudo aquilo que vem de fora, todos os estímulos externos que serão recebidos e trabalhados pelo grupo. (NRT)

[4] *Output*, nesse contexto, significa tudo o que o grupo produziu e oferece ao ambiente externo. (NRT)

Componente três: características contextuais do grupo

"*Características contextuais do grupo* são as propriedades de um grupo como um sistema relativamente constante ou permanente" (Martin e O'Connor, 1989, p. 167, grifo do original). Estas características "incluem os fenômenos sociais, de relacionamento e processuais que *emergem* por meio de comportamentos individuais e interpessoais dos membros" (p. 167, grifo do original).

As características contextuais do grupo dependem da interação entre os membros do grupo, o que leva ao desenvolvimento de coisas como "objetivos do grupo, regras, procedimentos, uma identidade comum, critérios comuns de avaliação das ações do grupo e do progresso de cada um e do grupo, e assim por diante" (p. 167). Martin e O'Connor (1989) identificam três características contextuais dos grupos pequenos: as normas, o clima e o "ciclo normal de procedimentos do grupo" (p. 167). Estes merecem alguma discussão.

As normas do grupo são padrões compartilhados para o comportamento apropriado. Como Martin e O'Connor colocam: "Normas têm uma qualidade de *dever*" (p. 167, grifo do original). É importante ressaltar que as normas são muitas vezes associadas aos papéis, que são padrões de comportamento recorrentes, os quais estão, por sua vez, associados a uma posição em um grupo social. (Por exemplo, a posição social do professor exige comportamentos como dar instruções, distribuir tarefas e dar notas.) De potencial interesse para o observador de crianças pequenas é a afirmação de Martin e O'Connor de que "certos aspectos do *papel de membro do grupo* são normativos, isto é, eles são necessários em virtude das expectativas compartilhadas em relação ao comportamento dos membros, enquanto outros não são" (p. 167, grifo do original). Por exemplo, um grupo pré-escolar pode ter a expectativa (gerada por adultos) de que não haverá comportamentos como empurrões ou outras formas de agressão, mas pode não haver expectativa especial em relação aos tipos de brincadeiras ou atividades que o grupo deva fazer.

O clima do grupo está muito próximo, se não tiver o mesmo significado, dos nossos conceitos de cenário, situação e contexto. Martin e O'Connor (1989) definem *clima do grupo* como a "atmosfera socioemocional ou humor compartilhado pelo grupo" (p. 168). Você deve reconhecer que o clima de um grupo pode permanecer relativamente estável ou pode mudar. Mudanças podem ser o resultado de algo que acontece dentro do grupo como tal, ou que afetam o grupo em relação a seu ambiente (Martin e O'Connor, 1989, p. 168). Por exemplo, uma criança especialmente dominante pode sair de um grupo, o que poderia deixar o grupo sem um líder efetivo. Os efeitos dessa situação dependem, é claro, de uma série de fatores, mas os efeitos poderiam ser uma mudança drástica na forma como o grupo se comporta, nas metas ou tarefas empreendidas e mesmo na permanência da união do grupo.

Passar o grupo para outro ambiente (clima) também pode alterar a dinâmica e os padrões de relacionamento para melhor ou para pior. Diferentes equipamentos e materiais no novo cenário, por exemplo, podem mudar o comportamento do grupo e, possivelmente, até mesmo sua liderança. Em um cenário anterior, uma criança pode ter sido a líder por causa da habilidade para lidar com determinado equipamento. Em um novo cenário, uma criança diferente pode ser especialmente competente no que diz respeito a uma parte diferente do equipamento, ganhando assim a deferência do grupo com relação a seu uso e a seu papel no funcionamento do grupo. As possibilidades são realmente grandes.

Um ciclo normal de procedimentos de um grupo é, de acordo com Martin e O'Connor, a "pauta ou rotina de atividades típicas que um grupo segue para realizar seus objetivos" (p. 168). Grupos pré-escolares podem estabelecer esses ciclos de atividades se estas existirem por tempo suficiente para que os membros possam chegar a este tipo de acordo e rotina estabelecidos. Naturalmente, é também possível que a simples adição de um novo membro, porém dominante, possa mudar o ciclo enquanto estiver presente no grupo. Isso significa que o ciclo normal de procedimentos de um grupo depende dos objetivos do grupo, bem como de todos os componentes discutidos.

Componente quatro: episódios de grupo

Episódios de grupo, afirmam Martin e O'Connor (1989), são "eventos, incidentes ou acontecimentos compartilhados em nível de sistema, que ocorrem em grupos caracterizados por atividade contínua" (p. 168). Os autores apresentam uma analogia informativa para definir episódios de grupo: "Os episódios são como cenas de uma peça; cada uma tem um conteúdo e significado distintivo, mas só podem ser plenamente compreendidas em relação ao 'drama' ou 'contexto do grupo' total (p. 168)". O conceito de episódio reflete a extrema importância do contexto na compreensão do comportamento. De fato, pode-se dizer que o comportamento de um indivíduo, em última análise, só tem significado em algum contexto social ou outro. Isso acontece porque os seres humanos raramente podem se retirar totalmente do ambiente social ou das influências já existentes nesse ambiente.

Presume-se aqui que, como "uma série de eventos compartilhados", os episódios "são mais do que atos discretos e comportamentos dos membros" (Martin e O'Connor, 1989, p. 168). Essencialmente, isso significa que os episódios dependem das relações entre os membros do grupo para terem significado, em vez das ações de qualquer pessoa ou pessoas no grupo. Martin e O'Connor (1989) atribuem aos episódios o importante papel de dar "significado ao comportamento dos membros e ajudá-los a interpretar e dar sentido ao que é dito e feito" (p. 168).

Seus exercícios de observação utilizarão o conceito de episódio. De acordo com o conceito, o comportamento das crianças, como indivíduos, só pode fazer sentido quando visto da perspectiva do grupo maior e da influência deste sobre cada um de seus membros. O comportamento de cada membro se conecta com o comportamento de outro membro, e é assim que as relações são estabelecidas. Em última análise, uma rede é construída em que o comportamento de alguns indivíduos combina ou interage para produzir o que chamamos de grupo. O comportamento de Sarah, enquanto no grupo, é afetado, digamos, pelo comportamento de Mark. Conforme a analogia de Martin e O'Connor, Sarah e Mark são atores em uma peça, alguém faz ou diz alguma coisa como resultado do que o outro fez ou disse, como se estivessem seguindo um *script*. Mais importante ainda, o comportamento de Sarah faz mais sentido quando é considerado em relação ao comportamento de Mark. Essa relação é o episódio de grupo ou faz parte de um episódio de um grupo maior. Relações também tornam o comportamento social; sua ausência torna efetivamente o comportamento antissocial (ou não social).

Algumas abordagens para observação de grupo

Como Almy e Genishi (1979) apontam: "Os professores sempre souberam que cada grupo de crianças tem suas próprias qualidades distintivas. Como indivíduos, cada grupo ou classe é único". Cada grupo também tem influências distintas sobre seus membros; portanto, o grupo faz parte do cenário. Aqui está um exemplo:

Julie, Erica e Floyd muitas vezes formam um pequeno grupo de brincadeiras. Suas atividades são variadas, indo da brincadeira dramática, em que quase sempre Floyd interpreta o pai, e Julie e Erica se revezam sendo a mãe, até a construção feita com blocos grandes, em que não existe um conjunto ou padrão consistente de interação entre as três crianças. Elas raramente brigam, e quaisquer divergências tendem a ser curtas. Nenhuma das três crianças se apresenta como líder.

De tempos em tempos, Erica também participa como membro de outro grupo, este constituído por ela, Roger e Tanya. No entanto, estas três crianças parecem mais restritas em suas atividades. Elas raramente brincam de casinha, porque Erica e Tanya geralmente brigam para ser a mãe. Roger não gosta de construir com blocos, e as meninas não o pressionam para essa atividade. Tanya parece mais líder do que seguidora, embora Erica ocasionalmente conteste suas tentativas de liderança. Este segundo grupo não brinca junto por períodos relativamente longos, o que caracteriza a brincadeira do primeiro grupo.

Como você poderia abordar essas duas situações diferentes?

Uma forma seria concentrar-se nos comportamentos de cada criança como um indivíduo. Você vai notar as diferentes respostas, os padrões de brincadeira e relacionamentos com seus colegas, mas seria apenas no contexto do indivíduo. Assim, você poderia descrever o comportamento de Erica em cada um dos dois grupos: o que ela disse e como disse, suas atividades motoras grossas e finas, suas respostas emocionais e sociais, e assim por diante.

A segunda abordagem seria observar os comportamentos individuais, como antes, mas colocá-los dentro da estrutura maior dos grupos de três pessoas em que eles ocorreram. Agora o comportamento de Erica é visto à luz do contexto de seu grupo. Você pode notar, por exemplo, que o uso da linguagem difere dependendo do grupo em que está. Você pode tentar descrever a relação entre sua linguagem e as características do grupo e seus membros. Também seria interessante examinar outros padrões de interação e tentar explicá-los, talvez em razão da personalidade das crianças ou a forma diferente que o professor trata os dois grupos.

Uma terceira abordagem seria examinar primeiramente o próprio grupo, levando menos em conta os comportamentos de cada membro e mais em conta o modo como as três crianças agem como uma unidade. Você poderia descrever o grupo como se fosse um indivíduo, atribuindo mesmo características ou traços – um grupo amigável, um grupo hostil ou um grupo que trabalha duro.

O comportamento pode ser significativamente influenciado pelo grupo maior, embora tal influência nem sempre seja muito grande. Algumas crianças participam muito pouco na vida em grupo de seus colegas, aparentemente preferindo centrar sua atenção e sua energia em tentar agradar os adultos (por exemplo, veja Almy e Genishi, 1979). Os grupos, por sua vez, reagem de forma diferente a diferentes indivíduos. Algumas crianças não são prontamente aceitas em um grupo, enquanto outras não só são aceitas como também se tornam líderes rapidamente. Como ilustrado no exemplo anterior, as crianças se comportam de maneira diferente em diferentes grupos e situações. Todos nós conhecemos alguém que agiu de maneira muito diferente que o habitual, e tentamos explicar esse comportamento incomum como sendo influenciado pelas companhias com as quais ele estava, as quais causaram a mudança em sua personalidade.

Seus objetivos na observação de grupo

A discussão anterior enfatiza a necessidade de observar as crianças em contexto e determinar como suas ações podem mudar em vários cenários. Todos nós pertencemos a diversos grupos – família, escola, organização do trabalho e organizações sociais –, e nossas posições e comportamentos variam de um grupo para outro.

Seus objetivos na observação de grupos podem variar, dependendo do que se quer aprender. A meta pode ser investigar como o comportamento de uma criança difere em vários grupos. Em nossa opinião, os padrões de liderança e seguimento em vários grupos são temas especialmente dignos de observação. Acreditamos nisso porque em grupos humanos normalmente um líder emerge naturalmente ou um indivíduo é escolhido para liderar o grupo. Sendo assim, é compreensível que os líderes devem ter características que os distingam dos seguidores. A criança pode ter "carisma", que o *American Heritage Talking Dictionary* (1995) define como "uma qualidade pessoal rara atribuída a líderes, que desperta dedicação e entusiasmo popular fervoroso". No caso das crianças, tal definição pode ser um exagero, mas o significado básico se aplica. A criança pode assumir o papel de líder por causa de seu tamanho e força física, porque ela tem experiência ou habilidade especial ou porque tem características de personalidade (generosidade, simpatia, natureza extrovertida) que a torna popular entre as outras crianças. Estritamente falando, supomos que pode ser um tanto impreciso dizer que as crianças realmente possuem os tipos de qualidades as quais os adultos considerados líderes possuem. Por outro lado, a liderança deve ser vista no contexto em que ela ocorre. Seria, portanto, igualmente impreciso avaliar comportamentos infantis de liderança a partir da perspectiva de situações e características que tendem a definir ou caracterizar a liderança adulta. O mesmo argumento é válido para avaliar os padrões de comportamento do seguidor e as características das crianças seguidoras em situações específicas.

Não obstante tudo isso, você pode querer procurar respostas para perguntas como: de que maneira os líderes surgem em diferentes situações e grupos? Como a liderança muda em determinado grupo? Como uma criança em particular expressa sua habilidade de liderança (por exemplo, por seu tamanho e força, pela manipulação social etc.)? Uma criança em particular é líder em todas as situações ou apenas em algumas? Como as outras crianças respondem às tentativas de uma outra se tornar líder? Você pode identificar comportamentos ou abordagens específicas de crianças que tentam liderar, mas não conseguem? O que parece desligar as outras crianças dos esforços desses pretensos líderes? Que comportamentos ou abordagens parecem ser bem-sucedidas quando usadas por uma criança em particular?

Às vezes, padrões de comportamento de grupo podem ser de seu interesse. Estes podem ser discernidos mediante uma lista de verificação de frequência em que se registra quantas crianças usam determinado espaço ou exercem uma atividade em particular (por exemplo, veja o Apêndice 5). A lista de verificação não vai tratar sobre a dinâmica de interação do grupo, mas tratará de quais áreas ou atividades em sala de aula são as mais populares e delineará o tráfego mais intenso. Essas informações são importantes no planejamento de atividades futuras ou organização do ambiente físico. Informações muito úteis também podem ser obtidas mantendo-se um registro das áreas usadas e atividades particulares realizadas por crianças específicas. Um professor pode perceber, por exemplo, que Jonathan normalmente passa seu tempo livre na área dos blocos grandes. Observações repetidas revelam que a coordenação motora fina de Jonathan é ruim. Isto poderia significar que ele se sinta desconfortável em atividades que exijam coordenação hábil que envolvam as mãos e a visão. Como resultado, ele brinca com equipamentos e materiais que envolvem grandes grupos musculares. Aqui você tem um exemplo de uma criança que combina suas habilidades com as oportunidades oferecidas por um determinado ambiente. Estas informações seriam relevantes para um grupo de observação caso o professor tivesse concluído prematuramente que Jonathan brincava na área dos blocos grandes por causa das outras crianças que brincavam lá. Em outras palavras, o comportamento social e de brincadeira de Jonathan pode ser erroneamente interpretado em termos de participação no grupo, e não em termos de sua dificuldade em realizar tarefas motoras refinadas.

Grupos e comportamentos individuais dentro dos grupos são aspectos importantes da compreensão das crianças. Seus objetivos globais para observação vão determinar onde e como os grupos se encaixam em sua atividade de observação específica.

Resumo

Há uma série de etapas que devem ser seguidas antes de se entrar no cenário de observação. A etapa mais importante é determinar o propósito de sua observação, o que irá afetar tudo o que faz. A escolha do local de observação e saber o que se pode fazer nele também fazem parte do processo de preparação.

O capítulo apresenta uma série de perguntas que se deve fazer e responder antes mesmo de entrar no cenário de observação:

1. Quais áreas do desenvolvimento ou do comportamento são o foco de sua observação (física/motora, social, da linguagem etc.)?
2. Quanto tempo será usado para observar os comportamentos selecionados (vários minutos, uma hora, durante o tempo que eles ocorrem)?
3. Quem irá observar (um grupo, uma criança em particular, várias crianças em particular)?
4. Como serão registradas suas observações (lista de verificação, registro de duração, descrição narrativa, amostragem por tempo, amostragem por eventos)?
5. Que tipo de interpretações vai fazer (com base em determinada teoria, no que ocorreu no cenário)?

Ser discreto ao observar é muito importante. A observação naturalista requer tão pouca interferência sobre o comportamento das crianças quanto possível. Há momentos, porém, em que as crianças são convidadas a se comportar de maneira particular, como em testes ou pesquisas formais. Seus objetivos de observação global vão determinar se você permanecerá completamente separado do comportamento em curso das crianças ou intervirá de alguma forma.

A necessidade por ética profissional não pode ser demasiado estressante. Ética e confidencialidade protegem os direitos e o bem-estar de todos os associados a suas observações. A ética profissional é discutida sob a noção geral de comportamento profissional.

Fazer observações significativas e úteis não é fácil, vários fatores que afetam a observação foram discutidos. Sua sensibilidade com crianças, doença, fadiga e desconforto, tudo contribui para o que enxerga quando olha para uma criança. No entanto, o fator mais difícil de se lidar e que influencia as observações é sua personalidade – seus valores, atitudes, experiências, conhecimentos, e assim por diante. Estes atributos atuam como filtros pelos quais se processa o que se vê, afetando o que é observado em primeiro lugar.

A influência do cenário e da situação também é discutida. O tamanho do espaço, os equipamentos, os materiais, as pessoas dentro do espaço e como tudo isso é organizado afetam as observações.

Três categorias de erros são abordadas no capítulo. Há erros de omissão, comissão e transmissão. Esses erros afetam a precisão e a confiabilidade dos dados observacionais. Contudo, apesar da possibilidade de erro, precisão e confiabilidade podem ser alcançadas, e três aspectos da observação são discutidos a esse respeito: descrição objetiva, interpretação e avaliação. A avaliação é caracterizada como possivelmente a parte mais perigosa do processo de observação. É na avaliação de uma criança que atribuímos um valor a seu comportamento, seu caráter e até mesmo seu valor como indivíduo. Extrema cautela é aconselhada, e até mesmo avaliações positivas devem ser fundamentadas em amostras representativas, frequentes e objetivamente descritas de comportamento. Em qualquer caso, rótulos e descrições depreciativas nunca devem fazer parte do registro de observação de uma criança.

Distinções são feitas entre observações do indivíduo e do grupo. Há limitações à observação de grupos de crianças, uma limitação significativa é a perda de informações sobre indivíduos específicos. Ressalta-se que podemos estudar o comportamento dos grupos e o comportamento dos indivíduos em grupos, mas se deve ter em mente as diferenças entre esses dois tipos de estudo. Vários tipos de grupos são definidos, mas os grupos de pares são o foco mais provável de suas observações. Várias abordagens para observação de grupos são discutidas. Algumas metas de observação de grupo incluem questões como a documentação de mudanças no comportamento das crianças enquanto trabalham em diferentes grupos, padrões de comportamento de liderança e seguimento dentro de vários grupos, além de avaliar o efeito de um grupo no comportamento de uma criança em particular.

O conceito de grupo também é discutido por meio da visualização de um grupo caracterizado por quatro componentes: (1) características dos membros, (2) comportamento dos membros, (3) características contextuais do grupo e (4) episódios de grupo. Três características contextuais específicas de grupos pequenos também são discutidas: (1) as normas do grupo, (2) o clima do grupo e (3) o ciclo normal de procedimentos do grupo.

Questões para estudo

1. Seu objetivo geral de observação é um elemento-chave para o sucesso. Identifique e discuta alguns dos problemas que um observador pode encontrar se não tiver seu objetivo bem claro em mente antes de entrar no cenário de observação.
2. Enumere algumas perguntas a respeito do comportamento profissional que acha que devem ser respondidas antes de começar a realizar observações em uma pré-escola. Como as responderia?

3. Como a interpretação e a avaliação estão relacionadas? Qual delas tem de ser feita primeiro e por quê?
4. Por que a descrição objetiva é importante para a precisão e a confiabilidade da observação?
5. Dê alguns exemplos de quando a observação do grupo é mais valiosa do que a observação individual. Como realmente faria a observação?

Exercício prático

Este capítulo contém grande quantidade de informações importantes, mas a maioria é bastante fácil de entender. No entanto, há um tópico que poderá causar alguns problemas, o tópico que trata sobre grupos e como observar o comportamento que ocorre em grupos. Por isso, poderá ser útil experimentar um trabalho prático antes de chegar aos exercícios de observação mais formais.

Na página 74, descrevemos dois grupos de três crianças cada. Um grupo é formado por Julie, Erica e Floyd, o outro é formado por Erica, Roger e Tanya. Um elemento-chave aqui é o fato de que Erica pertence a ambos os grupos, mas as outras crianças são membros de apenas um dos grupos. Discutimos três abordagens que podemos usar para estudar esses dois grupos e as diferentes situações que se apresentam: (1) observar o comportamento de cada criança como um indivíduo, (2) observar o comportamento individual, mas colocá-lo dentro da estrutura maior dos grupos de três crianças e (3) observar basicamente os grupos em si e não enfatizar os comportamentos dos membros individuais.

Para seu exercício prático, tente o seguinte. Entre em um cenário onde os grupos possam provavelmente ocorrer e identifique dois grupos de três a quatro crianças cada um. Tenha cuidado para não selecionar um grupo muito grande, caso contrário as tarefas de observação e de registro podem se tornar demasiadamente difíceis. É fundamental que uma das crianças seja membro de ambos os grupos de modo que, de alguma forma, ela se divida entre eles conforme a ocasião exija ou permita.

Tendo concluído o trabalho de base, teste cada uma das três abordagens. Releia a descrição mais detalhada dessas abordagens conforme encontradas nas páginas 74 e 75 do texto para que tenha uma ideia completa do que cada abordagem implica e como cada uma é realizada. Também pode ser útil discutir com outras pessoas que estão fazendo o mesmo exercício e comparar seus resultados, os problemas que você pode ter encontrado, e assim por diante.

Exercício prático alternativo

As diretrizes de observação apresentadas neste capítulo definem o quadro geral dentro do qual a observação e o registro do comportamento ocorrem. Esse quadro estabelece coisas como (1) os padrões éticos profissionais que todos devem seguir; (2) as condições criadas por um observador que trabalha a favor ou contra os melhores interesses das crianças e da missão da escola de educação infantil (por exemplo, a questão da discrição) e (3) os fatores que podem afetar a validade e a confiabilidade dos seus dados de observação (por exemplo, o viés, a personalidade, o humor, a condição física e os vários erros de registro do observador). Dito de outra forma, os exercícios de observação e as técnicas de registro, por si só, são apenas ferramentas na busca por condições essenciais para sua utilização adequada. Estas diretrizes *são* as condições necessárias.

Sugerimos o seguinte exercício adicional para o Capítulo 3. Escolha várias diretrizes discutidas no capítulo e pense nas possíveis consequências, caso elas não fossem seguidas. Por exemplo, quais são as possíveis consequências de tentar observar e registrar o comportamento de uma criança quando se está cansado ou de mau humor? Ou quais são algumas das possíveis consequências de ser menos discreto em sala de aula do que é exigido pela sua atribuição de observador ou do que é permitido pela escola de educação infantil? Isto é, como sua visibilidade pode afetar adversamente o comportamento das crianças, seus dados de observação ou o bom funcionamento da escola de educação infantil? Pense em todas as maneiras como você pode ser inadequadamente visível. Inclua as circunstâncias sob as quais sua presença ou seu comportamento pode ser inadequadamente visível. Em que circunstâncias sua presença ou seu comportamento não viola essa diretriz?

PARTE DOIS

OS ELEMENTOS DE OBSERVAÇÃO

Introdução e preparação

Como uma atividade real e prática, a observação é "global": ela possui sua própria integridade ou unidade, especialmente quando é feita com habilidade. Porém, como qualquer processo, a observação consiste em peças ou elementos, cada um dos quais devendo se encaixar com todas as outras partes para se obter sucesso. Os dez capítulos da Parte Dois discutem o que escolhemos chamar de elementos de observação. A distinção entre a Parte Um e a Parte Dois é um tanto arbitrária, pois, na verdade, teorias do desenvolvimento e orientações gerais para a observação de crianças (capítulos 2 e 3) são também elementos dessa atividade, assim como os são os vários métodos

CAPÍTULO 4
MÉTODOS, COMPORTAMENTO, PLANOS E CONTEXTOS

CAPÍTULO 5
INTRODUÇÃO AOS MÉTODOS DE OBSERVAÇÃO E REGISTRO

CAPÍTULO 6
DESCRIÇÕES NARRATIVAS

CAPÍTULO 7
AMOSTRAGEM POR TEMPO

CAPÍTULO 8
AMOSTRAGEM POR EVENTO

CAPÍTULO 9
DESCRIÇÃO EM DIÁRIO

Capítulo 10
Registros anedóticos
Capítulo 11
Contagens de frequência ou registros de duração
Capítulo 12
Listas de verificação (*checklists*) e escalas de avaliação
Capítulo 13
Interpretação das observações, implementação dos resultados e avaliação contínua

de registro de comportamento. No entanto, o termo *elementos* é particularmente apropriado neste caso, porque descreve os componentes especiais de observação que possibilitam o registro objetivo do comportamento e a manutenção de registros mais ou menos permanentes. Sem esses elementos, a observação é meramente assistir casualmente, semelhante ao que fazemos quando sentamos em um banco de praça ou em um restaurante. Infelizmente, esse tipo de observação está sujeita a todos os efeitos negativos de um plano de observação não determinado e a uma memória falível.

A intenção da Parte Dois é apresentar, pelo menos, oito formas de registro de comportamento em praticamente qualquer cenário ou situação. Devemos salientar que nenhum dos métodos é de muito uso sem uma prévia preparação cuidadosa – preparação que varia desde saber de onde se irá observar, e de ter algum entendimento sobre como as crianças se desenvolvem, bem como familiaridade com o método de escolha e como usá-lo de forma adequada e eficaz.

Diante de tudo isso, acreditamos que, se criteriosamente estudados e razoavelmente dominados, esses elementos de observação irão, com aplicação persistente, ajudá-lo a se tornar um observador hábil e astuto do comportamento infantil.

CAPÍTULO 4

Métodos, comportamento, planos e contextos

Objetivos

Depois de ler este capítulo, você deverá ser capaz de:
- Relacionar o conceito de método à observação.
- Identificar o papel do comportamento na observação.
- Interpretar a relação de um plano com a observação.
- Analisar a relação entre observação e o contexto em que ela ocorre.

Termos-chave

Métodos; comportamento; cenário ou *setting*; situação; contexto; *status*; papel.

Como fazer: reflexões e cuidados preliminares

Este capítulo discute o conceito de métodos de observação e registro de comportamentos infantis. **Métodos** são aspectos do "como fazer" do processo de observação.

Nós passamos pela vida usando métodos de um tipo ou de outro para realizar tarefas. Qualquer método é de certa forma semelhante à observação – seu sucesso depende das habilidades, conhecimento, experiência e outros fatores individuais que fazem daquela pessoa o que ela é. Assim como existe mais na observação do que apenas aquilo que os olhos podem ver, há mais em um método do que se lê em um livro ou se ouve de um professor.

Um método é uma maneira de fazer alguma coisa. A definição do *American Heritage Talking Dictionary* (1995) cita algumas características importantes do método: "Um meio ou forma de proceder, *especialmente uma forma regular e sistemática de realizar alguma coisa*" (grifo nosso). As palavras *regular* e *sistemática* exemplificam o caráter essencial dos métodos de observação discutidos neste livro. O termo *metodologia* também é útil à compreensão do conceito de método. O *American Heritage Talking Dictionary* (1995) define *metodologia* como "[o] arranjo ordenado de partes ou etapas para realizar um fim (...) Os procedimentos e técnicas característicos de determinada disciplina ou campo do conhecimento".

Conforme definido, metodologia pode, na verdade, se referir ao processo de observação como um todo, que inclui todos os passos preparatórios necessários para o êxito da observação e registro do comportamento. O método aborda a técnica de registro específica a ser usada. Diante de tudo isso, um método especifica um procedimento pelo qual se poderá realizar um objetivo. Neste livro, método é considerado um conjunto de instruções com duas características principais: (1) ele deve especificar o que se tem de fazer para atingir algum objetivo e (2) também pode descrever como fazer o que se precisa fazer para atingir o objetivo. "O que" fornece o objetivo da instrução e "como" descreve as ações ou etapas que levam à realização do objetivo. Em suma, os métodos são projetados para proporcionar habilidade, compreensão e conhecimento necessários para que alguém atinja algum fim.

Métodos podem ser aplicados a quase qualquer contexto e por qualquer motivo, desde que haja algum objetivo ou tarefa a ser realizado. Os métodos podem variar do simples até o relativamente complexo. Spodeck e Saracho (1994) fazem a seguinte afirmação: "Outras maneiras de caracterizar um bom professor de educação infantil incluem a identificação do que esses professores sabem fazer *e do que eles devem ser capazes de fazer*" (p. 3, grifo nosso). "Capaz de fazer", para este autor, determina a necessidade de algum tipo de método, ou do que Spodeck e Saracho chamam "técnicas". Eles identificam quatro áreas de conhecimento que são fundamentais para ser um bom professor: "O conhecimento sobre cuidados básicos da saúde e medidas de segurança, técnicas para apresentar atividades às crianças, técnicas de gerenciamento em sala de aula e conhecimento do conteúdo do currículo infantil" (p. 3, 5).

Os métodos associados para manter a criança segura e saudável podem ser considerados relativamente simples de pôr em prática, embora o conhecimento sobre em que o método se baseia possa ser relativamente complexo ou sofisticado. Como Spodeck e Saracho afirmam: "[Os professores] devem entender a natureza da doença e da infecção, o manuseio adequado de alimentos e materiais, além dos procedimentos corretos de higiene, especialmente em relação ao uso do banheiro" (p. 3). Ser capaz de fazer o que é necessário, por exemplo, para manter as áreas de preparo de alimentos assépticas envolve um método, mesmo este sendo um dos mais simples.

Como um exemplo mais complicado e contrastante, suponha que tenha sido solicitado a intervir em uma situação que se passa em uma escola de educação infantil. É seu primeiro dia de trabalho no local e alguns comportamentos de Margaret, de quatro anos, são perturbadores e possivelmente prejudiciais às outras crianças. Suponha ainda que esta escola de educação infantil em particular use princípios de modificação de comportamento e técnicas para mudar o comportamento indesejável das crianças, bem como para estabelecer o comportamento desejável. A diretora diz a você para determinar a frequência de referência do comportamento-alvo de Margaret. Depois, ela o instrui a enfraquecer ou eliminar o comportamento-alvo pelo uso do não reforço. Por fim, ela diz para estabelecer um novo comportamento, inicialmente, com base em um esquema de reforço contínuo e, gradualmente, passar para um esquema de razão variável de reforço. Você poderia fazer isso? Mais uma vez, isso dependerá de sua compreensão sobre conceitos tais como frequência de referência, não reforço e esquema de razão variável e contínuo de reforço. Traduzi-los para a prática dependeria ainda de sua capacidade de implementar ou aplicar esses princípios.

Em consequência, as instruções sobre como observar e registrar o comportamento serão úteis somente se, em primeiro lugar, você entender o que as instruções significam e saber como usá-las, e, segundo, se souber algo sobre o assunto para o qual o método é aplicado. Você já deve ter conhecimento para adquirir mais conhecimento e ter habilidade para adquirir mais habilidade. Descrições de métodos não irão fornecer um caminho infalível para uma observação bem-sucedida; nenhuma das técnicas é óbvia ou dispensa explicações, nem mesmo para especialistas em observação. Instruções são um meio em potencial para desenvolver a habilidade e conhecimentos necessários para se utilizar um método de observação e registro em particular. Se esse uso se tornar natural para você, sua leitura sobre os métodos de observação será bem-sucedida.

Novamente, as relações críticas existem entre você e o que vê, e entre você e qualquer abordagem sobre "como realizar" uma atividade.

Comportamento: um elemento central de observação e registro

Comportamento é o objeto ou foco principal de tudo que fará ao observar e registrar. O que é absolutamente crucial para sua compreensão do significado de comportamento é que, com relação a observá-lo, você se concentrará nas ações da criança enquanto ela responde a vários estímulos. Estes estímulos vêm de fora ou se originam de dentro do próprio corpo ou da mente da criança. Pillari (1998), assistente social, captura a essência do comportamento – para nossos propósitos – quando o define como "tudo o que é potencialmente *observável* sobre uma pessoa ou evento" (p. 2, grifo nosso). Para explicar de maneira mais simples, comportamento é considerado qualquer coisa que um indivíduo faz que possa ser visto, ouvido, cheirado, provado ou tocado diretamente. A palavra *diretamente* significa que o comportamento que se observa está ali ou é imediato. Andar, correr, comer e falar são exemplos de comportamentos diretamente observáveis. Eles envolvem ações visíveis ou musculares ou respostas audíveis. Trata-se então de um comportamento, o qual pode ser observado: uma criança andando pela sala, conversando com um amigo ou pintando em um cavalete.

Amostragem de comportamento e planos de observação

O comportamento tem uma característica importante: ele ocorre continuamente, sem cessar, enquanto viver. Até mesmo dormir é um comportamento, embora não seja tão emocionante quanto um jogo de hóquei. Se está vivo, está se comportando. Herbert F. Wright (1960) definiu o caráter contínuo do comportamento quando se referiu a ele como um "riacho":[1] "O comportamento de uma pessoa é uma sequência contínua ao longo da vida. É da natureza de um riacho nunca poder ser visto em sua totalidade" (p. 73).

A metáfora de Wright, em que compara o comportamento a um riacho, é interessante. Podemos pensar na observação como a entrada nesse riacho (ou fluxo) em algum ponto, onde pegamos uma amostra dos comportamentos que fluem. No entanto, entrar na corrente e pegar uma amostra são algo como ir às compras. Você precisa de um plano para fazê-lo de forma

---

[1] No original, "*stream*", traduzido também por "fluxo" neste texto, sobretudo, quando se tratar da expressão "*behavior stream*", ou "fluxo de comportamento". (NRT)

bem-sucedida. Decidir o que comprar e onde comprar é análogo a decidir quais os comportamentos observar na criança (agressão, dependência, idioma) e onde é possível encontrar esses tipos de comportamentos – em uma sala de aula pré-escolar ou em um parquinho. Decidir o quanto você vai comprar é como decidir quanto do fluxo de comportamento vai observar em certa ocasião. Por fim, você deverá decidir como chegar à loja e trazer para casa os produtos adquiridos. Isso é comparável à escolha de um método de observação, uma forma de entrar no fluxo de comportamento da criança e pegar uma amostra do comportamento que deseja.

Pode surgir uma pergunta sobre o que incentivaria ou motivaria os objetivos de observação de alguém. Alguns poderão argumentar que as necessidades da criança determinam o que será observado ou o porquê da observação ser realizada em qualquer escola de educação infantil ou pré-escola. Esse é um critério muito restritivo; não conta para fins legítimos de observação do comportamento infantil exceto satisfazer as necessidades imediatas da criança. Para ter certeza, a equipe de cuidadores da criança é obrigada a ter as necessidades delas como principal preocupação, e muito do que a equipe observa será direcionado para esse fim. No entanto, há estudantes que devem observar o comportamento da criança simplesmente para aprender a observar e fazê-lo de forma correta. Ocasionalmente, até mesmo educadores profissionais e pessoas que trabalham com crianças podem de forma compreensível querer e precisar fazer observações e registro do comportamento das crianças apenas para refinar e aprimorar suas habilidades e técnicas de observação. Para ampliar o exemplo da compra, os pais podem fazer compras de alimentos e roupas especificamente para seus filhos, e essas necessidades determinam a lista de compras, mas é preciso considerar que esses pais, em algum momento, devem fazer compras para satisfazer suas próprias necessidades também.

O método escolhido irá determinar alguns dos detalhes exigidos por seu plano, tais como a quantidade do fluxo de comportamento que observará, e a forma que os dados observacionais tomarão. A descrição narrativa, por exemplo, abrange grande parte do fluxo do comportamento da criança, e os dados são apresentados de forma narrativa ou direta. A amostragem por tempo lida com pequenas porções do fluxo de comportamento e os dados finais podem ser só uma marca indicando se determinado comportamento ou categoria de comportamentos ocorreu.

Seu plano geral deve sempre vir em primeiro lugar. Todas as outras decisões seguem a partir desse plano.

Cenários e situações

Cenário e **situação** podem ter significados diferentes. Cenário (*Setting*), para alguns (Wright, 1960), abrange fatores tangíveis, como espaço físico, os objetos nesse espaço e as oportunidades e recursos que permitam aos indivíduos se comportarem de certa maneira. Uma sala de aula é um cenário porque tem dimensões físicas observáveis e mensuráveis localizadas em um lugar específico. A sala de aula contém equipamentos e materiais que as crianças podem usar para se comportar de maneira particular, tais como blocos para construir, triciclos para andar e livros para ler. Para mais referências, veja *Developmentally Appropriate Practice* da Naeyc[2] (Bredekamp e Copple, 1997).

---

[2] Trata-se de uma série de sugestões sobre práticas apropriadas para promover o desenvolvimento da criança, feita pela Nayec. (NRT)

Em comparação com o cenário, a situação se preocupa principalmente com as condições sociais e psicológicas dentro do cenário. Qual é a natureza da brincadeira das crianças – ativa e cooperativa, ou ativa e individualizada? Que tipos de atividades são incentivadas pelo professor (ou pelas próprias crianças)? Que acontecimento inesperado pode, temporariamente, chamar a atenção das crianças e, assim, mudar o curso do fluxo de comportamento?

Cenários e situações estão relacionados um com o outro de maneira especial – as situações ocorrem dentro de cenários. Os cenários têm características físicas e sociopsicológicas. Os espaços físicos geram sentimentos em nós. Nós não respondemos da mesma maneira a todos os cenários. Pessoas diversas também criam diferentes atmosferas.

Wright (1960) fez três suposições sobre a relação entre o cenário e a situação. Primeiramente, ele supôs que alguns cenários são mais propícios a determinadas situações que outros. Alguns cenários, por exemplo, promovem melhor certas interações sociais. Algo tão simples como a disposição dos assentos pode funcionar contra ou a favor às conversas das crianças umas com as outras.

Por conseguinte, ele supôs que a relação não é fixa. Ele observou que, embora o mesmo cenário possa favorecer diferentes situações, situações idênticas podem ocorrer em cenários diversos. Como exemplo, dois grupos de crianças poderiam usar o mesmo cenário em momentos diferentes, e ambos os grupos poderiam ser ativos, extrovertidos e cooperativos. Ou, em comparação, um grupo poderia ser quieto e reservado, mostrando pouca interação com os materiais ou entre seus membros.

A ideia de situações idênticas que ocorre em diferentes cenários é ilustrada pelo seguinte exemplo. Pense em duas salas de aula Head Start.[3] Cada uma é conduzida em um cenário diferente, mas muitas das mesmas atividades podem acontecer e grande parte do ambiente acolhedor e de suporte pode caracterizar ambas as situações.

Por fim, Wright supôs que "o comportamento da criança em determinado momento, na verdade, depende mais diretamente da situação do que do cenário em que ocorre" (p. 77). A terceira suposição de Wright tem mais implicações para nós, como observadores.

Contexto

A palavra **contexto** é mais adequada do que *cenário* ou *situação* porque contexto inclui ambos. Contexto envolve lugar, momento, circunstâncias, outras pessoas e até mesmo condições psicológicas e físicas. Lugares, momentos e pessoas determinam ou influenciam o modo como nos comportamos e sentimos. Lugares permitem que alguns comportamentos aconteçam, mas não outros. Compare o que se pode fazer na praia com o que se pode fazer em um escritório. O espaço físico permite algumas atividades, mas exclui outras (por exemplo, você pode nadar em uma pista de boliche?). Interações pessoais também são afetadas pelo contexto. Indivíduos ocupam *status* dentro dos grupos sociais e esses *status* exigem certos comportamentos ou **papéis**. Esses *status* e papéis regulam o comportamento do indivíduo perante o outro. Considere a relação entre um professor e um aluno. O *status* de professor exige certos tipos

---

[3] "Head Start é um programa nacional do US Departament of Health and Human Services, que visa promover a prontidão escolar por meio da intensificação do desenvolvimento social e cognitivo das crianças, por meio da provisão de serviços educacionais, de saúde, nutricionais, sociais e outros que envolvam crianças e famílias." (Site do US Departament of Health and Human Services, Office of Head Start: http://www.acf.hhs.gov/programs/ohs/z). (NRT)

de papéis, como ensinar, dar nota e aconselhar os alunos. O aluno tem um *status* diferente, com papel diferente, frequentar as aulas e fazer lição de casa. A natureza da interação aluno--professor é amplamente determinada por esses *status* e papéis.

A sala de aula é um contexto amplo para o comportamento das crianças se elas forem observadas neste local. Porém, há cenários e situações menores dentro do contexto de sala de aula em geral, e esses cenários menores podem pedir um pouco de sua atenção durante as observações. Hora do lanche, hora da história, hora de brincar, hora da sesta e as áreas de blocos, artes e tanque de areia são exemplos de ambientes físico e social menores. Estes contextos menores podem determinar o que as crianças podem fazer e os comportamentos que elas apresentam.

Resumo

Este capítulo discute a ideia de método, definido como um conjunto de instruções que nos diz o que fazer para realizar alguma tarefa ou alcançar um objetivo. Ressalta-se que os métodos não garantem o sucesso. A eficácia de qualquer método depende das habilidades e do conhecimento do indivíduo. Assim, para adquirir conhecimento e habilidade, é preciso ter conhecimento e habilidade anteriores.

Comportamento é o elemento central de todas as observações de crianças. Comportamento é qualquer coisa que uma pessoa faz que pode ser visto, ouvido, cheirado, provado ou tocado diretamente. Também é definido em termos metafóricos como um "riacho" que não para enquanto está vivo. A amostragem envolve a entrada no fluxo do comportamento da criança e a retirada de uma parte do comportamento que "flui". Planos são as etapas pré-arranjadas que alguém prepara para entrar no fluxo e amostrar o comportamento desejado.

Cenário e situação também são abordados no capítulo. Cenário são os aspectos físicos do ambiente da criança; situação são as características sociais e psicológicas do ambiente. Ambos os termos são combinados em contexto, que inclui todos os fatores que dizem respeito ao cenário e à situação.

Questões para estudo

1. Descreva um método que usa em uma atividade comum diária. Que habilidades e conhecimentos são necessários para usar este método? Como o método que descreveu se assemelha a um método de observação? Eles compartilham alguma característica?
2. Por que o comportamento visível é parte central da observação, em vez de coisas como pensamentos ou sentimentos?
3. Qual é a relação entre planos e métodos? Eles são semelhantes ou diferentes? Como?
4. Descreva um contexto imaginário. Como as características desse contexto afetam a observação do comportamento?
5. Se quisesse observar e registrar coisas como pensamentos ou sentimentos, como procederia? O que teria de fazer para que a observação e o registro fossem possíveis?

Exercícios práticos

Sugerimos os seguintes exercícios para ajudá-lo a entender melhor os conceitos-chave discutidos no Capítulo 4.

Pense em um comportamento ou área funcional – "área funcional" aqui significa funcionamento social, emocional, de linguagem ou motor – e descreva como o comportamento pode realmente ser. Não observe uma criança ao fazer este exercício, mas simplesmente imagine o que ela poderia fazer ou dizer a outra criança, por exemplo, que ilustrasse o comportamento social ou emocional. Que características o cenário e a situação (contexto) poderiam ter que promovessem ou propiciassem tal comportamento? Em que contexto haveria menor probabilidade de se ver o comportamento que descreveu? Quais características o comportamento descrito teria ter para que fosse capaz de observá-lo diretamente? O que você não poderia observar diretamente e que ainda estaria associado ao comportamento ou desenvolvimento social ou emocional?

Nesse mesmo comportamento, qual método de registro poderia ser usado para obter informações mais úteis sobre a criança que está observando? Seria melhor que não lesse os capítulos que descrevem as diversas técnicas e métodos de registro antes de completar esta parte do exercício. Em vez disso, confie em sua própria capacidade para desenvolver uma técnica ou método de registro que poderia servir a seus propósitos. Se, no entanto, já leu esses capítulos, tente desenvolver um método que não tenha sido especificamente discutido no livro.

Por fim, como planejaria suas observações para torná-las mais eficazes? Que ingredientes teria que usar em seu plano? Sob quais circunstâncias poderia observar e registrar o comportamento de uma criança sem um plano predeterminado? Quais técnicas de registro seriam mais úteis ou práticas para esta sessão de observação não planejada? Quais técnicas de registro seriam menos úteis ou práticas em tal observação não planejada?

CAPÍTULO 5

Introdução aos métodos de observação e registro

Objetivos

Depois de ler este capítulo, você deverá ser capaz de:
- Discutir as diferenças entre os métodos formais e informais de observação.
- Comparar métodos abertos *versus* métodos fechados de registro de comportamento.
- Descrever a relação entre o grau de seletividade e o tipo de método utilizado para registrar o comportamento.
- Identificar o papel da inferência ou interpretação no processo de observação.

Termos-chave

Métodos de observação formal; métodos de observação informal; dados brutos; grau de seletividade; inferência

Métodos de observação e registro do comportamento: características gerais

Oito métodos de observação e registro do comportamento são abordados neste livro: (1) descrição narrativa, (2) amostragem por tempo, (3) amostragem por eventos, (4) registros anedóticos, (5) registros diários, (6) contagens de frequência, (7) listas de verificação e (8) escalas de avaliação. Cada um desses procedimentos tem suas próprias características, usos, vantagens e desvantagens; cada um deles é mais bem utilizado em certas condições e para certos objetivos. Antes de aprender sobre cada método, é útil considerar várias de suas características gerais.

Goodwin e Driscoll (1980), entre outros, fazem distinção entre categorias de **métodos de observação formal** e de **métodos de observação informal**. Eles também descrevem várias diferenças entre os métodos formais: (1) aberto *versus* fechado, (2) grau de seletividade e (3) grau de inferência exigido do observador.

Por causa de sua importância na compreensão dos diferentes métodos, vamos discutir as características gerais dos métodos formais e informais e as distinções entre métodos formais.

Observação formal e informal

Métodos formais e informais de observação diferem principalmente no quanto estritas são as condições para utilizá-los. Os métodos formais são conduzidos de forma altamente estruturada, e é por isso que são geralmente escolhidos para estudos de investigação. Goodwin e Driscoll (1980) esboçam alguns dos fatores envolvidos na utilização de métodos de observação formal dentro de um contexto de pesquisa. Eles observam que a pesquisa envolve em geral a definição minuciosa de categorias, o desenvolvimento de formas sofisticadas de dados, o treinamento dos observadores e a garantia de sua interconfiabilidade e o desenvolvimento de procedimentos sofisticados de registro, de análise e de interpretação de dados de pesquisa.

A relação entre a observação formal e os estudos de pesquisa pode ser definida pelo termo *controlado*, que é uma alternativa para o termo *formal*. Pesquisa é uma atividade altamente controlada, e quando a observação é utilizada em estudos de pesquisa, também é controlada.

Métodos informais, em comparação, "não são tão estruturados ou elaborados" enquanto uma abordagem de observação (Goodwin e Driscoll, 1980). Falta à observação informal o formato de pesquisa estrito; os métodos informais são, portanto, mais adequados para "o planejamento e a operação diária de programas educacionais". Eles também são mais adequados que os métodos formais para uma utilização imediata e intuitiva. Isso não significa que atributos como precisão e confiabilidade possam ser sacrificados quando métodos informais são utilizados. Porém, em comparação aos métodos formais, os informais podem ser mais fáceis e mais adequados para algumas circunstâncias. A observação informal também é chamada de observação naturalista, termo que capta as ideias de facilidade de uso e ausência de controle rígido.

Aberta *versus* fechada

As técnicas de registro podem ser classificadas como abertas ou fechadas (veja Wright, 1960; Goodwin e Driscoll, 1980). Métodos abertos e fechados diferem quanto à conservação ou não dos **dados brutos** para análise posterior. Uma distinção aqui é apropriada. Dados brutos são descrições de comportamentos e eventos como eles originalmente ocorreram. Pillari (1998), citando Coombs (1964), descreve os dados brutos como "pedacinhos de informação que o pesquisador seleciona e interpreta como fatos empíricos para análise posterior" (p. 2). Dados, por outro lado, são descritos como "o conjunto de fatos que já passaram por interpretação de acordo com o método escolhido do investigador" (Pillari, 1998, p. 2). Assim, por exemplo, uma descrição narrativa de duas crianças brincando juntas na área dos blocos são dados brutos. Mas se essa descrição for reduzida a uma marca em uma folha de observação, os dados brutos são perdidos, mesmo que, segundo a definição de Pillari, você tenha conservado os dados. Em suma, métodos abertos conservam os dados brutos; os fechados, não.

Note a conexão importante entre dados, método e interpretação. Deve ficar claro que a conservação de dados brutos pode ser significativa na medida em que diferentes interpretações podem ser feitas sobre eles, gerando assim diferentes conjuntos de dados. Contudo, a perda de dados brutos resulta na perda de quaisquer outros dados além daqueles fornecidos pelo investigador ou observador por meio da interpretação de acordo com algum método.

O contraste entre os métodos abertos e fechados pode ser ilustrado por uma analogia entre dois livros. Imagine um livro contendo informações sobre crianças. Imagine ainda que, embora seja permitido olhar este livro para conhecer seu conteúdo, você tem um tempo limitado para fazê-lo. Consequentemente, o melhor que poderá ser feito será resumir algumas das informações por um esquema de codificação. Além disso, quando deixar o livro de lado, ele ficará fechado e trancado; não há como voltar para ler mais. Mais tarde, olhará suas notas e verá que o livro citava 13 vezes o comportamento agressivo, 8 vezes o comportamento de dependência e não havia nada sobre comportamento da linguagem. Seu resumo poderia mencionar os nomes das crianças, mas não há descrição de como as agressões foram expressas. Você não poderá voltar ao livro para descobrir como, por meio da observação, decidiu que Melinda bater em Johnny era um evento agressivo. Na verdade, você não tem nenhum registro de Melinda batendo em Johnny, você tem apenas uma marca que indica que a agressão ocorreu. Não há informações sobre as circunstâncias que cercam o comportamento. Esta é uma descrição de um método fechado. Os dados brutos ainda estão no livro, fora de seu alcance.

Imagine um segundo livro que, como o primeiro, contém informações sobre crianças. Você, mais uma vez, poderá usar o livro, mas dessa vez terá mais tempo para lê-lo. Em vez de resumir, você registra o que lerá em detalhes. Agora, ao invés de anotar quantas vezes uma criança se comporta de forma agressiva em relação à outra, você descreverá os comportamentos agressivos – quem agrediu quem, em que cenário e situações específicas, as consequências do comportamento e assim por diante.

Quando deixar este segundo livro, ele permanecerá aberto para você. Terá tanto do segundo livro com você que será possível examinar e reexaminar seus registros e notas. Você poderá chegar a conclusões sobre as crianças e seus comportamentos, o que não teria sido possível a partir do seu resumo do primeiro livro. O segundo livro é como um método aberto – os dados brutos estão em suas mãos para usá-los como quiser.

Grau de seletividade

O **grau de seletividade**, intimamente relacionado com a abertura e o fechamento, determina como muitos comportamentos serão direcionados para a observação e o registro. Alguns métodos são muito não seletivos; nenhum comportamento específico é escolhido antecipadamente, e quase tudo o que ocorre é aceitável para ser observado e registrado. Outros métodos são o oposto, pois o observador registra apenas comportamentos específicos que escolheu antes de entrar no cenário de observação. Por exemplo, apenas manifestações de comportamento de dependência ou trocas interpessoais entre uma criança e um adulto podem ser registradas em um método fechado. Manifestações de comportamento motor seriam desconsideradas.

O grau de seletividade é comparável ao tamanho dos buracos de uma rede de pesca. Se os buracos forem pequenos, você pode pegar peixes de todos os tamanhos e tipos. Se os buracos forem grandes, apenas os peixes maiores serão pegos e os menores vão escapar por qualquer buraco maior do que eles. Da mesma forma, se o grau de seletividade de um método de observação for baixo, será como pescar com uma rede com buracos pequenos. Você vai pegar os pequenos detalhes do contexto, do comportamento e da sequência. Se o grau de seletividade for alto, é claro que os buracos na rede de observação serão grandes e irá capturar apenas determinados comportamentos.

Esta analogia também mostra a relação estreita entre a seletividade e as características de abertura e fechamento. O número de detalhes que podem ser registrados com um método particular é comparável ao número de peixes que podem ser capturados com um tipo de rede em particular. Quanto maiores os buracos, menor o número de peixes; quanto menores os buracos, maior o número de peixes, pois a rede é capaz de pegar peixes grandes e pequenos.

Grau de inferência exigido do observador

Inferência significa chegar a uma conclusão com base em dados, premissas ou evidências. Para os nossos propósitos, inferência significa a mesma coisa que a interpretação ou o estabelecimento do significado de algo. Inferências ou interpretações são essencialmente conclusões que se baseiam em dados diretamente observáveis, mas as quais não são propriamente diretamente observáveis. A conclusão é alcançada por meio de um processo mental – é feita uma conexão entre as informações que podemos perceber diretamente mediante nossos sentidos físicos e alguma outra condição que não podemos adquirir dessa forma.

Você diz "olá" a uma amiga, e ela não dá resposta. Você poderia inferir – interpretar seu comportamento – que ela está (1) com raiva de você, (2) com raiva de outra pessoa, (3) preocupada, (4) doente ou (5) provocando você, entre uma série de outras possibilidades. Seja qual for o caso, a raiva, a preocupação, a doença ou a provocação de sua amiga não é o que você observa. Você pode observar apenas o fato de que ela passou por você sem respondê-lo. O resto é inferência.

Para colocar no contexto das crianças, pense em todas as vezes que uma criança, em certo dia, se comportou de maneira atípica. Ela, de repente, se mostrou preguiçosa ou apática, ou talvez tenha sido superestimulada, demonstrando, assim, um nível de atividade muito maior que o habitual. O que você fez? O que achou? É quase certo que, no mínimo, tentou decifrar o comportamento incomum da criança. Você quis saber as razões para tal comportamento. Suponha que sua apatia aparente tenha sido causada pelo fato de que seus pais haviam brigado antes de ela ir à escola de educação infantil. O que viu, no entanto, não foi a briga entre os pais, mas a resposta da criança à discussão. Saber sobre o incidente pôde dar-lhe uma base para a compreensão do comportamento dela, mas mesmo assim ainda poderia haver uma inferência de sua parte até que soubesse por ela (ou por alguém) o porquê de ela estar apática ou superestimulada (ou de qualquer outro tipo de humor que estava demonstrando).

Vários métodos requerem diferentes graus de inferência. Os métodos também diferem quanto ao momento em que as inferências devem ser feitas durante o processo de observação. Alguns métodos não exigem inferência inicial porque não envolvem pré-seleção dos comportamentos a serem registrados. Inferência considerável poderá estar envolvida se alguém quiser explicar os comportamentos depois de serem registrados. Em um caso como este, a inferência ocorre após o fato. No entanto, ela não está envolvida nas decisões sobre os comportamentos a serem registrados ou em quais categorias o comportamento se encaixa no momento da observação. Alguns métodos exigem inferências no momento da observação e do registro inicial. Fazer inferências durante a fase de registro de observação não descarta fazer inferências mais tarde. As inferências feitas durante e depois da observação e do registro servem a propósitos diferentes.

Se você não se importar com o tipo de peixe, vai usar uma rede que pegará todos os tipos, e não haverá a necessidade de ser exigente quando estiver pescando. Quando você puxa a rede, no entanto, poderá estar interessado em examinar sua captura. Que tipos de peixes pegou? O que significa ter pegado esses peixes nestas águas e sob estas circunstâncias especiais? Que importância há em encontrar essa espécie de peixe na mesma área em que há outra espécie?

Suponhamos, porém, que você se importe com o tipo de peixe que irá pegar. Você quer um peixe de uma espécie em particular. Neste caso, terá de saber algo sobre o peixe; precisará ser capaz de reconhecê-lo quando o vir. Consequentemente, jogará a rede quando o peixe em particular estiver passando. Você consegue ver a semelhança entre métodos de observação e grau de inferência necessária? Com um método aberto e não seletivo, não se preocupará com os comportamentos que demonstrem na sua rede; na verdade, você captura ou registra o máximo que puder. Se desejar, poderá examinar seus dados brutos e fazer inferências após a pesca. Porém, com um método fechado e seletivo, você tomará uma decisão ou inferência instantânea quando Betsy estiver pegando o brinquedo de Susan. Decidirá se é um exemplo de comportamento agressivo ou não. É esse o tipo de "peixe" que está procurando? Se for, então você o registrará; além disso, quando tiver esses e muitos outros dados em sua rede, poderá analisá-los e utilizá-los. Por exemplo, o número de vezes que diversas crianças cometem agressões poderá formar a base para um programa de modificação de comportamento em sala de aula. Agressividade frequente por parte de uma criança, conforme documentado por registros de observação (contagem de frequência, por exemplo), poderá dar à professora uma base mensurável para saber se ela obteve sucesso na eliminação de um comportamento indesejável.

Embora você não possa eliminar totalmente a inferência, poderá maximizar a exatidão de suas inferências definindo cuidadosamente o comportamento-alvo. Isso é chamado de definição operacional de um comportamento. No exemplo de Betsy pegando o brinquedo de Susan, por exemplo, o ato de pegar um brinquedo de outra criança poderia ser parte da definição operacional do comportamento agressivo. Você definiria agressão ou agressividade antes de entrar no cenário de observação. Se, no entanto, entrar no cenário de observação com pouca ou nenhuma ideia do que constituiu a agressão, será muito mais difícil decidir se Betsy exibiu ou não um comportamento agressivo quando ela tomou o brinquedo de Susan.

É difícil, se não impossível, evitar a necessidade de fazer inferências por completo. É possível que vários observadores testemunhassem o comportamento de Betsy e discordassem de suas interpretações sobre o comportamento. Um observador poderia argumentar que Betsy não o tirou realmente de Susan, mas que Susan estava pronta para dar o brinquedo para ela, mostrando um comportamento não agressivo. É como um pai que observa seu filho empurrar outro menino para o chão e, ainda assim, argumenta que seu filho não foi agressivo, mas apenas assertivo.

As tabelas 12.1 e 12.2 no Capítulo 12, que são, respectivamente, uma amostra de lista de verificação e uma lista de verificação que contém algumas normas de desenvolvimento, podem oferecer uma ilustração muito útil dos diferentes graus de inferência envolvidos na realização dessas verificações. Por exemplo, o item número 1 da Tabela 12.1 diz: "Vigoroso e energético ao iniciar um projeto". Claramente, "vigoroso" e "energético" são descrições comportamentais que exigem uma quantia considerável de inferência por parte do observador. Não é improvável que diversos observadores possam discordar sobre a abordagem vigorosa e energética da criança quanto ao projeto. Em oposição, o item número 1 da Tabela 12.2 – "Monta um quebra-cabeças de três peças" – exige relativamente pouca inferência. Ou a criança consegue montar ou não consegue. É improvável que este item deixe espaço para desentendimento, como o primeiro item do nosso exemplo.

A questão de quando as inferências devem ser feitas durante o processo de observação é abrangida na discussão dos próprios métodos.

Resumo

Este capítulo aborda algumas características importantes dos métodos de observação e de registro de comportamento. Dois tipos de métodos são discutidos: formal e informal. Estes tipos diferem principalmente no rigor das condições que regem sua utilização. Métodos formais são caracterizados pela meticulosa preparação prévia e pelo controle rigoroso de todos os aspectos e fases do processo de observação e registro. Métodos informais envolvem uma abordagem menos estruturada e menos elaborada de observação, e por isso eles são muitas vezes utilizados por professores em sala de aula.

Métodos formais podem ser descritos juntamente às dimensões de abertura *versus* fechamento, o grau de seletividade e o grau de inferência necessários. Abertura *versus* fechamento refere-se ao fato de o método conservar os dados observacionais originais (brutos) ou não. Um método aberto é comparado a um livro que podemos ler e tomar notas detalhadas, as quais poderão ser usadas em um momento posterior. As notas conservam muito do livro original (os dados brutos). Um método fechado é comparado a um livro com tempo limitado para ser lido, o que requer anotação breve na forma de um código. Estas notas omitem os detalhes do conteúdo do livro e, portanto, não conservam os dados brutos. O grau de seletividade refere-se à necessidade de o observador registrar tudo o que ocorre durante a sessão de observação ou registrar certos comportamentos e eventos predeterminados. A seletividade é apresentada como algo análogo a uma rede de pesca com buracos de tamanhos variados: quanto maiores os buracos, maior o grau de seletividade; quanto menores os buracos, menos seletivo é um método. O grau de inferência exigido diz respeito ao fato de as inferências serem feitas no momento da observação e do registro inicial ou em um momento posterior. Alguns métodos requerem inferência imediata, no momento do registro, outros utilizam inferência quando a observação e o registro são concluídos.

Questões para estudo

1. O que os termos *formal* e *informal* significam em relação à observação? O que eles significam em relação a uma reunião social, por exemplo? Os significados são semelhantes ou diferentes nas duas situações? Explique.
2. Além dos métodos de observação e de registro, a que se aplicam as características de abertura e fechamento? Os significados essenciais de abertura e fechamento mudam ou permanecem os mesmos nas diferentes aplicações? Explique.
3. Como abertura e fechamento estão relacionados com o grau de seletividade? Poderiam ser independentes um do outro? Ou seja, um método pode ser fechado sem ser, ao mesmo

tempo, seletivo, ou aberto sem ser, ao mesmo tempo, não seletivo? Se você responder sim, como isso poderia ser?
4. Qual é a diferença entre observação e interpretação?
5. Por que a distinção entre "dados brutos" e "dados" é importante? Qual é o significado para você, como observador, da diferença entre estes dois tipos de informação? Que papel os dois tipos de dados exercem em suas próprias atividades de observação?
6. O que é uma definição operacional e que papel ela tem na inferência ou na interpretação?

Exercício prático

Este exercício presume que você ainda não tenha lido nenhum dos capítulos que tratam especificamente das técnicas de registro. O objetivo deste exercício é determinar se os nomes das várias técnicas de registro e os nomes por si só fornecem qualquer perspectiva sobre como elas "funcionam" ou como podem ser interpretadas e utilizadas. Por exemplo, se o nome "amostragem por tempo" ou "descrição narrativa" provoca qualquer sensação ou intuição sobre sua finalidade e como seria usado em um cenário de observações reais?

Escolha uma ou mais das técnicas de registro – sugerimos selecionar pelo menos duas – e imagine que esteja observando um grupo de crianças de três anos em uma escola de educação infantil. Escolha um determinado comportamento ou atividade (por exemplo, brincar, agressão ou fala), e utilizando as técnicas de registro que você selecionou, forneça dados imaginários ou hipotéticos de modo que você imagine que suas técnicas de registro realmente exigiriam. Em outras palavras, se escolher a descrição narrativa e quiser observar o comportamento de algumas das crianças de três anos ao brincar, como acredita que seus dados de observação seriam? Que forma seus dados teriam no relatório de observação final?

Sugerimos que guarde esses registros de observação imaginária e, eventualmente, compare-os com um relatório de observação "real" que tenha feito ao colocar em prática os exercícios de observação apropriados, nos capítulos 6 a 12 deste livro.

CAPÍTULO 6

Descrições narrativas

Objetivos

Depois de ler este capítulo, você deverá ser capaz de:
- Definir o papel das descrições narrativas no processo de observação.
- Identificar a relação entre a técnica de registro e a seletividade da descrição narrativa.
- Determinar as limitações das descrições narrativas.
- Explicar o papel da inferência na descrição narrativa.
- Identificar as vantagens e desvantagens das descrições narrativas.

Termos-chave

- Descrição narrativa; registro de amostra; estrutura; controle.

Introdução

Antes de começar nossa discussão sobre a descrição narrativa, queremos fazer uma declaração geral que se aplicará a todas as técnicas de registro abordadas nesta obra. Qualquer informação, independentemente da forma como será obtida, é potencialmente útil para ajudar os pais a entender melhor seus filhos e ajudar a equipe de cuidadores a planejar um currículo amplo ou, em uma escala mais limitada, planejar atividades e experiências particulares. Para este autor, as técnicas de registro de observação discutidas neste livro têm duas grandes finalidades. A primeira finalidade, e a mais básica ou fundamental, é a prática e o refinamento das habilidades para registro de observação. Sob essa rubrica, a observação e o registro do comportamento serão feitos em benefício próprio de quem os fizer, dispensando um propósito ou objetivo mais amplo. No entanto, limitar-se a esta primeira finalidade não seria muito apropriado em longo prazo. A segunda finalidade, maior e mais abrangente, é reunir informações práticas e úteis para os pais e os prestadores de cuidados infantis.

Os objetivos finais da observação do comportamento infantil são entender a criança, projetar seu crescimento e desenvolvimento contínuo e utilizar as informações reunidas para promover seu crescimento e desenvolvimento, além de ajudar os pais a fazerem o mesmo. Isso significa que, independentemente da função sob a qual trabalhe com elas, seu motivo e objetivo ao observar e registrar os comportamentos das crianças será o de atender às necessidades delas da forma como são expressas e identificadas no cenário profissional de cuidados infantis ou em qualquer cenário em que elas se encontrem.

Sob esta luz, portanto, propomos um princípio básico: *dados observacionais que são úteis para o planejamento curricular são potencialmente úteis para os pais compreenderem o crescimento e desenvolvimento de seus filhos. Por outro lado, todos os dados observacionais que são úteis para os pais são potencialmente úteis para o pessoal prestador de cuidados infantis no planejamento e na implementação do currículo.*

Descrição geral

O primeiro método formal de observação a ser discutido tem um histórico um pouco confuso sobre seu nome. Nós o chamamos de **descrição narrativa**, embora também seja rotulado **registro de amostra** e, às vezes, se não for feita uma distinção, *registro corrido*. Embora a descrição narrativa e o registro de amostra sejam, para nós, a mesma coisa, usamos apenas o termo *descrição narrativa* neste livro. Mencionamos *registro de amostra* para evitar qualquer confusão que possa haver com esse termo em alguma outra possível leitura. Esses outros nomes não são particularmente relevantes para nossos propósitos, por isso não me debruçarei sobre eles. Porém, precisamos salientar que nosso termo *descrição narrativa* é uma modificação do termo *descrição narrativa* de Lay-Dopyera e Dopyera (1982), que aparentemente é a versão deles do registro da amostra. Nossa decisão de fazer essa mudança é com base em nossa intenção de enfatizar tão claramente quanto possível as características essenciais desse método: ele é, antes de tudo, uma *narrativa* em sua forma básica e *descreve* comportamento.

A descrição narrativa é um método formal de registro de comportamento, pois requer o que Irwin e Bushnell (1980) descrevem como "detalhe mais rigoroso e critérios predeterminados" (p. 103). São os detalhes rigorosos e os critérios predeterminados que impõem **estrutura** e **controle** na descrição narrativa; estes estão entre as características de formalidade. A correlação informal da descrição narrativa, que pode ser referida como o registro corrido, é descrita como uma "técnica observacional em sala de aula para professores, que envolve registros de comportamento imediato à medida que ocorrem" (citado em Irwin e Bushnell, 1980, p. 100). A descrição narrativa também registra o comportamento enquanto ocorre, mas, estritamente falando, não de modo imediato. Em consequência, a diferença entre a descrição narrativa e o registro corrido parece bastante sutil, e na prática poderá ser difícil ou até mesmo desnecessário preservá-la. Mesmo que nós não usemos o termo *registro corrido* neste livro para não parecermos redundantes, para nossos propósitos a diferença básica entre descrição narrativa e registro corrido será a formalidade. Por definição, a descrição narrativa exige saber com antecedência quando, onde, quem, como e por que você vai observar. O registro corrido é mais espontâneo e mais direcionado pelas exigências percebidas do momento do que pelo planejamento. Não obstante essas diferenças técnicas, o registro corrido compartilha com a descrição narrativa as mesmas características de registro rico, detalhado e contínuo do comportamento durante algum período. Em suma, pense no registro corrido como aplicação informal da descrição narrativa ou como uma descrição narrativa "espontânea".

Levamos em conta a afirmação de Irwin e Bushnell (1980) de que as descrições narrativas são geralmente baseadas em critérios predeterminados, tais como a hora do dia, a pessoa e o cenário. Os exercícios de observação – em particular quando usados por estudantes que estão aprendendo a observar e registrar o comportamento dentro de um cenário acadêmico – impõem critérios como estes, e por isso é tecnicamente mais correto falar em descrição narrativa do que em registro corrido. Para os prestadores de cuidados infantis profissionais, no entanto, há pouca ou nenhuma necessidade de aderir a essa distinção entre a descrição narrativa e o registro corrido. Na verdade, este autor presume que, na maioria das circunstâncias, o registro corrido – conforme definido – provavelmente será usado com mais frequência que a descrição narrativa.

Como Schickedanz et al. (1993) escrevem: "O registro de amostra [descrição narrativa] é usado principalmente para obter uma imagem detalhada de algum aspecto do comportamento cotidiano da criança" (p. 26). O uso da descrição narrativa ao qual nos referimos aqui inclui obter uma imagem detalhada do comportamento infantil e permitir que se vá além do "comportamento cotidiano" de forma a incluir o comportamento atípico ou incomum, se as circunstâncias garantirem e invocarem descrições detalhadas.

Os critérios predeterminados que acabamos de mencionar se referem a coisas como quando, onde, quem, como e por que vai observar (você deve resolver todas estas questões durante o processo de planejamento discutido no Capítulo 3). Como já sabe a partir de nossa discussão anterior, uma abordagem informal, ou a aplicação da descrição narrativa (mais uma vez, o registro corrido) não depende do conhecimento de todas estas coisas com antecedência. Mais uma vez, um prestador profissional de cuidados infantis ou educador infantil que participa diretamente das atividades em curso do local e é responsável pelo bem-estar da criança poderá decidir quem será realmente observado somente após verificar o comportamento de uma criança em particular – ou grupo de crianças – que ache que mereça mais atenção.

Em todo caso, na técnica de descrição narrativa, você registra de forma contínua e em detalhes o que a criança faz e diz por si só e em interação com outras pessoas ou objetos. O objetivo principal do registro narrativo é obter uma análise detalhada e objetiva de comportamento sem inferências, interpretações ou avaliações. É uma característica importante da descrição narrativa na medida em que detalha não só os comportamentos, mas também o contexto (cenário e situação) e a sequência em que eles ocorrem. É também essencial que os comportamentos sejam descritos, e não simplesmente mencionados em termos gerais. Uma boa descrição deve possibilitar ao leitor fechar os olhos e obter uma imagem mental da cena. Registrar: "John brincou com os blocos grandes por 20 minutos" diz muito pouco sobre John, os blocos grandes, o significado de *brincar* ou quando todos esses eventos ocorreram. A integralidade e abrangência potencial da descrição narrativa são definidas nas afirmações de Goodwin e Driscoll (1980) de que o vídeo ou o áudio gravado pode ser usado sozinho ou em combinação com notas escritas para registrar uma análise permanente do comportamento da criança. Embora a descrição narrativa escrita não seja tão capaz quanto os vídeos no "espelhamento" dos dados brutos originais da observação, ela é capaz de produzir informações ricas e detalhadas. As descrições narrativas podem fornecer registros comportamentais permanentes completos, objetivos e descritivos (Goodwin e Driscoll, 1980) (veja a Tabela 6.1).

Tabela 6.1 Uma descrição narrativa ilustrativa	
Nome do observador Alice Thompson (Professora)	
Criança / Crianças observadas Melissa L.	
Idade da criança 4 anos e 3 meses **Sexo da criança** Feminino	
Contexto de observação (casa, creche, escola) Children's Delight Preschool	
Data da observação 25 de fevereiro de 2008 **Horário de início** 9h20 **Horário de término** 9h30	
Breve descrição das características físicas e sociais do cenário de observação	
As crianças estão ocupadas em diversas atividades lúdicas livres. O ambiente geral parece otimista. Das habituais 15 crianças matriculadas, apenas 12 estão aqui hoje – 3 estão doentes, de acordo com os telefonemas que o diretor recebeu dos pais nesta manhã. Embora o humor das crianças pareça bom, elas estão mais quietas que o habitual – não estão falando tão alto quanto costumam fazer de vez em quando.	
Descrições comportamentais objetivas (DCOs)[1] e interpretações: *Descrição narrativa*	
DCO 1: [Horário de Início 9h20 Horário de término 9h22]	
Melissa (M) chegou cerca de 35 minutos depois de as outras crianças terem chegado e começado suas atividades. Ela põe seu casaco em seu armário e depois fica na porta da sala de aula principal e olha em volta; permanece imóvel por cerca de dois minutos, movendo apenas os olhos enquanto olha as outras crianças e suas atividades.	
Interpretação 1:	
Melissa parece tímida, quase retraída. Desde a chegada, ela parece relutante em introduzir-se nas atividades. Pode ser porque não queira ser a primeira; sua relutância foi mencionada por sua mãe há vários dias. Nenhuma razão específica foi oferecida.	
DCO2: [Horário de Início 9h22 Horário de término 9h24]	
M. caminha para a área de leitura do outro lado da sala. Enquanto anda, ela arrasta os dedos do pé direito a cada passo, fazendo isso por cerca de 1,5 metro. Ela passa pela mesa de quebra-cabeças, onde duas crianças estão sentadas, sem trocar qualquer tipo de comunicação. Ela caminha até uma mesa onde há alguns livros. Tina, José e Miguel estão sentados à mesa; José e Miguel estão compartilhando um livro, Tina (T) está observando os dois "lerem". M. não diz nada às três crianças, enquanto se senta.	
Interpretação 2:	
M. ainda parece insegura; até mesmo seus comportamentos motores parecem restritos; ela caminha devagar, arrastando os pés, como se não tivesse certeza de si mesma e de seu relacionamento com as outras crianças ou seu ambiente. Parece ter problemas para decidir o que fazer. Nem um pouco comunicativa; não faz nenhuma insinuação a qualquer criança "disponível".	
DCO 3: [Horário de Início 9h24 Horário de término 9h29]	
José e Miguel não olham para M. e nem a reconhecem. T. diz: "Oi, Melissa, quer ler um livro comigo?", M. ergue a cabeça para um lado e diz: "Eu não sei ler". T. responde: "Podemos olhar as fotos". M. olha em direção à área dos blocos grandes e sem olhar para T. diz: "OK". T. sorri e vai até uma prateleira contendo diversos livros. M. pega um dos livros já sobre a mesa e folheia as páginas. T. retorna com um livro e diz: "Eu gosto deste, vamos olhar". M. apenas acena com a cabeça; T. senta perto de M., mas M. se move ligeiramente, mantendo uma distância de cerca de 15 a 20 centímetros entre ela e Tina.	

---

[1] Do inglês, Objective Behavior Descriptions (OBDs). (NT)

Tabela 6.1 Uma descrição narrativa ilustrativa
Interpretação 3:
T. parece extrovertida e amigável à medida que M. se aproxima; M. ainda está inexpressiva, ainda parece tímida e insegura; fala baixinho como se tivesse medo de ser ouvida. Tina persiste, apesar da aparente falta de entusiasmo de M. M. também parece distraída ou desatenta. Ela foge dos esforços de T. para se aproximar fisicamente. T. se move em um ritmo rápido – muito mais enérgico do que M.
DCO 4: [Horário de Início 9h29   Horário de término 9h30]
José olha para cima e diz: "Ei, vocês duas, o que vocês estão fazendo?". T. inclina a cabeça para cima, projeta o queixo levemente e diz: "Não importa, nós estamos ocupadas". M. não diz nada, mas se levanta da mesa e caminha em direção à área dos blocos grandes. Miguel ainda lê.
Interpretação 4:
T. é muito mais extrovertida e segura de si do que M. T não interagiu muito com José e Miguel; pode ter se sentido fora de sua atividade. T. definitivamente parecia satisfeita ao ver M.; não exibia nenhuma resposta desfavorável ao comportamento "antissocial" de M. A resposta de T. a José foi bastante assertiva, mas de uma maneira amigável; quase como se alegasse que M. é sua amiga de brincadeiras, talvez em represália aos dois meninos que a ignoraram anteriormente. M. ainda parece desinteressada, ainda insegura sobre o que fazer.

Aberta *versus* fechada

A descrição narrativa é o mais aberto de todos os métodos de observação. Essa abertura é o resultado da falta de seletividade e da quantidade de informação que permite reunir. O registro preserva descrições de comportamentos, sequências cronológicas e contextos. Consequentemente, esses dados estão disponíveis em sua forma original, não transformados para posterior exame e análise.

Grau de seletividade

A descrição narrativa não é seletiva. Tudo o que ocorre dentro de um período de observação é anotado. Alguém observa e registra, usando a analogia mencionada no capítulo anterior, com uma rede de pesca com buracos pequenos, estando perfeitamente disposto a apanhar qualquer tipo de comportamento que vier a acontecer.

Devemos ressaltar que, estritamente falando, a seletividade é inerente a todos os métodos de registro. Isso acontece porque um observador não pode ver tudo e deverá decidir exatamente o que ou quem observar entre um número de pessoas e eventos. Em consequência, o grau de seletividade é relativo e depende do método de registro específico que estará usando. Quando dizemos que a descrição narrativa não é seletiva, queremos dizer apenas que a seletividade opera minimamente em comparação a outros métodos.

Grau de inferência exigido

No momento em que está observando e registrando, pouca inferência é necessária porque tudo o que acontece é direcionado para o registro. Portanto, ao observar empregando a descrição narrativa você não tem de considerar se o comportamento ou o contexto é o certo, assim como na pesca, em que se usa uma rede com buracos pequenos, não há a preocupação de ter apanhado uma carpa ou um vairão (peixe de pequeno porte). Um é tão bom quanto o outro. Novamente, porém, pode-se tentar fazer interpretações após o fato. A inferência se torna necessária sempre que quiser dar aos dados originais qualquer significado que vai além do fornecido exclusivamente pela descrição objetiva. Em outras palavras, talvez queira examinar o peixe, uma vez trazido para dentro do barco. Você pode se perguntar por que a carpa e o vairão ficaram presos na rede ao mesmo tempo. Ou talvez queira examinar suas descrições e tentar determinar por que Beth Ann é amigável com Juan, enquanto, no mesmo contexto, ela é hostil com Hakim. Neste caso, sua "rede de registro" "pegou" dois tipos diferentes de comportamento por parte de Beth Ann: amizade e hostilidade. A busca por uma possível razão para esses dois comportamentos ("peixes") diferentes pode fornecer *insights* sobre algumas ou todas as crianças envolvidas.

Vantagens

Antes de discutirmos algumas das vantagens específicas da descrição narrativa, queremos oferecer uma caracterização geral deste método de registro que, para este autor pelo menos, justifica chamar a descrição narrativa de "rainha" das técnicas de registro.

O atributo mais simples, embora prático, da descrição narrativa é que ela pode ser usada em combinação com qualquer outro método de registro (ou, inversamente, qualquer método de registro pode ser usado em combinação com a descrição narrativa). Vamos nos aprofundar nessa característica com mais detalhes nas páginas seguintes. O atributo mais fundamental e generalizado deste método de registro é que, em um sentido muito real, nenhum dos outros métodos poderia existir sem a descrição narrativa. Estamos falando metaforicamente, porque o comportamento (ou o que chamamos de "fluxo de comportamento") não aparece como marcas em uma lista de verificação ou em uma amostragem por tempo. O comportamento flui de modo contínuo, e a continuidade deste fluxo, juntamente dos contextos do comportamento, persiste mesmo se nossas observações reais forem breves ou mesmo inexistentes.

Logo, uma marca simples em uma lista de verificação, que significa a presença ou ausência de uma habilidade particular, deriva de um comportamento que existia antes e que existirá depois de a marca ter sido registrada. Portanto, de uma maneira ou de outra, enquanto observamos e registramos comportamentos, estamos fazendo uma descrição narrativa mental que fornece, de início, o que é necessário para se registrar o comportamento. É por isso que escolhemos chamar a descrição narrativa de "rainha" dos métodos de registro.

Algumas vantagens específicas da descrição narrativa

Algumas das vantagens da descrição narrativa originam-se exatamente de sua abertura e ausência de seletividade. Em razão destas características, o método pode fornecer um relato completo do que ocorreu durante o tempo que esteve no fluxo de comportamento de uma criança. Além disso, a descrição narrativa tem a vantagem importante de apreender o contexto (cenário e situação), juntamente do comportamento. Wright (1960) deu importância considerável para essa combinação: "Todos sabem, pelo menos intuitivamente, que o significado e a importância de uma ação e até mesmo sua ocorrência depende diretamente (...) da situação que coexiste" (p. 87). Informações referentes a o quê e onde podem ser especialmente úteis quando se tenta compreender as crianças como seres individuais e o modo como elas se comportam em vários contextos. Já se sabe, cada criança tem seu próprio estilo, atitudes, medos e habilidades. A descrição narrativa, de modo semelhante a uma rede de pesca com buracos pequenos, apanha essas diferenças, essas nuances no comportamento da criança e as preserva permanentemente. Além disso, ela pega todos estes comportamentos, contextos e estilos sob condições naturalistas, sem as influências artificiais de experimentos em laboratório.

A versatilidade da descrição narrativa

A descrição narrativa tem a vantagem de ser muito versátil, e essa versatilidade pode ser considerada de inúmeras maneiras. Como aprenderá, deixando de lado a descrição narrativa em si, dos seis métodos de registro restantes discutidos, alguma forma de descrição narrativa é encontrada em três deles: amostragem por eventos, descrição diária e registros anedóticos. No entanto, é significativo que a descrição narrativa – ou registro corrido – possa ser usada em combinação com a amostragem por tempo (Capítulo 7), contagens de frequência ou registros de duração (Capítulo 11), além de listas de verificação e escalas de avaliação (Capítulo 12). Em suma, a descrição narrativa pode encontrar abrigo em quase qualquer lugar.

A descrição narrativa também revela sua versatilidade no tipo de informação que potencialmente pode extrair de suas descrições comportamentais objetivas e interpretações. Por exemplo, suponha que use a descrição narrativa como um método formal e decida que pretende observar o comportamento durante várias sessões de brincadeiras livres ao longo de vários dias. Suas Descrições Comportamentais Objetivas podem, com uma análise adequada, produzir algumas das mesmas informações que uma amostragem por tempo, lista de verificação, escala de avaliação, contagem de frequência ou registro de duração proporcionaria sobre determinado comportamento ou padrão de comportamento. Suas DCOs e interpretações poderiam fornecer informações sobre, digamos, o comportamento social (ou qualquer outro comportamento de seu interesse). Você pode registrar quantas vezes ocorreram interações sociais (contagem de frequência), quanto tempo durou cada episódio comportamental (registro de duração), quem iniciou essas interações e com quem (informações semelhantes às obtidas por uma lista de verificação), e assim por diante. Além disso, obteria descrições detalhadas dos comportamentos sociais e de seus contextos, os quais esses outros métodos utilizados por si só não lhe forneceriam. Vamos ilustrar como a narrativa descritiva dos dados poderia informar o preenchimento de uma lista de verificação e de uma amostragem por tempo.

Usando uma das listas de verificação encontradas no Capítulo 12, vamos descrever como podem ser configurados os dados nessa lista após a análise das duas primeiras DCOs descritas na Tabela 6.2. Tenha em mente que o período durante o qual esses dados hipotéticos "foram registrados" vai das 9h05 às 9h17, um total de 12 minutos. Após todas as DCOs serem consideradas (uma omissão que vamos pedir para corrigir), os lançamentos na lista de verificação seriam diferentes. Além disso, por uma questão de conservação do espaço na Tabela 6.3, vários lançamentos aparecem nas colunas "Observado". Note também que os números estão circulados para identificar a que criança os lançamentos pertencem.

Tabela 6.2 Descrição narrativa (durante brincadeiras livres)
Nome do observador Estelle Gibbons (Equipe da creche)
Criança / crianças observadas Cassandra, Carla, Michelle
Idade das crianças 4 anos e 8 meses; 4 anos e 9 meses; 4 anos e 6 meses
Sexo das crianças F, F, F
Contexto de observação (casa, creche, escola) Humpty Dumpty Child Care Center
Data da observação 24 de abril de 2008 **Horário de Início** 9h05 **Horário de Término** 9h55
Breve descrição das características físicas e sociais do cenário de observação
As crianças parecem estar de bom humor hoje, e os professores e auxiliares parecem compartilhar o bom humor. Está chovendo, e sabendo que não poderão sair, as crianças parecem mais interessadas em concentrar a energia física nas áreas de atividade, que já estão um pouco desorganizadas. O comportamento geral está em contraste radical com o clima emocional de ontem.
Descrições comportamentais objetivas (DCOs) e interpretações: *Descrição Narrativa*
DCO 1: [Horário de Início 9h05 **Horário de término** 9h07**]**
Cassandra chegou cedo hoje. Ela pendura o casaco em seu armário e vai imediatamente para a área dos blocos, onde estou. Ela diz "Oi" e então começa a montar uma pilha de três blocos de madeira. Nesse momento, Carla e Michelle entram na sala. Ao vê-las, Cassandra abandona a área dos blocos e caminha até elas.
Interpretação 1:
Cassandra parece especialmente animada hoje, apesar de o tempo lá fora estar bastante sombrio. Seu andar é rápido, e a saudação que dirige a mim é alegre. Ela parece ter um propósito em mente já que ela começa a empilhar os blocos de madeira, mas aparentemente acha suas duas melhores amigas mais atraentes do que brincar sozinha na área dos blocos grandes.
DCO 2: [Horário de Início 9h08 **Horário de término** 9h17**]**
Cassandra cumprimenta Carla e Michelle. Depois de conversar brevemente, as três vão até a área de quebra-cabeças. Cassandra pega um quebra-cabeça da prateleira e as três meninas se sentam à mesa. Cassandra derrama as peças do jogo, e as três começam a montá-lo. O quebra-cabeça contém cerca de 50 peças que formam a imagem de um urso sentado sob uma árvore. Elas conversam entre si em tons moderadamente baixos pedindo uma a outra uma peça do quebra-cabeça ou pedindo para colocar uma peça especial em determinado ponto. Em um momento, por exemplo, Cassandra diz para Michelle: "Michelle, coloque essa peça aqui; parece que é parte da cabeça do urso". Michelle responde: "Sim, você está certa. Vou colocá-la ali mesmo". Algumas das peças do quebra-cabeça são muito pequenas, mas as crianças as manuseiam com movimentos de pinça do polegar e do indicador.
Interpretação 2:
As três garotas são muito amigáveis e cooperativas enquanto interagem umas com as outras em sua tarefa conjunta. Cassandra parece ter especialmente uma boa percepção de formas, e ela, de modo mais frequente que Carla ou Michelle, enxerga onde uma determinada peça do quebra-cabeça se encaixa. Cassandra também parece direcionar o fluxo geral da atividade, embora ela o faça de forma muito sutil e sem qualquer indício de prepotência ou coação. Esta é uma suposição não testada, mas não ficaria surpresa se Cassandra tivesse sugerido a atividade de montar o quebra-cabeça em primeiro lugar. Os movimentos finos dos dedos de Cassandra ao manusear as várias peças do quebra-cabeças são precisos e bem coordenados.

Tabela 6.2 Descrição narrativa (durante brincadeiras livres) (continuação)
DCO 3: [Horário de Início 9h18   Horário de término 9h30]
Cassandra sai da mesa de quebra-cabeça e caminha até a Sra. Parsons (um membro da equipe). "Sra. Parsons, a Carla, a Michelle e eu podemos pintar com o dedo?" A Sra. Parsons responde afirmativamente. Cassandra retorna para a mesa do quebra-cabeça, fala brevemente com Carla e Michelle, e as três meninas, em seguida, vão para a área de pintura. Cassandra monta um cavalete pedindo às outras que façam o mesmo. Em seguida, Cassandra dá um avental para cada menina, pega um para si e o veste. "Eu vou pintar um quadro do oceano", diz Cassandra. "O que vocês vão pintar?" Ela não espera pela resposta, mas pega um pouco de tinta na prateleira e vai para seu cavalete.
Interpretação 3:
Cassandra definitivamente teve um papel de liderança nesse episódio, e ela o faz com naturalidade. Carla e Michelle não mostram sinais de que isso as incomoda. O comportamento de Cassandra também parece bastante focado, como se soubesse exatamente o que deseja fazer e como quer fazê-lo. Também tenho a impressão que Cassandra obtém algum tipo de incentivo de suas duas companheiras.
DCO 4: [Horário de Início 9h32   Horário de término 9h40]
Cassandra enfia sua mão direita no pote de tinta e passa a mão da esquerda para a direita sobre o papel preso ao cavalete. Seus movimentos cobrem quase toda a largura do papel. As pinturas são uma mistura de cores, e ela comenta sobre o efeito final da mistura: "Este é um oceano especial que parece um arco-íris". Ela olha para as pinturas de Carla e Michelle, franze a testa e pergunta: "O que é isso?". Carla responde: "É um pássaro. Você gosta?" "Sim, é bonito", diz Cassandra. Michelle não responde, mas continua espalhando tinta sobre o papel.
Interpretação 4:
Os movimentos da mão e do braço de Cassandra são suaves e bem coordenados. Ao utilizar os movimentos precisos dos dedos, ela acrescenta pequenas pinceladas de tinta em várias partes de sua figura. Carla e Michelle também mostram boa coordenação das mãos e dos braços. Carla não exibe movimentos tão concentrados quanto os dos dedos de Cassandra, mas acho que não é porque ela não consegue. Michelle usa os mesmos movimentos brutos e mais finos de Cassandra.

Tabela 6.3 Lista de verificação para avaliar comportamentos sociais na Humpty Dumpty Child Care Center			
Comportamento Social	Observado		
	Sim	Não	Às vezes
É amigável e extrovertido	①		
Brinca com a maioria das outras crianças na maior parte das áreas de atividade		① ② ③	
Brinca apenas com algumas crianças em determinadas áreas de atividade	① ② ③		
Busca a aprovação dos adultos			
Busca a aprovação dos pares			
Está disposto a revezar			
Faz transições facilmente de uma atividade para outra	① ② ③		
Ajusta-se fácil e rapidamente a atividades novas e desconhecidas			
É independente			

Tabela 6.3 Lista de verificação para avaliar comportamentos sociais na Humpty Dumpty Child Care Center (*continuação*)			
Comportamento Social	Observado		
	Sim	Não	Às vezes
Mostra alterações de humor distintas			
É adequadamente assertivo	①		
Mostra uso habilidoso da linguagem em suas interações sociais	① ②		

Crianças observadas

1. Cassandra 2. Michelle 3. Carla

Nota: Como exercício, recomendamos que complete a Tabela 6.3. Analise as DCOs e interpretações restantes da Tabela 6.2 e insira dados adicionais na lista de verificação se forem relevantes para o comportamento social de Cassandra, Carla e Michelle.

Agora vamos ver como pode se configurar uma amostragem por tempo usando os mesmos dados da Tabela 6.2, duplicada e rotulada como Tabela 6.4.

Tabela 6.4 Descrição narrativa (durante brincadeiras livres)
Nome do observador Estelle Gibbons (Equipe da creche)
Criança / crianças observadas Cassandra, Carla, Michelle
Idade das crianças 4 anos e 8 meses; 4 anos e 9 meses; 4 anos e 6 meses
Sexo das crianças F, F, F
Contexto de observação (casa, creche, escola) Humpty Dumpty Child Care Center
Data da observação 24 de abril de 2008 **Horário de início** 9h05 **Horário de término** 9h55
Breve descrição das características físicas e sociais do cenário de observação
As crianças parecem estar de bom humor hoje, e os professores e auxiliares parecem compartilhar o bom humor. Está chovendo, e sabendo que não poderão sair, as crianças parecem mais interessadas em concentrar sua energia física nas áreas de atividade, que já estão um pouco desorganizadas. O comportamento geral está em contraste radical com o clima emocional de ontem.
Descrições comportamentais objetivas (DCOs) e interpretações: *Descrição Narrativa*
DCO 1: [Horário de Início 9h05 **Horário de término** 9h07**]**
Cassandra chegou cedo hoje. Ela pendura o casaco em seu armário e vai imediatamente para a área dos blocos, onde estou. Ela diz "Oi" e então começa a montar uma pilha de três blocos de madeira. Nesse momento, Carla e Michelle entram na sala. Ao vê-las, Cassandra abandona a área dos blocos e caminha até elas.
Interpretação 1:
Cassandra parece especialmente animada hoje, apesar de o tempo lá fora estar bastante sombrio. Seu andar é rápido, e a saudação que dirige a mim é alegre. Ela parece ter um propósito em mente já que começa a empilhar os blocos de madeira, mas aparentemente acha suas duas melhores amigas mais atraentes que brincar sozinha na área dos blocos grandes.

Tabela 6.4 Descrição narrativa (durante brincadeiras livres) (continuação)
DCO 2: [Horário de Início 9h08 **Horário de término** 9h17]
Cassandra cumprimenta Carla e Michelle. Depois de conversar brevemente, as três vão até a área de quebra-cabeças. Cassandra pega um quebra-cabeça da prateleira e as três meninas se sentam à mesa. Cassandra derrama as peças do jogo na mesa, e as três começam a montá-lo. O quebra-cabeça contém cerca de 50 peças que formam a imagem de um urso sentado sob uma árvore. Elas conversam entre si em tons moderadamente baixos pedindo uma a outra uma peça do quebra-cabeça ou pedindo para colocar uma peça especial em um ponto particular. Em um momento, por exemplo, Cassandra diz para Michelle: "Michelle, coloque essa peça aqui; parece que é parte da cabeça do urso". Michelle responde: "Sim, você está certa. Vou colocá-la aí mesmo". Algumas das peças do quebra-cabeça são muito pequenas, mas as crianças as manuseiam com movimentos de pinça do polegar e o indicador.
Interpretação 2:
As três garotas são muito amigáveis e cooperativas enquanto interagem umas com as outras em sua tarefa conjunta. Cassandra parece ter especialmente uma boa percepção de formas e ela, de modo mais frequente do que Carla ou Michelle, enxerga onde determinada peça do quebra-cabeça se encaixa. Cassandra também parece direcionar o fluxo geral da atividade, embora ela o faça de forma muito sutil e sem qualquer indício de prepotência ou coação. Esta é uma suposição não testada, mas não ficaria surpresa se Cassandra tivesse sugerido a atividade de montar o quebra-cabeça em primeiro lugar. Os movimentos finos dos dedos de Cassandra ao manusear as várias peças do quebra-cabeça são precisos e bem coordenados.
DCO 3: [Horário de Início 09h18 **Horário de término** 09h30]
Cassandra sai da mesa de quebra-cabeça e caminha até a Sra. Parsons (um membro da equipe). "Sra. Parsons, a Carla, a Michelle e eu podemos pintar com o dedo?". A Sra. Parsons responde afirmativamente. Cassandra retorna para a mesa do quebra-cabeça, fala brevemente com Carla e Michelle, e as três meninas, em seguida, vão para a área de pintura a dedo. Cassandra monta um cavalete pedindo às outras que façam o mesmo. Em seguida, Cassandra dá um avental para cada menina, pega um para si e o veste. "Eu vou pintar um quadro do oceano", diz Cassandra. "O que vocês vão pintar?" Ela não espera pela resposta, mas pega um pouco de tinta na prateleira e vai para seu cavalete.
Interpretação 3:
Cassandra definitivamente teve um papel de liderança nesse episódio, e ela o faz com naturalidade. Carla e Michelle não mostram sinais de que isso as incomode. O comportamento de Cassandra também parece bastante focado, como se soubesse exatamente o que deseja fazer e como quer fazê-lo. Também tenho a impressão de que Cassandra obtém algum tipo de incentivo de suas duas companheiras.
DCO 4: [Horário de Início 9h32 **Horário de término** 9h40]
Cassandra enfia sua mão direita no pote de tinta e passa a mão da esquerda para a direita sobre o papel preso ao cavalete. Seus movimentos cobrem quase toda a largura do papel. As pinturas são uma mistura de cores, e ela comenta sobre o efeito final da mistura: "Este é um oceano especial que parece um arco-íris". Ela olha para as pinturas de Carla e Michelle, franze a testa e pergunta: "O que é isso?" Carla responde: "É um pássaro. Você gosta?" "Sim, é bonito", diz Cassandra. Michelle não responde, mas continua espalhando tinta sobre o papel.
Interpretação 4:
Os movimentos da mão e do braço de Cassandra são suaves e bem-coordenados. Ao utilizar os movimentos precisos dos dedos, ela acrescenta pequenas pinceladas de tinta em várias partes de sua figura. Carla e Michelle também mostram boa coordenação das mãos e dos braços. Carla não exibe movimentos tão concentrados quanto os dos dedos de Cassandra, mas parece que não é porque ela não consegue. Michelle usa os mesmos movimentos brutos e mais finos de Cassandra.

Tabela 6.5 Amostragem por tempo hipotética representando interações sociais das três crianças								
Categorias de comportamento	Intervalo de tempo							
	1	2	3	4	5	6	7	8
Resposta geral ao cenário								
1. Entra no cenário com disposição (especificar quais áreas envolvidas – área dos blocos grandes [ABG], área de leitura [AL] etc.)	①	②	③	①				
2. Entra de modo relutante no cenário	1	1	1	1				
3. Se recusa a entrar no cenário								
Resposta geral ao ambiente								
4. Utiliza equipamentos/materiais livremente	①	②	③	①				
5. Utiliza equipamentos/materiais de forma limitada ou esporádica	4	4	4	4				
6. Não utiliza equipamentos / materiais								
Resposta geral em relação aos outros								
7. Procura ou está em contato com o(s) par(es)	①	②	③	①				
8. Procura ou está em contato com adulto(s)	7	7	7	8				
9. Evita ou interrompe o contato com o(s) par(es)								
10. Evita ou interrompe contato com adulto(s)								
11. Contato relutante com o(s) par(es); o contato carece de motivação ou concentração por parte da criança								
12. Contato relutante com adulto(s); o contato carece de motivação ou concentração por parte da criança								

Crianças observadas   Legenda
1. Cassandra   ABG – Área dos blocos grandes
2. Carla   AQC – Área do quebra-cabeça
3. Michelle   APD – Área de pintura a dedo[2]

Aspectos aleatórios da descrição narrativa

Outra vantagem da descrição narrativa é que seu uso não é necessariamente limitado por condições ou circunstâncias predeterminadas. Em outras palavras, seu uso faz fronteira com a aleatoriedade. Dizemos isto apesar da afirmação de Irwin e Bushnell (1980) de que a descrição narrativa é um método de registro formal, o que sugere muito que a descrição narrativa é tudo menos aleatória. No entanto, para propósitos mais práticos, a descrição narrativa tem forte elemento de aleatoriedade. Você está entrando no fluxo de comportamento de uma ou de várias crianças para registrar o máximo de seu comportamento *sem levar em consideração o que o comportamento ou a situação pode realmente ser*. (Em comparação, no Capítulo 8, você irá descobrir que a amostragem por eventos é totalmente não aleatória; ela direciona sua entrada para o comportamento somente quando observa um comportamento particular ou

---

[2] No original, em inglês: Big Block Area (BBA); Puzzle Area (PA) e Finger Painting Area (FP). (NT)

evento comportamental pré-selecionado.) Esse aspecto aleatório, bem como uma ampla variedade de comportamentos e contextos registrados, oferece uma vantagem: você pode capturar momentos do comportamento a qualquer hora do dia ou em qualquer situação concebível. Por conseguinte, com um número suficiente de descrições narrativas você irá obter uma amostra razoavelmente representativa do comportamento de uma criança por meio das várias situações. No entanto, tenha em mente que é apenas entrando no comportamento em vários pontos diferentes que você conseguirá uma compreensão adequada das crianças que cuida. Essa mesma representatividade também vai dar aos pais e à equipe prestadora de cuidados um quadro mais completo de como seus filhos se desenvolverão e funcionarão.

Em suma, a descrição narrativa é utilizável em muitas circunstâncias e condições. É o que podemos chamar de técnica de registro "genérica ou disseminada". Ela não requer folhas de observação ou esquemas de codificação, nem qualquer linguagem ou jargão especial. A riqueza e a sutileza da linguagem simples são pontos fortes na descrição narrativa, apesar de estes dependerem das habilidades de linguagem do observador.

A vantagem da permanência

A permanência da descrição narrativa é também uma vantagem. Tais registros são mais valiosos à medida que o tempo passa. É útil comparar descrições narrativas anteriores com registros mais recentes. Essa comparação nos ajuda a aprender sobre as mudanças no comportamento e desenvolvimento infantil através do tempo e lugar (veja Wright, 1960; Gaver e Richards, 1979).

A descrição narrativa permite variações consideráveis na quantidade de tempo dedicado ao fluxo do comportamento. As narrativas podem descrever comportamentos que vão desde vários segundos até 12 horas ou mais (veja, por exemplo, Barker e Wright, 1951). O registro estendido geralmente envolve vários observadores se revezando em sua realização.

Desvantagens

Considerações sobre energia e tempo

A descrição narrativa pode exigir muito tempo e energia. O método pode ser ineficiente para a obtenção de amostras representativas do comportamento de forma rápida. Parte da ineficiência vem da incapacidade de quantificar dados comportamentais antecipadamente por meio de um esquema de codificação predeterminado. Por exemplo, você não pode registrar a frequência de um comportamento no momento em que o observa. Descrições narrativas podem ser analisadas mediante contagens de frequência, amostragem por tempo e duração de dados, mas essas análises teriam de ser feitas após a sessão de observação. E elas também poderiam ser demoradas.

Habilidade e esforço são necessários para observarmos e colocarmos no papel os inúmeros detalhes, os quais são o objetivo da descrição narrativa. Lay-Dopyera e Dopyera (1982) comentam que as observações podem ser limitadas a períodos relativamente curtos, porque a escrita é intensa, o que sugere o método de amostragem por tempo.

Uma breve introdução ao uso da descrição narrativa

Não podemos detalhar todos os usos possíveis da descrição narrativa, mas acreditamos que são muitos. Para exemplificar, tentamos demonstrar brevemente como as descrições narrativas podem ser usadas para fornecer informações a uma lista de verificação. Reconhecidamente, a conversão de dados da descrição narrativa em outros em uma lista de verificação – ou em qualquer um dos outros métodos de registro codificados – não é tão eficiente quanto usar simplesmente uma lista de verificação desde o início. Não obstante essa relativa ineficiência, incentivamos muito que não se rejeite a descrição narrativa exclusiva ou principalmente por este ser um método mais demorado que outros. Em vez disso, tente encontrar um equilíbrio entre a quantidade de esforço e de tempo que a descrição narrativa exige e a riqueza e a integridade dos dados que ela proporciona. Dito de outra forma, deixe os objetivos de suas observações determinarem se e quando usará a descrição narrativa.

Jalongo e Isenberg (2000) colocam que a descrição narrativa, o que eles chamam registro de amostra, é "muitas vezes usada para descobrir causas e efeitos do comportamento por meio do estudo do que precede e segue um evento" (p. 292). Beaty (2002) ecoa Jalongo e Isenberg, afirmando que este método pode ser usado "para descobrir as causas e os efeitos do comportamento", mas ela também inclui o propósito adicional de "pesquisa sobre o desenvolvimento da criança" (p. 34).

É fácil ver como a descrição narrativa pode revelar as relações de causa e efeito. Essa habilidade é o produto natural da (1) inexistência de restrições impostas pelo tempo, pelo contexto ou pelo comportamento; e (2) ênfase na captura de todos os detalhes referentes ao fluxo natural e continuidade do fluxo de comportamento da criança.

Usando a descrição narrativa? A primeira visita à Florence

Neste momento queremos introduzir uma personagem fictícia, mas plausível, a quem chamaremos de Florence. Para os nossos propósitos, Florence é uma estudante que está aprendendo a observar e registrar o comportamento infantil. Nesse respeito, ela é igual a todos os leitores deste livro, que também são estudantes, mas ela pode substituir qualquer pessoa que tiver uma relação profissional ou significativa com crianças. Florence estará conosco em toda a nossa discussão sobre os diversos métodos de registro – capítulos 6 a 12.

Cuidados com a criança como um drama

Apresentamos Florence estabelecendo um contexto ou "pano de fundo" em que executará seu papel como observadora. A sala de aula de educação infantil pode ser considerada uma peça de teatro (um drama), continuamente em progresso sempre que as crianças estiverem no espaço de acolhimento, independentemente do tempo que permanecerem nesse espaço. A equipe de profissionais produz a peça; eles fornecem todos os recursos necessários para que a peça seja encenada. Esses recursos incluem o espaço físico/local, os equipamentos e materiais e o currículo que determina ou influencia o modo como o espaço e os equipamentos serão utilizados. As crianças, por sua vez, são os roteiristas e os atores. Os *scripts* são, em grande parte, espontâneos: eles podem mudar potencialmente de um momento para outro, e incluem tudo o que as crianças dizem e como dizem, além de tudo o que fazem e como fazem. As crianças criam seus atos e suas cenas.

Por exemplo, às 9h05 – 5 minutos depois que as crianças chegam à creche – George e José vão para o tanque de areia e começam a brincar com os caminhões, fingindo que os blocos de madeira colocados na areia são estradas. Às 9h08, de repente, param de brincar e vão para a área de pintura a dedo, onde eles vestem aventais de plástico e começam a aplicar diferentes cores de tintas sobre um bloco de papel preso a um cavalete. Eles ficam nessa atividade das 9h09 até as 9h12. Poderíamos dizer que o Ato I do nosso drama dos cuidados infantis é formado por brincadeiras livres, e a primeira cena neste ato se refere a George e José brincando no tanque de areia. A cena 2 tem nossos dois personagens atuando na área de pintura a dedo. Enquanto a brincadeira livre (Ato I) durar, sempre que as crianças que estiver observando mudarem o local da brincadeira ou alterarem significativamente seu comportamento nesse local, você poderá indicar uma mudança de cena. Quando a brincadeira livre acabar e, digamos, a hora do lanche começar, esse pode ser o início do Ato II de nossa peça. Essa mudança de atos e cenas continua enquanto as crianças estiverem no cenário da creche.

Você, o observador, está na plateia assistindo à peça e tentando observar e registrar essas mudanças nos atos e cenas, bem como as ações e o diálogo que as crianças/os atores escreveram espontaneamente no *script*. No entanto, você não está na plateia como um crítico de teatro. Seu objetivo não é decidir se a peça é boa ou ruim nem *fazer uma crítica* sobre como os atores dizem suas falas ou retratam seus personagens. Você está lá para aprender como as crianças mudam com o decorrer do tempo e por que elas fazem o que fazem. A partir dessa base, uma série de razões secundárias, embora muito importantes, emergem. Se você é um pai, quer aprender o máximo que puder sobre como seu filho atua no contexto dos cuidados infantis. Lucinda não se dá muito bem com os pares? Roberto é menos tímido do que costumava ser? As habilidades motoras de Gretchen estão melhorando e ela está mais disposta a fazer coisas que envolvam os pequenos músculos, como prender contas ou brincar com peças pequenas do quebra-cabeça? Como é a fala de Willard? Ele usa frases mais completas? Se você faz parte da equipe, as coisas que preocupam os pais também lhe dizem respeito. Além disso, é claro que teria preocupações mais limitadas à operação e ao funcionamento diário da creche ou da sala de aula de educação infantil.

No nosso *script*, Florence é uma estudante que aprende a observar e registrar o comportamento infantil. Nós vamos "revelar" os processos de pensamento de Florence à medida que ela tenta decidir qual dos métodos de registro quer usar e por quê. Devemos impor uma restrição modesta, mas limitadora: o conhecimento de Florence consiste apenas nas informações contidas no capítulo em que ela aparece e, quando aplicável, todas as informações contidas nos capítulos anteriores. Isso significa que, a cada capítulo, Florence será capaz de tomar decisões cada vez mais bem informadas sobre qual método de registro usar em circunstâncias particulares. Neste capítulo, ela terá acesso apenas às informações sobre a descrição narrativa. No próximo, ela será capaz de usar o que sabe sobre a descrição narrativa e a amostragem por tempo, e assim por diante, em todos os capítulos que tratam dos métodos de registro.

Usaremos as reflexões mentais de Florence para identificar alguns dos usos de cada um dos métodos de registro. Tenha em mente que, embora ela sempre escolha o método que trata o capítulo, ela irá, com exceção deste, fazer algumas comparações entre os vários métodos e depois dizer a si mesma, ou seja, a você, leitor, a base de sua decisão final. Agora, vamos dar uma olhada no que Florence está pensando.

Florence e a descrição narrativa

Florence recebeu a tarefa de observar e registrar o comportamento de um grupo de crianças de três anos. Ela estudou o capítulo sobre descrição narrativa, e por enquanto esse é o único método de registro que conhece. Ela se depara com a tarefa inicial de descobrir que tipos de informações a descrição narrativa poderá dar. Desse modo, pergunta-se: O que ela pode fazer com essas informações quando as receber? É assim que Florence pode argumentar consigo mesma. (Observe que excluímos certa licença artística na forma como apresentamos os pensamentos de Florence. É duvidoso que alguém realmente pense em sentenças completas e gramaticalmente corretas, como as que atribuímos a Florence. Porém, estamos mais interessados em lhe oferecer o que esperamos ser uma informação útil do que em refletir precisamente como o pensamento de uma pessoa.)

Eu tenho de observar 15 crianças de três anos e a única técnica de registro que conheço até agora é a descrição narrativa. O autor do meu livro de observações chama a descrição narrativa de rainha de todas as técnicas de registro, o que me diz que posso reunir todos os tipos de informações sobre o comportamento infantil usando esse método. Acho que o importante é que a descrição narrativa deve capturar o máximo de detalhes possível e também incluir informações sobre o cenário e a situação. Vamos ver, o cenário e a situação são o contexto do comportamento, então para mim isso significa que o contexto fornece o pano de fundo para o comportamento infantil. A descrição narrativa requer muita escrita se eu quiser descrever o máximo de detalhes do comportamento da criança. Bem, obviamente, nesse caso, conseguirei observar apenas algumas crianças por vez, o que significa que, se quiser observar todas, terei de fazer uma série de descrições narrativas em um período. Mas isso é bom porque, quanto mais dados descritivos narrativos conseguir registrar, mais precisa e útil será a imagem da criança para os pais e para a equipe prestadora de cuidados. Pais e prestadores de cuidados estão sempre interessados em como as crianças estão crescendo e se desenvolvendo e quais as novas competências e habilidades que estão adquirindo. Acaba de me ocorrer que a descrição narrativa pode ser especialmente eficaz na coleta de informações, quando a criança está envolvida em atividades e interações que os pais podem não ser capazes de observar em casa. Se minhas descrições forem suficientemente detalhadas e completas, e se a minha interpretação for razoável e perspicaz, então os pais e a equipe terão uma série de "retratos" das crianças, que podem lhes dar uma melhor compreensão de como elas agem em uma variedade de condições e situações. Agora, se meu instrutor ou alguém na creche onde estou observando me perguntar como minhas descrições narrativas poderiam ser usadas, como posso responder? Acho que um dos usos mais óbvios seria nas conferências da equipe e nas reuniões de pais e professores. Como Jalongo, Isenberg e Beaty dizem que a descrição narrativa é boa para obter informações sobre causa e efeito, posso imaginar uma situação em que haja uma preocupação com o comportamento agressivo ocasional da criança. A descrição narrativa poderia ajudar a identificar as circunstâncias ou interações que levam (e que, possivelmente, causam) à sua agressividade, além daquilo que parece interromper esse comportamento. Essas informações poderiam ser muito úteis no planejamento das atividades da criança ou para os parceiros de brincadeira. Acho melhor parar de pensar e começar a observar.

Resumo

A descrição narrativa é um método formal de observação. Nessa técnica, você registrará em detalhes tudo o que ocorrer na forma de comportamento e seu contexto. O registro é objetivo, sem avaliações ou interpretações na própria descrição narrativa. A descrição narrativa é o método de observação mais aberto de todos. Não é seletivo e não envolve inferências no momento de registro inicial.

Há uma série de vantagens da descrição narrativa. Ela fornece uma análise rica e detalhada do comportamento infantil e das circunstâncias em que ocorre. O registro é permanente e pode ser usado para posterior comparação com registros mais recentes. No entanto, o método é dispendioso em termos de tempo e esforço, e não é muito eficiente para a rápida coleta de amostras representativas de comportamento. A técnica requer ainda habilidade, em razão dos muitos detalhes que são alvos da descrição narrativa.

Questões para estudo

1. Qual é a característica distintiva da descrição narrativa? Quais as vantagens e desvantagens dessa característica?
2. Como o grau de seletividade da descrição narrativa afeta o modo pelo qual alguém registra especificamente os dados de observação?
3. Sob quais condições você provavelmente não usaria a descrição narrativa? Sob quais condições você provavelmente utilizaria o método?
4. Qual é o papel da interpretação na descrição narrativa? Quando a interpretação tem mais probabilidade de ser utilizada ou necessária?
5. Quando o que pretendia ser uma descrição narrativa do fato se transforma em um registro corrido? Será que os dados diferem significativamente entre os dois relatos? Explique.

Exercício prático

Este exercício lhe pede para observar e registrar os comportamentos de dois indivíduos: uma criança que você não conhece e um adulto (de preferência, alguém de sua idade) que você conhece muito bem (um colega de quarto, um amigo, um membro da família) e com quem passa uma quantidade razoável de tempo. O exercício é destinado a ilustrar um pouco da dinâmica envolvida na interpretação do comportamento de uma pessoa.

Um pressuposto subjacente a este exercício é que as interpretações do comportamento de uma criança que você não conhece e o comportamento de um adulto que conhece podem ser experiências bastante diferentes. Outro pressuposto é que, como você também é adulto, terá mais facilidade em dar um significado para o comportamento de outro adulto do que em dar sentido ao comportamento de uma criança, especialmente uma que nunca viu antes. Em outras palavras, testará a hipótese deste autor de que o entendimento ou interpretação significativa do comportamento infantil depende realmente de seu conhecimento sobre a criança e da observação de seu comportamento ao longo do tempo e em muitos contextos diferentes. Familiarizar-se com a criança o ajudará a entrar em sua mentalidade, por assim dizer, e a estar mais em sintonia com a forma como ela pensa e, possivelmente, com o porquê de ela fazer o que faz. É claro que essa familiaridade depende, até certo ponto, do quanto você sabe sobre como a criança, em geral, cresce e se desenvolve – isto é, quanto conhecimento tem sobre o desenvolvimento infantil.

Para completar este exercício, observe e registre o comportamento de um adulto por aproximadamente de 10 a 15 minutos, ou por algum outro período que seja possível e conveniente para você. Quais interpretações ofereceria para as ações dessa pessoa? Ou seja, poderia explicar os comportamentos dessa pessoa? Poderia atribuir a ela algum motivo, intenção, emoção, e assim por diante? Imediatamente após ter completado sua observação do adulto, peça para que fale sobre os motivos, intenções ou sentimentos que acredite estarem associados aos comportamentos que observou e registrou. Quão precisas foram suas interpretações?

Siga o mesmo procedimento com uma criança. Sugerimos que escolha alguém entre três e cinco anos. Para ajudá-lo a completar este exercício adequadamente, observe a criança em um ambiente estruturado de cuidados infantis, e peça a um dos membros da equipe que observe com você. Quando tiver adquirido uma quantidade razoável de dados, compartilhe suas interpretações com a pessoa que observou com você. Como suas interpretações se comparam às do membro da equipe?

CAPÍTULO 7

Amostragem por tempo

Objetivos

Depois de ler este capítulo, você deverá ser capaz de:
- Relacionar a importância da representatividade de comportamento com o método de amostragem por tempo.
- Determinar o sistema de codificação mais adequado para ser usado em uma observação com amostragem por tempo.
- Identificar as características da amostragem por tempo em relação às dimensões de abertura *versus* fechamento, grau de seletividade e grau de inferência exigida.
- Analisar as vantagens e desvantagens do método de observação por amostragem por tempo.

Termos-chave

Amostragem por tempo; representatividade; confiabilidade interobservadores.

Descrição geral

Caso tenha selecionado um doce de uma caixa com cinquenta doces, você obterá uma amostra dos doces. Um dos propósitos dessa amostragem pode ser ajudar a decidir se vai ou não gostar do doce que não provou (testou). A amostragem poupa a necessidade de comer a caixa inteira, ao mesmo tempo que permite julgar a qualidade geral de toda a caixa com base na qualidade da pequena quantidade que comeu. Consequentemente, a amostragem requer menos tempo e esforço do que os métodos que não fazem amostragem.

Esses mesmos princípios se aplicam à **amostragem por tempo**: da quantidade total de tempo que uma criança fica no cenário de observação, o observador seleciona ou amostra uma quantidade relativamente pequena e observa a criança durante esse período. É essencial compreender, no entanto, que também se está fazendo uma amostragem do comportamento, e não apenas do tempo, pois você está observando justamente para ver se um comportamento específico ocorre. O que deve acontecer é que as amostras de tempo e de comportamento devem coincidir, o que significa que determinado comportamento é registrado apenas se for observado durante o período pré-selecionado. Se o comportamento ocorre fora desse período, ele é desconsiderado. Assim, por exemplo, você pode optar por observar cada uma das 15 crianças por um minuto e registrar – por marcação – todas as ocasiões em que ocorre o comportamento agressivo. Se, durante o minuto de Sarah, ela exibir ações agressivas, você irá indicá-las em seu formulário de amostragem por tempo de observação. No entanto, se durante a observação de Karl você observar Sarah exibindo uma agressão, não irá registrá-la, porque seu foco está em Karl, e não em Sarah, e seu comportamento agressivo não ocorreu dentro do tempo pré-selecionado reservado para observá-la.

Embora um pouco ultrapassada, mas ainda relevante, a discussão de Irwin e Bushnell (1980) sobre a amostragem por tempo oferece algumas informações valiosas sobre a técnica. Primeiramente, esses autores fazem uma declaração interessante que contribui para o significado da amostragem por tempo: "usar observação para *amostrar, em vez de descrever o comportamento*" (p. 148, grifo nosso). Esta distinção é fundamental porque é preciso entender a diferença entre (1) registrar apenas uma marca em um formulário cada vez que determinado comportamento ocorre e (2) descrever verdadeiramente o comportamento em detalhes consideráveis (como na descrição narrativa). Irwin e Bushnell completam a frase anteriormente citada com "tornou-se necessário colocar algumas restrições sobre o que seria observado" (p. 148). Uma dessas restrições é que "o comportamento ocorre com frequência suficiente para que o observador possa ter certeza razoável de que será capaz de vê-lo" (p. 148). Citando outra fonte muito mais antiga, eles escrevem que "se o comportamento a ser observado não ocorrer nenhuma vez em 15 minutos em média, a amostragem por tempo não será usada" (p. 148-9). Estes autores não veem razão para se rejeitar a prescrição. Tudo isso, aliás, tem a ver com a noção de **representatividade**.

A representatividade da amostra por tempo é extremamente importante: "O tamanho, o espaçamento e o número de intervalos visam garantir *amostras por tempo* representativas dos fenômenos-alvo" (Wright, 1960, p. 93, grifo do original). Brandt (1972) cita o mesmo ponto quando observa que amostras menores de comportamento são escolhidas de modo a refletir as características da população maior das quais são tomadas. No entanto, Brandt destaca que a representatividade é possível apenas para aqueles comportamentos que ocorrem com frequência.

A representatividade é importante não só para a técnica de amostragem por tempo, mas também em quase todos os aspectos do trato dos profissionais prestadores de cuidados infantis com crianças pequenas. Exemplos pequenos e isolados de comportamento infantil podem ser interessantes, mas não revelar muito, se revelarem alguma coisa, sobre o comportamento típico da criança. Se você pedisse um bife em um restaurante e ele estivesse muito bom ou muito ruim, esse bife seria uma refeição representativa para que pudesse tirar conclusões legítimas sobre todos os outros itens do cardápio que você não pediu nem degustou.

Com relação ao registro do comportamento, você deseja que suas técnicas de registro capturem comportamentos que representem outros comportamentos não observados e registrados. Se conseguir isso, poderá tirar conclusões sobre esses outros comportamentos. Em outras palavras, você poderá prever como seriam esses outros comportamentos como se os tivesse observado.

A frequência provável de vários comportamentos não é muito difícil de estimar ou prever e, novamente, Irwin e Bushnell são muito úteis. Eles afirmam ser pouco frequentes comportamentos como tristeza, histeria e subir em árvores, o que, pensando bem, faz sentido. Comportamentos mais frequentes incluem ações como falar, comer, sorrir e brincar (Irwin e Bushnell, 1980, p. 149). Eles também colocam que, se estiver incerto sobre a frequência relativa de vários comportamentos, o observador pode ter de fazer algumas observações preliminares para determinar quais deles são razoavelmente registrados por meio de uma técnica de amostragem por tempo.

A sessão de amostragem por tempo pode ser estruturada da seguinte maneira. A observadora passa três minutos observando cada uma das 15 crianças em uma sala de aula pré-escolar. Ela observa a primeira criança por três minutos. Usando uma folha de observação previamente codificada, ela registra cada ocorrência de dependência ou comportamento cooperativo exibido durante esse período. A observadora então passa para a segunda criança e repete o processo até ter observado e registrado a dependência e os comportamentos de cooperação de todas as 15 crianças.

Existem inúmeras variações da amostragem por tempo. Variações são possíveis não apenas na duração e distribuição dos intervalos de tempo, mas também nas técnicas de registro. Por exemplo, a observadora pode decidir passar seis minutos observando cada criança, mas seguir um procedimento de observa-registra, "liga-desliga". Isso é especialmente recomendado quando se utiliza uma combinação de esquema de codificação e descrição narrativa. Aqui, ela poderia observar uma criança por um minuto, indicando apenas se o comportamento-alvo ocorreu. O segundo minuto poderia ser usado para escrever uma breve descrição narrativa do comportamento e seu contexto. Os intervalos restantes de um minuto seriam usados da mesma forma até que os seis minutos de observação fossem concluídos. Os períodos de tempo podem ser divididos de outra maneira – por exemplo, observar por 10 segundos e registrar por 50 segundos. As possíveis variações são reveladas no relatório de estudos de Goodwin e Driscoll (1980) no qual a observação e o registro ocorrem com frequência de 3 ou 6 segundos.

Certos comportamentos são sempre pré-selecionados como alvos para a observação – por exemplo, a dependência da criança, os enunciados da fala ou a atenção às tarefas atribuídas. Esquemas de codificação são frequentemente usados com o método de amostragem por tempo. Esses esquemas exigem a marcação adequada em uma folha de observação sempre que a criança apresentar o comportamento de interesse. Existem dois tipos de sistemas de codificação: categorias e sistema de sinais (Irwin e Bushnell, 1980; Goodwin e Driscoll, 1980, p. 154). Um sistema de sinais, dizem Irwin e Bushnell, "exige que as categorias de comportamento sejam mutuamente exclusivas" (p. 154). Isso significa que nenhum comportamento determinado pode ser colocado em mais de uma categoria, pois cada categoria escolhida exclui todas as outras. O sistema de categorias também exige "categorias mutuamente exclusivas de comportamento, mas, além disso, as categorias devem ser *exaustivas*. Elas devem incluir a gama total de comportamentos de forma que qualquer coisa que a criança faça seja classificada" (Irwin e Bushnell, 1980, p. 155, grifo do original). A exclusividade, por exemplo, seria violada se um entrevistado, ao responder um questionário de pesquisa, tivesse de indicar sua preferência religiosa usando o seguinte formato:

Cristão	☐	Muçulmano	☐
Batista	☐	Judeu	☐
Católico	☐	Outros	☐

Como você pode ver, batistas e católicos também são cristãos, o que deixa em aberto a oportunidade para o entrevistado fazer uma marca em, pelo menos, dois lugares (se ele for batista ou católico). O critério de exaustividade seria violado se todas as possibilidades não fossem contabilizadas no formulário de registro de comportamento. Assim, a configuração do exemplo anterior seria tanto exclusiva como exaustiva se fosse a seguinte:

Cristão	☐	Judeu	☐
Muçulmano	☐	Outros	☐

Aqui, é feita uma provisão para que qualquer entrevistado indique sua preferência religiosa – ou não preferência – porque a categoria "Outros" leva em conta os indivíduos hindus, sufi, ateus, agnósticos, ou o que quer que seja. É geralmente mais fácil construir um conjunto exclusivo de categorias do que um conjunto exaustivo. Vamos ver rapidamente um esquema de codificação que usa um sistema de sinais.

Examine a Tabela 7.1. Neste exemplo, várias facetas do comportamento de uma criança são definidos para observação e registro. As categorias são orientação de tarefa, sinais de comportamento cognitivo, motilidade e comportamento interpessoal. Essas categorias amplas são divididas em características específicas de comportamento. Assim, se você observar o que interpreta como comportamento interpessoal (categoria 4 ampliada), terá, então, que determinar a direção ou o padrão de comportamento – criança com o professor, criança com outras crianças ou outra criança com a criança. Daí, você precisará tomar ainda outra decisão sobre a natureza do comportamento interpessoal usando as descrições fornecidas na lista de verificação: obedece, ignora, resiste, e assim por diante. A Tabela 7.1 fornece espaço suficiente para registrar os comportamentos de oito crianças ou de uma criança ao longo de oito intervalos, o que melhor atender a suas necessidades. O espaço é fornecido no final da tabela para o seguinte: (1) uma breve descrição do contexto dos comportamentos registrados e/ou (2) registro dos nomes das crianças observadas e utilização dos números de linha como códigos para identificar rapidamente a criança a ser observada em qualquer período. (Se o nome de John for registrado na linha 1, então o número "1" refere-se a John). Isso elimina a necessidade de escrever repetidamente "John". Recomendamos também que se circule o número de identificação da criança. Isso irá evitar confusão quando, por exemplo, os números também forem usados para indicar itens como comportamentos ou categorias de comportamentos. (Veja a Tabela 7.5 para conhecer um exemplo de quando uma distinção seria importante.)

Este formato é fácil de usar. Primeiramente deve-se especificar os intervalos de tempo que serão usados. As escolhas são quase ilimitadas, mas devem ser orientadas pela finalidade de sua observação e pela praticidade de qualquer intervalo determinado. Por exemplo, não faria muito sentido observar 1 minuto e aguardar 10 minutos antes de observar e registrar novamente. Esse esquema seria uma perda de tempo precioso. Também seria difícil observar durante 1 segundo e registrar por 1 segundo. Os intervalos são muito curtos para serem gerenciáveis e respeitados com precisão, e um segundo não é tempo suficiente para compreender plenamente o que uma criança está realmente fazendo.

Tenha em mente que o formato de amostragem por tempo por sistema de sinais ilustrado na Tabela 7.1 é apenas um dos muitos formatos possíveis. (Ele está incluído aqui, pois foi um instrumento realmente utilizado pelos estudantes do programa de educação infantil na Pennsylvania State University). A Tabela 7.1 pode parecer um pouco menos assustadora se for entendido que muitos formatos de amostragem por tempo são um tipo de lista de verificação. Essa tabela aqui ilustrada exigiu um pouco mais de preparo e planejamento do que, digamos, a lista de verificação na Tabela 12.1 (p. 200). Não obstante, em ambos os casos, a observadora teve de determinar antecipadamente quais tipos de comportamento eram interessantes para ela e a linguagem que usaria para definir ou descrever esses comportamentos.

Tabela 7.1 Um exemplo de formato de amostragem por tempo: sistema de sinais

Sinais comportamentais	Intervalos							
	1	2	3	4	5	6	7	8
1. Orientação de tarefa: A. Atento ao professor; B. Com intenção de realizar trabalho individual; C. Desinteresse; D. Atento às outras crianças; E. Trabalho social; F. Com intenção de realizar trabalhos não prescritos pelo professor; G. Vagando sem objetivo; H. Verbalmente desordenado; I. Fisicamente desordenado								
2. Cognitivo: A. Buscando informações; B. Oferecendo informações; C. Curiosidade e experimentação; D. Nenhum								
3. Motilidade: A. Expansiva; B. Média; C. Retraída								
4. Comportamento interpessoal								
4.1 Criança com o professor: A. Ausente; B. Presente								
4.1a Resposta à iniciativa do professor: A. Obedece; B. Ignora; C. Resiste; D. Nenhuma								
4.1b Procura ajuda, apoio, aprovação: A. Ausente; B. Presente								
4.1c Verbalização direcionada ao professor: A. Confiante; B. Hesitante; C. Choramingando; D. Nenhuma								
4.2a Criança com outra criança A. Ausente; B. Presente								
4.2a Tipo: A. Intercâmbio ativo; B. Tentativas de abordagem; C. Assiste passivamente; D. Imita; E. Evita								
4.2b Tom: A. Amigável; B. Neutro; C. Hostil								
4.2c Controle: A. Domina; B. Neutro; C. Passivo								
	1	2	3	4	5	6	7	8

Crianças observadas

1. __ Aliya _____   4. _____   7. _____
2. __ Corinne _____   5. _____   8. _____
3. __ Carlita _____   6. _____

Adaptado de um formulário de amostragem por tempo originado por Donald S. Peters, Ph.D. (Pennsylvania State University).

Embora a Tabela 7.1 pareça complicada, com um pouco de estudo e alguma prática você achará relativamente fácil usá-la. A cada criança que estiver observando será dado um número de identificação, colocando-se o nome da criança em um dos espaços numerados relacionados sob o título "Crianças observadas". Vamos examinar brevemente alguns dados relativos a três crianças hipotéticas, ilustrados na Tabela 7.2. Definimos arbitrariamente Aliya como a primeira criança e seu número de identificação será 1. (Sugerimos que seja circulado o número de identificação de cada criança, como fizemos, para distingui-lo dos outros números que serão usados para identificar os vários comportamentos e suas descrições.)

Como você tem de estar ciente de 11 categorias comportamentais nesse instrumento de registro em particular, seria apropriado dar a si mesmo tempo suficiente tanto para observar a criança e determinar em qual das categorias comportamentais seu comportamento se encaixa como para registrar os números que se aplicam a essas categorias. Assim, dando 20 segundos para que você mesmo observe, 20 segundos para registrar e 20 segundos antes de observar a próxima criança, fará com que mantenha o tempo total por criança em um minuto. Esse parece ser um cronograma bastante gerenciável e, pelo menos em princípio, será possível observar e registrar o comportamento de 15 crianças em 15 minutos usando esse formato.

Tabela 7.2 Exemplo de uma amostragem por tempo parcialmente concluída referente a três crianças hipotéticas: sistema de sinais								
Sinais comportamentais	Intervalos							
	1	2	3	4	5	6	7	8
1. **Orientação de tarefa:** A. Atento ao professor; B. Com intenção de realizar trabalho individual; C. Desinteressado; D. Atento às outras crianças; E. Trabalho social; F. Com intenção de realizar trabalhos não prescritos pelo professor; G. Vagando sem objetivo; H. Verbalmente desordenado; I. Fisicamente desordenado	① D	② A	③ G					
2. **Cognitivo:** A. Buscando informações; B. Oferecendo informações; C. Curiosidade e experimentação; D. Nenhum	① A, B	② A	③ D					
3. **Motilidade:** A. Expansiva; B. Média; C. Retraída	① B	② B	③ B					
4. **Comportamento interpessoal**								
4.1 Criança com o professor: A. Ausente; B. Presente	① A	② B	③ A					
4.1a Resposta à iniciativa do professor: A. Obedece; B. Ignora; C. Resiste; D. Nenhum		② A						
4.1b Procura ajuda, apoio, aprovação: A. Ausente; B. Presente		② B						
4.1c Verbalização direcionada ao professor: A. Confiante; B. Hesitante; C. Choramingando; D. Nenhuma		② A						
4.2a Criança com outra criança A. Ausente; B. Presente	① B	② A	③ A					
4.2a Tipo: A. Intercâmbio ativo; B. Tentativas de abordagem; C. Assiste passivamente; D. Imita; E. Evita	① B							

Tabela 7.2 Exemplo de uma amostragem por tempo parcialmente concluída referente a três crianças hipotéticas: sistema de sinais (*continuação*)								
Sinais comportamentais	Intervalos							
	1	2	3	4	5	6	7	8
4.2b Tom: A. Amigável; B. Neutro; C. Hostil	① A							
4.2c Controle: A. Domina; B. Neutro; C. Passivo	① B							
	1	2	3	4	5	6	7	8

Crianças observadas
1. __ Aliya _____   4. _____   7. _____
2. __ Corinne _____   5. _____   8. _____
3. __ Carlita _____   6. _____

Adaptado de um formulário de amostragem por tempo originado por Donald S. Peters, Ph.D. (Pennsylvania State University).

É claro que os intervalos usados com este e qualquer outro instrumento de amostragem por tempo dependem de você e de suas circunstâncias particulares. Vamos verificar como uma breve amostra por tempo dos comportamentos de Aliya, Corinne e Carlita é possível usando a Tabela 7.2. Por favor, compreenda que essas amostras poderiam refletir (mas não o fazem) os dados observacionais obtidos por outra técnica de registro como a descrição narrativa ou amostra por evento, o que escolhemos chamar de "registro paralelo". No caso das nossas três crianças hipotéticas, simplesmente fornecemos um registro de amostragem por tempo ilustrativo para que se possa ver como esse registro ficaria. Nós também fornecemos uma breve explicação sobre os dados registrados.

De acordo com os registros indicados na Tabela 7.2, Aliya foi atenta às outras crianças (conforme indicado pela letra "D" sob a categoria orientação de tarefas). Na categoria relacionada ao comportamento cognitivo, assinalou-se que ela foi ao mesmo tempo buscar e oferecer informações. Apresentou motilidade média. E sob a categoria geral de comportamento interpessoal, nenhuma interação entre criança e professor foi observada, portanto, a categoria 4.1 (Criança com o professor) foi marcada como ausente. Consequentemente, as categorias 4.1a a 4.1c foram deixadas em branco porque não havia nada a relatar sobre interações entre criança e professor.

Corinne (a criança número 2) foi observada como atenta à professora, e na categoria relacionada ao comportamento cognitivo, apontou-se que buscava informações. A motilidade de Corinne foi média. Na categoria 4.1, a interação entre a criança e o professor foi observada, o que exigiu respostas nas categorias 4.1a a 4.1c. No caso de Corinne, sua resposta à iniciativa do professor foi compatível; ela procurou ajuda, apoio ou aprovação e sua verbalização direcionada ao professor foi confiante. Você deverá ser capaz de descobrir os dados de Carlita sozinho.

Um exercício prático possível

Neste momento, vamos apresentar um exercício prático. Observe as seis classificações de Parten referentes à brincadeira ou à interação social encontradas na Tabela 7.3a. A classificação de Parten é um exemplo de um sistema de categorias, ou seja, trata-se de um esquema exaustivo e mutuamente exclusivo. Construa um formato de amostragem por tempo que permita registrar a ocorrência dos comportamentos de brincadeira de Parten. Isso poderá ser feito por meio da construção de uma tabela composta por "células" que poderão acomodar cada uma das seis categorias de brincadeira e cada uma das crianças que você irá observar. Quando concluído, o formulário poderá parecer com a Tabela 7.3b.

Escolha um intervalo de amostragem por tempo (como 10 segundos para observar, 10 segundos para registrar e 40 segundos de intervalo entre uma e outra criança). Se observar Eiswari participando de qualquer uma das seis categorias de brincadeira de Parten, coloque uma marca na célula (caixa) sob o nome Eiswari à direita da categoria que se aplica a ele. Em seguida, passe para Michael e repita o mesmo processo até que tenha observado todas as crianças que constam no formulário. É claro que poderá ampliar o formulário e incluir mais crianças ou reduzi-lo para incluir menos doque os espaços atribuídos no exemplo. Você também poderá desenhar linhas verticais abaixo das colunas para dar espaço às observações repetidas das mesmas crianças. Assim, se cada célula for dividida em, digamos, quatro partes iguais, cada criança poderá ser observada em quatro momentos diferentes sem ter de construir mais formulários.

Da maneira que estão, os lançamentos na Tabela 7.3b são simples o suficiente para não exigirem qualquer explicação. Se, no entanto, esses lançamentos forem acompanhados por uma breve descrição, o que seria totalmente adequado, poderíamos notar que Michael e Sun Lee foram "parceiros" na brincadeira paralela e que Beth e Miguel estiveram envolvidos em brincadeiras cooperativas um com o outro. Sem uma descrição narrativa, alguém poderia tentar inferir a parceria Michael/Sun Lee, à medida que foram observados durante intervalos de tempo adjacentes. Também poderia parecer razoável inferir que Beth e Miguel foram parceiros na brincadeira cooperativa, porque seus comportamentos foram separados apenas pelo intervalo de um minuto. No entanto, sem os dados brutos da descrição narrativa e apenas com os dados codificados da amostra por tempo, essas inferências teriam de ser consideradas sem base e, portanto, injustificáveis.

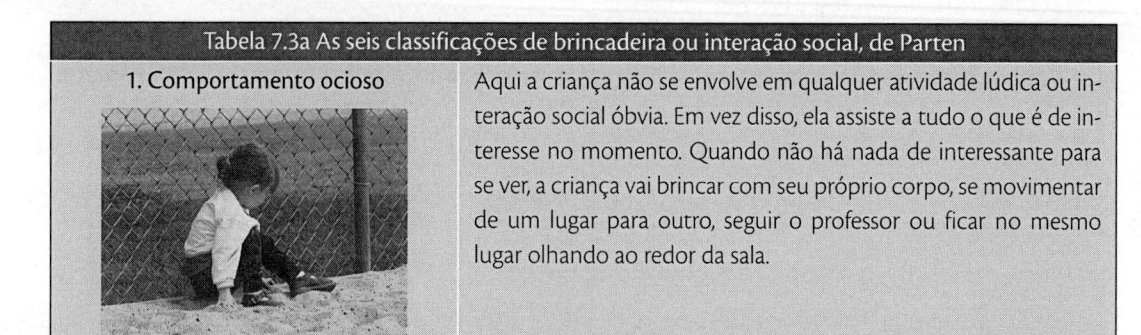

Tabela 7.3a As seis classificações de brincadeira ou interação social, de Parten	
1. Comportamento ocioso	Aqui a criança não se envolve em qualquer atividade lúdica ou interação social óbvia. Em vez disso, ela assiste a tudo o que é de interesse no momento. Quando não há nada de interessante para se ver, a criança vai brincar com seu próprio corpo, se movimentar de um lugar para outro, seguir o professor ou ficar no mesmo lugar olhando ao redor da sala.

Tabela 7.3a As seis classificações de brincadeira ou interação social, de Parten (*continuação*)	
2. Comportamento observador 	Neste caso a criança passa a maior parte de seu tempo vendo as outras crianças brincarem. Ela pode conversar com as crianças que estão brincando, pode fazer perguntas ou dar sugestões, mas não entra na brincadeira. Ela permanece a uma distância conversando, e assim, o que se passa pode ser visto e ouvido, o que indica um manifesto interesse em um grupo ou grupos de crianças, ao contrário da criança ociosa, que não mostra nenhum interesse em qualquer grupo específico de crianças, mas apenas um interesse inconstante no que lhe parece ser entusiasmante.
3. Brincadeira solitária 	Esta é uma atividade lúdica conduzida de forma independente de qualquer outra atividade que as pessoas estejam fazendo. A criança brinca com os brinquedos que diferem daqueles usados por outras crianças na área em que se encontram – dentro de uma distância que permite conversação entre elas –, e ela não faz nenhum esforço para se aproximar ou falar com elas. A criança está totalmente concentrada em sua própria atividade e não é influenciada pelo que as outras estão fazendo.
4. Brincadeira paralela 	Aqui a criança está brincando perto de outras, mas ainda é independente delas. Ela usa brinquedos semelhantes àqueles usados pelas outras, mas ela o faz como acha conveniente e não é influenciada nem tenta influenciar os outros. A criança então brinca em paralelo às outras crianças.
5. Brincadeira associativa 	Neste caso a criança brinca com as outras crianças. Há um compartilhamento de materiais e equipamentos; as crianças podem seguir umas às outras; pode haver tentativas de controle em relação a quem poderá ou não brincar no grupo, embora os esforços de controle não sejam fortemente afirmados. As crianças se envolvem em atividades semelhantes, mas não necessariamente idênticas, e não há divisão de tarefas, de organização da atividade ou de indivíduos. Cada criança faz o que essencialmente quer fazer, sem colocar os interesses do grupo em primeiro lugar.
6. Brincadeira complementar cooperativa ou organizada 	A palavra-chave nesta categoria é "organizado". A criança brinca em um grupo estabelecido com determinado fim – produzir algo, alcançar um objetivo competitivo, jogar algum jogo formal. Há um sentido de conjunto, em que cada qual pertence ou não ao grupo. Há também um pouco de liderança presente – um ou dois membros dirigem a atividade dos outros. Portanto, há a necessidade de uma divisão de tarefas, dos diferentes papéis assumidos pelos membros do grupo e do apoio aos esforços de uma criança por parte das outras.

No entanto, outro procedimento pode usar a técnica de numeração para identificar as crianças – como descrito anteriormente – e este formulário modificado poderia parecer-se com a Tabela 7.3c.

Nesse formato se seguirá o mesmo procedimento de amostragem por tempo, como descrito anteriormente (ou como foi criado por você); mas neste caso, se Eiswari mostrar brincadeira paralela, você simplesmente escreverá "1" na caixa ou célula à direita da célula que contém a categoria brincadeira paralela. Mais uma vez, você procederá dessa forma até que tenha observado todas as crianças relacionadas no formulário de amostragem por tempo. Como há 22 colunas nesse formulário, pode-se repetir esse processo 22 vezes para cada uma das 10 crianças ou pode-se observar e registrar o comportamento de até 22 crianças. Há um número de combinações possíveis, embora nem todas sejam igualmente desejáveis ou práticas. Os intervalos de tempo usados na Tabela 7.3b seriam perfeitamente adequados para a Tabela 7.3c: 10 segundo de observação, 10 segundos de registro e 40 segundos de espera antes de passar para a criança seguinte.

Tabela 7.3b Formulário de amostragem por tempo para registro de brincadeiras							
Categorias de brincadeira, de Parten	Eiswari	Michael	Sun Lee	Jethro	Beth	Ibraham	Miguel
Comportamento ocioso	X						
Comportamento observador				X			
Brincadeira solitária						X	
Brincadeira paralela		X	X				
Brincadeira associativa							
Brincadeira cooperativa					X		X
Possíveis intervalos de tempo: 10 segundos de observação e 10 segundos de registro; esperar 40 segundos antes de passar para a próxima criança							

Tabela 7.3c Formulário de amostragem por tempo modificado para registro de brincadeiras										
Categorias de brincadeira, de Parten										
Comportamento ocioso	2									
Comportamento observador				6	7					
Brincadeira solitária			5							
Brincadeira paralela	1			4						
Brincadeira associativa		3								
Brincadeira cooperativa						8	9	10		

Crianças observadas:

1. Eiswari 3. Sun Lee 5. Beth 7. Miguel 9. Melissa
2. Michael 4. Jethro 6. Ibraham 8. Ronald 10. Juan

Esquemas de codificação muito mais simples estão disponíveis. Gander e Gardner (1981), por exemplo, observam um processo em que cada minuto é dividido em intervalos de 15 segundos representados em algum tipo de forma gráfica. Durante cada intervalo de 15 segundos de observação, se o comportamento selecionado ocorrer, um "X" será colocado no local apropriado do formulário, e se o comportamento não ocorrer, um "O" será registrado. Durante um período de 3 minutos o registro poderá ser algo como o que vemos a seguir, em que cada marca é um intervalo de 15 segundos e cada | marca o fim de um minuto (adaptado de Gander e Gardner, 1981):

1 min	2 min	3 min
X / O / O / X	X / O / O / O	X / X / X / O

O formulário poderia ser mais elaborado, se preparado e impresso com antecedência. Ele poderia parecer-se com o seguinte:

1 min	2 min	3 min
X O O X	X O O O	X X X O

As partes sombreadas marcam cada intervalo de 15 segundos – elas substituem as linhas diagonais no outro exemplo. São claramente discerníveis e facilitam o registro, porque os espaços em branco sobre os quais os "Xs" e os "Os" devem ser colocados também são bem delineados. Isso poderia ser repetido várias vezes para qualquer número de crianças. A questão aqui não é como elaborar ou incrementar um formulário, mas mostrar a clareza e a facilidade do formulário a ser usado.

Pode ser útil se pensar na amostragem por tempo em relação ao conceito de fluxo de comportamento. A vida de uma pessoa consiste em um fluxo contínuo de comportamentos que flui com o decorrer do tempo. O método de amostragem por tempo procura amostras de certos tipos de comportamento no fluxo de comportamento de uma criança, mas apenas em partes específicas do fluxo identificadas por intervalos de tempo. Assim, um observador que utiliza o método de amostragem por tempo poderia raciocinar nos seguintes termos:

Vou observar o comportamento agressivo neste grupo de crianças, mas quero observar todas as crianças, e estou interessado em quantas vezes a agressão é manifestada no grupo. Portanto, entre 9h e 10h30 da manhã, um segmento de uma hora e meia dos fluxos de comportamento dessas crianças irá fluir. Eu quero, durante essa uma hora e meia, entrar em uma parte da vida dessas crianças e ver o que está acontecendo. Para tanto, vou dividir o total de 90 minutos entre todas as 15 crianças, o que dá 6 minutos para cada. Para obter uma amostra representativa do comportamento, no entanto, eu provavelmente vou repetir todo esse processo várias vezes ao longo de uma semana, então vou acabar com, digamos, três amostras de registro de 6 minutos do comportamento de cada criança. Também vou precisar observá-las durante diferentes momentos do dia e atividades diversas, o que contribuirá ainda mais para a representatividade de minha amostra.

Aberta *versus* fechada

Tanto Wright (1960) como Goodwin e Driscoll (1980) classificam a amostragem por tempo como método fechado. Eles o consideram fechado por causa do uso de esquemas de codificação "no ponto de coleta de dados inicial" (Goodwin e Driscoll, 1980). Um esquema de codificação aplicado no momento da observação exclui os dados brutos; é essa exclusão que define um método fechado.

Os métodos de amostragem por tempo nem sempre são fechados, nem precisam ser completamente fechados. Nós consideramos a possibilidade de combinar um esquema fechado de codificação e uma descrição narrativa ou amostragem por evento aberta. Porém, também é aceitável o uso exclusivo de descrições narrativas. Lay-Dopyera e Dopyera (1982), por exemplo, descrevem a sequência "liga-desliga" que discutimos anteriormente como "observação, anotações e ampliação de anotações". Apesar de a amostragem por tempo muitas vezes usar um esquema de codificação para registrar os comportamentos, os termos *anotações e ampliação de observações* indicam que uma forma de registro narrativo também pode ser utilizada. A principal característica da amostragem por tempo é a utilização de intervalos precisos e uniformes, e não a técnica de registro específica utilizada. Consequentemente, consideramos a amostragem por tempo como método aberto, na medida em que preserva os dados brutos.

Grau de seletividade

O método de amostragem por tempo é muito seletivo; ele "pesca" com uma rede com buracos grandes, lançada apenas quando o comportamento pré-selecionado aparece no fluxo de comportamento da criança. Não é como a descrição narrativa, que, como você se lembra, pesca com uma rede de buracos pequenos que permanece no fluxo durante todo o período de observação.

Grau de inferência exigido

A amostragem por tempo exige inferências ou interpretações iniciais. Isso ocorre porque o método requer que se tome uma decisão imediata sobre a possibilidade de registro de um comportamento. Essa decisão é baseada na percepção que tem de um comportamento sob determinada categoria descritiva – por exemplo, agressão, brincadeira cooperativa ou outra.

De modo igual à descrição narrativa ou a qualquer um dos outros métodos a ser discutido, a amostragem por tempo pode exigir inferências em outros momentos no processo de observação. Uma vez recolhidos os dados, pode-se querer usá-los para tirar conclusões sobre coisas como a relação entre os comportamentos observados e certas características de seu contexto. Por exemplo, você pode descobrir que Billy parece se comportar de forma agressiva quando está na área dos blocos grandes durante a brincadeira livre. No entanto, tirar conclusões sobre tais relações requer informações sobre o contexto e os comportamentos que não são normalmente obtidos com os esquemas de codificação. Portanto, é possível que tenha de incluir alguma descrição narrativa como parte de sua técnica de registro. Nesses casos, tais inferências seriam feitas após a conclusão das observações; elas não são parte inerente do método, mas parte da utilização dos dados registrados.

Vantagens

A amostragem por tempo tem muitas vantagens. Não há restrições para os tipos de comportamentos que podem ser estudados com este método. Wright (1960) cita a ampla faixa de comportamentos amostrados por tempo em 1930. Ele se refere a comportamentos que vão desde "comportamento criativo" até "amizades e brigas" ou "tiques ou hábitos nervosos" (p. 93). O método tem uma longa história, que atesta suas confiabilidade e utilidade.

O método é econômico com relação ao tempo e energia necessários. A amostragem por tempo é eficiente porque regula precisamente o conteúdo da observação e a quantidade de tempo em que se observa (Wright, 1960; Irwin e Bushnell, 1980). A eficiência também é obtida pelos esquemas pré-estabelecidos de codificação, o que reduz a variabilidade dos julgamentos e inferências do observador. Essa potencial eliminação de diferentes decisões contribui para um acordo entre vários observadores, aumentando assim a **confiabilidade interobservadores**.

A amostragem por tempo também fornece dados representativos e confiáveis no caso de se pretender reunir um grande número de observações relacionadas a um tema de pesquisa ou propósito de desenvolvimento/educacional em particular. Um grande número de registros é possível em virtude da eficiência do método e da facilidade com que os dados podem ser registrados pelos esquemas de codificação. Educadores infantis e outros prestadores de cuidados à criança podem não ter a necessidade de reunir dados para projetos de pesquisa formal, assim limitando a alguns leitores a utilidade do aprendizado sobre amostragem por tempo em um contexto de pesquisa. No entanto, é possível que venham a saber sobre os propósitos variados para os quais essa técnica pode ser utilizada, resultando em outros usos criativos de seu formato.

Outra vantagem do método de amostragem por tempo é sua capacidade de combinar várias técnicas diferentes ao registro-codificação e descrição narrativa, por exemplo. Isso permite que o observador use duas redes diferentes; uma rede pega tipos limitados de dados (se o comportamento ocorrer), e a outra rede captura os detalhes do contexto e do comportamento. Pode-se também utilizar somente a amostragem por eventos ou outra forma de descrição narrativa.

Desvantagens

Essa última vantagem é importante, pois ela também aponta uma desvantagem significativa em relação ao formato de amostragem por tempo que usa apenas esquemas de codificação. Esquemas de codificação não capturam os detalhes do contexto, o modo como são os comportamentos, como a sequência de comportamento acaba, como os comportamentos mudam com o tempo ou como os comportamentos estão relacionados uns com os outros (Wright, 1960; Irwin e Bushnell, 1980). Brandt (1972) enfatiza esses mesmos pontos negativos quando observa que as amostras por tempo não têm a continuidade das amostras por eventos nem registram todos os detalhes do contexto comportamental capturados por estas. A partir dessa perspectiva, a amostragem por tempo é usada principalmente para medir a frequência de comportamentos.

A frequência de ocorrência de determinado comportamento é, no entanto, fator limitante. Comportamentos não são exibidos com a mesma frequência, nem todos eles ocorrem com grande frequência. Não faz sentido registrar a cada 15 segundos se um comportamento em particular ocorreu quando, na verdade, ele ocorre a cada 28 minutos em média. Gander e

Gardner (1981) abordam esse problema ao relacionarem a frequência do comportamento com as decisões relativas à duração dos períodos de observação e o tempo dos intervalos de registro. Caso se espere que um comportamento ocorra com bastante frequência, pode fazer sentido reservar vários períodos para observar e registrar, e especificar intervalos de registro relativamente frequentes e curtos. Gander e Gardner usam o exemplo de interação social de uma criança e sugerem: "você pode optar por observar em três sessões de 5 minutos com intervalos de 5 minutos e notar se seu comportamento-alvo ocorre a cada 15 segundos" (p. 452). Esse procedimento pressupõe que as interações sociais ocorrem com frequência suficiente para justificar a divisão dos intervalos de registros em segmentos bem pequenos. Daí resulta que os intervalos de registro mais longos devem ser adotados quando o comportamento de interesse ocorrer com menos frequência. Porém, como Gander e Gardner destacam, essas decisões exigem "um pouco de experiência". Essas decisões podem também depender de o observador fazer algumas observações preliminares para determinar a frequência dos comportamentos. Mais uma vez, Irwin e Bushnell (1980) indicam que, para a amostragem por tempo ser um método eficaz, um comportamento deve ocorrer, pelo menos, uma vez a cada 15 minutos em média.

A amostragem por tempo não trata do comportamento como ele naturalmente ocorre. Ao usar unidades predefinidas e restritas de tempo, é inevitável que a duração natural da ocorrência dos comportamentos não corresponda exatamente à duração arbitrária dos intervalos de observação e registro. É como se jogasse sua rede sobre todo um cardume de peixes, mas puxasse apenas poucos deles. A partir desse número pequeno de peixes você não é capaz de dizer quase nada sobre os que escaparam. Isso foi tratado como "observação de fragmentos de ação" (Wright, 1960, p. 100). Um problema surge quando esses fragmentos não representam exatamente o que está acontecendo no fluxo maior de comportamento. A seguir, um exemplo.

Você está observando uma sala de aula, assiste a cada criança por 5 segundos e registra em uma folha pré-codificada quaisquer ocorrências de comportamento agressivo. Depois de cada intervalo, você passa para outra criança, repetindo esse procedimento até que todas as crianças tenham sido observadas. O processo é repetido até que se tenha obtido o total de observações predeterminado. Suponha que, enquanto você está dando 5 segundos de sua atenção para Jean, ela grite com Harold: "Saia daqui, você é um menino malvado!". Você decide que esse é um exemplo de agressão verbal e apropriadamente o marca como tal em sua folha de registro. Você, então, passa para a criança seguinte. Pode ter faltado nessa sequência os comportamentos dramáticos anteriores à brincadeira, em que Jean era a "mamãe" e Harold, seu "filho". A "mamãe" estava simplesmente repreendendo o "filho" por mau comportamento, simbolicamente falando. Você também pode ter perdido a resposta de Harold: "Desculpe, mamãe; por favor, não me bata". Neste exemplo, os comentários de Jean, tomados fora do contexto, tiveram uma má interpretação em relação à sequência maior da qual eram uma parte. Este exemplo argumenta sobre a coleta de um número de amostras de tempo que garanta a representatividade e validade de seus dados. Também é possível argumentar que a amostragem por períodos mais longos aumentaria a precisão e a representatividade de seus dados. Porém, se o seus intervalos forem muito longos, você também poderá utilizar a amostragem por eventos, porque estará sacrificando a economia e a eficiência da amostragem por tempo. Observar por, digamos, 5 minutos para garantir a precisão de sua interpretação, mas registrar o comportamento apenas com uma marca, seria de fato desperdício do tempo. No entanto, nosso objetivo aqui é informá-lo sobre as vantagens e desvantagens da amostragem por tempo, e não prescrever precisamente quando você deve ou não usar a técnica e durante quais intervalos. Como acontece em relação a muitas atividades humanas, alguns discernimentos são necessários – e, também, alguns experimentos.

Irwin e Bushnell (1980) também relatam que o uso de categorias predeterminadas podem influenciar o que o observador vê. Como eles dizem, "Você procura coisas que se encaixem nas categorias, em vez de descrever o que está ocorrendo, e o uso de categorias predeterminadas pode fazer com que se ignore os comportamentos que seriam importantes para ajudar a entender o comportamento ou padrão em estudo" (p. 159). Essa desvantagem da amostragem por tempo é encontrada em qualquer método altamente seletivo e fechado.

Um comentário final sobre a amostragem por tempo pode estar relacionado a vantagens ou desvantagens, dependendo de seu ponto de vista. Esquemas de codificação impõem determinados problemas e obrigações ao observador. Examine novamente a Tabela 7.1. As categorias (na verdade, sinais) nesta tabela podem parecer simples, mas sua simplicidade é enganosa. Antes que se possa usar a Tabela 7.1 como técnica de amostragem por tempo, cada um desses sinais tem de ser definido. Como reconhece "curiosidade e experimentação" quando os vê? Como você sabe se as verbalizações de uma criança com sua professora foram confiantes, hesitantes ou choramingos? Estas decisões requerem inferências; além disso, exigem inferências consistentes. É impróprio aceitar um conjunto de comportamentos como verbalmente desordenados e, depois, alguns minutos mais tarde, colocar comportamentos similares em uma categoria diferente. Definir tais categorias descritivas do modo mais preciso possível é um dos pontos fortes do método de amostragem por tempo, mas essa definição exige muito preparo prévio.

Alguns usos e aplicações da amostragem por tempo

Tal como acontece com a nossa apresentação de todos os métodos de registro, os respectivos usos para esses métodos em geral podem ser adquiridos a partir do texto explicativo. Nesta seção, nós simplesmente destacamos alguns desses usos, como forma de enfatizar sua conveniência e seu esclarecimento. Comecemos com a Tabela 7.4, que ilustra como uma amostragem por tempo completa pode ser; ela também sugere vários usos para os dados da amostra por tempo que vamos explorar brevemente.

Talvez duas das melhores dicas para lhe ajudar a decidir quando usar a amostragem por tempo estejam na adequação eminente à *coleta eficiente de dados representativos* sobre crianças – as duas dicas são "eficiente" e "representativo". A Tabela 7.4 ilustra muito bem a eficiência desse método e, pelo menos implicitamente, o caráter representativo das informações que ela registra. É de se esperar que um comportamento social e de brincadeira ocorra com frequência em uma creche, condição necessária para o uso da amostragem por tempo. A Tabela 7.4 limita a oito o número de intervalos de um minuto de registro, mas essa é uma limitação fictícia que não precisa ser seguida em uma sessão de observação da vida real. Se havia 15 crianças nessa creche, ao simplesmente aumentar o tamanho da folha de registro para sete intervalos (colunas), você poderá observar todas as crianças em aproximadamente 15 minutos. Se forem repetidas essas sessões um número razoável de vezes, você poderá estar confiante de que os comportamentos sociais e de brincadeira amostrados serão representativos daqueles que não foram amostrados.

Tabela 7.4 Exemplo de um registro de amostragem por tempo hipotético do comportamento social e de brincadeira								
Comportamento	Intervalos							
	1	2	3	4	5	6	7	8
Coopera bem com outras crianças	①			④				
Não coopera com outras crianças			③					
Exibe comportamento extrovertido e amigável		②						
Exibe comportamento agressivo			③					
Exibe comportamento independente		②						
Exibe comportamento dependente				④				
Inicia a atividade com outras crianças – tem papel de liderança	①							
Assume papel de seguidor				④				
Parece ser apreciado por muitas das outras crianças – é popular	①	②		④				
Não parece ser bem quisto ou popular			③					
	1	2	3	4	5	6	7	8

Crianças observadas
1. Margaret   2. Philip   3. Courtney   4. Patricia

Nota: Os intervalos selecionados foram 30 segundos para observar, 15 segundos para registrar e uma espera de 15 segundos antes de observar a criança seguinte.

Quando esses tipos de dados encontram aplicação útil para a equipe e para os pais? Duas aplicações vêm à mente: (1) determinar qual das categorias de comportamento – agressividade, cooperativismo, simpatia etc. – as crianças exibem com menos ou mais frequência, ou (2) determinar quais crianças são populares ("estrelas sociais") ou impopulares ("isolados sociais"), dependentes ou independentes, líderes ou seguidores, e assim por diante, para todos os comportamentos ou categorias de comportamento que interessam e que você incluir em seu formulário de amostragem por tempo. Naturalmente, o que você vier a fazer com essas informações dependerá de suas circunstâncias e necessidades específicas, mas parece evidente que tais informações poderiam ajudar a equipe a planejar atividades específicas para as crianças, fazer mudanças curriculares mais gerais, ou ainda, implementar estratégias de intervenção para mudar o caráter ou a frequência de certos comportamentos. Tais mudanças podem consistir em diminuir a frequência do comportamento agressivo ou aumentar a frequência do comportamento cooperativo. Esta última aplicação estaria de acordo com a afirmação de Beaty (2002) de que um dos objetivos principais da amostragem por tempo é reunir "dados de referência para modificação do comportamento" (p. 34).

Vejamos a Tabela 7.5 para uma aplicação mais potencial dos dados de amostragem por tempo. Você notará que esse formato de registro indica onde na sala de aula da creche o comportamento está ocorrendo. Como se constata, essa pode ser uma informação muito valiosa.

Tabela 7.5 Amostragem por tempo – Exemplo hipotético representando interações entre três crianças
Nome do observador Estelle Gibbons (Equipe da creche)
Criança / crianças observadas Cassandra, Carla, Michelle
Idade das crianças 4 anos e 8 meses; 4 anos e 9 meses; 4 anos e 6 meses
Sexo das crianças F, F, F
Contexto de observação (casa, creche, escola) Humpty Dumpty Child Care Center
Data da observação 24 de abril de 2008 **Horário de início** 9h05 **Horário de término** 9h55
Breve descrição das características físicas e sociais do cenário de observação
As crianças parecem estar de bom humor hoje, e os professores e auxiliares parecem compartilhar o bom humor. Está chovendo, e sabendo que não poderão sair, as crianças parecem mais interessadas em concentrar sua energia física nas áreas de atividade, que já estão um pouco desorganizadas. O comportamento geral está em contraste radical com o clima emocional de ontem.

Categorias de comportamento	Intervalos							
	1	2	3	4	5	6	7	8
Resposta geral ao cenário	①	②	③	④				
1. Entra no cenário com disposição (especificar quais áreas envolvidas – área dos blocos grandes [ABG], área de leitura [AL] etc.)								
2. Entra relutantemente no cenário	1	1	1	1				
3. Recusa-se a entrar no cenário	ABG	ABG	ABG	APD				
Resposta geral ao ambiente	①	②	③	④				
4. Utiliza equipamentos/materiais livremente	4	4	4	4				
5. Utiliza equipamentos/materiais de forma limitada ou esporádica								
6. Não utiliza equipamentos / materiais								
Resposta geral em relação aos outros	①	②	③	④				
7. Procura estar ou está em contato com os pares	7	7	7	8				
8. Procura estar ou está em contato com adultos								
9. Evita ou interrompe o contato com os pares								
10. Evita ou interrompe contato com adultos								
11. Contato relutante com os pares; o contato carece de motivação ou concentração por parte da criança								
12. Contato relutante com adultos; o contato carece de motivação ou concentração por parte da criança								

Crianças observadas   Legenda
1. Cassandra   ABG – Área dos blocos grandes
2. Carla   AQC – Área do quebra-cabeças
3. Michelle   APD – Área de pintura a dedo

Como será enfatizado mais de uma vez ao longo deste livro, o contexto em que o comportamento ocorrerá é extremamente importante. Todo o comportamento ocorre dentro de um ambiente físico de algum tipo ou condição, e os profissionais provedores de cuidados à criança estão geralmente muito preocupados com a montagem (configuração) das várias áreas na sala de aula e com os equipamentos e materiais que nelas serão contidos. A Tabela 7.5 leva em conta três áreas em nossa creche hipotética: a área de blocos grandes, a área de quebra-cabeças e a área de pintura a dedo. Mesmo que o exemplo anterior esteja longe de ser completo – ele mostra o comportamento de apenas três crianças durante apenas quatro intervalos de tempo –, ainda assim rende algumas informações potencialmente úteis.

Por exemplo, sabemos que Cassandra, Carla e Michelle entram na área dos blocos grandes dispostas, usam os equipamentos e materiais na área livremente e buscam ou estão em contato com os colegas. Cassandra também entra na área de pintura a dedo disposta, mas lá ela procura estar ou está em contato com um adulto. O registro termina aí, por isso não temos como saber o que poderia ter se passado se o registro fosse feito para o oitavo intervalo ou além. No entanto, parece evidente que rastrear mudanças no comportamento infantil enquanto se movimentam de um local para outro é uma aplicação razoável do tipo de informações ilustradas na Tabela 7.5. Assim, fica claro que a eficiência da amostragem por tempo permitiria o rastreamento de comportamento para qualquer número de crianças sem ter que gastar o tempo e a energia exigidos pela descrição narrativa.

Dito isto, no entanto, pedimos para recordar a leitura do Capítulo 6, em que se menciona que a descrição narrativa pode ser usada em combinação com todos os métodos de registro discutidos nesta obra. Isso significa que se poderia completar os dados codificados da amostragem por tempo, como está representado nas tabelas 7.4 e 7.5, com os dados brutos da descrição narrativa, o que daria um retrato mais completo do que realmente ocorreu. Em outras palavras, você usaria duas redes diferentes: uma rede que pega tipos de dados limitados (se o comportamento ocorreu) e a outra rede captura os detalhes do contexto e comportamento (dados brutos). Obviamente, qualquer decisão dependeria, entre outros fatores, de questões como o que quer fazer com os dados ou quantas crianças precisa observar na quantidade de tempo que tem disponível.

Florence e a amostragem por tempo

Seguimos, agora, nossa estudante hipotética chamada Florence e sintonizamos seus processos de pensamento, só que desta vez ela tem mais informações e conhecimentos à disposição do que tinha no Capítulo 6, no qual ela entendia apenas acerca da descrição narrativa. Isso significa que ela pode comparar a descrição narrativa com a amostragem por tempo para determinar qual dos dois métodos será melhor para realizar suas observações. O instrutor de Florence deu a ela a atribuição de observar um grupo de 15 crianças de quatro anos para ver qual dos dois comportamentos ocorreram mais frequentemente durante o tempo de brincadeira livre, cooperação ou agressão. Não demorou muito para Florence perceber que sua decisão seria "óbvia". Aqui está uma pequena amostra de seu raciocínio:

> Vamos ver, eu tenho de observar 15 crianças e procurar apenas dois comportamentos: cooperação e agressão. Bem, usar a descrição narrativa não seria muito apropriado neste caso, porque exige muita escrita e destina-se a tudo o que acontece durante a sessão de observação. Minha tarefa não me obriga a registrar tudo o que as crianças fazem durante a brincadeira livre, apenas se elas estão se comportando de forma cooperativa ou de forma agressiva.

Além disso, reunir descrições narrativas de 15 crianças gastaria muito tempo e esforço desnecessários. Então, parece-me que a amostragem por tempo é a técnica de registro a ser usada para essa tarefa. Agora, como devo fazer?

Bem, antes de tudo, preciso ter certeza de que saberei distinguir cooperação de agressão quando vir esses tipos de comportamento. Isso significa que terei de defini-los de alguma forma. Isso não deve ser muito difícil de fazer. Duas ou mais crianças ajudando umas as outras a alcançar um objetivo comum, como a construção de uma torre de blocos, parece um exemplo razoável de cooperação. Ou uma criança ajudar outra a encontrar um brinquedo, por exemplo, ou ajudar outra criança a colocar seu casaco, também parecem exemplos razoáveis de cooperação. Agressão não deve ser muito difícil de definir. Naturalmente, há agressões físicas e verbais, empurrar ou bater em outra criança seria agressão física, e gritar ou insultar outra criança seria agressão verbal. Eu tenho de manter em mente que a amostragem por tempo não vai me dizer nada sobre o comportamento cooperativo ou agressivo, mas apenas que uma criança em particular tem se comportado de uma dessas duas maneiras. Bem, meu instrutor não disse que eu deveria obter informações além da observação da presença desses dois comportamentos. Então, novamente, se quisesse, eu poderia fazer uma breve descrição desses comportamentos, que seria uma combinação da amostragem por tempo e uma forma modificada de descrição narrativa.

Agora, como faço para registrar as informações de que preciso? Acho que vou rever a Tabela 7.4 do livro *Guia para observação e registro do comportamento infantil*. Vou manter as categorias de comportamento relevantes e talvez acrescentar mais algumas. Vou precisar de 15 colunas no formulário de amostragem por tempo que corresponderão a todas as 15 crianças da sala de aula. Vou atribuir um número para cada criança, e se a criança que estiver observando em determinado momento apresentar comportamento cooperativo ou agressivo, vou inserir o número na caixa apropriada e circulá-lo de modo a saber que esse número identifica a criança observada. Espere um minuto! E se a criança que eu estiver observando não exibir o comportamento cooperativo ou agressivo? Já sei, vou adicionar uma categoria chamada "Outros" e vou lançar o número dessa criança nessa terceira categoria. Pelo que li no texto, observar por 10 segundos, registrar por 10 segundos e esperar 40 segundos antes de passar para a próxima criança parece ser uma boa maneira de começar. Bem, acho que está tudo pronto.

Resumo

O método de amostragem por tempo tem duas características distintivas. Por meio dele observam-se e registram-se amostras selecionadas do comportamento de uma criança e o fazem apenas durante intervalos de tempo predeterminados. A amostragem por tempo visa obter amostras representativas de comportamento. Para alcançar esse objetivo, tem de ser observado um número suficientemente grande de intervalos para capturar a qualidade típica do fluxo de comportamento a partir da qual a amostra é colhida.

As variações do método de amostragem por tempo são numerosas. Apesar de os esquemas de codificação serem normalmente utilizados com este método, a descrição narrativa também pode ser combinada com esses esquemas. Existem dois tipos gerais de esquemas de codificação: sistemas de categorias e sistemas de sinais. Um sistema de codificação de sinais requer categorias mutuamente exclusivas de comportamento. Nenhum comportamento pode ser incluído em mais de uma categoria. Um sistema de categorias requer categorias mutuamente exclusivas e exaustivas. As categorias devem incluir a gama total de comportamentos.

A amostragem por tempo varia de acordo com a dimensão de abertura e fechamento. Se apenas os esquemas de codificação forem utilizados, o método será fechado, se combinado com a descrição narrativa, será aberto. O método é muito seletivo e registra somente comportamentos específicos. Requer inferências no momento do registro inicial; uma decisão deve ser tomada a respeito do registro de um comportamento particular. Além disso, inferências podem também ser necessárias depois que os dados forem coletados, dependendo de seu propósito.

A amostragem por tempo é econômica em termos de tempo e esforço. Ela regula precisamente o conteúdo da observação e a quantidade de tempo pelo qual se observa. Uma desvantagem importante da amostragem por tempo é que ela não captura os detalhes de comportamento e do contexto. Também não é um método útil para registrar comportamentos pouco frequentes. A medida necessária de preparo para definir as categorias comportamentais utilizadas no esquema de codificação pode ser uma vantagem ou uma desvantagem, dependendo de seu ponto de vista e do quão hábil será na definição dessas categorias comportamentais.

A Tabela 7.4 oferece outro exemplo de como uma amostra por tempo pode se configurar quando concluída, bem como ilustra o conceito básico da amostra por tempo. Cada criança é arbitrariamente numerada, o que a identifica como objeto de observação durante todo o período determinado. Esses números são circulados com o único objetivo de identificar cada criança. Novamente, recomendamos essa prática como padrão caso você use um formato de amostra por tempo em que os números também sejam usados para identificar comportamentos, habilidades, e assim por diante.

Na Tabela 7.4, 30 segundos são atribuídos à observação. Esse tempo deve fornecer ampla oportunidade de avaliar (interpretar) se determinado comportamento se encaixa em alguma das descrições usadas em seu instrumento de amostragem por tempo. Também é possível, ou mesmo provável, que o comportamento de uma criança se encaixe em mais de uma categoria descritiva durante determinado intervalo, exigindo, assim, tempo adicional para fazer a anotação das outras categorias.

Questões para estudo

1. O que significa dizer que uma amostra de comportamento é representativa? Por que a representatividade é um problema em potencial na amostragem por tempo? Como este problema pode ser resolvido ou pelo menos minimizado?
2. O que é um sistema de codificação? Quando é necessário um sistema de codificação na amostragem por tempo?
3. Descreva um exemplo de um sistema de codificação. Quais são suas características?
4. O que faz da amostragem por tempo um método fechado e altamente seletivo? Quando é possível a amostragem por tempo não ser fechada?
5. Por que a inferência é necessária na amostragem por tempo? Quando isso ocorre?
6. Descreva as duas aplicações de dados obtidos por meio de amostra por tempo, discutidas no texto.

Exercício prático

Este exercício é relativamente simples. Vamos pedir que você simplesmente repita a tarefa de Florence e construa uma folha de amostragem por tempo que seria adequada para registro de casos de comportamento agressivo e cooperativo em um grupo de crianças de quatro anos e, depois, determine qual desses dois comportamentos ocorreu com mais frequência. Você poderá seguir a ideia de Florence quanto à modificação da Tabela 7.4 ou poderá construir um formato de amostra por tempo totalmente diferente.

Amostragem por evento

Objetivos

Depois de ler este capítulo, você deverá ser capaz de:
- Examinar as diferenças e semelhanças entre a amostragem por tempo e amostragem por evento.
- Identificar comportamentos que podem constituir um evento.
- Identificar os procedimentos para registrar um evento.
- Identificar as características da amostragem por evento em relação às dimensões de abertura *versus* fechamento, grau de seletividade e grau de inferência exigido.
- Analisar as vantagens e desvantagens da amostragem por evento.

Termos-chave

Amostragem por evento; evento.

Descrição geral

A **amostragem por evento** é o último método formal de observação a ser discutido. Assim como a palavra *tempo* é essencial para a amostragem por tempo, a palavra **evento** é essencial para a amostragem por evento. Embora ambos os métodos usem a palavra *amostragem*, seus procedimentos e resultados são geralmente bastante diferentes.

A noção de um evento não é difícil de entender, assim como a noção de amostragem por evento. A vida é um fluxo contínuo de eventos; um evento de algum tipo ou de outro está ocorrendo a cada segundo de cada dia. Pelo menos, é assim que os eventos podem ser conceituados. Em outras palavras, um evento é essencialmente qualquer coisa que ocorre em algum lugar no mundo real. Alguns eventos são observados de um modo particular, ao passo que outros passam despercebidos ou podem não ser notados ou observados no curso normal das coisas; por exemplo, vários tipos de radiações eletromagnéticas (raios X, raios gama), as ondas sonoras que não estão dentro do âmbito da audição, e assim por diante.

Como técnica de registro formal, a amostragem por evento simplesmente aproveita a ocorrência generalizada de eventos, definindo quais eventos específicos são de interesse e esperando até que eles ocorram no ambiente de observação. No contexto de observação de crianças, os eventos são comportamentos que podem ser colocados em categorias especiais. Por exemplo, uma briga é um evento composto por comportamentos observáveis específicos, como falar alto, mostrar certos tipos de expressões faciais ou discutir sobre a posse de um brinquedo. Você observa duas crianças exibindo determinados comportamentos e deve decidir se esses comportamentos pertencem à categoria rotulada "brigas". Dito de outra maneira, esses comportamentos representam o evento chamado briga?

Lembre-se que na amostragem por tempo, comportamentos pré-selecionados são os alvos de observação e registro. No entanto, a forma como se destaca qualquer caso registrado desses comportamentos não depende apenas se eles ocorrem, mas também se eles ocorrem dentro de intervalos específicos. Assim pode-se entender que os métodos de amostragem por tempo tomam duas amostras diferentes do fluxo do comportamento da criança: (1) segmentos de tempo especificamente definidos e (2) comportamentos especificamente definidos. A condição limitante aqui é que estas duas amostras devem ocorrer ao mesmo tempo. O comportamento determinado deve ser exibido em algum momento durante o intervalo selecionado; caso contrário, o comportamento passa despercebido ou não é registrado porque não ocorreu no momento adequado.

A amostragem por evento difere da amostragem por tempo, pois é preciso apenas uma amostra do fluxo de comportamento da criança, ou seja, comportamentos ou eventos especificamente definidos. Os eventos são comportamentos que podem ser colocados em categorias específicas. Por exemplo, brigas, como afirmado anteriormente, podem ser um evento. Você observa duas crianças exibindo certos comportamentos e deve decidir se esses comportamentos pertencem à categoria denominada "brigas". O evento deve ter características específicas se tiver de ser rotulado como tal.

A amostragem por evento parece simples. Você seleciona um evento para observação, seja briga, interação social ou comportamento de dependência. Novamente, define o evento em termos dos comportamentos que serão aceitos como exemplos desse evento. Você se posiciona no cenário de observação onde as crianças possam ser vistas e espera que o evento ocorra (veja a Tabela 8.1). Quando isso acontecer, pode-se fazer uma das três coisas. Goodwin e Driscoll (1980) resumem a técnica de registro utilizada com amostragem por evento como a codificação imediata da ocorrência de determinados eventos. No entanto, Lay-Dopyera e Dopyera (1982) e Gander e Gardner (1981) escrevem sobre descrever o evento em detalhes. Como Gander e Gardner dizem: "Você deve registrar toda a sequência do comportamento, do começo ao fim, em tantos detalhes quanto possível para fornecer um conteúdo rico em informações para uso em inferências" (p. 453). Portanto, poderá escolher (1) um esquema de codificação, (2) uma descrição narrativa ou (3) uma combinação destes dois. A discussão anterior sobre esquemas de codificação em amostragem por tempo também se aplica à amostragem por evento. Ao usar a descrição narrativa, irá observar e registrar enquanto o evento durar. (Note como isso difere da amostragem por tempo, onde a observação e a gravação são limitadas a períodos predeterminados.) A Tabela 8.1 ilustra uma amostra por evento.

Apenas a título de informação, a amostragem por evento é semelhante em alguns aspectos à amostragem por tempo. Consulte o Capítulo 7, Tabela 7.1, por exemplo. Cada uma das categorias comportamentais representa um evento e você registra se o evento ocorreu. Você já sabe quais as duas condições que devem estar presentes para que a amostragem por tempo funcione. No entanto, também é característico da amostragem por tempo o fato de que, muitas vezes, nenhuma descrição do comportamento é registrada, apenas se a criança exibiu o comportamento de interesse. Correndo o risco de confundi-lo, você percebe como uma amostra por tempo é, em alguns casos, muito parecida com uma lista de verificação? Note, no entanto, que as listas tratam em geral apenas do caso de um comportamento ter ocorrido, não de quando ele ocorreu.

A amostragem por evento, por outro lado, é muito parecida com a descrição narrativa, exceto que a amostra por evento ignora qualquer comportamento que não se encaixe na definição do evento em particular. A descrição narrativa registra tudo, sem considerar em qual categoria específica o comportamento poderá ser inserido. Vale repetir que, diferentemente da amostragem por tempo, a amostragem por evento não considera o momento em que o comportamento ocorre; não está limitada pelo registro somente de comportamentos que ocorrem durante intervalos predeterminados.

Tabela 8.1 Amostragem por evento: comportamento social de duas crianças hipotéticas durante a brincadeira livre
Nome da observadora Susan Carroll
Criança/crianças observadas Francesca, Harold
Idade da(s) criança(s) 4 anos; 4 anos e 2 meses **Sexo da(s) criança(s)** Feminino, Masculino
Contexto de observação (casa, creche, escola, pré-escola) Children' Delight Child Care Center
Data da observação 13 de outubro de 2008 **Horário de início** 9h20 **Horário de término** 9h30
Breve descrição do cenário físico e social
Todos parecem estar especialmente ativos; o humor das crianças é otimista. Está chovendo, e as crianças foram informadas de que não haverá atividades ao ar livre hoje, mas ninguém parece se importar em ter de ficar na sala. Há muita interação entre elas, o que torna este um bom momento para observar seus comportamentos sociais.
Descrições comportamentais objetivas (DCOs) e interpretações: Amostragem por evento
DCO 1: [Horário de início 9h20 **Horário de término** 9h24]
Francesca e Harold se encontram e vão até a mesa de areia. Eles estão conversando. Harold diz: "Vamos brincar de construtor e eu sou o chefe". Francesca responde: "OK, mas eu quero dirigir o caminhão, porque minha mãe disse que as meninas podem dirigir caminhões tão bem quanto os meninos". Harold franze a testa brevemente e então responde: "OK, se você dirigir o caminhão pequeno e eu dirigir o grande. Você tem que ser forte para dirigir um caminhão grande, e os meninos são mais fortes que as meninas". Francesca não responde nada enquanto pega o caminhão pequeno e "dirige" sobre alguns pedaços de madeira que aparentemente servem como uma estrada na areia. Harold pega o caminhão grande e também começa a dirigir, quando de repente derruba o caminhão e diz para Francesca: "Vamos fazer pintura a dedo". Francesca balança a cabeça e o segue para a área de pintura a dedo.

Tabela 8.1 Amostragem por evento: comportamento social de duas crianças hipotéticas durante a brincadeira livre (*continuação*)
Interpretação 1:
As habilidades de linguagem de ambas as crianças são muito bem desenvolvidas. Suas sentenças são completas, bem formadas e elas expressam claramente seus pensamentos. Harold rapidamente assume um papel de liderança quando sugere que eles brinquem de "construtor". Embora Francesca concorde, ela não tem medo de expressar sua opinião sobre garotas que dirigem caminhões. Harold não faz qualquer objeção sobre o fato de Francesca querer dirigir, mas novamente afirma seu papel de liderança, primeiramente, ao insistir para que ela dirija o caminhão pequeno, porque ela não seria forte o suficiente para conduzir caminhão grande, e, depois, ao sugerir uma mudança de atividade. Francesca parece muito conformada com as instruções de Harold, embora não seja excessivamente condescendente. Talvez sua atitude e resposta positivas sejam resultado do tom de voz e atitude não agressiva e amigável de Harold – ele não parece ser "mandão".
DCO 2: [Horário de início 9h26 **Horário de término** 9h30]
Francesca corre à frente de Harold para a área de pintura a dedo. Ela pega um avental de plástico no cabideiro e o dá para Harold. Harold diz: "Obrigado" e o veste. Francesca pega um avental, veste e diz: "Vamos pintar um quadro juntos. Vamos pintar um lago com alguns barcos. OK?" Harold não responde à sugestão, em vez disso, ele vira a cabeça para um lado e diz: "Você fica engraçada de avental". Ela ri e diz: "Você também". Ambos riem, em seguida vão para o cavalete com um papel em branco grande preso a ele. Antes de começarem a pintar, Harold diz: "Eu tenho que ir ao banheiro. Volto já". Francesca espera por cerca de 30 segundos, em seguida, tira o avental e vai até a área dos blocos grandes onde várias crianças estão brincando.
Interpretação 2:
Acho interessante que dessa vez Francesca pareça tomar a iniciativa de liderança ao chegar à área de pintura a dedo à frente de Harold e de sugerir um tema para sua pintura. Mais uma vez, no entanto, me pergunto se Harold tenta diminuir os esforços de liderança dela por não responder à sugestão, mas comentar como ela fica "engraçada" com o avental. De sua parte, Francesca responde positivamente à observação de Harold e replica seu comentário, dizendo que ele também fica engraçado de avental. Harold responde positivamente à réplica de Francesca. O fato de ela não esperar Harold voltar do banheiro, possivelmente, poderia ser interpretado como um sinal de independência.

Aberta *versus* fechada

Tanto Wright (1960) como Goodwin e Driscoll (1980) classificam a amostragem por evento como um método fechado. Para os nossos propósitos, porém, ela pode ser aberta ou fechada. Se for incluída uma descrição narrativa detalhada, serão preservados os dados brutos, cumprindo assim com os requisitos de abertura. Se apenas esquemas de codificação forem utilizados, o método será fechado.

Grau de seletividade

Há um alto grau de seletividade, pois apenas eventos específicos são escolhidos previamente e, depois, observados e registrados.

Grau de inferência exigido

O grau de inferência inicial é alto, assim como no método de amostragem por tempo. Lembre-se que uma inferência é qualquer decisão sobre correspondência de um comportamento ou conjunto de comportamentos a uma categoria em particular. O caso de Ralph estar agarrado à mão da professora pertence à categoria "dependência emocional"? Lembre-se também que mesmo a mais simples das inferências não dispensa explicações. É preciso reconhecer o comportamento de agarrar-se e saber ou decidir se ele é um elemento preciso ou adequado de dependência emocional.

Vantagens

A amostragem por evento compartilha algumas das vantagens tanto da descrição narrativa como da amostragem por tempo. A possibilidade de descrições ricas e detalhadas de comportamento e de seu contexto é uma vantagem deste método, assim como da descrição narrativa. A amostragem por evento também pode ser muito prática; é um método muito adequado para a observação de comportamentos que ocorrem com frequência. É claro que o observador ocasional pode achar isso particularmente vantajoso, pois os comportamentos frequentes ocorrem também nos períodos ocasionais de observação. Consequentemente, professores ou outras pessoas que estão no cenário de observação com frequência e por períodos relativamente longos também acharão a amostragem por evento um método útil.

Wright (1960) aponta que a amostragem por evento "estrutura o campo de observação em unidades naturais de comportamento e situação" (p. 107). Essas "unidades naturais" permitem que se estudem as relações entre comportamento e contexto. A descrição narrativa faz a mesma coisa, mas ela capta tudo no fluxo de comportamento. Portanto, episódios de comportamento específicos – as unidades naturais de comportamento – têm de ser adquiridos a partir do conjunto maior de informações. Apesar de a amostragem por evento lidar com unidades naturais de comportamento, ela é limitada, pois rompe a continuidade do comportamento. Como resultado, a incapacidade da amostragem por evento em preservar grandes segmentos do fluxo de comportamento pode ser considerada uma desvantagem.

A vantagem final da amostragem por evento é que ela pode combinar descrição narrativa e esquemas de codificação, ganhando assim a eficiência da codificação imediata e a integralidade da descrição narrativa. Como os eventos são padrões predefinidos de comportamentos, pode-se usar um esquema de codificação, como uma lista de verificação, para registrar características do contexto previsivelmente relacionadas ao evento. Por exemplo, em um ambiente pré-escolar, vários locais dentro da sala (por exemplo, área dos blocos grandes, área de encenação), os tipos de equipamentos e materiais (tintas, lápis, quebra-cabeças, triciclos, entre outros), a atividade oficial e as crianças e os adultos presentes no momento em que o evento ocorre podem ser enumeradas para fácil verificação e codificação. A descrição narrativa pode ser estruturada em torno de questões que se relacionam diretamente ao evento em particular. Intercâmbios sociais positivos, por exemplo, têm certos comportamentos associados a eles. Portanto, você pode estar preparado para registrar informações sobre o que as crianças disserem durante o episódio social, as ações físicas que a criança realizar (abraçar, sorrir, dar um brinquedo) e o que preceder imediatamente o comportamento social ou o resultado do evento (adaptado de Wright, 1960).

Desvantagens

Algumas das desvantagens da amostragem por evento já foram mencionadas. A desvantagem mais notável é sua inadequação ao estudo de comportamentos que raramente ocorrem. Entretanto, esta limitação também se aplica à amostragem por tempo. Além disso, se todos os detalhes do comportamento e do contexto são desejáveis ou necessários, a amostragem por evento pode não ser o método apropriado. A palavra-chave aqui é *total*. Tenha em mente uma diferença essencial entre a amostragem por evento e a descrição narrativa: a amostragem por evento desconsidera os comportamentos e contextos que vieram antes e depois do evento pré-selecionado. (Lembre-se que isso também é verdadeiro na amostra por tempo.) Se aderir a este requisito rigorosamente, é possível que possa interpretar mal um evento/episódio comportamental, por não ter registrado alguns comportamentos cruciais que vieram antes ou depois do evento. Por exemplo, se você quiser observar e registrar eventos agressivos, e vir Billy, de quatro anos, empurrar Hector, saiba que este evento pode ser o resultado de uma decisão mútua entre eles de fingirem ser lutadores profissionais, e não um verdadeiro exemplo de comportamento agressivo.

Algumas aplicações da amostragem por evento

Em primeiro lugar, diretrizes gerais

Vamos primeiro começar com algumas diretrizes para formar suas decisões a respeito de quando usar a amostra por evento ou, nessa questão, qualquer outro método de registro: a princípio, considere a maneira como a amostragem por evento é semelhante, ou especialmente compatível, com outros métodos de registro. E depois, com base em seus objetivos de observação, decida qual método de registro melhor atenderá a esses objetivos, considerando coisas como tempo, esforço e integridade de dados, entre outras variáveis possíveis. Por exemplo, deixando de lado o cronograma altamente estruturado que a amostragem por tempo exige, a amostragem por evento difere basicamente da amostragem por tempo em relação à quantidade de dados brutos que se pode obter com o primeiro, mas não com o último. Se descrições detalhadas do comportamento e do contexto são importantes para seu objetivo, então a amostragem por evento é o método mais produtivo a utilizar. Caso contrário, você pode querer considerar a amostragem por tempo ou até mesmo a lista de verificação como alternativas viáveis.

Um segundo tipo de evento: o evento "espaço/equipamento"

Nesta – esperamos que não inoportuna – conjuntura, queremos introduzir outra definição de *evento* que, na verdade, está contida na definição padrão discutida anteriormente. Esta segunda definição fornecerá outro uso vantajoso da amostragem por evento. Um ambiente físico de um tipo ou de outro é parte do currículo da primeira infância de qualquer pessoa; é um contexto inevitável para todo e qualquer comportamento. Como o espaço e os equipamentos são utilizados – como eles afetam o comportamento das crianças – é uma preocupação contínua dos profissionais prestadores de cuidados infantis. Dois fatores básicos operam aqui: (1)

espaço e materiais (equipamentos) seriam irrelevantes além das crianças que ocupam esse espaço e utilizam esses materiais e, (2) como já foi dito, espaço e vários tipos de equipamentos e materiais são o contexto necessário dentro do qual todos os comportamentos ocorrem.

Dada a importância do espaço físico e dos materiais, e como nenhum comportamento pode ocorrer fora ou independentemente de um ambiente físico de algum tipo e alguma descrição, faz sentido definir as áreas específicas de uma sala de educação infantil ou creche como um evento e registrar os comportamentos que ocorrem "dentro" desse evento. Por exemplo, sob esta definição, a área de blocos grandes é um evento, e você poderá registrar todos os comportamentos que as crianças apresentem nesse local. Isso significa que você não estaria limitado à seleção de apenas um evento comportamental, tais como linguagem ou comportamento motor, o que essencialmente teria de fazer para ser fiel a nossa definição original. Com o nosso evento alternativo, é *onde* ocorrem os comportamentos que estabelecem os limites de sua observação, e não apenas os próprios comportamentos.

Várias coisas podem ser feitas ao adotar esta estratégia. A amostragem por evento pode dizer *com que frequência*, digamos, a área de blocos grandes foi utilizada no curso de determinado período. Você pode obter informações valiosas sobre *como as crianças usaram* essa área da sala de aula. Por exemplo, você pode observar que quando Betsy e Samantha entram na área dos blocos grandes, elas em geral só conversam e raramente brincam com os blocos. Em comparação, pode descobrir que Bruce e Chester dificilmente conversam nessa área, mas de imediato se ocupam de empilhar blocos, construir uma estrada imaginária para seus caminhões, e assim por diante. Por fim, saberá *quais crianças* utilizam a área dos blocos grandes com mais ou menos frequência.

Não é difícil entender como seria usado esse tipo de informação. Por exemplo, se algumas das crianças raramente vão às áreas da sala de aula que exigem atividade física vigorosa, mas escolhem as atividades mais sedentárias, você pode elaborar formas de incentivar as crianças menos ativas a brincar mais vigorosamente em lugares como a área dos blocos grandes. Ou se em suas observações de determinado evento de espaço/equipamento descobrir que quase ninguém usa essa área, isso pode ser um incentivo para "eliminar esse evento" e substituí-lo por um que terá mais uso ou, como citamos a seguir, para tentar motivar as crianças a usarem o espaço com mais frequência.

A relação entre os nossos dois tipos de eventos

Nós não queremos deixar esta discussão sobre uma segunda espécie ou definição de evento sem lhe ajudar a entender que estão intrinsecamente relacionadas. Como já dissemos, cada observação e registro do comportamento de uma criança tem de ocorrer dentro de um evento de espaço/equipamento – nosso ambiente físico é inevitável. Consequentemente, se for selecionado o comportamento de fala de uma criança como o evento de interesse, o local onde Rebecca pronunciará sua fala não terá consequências no formato tradicional do evento; ela tem de estar em um lugar ou outro sempre que falar. No entanto, se *estiver* interessado no local onde Rebecca fala mais, então observar e registrar a ocorrência da fala dela em vários lugares na sala de aula dará essa informação. É claro que presumimos que tenha uma razão válida para querer esse tipo de informação, o que é uma decisão que só você pode tomar. Também tenha em mente que *um espaço físico e seus equipamentos e materiais tornam-se um evento apenas se e quando o comportamento estiver ocorrendo ali*. Isto faz sentido, porque seria inútil observar uma área da sala ou da creche se dentro deste local não houvesse ninguém.

Aplicações sugeridas para a amostragem por evento

Jalongo e Isenberg (2000) são bastante gerais e um pouco limitados nos usos sugeridos para a amostragem por evento: "muitas vezes utilizada para obter dados de referência, informações sobre a frequência com que um comportamento em particular ocorre antes de uma estratégia de intervenção (por exemplo: uma criança que chora quando vai à creche)" (p. 292). Beaty (2002) não é mais liberal em suas recomendações. Ela cita duas finalidades básicas da amostragem por evento: "para dados de referência de modificação de comportamento; para pesquisa do desenvolvimento infantil" (p. 34). Não estamos refutando as recomendações desses autores quanto ao uso da amostragem por evento, mas nós respeitosamente refutamos a conclusão de que a amostragem por evento seja adequada apenas, ou principalmente, para a coleta de dados de referência. No entanto, vamos tratar da amostragem por evento e dos dados de referência.

Dados de referência

Dados de referência são normalmente utilizados com a finalidade de desenvolver estratégias para mudança de comportamento de alguma forma – aumentar ou diminuir a frequência de um comportamento, por exemplo. Ao usar o significado original ou alternativo de *evento*, ou ambos, dependendo das circunstâncias, poderia-se recolher dados de referência para fins como a redução da frequência do comportamento agressivo de uma criança em especial, aumentando a frequência de suas interações sociais ou motivando-a a usar uma determinada área da sala de aula e envolver-se nas atividades típicas daquela área.

Voltemos a nosso exemplo anterior de Betsy e Samantha na área dos blocos grandes, onde elas mais conversam do que brincam. Uma série de amostras de comportamentos dessas duas crianças nessa área (definição de um evento de espaço/equipamento) pode dar informações básicas sobre exatamente com que frequência elas usam a área dos blocos grandes para sua finalidade original. Se elas quase nunca brincam com os blocos, e se achar que é desejável que o façam, pode-se tentar motivá-las, talvez chamando outras crianças para se juntar a elas ou estimulando sua curiosidade ao perguntar que tipo de coisas elas poderiam construir com os blocos. Então, você provavelmente faria outra série de amostras do evento para determinar se sua estratégia de intervenção, de fato, aumentou a frequência do comportamento de brincadeira com blocos.

Florence e a amostragem por evento

Estamos de volta com nossa estudante hipotética chamada Florence, que nesta tarefa, tem as informações e o conhecimento a respeito de três técnicas de registro diferentes: a descrição narrativa, a amostragem por tempo e a amostragem por evento. Seu instrutor quer que observe crianças de cinco anos e recolha informações sobre como elas se comunicam umas com as outras durante a brincadeira cooperativa – isto é, como elas usam a linguagem nessa situação. Ela deve decidir qual das três técnicas de registro seria mais útil para realizar a tarefa. Vamos ver como pode pensar ao tomar sua decisão:

Eu tenho que observar a linguagem de crianças de cinco anos durante a brincadeira cooperativa. Bem, acho que por definição, brincadeira cooperativa requer um pouco de comunicação se elas quiserem atingir uma meta especial durante a brincadeira. Acho que posso descartar a amostragem por tempo como minha técnica de escolha, pois ela não me daria nenhuma informação sobre a qualidade ou característica de linguagem. A descrição narrativa certamente me daria mais detalhes para realizar a tarefa, mas, se bem me lembro, a rigor, a descrição narrativa não está preocupada com o que as crianças estão fazendo na hora em que estiver observando e registrando o comportamento. Ela pretende coletar informações independentemente da ocorrência de determinado comportamento. Acho que se poderia dizer que, neste caso, a descrição narrativa não é seletiva o bastante para que me concentre em um comportamento de linguagem durante a brincadeira cooperativa. Claro que, se por acaso eu só observar as crianças envolvidas na brincadeira cooperativa e registrar seus comportamentos usando a descrição narrativa, seria capaz de realizar a tarefa. Mas espere um pouco. A amostragem por evento me dá o máximo de informações detalhadas assim como a descrição narrativa, e eu não tenho de gastar tempo e esforço para registrar comportamentos que não são relevantes para meu trabalho. Claro, se esperar até ver a brincadeira cooperativa e depois registrar o comportamento de linguagem das crianças envolvidas, realmente estarei usando a amostragem por evento, e não a descrição narrativa. Então, parece óbvio que a amostragem por evento deverá ser a técnica de registro de minha escolha.

Resumo

A amostragem por evento difere da amostragem por tempo, pois leva em conta comportamentos ou eventos especificamente definidos do fluxo de comportamento da criança, mas não trata de quando os comportamentos ocorrem ou da duração do período de registro. Dois tipos de eventos são discutidos neste capítulo. O tipo mais convencional de evento é definido como comportamentos que podem ser colocados em determinadas categorias; por exemplo, falar alto e certas expressões faciais poderiam ser inseridos na categoria "brigas", que constitui um evento. Este deve ser cuidadosamente definido antes do início da observação. O segundo tipo de evento realmente deriva, ou está implícito, no primeiro e recebe o nome "evento de espaço/equipamento". Isto significa simplesmente que as áreas específicas na sala de aula onde os comportamentos são observados constituem um evento. Diferente da amostragem por evento tradicional, você observa e registra todos os comportamentos que ocorrem nesse local. É o espaço físico e os equipamentos e materiais que ele contém que estabelecem as fronteiras e a identidade do evento comportamental. ("Locais específicos" são lugares como a área dos blocos grandes, a área de quebra-cabeças, a área de brincadeiras livres e a área de pintura a dedo.)

A amostragem por evento pode ser definida como aberta ou fechada, dependendo do caso de ser usada em combinação com a descrição narrativa ou com esquemas de codificação. Uma combinação de ambos também é possível. Esse método é altamente seletivo, e o grau de inferência inicial é alto.

A amostragem por evento compartilha algumas das vantagens tanto da descrição narrativa como da amostragem por tempo. Existe a possibilidade de descrições detalhadas de comportamento e do uso de esquemas de codificação eficientes. Comportamentos que ocorrem ocasionalmente podem ser alvos adequados para a amostragem por evento se estiver no cenário com frequência ou por períodos relativamente longos. Há a desvantagem de que, apesar de a amostragem por evento registrar detalhes do comportamento e do contexto, ela ainda quebra a continuidade geral que caracteriza todos os comportamentos.

Questões para estudo

1. No que a amostragem por tempo e a amostragem por evento se assemelham? Quais são algumas de suas diferenças importantes?
2. O que é um evento? Dê dois exemplos de eventos e identifique alguns dos comportamentos que compõem cada evento.
3. Descreva como pode se preparar e realizar uma sessão de observação utilizando o método de amostragem por evento.
4. Compare a descrição narrativa e a amostragem por evento. Em que esses métodos se assemelham e como eles diferem?
5. Sob quais circunstâncias você utilizaria a amostragem por evento em vez de outro método?

Exercício prático

Como já se sabe, a amostragem por evento é realmente bastante semelhante à descrição narrativa. A principal diferença é que a amostragem por evento se concentra exclusivamente em determinado comportamento ou padrão de comportamento – um evento – e não trata do que vem antes ou depois desse evento. Dito de outra forma, a amostragem por evento é mais seletiva que a descrição narrativa, mesmo que as informações colhidas sejam tão ricas e detalhadas como na descrição narrativa.

O objetivo deste exercício é ilustrar a vantagem de usar a amostragem por evento (ou, inversamente, a desvantagem do uso da descrição narrativa) para registrar apenas comportamentos específicos ou padrões de comportamento (eventos) que são de seu interesse. Este exercício também irá apoiar a nossa afirmação anterior de que podemos justificadamente chamar a descrição narrativa de "rainha" das técnicas de registro. Este apoio se constituirá do fato de que eventos específicos são incorporados a quase qualquer descrição narrativa. O "truque" é separar esses eventos dos outros dados de observação que possam ser estranhos ao evento específico.

Ao usar o formato de descrição narrativa, observe e registre o comportamento de várias crianças por cerca de 15 minutos. Faça suas anotações o mais detalhada e descritivamente possível. Lembre-se, registre tudo o que vê e não faça nenhum esforço para ser seletivo sobre o que irá incluir ou não. Quando terminar, escolha um evento em particular como a linguagem, um tipo particular de comportamento de brincadeira, ou de cooperação ou agressão. Repasse suas anotações e registre palavra por palavra em uma folha de papel todas as descrições que se aplicam ao evento selecionado. (Quando tiver feito isso, risque as descrições e deixe apenas dois registros de observações separados.) Em seguida, compare as descrições que dizem algo sobre o evento específico com as descrições que, pelo menos, pareçam não ter relação ou conexão direta com o evento. Em seguida, responda a duas perguntas. Primeira questão: foi fácil ou difícil tirar as informações sobre o evento específico de um corpo de informações geral e mais ou menos não relacionadas? Segunda questão: qual dos dois registros descritivos que criou tem mais informações – o registro da amostragem por evento ou o que resta depois de ter removido os dados da amostragem por evento da descrição narrativa geral?

Os resultados deste exercício dizem algo sobre os usos mais adequados para a amostragem por evento e a descrição narrativa?

Descrição em diário

Objetivos

Depois de ler este capítulo, você deverá ser capaz de:
- Descrever as características do método de descrição em diário.
- Discutir as características da descrição em diário em relação às dimensões de abertura *versus* fechamento, grau de seletividade e grau de inferência exigido.
- Descrever as vantagens e desvantagens da descrição em diário.

Termo-chave

Descrição em diário.

Descrição geral

A **descrição em diário** é um método informal de observação, considerado o método mais antigo do estudo sobre o desenvolvimento da criança (Wright, 1960). Tradicionalmente, é utilizado durante longos períodos da vida de uma criança (no sentido longitudinal). Nesta técnica, são feitos os registros diários de aspectos selecionados do crescimento e do desenvolvimento da criança. Não é tão abrangente quanto a descrição narrativa, porque contatos contínuos com a criança durante um período de semanas, meses ou anos não permitem a intensa carga escrita exigida pela descrição narrativa.

O objetivo do registro em diário é "registrar (...) em sequência, *novos* eventos comportamentais num *continuum* do comportamento de um indivíduo, geralmente um bebê ou uma criança em idade pré-escolar" (Wright, p. 80, 1960, grifo do original). Goodwin e Driscoll (1980) confirmam esse uso do diário, destacando o foco nos novos comportamentos que uma criança apresenta. Esses novos comportamentos são, muitas vezes, parte de uma área de desenvolvimento em especial, tal como funcionamento intelectual, comportamento de linguagem e comportamento socioemocional. Esse tipo de descrição em diário é chamado de diário temático (Wright, 1960). Os registros de Piaget sobre o desenvolvimento cognitivo de seus próprios filhos são um exemplo clássico de um diário temático. Um foco mais amplo é mantido por Wright, que chamou de diário completo o que "registra em sequência tudo o que é novo, na medida do possível" (p. 80). A intenção geral da descrição em diário é esquematizar o progresso infantil passo a passo ao longo de um período.

A descrição em diário tradicional exige um contato próximo e quase contínuo entre a criança e o observador. Tal proximidade é raramente alcançada, exceto por um dos pais ou responsáveis.

Aberta *versus* fechada

A descrição em diário é classificada como um método aberto porque capta os detalhes dos comportamentos da criança, mudanças de comportamento e seu contexto. Preserva esses detalhes como dados brutos que podem ser examinados, analisados ou comparados mais tarde com outros registros.

Grau de seletividade

Embora o diário abrangente, como descrito por Wright, pareça não ser seletivo, ele se limita a novos comportamentos que contribuem para a compreensão do registro sobre a criança em desenvolvimento. Consequentemente, não é tão indiscriminado como na descrição narrativa. O diário temático é ainda mais seletivo do que o diário abrangente; ele se limita a novos comportamentos que ocorrem somente em áreas específicas de crescimento e desenvolvimento.

Grau de inferência exigido

O nível de inferência exigido pelo registro diário é muito semelhante ao exigido pelos métodos de amostragem por tempo e amostragem por eventos. Pelo menos, o observador deve fazer julgamentos se determinado comportamento for, de fato, novo e se ele pertencer legitimamente à área temática do foco de estudo. Por exemplo, o sorriso exibido por Rebecca, de dois meses, é uma indicação real do comportamento social ou é apenas resultado das dores causadas por gases? Qualquer uso posterior do registro completo pode exigir mais inferência.

Vantagens

A descrição em diário compartilha com a descrição narrativa a riqueza de detalhes, a cobertura e a permanência do registro escrito (Wright, 1960). A amplitude de sua cobertura inclui o contexto dos comportamentos à medida que ocorrem em determinado momento, e sua sequência. Assim, em vez de incidentes isolados, os comportamentos são conectados um ao outro dentro de uma estrutura de desdobramento do desenvolvimento. Essa conexão é parte do caráter longitudinal da descrição em diário. Também deve ser notado que técnicas longitudinais – isto é, a observação e o registro de comportamento durante períodos relativamente longos – produzem dados mais confiáveis que as observações feitas em períodos relativamente curtos. Isto ocorre, em parte, porque as observações se tornam mais representativas do indivíduo "verdadeiro" ou de seus comportamentos e padrões de comportamento típicos.

A permanência do registro permite futuras comparações com outras formas de dados observacionais, incluindo normas de desenvolvimento.

Desvantagens

Do ponto de vista convencional, a desvantagem óbvia da descrição em diário é a sua utilidade limitada para a maioria dos observadores. A necessidade de contato contínuo e fechado com a criança exclui quase todos, menos os pais ou outros membros da família da criança. Mesmo os professores raramente têm uma relação tão extensa com determinada criança (Goodwin e Driscoll, 1980). No entanto, discutiremos a seguir outra perspectiva sobre a descrição em diário que, possivelmente, contorna esta aparente desvantagem.

A descrição em diário e o estudo de caso – Uma breve comparação

Como já foi mencionado, uma desvantagem da descrição em diário tradicional é que ela exige contato contínuo e próximo com a criança por período relativamente longo, uma condição quase impossível de se conseguir em uma creche ou um cenário de educação infantil. No entanto, incluímos a descrição em diário porque, historicamente (por exemplo, veja Wright [1960]), ela era considerada um método legítimo de registro e preservação de dados de observação. E o livro *Observando crianças* se destina a servir as necessidades de pessoas para as quais observar e registrar o comportamento infantil é uma habilidade proveitosa ou crucial. Seríamos negligentes se não incluíssemos o registro em diário como um método de registro legítimo.

Este autor considera a descrição em diário muito semelhante, em alguns aspectos, ao estudo de caso, que é uma técnica frequentemente utilizada por terapeutas para reunir informações essenciais sobre seus pacientes. No entanto, Charlesworth (2008) atribui ao estudo de caso um papel importante na coleta de informações sobre crianças em uma creche ou cenário de educação infantil. Por uma questão de integridade, e para fornecer um formato alternativo que, para todos os efeitos práticos, pode servir aos objetivos de uma descrição em diário, oferecemos a Figura 9.1, que adotamos na íntegra de Charlesworth (2008).

A Tabela 9.1 ilustra como uma descrição em diário pode configurar-se ao usar um formato de estudo de caso.

Tabela 9.1 Uma amostra de descrição em diário: uso em estudos de caso
Imran, sexo masculino, idade 3 anos e 4 meses.
6 de dezembro de 2008.
Área de observação: desenvolvimento social
Hoje, Imran começou a brincar na área dos blocos grandes com Isela, uma menina de três anos. Isso é muito incomum para Imran; nos três meses (desde setembro de 2008) que frequenta a pré-escola, ele normalmente se mostrou tímido e bastante distante. Ele é menor do que a maioria dos outros meninos na classe, e a equipe suspeita que ele se sinta intimidado pelo tamanho físico dos outros meninos. Contudo, não testemunhamos qualquer intimidação por parte deles. Imran tem um irmão mais velho, maior, que pode contribuir em casa para o medo aparente ou timidez de Imran quando em companhia de crianças maiores e mais fortes. Esta é uma possibilidade que devemos verificar na nossa próxima reunião de pais. A Sra. Owens (professora) também testemunhou o comportamento de Imran com Isela. Ela mostrou-se contente com suas ações comentando sobre quão bem os dois brincam juntos. Imran reagiu positivamente a suas observações, sorriu e pareceu aumentar seus esforços para interagir com Isela e com os blocos. Eles brincaram juntos por cerca de 7 minutos, quando Adrian, um dos garotos maiores da classe, tentou se juntar a eles. Imran deixou a área dos blocos grandes quase que imediatamente e sentou-se com um livro em uma das mesas de leitura. Nenhuma interação adicional entre Imran e qualquer uma das outras crianças ocorreu durante o resto da manhã.
13 de dezembro
Uma verdadeira inovação parece estar ocorrendo no comportamento social de Imran. Desde a observação de 6 de dezembro, a equipe e eu temos visto o que achamos ser vislumbres de um desejo da parte de Imran de estar com, pelo menos, outras crianças. Hoje, por volta das 10h, Imran perguntou "timidamente" a Michael K., que não é muito maior do que Imran, se ele brincaria no tanque de areia com ele. Michael concordou. Os dois meninos brincaram amigavelmente com dois caminhões, dirigindo-os por "estradas" que construíram com blocos de madeira. A brincadeira durou cerca de 9 minutos e terminou quando chegou a hora do lanche. Deve-se notar que durante a brincadeira, Imran não foi assertivo. Michael praticamente ditou ou dirigiu os acontecimentos, quem ia "dirigir" o caminhão e onde as "estradas" deveriam ser colocadas na areia. No entanto, Imran não pareceu especialmente ansioso ou intimidado pelo papel de liderança de Michael. Ele deve ser observado novamente para ver se tentará ser mais enfático ao expressar seus próprios desejos ou metas.

Relatório de estudo de caso

Seu nome: _____ Datas inclusivas de estudo: _____

Nome da criança: _____ Local do estudo: _____

Idade da criança/Data de nascimento: _____

I. Razão para a escolha desta criança. Descreva como selecionou esta criança (por exemplo, aparência física, conveniência).

II. Breve descrição das características marcantes da criança.

III. Histórico e antecedentes. Incluir qualquer informação que não tenha obtido sobre a família da criança, antecedentes étnico-raciais, histórico de saúde, nascimento e pré-natal etc.

IV. Crescimento e desenvolvimento físico e motor.

V. Crescimento e desenvolvimento cognitivo.

VI. Crescimento e desenvolvimento afetivo.

VII. Resumo e interpretação.

   A. De que forma a criança mudou desde que começou seu estudo?

   B. Em quais aspectos do desenvolvimento a criança é mais avançada para sua idade? Em que áreas a criança mostra desenvolvimento mais lento? Em que áreas o desenvolvimento é mais "normal" ou típico?

   C. Se foi designado para trabalhar com esta criança como professor, que tipos de experiências planeja para facilitar o desenvolvimento dela?

   D. Quão bem você acha que o programa escolar e a família da criança satisfazem as necessidades dela?

   E. Inclua quaisquer outras conclusões ou recomendações.

Ao escrever seu relatório de resumo de estudo de caso, use "parece", "as evidências indicam", "pode ser" e outros qualificadores livremente. Lembre-se, você estudou apenas um período curto da vida da criança.
(Reproduzido com permissão da Thomson Delmar Learning, Clifton Park, New York. Charlesworth, R. [2008, 7. ed.]. *Understanding child development*: for adults who work with young children [p. 37-38])

Figura 9.1 Um formato de amostra para estudo de caso/"Relatório de estudo de caso".

Mais informações sobre a descrição em diário

Descrição em diário, registro corrido, amostragem por evento e registro anedótico

Apesar de termos dito anteriormente que, em geral, a descrição em diário não é um método de registro muito adequado para o prestador de cuidados infantis ou educador infantil, sua semelhança com a amostragem por evento, registro corrido e registro anedótico, bem como uma visão diferente do que constitui um comportamento novo, merece um breve comentário.

A opinião deste autor é a de que a descrição em diário pode ser considerada tanto como uma descrição narrativa informal (registro corrido), uma amostragem por evento modificado ou um registro anedótico, embora se deva manter suas respectivas diferenças em mente. Olhe novamente a definição da descrição em diário:

> Um método informal de observação em que os registros são feitos diariamente a partir de aspectos selecionados do crescimento e do desenvolvimento da criança. O diário temático se restringe a novos comportamentos exibidos por ela em determinada área do desenvolvimento, como linguagem, comportamento social e emocional, e assim por diante; o diário abrangente registra em sequência tudo o que é novo, na medida do possível... A descrição em diário compartilha a riqueza de detalhes, a cobertura e a permanência do registro escrito com a descrição narrativa (Wright, 1960). A amplitude de sua cobertura inclui o contexto dos comportamentos à medida que ocorrem em determinado momento, e sua sequência. Assim, em vez de incidentes isolados, os comportamentos são conectados uns aos outros dentro de uma estrutura de desdobramento do desenvolvimento. Essa conexão é parte do caráter longitudinal da descrição em diário.

O diário temático e o diário abrangente tratam essencialmente dos novos comportamentos que a criança exibe. (Dependendo das circunstâncias, vamos supor que *novo* possa significar "ocasional", bem como "ocorrendo pela primeira vez".) Em comparação, a amostra por evento é considerada inadequada para observar e registrar comportamentos que ocorrem com pouca frequência, o que aparentemente impede a amostragem por evento de ser utilizada para fazer o trabalho do registro em diário. O registro corrido, que mencionamos como descrição narrativa espontânea, e o registro anedótico, no entanto, são ideais para capturar os comportamentos novos ou incomuns da criança. Qual é o significado disso para você, observador? Vamos ver uma perspectiva alternativa sobre como reunir informações, que é muito semelhante às informações que se obtêm a partir de uma descrição em diário.

Uma perspectiva alternativa

Sugerimos uma perspectiva alternativa sobre a descrição em diário. Em nossa discussão inicial sobre a descrição em diário, que apresentou a visão histórica do diário, colocamos que o uso adequado do diário exige uma relação intensa e prolongada com a criança. Supomos, porém, que esse tipo de relacionamento normalmente possa existir apenas com os pais ou responsáveis. Não obstante essa restrição, acreditamos que não seja verdadeira a hipótese de que apenas os pais ou responsáveis estejam em posição de observar os novos comportamentos de uma criança. Também é razoável supor que alguns dos comportamentos que uma criança exibe durante certo dia em uma creche possam ser caracterizados como novos, pelo menos na medida em que nenhum dos funcionários os tenha visto antes. Além disso, gostaríamos de expandir o significado de *novo* para incluir não apenas os comportamentos que a criança apresenta pela primeira vez em qualquer lugar, mas também os comportamentos que a criança nunca tenha exibido antes na creche ou na sala de aula. Esse significado ampliado de *novo* faz sentido quando inserido no contexto do evento de espaço/equipamentos discutido no Capítulo 8 (amostragem por evento). Lembre-se que todo comportamento acontece em e é potencialmente influenciado por um ambiente físico. Diremos que o comportamento de Francine não é novo se, por exemplo, ela cooperar com Shelley na montagem de um quebra-cabeça, quando no passado ela nunca foi vista ou nunca foi à área de quebra-cabeça ou nem brincou com Shelley? O que é novo aqui é o comportamento de Francine dentro de um evento de espaço/equipamentos novo (a área de quebra-cabeça) e sua participação em uma nova interação social (brincando com Shelley). Brincar com Shelley pode ter sido especialmente significativo se as interações passadas de Francine com Shelley tiverem sido indiferentes ou hostis. Ou suponha que Alvin é um menino muito tímido de quatro anos, que nunca foi visto iniciando uma brincadeira com qualquer outra criança. Um dia, Alvin vai até Amélio e pergunta se ele quer brincar na mesa de areia. Para a equipe, bem como para seus pais, a nova iniciativa social de Alvin pode ser um desenvolvimento emocionante, que pode ser registrado em uma descrição em diário temático convencional.

Uma breve conclusão

O que podemos concluir sobre essa possível mistura de descrição em diário, amostragem por eventos, registro corrido e registro anedótico? Nós introduzimos essa "mistura" para apontar quão semelhantes, em alguns aspectos, esses métodos de registro realmente são e como o propósito da descrição em diário pode, sob as circunstâncias certas, ser alcançado por pelo menos outros três métodos de registro. Isso não quer dizer que todos estes métodos sejam realmente a mesma coisa, mas simplesmente receberam nomes diferentes. Vamos comparar rapidamente esses quatro métodos.

Algumas semelhanças

Talvez a semelhança mais óbvia entre a descrição em diário, a amostragem por evento, o registro corrido e o registro anedótico esteja no fato de que todos esses métodos oferecem descrições relativamente ricas e detalhadas do comportamento. Além disso, eles devem fornecer informações sobre o contexto (cenário e situação) e a sequência dos comportamentos observados. Vamos examinar brevemente cada um dos três métodos de registro alternativos.

A amostragem por evento

Estritamente falando, apesar de a amostragem por evento não ser o método mais adequado para casos de registro de comportamento incomum ou novo, se o comportamento social tivesse sido um evento pré-selecionado, o observador teria registrado os "novos" comportamentos sociais de Francine e Alvin. O que faltaria, no entanto, seria tudo o que aconteceu imediatamente antes e imediatamente após o evento. Essa omissão viola uma característica essencial da descrição em diário, isto é, deve-se registrar o mais fielmente possível o fluxo contínuo do comportamento da criança. Nesse exemplo hipotético, a amostragem por evento capturaria o que fosse essencialmente novo no repertório comportamental dessas duas crianças. Apesar dessa "captura", não aconselhamos o uso da amostragem por evento para registrar principalmente comportamentos novos, mesmo que ocasionalmente a oportunidade possa favorecê-lo com apenas esse tipo de comportamento.

Registro corrido

O registro corrido, ou descrição narrativa no local, parece bem adequado para se obter os tipos de comportamentos tradicionalmente reservados à descrição em diário. De acordo com Jalongo e Isenberg (2000), o registro corrido refere-se às "informações anedóticas coletadas durante um momento específico (por exemplo, durante a brincadeira ao ar livre) ou um período (...) Muitas vezes usado para descobrir as causas e os efeitos do comportamento por meio do estudo do que precede e segue um evento" (p. 292). As frases "durante um momento específico" ou "um período" e "estudo do que precede e segue um evento", pelo menos em parte incorpora as condições exigidas pela descrição em diário. Poderíamos considerar o registro corrido como essencialmente o mesmo que a descrição em diário? Estritamente falando, a resposta é não, porque a descrição em diário é especificamente destinada à coleta de dados longitudinais sobre o desenvolvimento e o comportamento de uma criança. Esta não é a finalidade do registro corrido. Fazemos essa comparação entre a descrição em diário e o registro corrido para salientar que novos comportamentos, amplamente definidos, não são de competência exclusiva da descrição em diário. Em outras palavras, o registro corrido pode alcançar alguns dos mesmos objetivos que a descrição em diário sem ter de lidar com suas restrições.

Registro anedótico

Se tomarmos novos comportamentos fora do contexto geral em que eles ocorrem, o que possivelmente teríamos seriam pequenas histórias (anedotas). Vamos ver novamente a definição do registro anedótico: "Um método de observação informal, muitas vezes utilizado pelos professores como um auxílio para a compreensão da personalidade ou comportamento infantil. Ele fornece uma análise corrida do comportamento *típico ou incomum* para a criança observada" (veja Glossário; grifo nosso). A palavra-chave aqui é *incomum*, uma das características definitivas dos tipos de comportamento que a descrição em diário deve registrar.

Qual é o desfecho de tudo isso?

Nós fornecemos essas comparações na esperança de que não se descarte a possibilidade de obter, pelo menos, algumas das informações valiosas que são o foco da descrição em diário, ou seja, um comportamento novo. Um dos impedimentos ao uso da descrição em diário é que ela envolve longos períodos da vida de uma criança (dados longitudinais). Isso exige que os registros diários sejam feitos sobre aspectos selecionados do crescimento e do desenvolvimento da criança. Em suma, uma descrição em diário verdadeira exige que alguém viva com a criança a fim de observar um número significativo de novos comportamentos que ela apresente. Apesar dessas condições estritas, é importante saber que, se não puder usar o diário como é tradicionalmente destinado, ainda obterá alguns dos mesmos tipos de informações que o diário proporcionaria com a amostra por evento modificada, o registro corrido ou o anedótico.

Florence e a descrição em diário

Nossa estudante hipotética, Florence – que na verdade poderia ser você, leitor – agora tem uma quantidade considerável de conhecimentos e informações sobre quatro técnicas de registro. Seu instrutor deu a tarefa de usar o que se aprendeu até agora para chegar a uma forma de obter as informações que um diário forneceria sem a exigência de uma relação prolongada e intensa, característica da forma tradicional da descrição em diário. A seguir, apresentamos como Florence possivelmente pensaria:

Esta tarefa parece bastante fácil. Basta observar uma criança e registrar comportamentos novos ou atípicos, que, de acordo com o livro *Guia de observação e registro do comportamento infantil*, é o objetivo usual do diário temático ou abrangente. Para completar meu trabalho tenho que escolher entre quatro alternativas – a amostragem por evento, o registro anedótico, o registro corrido (o qual, preciso me lembrar, é uma versão informal da descrição narrativa) e a descrição em diário, como é tradicionalmente definida. Bem, eu posso descartar imediatamente a descrição em diário, porque não há nenhuma maneira de ter contato prolongado e intenso com a criança que vou observar. Vamos ver, não acho que a amostragem por evento modificada seria uma boa escolha, porque de acordo com meu livro, esta técnica não é adequada para registro de comportamentos incomuns ou atípicos. Além disso, a rigor, ao contrário do registro corrido ou da descrição narrativa, a amostragem por evento não registra os comportamentos que precedem imediatamente e acompanham o evento. É claro que se decidir usar a amostragem por evento e ocorrer comportamento incomum, esta técnica me daria as informações que necessito. Mas não seria apropriado depender do acaso para encontrar um comportamento incomum de uma criança, de modo que excluo a amostragem por evento. Isso me deixa com o registro anedótico e o registro corrido. Eu acho que usarei o registro corrido. Ele me permite registrar comportamentos incomuns no local, e conseguir descrições ricas e detalhadas do comportamento e seu contexto geral. É claro que isso significa que realmente tenho de estar alerta e pronta para registrar um comportamento incomum assim que ocorrer.

Resumo

A descrição em diário é um método informal de observação e registro. É considerado o método mais antigo do estudo do desenvolvimento da criança. Historicamente, a descrição em diário é utilizada em períodos relativamente longos da vida da criança para registrar determinados aspectos de seu crescimento e desenvolvimento. Dois tipos de descrições em diário são discutidos neste capítulo: o diário temático e o diário abrangente. O primeiro tipo enfatiza novos comportamentos demonstrados pela criança; esses novos comportamentos são, muitas vezes, parte de uma área do desenvolvimento, como funcionamento intelectual ou comportamento de linguagem. O diário abrangente é de âmbito mais amplo que o diário temático e registra "tudo que é novo, na medida do possível" (Wright, 1960).

A descrição em diário é considerada um método aberto, que preserva os detalhes dos comportamentos da criança e seu contexto. O diário é limitado a novos comportamentos que agregam ao entendimento do observador alguns aspectos da criança em desenvolvimento, por isso é um pouco seletivo. A descrição em diário requer inferências para determinar se um comportamento é novo e parte da área temática em estudo.

O diário compartilha com a descrição narrativa a vantagem de proporcionar descrições ricas e detalhadas de comportamento, amplitude de cobertura e a permanência do registro escrito. Sua grande desvantagem, como tradicionalmente descrito, é que nem todos podem usá-lo porque requer contato próximo e contínuo com a criança, como aquele que um pai ou responsável possui.

A descrição em diário foi brevemente comparada com a amostragem por evento, com o registro corrido e o registro anedótico, com a intenção de mostrar que se quiser registrar exemplos de comportamentos novos ou incomuns, não precisaria ser dissuadido pelas estritas condições impostas ao uso do diário, principalmente as condições de contato próximo e prolongado com a criança diariamente.

Questões para estudo

1. Quando as descrições em diário são normalmente usadas?
2. Como a seletividade da descrição em diário se compara à seletividade dos métodos de descrição narrativa e amostragem por evento? A qual desses dois últimos métodos a descrição em diário mais se assemelha? Por quê?
3. Como a inferência está envolvida na descrição em diário? Em que outro método ou métodos a inferência está envolvida da mesma forma que na descrição em diário?
4. Por que a descrição em diário não é um método provável para a maioria dos observadores?
5. O exemplo anterior de uma descrição em diário deste capítulo ilustra mais apropriadamente o uso do diário como um estudo de caso (veja Irwin e Bushnell, 1980, p. 85). Em primeiro lugar, descubra mais sobre alguns dos propósitos para os quais um estudo de caso é usado. Como os propósitos do estudo de caso se conformam às características da descrição em diário? Que critério específico do método de descrição em diário é satisfeito no exemplo?
6. Quais são as características da amostragem por evento modificada, do registro corrido e do registro anedótico que fazem dessas três técnicas de registro substitutas razoavelmente adequadas para a descrição em diário?
7. Por que a amostragem por evento modificada, o registro corrido e o registro anedótico não substituem totalmente a descrição em diário?

Exercício prático

Neste exercício, você terá de usar sua imaginação e elaborar uma descrição em diário hipotética de uma criança imaginária que recomendamos ter entre um e três anos. Pedimos que se presuma ter uma estreita relação com essa criança e, portanto, seja capaz de observá-la por períodos de tempo relativamente longos e em muitas situações diferentes. Se desejar, imagine que seja um dos pais da criança ou um dos irmãos mais velhos. Use as informações que já conhece ou que possa acessar sobre o provável nível atual de desenvolvimento e futuro progresso da criança (com base em sua idade), elabore um diário (tradicional) temático que trate de uma área particular do desenvolvimento que seja de seu interesse. Você poderá escolher linguagem, desenvolvimento social, desenvolvimento físico e motor, ou qualquer outra área funcional que ache que poderia ser direta e facilmente observada em um contexto real.

Há dois objetivos básicos para este exercício. O primeiro é familiarizar-se com o modo como uma criança pode, por exemplo, falar, interagir socialmente ou usar suas habilidades físico-motoras. O segundo objetivo é "prever" ou identificar os comportamentos novos ou incomuns que a criança possa apresentar à medida que cresça e se desenvolva dentro da área funcional que tenha escolhido. Mantenha-o "à medida que ela cresce e se desenvolve" dentro de um cronograma razoável. Em outras palavras, não projete as mudanças que ocorrerão no comportamento de uma criança de um ano para quando ela tiver três ou quatro anos. Em vez disso, se decidir que deseja que sua criança imaginária tenha 18 meses, considere quais comportamentos novos ou incomuns poderia se esperar dela aos 20 ou 22 meses?

Para concluir este exercício, tente chegar a alguma ideia sobre como realmente seria usar a descrição em diário tradicional em uma situação da vida real. Seria difícil ou relativamente fácil?

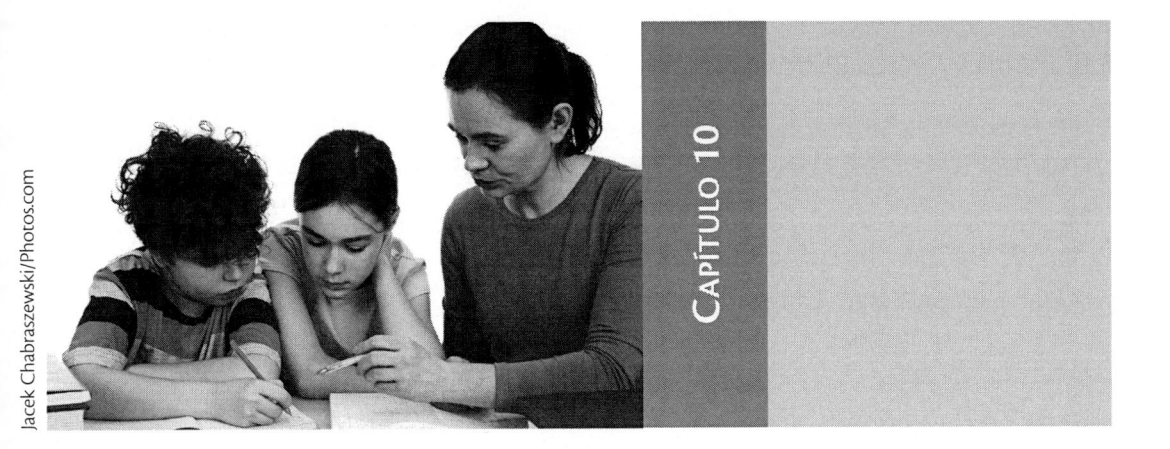

Registros anedóticos

Objetivos

Depois de ler este capítulo, você deverá ser capaz de:
- Discutir as características do método do registro anedótico de observação.
- Discutir as características do registro anedótico em relação às dimensões de abertura *versus* fechamento, grau de seletividade e grau de inferência exigida.
- Descrever as vantagens e desvantagens do registro anedótico.

Termo-chave

Registro anedótico.

Descrição geral

Introdução

Antes de entrarmos em uma descrição geral do registro anedótico, queremos alertá-lo sobre o que consideramos ser duas perspectivas ligeiramente diferentes sobre o registro anedótico e seus usos. Escolhemos chamar de histórica a primeira dessas perspectivas, principalmente por causa das datas de referência, a partir das quais traçamos nossas informações sobre essa técnica de registro. A segunda dessas perspectivas chamaremos de contemporânea, porque, afinal, a literatura citada é relativamente atual. No entanto, você não deve presumir que as referências anteriores não estejam atualizadas nem válidas. Nenhum dos métodos de registro discutidos em *Guia para observação e registro do comportamento infantil* goza de saltos quantitativos no avanço tecnológico. Cada método de registro é, e provavelmente permanecerá, como nós o descrevemos, e se o registro anedótico, por exemplo, for definido e implementado totalmente de forma diferente do que é atualmente, ele passará ter um outro nome. Também é provável que o novo objetivo seja muito diferente do original.

Uma perspectiva mais histórica do registro anedótico

O **registro anedótico** é outro método informal de observação. É um método muitas vezes utilizado pelos professores, e o registro pode acompanhar uma criança de série em série e de professor para professor. Trata-se de um registro que os professores fazem para referência futura e serve de auxílio para compreender alguns aspectos da personalidade ou do comportamento da criança.

Goodwin e Driscoll (1980) enumeram cinco características do registro anedótico. Primeiro, o registro é o resultado da observação direta de uma criança. Isso é importante, pois legitimamente exclui registros com base em rumores. Segundo, o registro é um relato descritivo específico pontual e preciso de um evento particular. Isso confirma a necessidade da observação direta. Terceiro, o registro anedótico fornece o contexto do comportamento da criança, identifica o cenário e a situação para que o comportamento não seja separado dos eventos que o influenciaram ou o causaram. Esse contexto inclui relatos precisos do que é dito pela criança ou por outros participantes convenientes. Quarto, se quaisquer inferências ou interpretações forem feitas pelo observador, eles serão mantidos separados da descrição objetiva e serão claramente identificados como inferências ou interpretações. Por fim, o registro anedótico se preocupa tanto com o comportamento que é típico quanto com o que é incomum à criança que é observada, o que praticamente engloba a maioria dos comportamentos que uma criança pode apresentar. Se o comportamento for incomum, deverá ser indicado. No entanto, Irwin e Bushnell (1980) notam que registros anedóticos "não se limitam a enfatizar novos comportamentos" e que tais registros "relatam tudo o que parece notável para o observador, sempre que o comportamento ocorrer" (p. 97).

Goodwin e Driscoll (1980) defendem o registro de eventos ou comportamentos que reflitam apenas as características da personalidade de uma criança, em vez de enfocá-lo na realização, na inteligência, e assim por diante. A razão para essa seletividade é que há outras formas mais eficazes de documentar comportamentos como uma conquista ou uma aprendizagem. No entanto, estes autores chegam a recomendar que elementos relacionados a áreas cognitivas devem ser documentados no caso de crianças muito pequenas.

Irwin e Bushnell apontam a dupla utilização da abordagem anedótica que tem como finalidade registrar tanto o comportamento habitual quanto o incomum, com a qual Nilsen (2004) concorda. Ela afirma que o registro anedótico pode ser usado para "exemplificar o comportamento típico de uma criança" ou "registrar os detalhes de um incidente totalmente estranho ao comportamento típico da criança" (p. 48). Nilsen também menciona o uso do registro anedótico para "retratar um incidente que indique o desenvolvimento de uma criança em uma área específica" (p. 48), um uso para o qual a amostra por evento também é adequada.

Em nossa opinião, o registro anedótico é mais adequado para o registro atípico do que para o comportamento típico. Este uso apresenta conformidade mais próxima às conotações de uma anedota ou evidência anedótica. De modo mais simples, e tendo em conta a observação do comportamento das crianças, a evidência anedótica é a evidência obtida a partir de uma fonte ou sob circunstâncias que não são representativas da criança ou situação.

Por exemplo, se observou Mark, que tem dois anos, e concluiu que todas as crianças de dois anos são exatamente como Mark, estaria baseando sua conclusão em uma evidência anedótica. Os comportamentos e características de crianças de dois anos não refletem necessariamente os comportamentos e as características de todas ou de até mesmo a maioria das crianças de dois anos. Da mesma maneira, o comportamento que não é típico para uma criança em particular não pode representar o comportamento dessa criança sob a maioria das circunstâncias. Normalmente, Mark, de dois anos, não seria agressivo em suas interações com outras crianças ou com adultos, mas ele poderia se comportar de forma agressiva se ficasse frustrado em uma brincadeira ou com um brinquedo que não tenha entendido. Um exemplo de comportamento agressivo em relação a outras pessoas seria incomum e talvez mereça ser observado em um relatório anedótico, ao passo que a agressividade com algum objeto pode ser mais ou menos usual. É claro que o contexto ou circunstâncias que cercam esse comportamento incomum devem ser registrados para ajudar a explicar por que Mark comportou-se daquela maneira.

Uma visão mais contemporânea?

É importante que se saiba que alguns autores parecem discordar em parte deste autor ao colocar que o registro anedótico seria mais adequado para o registro do comportamento anormal ou atípico. Ahola e Kovacik (2007), por exemplo, escreveram o seguinte sobre o registro anedótico:

Um **registro anedótico** é usado para desenvolver uma compreensão do comportamento da criança, talvez com o propósito de compreender uma questão relativa ao desenvolvimento ou para comunicar aspectos do comportamento de uma criança a um dos pais. Observações registradas como registros anedóticos podem guiar a capacidade de um professor para aprender como uma criança age, reage e interage, lançando luz sobre o misterioso funcionamento da criança. (p. 17, grifo do original)

Eles ainda definem o registro anedótico desta forma:

Uma narrativa breve, real, objetiva, escrita depois de um evento. Quando vistos sequencialmente, os registros anedóticos devem revelar *insights* sobre o progresso do desenvolvimento de uma criança. (p. 17)

O uso do registro anedótico por Ahola e Kovacik inclui observar e registrar qualquer comportamento que ajude os provedores de cuidados infantis, professores e pais a entenderem o progresso de desenvolvimento de uma criança. Este autor não discorda deste uso do registro anedótico, apesar de a descrição narrativa (ou o seu "primo espontâneo", o registro corrido) e de a amostra por evento também fornecerem o mesmo tipo de informação. Em defesa do registro do comportamento atípico, no entanto, o progresso do desenvolvimento deve inevitavelmente implicar em comportamentos e habilidades novos (atípicos), em especial durante os primeiros anos da criança, quando novas habilidades e novos comportamentos são rapidamente adquiridos. Não obstante, nós deixamos que decida se o registro anedótico servirá melhor a suas necessidades e interesses. A questão fundamental aqui é se você é capaz de obter informações úteis para a compreensão das crianças e promover seu crescimento e seu desenvolvimento.

Uma breve comparação entre três métodos de registro

Há semelhanças entre o registro anedótico, a descrição narrativa e a amostragem por evento. Como já mencionado, as informações no registro anedótico são relatadas de forma narrativa e incluem o contexto do comportamento da criança, o que também é verdadeiro para a descrição narrativa e amostragem por evento. Na descrição narrativa, no entanto, não há nenhum esforço para registrar apenas o comportamento incomum: todo e qualquer comportamento é registrado simplesmente como ele ocorre. O registro anedótico pode parecer quase idêntico à amostragem por evento, porque ambas as técnicas tomam nota de comportamentos específicos ou categorias de comportamentos. No entanto, o registro anedótico não antecipa o comportamento incomum, ele simplesmente observa e registra quando ocorre.

A amostragem por evento, por outro lado, difere do registro anedótico em dois aspectos importantes: primeiro, a amostragem por evento não é adequada para comportamentos incomuns ou atípicos e, segundo, o observador identifica antecipadamente comportamentos ou categorias de comportamento que deseja e espera que ocorram. Isto exclui comportamentos anormais ou atípicos porque, por definição, eles ocorrem muito raramente. Pode ser útil pensar no registro anedótico como a técnica a ser usada quando o comportamento de uma criança o surpreende e você o considera digno de registro.

O exemplo hipotético de um registro anedótico mostrado na Tabela 10.1 pode não parecer diferente de uma descrição narrativa, talvez em razão de seu tamanho. No entanto, note na seção "Comentários" que em várias ocasiões o registro indica que o comportamento de Melissa é incomum para ela e que isto deve ser levantado na próxima reunião de equipe. A partir desses comentários você poderia legitimamente inferir que este é um exemplo razoável de um registro anedótico. Além disso, o tamanho de qualquer registro anedótico não deve ser arbitrário ou meramente deixado por capricho. Como o contexto de qualquer comportamento é muito importante para a compreensão desse comportamento, a quantidade de informações contextuais deve ser suficiente para ajudá-lo a entender e dar sentido ao comportamento observado.

Um último comentário a ser feito. O exemplo hipotético apresentado na Tabela 10.1 atenderia razoavelmente aos requisitos de uma amostragem por evento se a sra. Thompson procurasse qualquer exemplo de comportamento social e por acaso observasse Melissa naquele dia, hora e circunstância em particular. A amostragem por evento, como uma técnica de registro, não descarta o registro de comportamentos incomuns ou atípicos como tal. O que é descartado, no entanto, é o uso da amostragem por evento especificamente para registrar comportamentos anormais ou atípicos. Portanto, o registro anedótico é o método de escolha para comportamentos que não são previstos ou antecipados – mais uma vez, uma característica que os torna atípicos.

Aberta *versus* fechada

O registro anedótico é um método aberto, assumindo que preserva os dados brutos fornecidos pela descrição detalhada.

Tabela 10.1 Um registro anedótico hipotético
Observador Sra. Thompson **Criança observada** Melissa
Local de observação Sala de aula de pré-escola, durante brincadeira livre
Data 23/11/2004
Melissa chegou tarde à escola hoje. Ela parou na porta de entrada da sala de aula principal e olhou por aproximadamente meio minuto as outras crianças envolvidas em outras atividades. Ela então atravessou a sala em direção à mesa de leitura, arrastando o pé direito por aproximadamente seis passos ou menos. Ela acelerou um pouco o ritmo e, ao chegar à mesa, sentou-se. Tina, José e Miguel já estavam sentados à mesa. Tina observava os dois meninos "lendo" um livro juntos; ela cumprimentou Melissa com um alegre: "Oi, Melissa, quer ler um livro comigo?" Os meninos nem moveram os olhos, nem disseram nada. Melissa disse para Tina que ela (Melissa) não sabia ler, mas Tina respondeu que elas poderiam olhar as figuras. Melissa concordou com um suave "OK", mas não fez nenhum contato visual com Tina – na verdade, ela olhou em direção à área dos blocos enquanto pronunciava sua resposta. Enquanto Tina foi buscar um livro da prateleira, Melissa começou a folhear preguiçosamente algumas páginas de um livro que estava sobre a mesa. Tina voltou com um livro, dizendo: "Eu gosto deste, vamos ver este aqui". Ela tentou se sentar perto de Melissa, mas esta se afastou um pouco, ficando a uma distância de 15 a 20 centímetros daquela. José perguntou: "Ei, vocês duas, o que estão fazendo?" Tina respondeu com "não importa, estamos muito ocupadas". Quando ela disse isto, inclinou a cabeça para cima e levantou o queixo ligeiramente. Melissa não respondeu; ela se levantou da mesa e caminhou lentamente em direção à área dos blocos grandes. A Sra. Johnson então anunciou que era hora de guardar os materiais, mas Melissa mais uma vez não fez qualquer gesto relevante; ela não participou da arrumação.
Comentários
Esta é a segunda vez em três dias que Melissa chega atrasada à escola. Se bem me lembro, na outra ocasião ela também parecia diferente de seu "normal".
Melissa ficou parada na porta relutante em sair de sua posição. Senti que, momentaneamente, pelo menos, ela preferiria estar em outro lugar.
A resposta de M. à sugestão de Tina para ver as figuras não teve o entusiasmo característico. Ela geralmente gosta de ver livros.
Eu não consigo entender a reação de M. para a tentativa de Tina sentar-se perto dela. É quase como se M. a estivesse rejeitando. O contraste entre o comportamento de Melissa e o de Tina parece bem marcante.
Nota: Terei de fazer algumas observações de acompanhamento de Melissa. Seu comportamento aparentemente apático e não sociável precisa ser verificado – pode ser apenas um dia ruim para ela. Isso precisa ser verificado com algum membro da minha equipe, pois podem ter notado que ela anda um pouco retraída nos últimos dias. Abordar o assunto na próxima reunião de equipe.

Grau de seletividade

O registro anedótico pode ser altamente seletivo, especialmente se o observador registrar apenas, como Goodwin e Driscoll (1980) relatam, "comportamento notavelmente incomum". Se alguém seguir outros critérios para o registro anedótico, no entanto, a seletividade diminuirá, e tudo o que for de interesse poderá ser alvo de observação e de registro.

Grau de inferência exigido

Inferências ou interpretações podem ser feitas em um esforço para explicar um evento ou comportamento, especialmente se o comportamento não for típico da criança. Mais uma vez, determinar se um comportamento é comum ou incomum requer uma decisão que vai além das informações sensoriais imediatas.

Vantagens

Uma vantagem importante do registro anedótico é que o método fornece ao professor uma análise corrida que o ajuda a entender o comportamento de uma criança em situações e cenários particulares. Ele também permite que sejam feitas comparações contínuas do comportamento de uma criança, proporcionando uma forma de documentar mudanças – por exemplo, mudanças na maneira de a criança lidar com situações de estresse ou em seus padrões de interação social com crianças ou adultos. Irwin e Bushnell (1980) dizem que o registro anedótico é o mais fácil de ser feito entre os métodos de registro porque não precisa de ambientação especial, códigos, categorias ou tempo específicos. Esta afirmação também foi feita para a descrição narrativa.

As vantagens do registro anedótico podem ser extraídas de uma fonte mais recente, mesmo que não difiram daquelas discutidas anteriormente. Talvez a linguagem um pouco diferente faça com que a informação fique mais clara. Ahola e Kovacik (2007), por exemplo, defendem as seguintes vantagens do registro anedótico. Primeiro, ele *"nos permite ver o comportamento da criança dentro do contexto em que acontece"*; segundo, *"o registro anedótico nos permite ver quais são os eventos mais importantes e significativos sem nenhuma ideia preconcebida sobre o que nós 'deveríamos' ver"*; terceiro, *"o registro anedótico nos permite ver o desenvolvimento real da criança, e no caso de crianças com necessidades especiais ele é muito útil"* (p. 18-9, grifo do original). Como um prelúdio, você percebe como as vantagens discutidas até agora sugerem fortemente os possíveis usos do registro anedótico?

Desvantagens

Apesar do uso comum, os registros anedóticos não são necessariamente fáceis de escrever. Eles são criticados por causa da relativa facilidade com que o viés pode afetar a seleção dos eventos a serem registrados (vieses que poderiam emergir, pois o observador gosta ou não de determinadas características); a vulnerabilidade do registro à formulação imprópria, levando a má interpretação ou juízos negativos sobre a criança por parte do leitor; e a obrigação de utilizar o registro de forma produtiva, o que não é sempre fácil.

Outra desvantagem deste método de registro tem a ver com como ele é, às vezes, utilizado. O registro anedótico é uma técnica controversa em alguns setores, em parte porque é muito fácil registrar vieses negativos ou julgamentos sobre uma criança, uma desvantagem que acabamos de discutir. No entanto, as consequências de tais vieses não cessam com o registro *per se*. O registro anedótico de uma criança, por vezes, segue-a de série em série e de professor para professor, como parte de seus registros cumulativos e permanentes. Como cada professor subsequente herda os registros da criança, a oportunidade é criada para a profecia autorrealizadora (ou para o efeito Pigmalião) funcionar. Isto é, às vezes há uma tendência por parte dos professores – e de qualquer outra pessoa, para tal assunto – de perceber e tratar uma criança de acordo com o que foi dito (escrito) sobre ela. Infelizmente, se estas percepções e os tratamentos forem negativos ou depreciativos, a criança também se comportará de maneira que confirme as expectativas dos outros em relação a seu comportamento, capacidade, amor próprio etc. Não é necessário dizer que este é um uso do registro anedótico totalmente inaceitável, e este aviso de precaução deve ser levado a sério.

Momento do registro: uma desvantagem potencial

Queremos mencionar uma desvantagem potencial final do registro anedótico que não deve ser negligenciada. Há evidência de consenso entre alguns autores contemporâneos de que a abordagem anedótica registra os comportamentos após ocorrerem. Beaty (2002), por exemplo, define o registro anedótico como "uma narrativa de parágrafos descritivos, registrada *após o comportamento acontecer*" (p. 34, grifo do original). Jalongo e Isenberg (2000) escrevem que o registro anedótico é "uma narrativa (história) real registrada após a ocorrência do comportamento" (p. 292). Ahola e Kovacik (2007), por sua vez, definem o registro anedótico como "uma narrativa breve, real, objetiva, escrita depois de um evento" (p. 17).

Todos nós sabemos o quão falível a memória pode ser, o que torna o registro de "pós-observação" uma ameaça em potencial às descrições ricamente detalhadas de comportamento. Considerando os fins propostos para o registro anedótico, lapsos de memória que resultam na omissão de detalhes importantes dariam a esses fins pouca atenção. Nós, portanto, tomamos a posição contrária de que é muito melhor registrar o comportamento enquanto ocorrer do que após ele ter ocorrido. Reconhecemos, naturalmente, que a memória de detalhes diminui à medida que o tempo passa, podendo, portanto, argumentar que a maioria dos detalhes poderia ser mantida se o registro ocorresse logo após o comportamento ter ocorrido. No entanto, parece evidente que os registros feitos no local serão quase sempre melhores que aqueles feitos após o fato. Contudo, devemos oferecer uma qualificação para nossa objeção. Se usar o método anedótico apenas para registrar comportamentos novos e atípicos, relatar tal comportamento como ocorre exigiria que sempre estivesse preparado para fazê-lo. Essa preparação pode envolver carregar um lápis e um bloco de notas para que sua capacidade de registrar esteja "a postos". Ou, neste exemplo, usar um pequeno gravador para ditar o que observar seria muito útil, supondo que fosse permitido usá-lo.

Mais sobre o registro anedótico

Usando o registro anedótico: nossa quinta visita à Florence

As razões para usar o registro anedótico parecem claras a partir da discussão anterior. O método dá ao observador – provedor de cuidados infantis, educador infantil, pai – um registro contínuo para ajudá-lo a entender o comportamento de uma criança em situações e cenários particulares. Também permite comparações de comportamentos que fornecem uma maneira de documentar alterações no comportamento da criança. É um registro que se pode fazer para referências futuras e pode servir de apoio para compreender alguns aspectos da personalidade da criança ou do comportamento.

Uma importante diferença que separa o registro anedótico, a descrição narrativa e a amostragem por evento é simplesmente a intenção do observador. No entanto, a intenção é, neste caso, um conceito que abrange tudo. Ilustraremos isso "escutando" novamente os pensamentos de Florence enquanto ela delibera sobre por qual método de registro alcançaria melhor seus objetivos:

> Vamos ver, Anthony tem dois anos e parece estar prestes a mostrar alguns novos comportamentos sociais com outras crianças na sala de aula. Gostaria de registrar tantos detalhes quanto possíveis desses novos comportamentos se e quando acontecerem. Eu também, eventualmente, serei capaz de fazer comparações contínuas entre suas interações sociais anteriores e posteriores. Não apenas a equipe ficaria interessada no progresso de Anthony nesta área, mas seus pais também iriam gostar de saber como está sendo sua interação com seus colegas. Esse conhecimento ajudaria as atividades e experiências da equipe de planejamento que poderiam incentivar ainda mais as relações interpessoais adicionais e em curso. No entanto, tenho de decidir qual o método de registro irá realmente me ajudar a cumprir meus objetivos e as metas que a equipe poderia definir para Anthony. Estritamente falando, a amostragem por evento não parece ser o método apropriado, pois é destinado a registrar eventos comportamentais que ocorrem com razoável frequência. Aprendi que novos comportamentos e habilidades não ocorrem com frequência ou previsão suficientes para justificar o uso da amostra por evento. Da mesma forma, a descrição narrativa também não parece ser muito adequada, pois envolve alguns critérios formais que não se encaixam com meus objetivos. Não acho que a amostragem por tempo ou a descrição diária funcionarão muito bem neste caso também. A amostragem por tempo não me fornecerá todos os dados brutos sobre as interações sociais de Anthony e poderia perder alguns comportamentos muito importantes que me ajudariam a manter o controle e entender o progresso social de Anthony. Quanto ao diário, não acho que minha relação com Anthony seja tão intensa ou prolongada o suficiente para justificar seu uso. Acho que utilizarei o registro anedótico, mas não vou usá-lo para registrar um comportamento típico, embora, de acordo com o livro, eu pudesse fazê-lo. Registrarei os comportamentos sociais novos ou incomuns de Anthony na hora exata em que os observar. Terei de descobrir como posso estar preparada para fazer isso, não importa quando ou onde estes comportamentos ocorram. Talvez um gravador funcione muito bem neste caso. Perguntarei à diretora se posso usar um. Acho que, no mínimo, sempre terei de levar um bloco e uma caneta comigo.

Resumo

O registro anedótico é frequentemente utilizado pelos professores para ajudá-los a compreender alguns aspectos da personalidade, do comportamento e progresso do desenvolvimento geral de uma criança. As cinco características do registro anedótico são: (1) é o resultado da observação direta; (2) é uma descrição pontual, precisa e específica de determinado evento; (3) ele dá o contexto do comportamento da criança; (4) inferências e interpretações são mantidas separadas da descrição objetiva; e (5) registra tanto o comportamento típico quanto o que é incomum da criança que é observada. Em relação a esta última característica, todavia, alguns autores sustentam que os registros anedóticos podem relatar algo interessante ao observador.

O registro anedótico é um método aberto. Sua seletividade varia um pouco, dependendo da necessidade de se registrar tudo de interesse ou apenas comportamentos incomuns. Inferências são necessárias caso se tente explicar o significado de determinado comportamento ou evento. A principal vantagem do método é que ele fornece ao professor um registro contínuo que pode ajudá-lo a entender o comportamento de uma criança em situações e cenários particulares. O método também permite comparações contínuas de comportamentos, o que proporciona uma maneira de se documentar mudanças no comportamento da criança. Uma das principais desvantagens é que os registros anedóticos não são fáceis de escrever e alguns críticos argumentam que seria fácil enviesar a seleção de eventos e comportamentos a serem registrados.

Questões para estudo

1. Por que o registro anedótico é popular entre os professores? Como esses registros são usados por eles?
2. Se o registro anedótico for usado para registrar o comportamento incomum, como os registros desse comportamento poderiam ser úteis para um professor? Como os registros de comportamento típico poderiam ser úteis para um professor?
3. Do que depende o grau de seletividade do registro anedótico?
4. O que torna o registro anedótico fácil de ser usado? Há outro método que também é fácil de ser usado pelas mesmas razões. Qual método faz a mesma afirmação que o registro anedótico e, ao mesmo tempo, como estes dois métodos são diferentes?

Exercício prático

Você provavelmente achará este exercício bastante fácil de fazer, e não muito demorado. É usado para enfatizar o significado ou caráter fundamental da anedota e como esse significado aparece em seu possível uso do registro anedótico como técnica de registro.

Vamos definir uma anedota como uma porção de provas ou informações que inicialmente se aplicam apenas a pessoa ou pessoas diretamente envolvidas nesse episódio e que não podem ser generalizadas para outras pessoas ou circunstâncias similares. Dito de outra forma, a evidência anedótica tem aplicação ou relevância limitada para os indivíduos e eventos fora do contexto imediato da anedota. Por exemplo, se ouvir uma garota precoce de quatro anos usando vocabulário e frases mais típicos de uma criança muitos anos mais velha, usaria evidências anedóticas de forma inadequada se tirasse conclusões sobre a capacidade de linguagem de outras crianças de quatro anos que ainda não ouviu falar. Em outras palavras, a evidência anedótica é obtida a partir de uma amostra pequena demais para que se faça julgamentos válidos sobre uma população maior que não observou ou estudou.

Para a primeira parte deste exercício, queremos que escreva uma anedota que descreve um comportamento normal ou anormal (sua escolha) exibido por uma criança hipotética entre dois e cinco anos. Se necessário, consulte um texto sobre o desenvolvimento da criança para se informar sobre os tipos de comportamentos ou capacidades que se observa em uma criança da idade escolhida. Para a segunda parte, observe realmente uma criança e registre seu comportamento usando a anedota como sua técnica de registro. Quão perto o registro anedótico hipotético chega de seu registro anedótico real?

CAPÍTULO 11

Contagens de frequência ou registros de duração

Objetivos

Depois de ler este capítulo, você deverá ser capaz de:
- Determinar a relação entre registros de frequência e de duração.
- Examinar as utilizações das contagens de frequência e registros de duração.
- Identificar as relações entre as contagens de frequência ou registros de duração e amostragem por evento ou por tempo.
- Determinar o método de observação, o grau de seletividade e grau de inferência exigido no uso das contagens de frequência ou registros de duração.
- Explorar as vantagens e desvantagens de contagem de frequências e registros de duração.

Termos-chave

Contagem de frequência; registro de duração.

Descrição geral

O termo *frequência* identifica imediatamente a característica principal deste método. O observador simplesmente faz uma marca em uma folha de observação toda vez que determinado comportamento ocorrer. Uma variação da **contagem de frequência** é o **registro de duração**. Como Goodwin e Driscoll (1980) indicam, há ocasiões em que é mais útil saber quanto tempo dura um comportamento do que apenas saber com que frequência ele ocorre.

As contagens de frequência podem ser utilizadas para estabelecer referências na modificação do comportamento. Referências são simplesmente contagens de frequência de um comportamento que o professor, pesquisador ou terapeuta queira modificar. A eficácia do procedimento de modificação em especial é medida ao se observar se a frequência do comportamento após o procedimento é menor ou maior que a frequência basal ou de referência (menor ou maior, dependendo da necessidade de um comportamento indesejável ser reduzido ou eliminado, ou de um comportamento desejável aumentar).

Tanto as contagens de frequência como os registros de duração exigem que se definam antecipadamente os comportamentos que se deseja observar e registrar. Os comportamentos específicos de interesse são muitas vezes tratados como categorias – por exemplo, comportamento cooperativo, comportamento de dependência, comportamento de agressividade ou talvez as diversas classificações de brincadeiras (brincadeira paralela, brincadeira associativa etc.). As contagens de frequência e os registros de duração são semelhantes à amostragem por evento, porque o comportamento ou a categoria deverá ocorrer antes que possa ser registrado. No entanto, como é verificado pela análise de Goodwin e Driscoll, a contagem de frequência também poderá seguir um procedimento de amostragem por tempo, em que um ou mais observadores assistem a uma criança por períodos e durações definidos. Isso proporcionará o uso mais econômico do tempo, bem como uma oportunidade de reunir uma amostra representativa de determinado comportamento. É claro que quando se usa um formato de amostragem por tempo ou por evento, também se terá acesso a vantagens e desvantagens desses métodos.

Aberta *versus* fechada

As contagens de frequência e os registros de duração são decididamente fechados. Não preservam quaisquer dados brutos.

Grau de seletividade

Ambos os métodos são altamente seletivos. Se você for contar alguma coisa, primeiro terá de especificar o quê. O mesmo é verdadeiro para medir quanto tempo alguma coisa durará. No entanto, é concebível que as contagens de frequência e os registros de duração sejam incorporados em alguns dos outros métodos já discutidos. Pode ser muito útil registrar a duração dos comportamentos ao se usar a amostragem por eventos, por exemplo. Como foi discutido no Capítulo 3, isso ajudará a evitar erros de transmissão e a fornecer informações relevantes sobre o período de atenção da criança, nível de interesse em uma atividade, e assim por diante. As descrições narrativas também farão uso das contagens de frequência, embora seja mais provável que elas sejam feitas após a conclusão do registro.

Grau de inferência exigido

Inferências e definições são necessárias nesses métodos, pois se deve definir com antecedência quais comportamentos específicos serão incluídos na categoria que se deseja observar e registrar. Tais definições são uma forma de inferência: você interpretará comportamentos específicos indicando uma categoria (de cooperação, interação social etc.). Mais inferência é necessária se observar uma criança fazendo várias coisas. Você observa ações e respostas específicas como cooperação, dependência, ou agressão, ou algo completamente diferente? Além disso, mesmo com as categorias definidas com o maior cuidado, as crianças exibirão comportamentos que não se encaixam exatamente em uma categoria, ou o comportamento acontecerá rápido demais para ser visto em sua totalidade. Essas condições demandarão um julgamento do observador.

Vantagens

A vantagem mais óbvia da contagem de frequência ou do registro de duração é sua simplicidade. Nada parece mais fácil do que fazer uma marca de registro cada vez que determinado comportamento ou evento ocorrer. A técnica de registro em si é simples de usar e requer muito pouco esforço do observador. O registro de duração é mais complicado que a contagem de frequência, porque envolve o uso de um relógio para registrar o tempo do comportamento. Não é exatamente difícil, mas é uma etapa extra que requer que o comportamento seja cuidadosamente observado para se saber quando ele começa e quando termina. Esta advertência também serve quanto à amostragem por evento, mas, ao contrário desta, os registros de duração não envolvem a escrita de descrições narrativas.

Queremos enfatizar aqui que "facilidade de uso" refere-se principalmente à quantidade de esforço empreendido para registrar os dados de observação, bem como à quantidade de tempo e o esforço necessária para se construir um formulário para registrar a frequência ou a duração de vários comportamentos. Se, no entanto, incluirmos a habilidade necessária para reconhecer os comportamentos em questão e fazer julgamentos sobre marcar ou não marcar um comportamento como tendo ocorrido, a contagem de frequência e duração de registro não serão mais fáceis de usar que qualquer outra das técnicas. Não são as técnicas ou a forma particular de como se registra os dados que possibilitarão que você observe com habilidade e discernimento. Pelo contrário, é sua habilidade, seu discernimento e compreensão das diversas técnicas que possibilitarão usá-las corretamente. Além disso, do ponto de vista deste autor, o esmero e a formalidade dos formulários em que se registra as observações se referem mais à preferência pessoal ou a como um formato de registro em particular pode contribuir para a manutenção ordenada de registros.

As contagens de frequência têm a vantagem de fornecer dados quantitativos quase imediatos, que por sua vez podem ser usados ou representados de várias formas. Goodwin e Driscoll mencionam (1980) a representação da frequência do comportamento em gráficos de barras e o uso dos dados para calcular as taxas de comportamento por alguma unidade de tempo (como o número de casos de agressão por minuto) ou para calcular a porcentagem de tempo em que uma criança exibe determinado comportamento. Por exemplo, pode-se determinar que do tempo total observado, uma criança passou 30% do tempo em brincadeiras cooperativas, e 20%, em atividades solitárias. Apesar de ser um quadro muito mais elaborado que a maioria dos observadores construiria, a Figura 11.1 ilustra como essas porcentagens (hipotéticas) de tempo gasto em brincadeiras cooperativas e solitárias, derivadas de dados de registro de duração podem ser representadas por um gráfico de barras. É claro que outros tipos de representação gráfica poderão ser usados.

As contagens de frequência e os registros de duração também são úteis na observação de mudanças de comportamento ao longo do tempo. Os registros de duração são adequadamente utilizados quando a medida do envolvimento da criança for mais importante. O fato de uma criança exibir um comportamento pode ser menos significativo que o tempo em que ela o exibe. A participação social, por exemplo, poderá ser mais bem avaliada em termos de duração das interações da criança do que em termos de frequência que ela o faz. Contatos sociais frequentes, mas muito breves, indicam uma incapacidade de sustentar comportamentos sociais. Nesse caso, uma contagem de frequência simples poderia levar o observador a errar na conclusão de que a criança seria altamente sociável.

Tempo gasto em brincadeiras
Observações de trinta minutos

[Gráfico de barras mostrando tempo gasto em cada categoria:
- Brincadeiras cooperativas (30%): ~9
- Brincadeiras solitárias (20%): ~7
- Ocioso (10%): ~3
- Outros (40%): ~12,5
Eixo Y: Tempo gasto em cada categoria (0 a 12)
Eixo X: Categoria de brincadeira]

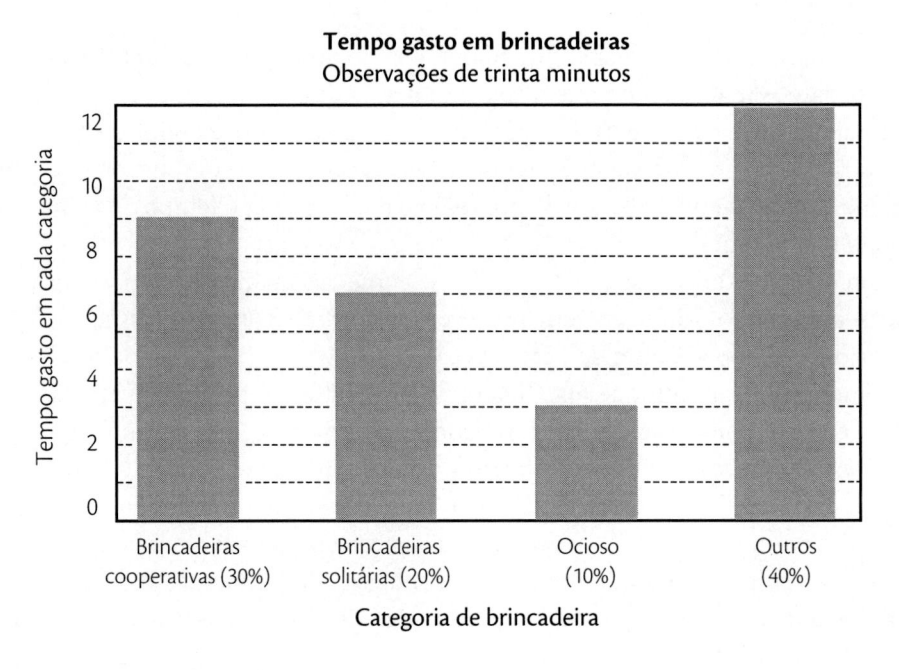

Figura 11.1 Tempo gasto em brincadeiras.

Desvantagens

As desvantagens básicas das contagens de frequência e dos registros de duração estão em seu modo fechado. Eles não revelam nada sobre os detalhes do comportamento ou seu contexto. Mais uma vez, podemos estar registrando fragmentos de ação que não são descritivos ou indicativos do fluxo maior de comportamento.

Alguns usos da contagem de frequência e do registro de duração

Há situações em que pode ser importante saber quantas vezes uma criança apresenta determinado comportamento, talvez principalmente quando esse comportamento for indesejável, tal como agressão ou dependência (emocional, indevida ou injustificada) desnecessária. É por isso que as contagens de frequência são utilizadas para se obter dados de referência para possível uso em estratégias de modificação de comportamento. O número de vezes que uma criança se comporta de forma agressiva com outra criança antes da intervenção será comparado à frequência de agressão após a intervenção. Se a frequência do comportamento for reduzida, então a intervenção poderá ser considerada bem-sucedida. No entanto, devemos acrescentar uma qualificação. Os comportamentos são, muitas vezes, específicos do contexto, ou seja, eles são influenciados pelo local em que a criança se encontra (área do lanche, área de brincadeira livre, *playground* ao ar livre etc.), quem está com ela (seu melhor amigo ou alguém de quem ela não gosta), se equipamentos e materiais estão disponíveis para ela (existem brinquedos suficientes para todos ou ter de compartilhar brinquedos escassos possivelmente contribuirá para discussões ou até mesmo brigas?). Assim, por exemplo, se o comportamento agressivo de Gregory, de três anos, parecer em grande parte restrito àquelas áreas ou atividades que envolvem grandes movimentos musculares, e uma criança chamada Bobby, de quem Gregory não gosta, quaisquer dados de frequência deverão levar os fatores contextuais em conta.

É claro que nem todas as mudanças comportamentais acontecem por causa da intervenção direta de um adulto; o comportamento muda no curso natural do crescimento e desenvolvimento. Como dissemos anteriormente, as contagens de frequência e os registros de duração são úteis para observar essas mudanças mais "naturais" de comportamento ao longo do tempo.

Assim como já discutimos, a frequência do comportamento, por vezes, pode ser menos importante do que quanto tempo dura o comportamento. Consequentemente, quando a medida do envolvimento da criança for mais importante, o registro de duração poderá ser o método de escolha:

> O fato de uma criança exibir um comportamento pode ser menos significativo do que o tempo pelo qual ela o exibe. A participação social, por exemplo, poderá ser mais bem avaliada em termos de duração das interações da criança do que em termos da frequência com que ela o faz. Contatos sociais frequentes, mas muito breves, indicam uma incapacidade de sustentar comportamentos sociais. Nesse caso, uma contagem de frequência simples poderia levar o observador a errar na conclusão de que a criança seria altamente sociável.

Há uma série de maneiras de estruturar o formato (aparência) e a implementação de uma contagem de frequência ou registro de duração. Um desses formatos é demonstrado na Tabela 11.1. Este é um formato altamente estruturado, em que a forma de registro é cuidadosamente prevista. Mesmo que não haja nenhuma menção ao intervalo de tempo nesta tabela de contagem de frequência, você deverá seguir um procedimento de amostragem por tempo e aderir estritamente a um intervalo de registro, se quiser que suas contagens de frequência sejam válidas e representativas.

Como se pode ver, a Tabela 11.1 permite registrar as frequências de comportamento de seis crianças dentro de quatro categorias de comportamento durante cinco intervalos dentro de cada categoria. Todas essas dimensões e categorias podem ser ampliadas de forma a incluir mais crianças, mais categorias de comportamento e mais intervalos dentro de cada categoria. No entanto, essa ampliação não é ilimitada e deverá ser mantida dentro de limites administráveis; caso contrário, o formulário tornar-se-á demasiado complicado para ser usado com eficácia.

Porém, pode haver ocasiões em que se queira registrar a frequência de determinados comportamentos de uma criança em vez do número de crianças. Isso foi brevemente discutido como uma das vantagens da contagem de frequência, e o assunto foi abordado na Figura 11.1, que mostra a porcentagem de tempo que uma criança gasta nas quatro categorias de atividade: brincadeiras solitárias, brincadeiras cooperativas, ocioso e uma quarta categoria designada como "outros". Este uso da contagem de frequência não exige necessariamente um procedimento de amostragem por tempo ou um formulário de registro cuidadosamente preparado, mas se teria de observar o comportamento da criança durante um período específico de tempo e se teria de registrar de forma cautelosa a quantidade de tempo que ela gastou em cada um dos dois tipos de brincadeira.

Tabela 11.1 Amostra do formato de contagem de frequência para quatro categorias de comportamento																				
Nome	Agressão					Cooperação					Dependência					Autonomia				
Barbara																				
Jason																				
Brian																				
Alice																				
Darius																				
Melinda																				
	1	2	3	4	5	1	2	3	4	5	1	2	3	4	5	1	2	3	4	5

O formato de contagem de frequência em amostra apresentado na Tabela 11.1 é apenas um dos muitos formatos possíveis. Perceba que se pode registrar apenas cinco ocorrências de cada um dos quatro comportamentos designados para estudo. No entanto, cinco poderiam ser suficientes se você tivesse de observar e registrar por breves períodos. Seria improvável, por exemplo, que Brian apresentasse mais de cinco comportamentos agressivos dentro do intervalo de um minuto.

Contudo, o formulário é apenas um conceito e ele pode ser tão flexível quanto o necessário. Na verdade, você pode registrar frequências em uma folha de papel em branco. Os espaços simplesmente darão uma referência visual para orientar seu registro da quantidade de vezes que ocorrer um comportamento específico. Você simplesmente colocará uma marca (X) sempre que a criança exibir o comportamento de interesse. Talvez a tarefa mais difícil seja manter o controle preciso dos períodos dentro dos quais se quer registrar o comportamento. Por exemplo, se você estiver observando Barbara por um minuto entre 9h e 9h01min e quiser passar para Jason no minuto entre 9h02min e 9h03min, deve ter certeza de que será observado precisamente determinado período. Se, de fato, você dedicar um minuto e meio para Barbara e apenas 45 segundos para Jason, qualquer diferença na frequência de comportamento entre as duas crianças poderá ser atribuída às diferenças no período em que se observou cada criança.

Este exemplo também limita os cinco "espaços" para registrar a ocorrência de um comportamento, mas se quisesse registrar as frequências de comportamento durante um longo período (uma hora ou uma manhã, por exemplo) a fim de estabelecer uma referência para uma criança em especial, um formulário de perguntas abertas seria apropriado. Você poderia, simplesmente, fazer uma marca cada vez que o comportamento ocorresse. Se, após ter concluído a sessão de observação para registro, achar que a frequência do comportamento foi maior ou menor que o desejado, poderá tomar medidas para modificar a quantidade de espaços reservados à marcação da frequência do comportamento para mais ou para menos.

Florence e a contagem de frequência e o registro de duração

Nossa estudante Florence está se tornando confiante para observar e registrar o comportamento das crianças. Ela adquiriu um pouco de conhecimento sobre as várias técnicas de registro e experimenta uma sensação de realização à medida que se aproxima do final desta parte de sua jornada.

Seu instrutor pediu a ela para se imaginar em uma creche que contém uma mistura bastante homogênea de crianças de três a cinco anos. A diretora da creche está um pouco preocupada, porque as crianças de cinco anos estão se comportando de forma demasiado agressiva com as crianças de três anos. Ela também está preocupada com a possibilidade de que esses episódios agressivos não sejam fugazes e de curta duração, mas que persistam por tempo suficiente de forma a resultar em ferimentos graves nas crianças mais novas. No entanto, a diretora está ciente da falibilidade potencial da evidência anedótica e quer coletar sistematicamente informações sobre a agressividade das crianças, o que pode formar uma base válida para a tomada de medidas visando diminuir ou eliminar este comportamento indesejável. Florence recebe a tarefa de fazer uma contagem de frequência/registro de duração que poderia ser usada para resolver o problema da diretora. Aqui está como Florence possivelmente abordaria essa tarefa:

Essa tarefa parece interessante – eu até queria que fosse um caso real, e não hipotético. Vamos ver, eu me lembro de um exemplo de formulário de contagem de frequência no Capítulo 11 do *Guia para observação e registro do comportamento infantil*. Sim, aqui está ele, a Tabela 11.1, mas ela trata de quatro categorias de comportamento, e não apenas, de agressão, além de não envolver qualquer registro de quanto tempo dura um comportamento. Bem, isso não deve ser muito difícil de corrigir. Eu acho que consigo modificar a Tabela 11.1 para poder registrar se uma criança se comporta de forma agressiva em relação a outra, contra quem a agressão é dirigida e quanto tempo dura o episódio agressivo. Posso até colocar um espaço para registrar em que lugar da creche o comportamento agressivo ocorreu. Isso deve me dar todas as informações que a diretora da minha creche hipotética precisará.

A primeira coisa que preciso fazer é construir uma tabela que enumere os nomes de todas as crianças com cinco anos na coluna à esquerda, dar a cada criança de três anos um número de identificação e construir mais dois espaços – um para registrar quanto tempo o comportamento agressivo dura e outro para indicar onde a agressão ocorreu. Eu posso usar um código para identificar essas áreas, como BG para área dos blocos grandes, PD para a área de pintura a dedo, QC para a área de quebra-cabeças, e assim por diante. Então, se, por exemplo, Nathan, de cinco anos, se comportar de forma agressiva em relação a Marie, de três anos, vou registrar o número de identificação de Marie à direita do nome de Nathan, verificar o meu relógio para ver quanto tempo durou a agressão e escrever o código que indica onde a agressão de Nathan ocorreu.

Vou ter de usar praticamente a mesma técnica que usaria na amostragem por tempo. Vou ter de decidir sobre o período pelo qual vou observar cada criança, para registrar se o comportamento ocorreu e esperar antes de seguir para a próxima criança. Talvez utilize 30 segundos para observar o comportamento, 20 segundos para registrar todas as informações que preciso e 10 segundos antes de passar para a próxima criança. Também teria de observar todas as crianças várias vezes, provavelmente no espaço de dois ou três dias a fim de obter dados representativos bastante confiáveis. Agora tudo o que tenho a fazer é a folha de registro.

Resumo

A contagem da frequência contabiliza as ocorrências de determinado comportamento. O registro de duração, uma variação da contagem de frequência, mede a duração de um comportamento. O registro de duração é usado quando a medida do comportamento de uma criança for mais importante que apenas sua frequência.

As contagens de frequência e os registros de duração são métodos fechados e muito seletivos; se for contar alguma coisa, terá de saber que coisa é essa. Inferências são necessárias nesses métodos, pois será preciso definir de antemão quais comportamentos se encaixarão na categoria que se deseja observar e registrar; por exemplo, a cooperação, o intercâmbio social e assim por diante. As contagens de frequência têm vantagens como a simplicidade de uso, o fornecimento de dados quantitativos imediatos e sua utilidade na observação de mudanças no comportamento em observações repetidas. A principal desvantagem reside em seu modo fechado; elas não revelam praticamente nada sobre os detalhes do comportamento e seu contexto.

Um registro de duração é realmente muito simples. Tem as qualidades de uma contagem de frequência, mas também registra o tempo que o comportamento dura. O formulário apresentado neste capítulo pode ser facilmente transformado em um registro de duração, oferecendo espaços para intervalos de registro. Na verdade, pode-se eliminar os espaços para controle de frequência, porque cada registro de tempo também indicará a ocorrência do comportamento-alvo.

Questões para estudo

1. Quando um registro de duração pode fornecer informações mais importantes do que uma contagem de frequência? Um registro de duração perde informações sobre a frequência?
2. Para que finalidade uma contagem de frequência poderia ser o método mais útil de registro? Para que finalidade ela seria o método menos útil?
3. O que a amostragem por tempo e a contagem de frequência têm em comum?
4. Quais as vantagens e desvantagens que a contagem de frequência compartilha com a amostragem por tempo?

Exercício prático

Podemos explicar este exercício rápida e facilmente. Construa a mesma folha de registro de contagem de frequência/registro de duração que Florence descreveu anteriormente. Se puder, observe e registre se a criança se comporta de forma agressiva, em relação a quem, por quanto tempo e em que área da creche.

Listas de verificação (*checklists*) e escalas de avaliação

Objetivos

Depois de ler este capítulo, você deverá ser capaz de:
- Determinar o uso apropriado das listas de verificação e das escalas de avaliação.
- Examinar as características das listas de verificação e das escalas de avaliação.
- Discutir as características das listas de verificação e das escalas de avaliação em relação às dimensões de abertura *versus* fechamento, grau de seletividade e grau de inferência exigido.
- Discutir as vantagens e desvantagens das listas de verificação e das escalas de avaliação.

Termos-chave

Lista de verificação (*checklist*); descritores estáticos; ações; confiabilidade intraobservador; confiabilidade interobservador; validade.

Descrição geral

Uma **lista de verificação** (*checklist*) é qualquer registro que denota a presença ou a ausência de alguma coisa. Uma lista de compras e uma folha de frequência de aula são listas de verificação simples. As listas de verificação têm muitos usos e são muito simples de usar. Durante a observação de crianças, as listas de verificação são usadas para registrar a ocorrência de comportamentos específicos em determinado contexto. Os termos-chave aqui são *comportamentos específicos* e *determinado contexto*. O primeiro termo indica simplesmente que a lista tem de ser construída antecipadamente, antes de se começar a observação. Assim, não se pode construir uma lista de verificação de qualquer tipo até saber o que se deseja incluir. Pense nisso de novo em termos de uma lista de compras de mercado que, como já assinalamos, é na verdade um tipo de lista de verificação. À medida que se coloca cada item da lista no carrinho, vai se verificando o que ainda falta para comprar. Porém, não se pode fazer isso sem fazer a lista com antecedência, antes de entrar na loja (ou na loja, mas antes de começar a comprar). *Determinado contexto* significa que pelo menos alguns dos comportamentos na lista provavelmente irão ocorrer em determinados cenários e situações. Assim, por exemplo, se sua lista de verificações se referir a comportamentos físicos-motores, o ideal é que você irá observar esses comportamentos em um ambiente onde há maior probabilidade de ocorrerem – a área dos blocos grandes, durante a brincadeira ao ar livre etc. Isso aumentará a eficiência e a produtividade de seus esforços. No entanto, deve ser enfatizado que a lista de verificação pode ser usada em praticamente qualquer lugar – ações físico-motoras apresentadas à mesa do lanche são tão legítimas como aquelas exibidas ao escalar um trepa-trepa, embora possam diferir em alguns aspectos (por exemplo, atividades motoras finas contra não tão especializadas).

Brandt (1972) observa dois tipos desse método de registro. Uma importante classe de itens registráveis em uma lista de verificação é o que ele chama de **descritores estáticos**. Os descritores estáticos referem-se às características relativamente imutáveis de cenários ou crianças (pessoas) que podem ser notadas e registradas com facilidade em uma lista de verificação. Esses descritores dão consistência aos dados de registro. Idade, raça, sexo, condições socioeconômicas, características do ambiente físico e período do dia são exemplos de descritores estáticos comuns.

A segunda classe de itens para registro na lista de verificação são as **ações** (listas de verificação de ações, Brandt, 1972). Ações são comportamentos e, portanto, uma preocupação primordial para os observadores de crianças. Uma lista de verificação de ações típica registra ocorrências de comportamentos específicos durante um período de observação. Uma lista de comportamentos é feita para cada criança, e o observador marca os comportamentos que a criança apresenta a qualquer momento durante o período de observação. Uma lista de verificação também pode ser usada para registrar se a criança tem capacidade para demonstrar determinados comportamentos a pedido. Neste caso, a lista torna-se uma forma de avaliação.

Examine a Tabela 12.1 e a Tabela 12.2. Esses exemplos particulares são listas de verificação que foram usadas em um programa *Head Start* local conhecido do autor (cortesia de Helen Chauvin, Diretora).

Tabela 12.1 Amostra de lista de verificação	
Nome_____	Escola ou agência_____
Idade_____ Grupo_____	Sexo_____ Horário_____
Data de nascimento_____	Observador_____
Instruções: Marque apenas as declarações realmente verdadeiras sobre a criança.	
Não tente adivinhar (se não tiver certeza) nem fazer um julgamento prematuro.	
1. ( ) Vigoroso e enérgico ao iniciar um projeto. 2. ( ) Cauteloso, não aventureiro, com medo de tentar o que nunca fez. 3. ( ) Quase sempre realiza as tarefas apesar das dificuldades. 4. ( ) Voz animada e viva. 5. ( ) Não se cansa facilmente. 6. ( ) Concentração ruim (começa e termina as atividades rapidamente ou abruptamente). 7. ( ) Apenas copia as reações das outras crianças, não é original. 8. ( ) Concentra-se bem em sua tarefa.	

Tabela 12.1 Amostra de lista de verificação (*continuação*)

9. ( ) Reações originais e inventivas.
10. ( ) Curioso e questionador.
11. ( ) Expressa-se bem para sua idade.
12. ( ) Habilidoso ao lidar com situações difíceis.
13. ( ) Pouco uso da linguagem para sua idade.
14. ( ) Paciente.
15. ( ) Absorvido; autossuficiente em sua atividade.
16. ( ) Impaciente; certa insatisfação com sua própria atividade.
17. ( ) Reticente; deseja estar em segundo plano.
18. ( ) Bem humorado.
19. ( ) Perturba-se com frequência; facilmente perturbado por aquilo que é desagradável ou emocionante.
20. ( ) Perturba-se raramente; mudanças bruscas de humor frequentes.
21. ( ) Lento para se adaptar a uma nova experiência.
22. ( ) Original nas brincadeiras.
23. ( ) Distrai-se facilmente da tarefa atribuída.
24. ( ) Desiste facilmente; carece de persistência.
25. ( ) Submete-se a qualquer criança que toma a iniciativa.
26. ( ) Domina as crianças de sua idade (ambos os sexos).
27. ( ) Está disposto a se submeter somente a uma criança específica.
28. ( ) Submete-se a um líder apenas depois de uma briga pela liderança.
29. ( ) É seguidor de apenas um grupo específico.
30. ( ) Às vezes domina um grupo.
31. ( ) Geralmente lidera um grupo pequeno.
32. ( ) Decide quem deve participar das atividades do grupo.
33. ( ) Consegue organizar as atividades de um grupo para realizar um propósito definido.
34. ( ) Lidera ou segue conforme a ocasião exige.
35. ( ) Nem lidera nem segue; brinca sozinho.

Nota: A lista de verificação pertence a creches reais e serve como exemplo; não é, necessariamente, ideal para todas as idades.

Como podemos ver na Tabela 12.1, os comportamentos podem ser marcados a qualquer momento mas o verificador precisa observar a criança realmente executando um comportamento, ou ter certeza que as características em questão são verdadeiras. Em relação a esta lista de verificação é importante e útil que o professor ou observador não esteja vinculado ao tempo ou contexto. Ele pode registrar as informações a qualquer momento. (Esta lista, aliás, é apenas parcial; a original contém 166 itens.) A Tabela 12.2 combina uma lista simples de habilidades motoras e de autoajuda com os dados normativos que indicam a idade em que as crianças geralmente adquirem várias habilidades. Por exemplo, a parte do inventário chamada "Diagrama" indica que aos três a quatro anos em média, a criança adquire as habilidades motoras grandes descritas nos itens 24 a 32.

A lista de verificação na Tabela 12.1 pode parecer muito subjetiva e exigir muita interpretação para ser proveitosa. Alguns poderão argumentar que os itens desta lista de verificação não são específicos o suficiente. Oferecemos duas respostas a essas críticas. Em primeiro lugar, a aprendizagem sobre crianças é quase sempre realizada por meio de repetidas observações durante um período razoável. Isso é verdade, independentemente da técnica de registro utilizada. Consequentemente, depois de observar Jeremy, de quatro anos, na mesa de quebra-cabeças, pode-se marcar o item 23 ("Distrai-se facilmente da tarefa atribuída"), porque no momento em que foi observado, ele parecia estar distraído. No entanto, este incidente não justifica a conclusão de que Jeremy sempre, ou geralmente, está distraído da tarefa, apenas que ele agiu assim no momento em que foi observado. Em ocasiões posteriores, ele poderá estar muito concentrado na tarefa, caso em que seria marcado o item 8 ("Concentra-se bem em sua tarefa"). Cada registro de observação é apenas uma visão instantânea que captura um episódio comportamental relativamente breve a partir de um fluxo de comportamento em constante movimento. Portanto, as conclusões devem se basear no acúmulo de um número de registros na lista de verificação durante um período e em uma variedade de cenários e situações.

Tabela 12.2 Lista de verificação de desenvolvimento físico juntamente de algumas normas de desenvolvimento
Nome da criança_____ Data de nascimento_____
Data_____ Nome do professor_____
Instruções: Marque apenas as declarações que são realmente verdadeiras sobre a criança.
Não tente adivinhar se não tiver certeza.
1. Monta um quebra-cabeça de três peças _____ Sim _____ Não
2. Recorta com tesoura _____ Sim _____ Não
3. Pega alfinetes ou botões com cada olho coberto separadamente _____ Sim _____ Não
4. Faz riscos, pontos ou formas circulares no cavalete _____ Sim _____ Não
5. Consegue enrolar, apertar, espremer e puxar a argila _____ Sim _____ Não
6. Segura o giz de cera com os dedos, não com a mão _____ Sim _____ Não
7. Reúne oito peças (ou mais) do quebra-cabeça _____ Sim _____ Não
8. Faz formas de argila com duas ou três partes _____ Sim _____ Não
9. Corta em curva com uma tesoura _____ Sim _____ Não
10. Parafusa um objeto ao outro _____ Sim _____ Não
11. Recorta e cola formas simples _____ Sim _____ Não
12. Desenha uma casa simples _____ Sim _____ Não
13. Imita dobradura e vinco no papel três vezes _____ Sim _____ Não
14. Escreve algumas letras maiúsculas _____ Sim _____ Não
15. Copia um quadrado _____ Sim _____ Não
16. Desenha uma figura simples reconhecível (por exemplo, casa, árvore, cachorro) _____ Sim _____ Não
17. Consegue amarrar os sapatos _____ Sim _____ Não
18. Escreve letras maiúsculas (grandes, únicas, em qualquer lugar no papel) _____ Sim _____ Não
19. Consegue copiar letras minúsculas _____ Sim _____ Não
20. Recorta fotos de revistas a até cerca de 1 centímetro da borda da imagem _____ Sim _____ Não
21. Usa um apontador de lápis _____ Sim _____ Não
22. Dobra o papel quadrado duas vezes em diagonal, imitando _____ Sim _____ Não
23. Escreve o nome no papel _____ Sim _____ Não
24. Chuta uma bola grande quando rolada para ela _____ Sim _____ Não
25. Corre dez passos com movimentos alternados e coordenados dos braços _____ Sim _____ Não
26. Pedala um triciclo a distância de 1,5 metro _____ Sim _____ Não
27. Se balança no balanço quando colocado em movimento _____ Sim _____ Não
28. Sobe e desce em um escorregador de 1 a 2 metros _____ Sim _____ Não

Tabela 12.2 Lista de verificação de desenvolvimento físico juntamente de algumas normas de desenvolvimento (*continuação*)	
29. Dá cambalhotas para frente _____ Sim _____ Não	
30. Sobe escadas alternando os pés _____ Sim _____ Não	
31. Apanha a bola com as duas mãos quando lançada a 1,5 metro de distância _____ Sim _____ Não	
32. Salta um degrau _____ Sim _____ Não	
33. Sobe escadas _____ Sim _____ Não	
34. Pula com os pés alternados _____ Sim _____ Não	
35. Caminha para frente em uma trave de equilíbrio sem cair _____ Sim _____ Não	
36. Corre mudando de direção _____ Sim _____ Não	
37. Pula para frente dez vezes sem cair _____ Sim _____ Não	
38. Pula para trás seis vezes sem cair _____ Sim _____ Não	
39. Salta e apanha uma bola grande _____ Sim _____ Não	

Diagrama para inventário de habilidades motoras e de autoajuda

Níveis de desenvolvimento	Motricidade grossa			Motricidade fina			Autoajuda
3-4 anos	24	25	26	1	2	3	
	27	28	29	4	5	6	
	30	31	32				
4-5 anos	33	34	35	7	8	9	
	36	37	38	10	11	12	
	39			13	14	15	
5-6 anos							

E em segundo lugar, embora às vezes seja indesejável fazê-lo, nós tendemos a falar dos comportamentos e habilidades infantis em termos gerais. Às vezes, nossas descrições gerais são baseadas em observações repetidas; em outros momentos, podemos fazer julgamentos precipitados com base em informações limitadas. Depois de ver Anthony tirar um brinquedo de outra criança, podemos notar: "Anthony é um garoto agressivo, não é?" quando, na verdade, Anthony pode quase nunca exibir um comportamento agressivo. Profissionais prestadores de cuidados infantis não devem tirar conclusões prematuras gerais a respeito dos comportamentos e habilidades da criança. No entanto, no momento em que uma criança apresenta um comportamento ou habilidade particular, um registro na lista de verificação pode ser legitimamente considerado um relato preciso do que foi observado. Contudo, um registro na lista de verificação poderia muito bem ser uma conclusão prematura se fosse verificado sozinho e sem o apoio de outras observações. Para o profissional prestador de cuidados infantis e educador infantil, portanto, nenhum registro de observação único, adquirido por qualquer técnica de registro, deve ser base de decisões relativas aos comportamentos e habilidades infantis.

Uma lista de compras é uma analogia razoável para essa discussão. A lista de compras é uma lista de verificação que usamos para ter certeza de que compramos todos os itens de que precisamos. Se, por exemplo, não encontramos o cereal matinal que temos em nossa lista, não devemos concluir que a loja nunca o venderá, mas apenas que no momento em que está se comprando, a loja está sem esse cereal em particular. Se, no entanto, depois de repetidas idas à loja, nós ainda não encontramos o Tootie Fruities, pode ser adequado concluir que a loja já não vende o produto. Da mesma maneira, durante um momento da observação, Miguel se distrai facilmente, e tal fato é indicado em sua lista. Porém, registros repetidos na lista de verificação podem indicar que Miguel se concentra muito bem na tarefa atribuída. Mais uma vez, são os registros de observação acumulados que descrevem com precisão qualquer criança.

Existem tantos tipos de listas de verificação que elas podem não ser facilmente reconhecidas como tais. Considere o seguinte exemplo. O Teste de Triagem de Desenvolvimento de Denver, embora chamado de teste, é também uma lista de verificação. O Teste de Denver fornece regras para vários comportamentos dentro de quatro áreas do desenvolvimento. Ele também fornece ao examinador uma série de perguntas, orientações e ações para obter determinadas respostas verbais, cognitivas ou motoras da criança. O examinador verifica se a criança é capaz de responder às perguntas e demonstrar os comportamentos desejados. O desempenho da criança também é comparado aos padrões para sua idade. Da mesma forma, um professor de pré-escola pode querer determinar quais as habilidades específicas das crianças de sua sala: quem consegue pular em um pé só, bater uma bola pelo menos cinco vezes, contar até dez etc. Essa lista de verificação pode ser usada para medir as habilidades da criança quando ela inicia no programa pré-escolar, e novamente em um momento posterior (veja a Tabela 12.3). Brandt (1972) afirma que listas de verificação são mais utilizadas em situações nas quais não haja grande quantidade de comportamentos diferentes a serem observados, os comportamentos são facilmente colocados em apenas uma categoria específica e mutuamente exclusiva, e os comportamentos de interesse são fáceis de observar.

Tabela 12.3 Lista de verificação possível para traçar o progresso do desenvolvimento

Criança observada_____
Idade da criança_____
Cenário de observação_____
Data_____
Horário_____

1. Consegue montar uma ponte com três cubos por meio de imitação _____ Sim _____ Não
2. Usa as duas mãos para firmar uma torre de cubos _____ Sim _____ Não
3. Usa tesoura para cortar sem precisão _____ Sim _____ Não
4. Copia um círculo _____ Sim _____ Não
5. Imita uma linha horizontal e uma cruz _____ Sim _____ Não
6. Alimenta-se de forma independente com uma colher _____ Sim _____ Não
7. Veste-se/despe-se com auxílio na parte da frente, de trás, para arrumar, amarrar _____ Sim _____ Não
8. Pula no lugar _____ Sim _____ Não
9. Pedala um triciclo _____ Sim _____ Não
10. Lava/seca as mãos _____ Sim _____ Não
11. Bate a bola pelo menos três vezes _____ Sim _____ Não
12. Segura o lápis entre o polegar e os dois ou três primeiros dedos _____ Sim _____ Não

Listas de verificação exigem uma grande estruturação; os itens a serem notados em uma situação comportamental são claramente estabelecidos antecipadamente (Brandt, 1972). Este critério deve ser familiar para você, porque a ideia de estruturação e definição dos "itens a serem notados" se aplica a muitos dos métodos já discutidos. Estruturação e definição também são partes das características de abertura/fechamento e grau de seletividade. É importante reconhecer que qualquer sistema de registro que marca uma categoria, item ou resposta em uma folha de observação é uma forma de lista; portanto, suas categorias devem ser cuidadosamente definidas.

Se validade e confiabilidade forem motivos de preocupação quando se utiliza uma lista de verificação, categorias definidas com cuidado melhoram potencialmente essas duas características. Existem dois tipos de confiabilidade relevantes aqui: confiabilidade intraobservador e confiabilidade interobservador. Se uma lista de verificação tiver **confiabilidade intraobservador**, o uso repetido da lista de verificação pelo mesmo indivíduo vai produzir os mesmos resultados. Assim, por exemplo, se as categorias da lista de verificação forem cuidadosamente definidas e se apresentarem confiáveis de modo comprovado, toda vez que um observador perceber um comportamento de cooperação, ele irá indicar na lista a ocorrência dessa cooperação. É claro que o observador tem de saber como é definida a cooperação para efeitos da observação, e ele deverá ser capaz de reconhecer a cooperação quando a vir. Porém, a lista também deverá conter a descrição adequada do comportamento cooperativo para que sua ocorrência possa ser notada. Se não houver itens na lista de verificação que dizem respeito à cooperação, ou se os itens não forem suficientemente descritivos, a confiabilidade (e talvez a validade também) será reduzida ou completamente perdida.

A **confiabilidade interobservador** diz respeito à estabilidade ou consistência dos registros feitos por mais de um observador utilizando a mesma lista e observando a mesma criança. Ou seja, dois ou mais observadores têm de tomar as mesmas decisões quanto à ocorrência ou não de determinado comportamento, e devem marcar o mesmo item na lista de verificação que indica a ocorrência do comportamento.

Validade é um pouco mais difícil de alcançar. Validade significa que a lista está de fato medindo ou capturando comportamentos, habilidades ou características declarados. Em outras palavras, se uma lista de verificação afirma permitir a um observador registrar casos de funcionamento motor de uma criança, ela é válida se fizer exatamente isso. Porém, se os itens da lista realmente não tiverem nada de significativo em relação ao funcionamento motor, então a lista de verificação é inválida e não terá qualquer utilidade para seu fim declarado ou pretendido. Obter validade em algumas áreas comportamentais é talvez mais fácil que em outras. Parece ser mais fácil fazer registros válidos sobre o funcionamento motor, por exemplo, do que fazê-los sobre determinadas áreas ou aspectos do funcionamento intelectual. Está além do escopo deste livro entrar em aspectos técnicos de validade e confiabilidade, mas este autor acredita que para a maioria das utilizações regulares da lista de verificação em situações e cenários de cuidados infantis, as questões de validade e confiabilidade irão se resolver, especialmente se observações e registros repetidos forem feitos durante algum período por vários indivíduos. E, naturalmente, tal repetição é em si parte do processo de melhoria da validade e confiabilidade.

Aberta *versus* fechada

As listas de verificação são fechadas porque reduzem dados brutos a uma marcação que indica presença ou ausência de um comportamento específico.

Grau de seletividade

O grau de seletividade é alto porque os itens comportamentais registrados são identificados e definidos antes de iniciar a observação.

Grau de inferência exigido

As inferências necessárias na utilização das listas de verificação são semelhantes às exigidas para as listas de verificação quando incorporadas a outros métodos (por exemplo, amostragem por tempo, amostragem por evento e contagens de frequência). Você deve definir antecipadamente os comportamentos ou eventos que pertencem às suas categorias de observação. No entanto, haverá momentos em que se observará um comportamento ambíguo, que não se encaixa claramente nas categorias. Nesse caso, terá de decidir se o comportamento se adaptará à sua definição.

A Tabela 12.4 é um exemplo de uma lista de verificação que seria adequada para uma criança de um a quatro meses. Para construir a lista, primeiro identificou-se uma gama de comportamentos e habilidades que normalmente se aplicariam a uma criança dessa idade. Em uma situação de observação real, nós também teríamos de decidir quais habilidades, comportamentos e características seriam importantes ou relevantes para nossos propósitos. Obviamente, não faria nenhum sentido incluir na nossa lista um item como "consegue dar cinco passos ou mais". A aparência real da lista de verificação é menos importante do que sua clareza e facilidade de uso geral. Por fim, obviamente, qualquer um que use a lista tem de entender o que está procurando e tem de reconhecer esse comportamento quando ele ocorrer. Nesse exemplo, nós não usamos o formato que em geral foi usado neste livro. Estamos enfatizando apenas os tipos de itens da lista de verificação adequados para uma criança de um a quatro meses; além disso, a lista é muito curta e serve apenas como ilustração. Você pode naturalmente adicionar itens e usá-la como um exercício de observação ou por outras razões legítimas.

Tabela 12.4 Amostra de lista de verificação para bebê de um a quatro meses de idade			
Comportamento, habilidade, característica	Sim	Não	Comentários
As pernas têm aparência ligeiramente curvada.			
Lágrimas correm ao chorar.			
Demonstra início de visão binocular (os olhos se movem juntos).			
Exibe reflexos de busca e sucção bem desenvolvidos.			
Agarra objetos com a mão inteira com uma apreensão palmar.			
Sustenta a cabeça e a parte superior do corpo nos braços quando de bruços (rosto para baixo).			
Consegue seguir um objeto em movimento a aproximadamente de 30 centímetros de distância.			
Imita gestos exibidos por outra pessoa.			
Consegue localizar a origem de um som.			
Ao sorrir ou falar com o bebê, ele balbucia e faz barulho.			
Um rosto ou voz amigável evoca um sorriso do bebê.			

Vantagens

As listas de verificação têm a vantagem de serem utilizáveis em muitas situações e métodos diferentes. Elas são eficientes e fáceis de usar. A lista de verificação é eficiente, pois reduz informações descritivas complexas de um registro ou uma anotação, proporcionando assim dados facilmente quantificáveis. A anotação muitas vezes representa uma categoria como intercâmbio social, brigas ou tarefa orientada. Essas categorias são definidas por um grupo de comportamentos que compartilham certas características. A lista de verificação elimina a necessidade de registrar todos os detalhes do comportamento. Também pode ser uma vantagem o fato de que sua utilização em qualquer formato ou método requeira preparo prévio meticuloso. A lista também tem a vantagem de proporcionar a chamada informação de referência, a qual pode ser comparada com os registros em listas de verificação semelhantes feitos durante observações subsequentes. Os dados podem revelar os ganhos no desenvolvimento ou mudanças comportamentais que ocorreram de um momento para outro. Uma vantagem final que deve ser mencionada é que a lista de verificação também pode servir para identificar comportamentos e habilidades os quais se pode querer observar e registrar com mais detalhes mais tarde. Este uso da lista de verificação pode economizar muito o tempo que seria gasto para esperar um comportamento ocorrer a fim de registrá-lo ao usar, por exemplo, uma descrição narrativa ou técnica de amostragem por evento. A lista de verificação irá dizer se a criança pode executar ou executa determinado comportamento e se o comportamento se tornará disponível para observação mais longa e mais intensa.

Desvantagens

Como acontece com qualquer método que não preserva dados brutos, a lista perde os detalhes do comportamento observado e seu contexto. Isso significa que o registro de observação consistirá principalmente de fragmentos de ação ou impressões isoladas das crianças observadas. Isso torna importante a combinação cuidadosa de qualquer método de registro com seus objetivos de observação.

Dicas para a construção de listas de verificação

Como já foi mencionado, a lista é baseada em um conceito muito simples: ela essencialmente enumera uma série de itens ou ações, a presença ou a ausência do que é importante para o indivíduo que utiliza a lista de verificação. Nós já discutimos a lista de compras como um dos exemplos mais simples. Pilotos de avião usam listas de verificação para guiá-los em uma série de etapas que indicam a prontidão do avião para voar com segurança. Embora a construção de uma lista de verificação requeira alguma reflexão, em geral esse pode ser um processo relativamente fácil. Se quiser construir suas próprias listas, em vez de usar qualquer um dos exemplos apresentados neste livro, você pode começar pelo uso de qualquer conjunto de normas de desenvolvimento, marcos ou perfis como conteúdo para ela. Este autor utilizou esse método para construir a Tabela 12.4, por exemplo. Queremos enfatizar que o objetivo de construir uma lista não é testar a própria criatividade, mas obter um instrumento prático e útil que o ajudará a compreender o comportamento da criança e avaliar seu progresso no desenvolvimento. Portanto, use todos os recursos que podem ajudá-lo a alcançar esse objetivo.

As listas de verificação nas tabelas 12.1 a 12.3 mostram os princípios básicos que caracterizam quase qualquer lista. Talvez a característica mais básica de uma lista de verificação seja a de que seu conteúdo deva representar comportamentos diretamente observáveis. Decisões sobre se determinado item na lista descreve o comportamento observado envolvem interpretação. Após isso, no entanto, qualquer interpretação adicional diz respeito à definição do significado ou da relação do comportamento observado com os comportamentos das outras crianças ou com seu progresso geral no desenvolvimento. Como o comportamento observado se encaixa no contexto geral do desenvolvimento e das experiências da criança?

Oferecemos mais um exemplo de lista de verificação (veja a Tabela 12.5) que construímos a partir de uma situação hipotética cujo objetivo é determinar o quanto Dominic, de quatro anos, está se adaptando socialmente às suas experiências do programa infantil. A principal tarefa dessa lista é identificar os comportamentos e relações sociais que Dominic exibe ou não em uma variedade de situações em sala de aula. As informações reunidas desta forma podem então ser usadas como base para uma observação maior e mais detalhada com o possível objetivo adicional de planejamento e implementação de atividades e experiências que irão beneficiar o desenvolvimento social de Dominic. No entanto, note que este exemplo não esgota todos os possíveis comportamentos sociais que Dominic pode exibir em um ambiente de cuidados infantis. Além disso, qualquer lista que você conceba ou utilize deve ser apropriada à sua situação em particular, à das crianças e ao contexto geral da observação. Consequentemente, a Tabela 12.5 não será adotada, seja total ou parcialmente, se ela não atender a suas finalidades específicas. No entanto, os comportamentos representados na Tabela 12.5 ilustram adequadamente o conceito de lista de verificação.

Tabela 12.5 Lista de verificação para avaliar os comportamentos sociais de Dominic, de quatro anos, em um cenário de cuidados infantis hipotético

Comportamento social	Observado		
	Sim	Não	Às vezes
É amigável e extrovertida.			
Brinca com a maioria das crianças na maioria das áreas de atividade.			
Brinca apenas com algumas crianças em determinadas áreas de atividade.			
Busca a aprovação dos adultos.			
Busca a aprovação dos pares.			
Está disposta a revezar.			
Faz transições facilmente de uma atividade à outra.			
Ajusta-se fácil e rapidamente a novas atividades desconhecidas.			
É independente.			
Mostra alterações de humor distintas.			
É adequadamente assertiva.			
Mostra uso habilidoso da linguagem em suas interações sociais.			

Escalas de avaliação: descrição geral

Incluímos uma discussão sobre escalas de avaliação no mesmo capítulo das listas de verificação, porque elas compartilham algumas características essenciais. No entanto, preste muita atenção às diferenças entre as listas de verificação e as escalas de avaliação; caso contrário, poderá perder as vantagens de uma ou de outra, ou sofrer desnecessariamente as desvantagens de uma dessas duas técnicas de registro.

Cada um dos nomes dados às técnicas de registro discutidas neste livro indica a natureza ou as características básicas da técnica. *Descrição narrativa*, por exemplo, indica uma descrição do comportamento que assume a forma de uma narrativa. *Amostragem por evento* indica que suas observações vão amostrar comportamentos definidos como eventos e, assim, sucessivamente para cada uma das técnicas restantes. O nome *escalas de avaliação* segue este mesmo padrão.

Avaliar algo significa, basicamente, atribuir valor ou qualidade. Os juízes em um concurso de beleza avaliam as competidoras de acordo com seu grau relativo de atratividade ou talento. A *Consumer Reports* avalia bens de consumo tais como geladeiras, fogões e automóveis de acordo com a qualidade, a durabilidade, a confiabilidade, o custo-benefício do produto. Um item que tem avaliação alta é aquele que possui essas características desejáveis em grande medida.

O termo *escala* é um pouco mais difícil de definir em termos mais simples. Para nossos propósitos, uma escala é simplesmente um instrumento com o qual medimos ou registramos o grau relativo de certas competências, habilidades, comportamentos, características de personalidade que a criança possui. Em termos diários, nós ouvimos, usamos e entendemos a palavra *escala* em muitas situações diferentes. A balança (escala) de banheiro pesa a pessoa e, normalmente, ela pode suportar um peso de 0 a 135 quilos. Como é o caso da maioria dos tipos de escalas, o que é medido se encaixa no que é chamado de *continuum*, porque o que é medido pode ter um número atribuído (muitas vezes um número muito grande, pelo menos teoricamente) de diferentes valores ou quantidades. Por exemplo, você pode construir uma escala de avaliação para medir a sociabilidade da criança ou sua capacidade de lidar bem com os outros. A sociabilidade pode ser considerada em diferentes "quantias". Você pode decidir julgar a sociabilidade de acordo com três diferentes graus ou quantias relativas desta característica: "muito sociável", "moderadamente sociável", "nem um pouco sociável". A tarefa mais difícil seria distinguir entre estes três valores ou graus de sociabilidade enquanto se observa uma criança durante as interações sociais. Como você decide se uma criança é "muito" sociável ou apenas "moderadamente" sociável?

As escalas de avaliação são semelhantes às listas de verificação, mas diferem no que tange a seu objetivo essencial. As listas de verificação indicam basicamente a presença ou ausência de algo e elas não precisam fazer quaisquer outras determinações. No caso das escalas de avaliação, as determinações podem ser feitas com relação a itens como a qualidade do desempenho de um indivíduo em alguma área. O Apêndice 1 contém exemplos do que este autor classificou como listas de verificação de desenvolvimento. Na verdade, no entanto, estas listas podem ser adequadamente consideradas uma forma simples de escala de avaliação. Por exemplo, a primeira lista de verificação pergunta se, aos três anos, a criança corre para frente. Três opções estão disponíveis para uma resposta a esta pergunta: "sim", "não" e "às vezes". Estas opções de resposta avaliam essencialmente a capacidade da criança para executar uma atividade motora particular. É claro que a lista de funções ou comportamentos no apêndice é mais extensa que o indicado no exemplo, e as listas de verificação ou escalas adicionais também lidam com crianças de diferentes idades. Note, contudo, que as categorias "sim", "não" e "às vezes" fornecem apenas a avaliação bruta em vez da capacidade de "correr bem para frente". A palavra *bem* na questão tenta qualificar a habilidade de execução da criança. Uma escala de avaliação com distinções mais finas e mais sofisticadas tentaria medir a qualidade de desempenho dentro da própria escala.

Como a frase anterior indica, escalas de avaliação são um pouco mais complicadas do que listas de verificação simples. Novamente, a lista de verificação mais simples indica apenas se algo está ou não presente. Por exemplo, a criança consegue caminhar sem ajuda ou ela não caminha sem ajuda? (O "algo" aqui que está presente ou ausente é a capacidade de caminhar sem ajuda.) No entanto, uma escala de avaliação poderia tentar avaliar não só se a criança consegue caminhar sem ajuda, mas também o quão bem ou habilmente ela anda. Como podemos ver, tal determinação do nível de habilidade exige maior capacidade de observação que fazer apenas uma marca de seleção para indicar simplesmente que a criança anda. Em suma, em uma lista de verificação simples, o grau de competência em determinada área funcional não é um problema.

Outra dificuldade associada à construção de escalas de avaliação é a escolha dos critérios ou padrões usados para julgar a competência ou habilidade da criança em determinada função ou comportamento. Uma escala de avaliação exige certo número de categorias, cada uma delas representa um nível diferente de habilidade. A dificuldade pode ser aumentada caso se tente uma distinção fina entre os níveis de habilidade. Chegando a um extremo, pode-se tentar fazer distinções tão pequenas que se torna quase impossível observá-las. Por outro lado, se as distinções forem muito soltas ou muito indiscriminadas, a escala de avaliação não registrará efetivamente, ou com precisão, diferenças importantes nas habilidades funcionais da criança em certa área. Portanto, tal como acontece com a lista de verificação, as escalas de avaliação requerem estruturação considerável. Os comportamentos ou habilidades que são observados e avaliados por uma lista de verificação devem ser claramente estabelecidos com antecedência. As escalas de avaliação demandam melhor estruturação. Não se deve somente definir as categorias de comportamento a serem observadas, mas também definir claramente as características pelas quais serão julgados os diferentes níveis ou graus de habilidade de desempenho.

Como as escalas de avaliação compartilham muitas das características das listas de verificação, recomendamos rever a discussão anterior sobre listas de verificação neste capítulo para completar sua compreensão sobre as escalas de avaliação e como elas devem ser usadas.

A Tabela 12.6 ilustra uma escala de avaliação simples. Depois de entender o conceito geral de uma escala de avaliação, você deverá ser capaz de construir um instrumento de escala de avaliação tão simples ou tão sofisticado conforme sua situação em particular exigir.

As cinco categorias de avaliação no exemplo são simples o suficiente para se compreender, mas alguma dificuldade surge quando chega a hora de distinguir entre excelente e muito bom, ou muito bom e bom, e assim por diante. Na prática, portanto, um observador teria de especificar de antemão o que, por exemplo, constitui capacidade "excelente" em contraposição à "muito boa" de empilhar objetos ou engatinhar. Na verdade, a precisão com que as categorias de avaliação tentam distinguir os graus de habilidade vai depender de itens como a habilidade do observador, o comportamento ou a função que está sendo avaliada e o propósito da escala de avaliação, em primeiro lugar. Outras considerações podem ser aplicadas.

Aberta *versus* fechada

As escalas de avaliação são essencialmente fechadas, porque reduzem dados brutos a um registro ou marca que representa a presença de determinada habilidade ou comportamento e como a criança desempenhou a habilidade ou o comportamento, ou o quanto de um traço ou uma característica a criança possui. No entanto, pode-se basear as avaliações em dados observacionais mais extensos, tais como dados adquiridos mediante descrições narrativas ou amostragens por evento. De fato, ao usar apenas a escala de avaliação, você está na verdade escolhendo determinada avaliação com base no que pode ser chamado de "descrição narrativa mental (ou amostra por evento)". É necessário observar algum comportamento por certo período e depois decidir como avaliar ou julgar sua qualidade. Neste último caso, não é preciso tomar notas extensas antes de fazer a marcação na escala.

Tabela 12.6 Um exemplo abreviado de uma escala de avaliação (Desenvolvimento motor: 8-12 meses)					
Função motora	Excelente	Muito Boa	Boa	Regular	Fraca
Alcança com uma mão e agarra o objeto quando oferecido.					
Transfere objetos de uma mão à outra; capaz de manipular objetos.					
Consegue empilhar objetos ou colocar um objeto dentro de outro.					
Usa o movimento de pinça para pegar pequenos objetos, alimentos.					
Deixa cair ou joga objetos deliberadamente, mas não consegue abaixar o objeto intencionalmente.					
Mostra a capacidade inicial de erguer-se na posição em pé.					
Começa a ficar de pé sozinho; se apoia em móveis; passa ao redor de obstáculos com movimentos de passos laterais.					
Engatinha; escala e desce escadas.					

Grau de seletividade

O grau de seletividade é alto, porque os itens comportamentais a serem registrados são identificados e definidos antes de iniciar a observação. Neste aspecto, a escala de avaliação é muito parecida com a amostragem por evento. Lembre-se que na amostragem por evento espera-se determinado comportamento ou "evento" ocorrer, para que então ele seja descrito. A escala de avaliação exige o mesmo procedimento: espera-se determinado comportamento ocorrer, para que então seja avaliado de acordo com as categorias de avaliação estabelecidas.

Grau de inferência exigido

O grau de inferência exigido quando se utiliza uma escala de avaliação é bastante elevado. A lista de verificação também exige grau bastante alto de inferência, na medida em que o observador tem de decidir se um determinado comportamento ocorreu ou não antes de fazer uma marca na lista de verificação. No mínimo, este mesmo nível de inferência é exigido na escala de avaliação: a criança apresentou um comportamento particular, ou a criança processa uma característica ou habilidade especial? No entanto, outra inferência é necessária na escala de avaliação, porque o observador deve tomar uma decisão imediata sobre a qualidade do comportamento da criança ou sobre a extensão da característica a ser avaliada. Essa decisão é, na verdade, uma interpretação.

Vantagens

Uma das vantagens da escala de avaliação é que, além do grau de inferência exigido, a escala é relativamente simples de usar. É certamente econômica com relação ao tempo e ao esforço necessários para registrar o comportamento. Neste aspecto, portanto, é semelhante à lista de verificação. Brewer (1998) escreve que as escalas de avaliação "também podem fornecer informações úteis para os professores enquanto eles planejam práticas de aprendizagem. É mais apropriado usar escalas de avaliação para comparar o comportamento atual de uma criança com seu comportamento anterior" (p. 471-2).

Desvantagens

Existem várias desvantagens potenciais para a escala de avaliação, dependendo de seu objetivo. A escala de avaliação exige uma quantidade considerável de estruturação. É necessária uma reflexão cuidadosa quanto aos vários aspectos do comportamento que se quer avaliar, e as categorias de avaliação provavelmente exigirão mais reflexão. Novamente, caso se tente fazer discriminações muito pequenas ou finas, será muito difícil perceber as distinções representadas por suas categorias. Se, por outro lado, as categorias não forem boas o suficiente, então as observações não revelarão diferenças significativas no comportamento ou habilidade da criança.

Outra desvantagem potencial da escala de avaliação encontra-se na perda de dados. A escala de avaliação é uma técnica fechada, a menos que seja acompanhada de outros dados como aqueles fornecidos por uma descrição narrativa ou amostragem por evento. Observa-se um comportamento particular e decide-se rapidamente, pelo menos, duas coisas: (1) se o comportamento atende ou não ao propósito de sua escala, e (2) o grau ou medida em que esse comportamento foi exposto. Aquelas decisões ricas em informação se refletem em uma marca de seleção ou registro simples. Desse modo, não se terá informações sobre os comportamentos reais em que se basearam as avaliações. As descrições comportamentais objetivas não poderão ser consultadas posteriormente para verificar a exatidão das avaliações. Se essas informações não forem necessárias, serão poupados tempo e esforço gastos em descrições narrativas ou amostras por evento. Lembre-se que podemos realizar avaliações com base nos dados da narrativa descritiva ou amostragem por evento, preservando assim uma fonte rica e completa de informações. Veja a Tabela 12.7 para conhecer um resumo das técnicas de registro.

Tabela 12.7 Resumo das técnicas de registro

Método	Aberta versus fechada	Grau de seletividade	Grau de inferência	Vantagens	Desvantagens
Descrição narrativa (formal).	Aberta.	Baixo grau de seletividade.	Baixo no momento de observação; aumenta durante a interpretação.	Fornece uma análise completa; captura o contexto (cenário e situação); é um registro permanente; utilizável em muitas circunstâncias.	Consome muito tempo e energia; pode ser ineficiente em relação à representatividade da amostra de comportamento; requer habilidade e esforço para registrar todos os detalhes do comportamento.
Amostragem por tempo (formal).	Aberta na medida em que conserva dados brutos.	Alto grau de seletividade.	Alto, inicialmente, depois varia com o uso subsequente de dados.	Adequado para todos os tipos de comportamento; econômico em termos de tempo e energia – muito eficiente; produz dados representativos; pode combinar diferentes técnicas de registro.	Uso limitado pela frequência de comportamento; não trata do comportamento como ele naturalmente ocorre – "fragmentos de ação" são registrados; categorias predeterminadas podem causar vieses; esquemas de codificação podem causar dificuldades – requer o uso de categorias precisas e confiáveis.
Amostragem por eventos (formal).	Aberta ou fechada, dependendo do uso de esquemas de codificação ou descrição narrativa.	Alto grau de seletividade.	Alto, inicialmente.	Pode preservar dados brutos; adequado para comportamentos que ocorrem com pouca frequência; registra unidades naturais de comportamento; pode combinar descrição narrativa com esquemas de codificação.	Não é muito útil para o observador esporádico – precisa estar no cenário com frequência suficiente para ver o comportamento quando ele ocorre.
Descrição em diário (informal).	Aberta.	Bastante elevado, especialmente o diário temático.	Tão alto quanto a amostragem por tempo e por evento.	Preserva os dados brutos; útil para períodos mais longos – fornece conexão entre eventos comportamentais.	De uso limitado para a maioria dos observadores; deve-se gastar muito tempo com a criança.

Tabela 12.7 Resumo das técnicas de registro (continuação)

Método	Aberta versus fechada	Grau de seletividade	Grau de inferência	Vantagens	Desvantagens
Registro anedótico (informal).	Aberta.	Alto se apenas comportamento incomum for registrado.	Alto, especialmente se for necessária explicação do comportamento.	Fornece uma análise corrida do comportamento da criança em contextos particulares; permite comparações contínuas de comportamento que permitem documentação da mudança; muito fácil de usar – não necessita esquemas de codificação especiais, cenários ou categorias.	Aberto a vieses do observador em razão de redação imprópria, do fato de não gostar da criança etc.; técnica controversa por sua suscetibilidade ao enviesamento.
Contagens de frequência ou registros de duração (informal).	Fechada; não conserva dados brutos.	Altamente seletivo.	Alto grau de inferência.	A contagem de frequência é muito simples de construir e usar; duração um pouco mais complicada, porque exige manter o controle do tempo gasto em um evento comportamental; a contagem de frequência produz dados imediatamente quantificáveis; útil na anotação de mudanças no comportamento com o decorrer do tempo, especialmente o registro de duração que indica a quantidade de tempo gasto em determinadas atividades.	A maior desvantagem é ser um método fechado; não revela nada sobre o contexto ou os detalhes do comportamento.

Tabela 12.7 Resumo das técnicas de registro (continuação)

Método	Aberta versus fechada	Grau de seletividade	Grau de inferência	Vantagens	Desvantagens
Listas de verificação ou checklist (informal).	Fechada; dados brutos reduzidos a uma marca; se usadas com descrição narrativa ou amostragem por evento, os dados brutos podem ser preservados.	Altamente seletivo.	Alto grau de inferência.	Pode ser usado em muitas situações e com métodos diferentes; é eficiente; pode fornecer informações "de referência" para revelar ganhos no desenvolvimento ou mudanças comportamentais; pode identificar comportamentos e habilidades que alguém pode querer observar com mais detalhes posteriormente.	Não preserva dados brutos, portanto, os detalhes se perdem e apenas fragmentos de ação permanecem no registro de observação.
Escalas de avaliação.	Fechada; as mesmas condições se aplicam às escalas de avaliação e às listas de verificação.	Altamente seletivo.	Alto grau de inferência.	Exceto pelo grau de inferência exigido, a escala de avaliação é simples de usar; econômico quanto ao tempo e aos esforços de registro; útil para o planejamento de experiências e comparações contínuas do comportamento de uma criança (veja também as vantagens das listas de verificação).	Requer muita estruturação; perda de dados brutos; requer alto nível de inferência (veja também as desvantagens das listas de verificação).

Dicas para construção de escalas de avaliação

É muito improvável que no cenário típico de cuidados infantis se tenha de avaliar comportamentos, habilidades ou outros indicadores de progresso do desenvolvimento da criança com a mesma precisão necessária de um estudo científico rigoroso. Portanto, mantenha as categorias de avaliação simples, mas, ao mesmo tempo, faça-as descritivas o suficiente para fazer distinções significativas entre níveis ou graus de habilidade. No entanto, tenha em mente que um registro em escala de avaliação não é suficiente para tirar conclusões ou tomar decisões sobre determinada criança. Isso significa que se for construída uma escala de avaliação razoavelmente útil, avaliações repetidas de uma criança em particular, provavelmente, se tornarão mais precisas à medida que se acostuma com o instrumento e se torna mais hábil em perceber os detalhes de comportamento que distinguem as várias categorias de avaliação ou níveis de habilidade.

Uma das vantagens de todas as técnicas de registro discutidas neste livro é que qualquer uma pode ser usada em combinação com qualquer outra, se a combinação fizer sentido e se prestar a uso prático. Por exemplo, embora a lista de verificação normalmente não mantenha dados brutos, mas apenas indique a presença ou ausência de alguma coisa, os dados de observação na forma de uma descrição narrativa breve poderiam ser lançados em um formato de lista. O registro final seria, então, uma série de narrativas curtas, cada uma representando os vários comportamentos definidos pelos itens na lista.

A escala de avaliação poderia ser abordada da mesma maneira. Oferecemos a Tabela 12.8 como um exemplo abreviado de como uma combinação de escala de avaliação/amostragem por evento pode se configurar. Você reconhecerá que os mesmos tipos de decisões necessárias na escala de avaliação convencional terão de ser feitos usando esse formato modificado. Tenha em mente que como qualquer registro de observação, as informações na Tabela 12.8 foram registradas durante uma ocasião relativamente breve. Amostras adicionais da fala e da linguagem de Brandon teriam de ser obtidas, a fim de se fazer uma avaliação razoável de suas habilidades nesta área funcional. Observe também que a Tabela 12.8 poderia ser preenchida da maneira convencional usando uma marca de seleção simples ou um "X".

Tabela 12.8 Uma escala de avaliação hipotética completa usando descrição narrativa breve como método de registro de dados de observação						
Criança: Brandon (três anos)					
Área de desenvolvimento: fala e linguagem					
Data: 7 de abril de 2008					
Observador: Dorothy Mitchell, professora					
Duração da observação: 9h20 às 9h45					
Comportamento	Excelente	Bom	Regular	Fraco	Incapaz de avaliar
Dá respostas apropriadas para perguntas simples.	Respondeu bem à minha pergunta: "O que você está fazendo, Brandon?"				

Tabela 12.8 Uma escala de avaliação hipotética completa usando descrição narrativa breve como método de registro de dados de observação					
Comportamento	Excelente	Bom	Regular	Fraco	Incapaz de avaliar
Fornece informações adicionais em uma conversa (por exemplo: "E eu brinquei com ele também.").			Em uma breve conversa com Samantha, sua contribuição para a conversa foi mínima.		
Ajuda a manter uma conversa "usando diversas formas de discurso".	Seguindo minha pergunta sobre o que ele estava fazendo, ele me perguntou: "Você consegue fazer isso?".				
O discurso é compreensível.		Teve dificuldade em pronunciar algumas palavras.			
Tem um vocabulário de 300 a 1.000 palavras.		Uma conclusão preliminar neste momento é que Brandon tem um vocabulário bem extenso.			
Encoraja o comportamento dos outros ("Vamos brincar com os blocos. O que vamos construir?").					Não observei isso neste momento.
Comentários sobre as ações dos outros.					Não observei neste momento.

Gravação em vídeo (filmagem) e em áudio como ferramentas de observação?

Filmagem (gravação em vídeo)

Nesta época de tecnologia avançada, seríamos duramente pressionados a ignorar o uso de câmeras de vídeo na observação de crianças. No passado, este autor minimizou o uso de câmeras de vídeo, em grande parte, por causa da distinção feita no Capítulo 1 entre ver no sentido fisiológico e ver no sentido psicológico. Lembre-se que, como o olho, a câmera só capta uma imagem, mas não pode fazer nada mais com essa imagem – ela não pode inferir qualquer significado a partir dela. O significado depende da capacidade interpretativa do cérebro. E é assim que o uso de uma câmera de vídeo não lhe fornece qualquer informação sobre o que foi registrado além de imagens brutas do comportamento da criança. Você precisa dessas imagens, é claro, mas sem a inteligência aplicada, elas serão inúteis para quaisquer fins de observação.

Contudo, deve-se admitir que vídeos de comportamento podem ser especialmente úteis para efeitos de formação ou de instrução. Registrar o comportamento da criança em vídeo "congela" os padrões e as sequências de ação e permite visualizá-los novamente sem perder nenhum dos dados brutos contidos nesse comportamento. Essa capacidade de assistir ao comportamento inúmeras vezes permite que se observe algo que poderia se perder. Para o observador relativamente inexperiente, a utilidade dos vídeos é maior quando são assistidos com alguém que já está qualificado para observar e registrar o comportamento da maneira tradicional. Um observador habilidoso poderá direcionar seu olhar e sua mentalidade perceptual para ações e interações significativas com seus contextos. Uma vantagem significativa da utilização de vídeos para treinamento ou instrução reside no fato de que todos estarão vendo exatamente a mesma coisa, o que oferece um conjunto consistente e confiável de dados comportamentais que pode servir de base para o ensino de um professor. Provavelmente, muitas experiências pessoais de professores ao ler os relatórios de observação dos alunos atestarão a dificuldade em avaliar a precisão desses relatórios. Um professor que não estava no cenário de observação com os alunos tem de aceitar suas descrições de comportamento objetivas mais ou menos pelo valor nominal. Nestas condições, é impossível saber o que os alunos realmente fizeram ou deixaram de fazer – ou, para esse efeito, o que estava lá para ser visto.

Porém, não podemos exagerar o fato de que a câmera, por si só, não pode garantir que se registre algo significativo ou útil para seus propósitos de observação. Do mesmo modo, para esse efeito, não há qualquer garantia de que o que for observado sem uma câmera de vídeo será significativo e útil para seus propósitos. Ambas as circunstâncias exigem habilidade da parte do observador. Não estamos sugerindo que o uso de uma câmera de vídeo irá necessariamente resultar em dados inadequados ou que sempre haverá uso indiscriminado da câmera. No entanto, acreditamos que na maioria das circunstâncias da vida profissional dos prestadores de cuidados infantis e educadores infantis, o uso extensivo e persistente de uma câmera de vídeo seria inviável. Profissionais de cuidados infantis simplesmente não podem ter restrições indevidas impostas a eles, e vemos a câmera de vídeo como uma restrição desnecessária em muitas situações. No entanto, reconhecemos que há quem queira usar a câmera de vídeo, independentemente das suas desvantagens potenciais, reais ou imaginadas. Nesse caso, podemos recomendar apenas que a use de modo sensato e em combinação com habilidades observacionais e de registro seguras e básicas.

Desvantagens

Vamos examinar algumas das possíveis desvantagens da câmera de vídeo. É quase impossível observar e registrar tudo o que acontece no cenário de observação (mais do que se pode observar e registrar a olho nu). Mesmo a tentativa de registrar tudo exigiria câmeras demais e prejudicaria a atenção ao simples ato de manejo da câmera. Para observações normais ou típicas, a câmera de vídeo pode realmente restringir sua capacidade de "ver como você vê" esses eventos e comportamentos que são úteis em longo prazo. A câmera certamente limita sua capacidade de participar ou de ser sensível a coisas importantes que ocorrem no ambiente de cuidados infantis. Você não está fazendo um documentário, apenas observando crianças por razões específicas, e uma câmera pode ser um estorvo que restringe sua capacidade de se movimentar livremente e agir rapidamente. A observação efetiva exige liberdade razoável de movimentos e liberdade razoável para tomar decisões sobre o que é importante e o que vai melhorar a compreensão sobre as crianças no cenário de observação.

Há outra possível limitação para o uso de câmera de vídeo, uma limitação que tem a ver com o que Gonzalez-Mena (1997) chama de *soft eyes* (olhos suaves). *Soft eyes* envolvem um tipo de visão que permite observar uma criança em particular e, ao mesmo tempo, absorver o que estiver acontecendo em toda a sala de aula. Esta é uma habilidade de observação que Gonzalez-Mena acredita ser extremamente importante para proporcionar às crianças cuidados de qualidade. Focalizar determinada criança demonstra a preocupação e o interesse nela, um sentimento que todas as crianças deveriam ter nas interações com seus provedores de cuidados. Por outro lado, é muito importante que o professor ou o prestador de cuidados também esteja ciente do que está acontecendo com outras crianças em outras partes da sala. *Soft eyes* é uma técnica que permite o monitoramento e a supervisão eficiente das crianças. Gonzalez-Mena coloca desta forma: "O termo '*soft eyes*' refere-se à habilidade que permite que um educador infantil fale com outro membro da equipe ou com um pai e ainda esteja ciente do que está acontecendo no resto da sala ou do pátio" (p. 155). É claro que *soft eyes* é mais que apenas ver: "Também inclui ouvir e sentir o que mais está acontecendo" (p. 155). É duvidoso – pelo menos na visão deste autor – que a técnica de *soft eyes* possa ser aplicada com a máxima eficácia quando se utiliza uma câmera de vídeo.

Se optar pelo uso de uma câmera de vídeo por alguma razão, há várias coisas que se deve fazer e, em alguns casos, que precisam ser feitas antes de considerar a filmagem das crianças em um cenário de cuidados infantis. A permissão dos pais das crianças é essencial se estiver na equipe da unidade de cuidados infantis. Se for alguém "de fora" e estiver lá apenas para observar, então é definitivamente necessária a permissão. Alguns pais podem se opor até mesmo a fotografias de seus filhos. Fotografias e vídeos têm uma qualidade permanente e reveladora para eles, o que faz que algumas pessoas se sintam desconfortáveis. É lógico que, se a permissão é obrigatória para observar e registrar o comportamento usando os sentidos normais e as técnicas de registro com papel e lápis, o uso de câmeras de vídeo decididamente exigirá permissão.

Se uma criança não quiser ser gravada, a sua vontade deverá ser respeitada. No entanto, é preciso reconhecer que uma relutância inicial por parte da criança a ser filmada pode ser superada se, por exemplo, ela puder se familiarizar com a câmera de vídeo. Mas a questão principal aqui não é como despertar a vontade da criança a ser gravada, mas se uma câmera de vídeo é a melhor ferramenta de observação à sua disposição. Fique ciente também de que a presença de uma câmera pode influenciar o comportamento das crianças. Isto pode não ser sempre indesejável sob certas circunstâncias, mas como este livro trata principalmente da observação mais naturalista possível, crianças fazendo cena para a câmera ou mudando seu comportamento por causa da ansiedade induzida por ela estão fora do conceito de "naturalista" como este autor o define.

Gravação em áudio

Gravadores de áudio têm valor ainda mais limitado para o processo de observação geral do que as câmeras de vídeo. Gravar os sons comuns a um ambiente de cuidados infantis pode ser útil em certos casos, talvez para captar coisas como o "tom" emocional geral da situação em algum momento. Gravações em áudio também podem ser realmente úteis para registrar a fala da criança para posterior interpretação e avaliação. No entanto, as competências linguísticas consistem em mais que apenas palavras – expressões faciais, movimentos corporais e gestos são também muito importantes na comunicação. Caso queira apenas observar os enunciados verbais da criança, então a gravação em áudio poderá ser proveitosa, sobretudo, se você precisar de registros textuais do discurso dela. Caso queira observar a ampla gama de habilidades de comunicação da criança, utilizar apenas uma gravação em áudio omitirá essas facetas adicionais da linguagem, que fornecerão outras informações cruciais. O melhor conselho que podemos oferecer sobre o uso de câmera de vídeo e de gravadores de áudio é usá-los criteriosamente para fins que servem de forma legítima aos melhores interesses das crianças e às metas de observação. Seria muito fácil entrar no comboio da tecnologia e simplesmente usar esses dispositivos porque estão disponíveis e aparentemente glamorizam seus esforços de observação.

Alguns usos ou aplicações da lista de verificação e da escala de avaliação

De todos os métodos de registro discutidos neste livro, as utilizações da lista de verificação e escala de avaliação são talvez as mais simples. Prestadores de cuidados infantis e pais sempre querem saber o que as crianças conseguem ou não fazer e o quão bem conseguem fazê-lo. Observe novamente a Tabela 12.3, parcialmente duplicada na página 201. Precisamos ressaltar que essa lista de verificação se refere às habilidades físico-motoras, que em alguns aspectos são mais fáceis de interpretar do que tipos de comportamentos mais abertos tais como os comportamentos sociais ilustrados na Tabela 12.5. Assim, o que temos a dizer sobre a Tabela 12.3 não será completamente pertinente à lista de verificação da Tabela 12.5 e suas aplicações.

O que poderia ser mais simples do que ver uma criança pedalando um triciclo e responder sim ao item da lista de verificação "Pedala um triciclo – Sim Não"? A escala de avaliação daria mais informações que a lista de verificação sozinha e, é claro que uma descrição razoavelmente detalhada da criança pedalando um triciclo forneceria ainda mais informações do que a escala de avaliação. Porém, em relação à lista de verificação, cada uma dessas respostas adicionais – escala de avaliação e descrição narrativa – torna o registro do comportamento da criança mais difícil e demorado. Se essa maior dificuldade é justificada, isso depende de seus objetivos. Por ora, vamos ver apenas a lista de verificação na Tabela 12.3.

Duplicação parcial da Tabela 12.3 Lista de verificação possível para traçar o progresso do desenvolvimento no funcionamento físico-motor
1. Consegue montar uma ponte com três cubos por meio de imitação _____ Sim _____ Não
2. Usa as duas mãos para firmar uma torre de cubos _____ Sim _____ Não
3. Usa tesoura para cortar sem precisão _____ Sim _____ Não
4. Copia um círculo _____ Sim _____ Não
5. Imita uma linha horizontal e uma cruz _____ Sim _____ Não
6. Alimenta-se de forma independente com uma colher _____ Sim _____ Não
7. Veste-se/despe-se com auxílio na parte da frente, de trás, para arrumar, amarrar _____ Sim _____ Não
8. Pula no lugar _____ Sim _____ Não
9. Pedala um triciclo _____ Sim _____ Não
10. Lava/seca as mãos _____ Sim _____ Não
11. Bate a bola pelo menos três vezes _____ Sim _____ Não
12. Segura o lápis entre o polegar e os dois ou três primeiros dedos _____ Sim _____ Não

Usos da lista de verificação: uma breve comparação entre duas listas de verificação

Como já foi mencionado, o objetivo mais básico da lista de verificação é registrar se uma criança exibiu ou não comportamentos particulares e predeterminados. Em outras palavras, listas de verificação registram essencialmente a presença ou ausência de algo. Usamos a lista de compras como exemplo comum deste tipo de lista de verificação. À medida que se coloca cada item de sua lista no carrinho de compras, o item é riscado para indicar que não é mais preciso procurar por ele. Os itens que não foram riscados são os que ainda têm de ser encontrados. No entanto, o problema em potencial dessa lista de verificação simples é que se você sair da loja com itens que não foram riscados, a lista em si não vai dizer se a loja não tinha esse item ou se simplesmente eles não foram encontrados. Este é um possível problema da lista de verificação ilustrada na Tabela 12.3.

Por exemplo, uma das dificuldades encontradas quando tentamos avaliar as habilidades motoras de crianças é que não se pode ter certeza de que a criança não possui uma habilidade específica apenas porque você não a observou. Isso tem a ver com a diferença entre aprendizagem e desempenho. Se uma criança executa um comportamento em particular, sobretudo, se o fizer repetidamente, poderá se ter certeza de que ela o aprendeu. No entanto, se não a vir desempenhar esse comportamento, não significa necessariamente que ela não poderá fazê-lo. Desse modo, pode ser imprudente marcar "Não" para o item "Pula no lugar" na Tabela 12.3 só porque ainda não viu a criança pular no lugar. No entanto, se testemunhar Willard tentando pular no lugar *sem obter êxito*, então, marcar "Não" seria apropriado naquele momento em particular para determinada observação. O resultado de tudo isso é que a aplicação ou uso mais adequado de uma lista, semelhante à apresentada na Tabela 12.3, seria quando a probabilidade fosse relativamente alta de que uma criança é capaz de executar os comportamentos em sua lista. Talvez possamos pensar nessa utilização da lista de verificação como sendo semelhante a fazer uma lista de todos os seus bens materiais; você sabe que tem um computador e um aparelho de televisão, porque está olhando para eles enquanto os coloca na lista. Sabe que Margaret consegue bater a bola três vezes, porque a vê batendo a bola. Isso significa que deverá adequar os itens de sua lista de verificação às idades e aos níveis de desenvolvimento das crianças que observará.

Qual o valor prático de uma lista de verificação como essa? O que vem imediatamente à mente é que ela pode servir como uma forma conveniente e eficiente de compilar um inventário das habilidades e capacidades da criança e traçar mudanças ao longo do tempo. Esse tipo de inventário fornece uma base para a comparação das habilidades anteriores da criança com as posteriores, mas apenas no que podemos chamar de um modo "não agora, mas depois". Se, na segunda-feira, Willard tentou pular no lugar sem obter êxito, e oito dias depois você o vê sendo bem-sucedido nessa tarefa, a lista de verificação, separada em um intervalo de oito dias, fornece um registro comparativo do progresso no desenvolvimento de Willard. Claro que isso não significa necessariamente que Willard precisou de oito dias para aprender a pular no lugar, ele poderia ter conseguido isso apenas dois dias depois, na quarta-feira, mas você não estava lá para observá-lo. Se, no entanto, alguém foi lá e registrou seu sucesso na quarta-feira, então pode atualizar seus registros sobre o progresso de Willard.

Uma lista de verificação mais "sutil" encontra-se ilustrada na Tabela 12.5, que duplicamos na página 203. Note que o formato e os requisitos da Tabela 12.5 são diferentes daqueles da Tabela 12.3. A Tabela 12.5 acrescentou uma terceira ocasião para interpretação denominada "Às vezes". Além disso, marcar um "Sim" ou um "Não" para "É adequadamente assertiva", por exemplo, pode não ser tão óbvio como marcar "Sim" para o item "Consegue montar uma ponte com três cubos por meio de imitação". A sutileza do primeiro item reside na palavra descritiva *apropriadamente*, e até mesmo *assertiva* pode, em algumas circunstâncias, ser difícil de distinguir de *agressiva*. As possíveis dificuldades na verificação, pelo menos em alguns dos itens da Tabela 12.5, podem aproximar-se daquelas que seriam encontradas na escala de avaliação. Além disso, devemos ter em mente que os itens selecionados para a Tabela 12.5 servem apenas para ilustração, e de modo algum esgotam o conjunto total de itens possíveis, nem são tão sutis quanto poderiam ser.

Suas razões para usar o tipo de lista de verificação da Tabela 12.5 não diferem fundamentalmente das razões para usar o tipo de lista de verificação da Tabela 12.3. Em ambas você registra se algo ocorreu ou não. A Tabela 12.5 é mais sofisticada que a Tabela 12.3, em parte, porque as interpretações daquela são mais sofisticadas ou difíceis que esta, como já tentamos explicar. Na conclusão parcial, então, poderia se justificar o uso de uma lista de verificação para quase qualquer descrição se o objetivo principal for determinar quais comportamentos, habilidades, capacidades, características etc., uma criança é capaz de exibir, não tendo a necessidade de dados brutos que descrevam os detalhes e os contextos desses comportamentos.

Não podemos enfatizar de modo realmente suficiente a importância de se obter uma série de registros na lista de verificação durante um período razoável. Isso proporcionará uma análise relativamente completa das habilidades da criança e de seu progresso a partir de "capacidade ausente" para "capacidade presente".

Duplicação da Tabela 12.5 Lista de verificação para avaliar os comportamentos sociais de Dominic, de quatro anos, em um cenário de cuidados infantis hipotético			
	Observado		
Comportamento social	Sim	Não	Às vezes
É amigável e extrovertida.			
Brinca com a maioria das crianças na maioria das áreas de atividade.			
Brinca apenas com algumas crianças em determinadas áreas de atividade.			
Busca a aprovação dos adultos.			
Busca a aprovação dos pares.			
Está disposta a revezar.			
Faz transições facilmente de uma atividade para outra.			
Ajusta-se fácil e rapidamente a novas atividades desconhecidas.			
É independente.			
Mostra alterações de humor distintas.			
É adequadamente assertiva.			
Mostra uso habilidoso da linguagem em suas interações sociais.			

Um breve retorno à resposta "Não" na lista de verificação

Existe uma maneira de lidar com essas situações quando não observar uma criança desempenhando comportamentos específicos, e para tanto estamos em dívida com Beaty (2002) pelo seu exemplo de lista de verificação (Figura 12.1), que reproduzimos na íntegra a seguir. Uma vantagem adicional dessa lista de verificação é que ela reserva espaço para o que Beaty chama de "evidência", que é na verdade uma breve descrição narrativa. Nas instruções, Beaty escreve: "Coloque um N para os itens em que não há oportunidade de observar". Mas também perceba que Beaty gostaria que fossem registrados casos de comportamento de uma criança somente se tivessem ocorrido regularmente. A esse respeito, divergimos de Beaty e não colocamos esta restrição ao uso da lista de verificação. Na verdade, nós incentivamos o uso da lista para registrar os comportamentos que se vê a criança desempenhar pela primeira vez ou, se tiver certeza, que ela realmente desempenha pela primeira vez. A regularidade de comportamento que Beaty evoca poderá ser avaliada pelo preenchimento de algumas observações ao longo do tempo.

Usos da escala de avaliação

Não vemos nenhuma necessidade de gastar muito tempo discutindo o uso da escala de avaliação, uma vez que se assemelha às utilizações da lista de verificação, com uma exceção importante: a escala de avaliação registra a proficiência ou a qualidade do desempenho de várias ações por parte da criança. Para sua comodidade, reproduzimos a Tabela 12.6 para ilustrar a ideia de avaliação de proficiência ou qualidade da função.

É facilmente perceptível que, assim como a lista de verificação, a escala de avaliação também registra se a criança é capaz de desempenhar determinados comportamentos. A dificuldade

Lista de verificação das habilidades da criança		
Nome _____ Observador _____ Programa _____ Datas _____ *Instruções*: Colocar um • para os itens que vir a criança desempenhar regularmente. Colocar um **N** para os itens sem oportunidade de observação. Deixe todos os outros itens em branco.		
Item	Evidências	Data
1. Autoidentidade (*self-identity*) Separa-se dos pais sem dificuldade.		
Não se apega ao pessoal da sala de aula excessivamente.		
Faz contato visual com os adultos.		
Faz escolhas de atividade sem o auxílio do professor.		
Procura outras crianças para brincar.		
Desempenha um papel confiante em uma encenação.		
Defende seus direitos.		
Mostra entusiasmo ao fazer coisas para si mesma.		
2. Desenvolvimento emocional Permite ser consolada durante um momento estressante.		
Come, dorme, usa o banheiro sem fazer bagunça quando fora de casa.		
Lida com mudanças bruscas/situações alarmantes de forma controlada.		
Consegue expressar raiva em palavras, em vez de ações.		

Figura 12.1 Lista de verificação das habilidades da criança (usada com permissão de Merrill Prentice Hall: Columbus, Ohio. De Beaty, J. J., *Observing development of young children*).

em potencial consiste em decidir o grau de competência ou habilidade com que a criança executa os comportamentos. Essa dificuldade é apresentada na lista de verificação da Tabela 12.6 ou em qualquer outra similar a ela, e seria muito útil no acompanhamento do progresso da criança desde os primeiros estágios até as fases posteriores de aquisição de habilidade. Dependendo de quando se começou a observá-la, tal registro poderia proceder de nenhuma evidência de qualquer capacidade de executar determinada ação por todo o *continuum*, de ruim a excelente. A utilidade do registro seria reforçada ainda mais se as informações adquiridas fossem comparadas às normas de desenvolvimento.

Tabela 12.6 Duplicação de um exemplo abreviado de uma escala de avaliação (Desenvolvimento motor: 8-12 meses)					
Função motora	Excelente	Muito Boa	Boa	Regular	Fraca
Alcança com uma mão e agarra o objeto quando oferecido.					
Transfere objetos de uma mão para outra; capaz de manipular objetos.					
Consegue empilhar objetos ou colocar um objeto dentro de outro.					

Tabela 12.6 Duplicação de um exemplo abreviado de uma escala de avaliação (Desenvolvimento motor: 8-12 meses) (*continuação*)					
Função motora	Excelente	Muito Boa	Boa	Regular	Fraca
Usa o movimento de pinça para pegar pequenos objetos, alimentos.					
Deixa cair ou joga objetos deliberadamente, mas não consegue abaixar o objeto intencionalmente.					
Mostra a capacidade inicial de erguer-se na posição em pé.					
Começa a ficar de pé sozinho; se apoia em móveis; passa ao redor de obstáculos com movimentos de passos laterais.					
Engatinha; escala e desce escadas					

Florence e a lista de verificação

Florence recebeu a tarefa de decidir se a amostragem por evento ou a lista de verificação é a técnica mais apropriada para o registro das habilidades físico-motoras e do progresso de um grupo de cinco crianças de dois anos em uma creche. Também foi pedido para que ela construísse uma lista de verificação apropriada ou encontrasse uma que servisse a seu propósito. Segue-se como ela possivelmente poderia pensar para realizar essa tarefa:

Deixe-me ver, amostragem por evento ou lista de verificação? Bem, habilidades motoras – como uma criança usa o corpo, como ela anda, corre e se equilibra – são itens fáceis de observar. A questão é: qual das duas técnicas de registro seria mais eficiente para obter estas informações? A amostragem por evento certamente me daria algumas das informações que eu quero. Só tenho de definir os eventos físico-motores em que estou interessada, esperar até que eles ocorram e, em seguida, escrever uma descrição bastante detalhada de como a criança desempenhou esses comportamentos. Mas, espere um minuto. Preciso obter informações sobre cinco crianças e como elas desenvolvem suas condições físico-motoras. Se usasse a amostragem por evento, passaria muito tempo esperando por determinado comportamento antes de registrar qualquer coisa. Além disso, teria de registrar o comportamento por escrito para cada uma das cinco crianças. Com a lista de verificação, no entanto, descreveria com antecedência as características do comportamento motor que procuro, e não seria inconveniente ter uma lista de verificação em separado para cada criança, ou simplesmente escrever as iniciais da criança no espaço apropriado quando exibisse o comportamento em particular de minha lista. Agora isso faz muito mais sentido que a amostragem por evento.

Resumo

A lista de verificação é um método com muitas utilizações e muito simples de usar. A lista de verificação é qualquer registro que denota a presença ou ausência de algo. Dois tipos deste método são discutidos neste capítulo. Um registra descritores estáticos, definidos como "um conjunto de itens descritivos" que se referem a "características altamente estáveis dos sujeitos ou cenários de pesquisa". Idade, sexo, raça e condição socioeconômica são exemplos de descritores estáticos. O outro tipo de lista de verificação registra ações que são simplesmente comportamentos. Uma lista de verificação de ações registra a ocorrência de um comportamento durante o período de observação. Vários exemplos de listas de verificação são discutidos.

O número destas listas é tão grande que pode ser difícil reconhecer algumas delas como listas de verificação. O Teste de Triagem de Desenvolvimento de Denver é oferecido como exemplo de teste que é também uma forma de lista de verificação, mas pode não ser facilmente reconhecido como tal.

Estas listas são fechadas e altamente seletivas: elas não preservam os dados brutos e os comportamentos registrados são identificados e definidos antes de a observação começar. Inferências são exigidas com este método, porque decisões prévias devem ser tomadas sobre quais comportamentos ou eventos se encaixam nas categorias escolhidas para observação e registro. Além disso, como com outros métodos que envolvem inferências, os comportamentos, por vezes, são ambíguos e não se encaixam claramente nas categorias predeterminadas. Portanto, será necessária interpretação antes de registrar ou não o comportamento.

As listas têm a vantagem de serem utilizáveis em muitas situações e métodos diferentes. Elas são eficientes e exigem pouco esforço. A principal desvantagem é a sua estrutura fechada; a lista de verificação irá fornecer um registro composto de fragmentos de ação e impressões isoladas do comportamento e do contexto.

As escalas de avaliação também são discutidas como uma variação da lista de verificação, e essencialmente, atribuem um valor ou qualidade a determinado comportamento ou habilidade; também indicam a presença ou ausência de algo. É o ato de avaliar a qualidade de um comportamento que torna a escala de avaliação um pouco mais sofisticada que uma lista de verificação simples – o grau de inferência ou interpretação é muito maior com a escala de avaliação que com a lista de verificação. A vantagem da escala de avaliação, além da quantidade de estruturação exigida, é que é relativamente simples de usar. A desvantagem é que, como a lista de verificação, dados são perdidos.

O uso de gravação em vídeo (filmagem) e em áudio também é discutido neste capítulo. Talvez a maior vantagem de usar uma câmera de vídeo é o fato de que se pode capturar detalhes de comportamento que podem ser vistos quantas vezes você quiser. Se isso for feito com a orientação de um observador hábil, os estudantes podem se beneficiar muito por ter a oportunidade de assistir a episódios de comportamentos em detalhes e com frequência e consistência suficiente de modo a ganhar com a instrução guiada.

No entanto, é importante lembrar que é você, o observador, e não a câmera que interpreta os dados nela registrados. É o cérebro, e não o olho que vê qualquer sentido significativo. Assim, com relação à compreensão do comportamento infantil, uma câmera de vídeo não é melhor do que a pessoa que a utiliza. O uso excessivo de uma câmera de vídeo também seria impraticável, porque limitaria a sua mobilidade na creche e sua capacidade de fazer observações "em movimento".

Questões para estudo

1. Que características as listas de verificação compartilham com as contagens de frequência e amostragem por tempo? E no que são diferentes?
2. Descreva ou enumere cinco exemplos de listas de verificação (diferentes de qualquer uma discutida neste livro). O que sua lista sugere sobre os possíveis usos e tipos de listas de verificação?
3. Construa uma lista de verificação breve e então descreva como foi composta, o uso que você tinha em mente quando a fez, quais os fatores considerados etc.
4. Como um exame de múltipla escolha poderia ser considerado uma forma de lista de verificação? Um ensaio de exame também poderia ter características de uma lista de verificação?
5. Quais são as diferenças essenciais entre uma lista de verificação e uma escala de avaliação?
6. O que significa dizer que uma escala de avaliação requer mais estrutura do que uma lista de verificação?

Exercício prático

Como exercício prático, projete e construa uma lista de verificação com base em alguns dos principais aspectos do desenvolvimento de uma criança de um ano. Use-a em uma observação real. Faça com que vários indivíduos a utilizem ao mesmo tempo, enquanto observam a mesma criança. Pode-se repetir este processo com várias crianças. Compare os resultados. Você alcançou a confiabilidade interobservador? Como sua lista poderia ser melhorada?

Interpretação das observações, implementação dos resultados e avaliação contínua

Objetivos

Depois de ler este capítulo, você deverá ser capaz de:

- Discutir a relação entre as atividades de observação, interpretação, implementação dos resultados e avaliação contínua.
- Discutir as duas funções ou tipos de interpretação.
- Analisar o conceito de viés na interpretação.
- Discutir os diversos significados da implementação dos resultados.
- Analisar os componentes da implementação.
- Descrever o processo de avaliação contínua.

Termo-chave

Viés.

Observação: alguns pensamentos preliminares

Este capítulo aborda os tópicos de interpretação, implementação e avaliação. Eles são abordados para indicar a importância de cada um por si próprio, bem como a relação entre eles.

Interpretação de observações

Já foi dado espaço considerável ao tema da interpretação, ainda assim, parte de outro capítulo é dedicada a este tema. Isto é feito por dois motivos importantes.

A razão mais fundamental é enfatizar o papel inevitável e amplo que a interpretação desempenha em nossas vidas. Nós estamos totalmente envolvidos nas visões do mundo, na maneira como vemos as pessoas, os objetos e eventos. Não há fatos autoevidentes, mas ficamos realmente tão acostumados a certos fatos em nosso mundo que eles parecem automaticamente evidentes e que não necessitam de mais interpretação ou processamento. Uma vez entendido o que é um cão, não damos uma interpretação a cada observação que fazemos disso. Nós simplesmente vemos um cão.

Nesse sentido amplo de interpretação, nosso conhecimento, nossos valores, atitudes e experiências atuam como filtros pelos quais selecionamos o que observamos. Naturalmente, nem tudo o que existe lá fora no mundo real passa por nossos filtros. Algumas coisas nem sequer são notadas; às vezes, não conseguimos ter uma impressão consciente de um objeto, pessoa ou evento. A incompletude de nossas observações é em parte resultado de nosso interesse no momento, nosso nível de concentração, nossos estados corporais, como a fadiga ou alguma doença, que aspectos da situação pensamos ser importantes e do tempo que temos para observar. Então, podemos não ver Jerry partilhando um brinquedo com Jacob, ou Tanya tropeçando no canto do tapete, embora possamos estar olhando diretamente para a situação. Nós não somos câmeras e não podemos simplesmente voltar nossos olhos em alguma direção e registrar tudo o que ocorre. Este é um uso liberal da interpretação e o termo *personalidade* pode resumir a influência de quem somos no que vemos e o significado que deduzimos a partir do que vemos.

Um uso mais rigoroso da interpretação envolve outra etapa. Neste uso, interpretamos algo quando tentamos conscientemente torná-lo claro e damos a ele um significado que vai além de nossos dados empíricos. Caso se lembre, *explicação* foi definida anteriormente como "tornar claro ou compreensível (...) para dar ou mostrar sentido ou razão". Uma questão importante aqui é que explicar o que é tornar claro e compreensível, muitas vezes, envolve passar de algo que é diretamente observável para algo que não é diretamente observável ou observado. Por exemplo, você ouve repetidamente Margo, de quatro anos, pedindo aprovação à Sra. Bergman – algo observável – e conclui que Margo é uma criança emocionalmente dependente, cujos pais provavelmente reforçam esse tipo de comportamento em casa – algo não observado.

Quando você interpreta está na verdade impondo um viés sobre algum fato. A palavra **viés** não é aplicada em um sentido negativo. Ela se refere à ausência inevitável da total objetividade e da presença inevitável dos filtros únicos do próprio observador. Como não há dois indivíduos exatamente iguais, dois indivíduos não veem o mesmo fenômeno totalmente da mesma maneira ou na mesma medida. Mesmo uma mãe e um pai não veem seus filhos exatamente da mesma maneira, nem um filho vê seus pais exatamente da mesma forma como seu irmão os vê. De fato, foi dito que "há tantas famílias quantos forem os membros das famílias". Traduzido de forma simples, mesmo que cada membro da família compartilhe um número de similaridades objetivas com outros membros, provavelmente ninguém irá descrever ou avaliar suas experiências de forma idêntica à medida que cresce. Cada um de nós é único e impõe uma perspectiva única sobre nossas experiências. Nos referimos a vieses pessoais e perspectivas, que, mais uma vez, são feitos a partir de nossas experiências, habilidades, atitudes e conhecimento. Há outro tipo de viés que é mais o produto da aprendizagem formal e da adoção intencional que de forças e influências sobre as quais muitas vezes não temos controle. Este é o viés (filtro) fornecido e moldado por uma teoria, hipótese, marco conceitual ou filosofia.

Vieses teóricos podem parecer mais importantes que os pessoais. Eles são meramente diferentes, embora relacionados e interdependentes. Aprender uma teoria e usá-la para interpretar comportamentos certamente depende mais de algumas características pessoais – inteligência, aptidão e potencial para se tornar um observador competente. Além disso, seus valores e visões gerais sobre as crianças podem afetar a posição teórica na qual se sente mais confortável emocional e intelectualmente. Se acreditar que as crianças aprendem por conta própria se as oportunidades lhe forem fornecidas, é provável que não compartilhará de uma abordagem educacional que estruture rigidamente a sala de aula e suas atividades.

Vieses formados a partir de teorias também possuem outro efeito sobre o que vemos. Eles dirigem sua atenção apenas para determinadas partes de uma situação, evento ou comportamento. Mussen et al. (1984) descrevem esse estado metaforicamente, observando que cada pesquisador possui um conjunto de vieses ou pré-conceitos a respeito das qualidades importantes de um bebê, e então ele observa o bebê por meio desses vieses e descreve de acordo com essas qualidades. Não é apenas o viés teórico que cria essa atenção limitada; nossos vieses cotidianos fazem isso também. Você consegue imaginar um pai vendo seu filho Billy, de quatro anos, brincando com algumas crianças em uma escola? De repente, enquanto o pai está olhando diretamente para eles, Billy empurra um colega; uma briga começa entre eles e outra criança bate no braço de Billy. Não é incompreensível que o pai culpe a outra criança, e que não consiga "ver" Billy como o instigador do conflito. Na verdade, tudo o que o pai pôde ver foi o outro garoto batendo em seu filho. Isso é chamado de percepção seletiva, o que significa que muitas vezes as pessoas só veem o que querem ver ou dão importância apenas ao que elas acham que é importante ignorando todo o resto. O resultado é que assim como nós atribuímos graus diferentes de importância a diferentes eventos em nossos assuntos diários, diferentes teorias atribuem diferentes graus de importância a vários fenômenos. Piaget, por exemplo, concentrou sua atenção no desenvolvimento cognitivo ou intelectual, mas Freud estava interessado no desenvolvimento da personalidade. Daí resulta que, se Piaget e Freud fossem capazes de observar uma criança juntos, cada um iria se concentrar em diferentes facetas do comportamento da criança e cada um faria interpretações diferentes.

Em resumo, mesmo as informações e os encontros mais simples, diretos e informais com o meio ambiente envolvem alguma forma de interpretação. Devemos relacionar o que vemos e experimentamos ao que já conhecemos. Muitas vezes, podemos fazer isso sem muita deliberação consciente. Contudo, interpretações formais nos obrigam a olhar para um fenômeno e dar um sentido a ele dentro de uma perspectiva conceitual ou quadro conceitual particular – uma teoria, por exemplo. E isso pode exigir pensamento consciente.

A segunda razão para discutir novamente a interpretação é que ela é o fundamento da implementação dos resultados e da avaliação contínua. Suas interpretações irão determinar a natureza de suas descobertas, o que você considera significativo ou até mesmo se tem alguma opinião sobre alguma coisa. Este também é o caso da avaliação contínua. Avaliação envolve fazer julgamentos sobre o valor, a eficácia ou a adequação de algo. É lógico que tais decisões envolvem algumas interpretações, tanto a formal quanto a informal, já discutidas. Em resumo, a implementação e a avaliação exigem que seja dado sentido a suas observações antes de colocá-las em uso relevante. Os usos e propósitos são diversificados, é claro, podendo variar de apenas querer compreender algumas facetas do desenvolvimento e comportamento de uma criança, até avaliar se um programa já existente está fazendo o que afirma estar fazendo, bem como iniciar um novo programa.

Entretanto, cabe ressaltar que uma série de observações, interpretações e avaliações ainda podem levar a conclusões e decisões imprecisas ou inadequadas. O ponto, porém, é que várias observações têm menos probabilidade de resultar em decisões ou conclusões erradas do que apenas uma observação. Isso com certeza também ocorreria se mais de um observador estivesse envolvido e se, como resultado, fosse estabelecida a confiabilidade interobservador. Naturalmente, isso depende em grande parte da habilidade e experiência do(s) observador(es).

Lidando com a observação e a interpretação em um ambiente multicultural

Dado que a interpretação vai além do que é diretamente observável, você tem de procurar algo que irá fornecer uma base para fazer inferências sobre o comportamento de uma criança e que lhe ajudarão a compreendê-lo e, se necessário, a respondê-lo de alguma forma. Afinal, a interpretação se trata disso.

Às vezes, fazer as perguntas corretas ajuda no processo de interpretação. Somos profundamente gratos a Janet Gonzalez-Mena (2005) por seu excelente tratamento desta importante faceta da interpretação. Gonzalez-Mena identifica seis perguntas que poderiam (deveriam) ser feitas ao se tentar interpretar o comportamento da criança. Mesmo um exame superficial dessas perguntas irá revelar sua significância e seu caráter de bom senso:

1. *As necessidades básicas das crianças são atendidas?* Esta questão encontra-se no pressuposto básico de que o comportamento humano é intencional e não aleatório ou totalmente imprevisível. Como todos nós, as crianças precisam ter suas necessidades básicas satisfeitas. A fome deve ser satisfeita; a fadiga deve ser eliminada pelo descanso, o medo ou a ansiedade, amenizados pela segurança e conforto proporcionados por um adulto, além de terem liberdade de movimento – estas são algumas exigências que devem ser abordadas.

   A inquietação de uma criança no meio da manhã pode ser o resultado de ela não ter se alimentado durante várias horas. Ou o comportamento indisciplinado das crianças pode ter início a partir de sua falta de oportunidade de se envolver em atividades físicas por algum período considerável. Como intérprete do comportamento das crianças, nosso objetivo é compreender esse comportamento e dar um sentido a ele para sermos prestadores de cuidados, educadores e pais eficientes.

2. *O ambiente é adequado à criança?* Esta questão pode se inserir nos conceitos de assimilação e acomodação de Piaget. A pergunta também é relevante para o conceito de *"the match"*[1] de J. McV. Hunt (1961). A questão da adequação do desenvolvimento também entra em

---

[1] Que pode ser traduzido como "jogo" ou "combinação". (NRT)

jogo aqui. A prática adequada ao desenvolvimento (PAD)[2] exige que ambientes de creches e escolas infantis atendam às necessidades da criança de forma adequada e se ajustem a suas características únicas e individuais. A segunda pergunta de Gonzalez-Mena pretende essencialmente saber se a criança é capaz de responder a seu ambiente de forma que promova o crescimento cognitivo e que permita total liberdade de movimentos e interação adequada – resumindo, a criança é beneficiada ao estar nesse ambiente?

Gonzalez-Mena destaca que quando em um ambiente inadequado, a criança precisa de muito mais orientação ou instrução, além de ser muito mais propensa a se comportar mal do que se estivesse em um ambiente mais adequado para sua idade, nível de desenvolvimento e temperamento. Embora a preparação de ambientes apropriados para crianças de diferentes idades e níveis de desenvolvimento possa ser uma tarefa difícil, não é possível insentar-se da responsabilidade de tentar proporcioná-los.

3. *O comportamento da criança é um pedido de atenção?* Sem dúvida, os seres humanos em essência buscam atenção; todos nós, de vez em quando, precisamos e desejamos a atenção dos outros e que eles reconheçam quem somos e o que estamos tentando fazer. Mas como Rudolph Dreikers (1964) destaca, o mau comportamento de uma criança pode ser baseado no objetivo equivocado de busca de atenção, a fim de estar no centro das coisas. A busca de atenção pode resultar em comportamentos positivos ou negativos. Gonzalez-Mena (2005) diz que a necessidade de uma criança de chamar a atenção não deve ser desconsiderada, devendo os adultos responder a essa situação da seguinte forma: "Faça um bom plano para dar sua atenção às crianças que precisam dela quando *não estão se comportando mal*" (p. 128, grifo do original).

Se você não conhecer muito bem a criança, a interpretação de determinado comportamento como um pedido de atenção deve contar com algum conhecimento do histórico da criança ou com a observação de como a criança responde ao receber a atenção que se acredita que ela possa estar exigindo. É provavelmente seguro dizer que, se o comportamento continuar o mesmo após a obtenção da atenção de um adulto, a atenção não foi a principal motivação para o comportamento. Esta conclusão pode ser baseada em alguns princípios de modificação de comportamento, segundo os quais, os comportamentos se fortalecem quando resultam em consequências desejáveis.

4. *O comportamento da criança é uma resposta ao sentimento de impotência?* Gonzalez-Mena (2005) afirma que "as crianças que se sentem impotentes precisam entrar em contato com seu próprio poder" (p. 129). A criança precisa sentir que tem algum controle sobre seu ambiente. Isso pode ser um exemplo do que alguns psicólogos chamam de necessidade de domínio. Mais uma vez, no entanto, chegar a esta interpretação vai exigir mais que apenas um conhecimento sumário da criança que se está observando. Atribuir à impotência o motivo para o comportamento de uma criança requer mais que apenas uma observação ocasional. Pode ser necessário observar a criança em várias situações por algum período razoável.

5. *Será que a criança aprendeu este comportamento por ter sido recompensada no passado?* Gonzalez-Mena (2005) relaciona esta questão à pergunta 3, "O comportamento da criança

---

[2] Do inglês, *Developmentally Appropriate Practice* (DAP). (NT)

é um pedido de atenção?". Ela oferece um exemplo de como recompensas anteriores podem se tornar um jogo: "Quando chamado para almoçar, Taylor grita e corre na outra direção. A professora presta muita atenção a Taylor, falando, discutindo e ameaçando até que, finalmente, ela consegue colocá-lo para dentro com a promessa de que ele possa se sentar ao lado dela na hora do almoço" (p. 129). Embora a questão de mudar tal comportamento não esteja dentro do âmbito deste livro, basta dizer, como Gonzalez-Mena confirma: "a maneira de mudar o padrão é retirar a recompensa", que neste caso é a atenção da professora (p. 129). O processo de mudança estaria completo quando a criança aprendesse a substituir um comportamento indesejável por um comportamento desejável.

6. *A criança entende claramente por que seu comportamento é inapropriado?* Podemos pensar nisto como um caso de ignorância por parte da criança. Como Gonzalez-Mena apropriadamente destaca: "As crianças têm de aprender como suas ações afetam as outras pessoas" (2005, p. 131). Algumas das perguntas anteriores parecem procurar as motivações das crianças como base para interpretar seu comportamento. Esta sexta questão oferece uma importante fonte de informações sobre as quais se baseia sua interpretação. Quando olhamos para mal-entendidos como uma razão para o mau comportamento de uma criança, supomos razoavelmente que as crianças vão se comportar adequadamente se entenderem que seu comportamento não é aceitável em dada situação e se um comportamento adequado for ensinado.

Há outras perguntas que podem ser feitas como um guia para a compreensão e a interpretação do comportamento das crianças. Quaisquer que sejam as perguntas que venham à mente, elas devem enfatizar a importância de dar sentido às coisas que as crianças fazem. Como já foi dito anteriormente, apenas observar o comportamento sem entendê-lo é em essência um esforço inútil e infrutífero.

Cultura e interpretação

Nas circunstâncias atuais, os efeitos da cultura não podem ser ignorados ou subestimados. O conceito de prática adequada ao desenvolvimento (PAD) também oferece uma justificativa convincente para abordar a questão da cultura e seu efeito sobre o processo de observação geral.

Diferentes origens culturais podem afetar suas interpretações de, pelo menos, duas maneiras que são faces da mesma moeda. Um dos efeitos é proporcionar a você um contexto ou quadro a partir do qual atribuir sentido ao comportamento da criança. Se você observar que Soo Lin, uma sirio-americana de quatro anos, não olha nos olhos dos adultos, poderia explicar esse comportamento mediante a compreensão de que na cultura asiática, o contato direto através dos olhos é considerado um sinal de desrespeito. Tal compreensão cultural é a estrutura da interpretação que ajuda a compreender o comportamento.

Um segundo efeito que a cultura tem na interpretação está relacionado em essência a suas próprias reações aos comportamentos observados. Este efeito provavelmente ocorrerá caso não se esteja bem informado sobre diferenças culturais. No caso de Soo Lin, se desconhecer a perspectiva que a cultura dela detém sobre o contato visual direto, esse comportamento poderá ser interpretado como um sinal de timidez, ansiedade ou falta de interesse no que o adulto está dizendo. Além disso, em alguns casos, a percepção de uma criança como Soo Lin poderia ser negativa e pejorativa, especialmente se acreditar que as pessoas – crianças ou adultos – devem olhar nos olhos do outro ao conversar. Portanto, o primeiro efeito é o desejado, porque se baseia no conhecimento das diferenças culturais e promove uma relação eficaz com as crianças e uma interpretação mais precisa do seu comportamento. O segundo efeito não é desejável, porque pode levar a mal-entendidos, conflitos e má interpretação.

Cultura: algumas considerações

A cultura é uma companheira inevitável que nos acompanha por toda nossa vida. Normalmente, somos mais ou menos inconscientes das influências da nossa própria cultura, tanto quanto um peixe não sabe que vive na água. Mas tire o peixe da água e ele se torna muito "consciente" da mudança drástica ao seu redor. Coloque-nos em uma cultura muito diferente da nossa, e nós, também, nos tornamos conscientes da mudança drástica, de como as coisas são feitas, da linguagem utilizada para se comunicar e de vários costumes, entre outras considerações. Porém, não temos de viver em outra cultura para notarmos tais diferenças. Pessoas de outras culturas chegam até nós e nós interagimos com elas aqui em nosso próprio país e cultura. Às vezes, vemos pessoas de diferentes origens de uma forma estranha, errada ou engraçada, e esse estranhamento pode nos causar problemas no relacionamento com elas.

Os Estados Unidos são uma sociedade multicultural, uma sociedade que reflete a diversidade cultural. Isso significa que em qualquer ambiente de cuidados infantis, é muito provável ter de atender a pais com pontos de vista e opiniões bem diferentes dos seus. Essas perspectivas incluirão crenças sobre o que é uma criança, do que ela precisa mais para ter um bom crescimento e desenvolvimento, e uma série de outras preocupações que podem não lhe ocorrer até que se depare com elas.

A diversidade cultural ou o multiculturalismo é uma questão importante nos dias atuais, mas infelizmente, é uma área que não é bem compreendida por muitas pessoas. Mesmo com o conhecimento de uma escritora como Janet Gonzalez-Mena (1997) sobre o assunto, admite-se que compreender as outras culturas não é uma tarefa fácil e exige muita observação e diálogo com pessoas que vêm de outros grupos étnicos e origens culturais.

No entanto, a importância de compreender as diferentes culturas das crianças não pode ser negada, não importa o quão difícil a tarefa possa ser. Embora não possamos lidar exaustivamente com o multiculturalismo, realmente queremos dar algumas informações as quais esperamos que sejam úteis a você quando quase inevitavelmente entrar em contato com crianças e pais de culturas diferentes da sua.

Talvez, para começar, o melhor seja fornecer um quadro conceitual sobre o que é cultura e como ela afeta todos os nossos comportamentos. Vamos começar com uma breve discussão sobre o que é cultura e as várias maneiras como ela afeta o desenvolvimento:

> Bredekamp e Copple (1997), em sua edição revisada de *Developmentally appropriate practice in early childhood programs*, discutem a cultura como consistindo em um *conjunto de regras* ou expectativas para o comportamento dos membros do grupo que são passadas de uma geração para outra. Experiências culturais não se limitam a artefatos ou produtos de cultura, tais como celebrações de feriados, alimentos ou música. Estes produtos são o que pode ser visto facilmente, mas não são a cultura em si, que é o conjunto de regras subjacentes aos costumes ou hábitos que produzem ou formam os produtos visíveis. Compreender a cultura exige um entendimento das regras que influenciam o comportamento, as regras que dão sentido aos acontecimentos e às práticas em famílias e comunidades. (p. 41-2, grifo nosso)

Portanto, cultura é um conjunto de regras que prescreve (permite ou exige) ou proíbe (não permite ou veda) determinados comportamentos. Bredekamp e Copple (1997) enumeram algumas das regras que a cultura exige que as crianças aprendam:

> Entre as regras que elas aprendem estão como mostrar respeito, como interagir com as pessoas que conhecem bem em comparação com aquelas que acabaram de conhecer, como organizar tempo e espaço pessoal, como se vestir, o que e quando comer, como responder a transições ou celebrações importantes na vida, como prestar culto e outros inúmeros comportamentos que os humanos realizam com aparentemente pouca reflexão todos os dias. (p. 42)

Thomas J. Berndt (1997) discute a importância da cultura como uma questão que "atravessa grandes teorias ou desenvolvimento" (p. 13). Ele cita dois pontos de vista do papel da cultura no desenvolvimento humano: a especificidade cultural e a universalidade do desenvolvimento. Quanto à especificidade cultural afirma que "as descrições e explicações mais precisas do desenvolvimento da criança vão variar entre as culturas" (p. 13). A forma como diferentes culturas veem e tratam as crianças influencia muito seu desenvolvimento, como em questões tais como "quando (ou se) as crianças desenvolvem determinadas habilidades e quais são as influências mais fortes em seu desenvolvimento" (p. 13). O ponto de vista oposto, referido como universalidade do desenvolvimento, presume que as diferenças culturais, essencialmente, não têm efeito considerável sobre o desenvolvimento de diversas habilidades. Todas as crianças passam pelo mesmo conjunto universal de processos mais ou menos na mesma idade (Berndt, 1997, p. 13).

Berndt introduz o conceito de *nicho*, que define como "o lugar em um ambiente onde um organismo faz a sua casa e ao qual está adaptado" (p. 14). A cultura é um nicho de desenvolvimento no sentido mais forte do termo. Cada cultura faz determinadas exigências e mantém determinadas expectativas em relação a seus membros. Nesta visão, as crianças têm de aprender e agir em conformidade com as exigências de suas respectivas culturas.

Super e Harkness (apud Berndt, 1997) propõem três componentes principais do nicho de desenvolvimento. O primeiro deles é o cenário físico e social das crianças, um fator – sobretudo, o social – ao qual Vygotsky deu grande importância no desenvolvimento mental das crianças. O segundo componente implica compreensões culturais especiais com relação ao cuidado e à educação infantis. Padrões de sono, por exemplo, estão incluídos neste componente. Por fim, há o que Berndt chama de *"psicologia dos adultos que cuidam de crianças"* (p. 14, grifo nosso). Isso inclui *"o que os pais acreditam que deva ser ensinado às crianças"* (p. 14, grifo nosso). Provavelmente qualquer número de fatores poderia ser acrescentado a este último componente, fatores que constituem as perspectivas dos pais.

No entanto, deve-se notar que a diversidade cultural tem implicações diferentes dependendo de seus objetivos e dos papéis que desempenha no cenário de observação. Educadores e profissionais prestadores de cuidados de crianças têm a obrigação de lidar de forma eficaz com as crianças que são de diferentes origens culturais e étnicas. Para observadores que não têm papel direto na interação com as crianças, a diversidade cultural ou multiculturalismo fornece um contexto ou uma estrutura melhor para observar, interpretar e entender o comportamento delas. É importante manter essa distinção em mente, especialmente porque o foco deste livro é o comportamento das crianças, e não o funcionamento da educação infantil na sala de aula ou creche.

Uma breve ilustração de como a origem cultural de uma criança pode figurar em sua observação e interpretação do comportamento pode lhe ser útil. Gonzalez-Mena (1997) descreve duas crianças "que se deparam com situações semelhantes em duas culturas diferentes" (p. 267). Ela pede para que seus leitores imaginem uma menina cautelosa, tímida de três anos, que mora na Itália e que chega à pré-escola para seu primeiro dia. Quando a menina chega à sala de aula, ela não olha para a professora que está ali pronta para cumprimentá-la. Embora a timidez da menina seja levada em conta, devido ao fato de se esperar que as crianças cumprimentem os adultos de forma socialmente aceitável, se espera que ela mostre respeito aos mais velhos cumprimentando a professora de modo adequado.

A segunda menina também tem três anos, é cautelosa, tímida, medrosa, mas mora nos Estados Unidos. Em seu primeiro dia na pré-escola, ela entra na sala com a cabeça baixa e não cumprimenta nem fala com a professora. Nesta cena, a professora diz olá, mas não pressiona a menina a responder. Como Gonzalez-Mena destaca, a professora "irá desculpar a menina em sua própria mente, tanto porque a criança é tímida quanto porque ela é pequena" (p. 267).

Estes dois exemplos breves ilustram bem duas estruturas diferentes dentro das quais um observador pode interpretar, de modo compreensível, os comportamentos destas duas meninas. As características objetivas dos dois cenários são fundamentalmente as mesmas, ainda que conclusões diferentes sejam tiradas sobre o significado e a importância da timidez delas. Tal significado e importância são fornecidos pela cultura de cada menina. No caso da menina italiana, sua timidez e o fato de não cumprimentar os adultos na porta não será completamente tolerado ou ignorado, porque segundo a cultura italiana, o respeito pelos mais velhos é muito valorizado. No caso da menina norte-americana, sua timidez é tolerada, e sua falha em cumprimentar os adultos na porta não será recebida com desaprovação ou tentativas imediatas de corrigir seu comportamento. Sua idade e sua timidez são consideradas e aceitas como razões legítimas para seu comportamento. Isso não quer dizer que a equipe pré-escolar não poderá, em algum momento, tentar ajudar a garotinha a superar um pouco de sua timidez.

No entanto, este exemplo deve ser colocado em um contexto relevante para suas finalidades. Com respeito à compreensão e à interpretação de forma adequada, não se deve dar ênfase indevida às reações dos adultos nas duas instalações de pré-escola. A ênfase maior é dada aos comportamentos das meninas e, possivelmente, em como as garotas posteriormente responderão aos esforços para reduzir a timidez e se tornarem mais sociáveis.

Desse modo, a perspectiva cultural de uma criança é uma consideração importante quando se tenta entender comportamentos em situações particulares. A discussão anterior é apenas a ponta do *iceberg* que constitui a diversidade cultural. No entanto, mesmo uma breve discussão deve conscientizar que as crianças têm experiências diferentes e que diversas expectativas permanecem sobre elas como uma consequência de pertencerem a um grupo cultural/étnico particular. Use o conhecimento que já possui e aquele que adquirirá na observação e no trabalho com crianças em vários ambientes como um auxílio para interpretar o comportamento delas com mais precisão que poderia ser possível sem tal conhecimento das diferenças culturais.

Uma parcela bem relevante de informações, a qual pode ser usada em suas observações e interpretações, é o conjunto de regras culturais propostas por Bredekamp e Copple (1997). Estas têm uma aplicação prática imediata nos cenários de cuidados infantis creche. Isso não significa que não seja necessário fazer mais esforços para se educar com respeito à diversidade cultural. Nossa recomendação oferece meramente um ponto para começar suas observações e interpretações. Veja novamente as regras culturais citadas por Bredekamp e Copple (1997).

Nem todas essas regras servirão a seus motivos para observar em qualquer ambiente. É improvável que você tenha a oportunidade de observar como as crianças oram ou respondem a grandes transições ou celebrações da vida (embora o divórcio dos pais seja uma transição importante na vida de muitas crianças). Porém, as regras ou expectativas culturais remanescentes, sem dúvida, serão observáveis em algum momento. Você deve estar alerta a elas e as suas manifestações em diversas situações e circunstâncias.

Outra perspectiva sobre a diversidade

Nossa discussão sobre a diversidade não é bastante completa. O material apresentado enfoca vários aspectos da cultura e da diversidade que podem ser relativamente desconhecidos para alguns leitores. Mas há outro aspecto, mais bem interpretado, que precisa ser considerado quando se utiliza o conceito de diversidade como uma ferramenta para a observação e a compreensão do comportamento infantil. Allen e Marotz (2007) oferecem alguns critérios importantes sobre a questão da diversidade cultural em particular, e da diversidade em geral: "No sentido mais amplo, o termo diversidade é abrangente, referindo-se a uma ampla gama de semelhanças, assim como diferenças. As dimensões mais comumente descritas incluem: idade, gênero, raça e origem étnica, classe socioeconômica, idioma, habilidades" (Allen e Marotz, 2003, p. 76). Ainda mais instrutiva é a qualificação que eles acrescentam à discussão das questões sobre diversidade:

> No entanto, questões relativas à diversidade vão muito além da simples categorização. Sistemas familiares, estilos de comunicação, preferências religiosas, educação, práticas parentais e valores de comunidade, todos desempenham papéis importantes na formação da herança única de uma criança. Eles também influenciam a visão que uma criança tem de sua identidade ou seu autoconceito. Cada experiência de vida afeta a visão que a criança tem de si mesma. Portanto, devem ser feitos esforços para evitar suposições e generalizações simplistas sobre aspectos da diversidade, porque muitas vezes há diversas variações associadas a cada dimensão. Por exemplo, uma criança que fala espanhol pode vir de um grande número de localizações geográficas ou culturas. Categorizar a criança como "latina" mostra a falta de reconhecimento das diferenças individuais e culturais, promovendo, assim, estereótipos. (Allen e Marotz, 2003, p. 76)

Uma mensagem importante nessa passagem é que a maioria, se não todos, do comportamento humano consiste e é influenciado por um conjunto de variáveis, condições, circunstâncias e contextos interagentes. A questão da diversidade cultural pode ter o efeito indesejável de desviar sua atenção para as categorias culturais/étnicas, excluindo muitas outras variáveis que influenciam e determinam o comportamento de um indivíduo. No exemplo apresentado anteriormente das duas crianças tímidas de três anos, não é suficiente apenas saber que uma delas é italiana e a outra é norte-americana. O fato de elas terem três anos, nem mais velhas ou mais novas; de serem meninas, não meninos; de que não havia informação sobre as origens de suas famílias em particular – em suma, informações breves que nos foram dadas, e outras informações ausentes –, podem servir para esclarecer ou confundir a compreensão e a interpretação do comportamento da criança.

Cultura e comunicação não verbal

Há outro aspecto da diversidade cultural que pode ser particularmente útil para compreender e interpretar comportamentos. Em seu texto *Multicultural issues in child care*, de 1997, Janet Gonzalez-Mena oferece um conselho convincente:

> É importante que professores e profissionais da área da educação que trabalham com famílias cuja cultura seja diferente deem uma boa olhada na origem dos pais quando surgirem diferenças em relação a questões de dependência e independência, alimentação, higiene, descanso, abraços, conforto, "mimo", disciplina e preparação do ambiente para brincar. (p. 21)

A ênfase de Gonzalez-Mena sobre a importância da observação para aprender sobre outras culturas é especialmente interessante:

Eu não consigo enfatizar de modo suficiente a importância de educar a si mesmo quando é preciso lidar com uma pessoa de cultura diferente da sua. Não quero dizer ler livros, apesar de isso ajudar. *Eu me refiro a observar de perto.* (p. 21, grifo nosso)

Ela passa a identificar cinco áreas da comunicação não verbal que podem levar à comunicação ou falha de comunicação quando se trata de pais e crianças de outras culturas.

Espaço pessoal

Espaço pessoal é a distância que gostamos de manter entre outras pessoas e nós mesmos. É muito semelhante à cultura no que diz respeito a estarmos inconscientes de medirmos a distância que estamos dos outros com base no quanto os conhecemos, e tentamos manter essa distância. Este fenômeno é chamado de proxêmica.

Um ponto importante sobre o espaço pessoal é que quando nos sentamos ou ficamos muito perto uns dos outros, eles se sentem desconfortáveis, assim como nós nos sentimos quando outras pessoas invadem o nosso espaço. Não tome por certo que o senso de espaço pessoal de todos é o mesmo que o seu. Também é interessante que, para algumas culturas, uma visão anglo-europeia ou americana-europeia branca da distância apropriada é muito longe e indica inimizade ou frieza. Suponha que crianças também possuam um senso de espaço pessoal. Os adultos, muitas vezes, acreditam que está perfeitamente correto "ficar na cara da criança", possivelmente acreditando que ficar fisicamente muito perto de uma criança inspire nela um sentimento de confiança ou intimidade. Se a resposta de uma criança a alguém que chegar muito perto não for a que você espera ou ache que é boa, reavalie a sua própria resposta com relação à formação cultural da criança.

Sorrir

Sorrir é provavelmente uma das ações que a maioria dos norte-americanos concorda ter o mesmo significado em todo lugar. Porém, como Gonzalez-Mena destaca, sorrir, juntamente do toque e do contato com os olhos, são específicos da cultura. Em algumas culturas, como na Rússia, as pessoas sorriem quando estão felizes, não para mostrar simpatia. Um sorriso também pode ser um sinal de constrangimento.

A descrição de Gonzalez-Mena (1998) do significado que o sorriso tem para os vietnamitas é muito elucidativa:

> Qualquer pessoa que já tenha visitado o Vietnã ou entrado em contato com os vietnamitas pôde notar (...) um sorriso permanente e enigmático em todas as circunstâncias, infelizes ou felizes (...) Muitos professores estrangeiros no Vietnã ficam irritados e frustrados quando os estudantes vietnamitas sorriem quando parece ser a hora e o lugar errados. Eles não conseguem entender por que os alunos sorriem quando repreendidos, quando não compreendem as lições que são explicadas e especialmente quando deveriam dar uma resposta para a pergunta, ficam sentados quietos e sorrindo. Esses professores muitas vezes pensam que os alunos não estão sendo apenas estúpidos e desobedientes, mas insolentes. Uma coisa que eles não entendem é que os alunos muitas vezes sorriem para mostrar a seus professores que não se importam em serem repreendidos, ou que eles foram realmente estúpidos por não serem capazes de entender a lição. Sorrir em todos os momentos e lugares é uma característica comum dos vietnamitas. Não há, no entanto, diretrizes para dizer aos estrangeiros qual significado cada sorriso representa em cada situação (...) O sorriso vietnamita pode significar, praticamente, qualquer coisa. (p. 61)

Contato visual

Gonzalez-Mena pergunta se é importante "olhar as pessoas nos olhos ou desviar o olhar quando você fala com elas" (2005, p. 23). Quando as culturas compartilham das mesmas crenças sobre o contato visual, as pessoas se sentem confortáveis umas com as outras. Na cultura norte-americana, muitas vezes, acreditamos que uma pessoa que não olha em nossos olhos quando está falando conosco é mau caráter ou desonesta ou tem algo a esconder. Outras considerações também se aplicam. Como Gonzalez-Mena relata: "O contato visual na cultura ocidental é considerado uma indicação de atenção, embora na cultura asiática possa ser visto como um sinal de falta de respeito ou de deferência" (p. 23). Ela também observa que, para os nativos americanos, "o contato visual prolongado é extremamente desrespeitoso" (p. 23).

À luz do que foi dito anteriormente, seria extremamente fácil interpretar de maneira incorreta o padrão do contato visual de uma criança, chegando assim à conclusão de que a criança está desatenta ou é desrespeitosa ou que possui outra característica ou traço indesejável.

Toque

O toque pode ser a forma de comunicação não verbal que já recebeu mais atenção do que qualquer outra forma discutida até agora. Preocupações com assédio ou abuso sexual de crianças, por exemplo, colocam o toque inadequado na linha de frente das preocupações de muitas pessoas. Algumas parecem ter um impulso natural de tocar os outros, enquanto alguns também gostam de ser tocados por outras pessoas. Para eles, tocar expressa simpatia e intimidade, ou talvez pretenda dar a outra pessoa uma sensação de segurança. Sabe-se que os indivíduos em posições de autoridade ou de *status* elevado tendem a tocar outros indivíduos de *status* inferior. Como Gonzalez-Mena coloca: "nas culturas convencionais canadense e norte-americana, os chefes tocam seus secretários com muito mais frequência que os secretários tocam seus chefes" (p. 23).

Tocar alguém na cabeça deve ser feito com cuidado especial: "Considere as regras tácitas que as culturas convencionais canadense e norte-americana têm sobre o ato de tocar a cabeça de outras pessoas. Qualquer pessoa que toca a cabeça de outra é superior em alguns sentidos – somente os inferiores (ou íntimos) são tocados na cabeça" (Gonzalez-Mena, 1997, p. 23). Pode parecer apropriado tocar ou dar um tapinha na cabeça de uma criança, o que os adultos costumam fazer, presumivelmente, como um sinal de afeto. No entanto, as crianças também merecem o devido respeito, e se a cultura de uma criança considera essa batidinha na cabeça como algo ofensivo ou desrespeitoso, isto não deve ser feito. Portanto, com relação à interpretação, as reações da criança ao serem tocadas, seja na cabeça ou em outro lugar, precisam ser colocadas no contexto de sua formação cultural.

Conceitos de tempo

Calcular ou controlar o tempo é uma invenção e uma atividade humana. As crianças pequenas não pensam no tempo como os adultos, nem estão preocupadas com coisas como não se atrasar para um compromisso ou atividade programada. Porém, com o crescente desenvolvimento intelectual e social, as crianças se tornam conscientes do tempo, e provavelmente, de início, pelo menos, adotam o conceito de seus pais quanto ao tempo e como ele deve ser manipulado em situações sociais. Gonzalez-Mena discute o tempo principalmente no que diz respeito à equipe e aos pais, uma ênfase que não é de importância direta para os nossos propósitos. Porém, mesmo se for apenas um observador sem relações oficiais com os pais ou com a equipe, sua percepção das crianças pode ser indevidamente influenciada pela forma que os pais delas lidam com o tempo. Talvez seja análogo a ficar incomodado ou irritado com o mau comportamento de uma criança quando, se for objetivo em relação à situação, a responsabilidade fosse localizada mais sobre os pais que sobre a criança.

Resumo final

O ponto central a ser mantido em mente, a partir de toda essa discussão, é que se deve estar vigilante quando da observação e interpretação do comportamento infantil. Você tem a obrigação de ser tão honesto e preciso quanto humanamente possível ao formar conclusões sobre a criança. Lembre-se da discussão sobre avaliação no Capítulo 3, em que se observou que de todos os efeitos associados à observação, a avaliação poderia ser o mais "perigoso" ou potencialmente prejudicial para a criança. Isto ocorre porque as avaliações são muitas vezes usadas para formar julgamentos sobre coisas como personalidade, caracteres e autoestima da criança. Portanto, os comportamentos culturalmente influenciados ou determinados poderiam ser utilizados de forma inapropriada como base para comentários depreciativos sobre uma criança ou para a tomada de decisões curriculares inadequadas que afetem as experiências de uma criança em uma creche ou sala de aula de educação infantil.

Implementação dos resultados

Incluímos uma discussão sobre a implementação dos resultados, principalmente porque observar o comportamento – certamente para os profissionais provedores de cuidados e para os pais – geralmente tem um ou vários propósitos. Um deles é entender o comportamento das crianças e como elas crescem e se desenvolvem. Tal entendimento requer alguma interpretação dos dados adquiridos por meio da observação e dos processos de registro. A interpretação se estende além da observação por si só, porque muitas interpretações são subjetivas e porque, embora com base em observações razoavelmente objetivas, o significado dado a qualquer comportamento não é diretamente observável. Assim, não se observa diretamente a dependência, mas apenas certos comportamentos a partir dos quais se pode inferir dependência.

Outro propósito para observar o comportamento e o desenvolvimento das crianças é a utilização de dados observacionais de maneira que as beneficiarão na creche, na sala de aula de educação infantil ou em casa. Descobertas ou resultados, como chamamos, são as conclusões alcançadas com base na interpretação de dados observacionais. A implementação dos resultados é a colocação dos dados observacionais em algum uso apropriado. A boa implementação depende de observações e interpretações sadias. No entanto, não podemos dizer como implementar o que é aprendido sobre o comportamento das crianças, porque a implementação é altamente específica para fins e situações particulares. Não poderíamos prever todas as contingências que podem ser enfrentadas quando se trabalha com crianças. Porém, é preciso compreender como a observação figura em qualquer processo de implementação. Fazer alterações curriculares ou tentar mudar o comportamento de uma criança sem ter uma justificativa para essas mudanças com base em dados observacionais precisos e confiáveis seria imprudente e, provavelmente, um desperdício de tempo e esforço. Observar com a intenção de implementar seus resultados observacionais é observar com um plano ou objetivo preestabelecido. Você deve saber por que motivo irá observar antes de colocar o pé no local de observação (veja Capítulo 3). Mais uma vez, se praticada corretamente, a observação nunca envolve uma situação em que se vá ao local de observação e, em seguida se pergunte: "Agora que estou aqui, o que devo fazer?"

Implementação é um tema amplo. É, provavelmente, tão amplo quanto o número de razões para a observação e o número de métodos de observação que podemos usar. Esta afirmação se baseia no pressuposto de que as suas razões para observação devem ser determinadas antes de entrar no fluxo do comportamento da criança. A frase *implementação dos resultados* implica um objetivo e um método predeterminados. A este respeito, a observação, seja formal ou informal, não é muito diferente de um estudo ou experiência de pesquisa.

Um pesquisador deve saber qual será seu tema de pesquisa e como irá reunir e analisar seus dados.

Suas observações provavelmente não são tão complicadas como uma pesquisa formal, mas os mesmos princípios fundamentais da pesquisa formal se aplicam à observação: você tem de saber por que está observando antes de "jogar sua rede no fluxo de comportamento da criança". Este princípio foi expresso em um capítulo anterior pela afirmação de que observação não é apenas olhar casualmente *para* algo, mas procurar *por* algo.

Implementar significa colocar em uso prático, executar alguma ação ou satisfazer as condições de algo. Implementação de um plano, por exemplo, significa colocar o plano em ação ou desempenhar os comportamentos necessários para que o plano funcione. Esta é uma definição muito abrangente, pois existem limites amplos do que se pode desempenhar, colocar em vigor ou satisfazer as condições. Por essa razão, a implementação dos resultados em algum momento tem de ser considerada no contexto específico de seus objetivos de observação. Por exemplo, você satisfaria as condições de um exercício de observação por meio da obtenção de uma descrição narrativa do comportamento de uma criança durante o recesso escolar. Não se pode fazer mais nada com o registro, mas ainda assim se atinge a meta de obter experiência na descrição do comportamento de uma forma narrativa detalhada. No entanto, um professor pode usar o registro para monitorar o progresso de uma criança em várias áreas do desenvolvimento ou para estabelecer a base para modificar seu comportamento.

A palavra *resultados* deve ser cuidadosamente considerada. Se *resultados* tiver um significado muito limitado, a observação irá servir, de modo predominante, de apoio à investigação. Isso excluiria a observação da criança simplesmente para aprender sobre ela, para ver se ela se comporta como os psicólogos descrevem. Neste sentido, *resultados* assume um significado muito mais amplo e pode até mesmo ser definido como "objetivo" ou "finalidade". A implementação de um objetivo pode ser realizada quando se satisfaz a condição de aprender como Adam responde aos comportamentos sociais de seus pares, ou quando se aprende as características do discurso de Margaret.

Avaliação contínua

Fazer julgamentos é uma atividade inevitável que todos nós fazemos por várias razões. Avaliar é fazer um julgamento, e fazer um julgamento é comparar entre algum evento, objeto ou comportamento, e um padrão ou um critério. A noção de comparação parece óbvia, mesmo na mais simples das circunstâncias. Por exemplo, você tenta uma rota diferente para chegar à classe ou ao trabalho, mas decide que sua rota antiga é melhor que a nova. É mais rápida, é mais pitoresca e passa por uma loja onde você às vezes faz compras. Seus padrões aqui, entre outros possíveis, são o tempo, o prazer estético e a conveniência de não ter de sair de seu caminho para fazer compras.

Comparações são essenciais, pois sem elas não poderíamos perceber ou conhecer nada; não poderíamos nem mesmo distinguir o familiar do desconhecido. Devemos fazer comparações com o que já sabemos para reconhecer o que não sabemos. O fator crítico em tudo isso é a seleção do padrão. Seleção é a base da própria observação, de qualquer implementação de resultados, bem como da avaliação contínua. Todas essas três atividades exigem comparação com um padrão. Nesse sentido geral, portanto, um padrão é qualquer quadro ou contexto dentro do qual é possível um julgamento, decisão ou comparação.

Voltemos a um território familiar. Alguns de nossos padrões são determinados por nossas personalidades. Temos padrões de conduta, por exemplo, pelos quais julgamos a aceitabilidade de nosso próprio comportamento e o dos outros. Tais padrões poderão ser parte de nossa personalidade, o resultado de nossa educação, nossos valores e atitudes. A teoria também é um padrão pelo qual as comparações, os julgamentos e as decisões são feitos. Padrões baseados na teoria podem envolver a avaliação do nível de desenvolvimento cognitivo de uma criança ao usar o conhecimento da teoria de Piaget: que comportamentos são típicos de uma criança sensório--motora – estes formam os padrões ou bases de comparação – e como a criança que você está observando se comporta ou funciona em relação aos comportamentos ou padrões típicos? Uma teoria é um padrão formal, enquanto nossa personalidade pode ser chamada de padrão informal.

Se a avaliação envolve a comparação com um padrão, então a avaliação contínua é uma comparação contínua, com a implicação de que o que está sendo avaliado pode ou vai mudar. Também é possível que o padrão mude. De fato, quando se avalia uma criança, o padrão tem de mudar. As expectativas dos pais e as demandas referentes ao comportamento da criança mudam na medida em que as suas habilidades mudam com o amadurecimento e a experiência.

Portanto, demandas e expectativas são padrões modificados para manter o passo com a habilidade da criança em satisfazê-los.

A escolha do padrão, como foi mencionado anteriormente, é fundamental em muitos casos, porque o padrão irá determinar se o desempenho da criança satisfaz a concepção que o adulto tem do que ela pode e deve ser capaz de fazer. Por exemplo, os padrões que regem o treinamento para usar o vaso sanitário são aplicados pelos pais em relação ao controle do intestino e da bexiga da criança. Se os pais forem realistas em sua avaliação sobre a maturidade fisiológica da criança, pode não haver nenhum problema. Os pais irão ajustar seu padrão para atender à criança. Em contraposição, os pais podem ter expectativas (padrões) irreais para o comportamento de seu filho quando da utilização do banheiro, e assim podem aplicar o padrão errado ou de forma errada. Eles poderiam mandar a criança sentar no penico, não molhar ou sujar as calças e dizer que ela tem de ir ao banheiro quando simplesmente ela ainda não é capaz de tal comportamento.

Adequar o padrão às capacidades da criança envolve vários fatores. De início, os pais têm de saber a idade aproximada com que uma criança pode usar o banheiro com êxito. Podemos considerar que isso envolve uma explicação ou uma interpretação no sentido de que o êxito é explicado pelo conceito de prontidão maturacional. A seguir, a implementação dos resultados vem do aprendizado sobre essa disponibilidade de maturação, avaliação do nível atual de prontidão da criança e, então, a aplicação ou não do padrão, dependendo do resultado da avaliação. Se a criança não estiver pronta para ir ao banheiro sozinha, será necessária uma melhor avaliação. Os pais podem reavaliar um mês mais tarde, atualizando suas informações e fazendo outra comparação entre a disponibilidade aparente da criança e seus padrões de comportamento para usar o banheiro.

Este exemplo é simples. A avaliação contínua é realizada de maneiras muito mais complexas; porém, independentemente do nível de complexidade, ocorre o mesmo processo ilustrado no treinamento para se usar o banheiro.

Alguns exemplos práticos de implementação

Embora a implementação de resultados seja um tema amplo, ela tem muitos efeitos específicos e práticos. Vejamos alguns exemplos hipotéticos de como os resultados de observação podem ser usados em vários contextos.

Exemplo 1

A Sra. Parrish quer incentivar o comportamento de independência entre as crianças em sua classe pré-escolar. No entanto, ela é nova nesse cenário em particular e não conhece as crianças ainda, nem como elas brincam ou usam os equipamentos e materiais. Ela acredita que o comportamento independente pode ser incentivado e estimulado pelo tipo e pela disposição dos objetos físicos no ambiente. Portanto, a Sra. Parrish decide observar as brincadeiras das crianças e, usando uma técnica de amostragem por evento, registra exemplos de comportamento dependente exibido por elas. Ela decide observar o comportamento dependente em primeiro lugar a fim de identificar as condições em que ele ocorre. Depois, espera modificar as condições de modo a promover um comportamento independente.

A Sra. Parrish nota rapidamente que cada vez que uma criança quer brincar com o quebra-cabeça, jogo do alfabeto, toca-discos ou tintas, ela tem de pedir ajuda para um adulto. Quando esses materiais estão guardados, as crianças quase sempre exibem comportamento dependente, simplesmente porque as prateleiras são muito altas para elas alcançarem. A Sra. Parrish conclui que se um adulto tem de dar os materiais para a criança, dificilmente a independência e a autossuficiência serão promovidas.

Como resultado desta observação e interpretação extremamente simples, a Sra. Parrish rebaixa as prateleiras a uma altura acessível às crianças. A avaliação contínua conclui que os incidentes de pedido de auxílio das crianças para obter equipamentos são reduzidos quase completamente.

Exemplo 2

A maioria das pré-escolas quer incentivar a cooperação e a partilha entre as crianças em seus programas. No entanto, cooperação e partilha são comportamentos aprendidos, e não se pode esperar que eles simplesmente ocorram de maneira natural. A Srta. Crenshaw, professora de uma sala de alunos com quatro anos, sabia disso, e teve de planejar maneiras de permitir que as crianças aprendessem a cooperar. Ela teve de determinar como organizar várias situações em sala de aula de forma a provocar interações cooperativas em vez de interações competitivas. Decidiu por observar as crianças e sua equipe para ver que tipos de situações levavam à cooperação ou à competição.

A cena a seguir foi observada pela Srta. Crenshaw na manhã seguinte à sua decisão de procurar exemplos do comportamento cooperativo e competitivo:

9h30 – Era hora da atividade musical, e a Sra. Wilson estava no comando. Ela colocou a caixa contendo os instrumentos de ritmo no chão e disse às crianças para pegarem os instrumentos que queriam tocar. (A caixa continha seis triângulos, um pandeiro, um bloco e baqueta e dois chocalhos.) Imediatamente houve uma corrida em direção à caixa. Martin chegou lá primeiro e pegou o pandeiro. Sally estava logo atrás dele e colocou a mão no mesmo pandeiro. Martin puxou o pandeiro da mão de Sally, dizendo: "É meu, eu peguei primeiro". "Mas eu quero tocar pandeiro hoje", respondeu Sally. Enquanto essa briga acontecia entre Sally e Martin, outras oito crianças vasculhavam a caixa tentando pegar um instrumento. Juan pegou o único bloco de madeira e baqueta e correu para o canto da sala. Carlisle tinha escolhido um dos triângulos. Willard também pegou um triângulo, mas havia seis desses, e por isso não houve nenhuma briga por esse instrumento em particular. Por fim, a Sra. Wilson teve de separar a briga entre Sally e Martin. Ela pediu para Sally deixar Martin tocar o pandeiro hoje e disse que ela poderia tocar amanhã. Sally concordou relutante. Martin saiu com um grande sorriso no rosto. Sally pegou o último triângulo e parou do lado das crianças que já estavam com seus instrumentos. Depois de aproximadamente dois minutos de atividade frenética, cada criança tinha um instrumento, embora não sem a reclamação contínua de duas ou três crianças que não conseguiram o que desejavam.

A partir dessa observação, a Srta. Crenshaw decidiu que deveria haver uma maneira melhor de iniciar a atividade musical do que colocar a caixa de instrumentos no meio da sala. Ela chegou à conclusão que em vez de promover a cooperação e a partilha, essa abordagem na verdade criava competição. Afinal, pensou a Srta. Crenshaw, seria a mesma coisa que dizer às crianças "OK, crianças, o primeiro a chegar, o primeiro a pegar; qual será o mais rápido e mais forte entre vocês que pegará o instrumento que quiser?". Ela instruiu a Sra. Wilson para que, no futuro, a caixa fosse passada pelas crianças de forma a permitir que cada criança escolhesse o instrumento que quisesse naquele dia. A professora também explicou que, da próxima vez, uma criança poderia escolher um instrumento que ela não pôde pegar na vez passada. Dessa forma, todas as crianças eventualmente tocariam o instrumento que desejassem.

A observação subsequente dessa atividade confirmou a interpretação da Srta. Crenshaw. Exceto por uma queixa ocasional de uma criança que não queria esperar até o dia seguinte para tocar seu instrumento favorito, as crianças aceitaram a nova rotina. Houve até casos em que uma delas abdicou de sua vez de tocar determinado instrumento para cedê-la a um amigo.

Exemplo 3

A Sra. Gonzales acredita que as crianças são participantes ativas em seu próprio desenvolvimento e, portanto, devemos permitir a elas direcionar muitas de suas próprias atividades. As salas de aulas pré-escolares têm uma grande variedade de equipamentos e materiais selecionados com o propósito de servir às crianças, cujos interesses e habilidades variam muito. A Sra. Gonzales também acredita que as crianças devem ser incentivadas a ir além de seu nível atual de capacidade para promover o desenvolvimento de novas habilidades e interesses. Consequentemente, ela usa suas habilidades de observação para documentar o comportamento de cada criança e as atividades em várias partes da sala de aula. Ela observa e registra dados sobre os equipamentos e materiais que a criança utiliza e as habilidades e o conhecimento que eles exigem. Ela também observa por quanto tempo e quantas vezes a criança brinca em cada uma das áreas. A Sra. Gonzales gostaria que elas estabelecessem um equilíbrio razoável na utilização de materiais e atividades, acreditando que esse equilíbrio favoreça seu desenvolvimento global.

No curso de suas observações, a Sra. Gonzales percebe que Victor, de cinco anos, um menino novo na classe, brinca com as outras crianças usando equipamentos e materiais que exigem habilidades motoras grossas e evita atividades motoras finas, a menos que esteja sozinho. Ocasionalmente, Victor observa as crianças enquanto elas brincam com quebra-cabeças, recortam imagens com a tesoura ou colocam miçangas em uma linha, mas ele nunca se junta a elas. Se, quando ele está sozinho e no meio de uma atividade motora fina, outra criança se aproxima, ele para imediatamente o que está fazendo e vai embora. No entanto, a Sra. Gonzales também nota que as habilidades motoras finas de Victor são muito boas, então ela tenta descartar a má coordenação como causa do comportamento do menino. Como ela não consegue identificar qualquer coisa na sala de aula que possa contribuir para que ele evite essas atividades com outras crianças, ela decide consultar a mãe ou o pai de Victor. Ela reconhece que as experiências de uma criança em casa podem afetar seu comportamento escolar.

A partir de uma reunião com a mãe de Victor, a Sra. Gonzales descobre que o irmão mais velho (sete anos) do menino é uma criança excepcionalmente bem-coordenada, com habilidades motoras que estão à frente do que se poderia prever para sua idade. Porém, mesmo correndo, saltando, escalando e lutando bem, infelizmente Victor é ridicularizado pelo irmão quando se utiliza de habilidades motoras finas menos desenvolvidas. A Sra. Gonzales comedidamente conclui (infere) que a autoimagem do menino é ruim nesta área por causa dos comentários depreciativos feitos com frequência pelo irmão. Aparentemente, Victor se recusa a brincar com as outras crianças nessas atividades por medo de elas também o ridicularizarem.

A Sra. Gonzalez decide testar sua interpretação, implementar suas descobertas sobre a situação de Victor em casa. Durante várias semanas, ela consegue fazer o menino participar de uma série de atividades que envolvem cada vez mais habilidades motoras finas. Ela sempre faz questão de comentar sobre o desempenho favorável de Victor, bem como o desempenho das outras crianças. Ela não se preocupa que alguém vá desdenhar das habilidades motoras finas de Victor, porque ela sabe que as dele são tão boas como a da maioria das outras crianças na classe. Observação e avaliação contínua confirmam a interpretação da Sra. Gonzalez. No período de um mês, Victor brinca com outras crianças em atividades que envolvem tanto os músculos grandes quanto os pequenos. Agora, a Sra. Gonzales percebe que Victor está se beneficiando com esse equilíbrio que ela acha muito importante.

O primeiro exemplo pode parecer o cenário mais simples possível. A Sra. Parrish percebe que as crianças não conseguem alcançar alguns dos brinquedos porque as prateleiras são muito altas. Ela define que o pedido de auxílio deles aos adultos para pegar os brinquedos trata-se de um comportamento de dependência. Desse modo, ela raciocina que se as condições mudarem e os brinquedos puderem ser alcançados, o comportamento das crianças mudarão. As prateleiras, então, são rebaixadas e as crianças começam a agir de forma independente.

O resultado neste primeiro exemplo foi a relação que a Sra. Parrish viu entre a altura da estante e o comportamento dependente. Ela implementou sua descoberta, alterando a natureza da relação das prateleiras altas e comportamento de dependência para a relação das prateleiras mais baixas e independência. No entanto, é importante notar aqui que o resultado ganhou significado particular; o pedido das crianças a um adulto para obter um brinquedo foi interpretado como comportamento de dependência e avaliado como indesejável. Outro professor poderia ter pensado diferente, possivelmente acreditando que os interesses e objetivos da pré-escola são mais bem servidos se a equipe tiver o controle sobre equipamentos e materiais. Esse segundo professor teria visto a dependência em outros tipos de comportamentos.

O segundo exemplo é um pouco mais complicado que o primeiro. Muita coisa dependeu do significado que a Srta. Crenshaw deu à disputa das crianças pelos instrumentos da banda. A conexão entre colocar a caixa no chão e o comportamento das crianças não é difícil de notar. No entanto, dois elementos-chave são o significado das respostas das crianças e como elas devem ser tratadas. A Srta. Crenshaw considerou a movimentação, os empurrões e a briga como comportamentos inaceitáveis que contradiziam o objetivo de promover cooperação e partilha. Ela implementou seu resultado (a conexão mencionada), estruturando a distribuição de instrumentos de forma que as crianças se revezassem.

Outro professor poderia ter visto a disputa pelos instrumentos como parte natural do crescimento e do aprendizado não só de como partilhar, mas também de como se afirmar. Ele poderia ter permitido alguma competição, porque acredita que a competição é parte inevitável da vida. Uma segunda possibilidade é que um outro professor concorde com o objetivo da Srta. Crenshaw de promover a partilha e a cooperação entre as crianças, mas discorde de seu método. Ele poderia implementar seu resultado tentando ensinar às crianças regras gerais de conduta. Em vez de impossibilitar a competição dando a cada criança um instrumento, o segundo professor poderia usar sugestões ou lembretes das regras. Enquanto Sally e Martin disputavam o pandeiro, ele poderia ter dito algo como: "Sally, Martin fica com o pandeiro primeiro. O que eu disse sobre compartilhar os brinquedos? Se alguém pegar um brinquedo antes de você, você tem de esperar até que ele deixe o brinquedo de lado, e depois é a sua vez". Desse modo, o segundo professor contaria com a internalização das regras por parte das crianças que, eventualmente, se comportariam de forma cooperativa, porque é a coisa apropriada a se fazer. Em ambos os casos, uma observação e avaliação contínua poderia determinar a eficácia dos meios de interpretação dos dois professores e a implementação de seus resultados ou descobertas.

O exemplo final envolve mais dados observacionais e inferências que os outros dois exemplos. A Sra. Gonzales vê o comportamento das crianças por sua filosofia (e filtro) de atividades equilibradas e experiências que ajudam a criança a progredir além do seu nível atual de capacidade e desenvolvimento. Dentro dessa filosofia, a falha de Victor em participar de atividades motoras finas com as outras crianças violou o equilíbrio que ela achava essencial. Ela progressivamente, embora sendo uma tentativa, descartou várias explicações possíveis para o comportamento de Victor e, por fim, fez a inferência de que alguma situação em casa poderia ser a causa. Quando soube do irmão de Victor, interpretou seu comportamento como resultado de uma autoimagem ruim e do medo de ser ridicularizado por seus colegas na escola. Ela agiu com base na interpretação (implementou seu resultado) envolvendo gradualmente Victor em atividades que exigiam cada vez mais habilidades dos músculos pequenos. Quando percebeu que as outras crianças não riam dele como seu irmão, Victor se tornou um constante participante nas atividades motoras finas.

Resumo

A interpretação pode ser considerada em termos de personalidade e de teoria formal. Em ambos os casos, a interpretação é o fundamento da implementação dos resultados e de avaliação contínua. O resultado só é um achado se tiver algum significado que seja aplicado a uma situação ou um problema específico. A avaliação contínua depende de interpretação, porque consiste em fazer uma comparação entre algo observado e um padrão. Isto, por sua vez, requer que os dados observacionais façam sentido e que a relação entre os dados e o padrão selecionado sejam observados. A avaliação contínua também exige comparações. Comparações são essenciais, porque sem elas não poderíamos perceber ou saber nada. A seleção do padrão é fundamental para observação, implementação e avaliação; todas estas atividades requerem algum tipo de padrão. Um padrão é qualquer estrutura dentro da qual seja possível um julgamento, decisão ou comparação. Nossas personalidades são padrões informais, e as teorias são padrões formais. A avaliação contínua muitas vezes exige a modificação do padrão que se aplica a uma situação. Isto é especialmente verdadeiro quando se avalia o comportamento de crianças, o que muda de modo natural conforme elas crescem e se desenvolvem.

A implementação envolve uma realização, satisfazendo as condições de algo ou colocando-as em prática. Se achar que Fred briga com Elizabeth sempre que estão juntos na área dos blocos grandes, você poderá implementar as conclusões desse fato direcionando cada um deles para uma atividade diferente. Sua resposta implica que tenha certos objetivos para o comportamento da criança e que interprete ou veja o comportamento deles nos termos desses objetivos. Portanto, a implementação é baseada em um objetivo predeterminado.

Questões para estudo

1. Como a observação, a interpretação, a implementação dos resultados e a avaliação contínua dependem umas das outras? Descreva sua inter-relação.
2. O que se entende por *viés*, como utilizado neste capítulo? Enumere alguns dos seus vieses e descreva como eles podem afetar o que você vê quando observa crianças e como esses vieses podem afetar as interpretações de suas observações.
3. O que acontece quando uma descoberta observacional é implementada? Descreva as etapas envolvidas e os papéis da observação e da interpretação.

PARTE TRÊS

EXERCÍCIOS DE OBSERVAÇÃO

Introdução e preparação

Os exercícios de observação enfatizam o comportamento e o desenvolvimento. O principal objetivo desses exercícios é aprender mais sobre a criança, tanto do ponto de vista mais amplo do desenvolvimento, quanto do ponto de vista imediato e mais restrito da situação e do ambiente em que ela se encontra. Um objetivo relacionado a este é capacitá-lo a lidar com as informações que obterá a partir das observações. O que você fará com elas dependerá dos motivos que terá para observar e do significado que elas terão para você.

Muitos livros sobre crianças dividem a vida em áreas do desenvolvimento ou em áreas funcionais como as áreas física, mo-

CAPÍTULO 14
OBSERVANDO O RECÉM-NASCIDO: DO NASCIMENTO ATÉ UM MÊS
CAPÍTULO 15
OBSERVANDO O BEBÊ: DE 1 A 24 MESES
CAPÍTULO 16
OBSERVANDO A CRIANÇA PEQUENA: DE DOIS A CINCO ANOS

tora, social, emocional e de linguagem. Esse modo de estudar a criança pode dar a impressão de que as áreas são independentes umas das outras. Mas não é assim. O desenvolvimento é segmentado deste modo para comodidade do psicólogo, do professor e de todos os que estão envolvidos com crianças. É um procedimento útil e talvez até necessário, pois permite que o estudo da criança assuma dimensões abordáveis. Ninguém consegue examinar simultaneamente todos os aspectos do desenvolvimento e do comportamento. Entretanto, a criança é um todo unificado e integrado e seu ser físico faz parte de seu ser intelectual, que, por sua vez, faz parte de seu ser social, e assim por diante.

Ao observar crianças de idades diferentes, você faz algo semelhante a um estudo transversal. Reúne dados que podem ser usados para comparar, por exemplo, o desenvolvimento da linguagem desde a primeira infância até aproximadamente seis anos. Pode também usar esses dados para determinar o quanto o comportamento da criança corresponde às normas para aquele comportamento. Por exemplo, Jamie, de dezoito meses, é capaz de andar sozinha como preveem as normas para este comportamento? Os comportamentos sociais de Christine, de quatro anos, estão de acordo com as descrições normativas para essa idade?

Esses exercícios têm ainda outra importante característica. Fazem amplo uso de perguntas, que servem para duas finalidades pelo menos. A primeira é lhe fornecer informação sobre algum conteúdo específico das áreas do desenvolvimento. Elas ajudam a se concentrar em comportamentos específicos, como alvo de observação e registro. Lembre-se, porém, que isso pode não ser sempre necessário, conforme o método usado. Considere a descrição narrativa, em que qualquer comportamento que a criança apresente, enquanto estiver em seu "fluxo", é adequado para registro.

A segunda razão é que as perguntas podem lhe ajudar a interpretar ou classificar os comportamentos registrados. Por exemplo, a pergunta "Quanto equilíbrio a criança tem?" não dá apenas informação sobre uma característica observável do comportamento motor; ela sugere que se observar a criança enquanto caminha sobre uma trave de equilíbrio, você poderá fazer alguns comentários sobre a coordenação e o controle que ela apresentar nessa atividade. Fazer perguntas é uma parte importante do processo de observação.

Os exercícios de observação começam com o início da vida. Você será solicitado a observar um recém-nascido (do nascimento até um mês) e um bebê de 15 a 18 meses. Há diversos exercícios de observação que tratam de determinados aspectos do desenvolvimento e do comportamento em relação a cada faixa etária.

O segundo conjunto de exercícios de observação abrange a primeira infância, muitas vezes, chamada de anos pré-escolares. Essa parte da vida começa aos dois e vai até os cinco anos. As mudanças que ocorrem depois dos dois anos, em áreas como o crescimento físico, são relativamente mais lentas e estáveis que até os dois anos. Em geral, você encontrará diferenças maiores entre bebês de seis e de 18 meses do que entre uma criança de dois e uma de três anos. Por isso, no Capítulo 16, você observará crianças cujas idades diferem.

Cada exercício de observação fornecerá, além disso, breves informações básicas sobre a área comportamental ou desenvolvimental abrangida.

Capítulo 14

Observando o recém-nascido: do nascimento até um mês

Termos-chave:

Estados; comportamentos espontâneos; capacidade de ser acalmado; temperamento; habituação.

Exercício 14.1: características físicas do recém-nascido

Informações básicas

O aspecto físico do recém-nascido é facilmente reconhecível e característico na maioria deles (Tabela 14.1). O peso médio dos bebês nascidos a termo, em geral, varia de 2,5 a 4 kg, e o comprimento, entre 48 e 55 cm. A pele é caracteristicamente enrugada, manchada e cobertas de pelos finos (lanugem) que caem durante o primeiro mês. Ao nascer, a pele pode ser de pálida a rosada, ou ainda ter um aspecto amarelado em razão do que se chama icterícia fisiológica normal. Os olhos dos bebês caucasianos são geralmente azul-acinzentados e só adquirem a cor verdadeira em algum momento durante o primeiro ano de vida.

A cabeça pode ter um aspecto deformado causado pela passagem através do estreito canal do parto, mas esse aspecto desaparece ao final da segunda semana. A cabeça constitui cerca de um quarto do comprimento total do recém-nascido, o que cria aparência desproporcional. O recém-nascido tem o pescoço bem curto, não tem queixo e tem nariz achatado – o que alguns chamam de "cara de bebê". Há seis fontanelas (moleiras) no alto da cabeça. Elas permitem que a cabeça mude de forma durante o parto e que o cérebro cresça durante os primeiros anos de vida. Fecham-se por volta dos 18 meses.

O aparelho genital externo de ambos os sexos pode parecer aumentado; é uma condição temporária causada pelos hormônios femininos que a mãe passa para o bebê durante a gravidez. As pernas do recém-nascido são levemente arqueadas e os pés são voltados para dentro na altura do tornozelo, de modo que as solas dos pés são quase paralelas.

Tabela 14.1 Características físicas do recém-nascido	
Zona do corpo	Características
Peso do corpo	Peso médio dos recém-nascidos de 2,5 a 4 kg.
Comprimento	Comprimento médio de 48 a 55 cm.
Pele	Enrugada e manchada; coberta por pelos finos (lanugem). Ao nascer, a pele é pálida ou rosada e pode ter aspecto amarelado em razão de uma icterícia fisiológica normal.
Olhos	Azul-acinzentados; assumem a cor verdadeira ao longo do primeiro ano.
Cabeça	Tem aparência deformada que desaparece ao final da segunda semana. A cabeça constitui um quarto do comprimento total. Pescoço curto, sem queixo, nariz achatado. Seis fontanelas (moleiras) no alto da cabeça (permitem que o cérebro cresça) se fecham aos 18 meses aproximadamente.
Aparelho genital externo	Parece aumentado em ambos os sexos.
Pernas e pés	Pernas levemente arqueadas. Pés voltados para dentro na altura dos tornozelos; as solas são quase paralelas.

Objetivos da observação

Observar e descrever as características físicas do recém-nascido, com o objetivo eventual de compará-las com as de um bebê maior.

Procedimento

Descrever com o máximo possível de detalhes as características físicas de um recém-nascido (com um mês ou menos). Você precisará de uma fita métrica para medir determinadas características físicas. Sugerimos que faça as anotações em papel comum e depois as transfira para uma folha de observação mais formal fornecida ao final do capítulo (consulte Exercício de observação 14.1, ao final deste capítulo).

Perguntas de orientação

1. Quais são as características físicas mais evidentes do recém-nascido? Como você descreveria suas proporções físicas? E as características faciais? E a forma das pernas e seu posicionamento característico?
2. Existe algo nas características físicas do recém-nascido que os pais ou cuidadores possam considerar atraentes ou que possam motivá-los a se sentirem protetores em relação a ele? Se sim, explique.
3. Existe algo na aparência do recém-nascido que lhe pareça incomum? Se sim, explique.

Exercício 14.2: os estados do bebê e a capacidade de responder à estimulação

Informações básicas

O recém-nascido é descrito com frequência em termos de **estados**; estes correspondem aos níveis de excitação tais como sono, sonolência, alerta e choro (veja a Tabela 14.2). Numa edição anterior de O *mundo da criança*: da infância à adolescência, Papalia e Olds (1993) definem *estado* como "uma variação periódica no ciclo de vigília, sono e atividade do bebê" (p. 136). Cada estado tem três características importantes: é uma "condição comportamental que (1) é estável ao longo de um período, (2) ocorre repetidamente em cada bebê e (3) encontra-se de formas muito semelhantes em outros indivíduos" (Hutt, Lenard e Prechtl, 1969, apud Papalia e Olds, 1979). Na edição mais recente de O *mundo da criança*, Papalia e Olds (2006) usam o termo *estado de excitação* em lugar de apenas *estado* e, embora os dois termos tenham basicamente o mesmo significado, *estado de excitação* parece fornecer mais informações do que *estado*. Os autores definem *estado de excitação* como o "*status* psicológico e comportamental do bebê em determinado momento do ciclo periódico diário de vigília, sono e atividade" (p. 117).

Qualquer que seja seu termo preferido, os estados são importantes no estudo dos recém-nascidos e crianças pequenas, por diversas razões: (1) os estados descrevem todos os bebês, o que os tornam padrões consistentes de comportamentos e (2) o estado do bebê afeta as habilidades que ele apresenta e as respostas que dá à estimulação em determinado momento. Além das características desses estados, é possível considerar fatores como (1) com que frequência um recém-nascido se encontra em determinado estado, (2) por quanto tempo, (3) que tipos de estimulação o colocam naquele estado e (4) qual a quantidade de estimulação necessária para excitá-lo.

Tabela 14.2 Estados do bebê	
Sono regular (sono tranquilo)	Este estado caracteriza-se por olhos fechados, respiração regular, ausência de movimentos musculares ou oculares, exceto por repentinas respostas de sobressalto genéricas. Os estímulos leves não vão despertar a criança que se encontra neste estado, o que torna o sono regular o ponto mais baixo no *continuum* da excitação.
Sono irregular (sono ativo)	Os olhos do bebê continuam fechados, mas a respiração é irregular e mais rápida do que durante o sono regular. Há leves movimentos musculares ou agitações de vez em quando, mas não movimentos generalizados. O bebê pode fazer caretas, sorrir, fazer movimentos com a boca e franzir os lábios. Pode haver também movimentos oculares percebidos mesmo com as pálpebras fechadas.
Sono periódico	Este estado está entre o sono regular e o irregular. O bebê apresenta picos repentinos de movimento facial e corporal; há mudanças também na frequência da respiração.

Tabela 14.2 Estados do bebê (*continuação*)	
Sonolência	Essa condição ocorre, em geral, quando o bebê está acordando ou adormecendo – é às vezes chamada de "zona crepuscular". As pálpebras abrem e fecham. Se estão abertas, os olhos não estão concentrados e parecem turvos ou vidrados. Um bebê no estado de sonolência apresenta mais atividade que no sono regular, mas menos atividade que no sono irregular ou periódico.
Inatividade alerta	O bebê está acordado, mas não muito ativo. Os olhos têm aparência brilhante e reluzente. Após três ou quatro semanas de vida, é possível notar um estado de atividade alerta. Este estado é semelhante à inatividade alerta exceto pelo fato de que o bebê apresenta consideravelmente mais atividade motora.
Atividade de vigília ou alerta ativo (Krantz, 1994, p. 134)	Neste estado, notam-se frequentes picos de atividade motora generalizada; os olhos estão abertos; o bebê não chora, mas pode apresentar vocalizações como gemidos, grunhidos ou choramingos. A respiração é bastante irregular.
Choro	Neste caso o choro é ininterrupto ou prolongado. Caretas, rubor e olhos fechados podem acompanhar o choro. Há atividade motora generalizada – "chutes vigorosos e movimentos dos braços com choro agitado". (Krantz, 1994, p. 134)

Há diversas formas de estimulação ou interação conhecidas para tranquilizar um bebê que chora. Papalia e Olds (1992) notam que "o velho modo de se acalmar um bebê que chora é a estimulação contínua – balançá-lo ou caminhar com ele, enrolá-lo confortavelmente, fazê-lo escutar sons rítmicos ou fazê-lo chupar chupetas" (p. 96).

Para outra perspectiva dos estados do bebê, consulte, por exemplo, *Infants, children, and adolescence*, de Berk (2005).

Objetivos da observação

Observar os estados de excitação de um recém-nascido para descrever algumas de suas características definidoras e observar e registrar de que modo o estado do recém-nascido afeta suas respostas ao ambiente.

Procedimento

A primeira etapa é descrever cuidadosamente as características do ambiente físico e social como fontes de estimulação para o recém-nascido – por exemplo, rumores de fundo, conversas, objetos no campo de visão ou ao alcance da criança, estimulação direta fornecida pelo cuidador (conversar com o bebê, acariciá-lo), e assim por diante. Esta descrição do ambiente é o pano de fundo de sua avaliação sobre a capacidade de resposta [responsividade] do recém-nascido nos diversos estados. A segunda etapa é descrever com detalhes os comportamentos do recém-nascido usando a técnica de descrição narrativa. Tome nota dos pequenos componentes de respostas, como frequência e ritmo de respiração, movimentos musculares, expressões faciais e movimentos oculares (perceptíveis mesmo com as pálpebras fechadas, se estiver dormindo). Classifique o comportamento de acordo com as categorias definidas na Tabela 14.2.

Sugerimos que observe por cinco minutos cada, por pelo menos três sessões de 5 minutos, dentro de um período total de 60 a 90 minutos. Visto que os recém-nascidos tendem a dormir durante boa parte do dia, espaçar suas sessões de registro ajudará a reduzir o cansaço e aumentará suas possibilidades de observar a criança em mais de um estado (veja o Exercício de observação 14.2 ao final deste capítulo).

Perguntas de orientação

1. Quantos diferentes estados de excitação o recém-nascido apresentou enquanto você o observava?
2. Quanto tempo permaneceu em cada estado?
3. Ele fica mais em um estado que em outro? Qual?
4. Existe alguma característica de cada um dos estados observados que o distinga melhor dos outros estados? Qual é essa característica?
5. Alguma estimulação modifica o estado do recém-nascido? Qual? De que modo seu estado afeta a resposta à estimulação – existe uma relação geral aparente entre estado e capacidade de resposta à estimulação? Qual?
6. De que modo o pai/a mãe ou o cuidador responde ao recém-nascido nos diversos estados? O pai/a mãe ou o cuidador tem consciência das diferentes sensibilidades que o recém-nascido apresenta em relação à estimulação conforme o estado em que se encontre? Explique.

Exercício 14.3: diferenças individuais e o recém-nascido

Informações básicas

Os psicólogos dizem que há diferenças individuais até entre os recém-nascidos. As diferenças individuais existem em áreas como **comportamentos espontâneos**, estados relativos à **capacidade de ser acalmado**, características físicas e **temperamento**.

Os comportamentos espontâneos não são respostas a estímulos externos, mas, gerados internamente. Os comportamentos observáveis são compreendidos por "sobressaltos aleatórios, sorrisos fugazes, chutes, ereções e movimentos aleatórios da boca e de sucção" (Gander e Gardner, 1981). Como Gander e Gardner observam, os bebês diferem acentuadamente quanto à apresentação desses comportamentos, quanto ao tipo e à sequência em que ocorrem. A capacidade de ser acalmado, ou "acalmabilidade", refere-se ao grau de facilidade com que um bebê que chora ou está aborrecido é tranquilizado por respostas do adulto, como segurar no colo, balançar, envolver, esquentar e dar uma chupeta.

A avaliação mais interessante das diferenças individuais talvez tenha sido a da equipe de pesquisa de Thomas, Chess e Birch (1968, 1970). Eles descrevem bebês com os termos "fácil", "lento" (*slow-to-warm-up*) e "difícil". Essas descrições derivam das respostas de bebês e crianças em seis dimensões de personalidade: nível de atividade, ritmicidade, aproximação/retraimento, adaptabilidade, intensidade de reação e qualidade do humor. As respostas do bebê ou da criança são avaliadas em cada uma dessas dimensões de acordo com a intensidade característica – "alta" ou "baixa" – em que são apresentadas. Essas respostas características identificam o temperamento da criança. O conceito de temperamento é importante, pois as tendências de resposta do bebê podem interagir com a personalidade dos pais e com o ambiente. Essa interação pode resultar em uma relação compatível ou incompatível entre o bebê e seu ambiente físico e social. Por exemplo, imagine uma criança com temperamento vigoroso, fisicamente ativa, filha de pais fisicamente inativos. É claro que a relação não seria determinada unicamente pelo temperamento dos pais e da criança. Entretanto, o temperamento pode influenciar o desenvolvimento e o comportamento da criança, e, visto que as qualidades do temperamento parecem permanecer estáveis ao longo dos dez primeiros anos de vida, elas merecem atenção. A Tabela 14.3 apresenta as respostas de um bebê de dois meses classificadas em cada uma das seis dimensões de personalidade identificadas por Thomas et al.

Objetivos da observação

Observar as diferenças quanto à capacidade de ser acalmado, comportamentos espontâneos e temperamentos de dois recém-nascidos.

Procedimento

Neste exercício, o ideal seria observar dois recém-nascidos. Se não for possível, faça-o com apenas um. Os comportamentos que observará, além de serem úteis para estudar as diferenças individuais, darão informações sobre a criança específica. Sugerimos que você use a técnica da descrição narrativa para observar e registrar. Observe cada um dos recém-nascidos por pelo menos três sessões de 5 a 10 minutos em um período total de 60 ou 90 minutos. Se achar difícil obter informações sobre as qualidades de temperamento de cada recém-nascido apenas observando-os, pergunte ao pai/à mãe ou ao cuidador sobre as respostas características dadas às diversas situações. Para isso, consulte a Tabela 14.4, que fornece uma descrição geral de comportamentos relacionados às seis dimensões de personalidade identificadas por Thomas et al. (consulte também a Tabela 14.3) (veja o Exercício de observação 14.3 ao final deste capítulo).

Tabela 14.3 Temperamento de um bebê de dois meses		
Temperamento	Classificação	Características comportamentais
Nível de atividade: o modo como e quanto o bebê se move.	Baixo	Não apresenta movimentos enquanto é vestido ou enquanto dorme, por exemplo.
	Alto	Movimenta-se muito durante o sono; agita-se e remexe-se durante os cuidados dispensados (por exemplo, trocar fraldas).
Ritmicidade: refere-se à previsibilidade dos ciclos biológicos como fome, sono e eliminação.	Regular	Apresenta horário regular de alimentação desde que nasceu; evacuações regulares, padrões consistentes de sono.
	Irregular	Não acorda à mesma hora todas as manhãs. A quantidade de alimento que ingere varia de uma refeição para outra.

Tabela 14.3 Temperamento de um bebê de dois meses		
Temperamento	Classificação	Características comportamentais
Aproximação/retraimento: modo de o bebê reagir inicialmente a novas situações ou estímulos, como alimentos, objetos e pessoas.	Positivo	Reage sorrindo às atividades de cuidados como lavar o rosto; nunca rejeitou a mamadeira; nenhuma reação negativa ou de medo em relação a estranhos.
	Negativo	Pode rejeitar o alimento na primeira vez. Mostra ansiedade diante da abordagem de estranhos.
Adaptabilidade: facilidade ou rapidez com que a resposta inicial da criança a uma situação nova pode mudar "na direção desejada".	Adaptativo	Uma resposta passiva a alguma atividade (por exemplo, tomar banho) muda para satisfação, depois da resposta inicial.
	Não adaptativo	Mantém a resposta de sobressalto a ruídos repentinos; continua a resistir a atividades de cuidados como trocar fralda e tomar banho.
Intensidade da reação: vigor da resposta do bebê.	Branda	Não chora quando experimenta desconforto moderado (por exemplo, fralda molhada). A fome provoca choramingos, mas não choro.
	Intensa	Chora quando experimenta desconforto moderado como fralda molhada ou fome; rejeita vigorosamente o alimento quando não tem fome.
Qualidade do humor: o comportamento característico do bebê é agradável e amigável ou infeliz e não amistoso?	Positivo	Sorri para as pessoas familiares. Mostra reação positiva a novos alimentos – por exemplo, "estala os lábios". (Dworetzky, 1987, p. 110)
	Negativo	É "chatinho" depois de comer. Algumas atividades/experiências provocam choro – por exemplo, "balançar o carrinho". (Dworetzky, 1987, p. 110)

Adaptado de Papalia e Olds, 1996, p. 266-7; e Dworetzky, 1987, p. 110.

Tabela 14.4 Qualidades de temperamento	
Nível de atividade	A atividade pode começar no útero, dentro do qual um feto ativo pode chutar com frequência. Bebês ativos movimentam-se nos berços; preferem escalar e correr a atividades tranquilas. Outros bebês mostram níveis de atividade muito menos vigorosos.
Ritmicidade	A ritmicidade é caracterizada por ciclos regulares de atividade. Comer, dormir e evacuar, ocorrem em geral no mesmo horário. Algumas crianças não são tão previsíveis.
Aproximação/retraimento	A aproximação é a atitude de prazer e aceitação quando confrontado com algo novo – rir no primeiro banho, comer imediatamente um alimento novo. Retraimento é a recusa a aceitar novas situações.

Tabela 14.4 Qualidades de temperamento (*continuação*)	
Adaptabilidade	É caracterizada por rápida adaptação à mudança; não há reações negativas severas à interrupção da rotina normal. Alguns bebês não toleram com facilidade mudanças ou desvios daquilo que lhes é familiar.
Intensidade da reação	Algumas crianças riem alto, gritam quando choram. Outras simplesmente sorriem, choramingam ou choram baixinho.
Qualidade do humor	Algumas crianças são em geral animadas e alegres; sorriem com facilidade. Outras crianças parecem em geral infelizes e descontentes. Parecem lamentar-se constantemente.

Perguntas de orientação

1. Quais comportamentos espontâneos o recém-nascido apresentou? Com que frequência? Quanto tempo duraram? Pareciam seguir um padrão ou sequência recorrente? Se sim, descreva.
2. O pai/a mãe ou cuidador respondeu a algum dos comportamentos espontâneos apresentados? Se sim, descreva.
3. O recém-nascido é fácil de acalmar e confortar? O que parece ter mais chance de acalmá-lo? Quais táticas o pai/a mãe ou o cuidador usa para confortar o bebê?
4. Quais qualidades de temperamento caracterizam o bebê? Sob quais circunstâncias você observou as indicações de temperamento?
5. O pai/a mãe ou o cuidador parece consciente das respostas características do bebê às situações? Se sim, como? Os pais ou os cuidadores dos dois recém-nascidos diferem em suas respostas aos temperamentos do bebê? Como?

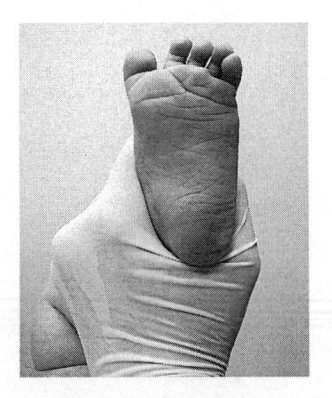

Reflexo de Babinski.
Note os dedos abertos.

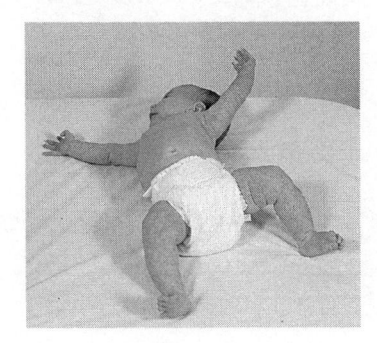

Reflexo de Moro

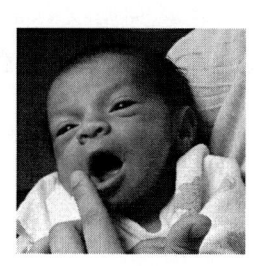

Observando o recém-nascido: do nascimento até um mês 241

Reflexo de procura e de sucção

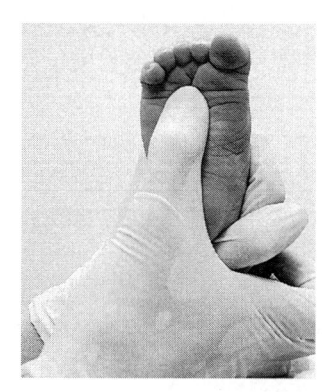

Reflexo plantar

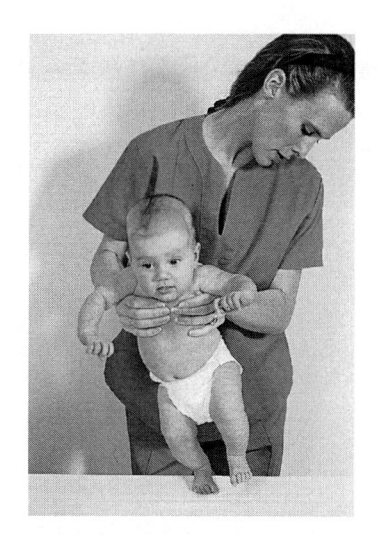

Reflexo de andar

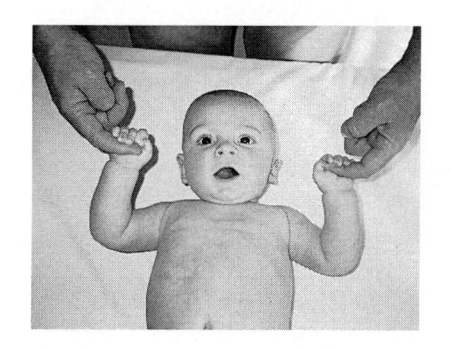

Reflexo de preensão

Exercício 14.4: respostas motoras do recém-nascido

Informações básicas

As habilidades motoras do recém-nascido caracterizam-se por serem reflexas. Qualquer discussão sobre recém-nascidos ou bebês estaria incompleta se não fossem mencionados esses padrões motores inatos. Você verá diversos destes reflexos durante suas observações, especialmente os mais comuns como sobressaltar-se, reflexos de orientação, de procura, de sucção, engolir, piscar e o reflexo de preensão (consulte a Tabela 14.5). Alguns deles têm valor de sobrevivência: protegem o recém-nascido e o bebê de perigos potenciais e os capacitam a aproveitar os esforços dos cuidadores para mantê-los vivos. Os reflexos de procura, sucção e engolir, por exemplo, permitem que o recém-nascido coma; o vômito e o reflexo de piscar são naturalmente protetores. Outros reflexos parecem não servir a nenhum propósito especial embora os pediatras os usem como indicadores do desenvolvimento neurológico da criança. Por exemplo, se o reflexo de Babinski (pelo qual os dedos se curvam para cima e se abrem em leque quando a sola do pé é acariciada) persistir para além dos seis meses, poderia ser uma indicação de que existe um dano no sistema nervoso central.

Tabela 14.5 Reflexos do bebê

Reflexo	Estímulo eliciador	Resposta	Idade em que desaparece
De procura e de sucção	Acariciar a bochecha com um dedo ou com o mamilo.	O bebê vira a cabeça, abre a boca e começa a sugar.	9 meses
De Moro	Estímulos repentinos como rumores fortes ou quedas.	O bebê estica braços, pernas e dedos; arqueia as costas e joga a cabeça para trás.	3 meses
De preensão	Acariciar a palma das mãos.	Os dedos se fecham em um forte aperto – forte o suficiente para que o bebê seja puxado para uma posição vertical enquanto segura algo como um pedaço de madeira ou o dedo de alguém.	2-3 meses
Tônico-cervical	Colocar o bebê em posição supina (deitado de costas).	O bebê vira a cabeça para um lado, estende braços e pernas do lado preferido enquanto flexiona os membros do lado oposto (posição do esgrimista).	2-3 meses
De Babinski	Acariciar um lado do pé.	Abre os dedos do pé em leque, vira o dedão para cima e vira o pé para dentro.	6-9 meses
Marcha automática	Segurar o bebê sob os braços e fazer com que os pés nus toquem uma superfície plana.	Faz movimentos de passos parecidos com o caminhar coordenado.	4-8 semanas
Piscar	Eliciado por um sopro de ar no rosto, cheiro forte, luz brilhante ou barulho alto.	O bebê pisca os olhos.	

As atividades motoras voluntárias grossas (grandes) limitam-se a levantar a cabeça quando está deitado de barriga. Alguns recém-nascidos conseguem levantar a cabeça até um ângulo de 45° (*Denver Developmental Screening Test*, 1969). As funções manuais limitam-se principalmente ao reflexo de preensão. Em geral, os movimentos corporais indiferenciados são predominantes no recém-nascido. Mesmo as reações à estimulação concentrada, como uma picada de agulha no pé, envolvem em geral movimentos genéricos dos braços, pernas e torso, e não apenas a retirada do pé ou da perna estimulado.

Mantenha em mente os princípios gerais que governam o desenvolvimento motor. O controle muscular procede a partir da cabeça em direção aos pés (princípio céfalo-caudal) e a partir da linha mediana do corpo em direção às extremidades externas (princípio próximo-distal). Assim o controle da cabeça e do pescoço (o que inclui olhos, boca, lábios e língua) precede o controle do tronco, pernas e pés. O bebê adquire controle sobre os movimentos da parte anterior do braço e dos ombros (linha mediana) antes de poder segurar objetos pequenos entre o polegar e o indicador (extremidades).

Objetivos da observação

Observar e registrar as respostas motoras voluntárias e reflexas do recém-nascido.

Procedimento

Neste exercício, você será solicitado a desviar-se da abordagem totalmente naturalista e a tentar provocar alguns reflexos comuns. É recomendável que o pai/a mãe ou o cuidador estimulem os reflexos de modo que fique livre para observar e registrar cuidadosamente as respostas enquanto elas ocorrem. Não estimule excessivamente o bebê, especialmente ao provocar reflexos que exijam barulhos fortes ou retiradas repentinas de apoio físico. Você observará e registrará também os movimentos voluntários e os padrões motores do recém-nascido. Para isso, use a técnica da descrição narrativa, pois alguns tipos de movimentos têm probabilidade de ocorrer por grande parte do tempo. Observe 5 minutos de cada vez, por pelo menos três sessões de 5 minutos em um período total de 60 a 90 minutos (consulte o Exercício de observação 14.4 ao final deste capítulo).

Perguntas de orientação

1. Quais reflexos o recém-nascido apresenta? Quais estímulos específicos eliciam as respostas? Ele se **habitua** e para de responder a algum estímulo que inicialmente causava respostas reflexas?
2. Quais movimentos não reflexos o recém-nascido apresenta? Quais são as características destes movimentos – são suaves? Espasmódicos ou agitados? Coordenados? São movimentos relacionados entre si ou parecem independentes? Esses movimentos levam o recém-nascido a entrar em contato com o ambiente físico? Se sim, tal contato parece afetar ou influenciar movimentos posteriores? Explique suas respostas.
3. O recém-nascido tem controle sobre seus movimentos gerais? Sobre partes específicas do corpo? Tem mais controle sobre algumas partes do corpo do que sobre outras? Se sim, como essa diferença de controle poderia ser explicada?
4. O pai/a mãe ou o cuidador responde a esses movimentos? Tenta incentivá-los? Explique.

Exercício 14.5: respostas perceptivas do recém-nascido

Informações básicas

Visão

A visão é o sentido do qual a maioria de nós mais depende. Como afirma Berk (2005) "mais do que qualquer outro sentido, os humanos dependem da visão para explorar ativamente o ambiente" (p. 194). É verdade também que de todos os sentidos do recém-nascido, a visão é o menos maduro. No entanto, isso não significa que eles sejam totalmente incompetentes visualmente. Embora sua acuidade visual esteja longe do que será mais tarde, eles conseguem enxergar. O que os adultos percebem a quase 200 metros, os recém-nascidos só conseguem perceber a 6 metros. Em termos práticos isso significa que a sua faixa de visão ideal está entre 15 e 40 cm. Mas, apesar da acuidade limitada, eles exploram ativamente o ambiente fazendo uma varredura das coisas interessantes dentro de seu campo visual e tentam acompanhar os objetos em movimento, embora com movimentos lentos e imprecisos dos olhos.

Bukatko e Daehler (1995) fizeram uma observação interessante que forneceu informações sobre a capacidade visual do recém-nascido ao explorar ativamente o ambiente:

> Visto que os recém-nascidos têm habilidades motoras limitadas, somos sempre tentados a presumir que seu aparelho sensorial – olhos, ouvidos, nariz, boca e pele – sejam receptores passivos à espera de estimulação. Mas Eleanor J. Gibson e James J. Gibson argumentam de modo convincente que a percepção é um ativo "processo de *obtenção* de informações sobre o mundo" (J. J. Gibson, 1966, grifo do original). Nós não vemos simplesmente; nós "enxergamos" (...) até mesmo os recém-nascidos mobilizam os receptores para responder à estimulação que flui de seu movimentado ambiente. (p. 218)

Os recém-nascidos parecem, além disso, ter algumas preferências visuais e conseguem discriminar alguns estímulos visuais. Um estudo de Fantz (1963), por exemplo, mostrou que os bebês são capazes de discernir a diferença entre estímulos visuais que apresentam padrões, como um rosto, círculos concêntricos e um jornal, e estímulos sem padrões, como simples manchas de cor. Recém-nascidos com idade entre dez horas e cinco dias mantiveram o olhar por mais tempo nos estímulos com padrões do que nos sem padrões; entre os estímulos com padrões, o preferido foi o rosto (Schickedanz et al., 1993, p. 135). Willemsen (1979) relata que recém-nascidos são "capazes de discriminar entre padrões sólidos de cinza e os compostos por cinco listas de cinza".

Uma última característica da visão dos recém-nascidos que queremos mencionar é a de que os bebês com menos de dois meses tendem a concentrar a atenção nos aspectos externos ou nos contornos de estímulos complexos, enquanto os com mais de dois meses tendem a olhar tanto as características internas do estímulo complexo quanto as externas (consulte, por exemplo, a discussão de Bukatko e Daehler, 1995, sobre este fenômeno).

Os recém-nascidos são sensíveis a mudanças na iluminação ambiente (Willensen, 1979). Nem todos os psicólogos concordam quanto a suas preferências visuais. Autores como Craig (1989) relatam que "os bebês são seletivos quanto ao que olham, desde o começo. Olham para padrões novos e moderadamente complexos e para rostos humanos" (p. 156). Craig

(1989) observa que a preferência do recém-nascido pelas bordas e modificações do rosto transforma-se, com o desenvolvimento, em interesse pelos "olhos, e, mais tarde ainda, pela boca da pessoa que fala" (p. 156). Parece haver consenso sobre o fato de que os recém-nascidos preferem esquadrinhar as bordas e os contornos dos objetos, especialmente os contornos curvos. É interessante notar que há evidências de que os recém-nascidos com menos de duas semanas mostrem preferência pelo rosto da mãe, mesmo quando lhes são apresentados em fotografia e não ao vivo (Carpenter, 1974, apud Craig, 1989).

Audição

Acreditava-se no passado que os recém-nascidos fossem surdos, mas sabe-se hoje que são sensíveis a alguns aspectos dos sons. De fato, Willensen (1979) observa que eles "reagem a todos os aspectos principais da estimulação auditiva – ou seja, frequência, altura, timbre e padrão (ritmo)". Papalia e Olds (1979) relatam que "quanto maior a intensidade do som, maior é o aumento da frequência cardíaca e do movimento", visto que esses aumentos indicam percepção da estimulação. Suas respostas aos sons intensos ajudam a explicar o porquê de os recém-nascidos e de os bebês em geral prestarem atenção a vozes em alta frequência e o porquê dos adultos falarem com eles deste modo. Há, além disso, evidências que sugerem que os recém-nascidos sejam capazes de distinguir a voz da mãe de outras vozes femininas (Fogel, 1984). Papalia e Olds (1987) sugerem que, nos bebês, "a preferência inicial pela voz da mãe pode ser um mecanismo importante para os laços iniciais entre ela e o bebê" (p. 161).

Habituação

A habituação é outro componente importante da capacidade de resposta do recém-nascido. Ocorre quando, após a exposição a estímulos físicos que originalmente evocam resposta, as respostas cessam. O recém-nascido se habitua ao estímulo e não mais se interessa por ele. Como afirma Berk (2005), a "**Habituação** refere-se à redução gradual da força da resposta em razão da repetitividade da estimulação" (p. 184, grifo do original). Para completar o conceito de habituação, Berk escreve mais adiante: "uma vez que isso ocorre, um novo estímulo – alguma mudança no ambiente – faz com que a reatividade volte a um nível alto, um aumento chamado *recuperação*" (p. 184, grifo do original). O termo *desabituação* é intercambiável com *recuperação*. Há duas reações básicas a sons novos (Papalia e Olds, 1979): o recém-nascido pode apresentar uma resposta de orientação, virando a cabeça na direção da fonte do som; ou, se estiver fazendo alguma coisa naquele momento, ele para ou inibe a atividade. É como se ele pudesse fazer apenas uma coisa por vez e o novo som fosse mais importante que algo já familiar. Mas, como Papalia e Olds (1979) ressaltam, pode ser difícil observar uma resposta de orientação, pois o recém-nascido não tem bom controle do olho e dos movimentos musculares. Assim, a inibição de uma atividade (como sugar) após um som indica que o recém-nascido está orientado. A resposta inibitória acompanha seguramente o reflexo de orientação.

Objetivos da observação

Observar e registrar alguns comportamentos do recém-nascido que refletem suas capacidades de resposta perceptiva.

Procedimento

O exercício tem duas partes. A parte 1 solicitará que você provoque algumas respostas do recém-nascido. Faça as tarefas simples de estimulação descritas a seguir e registre na folha de verificação fornecida se o bebê respondeu ou não. Imediatamente dê continuidade com uma descrição detalhada, mas concisa, da resposta. Você precisará de uma pequena lanterna (de preferência uma caneta luminosa) para testar diversas respostas visuais do recém-nascido (Consulte a Exercício de observação 14.5 ao final deste capítulo).

Na Parte 2, usando uma forma de amostragem por evento, observe o recém-nascido quanto às respostas perceptivas discutidas na seção de "Informações básicas". Procure especialmente comportamentos como orientação e respostas de habituação. Observe se o pai/a mãe ou o cuidador responde ao bebê e o estimulam. Você talvez queira fazer alguns testes casuais falando com o recém-nascido e comparando as reações dele à sua voz com as reações à voz de uma pessoa familiar. Se houver objetos suspensos sobre o berço, observe se ele responderá visualmente a eles.

Perguntas de orientação

1. Há objetos dentro do campo de visão do recém-nascido? Ele responde visualmente a esses objetos? Ele os olha ou os segue com os olhos, quando movidos lentamente diante de seu rosto?
2. O recém-nascido responde visualmente ao ambiente em geral? Ele parece esquadrinhar a área imediatamente acima dele (pressupondo que não haja objetos suspensos acima do berço) ou dos lados? Se estiver no colo, olha em volta do aposento, como se tentasse visualizar o ambiente? O que o faz acreditar que o recém-nascido responde a estímulos específicos?
3. Algumas posições do corpo (por exemplo, deitado de costas, no ombro do adulto ou no colo do adulto) provocam, mais que outras, respostas ao ambiente?
4. Existe alguma falta de correspondência entre a competência visual do recém-nascido e os estímulos visuais que lhe são fornecidos? Por exemplo, existe um móbile complicado suspenso sobre o berço, em lugar de formas mais adequadas a sua capacidade de processar informações visuais, como um simples quadrado, círculo ou losango?
5. O recém-nascido responde aos sons de fundo? Há respostas de orientação? Está habituado aos rumores genéricos? Por que acha que deu uma resposta reconhecível a esse aspecto do ambiente físico?
6. O recém-nascido responde a sons que não estão sempre presentes no ambiente? Dá resposta de orientação? Acaba por habituar-se? O que o faz concluir que ele se orientou ou se habituou a um som? A que sons essas respostas foram dadas?
7. O recém-nascido responde de modo diferente a sons contínuos e a sons intermitentes? Se sim, quais as diferenças e a quais sons específicos ele responde?
8. O recém-nascido responde a vozes? Dá alguma indicação de que prefere o som da voz da mãe à voz de outra pessoa? Se achar que sim, de que modo demonstra essa preferência?

Exercício 14.6: funcionamento emocional do recém-nascido

Informações básicas

Este último exercício destina-se a ser uma brevíssima introdução à área do comportamento e do funcionamento emocional; um tópico que terá prosseguimento no Capítulo 15 e no Capítulo 16. Baseamo-nos no trabalho de Stanley e Nancy Greenspan (1985), que identificaram seis marcos emocionais, ou estágios. A preocupação principal deste capítulo é abordar o primeiro desses estágios, mas, para dar a você uma sensação de continuidade e de contexto mais amplo, incluímos, além disso, o segundo estágio.

Os dois primeiros estágios referem-se às capacidades de autorregulação e ao uso dos sentidos para interessar-se pelo mundo. Os Greenspans, referem-se a esses estágios como "dois desafios simultâneos" (Greenspan e Greenspan, 1985, p. 4). São desafios porque o recém-nascido depois de nove meses na escuridão e na relativa tranquilidade do útero é repentinamente lançado em um mundo repleto de sensações completamente novas para ele. No primeiro estágio, entre o nascimento e os três meses, o recém-nascido precisa organizar essas sensações e ao mesmo tempo sentir-se confortável na presença delas, além de envolver-se ativamente com elas de modo apropriado a seu nível de maturidade desenvolvimental – por exemplo, mostrar interesse pelas imagens ou sons em torno de si e não achá-los penosos.

Isso permitirá atingir o segundo estágio (de dois a sete meses), aquele em que se "assume um interesse altamente especializado pelo mundo *humano*" (p. 5, grifo do original). Presume-se neste estágio que se o bebê não achar agradáveis os estímulos ambientais, é improvável que progrida para estágios em que o mundo humano "é visto como a mais atraente, prazerosa e emocionante de todas as experiências" (p. 4). O prazer que se deseja que o bebê sinta, escrevem os Greenspan, pode ser visto em seus "sorrisos extasiados e ávida alegria" ao "olhar animadamente para o rosto do outro" quando sentir os movimentos de corpo e ouvir a sua voz.

Objetivos da observação

Os objetivos são bem mais simples que os anteriores. Queremos apenas que você tente avaliar o quanto o recém-nascido já atingiu do primeiro estágio de Greenspan. Seu objetivo é observar e registrar o interesse e a capacidade do recém-nascido de responder aos sons, imagens e coisas que estão no ambiente. Estamos cientes de que a capacidade de responder já está fortemente envolvida nos outros exercícios deste capítulo. Entretanto, queremos enfatizar as emoções e, no caso do recém-nascido, os fundamentos ou os precursores de seu posterior crescimento, desenvolvimento e comportamentos emocionais.

Procedimento

Neste exercício, use a técnica de amostragem por evento. Observe um recém-nascido (criança entre o nascimento e um mês, e não maiores) em relação a qualquer evidência comportamental de que esteja espontaneamente interessado nas imagens e nos sons a seu redor e que "não os ache penosos" (ou seja, não pareça incomodado ou perturbado por eles). *Espontaneamente* significa que o recém-nascido não está reagindo a seus esforços de provocar algum de tipo de resposta dele; está respondendo por conta própria (consulte o Exercício de observação 14.6 ao final deste capítulo).

Observe por aproximadamente 5 minutos de cada vez, em três sessões separadas. Agrupe ou combine as informações das três sessões para extrair suas conclusões ou inferências.

	EXERCÍCIO DE OBSERVAÇÃO 14.1
Características físicas do recém-nascido	Nome do observador_____ Criança(s) observada(s)_____ Idade da(s) criança(s) _____ Sexo da(s) criança(s)_____ Contexto de observação (casa, creche, pré-escola, escola) _____ Data da observação____ Hora do início____ Hora do término____ Breve descrição das características físicas e sociais do ambiente de observação:
Descrições comportamentais objetivas (DCOs): Descrição narrativa modificada[1]	Comprimento total do recém-nascido_____ Peso do recém-nascido_____ Comprimento da cabeça _____ Proporção entre a cabeça e o comprimento total do corpo_____ Comprimento do tronco_____ Proporção da cabeça em relação ao tronco_____ Descreva as seguintes características: CABEÇA e ROSTO (forma, olhos, ouvidos, boca, nariz) TRONCO (por exemplo, tamanho em relação à cabeça, aparência geral): BRAÇOS E PERNAS (posicionamento, forma): MÃOS e DEDOS (posicionamento, forma): PELE (cor, textura, aparência geral):

---

[1] Do inglês, *Objective Behavioral Descriptions* (OBDs). (NRT)

EXERCÍCIO DE OBSERVAÇÃO 14.2

Estados do bebê e capacidade de responder aos estímulos

Criança(s) observada(s)_____

Idade da(s) criança(s) _____ Sexo da(s) criança(s)_____

Contexto de observação (casa, creche, pré-escola, escola) _____

Data da observação___ Hora do início___ Hora do término___

Breve descrição das características físicas e sociais do ambiente de observação:

Descrições comportamentais objetivas (DCOs): descrição narrativa

DCO Sessão 1 : [Hora do início ___ Hora do término___]

Resposta à estimulação

DCO Sessão 2 : [Hora do início ___ Hora do término___]

Resposta à estimulação

DCO Sessão 3 : [Hora do início ___ Hora do término___]

Resposta à estimulação

Respostas do pai/da mãe ou do cuidador aos estados comportamentais do recém-nascido:

EXERCÍCIO DE OBSERVAÇÃO 14.3

Diferenças individuais em recém-nascidos (Parte I) (Recém--nascido nº 1 de dois recém-nascidos observados)

Nome do observador_____

Criança(s) observada(s)_____

Idade da(s) criança(s) _____ Sexo da(s) criança(s)____

Contexto de observação (casa, creche, pré-escola, escola) _____

Data da observação____ Hora do início____ Hora do término____

Breve descrição das características físicas e sociais do ambiente de observação:

Descrições comportamentais objetivas (DCOs): descrição narrativa

DCO Sessão 1 : [Hora do início ____ Hora do término____]

DCO Sessão 2 : [Hora do início ____ Hora do término____]

DCO Sessão 3 : [Hora do início ____ Hora do término____]

RELATO DOS PAIS (se necessário, identifique cada área relatada)

Diferenças individuais em recém-nascidos (Parte II) (Recém-nascido nº 2 de dois recém-nascidos observados)

Nome do observador_____

Criança(s) observada(s)_____

Idade da(s) criança(s) _____ Sexo da(s) criança(s)____

Contexto de observação (casa, creche, pré-escola, escola) _____

Data da observação____ Hora do início____ Hora do término____

Breve descrição das características físicas e sociais do ambiente de observação:

(continua)

EXERCÍCIO DE OBSERVAÇÃO 14.3 (continuação)

Descrições comportamentais objetivas (DCOs): descrição narrativa

DCO Sessão 1: [Hora do início ____ Hora do término ____]

DCO Sessão 2: [Hora do início ____ Hora do término ____]

DCO Sessão 3: [Hora do início ____ Hora do término ____]

RELATO DOS PAIS (se necessário, identificar cada área relatada)

Comparações

Recém-nascido nº 1: Descrição resumida

Recém-nascido nº 2: Descrição resumida

Resumo da descrição das diferenças:

Capacidade de ser acalmado:

Comportamentos espontâneos:

Temperamentos:

EXERCÍCIO DE OBSERVAÇÃO 14.4

Respostas motoras do recém-nascido

Nome do observador_____

Criança(s) observada(s)_____

Idade da(s) criança(s) _____ Sexo da(s) criança(s)_____

Contexto de observação (casa, creche, pré-escola, escola) _____

Data da observação___ Hora do início___ Hora do término___

Breve descrição das características físicas e sociais do ambiente de observação:

Descrições comportamentais objetivas (DCOs): descrição narrativa

Reflexo eliciado _____ (nº 1)

Estimulação usada _____ Resposta _____

Reflexo eliciado _____ (nº 2)

Estimulação usada _____ Resposta _____

Reflexo eliciado _____ (nº 3)

Estimulação usada _____ Resposta _____

Reflexo eliciado _____ (nº 4)

Estimulação usada _____ Resposta _____

Reflexo eliciado _____ (nº 5)

Estimulação usada _____ Resposta _____

Reflexo eliciado _____ (nº 6)

Estimulação usada _____ Resposta _____

Respostas voluntárias (descreva):

Cabeça:

Braços:

(continua)

EXERCÍCIO DE OBSERVAÇÃO 14.4 (continuação)

Descrições comportamentais objetivas (DCOs): descrição narrativa

Pernas:

Tronco:

Descrição geral:

EXERCÍCIO DE OBSERVAÇÃO 14.5

Respostas perceptivas do recém-nascido

Nome do observador_____

Criança(s) observada(s)_____

Idade da(s) criança(s) _____ Sexo da(s) criança(s)_____

Contexto de observação (casa, creche, pré-escola, escola) _____

Data da observação___ Hora do início___ Hora do término___

Breve descrição das características físicas e sociais do ambiente de observação:

Parte 1: técnica da lista de verificação modificada

Estimulação: bater palmas com força

Resposta: Sim _____ Não_____ Incerta_____

Descrição:

Estimulação: bater palmas levemente

Resposta: Sim ____ Não ____ Incerta _____

Descrição:

Estimulação: voz alta

Resposta: Sim _____ Não ____ Incerta_____

Descrição:

Estimulação: voz baixa

Resposta: Sim ____ Não ____ Incerta _____

Descrição:

Estimulação: objeto a 15 cm dos olhos

Resposta: Sim ____ Não ____ Incerta ____

Descrição:

Estimulação: objeto a 38 cm dos olhos

Resposta: Sim ____ Não ____ Incerta _____

Descrição:

(continua)

EXERCÍCIO DE OBSERVAÇÃO 14.5 (continuação)

Estimulação: acompanhar uma luz em movimento

Resposta: Sim _____ Não _____ Incerta _____

Descrição:

Parte 2: Amostragem por evento

Evento observado _____

Descrição:

	EXERCÍCIO DE OBSERVAÇÃO 14.6
Funcionamento emocional do recém-nascido	Nome do observador_____ Criança(s) observada(s)_____ Idade da(s) criança(s) _____ Sexo da(s) criança(s) _____ Contexto de observação (casa, creche, pré-escola, escola) _____ Data da observação____ Hora do início____ Hora do término____ Breve descrição das características físicas e sociais do ambiente de observação:
Descrições comportamentais objetivas (DCOs): Amostragem por evento	DCO Sessão 1: [Hora de início_____ Hora do término ____] Interpretação 1: DCO Sessão 2: [Hora de início_____ Hora do término ____] Interpretação 2: Prossiga com DCOs e interpretações o quanto desejar ou achar necessário. Resumo dos comentários sobre o funcionamento emocional do recém-nascido (use o primeiro marco emocional segundo Greenspan):

Observando o bebê: de 1 a 24 meses

Termos-chave

Apego; permanência do objeto; linguísticas; deslocamento visível; deslocamento invisível.

Introdução

No prefácio do livro *A primer of human development* (1970), T. G. R. Bower, conhecido psicólogo, pesquisador e escritor, afirma-se o seguinte:

> Poucos discordam da proposição segundo a qual a primeira fase da infância é o período mais crítico do desenvolvimento humano, período no qual se estabelecem as estruturas básicas do futuro desenvolvimento.

Nosso interesse principal não é discutir se a primeira fase da infância[1] é ou não, como Bower afirma, "o período mais crítico do desenvolvimento humano". Reconhecemos, porém, que tanto pesquisadores quanto teóricos consideram esse período inicial da vida humana extremamente importante.

Acreditamos que há diversas razões para isso. E supomos que algumas delas são afetadas ou determinadas pela definição particular de *primeira fase da infância* que o pesquisador ou teórico usa. Vamos dar uma rápida olhada em algumas definições ou significados de *primeira fase da infância*, antes de discutirmos por que esse período é importante.

A primeira dessas definições baseia-se na idade ou no nível de desenvolvimento e pode ser considerada mais ou menos convencional. Assemelha-se ao que faz o antiquário ao avaliar um objeto com base na idade, desconsiderando essencialmente sua finalidade ou sua função.

---

[1] No original, *"infancy"* foi traduzido em todo o capítulo como "primeira fase da infância". (NT)

De modo um pouco contrastante com isso, oferecemos duas outras bases para a definição de *primeira fase da infância*. Devemos ambas ao trabalho de Alan Fogel (1984), psicólogo e escritor. Primeiramente apresentamos de modo breve a descrição que este autor fornece das atitudes parentais em relação às crianças, ou às perspectivas quanto a elas, que prevaleceram no mundo ocidental durante o século XIX e que prevalecem hoje. Essas atitudes podem ser vistas como definições comportamentais. Uma definição comportamental é um significado que se atribui a algo (objeto, pessoa ou evento), com base em como aquilo é tratado pelo indivíduo que dá a definição. O significado é determinado pelo modo como o indivíduo literalmente se comporta em relação ao objeto, ou se relaciona com ele. Por exemplo, uma *cadeira* pode ser definida comportamentalmente não apenas como algo em que sentamos, mas também como algo sobre o qual subimos para trocar uma lâmpada, como algo para escorar uma porta, e assim por diante. Desse modo, uma definição comportamental de *criança* pode ser elaborada com base no modo pelo qual o indivíduo realmente se comporta em relação à *criança*, deixando o significado de *comporta-se em relação a* indefinido por ora.

Chegamos então à discussão daquilo que Fogel chama as nove "áreas de competência ou tipos de habilidade que os bebês tentam desenvolver" (p. 5), como uma forma de definição baseada na função. No entanto, é preciso ter em mente que as funções da primeira fase da infância não são separáveis – pelo menos não facilmente – de seu período de desenvolvimento geneticamente estabelecido desde o nascimento até os dois ou três anos. Em outras palavras, embora a função ou tarefa do adulto de formar, digamos assim, uma família por meio do casamento ocorra em geral durante o início da idade adulta, um casal de meia-idade também pode formar uma família, até mesmo pela primeira vez. O bebê parece destinado a cumprir suas tarefas desenvolvimentais apenas ou predominantemente durante esse período relativamente curto que chamamos de primeira fase da infância. Essa referência a uma moldura temporal do desenvolvimento aplica-se ao que chamamos de desenvolvimento normal. Ocorrem, porém, atrasos que colocam algumas crianças atrás de seus pares, assim como existem crianças precoces que atravessam determinadas áreas do desenvolvimento mais rapidamente que outras. O interesse deste livro se concentra no ritmo e no caminho característicos do desenvolvimento, e não nos atípicos. Tal ênfase, porém, não elimina a possibilidade de que se possa estar interessado em observar e registrar padrões de desenvolvimento não normativos; simplesmente não abordaremos este assunto neste livro. Você certamente reconhecerá essa exigência ou restrição temporal como sendo característica de um estágio.

O que é um bebê?

Como afirma Bower (1977) "um bebê é literalmente alguém que não fala" (p. 1). Desse ponto de vista, segundo Bower, "a duração normal da primeira fase da infância, em senso estrito, é de aproximadamente 18 meses" (p. 1). Alan Fogel (1984) não é tão definitivo ou dogmático como Bower: "a definição de primeira fase da infância varia, segundo a pessoa com quem se fala" (p. 1). Ele discorda claramente de Bower quanto à faixa etária desse período: "Poucos especialistas diriam que a primeira fase da infância abrange o período do nascimento até os dois anos" (p. 1). Mas, afirma também algo importante: "poucas pessoas em nossa sociedade diriam que uma criança de três anos é um bebê" (p. 1). Fogel afirma que seu livro "abrangerá o desenvolvimento humano do nascimento até os três anos" (p. 1). Mas reconhece também que conhecer simplesmente as idades que definem o período da primeira fase da infância não é suficiente para compreender esse segmento da vida. Concordamos. Mas precisamos, além disso, decidir dentro de qual faixa etária faremos nossas observações. Assim, decidimos por um meio termo entre os 18 meses de Bower e os 36 meses de Fogel. Definimos de modo cronológico a primeira fase da infância, de modo aproximado, como os primeiros 24 meses de vida após o nascimento. Isso é coerente também com a nossa abordagem do período pré-escolar (Capítulo 16), que compreende a faixa etária de dois a cinco anos.

Podemos concordar que a primeira fase da infância é um período significativo do desenvolvimento humano. Queremos, no entanto, nos deter um pouco mais sobre a questão do que é um bebê. Qualquer resposta leva em conta o modo como o bebê é visto – segundo a perspectiva que se tem sobre a questão. Alan Fogel (1984) dedica um capítulo inteiro de introdução à questão de o que é um bebê e já mencionamos algumas de suas ideias sobre o assunto em nossos comentários anteriores. Uma parte da abordagem de Fogel apresenta uma interessante revisão histórica dos pontos de vista que o mundo ocidental teve a respeito das crianças nos últimos 2.400 anos. Com base no trabalho de Lloyd de Mause (1974), Fogel descreve seis estágios que caracterizaram as relações entre pais e filhos na civilização ocidental, desde a Antiguidade até os dias de hoje. Mencionamos apenas os dois últimos que começam no século XIX. Fogel refere-se a eles como "modos" que "representam as atitudes predominantes dos pais em relação aos bebês e às crianças" (p. 2).

O modo de socialização (século XIX e metade do século XX) enfatizou a obediência das crianças aos "objetivos e padrões da sociedade adulta" e as crianças deviam "ser treinadas e ensinadas de modo adequado" (Fogel, 1984, p. 3). É particularmente interessante que "os pais acreditassem que as crianças deviam ser amadas na medida em que haviam sido 'boas' ou 'ruins'" (p. 3). O modo atual (meados do século XX) é chamado modo de ajuda e se caracteriza pela convicção de que as crianças são "ativas, criativas e intrinsecamente valiosas" (p. 4). Neste contexto, segundo Fogel, "as crianças devem ser amadas não importa como se comportem e os pais devem ser capazes de ter empatia com a criança de modo a fornecer-lhe tudo o que for necessário para seu bem-estar" (p. 4). Em resumo, pode-se dizer que a essência das relações modernas entre pais e filhos é o envolvimento, "uma crescente conscientização quanto às crianças e ao interesse em seu bem-estar" (p. 4).

Compreende-se que esses modos são maneiras de enxergar as crianças e, assim como os modos antigos fizeram em relação aos períodos históricos em que predominaram, esses dois últimos formam a fundamentação do modo atual de tratá-las. Vamos seguir em frente e continuar a discutir a definição de *primeira fase da infância*.

Afirmamos que um fenômeno (objeto ou evento) pode ser definido de acordo com o que ele faz, quais são suas funções ou que ações ou comportamentos que fazem parte de suas características inerentes ou atributos. Fogel, de novo, nos fornece gentilmente uma definição segundo a função. Ele se refere a nove áreas de competência ou "tipos de habilidades que os bebês tentam desenvolver", que são requisitos para que a criança se torne "um membro ativo e funcional da sociedade, família e comunidade" (p. 5) (tenha em mente que a descrição de Bower das realizações dos bebês (p. 161) é igualmente relevante para a presente discussão, embora menos detalhada). Como se vê, essas áreas nos oferecem uma base conveniente para observar o comportamento dos bebês e avaliar suas habilidades e seus níveis de desenvolvimento. Vamos analisar brevemente as nove áreas.

Habilidades perceptivas/sensoriais

Essa área abrange a capacidade sensorial do bebê de ouvir, ver, sentir (tato), cheirar e degustar, e os sentidos decididamente interiores que participam do equilíbrio e da consciência da localização do próprio corpo e de suas partes (braços, pernas etc.). Abrange também o modo como o bebê os usa para adquirir conhecimento sobre o ambiente. O desenvolvimento (mudança progressiva ao longo do tempo) das habilidades perceptivas e sensoriais do bebê deve ser de especial interesse para você, como observador.

Habilidades sensório-motoras/de uso de instrumentos

De modo simples, essa área de competência está relacionada ao desenvolvimento das habilidades motoras e compreendem ações como rolar, sentar, ficar de pé, caminhar e correr. Fogel incluiu as ideias de Jerome Bruner (1975) sobre as habilidades de usar instrumentos como "uma manifestação da capacidade do bebê de compreender e manipular o ambiente" (Fogel, 1984, p. 6). Em sentido amplo, *instrumento* é qualquer coisa que ajude a realizar algum propósito. Não restrinja sua noção de instrumentos a objetos bem conhecidos como martelos, chaves-inglesas, chaves de fenda e coisas desse tipo. Em sentido amplo, uma haste qualquer pode ser usada para trazer um brinquedo para perto; assim sendo, transforma-se em um instrumento.

Habilidades conceituais/de pensamento

Aos seis meses aproximadamente, os bebês começam a apresentar a habilidade de fazer "diferenciações conceituais entre classes de objetos" (Fogel, 1984, p. 6). O início da consciência da permanência do objeto – que é a compreensão de que a existência do objeto não depende do fato de ser evidente aos sentidos físicos – aparece aos nove meses aproximadamente. Fogel observa que o comportamento (mental) que reflete um real pensamento, raciocínio e planejamento não é evidente muito antes da última parte do segundo ano. Até então predomina o "pensamento" de tentativa e erro, sob a forma de reação manifesta em lugar da seleção internalizada de linhas de ação (p. 6). "Seleção internalizada de linhas de ação" significa simplesmente que o indivíduo pode experimentar mentalmente ou antecipar as consequências de vários comportamentos, sem pô-los realmente em prática. Assim, ele pode escolher uma ação com base no resultado ou efeito previsto, embora essa habilidade não exclua a possibilidade de erro.

Memória

A memória é um componente crítico do desenvolvimento das habilidades cognitivas do bebê. Jerome Kagan (1984), conhecido psicólogo e autor, reivindica vigorosamente a importância da memória: "A habilidade de relacionar uma experiência do presente com *schematas*[2] relevantes

---

[2] *Schemata* no original: plural de *schema* [esquema, esboço, programa]. (NT)

é uma das funções de maturação centrais do primeiro ano de vida. Em linguagem simples, a criança começa a ser capaz de lembrar o passado" (p. 40) (Kagan define *schema* como "uma representação da experiência que mantém relação com um evento original", p. 35). Fogel (1984) observa que "os nove meses assinalam uma mudança significativa na habilidade de lembrar do bebê" (p. 6), uma mudança que leva ou contribui para o conceito de permanência do objeto e para a habilidade de comparar objetos no "espaço, tempo e qualidade" (p. 6).

Kagan (1984) discute três aspectos do desenvolvimento da memória que constituem a habilidade geral de lembrar o passado. Refere-se a esses aspectos como "reconhecimento do passado, recuperação do passado e habilidade de comparar o passado e o presente no estágio da memória ativa" (p. 40). Vamos analisá-los brevemente com relação a algumas idades normativas de realização particulares.

Primeiro aspecto do desenvolvimento da memória: reconhecimento do passado

Kagan diz que um bebê de três meses "é capaz de reconhecer um evento familiar em seu campo visual porque compartilha propriedades com sua *schemata*" (p. 40). Compartilhar propriedades com a *schemata* significa que o evento familiar, anteriormente encontrado pelo bebê, é percebido como semelhante, em alguns aspectos, à memória que tem do evento. Durante os primeiros seis meses, porém, se passar muito tempo entre a experiência anterior e o evento atual, esse reconhecimento desaparecerá.

Segundo aspecto do desenvolvimento da memória: recuperação do passado

O segundo elemento do desenvolvimento da memória, a habilidade de "recuperar um esquema quando há indícios mínimos (...) no campo imediato" (p. 40), torna-se funcional, diz Kagan, após os seis meses. Essa habilidade de recuperar um esquema pode ser medida ao se esconder um brinquedo atraente e fazer com que o bebê espere para ter permissão para alcançá-lo. Kagan cita pesquisas que revelaram que, de um grupo de bebês entre 8 e 12 meses, "nenhum bebê de oito meses foi capaz de lembrar a localização do brinquedo com um lapso de um segundo" (p. 41). Os bebês de 12 meses foram capazes, todos, de encontrar o brinquedo, com um intervalo de três segundos, e a maioria conseguiu executar a tarefa, até mesmo com sete minutos de intervalo.

Terceiro aspecto da memória: comparar passado e presente

A terceira realização da memória envolve a habilidade de recuperar o passado ao longo de intervalos de tempo cada vez mais extensos. Como observa Kagan, "quando crianças maiores e adultos leem uma frase ou escutam uma conversa são capazes de integrar a informação, que chega, ao conhecimento que já têm, ao longo de um período que pode durar até 30 segundos" (p. 42). Kagan chama esse processo de integração de "memória ativa", a qual, segundo ele, se torna mais forte e funcional por volta dos oito meses (p. 42). Assim, "o bebê passa a relacionar automaticamente o presente ao passado imediato, o que significa que compara informações provenientes de duas fontes" (p. 42).

Habilidades representacionais/simbólicas

A representação, na qual alguma coisa está no lugar de outra, possivelmente, bem diferente, é, segundo Fogel (1984) o "coroamento do desenvolvimento cognitivo nos três primeiros anos de vida" (p. 6). Inclui também o pensamento simbólico, cuja expressão mais significativa é o uso da linguagem (para uma discussão detalhada da habilidade de representar, veja o Capítulo 17, Exercício 17.3). Uma das principais funções dos símbolos linguísticos é, de modo evidente, representar alguma outra coisa: a palavra *cadeira* representa o objeto real no qual nos sentamos; *cachorro* representa certo animal peludo, de quatro patas, pelo qual passamos todos os dias ao ir ao trabalho (ou talvez "Bob" represente nosso cachorro). Fogel indica que é no final do segundo ano de vida que a maioria das crianças consegue apreender "a relação entre o símbolo e o objeto real" (p. 6). Isso significa apenas que o uso dos símbolos em essência não envolve pensamento, é "acrítico" e serve a propósitos predominantemente práticos, como na conexão prática entre dizer a palavra *leite* e o copo de líquido branco real que os pais dão à criança que pronuncia essa palavra.

Habilidades comunicativas/linguísticas

Esta área de competência é próxima da competência representacional/simbólica que acabamos de discutir. A diferença fundamental está na ênfase do uso da linguagem para comunicação.

Existe, é claro, a questão complicada da aprendizagem do significado das palavras, da gramática correta, e assim por diante, mas o uso principal da linguagem é transmitir ideias, pensamentos e sentimentos às outras pessoas. A comunicação envolve também saber quando se deve falar e quando ouvir (o caráter recíproco da comunicação), aprender coisas sobre o ambiente, compreender o que os outros tentam dizer e transmitir suas próprias mensagens de modo apropriado. A linguagem é uma habilidade social e também uma habilidade intelectual.

Habilidades sociais/interativas

Fogel (1984) enfatizou inicialmente a competência social/interativa no contexto do uso da linguagem, especialmente a habilidade de esperar a própria vez de falar. Ele menciona a ocorrência natural de "piques e pausas no comportamento dos bebês" como potenciais precursores dessas habilidades de conversação, mas imediatamente ressalta que "qualquer aparência de revezamento no diálogo parece ser criada pelo adulto que aprende a introduzir habilidosamente sorrisos, arrulhos e palavras do bebê nos silêncios naturais deixados por este" (p. 7). Fogel indica que a consciência do bebê de seu papel como parceiro na interação com o adulto só surge por volta dos cinco ou seis meses. Embora seja claro que existam outros aspectos de competência social (a área seguinte de competência básica é um desses outros aspectos), é importante reconhecer que as crianças começam a aprender as habilidades sociais muito antes de aprender as palavras.

Habilidades expressivas/emocionais

Sentir e exprimir determinados tipos de estados emocionais é um elemento importante das habilidades sociais do bebê (Fogel, 1984, p. 7). As emoções que o bebê é capaz de experimentar aparentemente dependem da idade e do nível de desenvolvimento. Fogel afirma que é consenso geral que "os bebês não conhecem sentimentos de medo antes dos oito meses e que não podem experimentar sentimentos complexos como culpa, orgulho ou vergonha antes dos três anos" (p. 7). Antes dos dois ou três anos, as crianças não adquirem o controle dos tipos de emoção que querem exprimir (p. 7). Kagan (1984) oferece alguns comentários esclarecedores sobre a relação entre os estados emocionas e a idade, bem como sobre o desenvolvimento geral da emoção:

> A crença popular de que as emoções da criança não mudam com o crescimento exige que se faça a improvável suposição de que as mudanças de maturação no cérebro, que produzem novas avaliações cognitivas e tons de sentimento especiais, não tenham influência sobre as experiências emocionais do indivíduo com mais idade. Em razão do fato de que se usa frequentemente a mesma linguagem para nomear as emoções tanto de crianças de dois anos quanto de indivíduos de 22 anos, acaba-se acreditando que as experiências emocionais são as mesmas. As mães norte-americanas também presumem, incorretamente, acredito, que os bebês de três meses experimentam as mesmas emoções de interesse, alegria e medo que se atribuem aos adultos. (p. 172)

Habilidades de autorregulação/enfrentamento

Conscientemente ou não, pais, professores, cuidadores e outros adultos que trabalham com crianças preocupam-se com as questões práticas do autocontrole da criança e com sua habilidade de lidar de modo construtivo com diversos aspectos do ambiente: ficam, além disso, satisfeitos (quando não completamente aliviados) quando a criança realmente adquire essas habilidades. Como diz Fogel (1984), "o desenvolvimento das habilidades de autorregulação é recebido pelos pais com uma sensação de alívio que vai além do prazer. A capacidade da criança de enfrentar o estresse da vida cotidiana tira um peso considerável dos ombros dos pais" (p. 7). Entre os indicadores de "autorregulação bem-sucedida" Fogel cita "dormir a noite inteira, esperar pacientemente enquanto as refeições são preparadas, lidar com o medo e com o estresse de separação dos pais, lutar assertivamente para recuperar um brinquedo que um irmão mais velho, intrometendo-se, pegou" (p. 7).

Embora os indicadores de Fogel da autorregulação bem-sucedida sejam suficientes para esclarecer a questão, queremos ressaltar que o fato de o bebê ter capacidade de "enfrentar o estresse da vida cotidiana" não significa que ele esteja livre de estresses. Significa, de modo mais preciso, que o bebê, em geral, seja capaz de lidar com os estresses normais que são característicos e apropriados a seu nível de desenvolvimento. É a mesma situação do adulto que tem estratégias efetivas para enfrentar alguns tipos de estresse: isso não impede que ele encontre estresse naquilo que não consiga enfrentar adequadamente.

Essas habilidades podem ser colocadas na categoria geral de autonomia, a qual, é claro, tende a libertar os adultos de algumas das tarefas associadas ao fato de ser pai/mãe ou cuidador de uma criança (veja Fogel, 1984, p. 8). Essa liberdade dá credibilidade ao alívio e ao prazer que os adultos sentem quando a criança adquire habilidades autorreguladoras e de enfrentamento.

Algumas das descrições anteriores têm um enfoque piagetiano. Mais recentemente, porém, os conceitos teóricos de Lev Vygotsky chamaram a atenção dos psicólogos. De fato, suas ideias competem hoje com a teoria de Piaget, e com uma teoria de processamento das informações. Berk (2005), por exemplo, ao elogiar Piaget pelas contribuições que deu para a compreensão do desenvolvimento cognitivo da criança, ressalta que sua teoria não deixou de ser contestada:

> As pesquisas indicam que Piaget subestimou as competências dos bebês e das crianças pré-escolares. Quando crianças pequenas recebem tarefas em escala reduzida de dificuldade, sua compreensão parece mais próxima daquela da criança maior e do adulto do que Piaget presumia. Essa descoberta levou muitos pesquisadores a concluir que a maturidade do pensamento da criança talvez dependa da familiaridade com a tarefa apresentada e com a complexidade do conhecimento pesquisado. Além disso, muitos estudos mostram que o desempenho das crianças nos problemas piagetianos pode ser melhorado por meio de treinamento – esses achados questionam a suposição de Piaget de que a aprendizagem por descoberta, e não o ensinamento adulto, seja o melhor meio de incrementar o desenvolvimento.[3] (p. 22)

Berk (2005) reconhece também a contribuição da teoria do processamento de informações, observando que "uma das grandes forças da abordagem do processamento de informações é o compromisso com os métodos de pesquisa cuidadosos e rigorosos". Mas indica mais à frente que "o processamento de informações falha em alguns aspectos. Embora seja bom para analisar os componentes do pensamento, tem dificuldade de reuni-los novamente em uma teoria abrangente" (p. 24).

A relevância da teoria de Vygotsky reside na ênfase que dá ao papel do contexto social no desenvolvimento cognitivo. Alguns textos de Bukatko e Daehler (1995) oferecem uma discussão esclarecedora e interessante sobre a posição teórica de Vygotsky:

> Um princípio central da teoria sócio-histórica de Vygostsky é que as crianças, à medida que são expostas a suas culturas e participam delas, começam a internalizar e adotar – com frequência com a orientação de um parceiro habilidoso como um cuidador ou professor – modos mais maduros e eficazes de pensar e resolver problemas em relação às circunstâncias. As crianças, é claro, não nascem dotadas de ferramentas e dos modos de pensar que fazem parte da história da comunidade. Estes, porém, podem ser transferidos a elas pelos que são habilidosos e conhecem seu uso. (p. 64-5)

Os autores prosseguem dizendo que um dos componentes críticos da aprendizagem infantil consiste nas interações sociais que envolvem a observação de como os outros se comunicam e resolvem problemas usando os recursos disponíveis naquela cultura particular. Para Vygotsky a linguagem é também uma ferramenta cultural importante, pois a criança a internaliza e a usa para pensar e resolver problemas. De fato, existe um aspecto circular ou recíproco no uso da linguagem. À medida que a criança a usa para pensar e resolver problemas, essas reais atividades, por sua vez, promovem e incrementam o desenvolvimento das habilidades de lin-

---

[3] Embora o autor se expresse em termos absolutos, é importante relativizar essa afirmação, pois nem todos os pesquisadores concordam com essa visão sobre a teoria de Piaget. (NRT)

guagem que, novamente, por sua vez, podem ser usadas para pensar de modos mais complexos e para resolver problemas mais complexos.

Por que a primeira fase da infância é importante?

Vamos voltar rapidamente às razões pelas quais a primeira fase da infância é um tópico de estudo tão importante. Seguimos, nesse caso, o exemplo de Bower (1977), pois ele também fez a mesma pergunta. "Por que 2% do período de vida merecem tanta atenção?" (p. 1; "tanta atenção" refere-se, entre outras coisas, a seu próprio livro sobre essa fase da vida). Gostamos de suas respostas, pois não se prestam a distorções. Apresentamos a seguir um extenso trecho de seu livro *Primer*:

> Provavelmente, a maioria das habilidades que separam os seres humanos dos outros animais é adquirida mais na primeira fase da infância que em todo o restante dela. Ao final da primeira fase da infância o bebê é sociável e cooperativo. Aprendeu o que é necessário para a linguagem, talvez a habilidade humana mais importante. É capaz de andar com as duas pernas. Refinou suas habilidades manuais, habilidades estas que nenhum outro animal possui. Consegue usar instrumentos em certa medida, mas essa medida já é mais extensa que a de qualquer animal não humano. Adquiriu alguns conceitos básicos e importantes do espaço, da causalidade e da quantidade. Tudo isso acontece em oito meses, a partir daquilo que parecia um início pouco promissor. (p. 1-2)

David Elkind (1981), conhecido autor e professor de estudos infantis na Tufts University, também especifica o interesse particular e, assim, as realizações potenciais do período da primeira fase da infância:

> Desde que nascem até os dois anos, os bebês estão ocupados em construir um mundo de objetos permanentes, apegando-se a pessoas significativas para elas e estabelecendo o que o professor de Harvard, agora aposentado, Erik Erikson, chamou de senso de "confiança". Essas três aquisições constituem o principal desenvolvimento intelectual, social e emocional do período da primeira fase da infância. (p. 98)

Você tem alguma dúvida de que essas realizações citadas sejam realmente importantes e que formem os fundamentos de tudo o que virá nos períodos seguintes de desenvolvimento?

É claro que as nove áreas de competência que já discutimos são, por si próprias, ocasiões para festejar essa primeira parte da vida. Embora se possa argumentar que o adulto também tem funções e acrescente coisas a essas áreas de habilidade, não terá sido a primeira vez que o tenha feito enquanto adulto (ou criança maior). Passemos à aplicação prática dessas ideias.

Exercício 15.1: características físicas e habilidades motoras do bebê/criança pequena (1 a 24 meses)

Informações básicas

Características físicas

Você encontrará algumas diferenças impressionantes entre a aparência física de um recém-nascido e de um bebê maior ou criança de 15 a 24 meses. De fato, não é preciso esperar muito para notar algumas mudanças drásticas. Vamos examinar brevemente as mudanças que têm lugar no peso e na altura da criança. Faw e Belkin (1989), em seu excelente livro de artigos sobre psicologia infantil, relatam que os primeiros quatro meses da vida resultam na duplicação do peso que o bebê tem ao nascer, o que o leva a pesar entre 6,3 e 6,8 kg (Craig, 1989), indica uma faixa entre 5,4 e 6,8 kg. Mencionamos isso apenas para ressaltar que tais normas variam, ao menos ligeiramente, conforme a fonte; nenhuma norma específica deve ser considerada uma especificação absoluta). Papalia, Olds e Feldman (2006) relatam que ao final do primeiro ano, a média do peso dos bebês do sexo masculino é de 10 kg, e a média de peso dos bebês do sexo feminino é de cerca de meio quilo a menos. É interessante notar que o ganho de peso subsequente, durante o segundo ano, é de apenas 2 kg, segundo Faw e Belkin. Essa forte diminuição do ganho de peso é atribuída ao aumento da atividade física e ao consequente aumento do dispêndio de calorias.

O aumento da altura, durante os quatro primeiros meses, é de aproximadamente 7 a 10 centímetros (Faw e Belkin, 1989, p. 130). Ao final do primeiro ano, a criança cresce mais 15 cm, atingindo (em média) de 73 a 78 cm. Assim como o peso, o crescimento em altura diminui durante o segundo ano para apenas 10 cm (até 12 cm) (p. 130). Aos dois anos, a altura média é de 83 a 89 cm (p. 130). A propósito, aos dois anos, a altura é aproximadamente a metade do que será na idade adulta. Como mencionamos no Capítulo 14, a cabeça do recém-nascido é disforme e desproporcionalmente grande em relação ao corpo, o que dá à criança uma aparência peculiar se não totalmente deformada. O crescimento que se segue aos dois primeiros meses de vida é, segundo Faw e Belkin, uma tentativa do corpo de "alcançar a cabeça" (p. 131). O tronco adquire algo como 50%, no comprimento, durante os primeiros dois anos; o comprimento dos braços aumenta de 60% a 75% (p. 131).

Características e habilidades motoras

Com um mês, o recém-nascido apresenta diversas respostas reflexas involuntárias e seus movimentos voluntários são aleatórios e pouco controlados. O aspecto aleatório dos movimentos musculares iniciais é considerado como ação de massa e é o oposto da ação específica de movimento muscular mais coordenado da criança maior. O uso das mãos é limitado ao reflexo de preensão e a criança parece ignorar totalmente o fato de ter mãos. Por volta dos 18 meses, o bebê já adquiriu o controle da cabeça, e é capaz de sentar, rolar, arrastar-se, engatinhar, ficar de pé, caminhar e correr. Suas habilidades de alcançar, pegar e manipular objetos também sofreram grandes modificações. Por volta dos três meses, o bebê começa a tentar alcançar os objetos e toma consciência de suas mãos; aos 18 meses é capaz de virar as páginas de um livro, uma de cada vez. Com um mês, seu único modo de comunicação é o choro; com 18 meses usa palavras e apresenta outros comportamentos sociais autênticos (veja as tabelas 15.1, 15.2 e 15.3). É claro que todas essas realizações dependem do desenvolvimento e da maturação do sistema nervoso, o qual, por sua vez, depende de muitos outros fatores, como, pelo menos, um ambiente físico e social dedicado e que dê apoio.

Craig (1989) oferece um interessante "panorama" das competências do bebê aos 4, 8, 12, 18 e 24 meses. Quanto à área das competências motoras, aproveitamos a estrutura de Craig e apresentamos um resumo de alguns dos marcos desenvolvimentais característicos das idades indicadas anteriormente.

Quatro meses

O bebê é, em geral, capaz de levantar o tórax quando está de bruços. O bebê de quatro meses é capaz também de manter a cabeça estável enquanto está sentado, apoiado por um adulto. É capaz de rolar de trás para frente, e vice-versa. Craig observa que "a maioria dos bebês de quatro meses tenta alcançar e pegar um objeto, embora, com frequência, não consigam estabelecer contato" (p. 145).

Faw e Belkin (1989) dizem que o bebê de dois ou de um mês e meio está no que é chamado de "período inicial do alcançar", no qual tenta alcançar os objetos que vê, mas por ter pouca coordenação e controle, frequentemente não é bem-sucedido (o desenvolvimento do comportamento de alcançar e pegar é discutido em detalhes mais à frente em uma seção à parte). Esses autores relatam que aos quatro meses "o alcance visual e manual tornam-se coordenados" (p. 145). Essa habilidade é evidente nos bebês que "seguem visualmente sua mão e seu braço, quando tentam alcançar um objeto, e alternam a atenção entre o objeto a ser pego e a própria mão que deve pegá-lo" (p. 145). A propósito, Faw e Belkin consideram o rastreamento visual como uma forma de alcance visual, mesmo que não esteja coordenado com os movimentos do braço e da mão. Rastreamento visual é seguir um objeto com os olhos; surge entre um mês e meio e três meses.

Oito meses

Craig (1989) relata que a maioria dos bebês de oito meses é capaz de sentar sozinha e quase todos, nessa idade, conseguem se manter sentados depois que são colocados nessa posição. Faw e Belkin (1989) observam que a maioria dos bebês de seis a sete meses consegue sentar em uma cadeira, mas que esta realização é adquirida ligeiramente antes da habilidade de sentar sem apoio externo. Craig (1989) indica que mais da metade dos bebês de oito meses é capaz de ficar de pé, segurando-se em um apoio, e cerca de metade deles consegue levantar-se por si mesma e ficar de pé (p. 147). Uma pequena parte é capaz de dar passos laterais enquanto estiver segurando na lateral do berço ou de um cercadinho; alguns têm até a habilidade precoce de caminhar segurando-se em alguma parte de um móvel para apoiar-se, habilidade esta frequentemente chamada de "*cruising*".

Tabela 15.1 Lista de verificação do desenvolvimento – 12 meses

Nome da criança_____ Idade_____

Observador_____ Data_____

Lista de verificação do desenvolvimento	Sim	Não	Às vezes
Aos 12 meses, a criança:			
Caminha com ajuda?			
Faz uma bola rolar imitando um adulto?			
Pega objetos entre o polegar e o indicador?			
Passa os objetos de uma mão para a outra?			
Recolhe brinquedos que caem?			
Olha diretamente para o rosto do adulto?			
Imita gestos: "cadê o nenê?" (escondendo o rosto), dá tchau com as mãos ou faz o jogo de bater as mãos com alguém que está à frente, cantarolando uma música?			
Encontra um objeto escondido sob uma xícara?			
Alimenta-se sozinho com biscoitos (mastigando, e não sugando)?			
Segura uma xícara com as duas mãos? Bebe com ajuda?			
Sorri espontaneamente?			
Presta atenção a seu próprio nome?			
Responde ao "não"?			
Responde de modo diferente aos estranhos e aos familiares?			
Responde de modo diferente a sons: aspirador de pó, telefone, campainha da porta?			
Olha para a pessoa que está falando com ela?			
Atende a orientações simples acompanhadas de gestos?			
Faz diversas combinações de sons com consoante-vogal?			
Vocaliza em resposta à pessoa que fala com ela?			
Usa padrões de entonação que soam como reprovação, pergunta, exclamação?			
Diz "da-da-da" ou "ma-ma"?			

Tabela 15.2 Lista de verificação do desenvolvimento – 2 anos

Nome da criança_____ Idade_____

Observador_____ Data_____

Lista de verificação do desenvolvimento	Sim	Não	Às vezes
Aos 2 anos, a criança:			
Caminha sozinha?			
Curva-se e pega um brinquedo sem cair?			
Senta-se sozinha em uma cadeira grande? Sobe e desce degraus sem ajuda?			
Coloca diversos anéis em um bastão?			
Coloca 5 pinos em um tabuleiro?			
Vira 2 ou 3 páginas de uma vez?			
Rabisca?			
Atende a orientações compostas por apenas uma frase, que envolvam algo familiar: "me dê _", "me mostre _", "pegue um _"?			
Combina objetos familiares?			
Usa colher ainda que derrame um pouco?			
Bebe segurando a xícara com uma mão só, sem ajuda?			
Mastiga os alimentos?			
Tira o casaco, sapato e meias?			
Abre e fecha um zíper grande?			
Reconhece-se no espelho ou em uma foto?			
Refere-se a si mesmo pelo nome?			
Imita o comportamento dos adultos ao brincar – por exemplo, alimenta um bebê?			
Ajuda a guardar as coisas?			
Responde a palavras específicas, indicando o que é nomeado: brinquedo, bicho de estimação, membro familiar?			
Pede as coisas que deseja pelo nome: (biscoitos)?			
Responde com o nome do objeto quando se pergunta: "O que é isso?"?			
Forma algumas frases com duas palavras: "Papai tchau"?			

Tabela 15.3 Idade (em meses) de aquisição de habilidades motoras selecionadas em bebês e crianças pequenas
(Resumo dos dados de Craig (1989) discutidos neste capítulo)

4 meses	8 meses	12 meses	18 meses	24 meses
Ergue o tórax quando deitado de bruços.	Senta-se sozinho; mantém-se sentado, se alguém o põe nessa posição.	Em geral, dá os primeiros passos sem apoio.	Quase certamente é capaz de andar sozinho; é capaz de carregar coisas nas mãos enquanto caminha.	É capaz de andar e correr, de pedalar um triciclo, pular com os dois pés, de equilibrar-se por um breve momento em um pé, de jogar coisas passando o braço por cima do ombro de forma precisa.
Mantém a cabeça estável quando sentado com a ajuda de um adulto.	Metade dos bebês de oito meses consegue ficar de pé segurando-se em um apoio, e consegue se levantar sozinho.	É capaz de manipular diversos objetos (abrir fechaduras, abrir armários, puxar brinquedos, torcer fios elétricos.	Consegue, em geral, empilhar de 2 a 4 blocos para construir uma torre; rabisca com giz de cera ou lápis.	Sobe degraus e, às vezes, desce, com ajuda; engatinha ao redor, em cima, debaixo e na direção de vários objetos.
Tenta alcançar e pegar um objeto – em geral não consegue tocá-lo.	Em geral consegue engatinhar.	Adquirem a preensão de pinça – oposição entre polegar e indicador.	Habilidade ampliada de alimentar-se sozinho; é capaz de despir-se parcialmente.	Guarda e tira coisas de recipientes; derrama água, modela argila e em geral manipula todo o objeto.
O rastreamento visual começa aproximadamente aos 3 meses e meio.	A maioria passa objetos de uma mão para a outra; alguns usam o polegar e o indicador para pegar; a maioria manipula objetos e consegue dá-los a adultos e recebê-los de volta.			Transporta objetos em carrinhos, vagões, carroças ou caminhões; explora, testa e tenta.

O típico bebê de oito meses desloca-se de um lugar a outro, arrastando-se (com o corpo no chão) ou engatinhando sobre mãos e joelhos (Craig, 1989, p. 147). Faw e Belkin (1989) observam que, aos sete meses, os bebês conseguem empurrar "um joelho para frente quando deitados de bruços", o que, segundo eles, "é o passo inicial para aprender a engatinhar" (p. 40). Os autores afirmam que aos oito meses ("34 semanas") a média dos bebês tem capacidade de engatinhar, mas ressaltam que, por terem braços e pernas ainda curtos, não conseguem desencostar a barriga do chão, arrastando-se com as mãos e os joelhos.

Quanto ao controle das mãos e dos braços, Craig (1989) indica que a maioria dos bebês de oito meses é capaz de "passar objetos de uma mão para a outra, e alguns são capazes de usar o polegar e o dedo para pegar" (p. 149). Ela relata também que os bebês dessa idade conseguem em geral "bater um objeto no outro" (p. 149). Craig observa também que a maioria deles é capaz de passar um objeto para um adulto e recebê-lo de volta, atividade esta de que gosta muito.

Doze meses

Faw e Belkin (1989), ao fazerem uma distinção entre "caminhar com apoio" e "caminhar independentemente" (p. 141), relatam que as crianças em geral dão seus primeiros passos sem apoio (independentes), ainda que instáveis, logo após completar um ano. O desenvolvimento posterior da habilidade de locomoção progride rapidamente a partir desta aquisição, segundo os autores. Craig (1989) escreve que o bebê de 12 meses "manipula ativamente o ambiente. São capazes de abrir fechaduras, abrir armários, puxar brinquedos e torcer fios elétricos" (p. 149). Menciona também a aquisição da preensão de pinça, diferente da preensão ulnar que Berck (2006) descreve como "movimento desajeitado em que os dedos se apertam contra a palma da mão" (p. 147). A preensão de pinça permite que o bebê oponha o polegar ao indicador. Essa capacidade de oposição cortical, por sua vez, permite que a criança pegue objetos muito pequenos, tais como fios de cabelo, alfinetes, moedas etc. Com esta e outras habilidades novas, ela consegue, além disso, muito mais coisas (e muito mais problemas) que antes. É capaz de "ligar a televisão e o fogão (...) explorar os armários, abrir janelas e enfiar coisas nas tomadas elétricas" (Craig, 1989, p. 149).

Dezoito meses

As crianças de dezoito meses caminham sozinhas, quase sem exceção. Gostam de carregar coisas nas mãos, puxar ou empurrar algum objeto enquanto caminham (Craig, 1989, p. 150). Passam por momentos difíceis fazendo coisas como chutar uma bola, pular e pedalar um triciclo (p. 150).

Os bebês de dezoito meses, segundo Craig, são capazes em geral de "empilhar de dois a quatro blocos para construir uma torre e conseguem quase sempre rabiscar com giz de cera ou lápis" (p. 150). Nessa idade, mostram com frequência crescente habilidade de se alimentarem sozinhas e conseguem parcialmente despir-se sem ajuda (p. 150). Entretanto, vestir-se parece ser uma tarefa bem mais difícil que despir-se e, por essa razão, o desenvolvimento dessa habilidade (vestir-se) é adquirido mais tarde.

Vinte e quatro meses

As aquisições de habilidades entre os 18 e 24 meses são surpreendentes. Como afirma Craig (1989):

> Os bebês de dois anos não apenas são capazes de andar e correr, mas também de pedalar um triciclo, pular com ambos os pés, equilibrar-se brevemente em um pé só e lançar objetos por cima do ombro. Sobem degraus e, às vezes, descem sem ajuda. Engatinham em cima, embaixo e em volta de objetos e móveis; ma-

> nipulam, carregam, mexem, empurram e puxam tudo o que veem. Põem e tiram coisas de grandes recipientes. Derramam água, modelam argila, esticam o que pode ser esticado e dobram o que pode ser dobrado. Transportam coisas em carrinhos, vagões, carroças e caminhões. Exploram, testam e investigam. (p. 151)

A afirmação conclusiva da autora talvez seja da maior importância: "Toda essa exploração fornece um experiência de aprendizagem vital sobre a natureza e as possibilidades de seu mundo físico" (p. 151). O desenvolvimento, claro, é exatamente isso.

Para encerrar esta seção, referente ao primeiro exercício ou unidade, apresentamos a síntese da discussão de Faw e Belkin sobre as "fases de manipulação do objeto", já que a habilidade de alcançar, pegar e manipular objetos é crucial. De fato, pode-se argumentar que nossa destreza manual está entre os atributos centrais que nos separam do restante do mundo animal, juntamente da linguagem e do uso de símbolos, que são também características distintivas do comportamento e da habilidade humana.

Os autores identificam um período "anterior ao alcançar" e um "período inicial de alcançar" (Faw e Belkin, 1989, p. 144). O primeiro período compreende os primeiros dois meses ou dois meses e meio, durante o qual o recém-nascido ou bebê não alcança os objetos e apenas os olha fixamente quando eles entram em seu campo de visão (veja também Berk, 1989), para consultar e discutir outros dados sobre este período). O segundo período, a fase inicial de alcançar, começa por volta de um mês e meio ou dois meses, quando as "crianças começam a alcançar os objetos que veem" (p. 144). Mas, também nesse caso, tal comportamento é pouco controlado e em geral não permite que elas alcancem o alvo. Vamos analisar as duas fases discutidas por Faw e Belkin.

A Fase 1, dizem Faw e Belkin, evidencia "diversos estágios da manipulação de objetos". Os autores descrevem as características e habilidades que representam esses estágios. As características da Fase 1 são:

Fase 1

1. Alcançar e pegar não são realizados como atos separados. Isso significa que não são diferenciados, mas apresentam características de ação em massa. Faw e Belkin ressaltam também que esse aspecto do uso das mãos demonstra o princípio do desenvolvimento próximo-distal. Trata-se simplesmente do desenvolvimento que parte da linha mediana (próxima) do corpo e prossegue até as extremidades (distal).
2. O bebê, na Fase 1, ainda não é capaz de usar os dois braços ao mesmo tempo.
3. O controle dos movimentos das mãos e dos braços está relativamente ausente. Nessa fase, uma vez que o movimento de alcançar teve início, o bebê não consegue detê-lo, nem pode ajustá-lo se a mira estiver errada.
4. O pegar, na Fase 1, não está relacionado a como o bebê se sente quanto ao objeto; os comportamentos de alcançar e pegar são dirigidos pela presença visual do objeto, bem como pela relação visual do objeto com a mão.

Adaptado de Faw e Belkin, 1989, p. 144

Faw e Belkin indicam que "a evidente troca de atenção entre a mão que está pegando o objeto e o objeto em si" termina aos cinco meses e o bebê passa a "mover a mão diretamente para o objeto" (p. 145). Os autores observam que embora os movimentos sejam bem coordenados, ainda assim pertencem à Fase 1, pois "o alcançar e o pegar são controlados pela presença visual do objeto e são uma ação unitária, e não duas ações separadas" (p. 145). Eles observam, além disso, que, uma vez iniciado o comportamento de alcançar, haverá de qualquer modo uma resposta de pegar, mesmo que o objeto não seja realmente tocado. Esse fenômeno ocorre porque o bebê não consegue ainda controlar suas ações corporais. É como se, uma vez iniciado um movimento ou um gesto, este devesse simplesmente ser completado, a despeito do fato de que nada se conseguirá com ele.

Os cinco meses, segundo Faw e Belkin, denotam a divisão ou transição entre a Fase 1 e a Fase 2. A Fase 2 apresenta as seguintes características:

Fase 2
1. Nessa fase, o bebê alcança e pega com as duas mãos, e não apenas com uma.
2. São capazes de corrigir erros no comportamento de alcançar, se detectados.
3. Os comportamentos de alcançar e pegar tornam-se atividades separadas e cada um pode ser executado independentemente do outro.
4. A presença visual do objeto não é mais o principal estímulo para pegar; o contato com o objeto agora é o fator controlador.

Adaptado de Faw e Belkin, 1989, p. 146.

Neste capítulo são apresentadas diversas opções referentes aos objetivos de observação, que não existem nos outros capítulos de exercícios. A faixa etária de 1 a 24 meses compreende diversas modificações desenvolvimentais não observadas ou registradas por uma única pessoa. Além disso, é provável que você tenha menos oportunidades de observar bebês e crianças pequenas do que crianças em idade pré-escolar. Esse fato exige que nós ofereçamos a você alternativas suficientes, de modo que possa observar pelo menos uma criança nesse importante estágio da vida.

Objetivos da observação

(1) Observar e descrever as características físicas de uma criança entre 1 e 24 meses e compará-las com as do recém-nascido observado no Exercício 15.1 e/ou (2) observar e registrar o comportamento motor de um bebê entre 1 e 24 meses. Este último objetivo deve ser alcançado conjuntamente com o objetivo (1), o que significa que você pode observar o mesmo bebê em ambas as tarefas e/ou (3) identificar as semelhanças e diferenças entre as habilidades motoras de pelo menos dois bebês que apresentem diferença de idade consistente (por exemplo, 10 e 18 meses) – o objetivo é mapear, de modo transversal, o progresso desenvolvimental do bebê, em um espaço de vários meses.

Procedimento

Para o objetivo (1) do exercício, meça o peso, a altura total e o comprimento da cabeça, do tronco e das pernas. Compare essas medidas com as que obteve do recém-nascido e faça uma síntese das diferenças. Se não for possível fazer a comparação, simplesmente determine se as características físicas do bebê correspondem ao que é esperado, do ponto de vista normativo, para a sua idade.

Para o objetivo (2) deste exercício, use a técnica de amostragem por evento, observe e registre os comportamentos motores do bebê durante 2 ou 3 períodos de 5 minutos. Distribua os períodos de observação de modo a obter uma amostra variada das habilidades do bebê, em lugar de uma longa amostra de comportamentos praticamente iguais. Em outras palavras, tente obter exemplos dos comportamentos de alcançar, pegar, arrastar-se, engatinhar, andar, andar com apoio etc., conforme a idade do bebê e seu nível de desenvolvimento. Compare as habilidades do bebê com as normas para sua idade.

Para o objetivo (3), observe e registre por amostragem por evento duas habilidades motoras finas e grossas de dois bebês, como especifica a folha do exercício de observação. Talvez você precise incentivar os bebês a apresentar as habilidades da lista, caso eles não as apresentem espontaneamente. *Incentivar*, neste caso, significa demonstrar o quer que eles façam. Esse incentivo é admitido, neste caso, porque queremos que sejam comparadas e identificadas as semelhanças e diferenças nas habilidades de dois bebês em relação às mesmas tarefas.

Tenha à disposição coisas como algumas uvas passas, quatro a seis pequenos blocos (brinquedo), um pequeno recipiente com tampa (grande o suficiente para conter diversos blocos), um livro ou revista, massinha de modelagem e giz de cera. Alguns desses objetos talvez já estejam entre os brinquedos do bebê ou da criança pequena. Observe e registre as seguintes tarefas motoras finas: (1) empilhar blocos (determine quantos consegue empilhar); (2) pegar a uva passa (qual técnica de preensão ele usa?); (3) colocar alguns blocos no recipiente e retirá-los; (4) puxar, amassar e bater a massinha de modelagem; (5) virar as páginas de um livro; e (6) rabiscar com giz de cera. As habilidades motoras grossas que você deve observar são as autoexplanatórias. O ideal é escolher sujeitos com idade suficiente para apresentar pelo menos algumas das características aqui descritas, mas que tenham idades suficientemente diferentes para apresentar diferenças desenvolvimentais de desempenho e competência.

Esse exercício se refere à área de competência sensório-motora/uso de instrumentos de Fogel. Você consegue observar os bebês usarem um objeto de algum modo que possa ser qualificado como uso de instrumentos? É natural que a probabilidade do comportamento de uso de instrumentos aumente à medida que aumenta a idade do bebê. Além disso, não procure esse comportamento em bebês muito pequenos.

Não há um tempo predefinido para a sua observação, mas complete o exercício (veja o Exercício de observação 15.1).

Perguntas de orientação

Algumas das questões a seguir enfatizam a observação de dois bebês. Se não conseguir atender a esse objetivo, use as questões para apenas um bebê; o significado será preservado.

1. Se você observa uma criança pequena, ela tem alguma característica físico-motora que possa explicar o termo "*toddler*"[4]? Explique.
2. Qual é a característica ou qualidade geral das ações musculares grossas dos dois bebês? São em geral delicadas e precisas ou grosseiras e imprecisas? De que modo diferem? Com

---

[4] *Toddler*: traduzido aqui como "criança pequena", significa literalmente "cambaleante", "oscilante". (NT)

base nas respectivas idades ou níveis do desenvolvimento dos bebês, quais diferenças seriam previsíveis?
3. Há movimentos dos músculos grandes que as crianças fazem com mais facilidade e outros com os quais têm mais dificuldade? Existe alguma relação aparente entre suas habilidades e os tipos de atividade que escolhem? Em outras palavras, elas tentam fazer coisas mesmo que em geral não apresentem bom desempenho ao realizá-las ou permanecem nas atividades em que são mais bem-sucedidas? Elabore suas respostas.
4. Os bebês mostram sinais de preferência por um dos pés? Por uma das mãos? Se sim, como demonstram essa preferência (por exemplo, o pé que usam ao chutar uma bola, o pé que põem na frente para subir um degrau, a mão que usam para pegar objetos)?
5. Quantos blocos o bebê consegue empilhar? O que mais caracteriza seus esforços para empilhar blocos? Rapidez e segurança? Lentidão e incerteza?
6. Ao pegar um pequeno objeto como uma uva passa, quais dedos o bebê usa? Que papel desempenha o polegar? Eles são inicialmente malsucedidos em sua tarefa e, em seguida, bem-sucedidos, quando mudam de abordagem ou de estilo de preensão?
7. Há diferenças no modo como o bebê pega um objeto grande, como um bloco, e um pequeno, como uma uva passa? Explique as diferenças.
8. De que modo as habilidades motoras finas e grossas se comparam com as normas para crianças daquela idade? Quais são as habilidades ou respostas previsíveis que elas conseguem executar bem, e quais as que não conseguem executar? Você é capaz de classificá-las por ordem crescente de dificuldade, com base nas normas fornecidas e, então, classificá-las com base em como são realmente desempenhadas? Quais as diferenças entre as duas classificações?
9. Quais habilidades locomotoras os bebês apresentam? Se um bebê está começando a caminhar, quanto tempo gasta caminhando em relação ao que gasta arrastando-se e engatinhando?
10. Qual fase dos comportamentos de alcançar e pegar, de Faw e Belkin, descreve os dois bebês? Com base em quais comportamentos específicos chegou à sua conclusão?

Exercício 15.2: comportamento social do bebê (1 a 24 meses)

Informações básicas

Quando duas ou mais pessoas se levam em consideração e se influenciam reciprocamente de algum modo, esse comportamento é chamado de comportamento social. O bebê certamente influencia os outros e, de modo elementar, também leva os outros em consideração. O bebê exerce influência sempre que um adulto reage a seu choro, sorriso ou vocalização. Quando a criança muda de comportamento para adaptar-se às características e respostas de alguém, ela está levando tal pessoa em consideração.

Existem alguns comportamentos do bebê que os adultos consideram muito significativos socialmente. Chorar é uma resposta importante no momento do nascimento, além disso, assinala que algo está errado e requer atenção. Durante toda a infância, o choro continua a ser uma forma de comunicação; já que incomoda os adultos, e estes tomam providências rápidas para interrompê-lo. O sorriso acompanhado por um contato visual específico é particularmente gratificante para os adultos e o primeiro sorriso social autêntico – que surge por volta das seis primeiras semanas – deixa os pais extasiados. Bower (1977) propõe diversas razões para o sorriso dos bebês: "(1) (...) os seres humanos em volta deles. (2) (...) um estímulo que contenha um contraste, o qual chame a atenção dos que estão em volta e que leva a criança a relacionar o rosto humano ao prazer. (3) (...) ao descobrir uma relação entre seu comportamento e os eventos do mundo externo" (apud Travers, 1982, p. 56). As discussões sobre os comportamentos e competências sociais do bebê compreendem quase sempre a questão do **apego**. Considera-se que haja apego quando uma pessoa depende de outra para a satisfação emocional. Um psicólogo define apego como "um laço afetivo que uma pessoa forma com outra pessoa específica, ligando-as no espaço e de modo duradouro no tempo" (Ainsworth, 1973, p. 1, apud Travers, 1982, p. 329). Seifert e Hoffnung (1987), também citando Ainsworth, enfatizam outro aspecto do apego, indicando que este é "uma relação caracterizada pelo afeto recíproco e um *desejo compartilhado de manter a proximidade física*" (p. 271, grifo nosso).

O apego se desenvolve em estágios descritos por diversos pesquisadores. Acredita-se que seja essencial para o desenvolvimento saudável, e alguns psicólogos acreditam que o apego forme a base para grande parte do desenvolvimento e das relações sociais futuras da criança. A Tabela 15.4 descreve algumas características e comportamentos típicos associados ao apego, e a Tabela 15.5 apresenta os três estágios do desenvolvimento do apego de Mary Ainsworth (1967, 1973) (adaptado de Travers, 1982, p. 331).

O conceito de confiança básica *versus* desconfiança é outro aspecto do comportamento social. A confiança *versus* desconfiança é o primeiro dos oito estágios psicossociais da teoria do desenvolvimento da personalidade de Erik Erikson. Os estágios psicossociais, segundo Craig (1989), são "períodos na vida durante os quais as capacidades do indivíduo para a experiência impõem que o indivíduo faça importantes ajustes para o ambiente social e para si mesmo" (p. 41). Entretanto, o ajuste a ser feito é determinado pelo nível de desenvolvimento individual e pela receptividade à experiência. A questão da confiança básica *versus* desconfiança deve estar resolvida entre 18 meses e dois anos. Se tudo correr bem, o bebê resolverá o primeiro conflito estabelecendo um senso mais forte de confiança que de desconfiança em seu ambiente físico-social. O sentimento que se tornará mais forte – a confiança ou a desconfiança – depende de como o bebê é tratado e do fato de ele ver ou não o mundo como um lugar predominantemente seguro, dedicado e confiável. Adquirir sentimentos de confiança requer interações consistentes entre o adulto e a criança e que efetivamente correspondam às características psicológicas de ambos. Como formulam Gander e Gardner (1981), "a confiança acontece quando mãe e bebê coordenam seus temperamentos e necessidades um em relação ao outro e estes são consistentes e razoáveis" (p. 201). O ambiente físico precisa, além disso, ser percebido como razoavelmente seguro e previsível. Essa percepção é afetada pelo fato de o bebê aprender que seus comportamentos têm consequências previsíveis. Por exemplo, ele sacode o berço e o móbile suspenso acima dele se move. Ou, à medida que aprende a controlar o corpo, aumenta seu senso de segurança e confiança, enquanto funciona em um mundo de espaços, objetos e leis naturais.

Tabela 15.4 O desenvolvimento do apego: as quatro fases de Bowlby		
Idade	Fase do apego	Características comportamentais
0 a 6 semanas	Fase de "pré-apego"	O bebê faz alguns sinais que atraem o cuidador – sorri, chora, agarra, faz contato visual. As respostas positivas do bebê ao cuidador – sentir-se confortado, parar de chorar – o motivam a ficar com o bebê e a continuar a proporcionar cuidados. O bebê ainda não se apegou, pois não se importa de ficar com uma pessoa não familiar nem com a ausência da mãe (não apresenta ansiedade de separação nem ansiedade diante de estranhos).
6 semanas a 6-8 meses	Fase de formação do apego	Nesta fase o bebê manifesta respostas diferentes aos cuidadores familiares e aos estranhos; responde à mãe de modo que demonstra claramente que a reconhece. O bebê começa a aprender uma espécie de relação de causa e efeito entre o que faz e as respostas da mãe a seus comportamentos – está aprendendo que tem efeito sobre o ambiente. Começa, além disso, a desenvolver o senso de confiança de Erikson. Ainda não manifesta apego nítido pois a criança ainda não apresenta ansiedade de separação na ausência da mãe.
6-8 meses a 18-24 meses	Fase de apego nítido	O bebê apresenta sinais inequívocos de ansiedade de separação. Essa reação indica que o bebê tem o conceito de objeto (pessoa) permanente. A criança usa a mãe ou outros alvos de apego como uma base física e psicológica segura para explorar o ambiente e receber apoio emocional e segurança. A criança faz esforços intencionais para manter a mãe/figura de apego perto dela.
18 a 24 meses e mais	Formação de uma relação ou parceria recíproca	As habilidades cognitivas mais desenvolvidas da criança permitem que ela compreenda alguns dos fatores que desempenham uma função nas atividades dos pais e nas respostas a ela. Essas habilidades sociais e cognitivas superiores possibilitam interação feita por meio de negociações com o pai/a mãe, em vez de protestos, choros ou busca contínua de proximidade com o pai/a mãe para conseguir o que deseja.

Baseado no trabalho de Bowlby (1969). Tabela adaptada de Berk, 1996, p. 266-7.

Tabela 15.5 Estágios no desenvolvimento do apego	
Estágio	Características
1	Durante os primeiros meses após o nascimento, há uma reatividade social cada vez maior por parte do bebê. Ele ainda não distingue os principais cuidadores dos outros que podem pegá-lo ou cuidar dele no ambiente.
2	Por volta dos seis meses, o bebê se envolve em uma busca ativa por proximidade, evidenciada pelas respostas de busca persistente por atenção e contato com a mãe ou outro cuidador importante e/ou pela ansiedade diante de estranhos. Esse comportamento continua durante o segundo ano.
3	Perto dos três anos, a criança apresenta comportamento de colaboração; tenta participar dos aspectos recíprocos de dar e receber das interações sociais. Além disso, sua identidade separa-se da da mãe/do pai.

Objetivos da observação

Observar e registrar (1) os comportamentos sociais gerais do bebê e os padrões de interação com os outros, (2) comportamentos que indicam apego e (3) a influência das características observadas e relatadas do temperamento do bebê nas interações entre ele e os outros em seu ambiente familiar. Além disso, usar os dados dos diferentes métodos de registro para extrair conclusões sobre o comportamento e o temperamento social da criança e sobre a utilidade de métodos diferentes em uma situação particular.

Procedimentos

O exercício tem três partes, embora cada parte possa ser considerada um exercício independente. Na Parte 1, usará o método de registro da descrição narrativa. Faça três sessões de observação de 10 minutos cada, dentro de um período de 60 a 90 minutos, conforme as circunstâncias. Baseie-se nas perguntas de orientação fornecidas. Você deve registrar seus comentários de interpretação. Certifique-se de que suas inferências estejam relacionadas aos dados observados: não faça interpretações que não tenham apoio em sua descrição comportamental objetiva. As informações da Parte 1 serão usadas também nas partes 2 e 3.

Na Parte 2 você usará uma amostragem por tempo e uma contagem de frequência. Usará, além disso, os dados de observação obtidos na Parte 1. Você anotará, na lista, se o bebê apresentar comportamentos de apego durante os intervalos de tempo especificados. Nessa parte do exercício, você deve determinar os intervalos de tempo e de registro usados. Como procedimento geral, você talvez queira dividir seu tempo de registro em séries de intervalos iguais, como dez períodos de 10 segundos. Escolha outro breve período (por exemplo, 10 segundos) entre cada intervalo de registro durante o qual apenas observará.

Espere algum tempo (5 minutos talvez) e repita o processo pelo menos mais duas vezes. Para essa parte do exercício, a mãe/o pai ou outro cuidador familiar precisa estar com a criança ou então ela não poderá apresentar os comportamentos de apego. Depois de coletar os dados, responda às questões referentes à Parte 2.

A Parte 3 requer a integração das informações sobre as respostas sociais gerais do bebê e os padrões de interação que obteve na Parte 1 com as informações sobre o temperamento da criança. Os dados sobre o temperamento serão obtidos a partir de suas observações e do relato da mãe/do pai. A Tabela 15.6 descreve as características de diversos temperamentos. De início, observe e registre o comportamento do bebê por duas ou três sessões de 10 minutos cada utilizando o formato de descrição narrativa. Quando os dados estiverem coletados, analise o registro buscando exemplos de comportamentos e descrições de características que se encaixem com qualquer das informações sobre temperamento contidas na Tabela 15.7. Na segunda fase deste exercício, faça perguntas específicas à mãe/ao pai sobre o temperamento da criança. As informações fornecidas na Tabela 15.6 e na Tabela 15.7 podem ajudar você a formular essas perguntas.

Por fim, responda às questões referentes à Parte 3. Ao responder a essas questões você integrará os dois conjuntos de informação (veja o Exercício de observação 15.2).

Tabela 15.6 Qualidades do temperamento	
Nível de atividade	A atividade pode começar no útero, dentro do qual um feto ativo pode chutar com frequência. Bebês ativos movimentam-se no berço; preferem escalar e correr a atividades tranquilas. Outros bebês mostram níveis de atividade muito menos vigorosos.
Ritmicidade	A ritmicidade é caracterizada por ciclos regulares de atividade – comer, dormir e evacuar, que ocorrem em geral no mesmo horário. Algumas crianças não são previsíveis.
Aproximação/retraimento	A aproximação é a atitude de prazer e aceitação quando confrontado com algo novo – rir no primeiro banho, comer imediatamente um alimento novo. Retraimento é a recusa a aceitar novas situações.
Adaptabilidade	É caracterizada por rápida adaptação à mudança; não há reações negativas severas à interrupção da rotina normal. Alguns bebês não toleram com facilidade mudanças ou desvios daquilo que lhes é familiar.
Intensidade da reação	Algumas crianças riem alto, gritam quando choram. Outras simplesmente sorriem, choramingam ou choram baixinho.
Qualidade do humor	Algumas crianças são em geral animadas e alegres; sorriem com facilidade. Outras parecem em geral infelizes e descontentes. Parecem lamentar-se constantemente.

Adaptado de Berger, 1980, p. 91.

Tabela 15.7 Qualidades do temperamento com um ano e aos dois anos			
		Características comportamentais	
Qualidade do temperamento	Classificação	Um ano	Dois anos
Nível de atividade	Baixo	Demora a terminar a mamadeira; adormece sem barulho; não se opõe a atividades como trocar fraldas e cortar unhas.	Brinca tranquilamente com os brinquedos; permanece em uma atividade por longos períodos (por exemplo, ouvir música ou assistir à TV).

Tabela 15.7 Qualidades do temperamento com um ano e aos dois anos (*continuação*)

Qualidade do temperamento	Classificação	Características comportamentais	
		Um ano	Dois anos
	Alto	Move-se rapidamente, gosta de comer; alcança qualquer lugar – subindo, engatinhando etc.	Continua a alcançar qualquer lugar: tem curiosidade pelas coisas, explora; pode fazer coisas como opor-se a ir para a cama, levantando-se repetidamente (Dworetzky, 1987, p. 111).
Ritmicidade	Regular	Cochila regularmente após as refeições e toma uma mamadeira antes de dormir. Mostra a mesma regularidade e previsibilidade em outras funções corporais – funções intestinais, acordar e dormir.	Os padrões do comportamento de comer são regulares e previsíveis; come com gosto todos os dias; lancha antes de ir dormir.
	Irregular	Demora a adormecer; funções intestinais imprevisíveis. Outras funções corporais imprevisíveis.	Cochilos em momentos variáveis. Funções intestinais imprevisíveis. O treino para utilizar o banheiro é difícil (Dworetzky, 1987, p. 111).
Aproximação/ retraimento	Positivo	Não tem medo de estranhos; não desconfia de alimentos e objetos novos. Dorme em ambientes novos sem se perturbar.	"Dorme bem na primeira vez que passa a noite toda na casa dos avós" (Dworetzky, 1987, p. 111).
	Negativo	Chora em novas atividades e experiências. O sono é perturbado em ambientes estranhos. Chora ou se retrai na presença de estranhos.	Resiste a novas experiências. Não interage prontamente com crianças estranhas. "Choraminga a primeira vez que vai à praia. Não quer entrar na água" (Dworetzky, 1987, p. 111).
Adaptabilidade	Adaptativo	O medo inicial ou hesitação com brinquedos ou objetos estranhos é rapidamente superado. A rejeição inicial por novos alimentos é substituída pela aceitação.	"Obedece rapidamente" (Dworetzky, 1987, p. 111). Permanece em um lugar por longo período sem sentimento de ansiedade – por exemplo, "passa uma semana contente na casa dos avós" (Dworetzky, 1987, p. 111).
	Não adaptativo	Alimentos e experiências novas continuam a ser rejeitados. Em geral não há resposta positiva a coisas novas.	"Não obedece ou não executa prontamente" (Dworetzky, 1987, p. 111). Resiste fortemente a alguns cuidados – por exemplo, cortar o cabelo (p. 111).

Tabela 15.7 Qualidades do temperamento com um ano e aos dois anos (*continuação*)			
		Características comportamentais	
Qualidade do temperamento	Classificação	Um ano	Dois anos
Intensidade da reação	Branda	A reposta a várias experiências não é forte nem vigorosa; não protesta quando alguém faz algo por ele – por exemplo, vestir uma malha pela cabeça (Dworetzky, 1987, p. 111).	Responde de modo brando ao comportamento de outros dirigidos a ele, por exemplo, quando alguém lhe bate ou lhe tiram um brinquedo (Dworetzky, 1987, p. 111).
	Intensa	As respostas emocionais e comportamentais são em geral fortes e vigorosas. Brincadeiras turbulentas provocam risadas fortes, gritos; resiste a coisas como medir a temperatura do corpo (Dworetzky, 1987, p. 111).	Apresenta excitação com veemência ao brincar ou gostar de algo. Protesta com força se lhe negam algo como um brinquedo.
Qualidade do humor	Positiva	Gosta de comer; alcança a mamadeira e mostra afeto positivo. Forte reação a jogos de interação como a brincadeira de esconder (ou "cadê o bebê?") (Dworetzky, 1987, p. 111).	Brinca com os irmãos e mostra sentimentos positivos. Mostra satisfação quando é bem-sucedido em uma tarefa – por exemplo, calçar os sapatos (Dworetzky, 1987, p. 111).
	Negativa	Não gosta de ser deixado sozinho. Chora em experiências levemente dolorosas como injeções (Dworetzky, 1987, p. 111).	Opõe-se a experiências como cortar o cabelo; apresenta ansiedade de separação quando a mãe vai embora.

Adaptado de Dworetzky, 1987, p. 111.

Questões – Parte 1

1. O bebê inicia contatos sociais com os outros no ambiente? Como faz isso? Por meio de verbalizações? Estabelecendo contato físico? Chorando? Compartilhando um brinquedo?
2. Como a outra pessoa reage aos comportamentos sociais do bebê? O adulto concentra a atenção no bebê e tenta manter a interação ou responde abreviadamente como se sua iniciativa fosse inconveniente? Explique.
3. O bebê sorri? Com que frequência e a quê? Como os outros reagem ao sorriso? Tal reação tem algum efeito observável sobre os comportamentos seguintes da criança? Explique.
4. Como o bebê responde a você, observador? Mostra medo e incerteza? Retraimento? Ele o aborda e tenta envolver você na brincadeira ou em outras interações? Se o aborda, quanto tempo leva para fazer isso? Existe um período de adaptação da parte dele? Quanto dura esse período?
5. Quais características físicas do bebê ou da criança você acha que são atraentes para os adultos, no ambiente dele, e para os adultos em geral? O adulto presente durante suas ob-

servações faz algum comentário sobre as características do bebê que considera atraentes? Se sim, responde de algum modo a essas características? Como?
6. Qual é a resposta do adulto ao choro da criança? Quão tolerante o adulto parece ser ao choro do bebê? Sua resposta é imediata, levemente atrasada ou muito atrasada? Como o bebê responde aos esforços do adulto para deter o choro? Se o adulto é bem-sucedido, ele interrompe a interação com a criança ou aproveita a oportunidade para outros contatos sociais? A criança parece chorar excessivamente?
7. Existe um contato visual específico entre o adulto e o bebê? Como cada um responde a este contato? Por quanto tempo o bebê mantém o contato? Como e por quanto tempo o adulto tenta estabelecer contato quando não consegue estabelecê-lo imediatamente?
8. De que modo a criança se encaixa em relação à área de competência social/interativa de Fogel? O bebê tem algum conceito de compartilhamento e revezamento? O bebê é grande o suficiente para ter consciência de seu papel como "parceiro numa interação com um adulto"? Explique.

Questões – Parte 2

(Estas não são perguntas de orientação. São questões que devem ser respondidas por escrito).
1. Por qual porcentagem do tempo total de observação o bebê apresentou cada um dos comportamentos de apego observados? Por qual porcentagem do tempo total a criança apresentou comportamentos de não apego? Como essas frequências se comparam umas com as outras e qual a proporção entre elas?
2. Analise os dados de sua descrição narrativa (da Parte 1) quanto aos comportamentos de apego. Se houver algum, faça as contas para estabelecer a frequência em que ocorreram. De que modo essa frequência se compara com aquela obtida de sua amostragem por tempo? Você se sente mais à vontade com um conjunto de dados que com outro? Se sim, por quê? É adequado usar a amostragem por tempo nessas circunstâncias? Por quê?
3. Com base nos três estágios do apego de Ainsworth (Tabela 15.5) e nas informações fornecidas pela Tabela 15.4, você consegue dizer em que estágio de apego está o bebê, a partir dos dados de sua amostra por tempo? E a partir de sua descrição narrativa? Um dos dois métodos de descrição oferece uma base melhor para o julgamento que o outro? Se sim, qual e por quê?

Questões – Parte 3

(Responda por escrito)
1. De que modo suas decisões e seus julgamentos sobre o temperamento da criança se comparam às descrições relatadas pelos pais? Voltando aos dados de sua descrição narrativa, quais conclusões sobre o temperamento da criança parecem mais precisas?
2. O comportamento da criança, como você o observou, corresponde ao relato dos pais? Ou seja, é possível que tenha usado as percepções dos pais para prever os comportamentos do bebê com uma precisão razoável? Explique.
3. A quais conclusões gerais chegou sobre a utilidade do conceito de temperamento? Por que chegou a essas conclusões?

Exercício 15.3: comportamento cognitivo e linguagem do bebê (1 a 24 meses)

Informações básicas

Muitos comportamentos observados até agora estão relacionados ao desenvolvimento cognitivo e da linguagem do bebê. Segundo a perspectiva teórica de Piaget, as funções motoras e perceptivas (componentes essenciais do período sensório-motor) constituem a base do desenvolvimento cognitivo. As respostas motoras iniciais permitem que o bebê manipule, bata, puxe, empurre, faça cair e rolar os objetos. Essas atividades são necessárias, diz Piaget, para que a criança aprenda sobre os objetos, fazendo alguma coisa com eles. A criança não pode aprender sobre o mundo pensando e raciocinando. Por fim, ela adquirirá mobilidade, o que a colocará em contato direto com o ambiente. O progresso que ocorre entre receber objetos que são levados a ela e passar a buscá-los por si própria modifica tanto a quantidade quanto a qualidade de suas experiências.

O bebê, como todos, obtém informações sobre o mundo por meio da visão, da audição, do tato, do paladar e do olfato. Mas receber meramente as informações não é suficiente; ele precisa fazer algo com elas. A linguagem e a cognição, que compreendem pensamento, conhecimento, memória, solução de problemas, raciocínio e conceitos, fornecem os meios para processar e usar as informações.

Diversos aspectos do comportamento cognitivo são relevantes para o bebê. Um deles é o conceito. Como escrevem Gander e Gardner (1981), "um *conceito* pode ser pensado como representação mental ou memória de algo" (p. 143, grifo do original). Ault (1977) observa que os conceitos representam os atributos comuns de diversos eventos diferentes" (p. 89). O esquema de Piaget é uma representação mental de eventos no mundo.[5] Os conceitos, qualquer que seja sua definição, fornecem modos de classificar e organizar nossas informações sensoriais; reúnem características e qualidades compartilhadas por coisas concretas ou ideias abstratas. Por exemplo, "cachorro" é um conceito. Quando alguém diz "cachorro", podemos pensar em coisas como muitas espécies diferentes (collie, pastor alemão, terrier); em animais de quatro patas; de pelúcia, carnívoros, animais domésticos; e "Bob".

Presume-se em geral que os bebês não têm os mesmos tipos de conceito que os adultos, que seus conceitos não são sofisticados ou tão abstratos quanto os dos adultos. Se os bebês são capazes de pensar, Piaget argumenta que o fazem principalmente de modo sensório-motor – ou seja, por meio de envolvimento ativo direto com objetos em seu ambiente – sem o benefício das operações mentais ou o uso da função simbólica (linguagem). Não discutiremos essa questão, mas não é insensato sustentar que os bebês tenham e usem conceitos pelo menos rudimentares. Certamente são capazes de distinguir entre muitos objetos e pessoas em seus ambientes: distinguem os pais dos estranhos ou amigos, alimentos que podem comer de coisas que só conseguem, ou só têm permissão, para pôr na boca, e assim por diante.

---

[5] Esta é uma definição possível para o esquema mental dentro da perspectiva piagetiana, que, porém, não se aplica ao "esquema de ação", que pode ser definido como "tudo o que é generalizável em um conjunto de ações". (NRT)

A habituação é usada por alguns psicólogos (veja Willemsen, 1979, ou Sroufe e Cooper, 1988, por exemplo) para inferir a presença de conceitos ou memória até mesmo em recém-nascidos. "Quando algo novo é percebido no ambiente", escrevem Sroufe e Cooper (1988), "a atenção tende a concentrar-se nisso. Mas caso se repita muitas vezes, perde a capacidade de chamar a atenção" (p. 149). Esse é o fenômeno da habituação. Se o bebê (ou qualquer pessoa) se reorienta para o novo estímulo, é lógico acreditar que adquiriu um conceito do primeiro estímulo para saber que o segundo é, de algum modo, diferente. Sroufe e Cooper (1988) observam que a habituação "forneceu as bases para uma técnica de pesquisa realmente poderosa de estudo dos bebês" (p. 150). A ansiedade diante de estranhos também exige que se possua um conceito. A criança precisa reconhecer que o que percebe em relação ao estranho é, de algum modo, diferente de seu conceito de pessoa familiar.

Para Piaget, a **permanência do objeto** é o coroamento do período sensório-motor e fornece a base para todo o posterior desenvolvimento cognitivo.[6] Quando a criança adquire o conceito de permanência do objeto, ela compreende que o objeto continua a existir, mesmo quando não o vê nem ouve. "Longe dos olhos, longe do coração"[7] caracteriza o bebê que ainda não adquiriu a permanência do objeto. A permanência do objeto se desenvolve por uma série de estágios (veja a Tabela 15.8) e se completa ao final do período sensório-motor, por volta dos dois anos.

Tabela 15.8 Estágios da permanência do objeto, de Piaget		
Estágio	Idade aproximada	Características principais
I.	0 a 1 mês	Não há permanência do objeto.
II.	1 a 4 meses	Não há permanência do objeto nem organização do espaço.
III.	4 a 8 meses	Início da permanência: o bebê começa a pegar objetos, mas não continua a procurar objetos escondidos.
IV.	8 a 12 meses	Continua a procurar objetos escondidos, mas de modo aleatório e casual.
V.	12 a 18 meses	Procura objetos escondidos no lugar certo, mas se confunde se a localização do objeto for modificada.
VI.	Mais de 18 meses	Tem a imagem do objeto e procura por ele em vários lugares.

Adaptado de Travers, 1982, p. 234.

O período sensório-motor divide-se nos seis subperíodos descritos na Tabela 15.9. Piaget usou a ideia dos esquemas sensório-motores, que são ações organizadas ou sequências de ações que permitem que o indivíduo interaja com o ambiente. Os esquemas se modificam por meio da aprendizagem e fornecem as bases de esquemas de aprendizagem mais complexos.

---

[6] No contexto da Construção do Real, segundo Piaget, em conjunto com a construção das noções de espaço, tempo e causalidade. (NRT)

[7] *"Out of sight, out of mind"*, em inglês. (NT)

Tabela 15.9 Os seis subestágios do período sensório-motor, de Piaget		
Subestágio	Idade	Características principais
I: Subestágio reflexivo	0 a 1 mês	O bebê usa principalmente seus reflexos sobre os quais adquire controle gradualmente. Não apresenta coordenação motora – ou seja, não é capaz, por exemplo, de reconhecer o mesmo objeto usando informações que provêm de dois ou mais dos cinco sentidos físicos ao mesmo tempo. Não há evidência de permanência do objeto.
II: Reações circulares primárias	1 a 4 meses	O bebê capitaliza as ocorrências fortuitas de ações. Empenha-se em comportamentos repetitivos (daí o termo circular) que envolvem principalmente o próprio corpo – por exemplo, chupar o dedo, observar suas mãos e seus pés – mais que o ambiente externo. Não há evidência de permanência do objeto.
III: Reações circulares secundárias	4 a 8 meses	As interações com o ambiente externo assumem importância. O bebê repete comportamentos que envolvem os objetos do ambiente. Mostra o início do comportamento intencional; ele o repete, pois gosta das consequências de suas ações. Mostra o início da permanência do objeto, ao começar a pegar objetos, embora não dê prosseguimento à procura de um objeto escondido.
IV: Coordenação de esquema secundário	8 a 12 meses	O bebê, agora, combina os comportamentos existentes para atingir um objetivo. Usa comportamentos específicos como meio para atingir um objetivo (fins). Dá, agora, prosseguimento à procura de objetos escondidos, mas sua pesquisa não é organizada nem metódica; é aleatória e casual.
V: Reações terciárias	12 a 18 meses	O bebê repete as ações, pois são novas ou não familiares. Projeta e experimenta novos meios de atingir diversos objetivos. É capaz de procurar e encontrar objetos escondidos em um local, mas fica confuso se o objeto for deslocado para um lugar diferente.
VI: Começo do pensamento	18 a 24 meses	O bebê está pronto para entrar no estágio pré-operacional do desenvolvimento cognitivo. Passa da inteligência sensório-motora para a inteligência representacional, o que significa que é capaz de lidar com representações simbólicas ou mentais de objetos. Usa o pensamento para desenvolver e atingir novos objetivos. Tem um verdadeiro conceito de objeto e irá procurá-lo até mesmo se este for mudado de um lugar para outro sem que tenha testemunhado a transferência.

Adaptado de Travers (1982) e Wadsworth (1984).

Existem outros dois conceitos piagetianos que ajudam a explicar o desenvolvimento cognitivo e o comportamento ao longo da vida: assimilação e acomodação. A **assimilação** ocorre quando uma pessoa tenta fazer com que um estímulo ou um evento se encaixe em algo que já conhece ou sabe fazer. O bebê lida com a realidade usando os esquemas sensório-motores existentes. Por exemplo, se o bebê conseguir pegar objetos com a preensão palmar, ele tentará pegar objetos pequenos e chatos do mesmo modo. Mas, se os esforços para assimilar não forem bem-

-sucedidos, o progresso dependerá de que faça modificações em seu esquema sensório-motor. O bebê precisa **acomodar-se** às novas características da situação. Nesse exemplo, o bebê se acomoda quando muda o esquema de preensão – da preensão palmar para a preensão com polegar e indicador (pinça) – para pegar o objeto pequeno e chato. A acomodação não ocorre automaticamente; a criança precisa estar desenvolvimentalmente pronta para ela.

A teoria de aprendizagem do reforço também teve impacto significativo sobre a psicologia do desenvolvimento. Essa visão sustenta que os indivíduos se comportam de determinado modo, porque seus comportamentos levaram a consequências que consideram recompensadoras: a resposta foi reforçada. Essa forma de aprendizagem é conhecida como condicionamento operante. Um elemento fundamental relativo ao condicionamento operante é o fato de que o indivíduo tem probabilidade mais alta de repetir um comportamento se as consequências forem satisfatórias que se forem desagradáveis ou punitivas.

Um segundo tipo importante de aprendizagem é o condicionamento clássico. Um aspecto importante sobre o condicionamento clássico é que ele envolve o comportamento involuntário, aquele sobre o qual temos pouco ou nenhum controle. O aspecto especialmente significativo do condicionamento clássico é o fato de que as respostas emocionais podem ser aprendidas desse modo. O condicionamento clássico começa com um evento que causa naturalmente uma resposta (como quando a fome faz com que um cachorro salive na presença do alimento). Esse evento pode ser associado a um segundo evento que não causa a resposta (por exemplo, o som de um sino não causa salivação). Ao emparelhar esses dois eventos, o segundo evento (sino) adquire a capacidade de produzir a resposta (salivação) originalmente produzida apenas pelo primeiro evento (fome). Imagine uma criança constantemente punida pelo tio. A punição causa ansiedade e dor. Essas emoções associam-se ao tio e, por fim, a mera presença deste torna a criança ansiosa e temerosa.

Linguagem

A linguagem talvez seja a realização mais significativa da espécie humana. Trata-se de um conjunto complexo de símbolos escritos e falados que se combinam de acordo com regras especiais de gramática ou sintaxe para comunicar diversos tipos de informação.

Tabela 15.10 Estágios do desenvolvimento da linguagem	
Fala pré-linguística	Características
Choro indiferenciado	Ação reflexa; forma de comunicação pela qual o bebê assinala suas necessidades.
Choro diferenciado	Após um mês, o choro é mais preciso; diferentes padrões, entonações, intensidades e frequências refletem diferentes estados emocionais.
Arrulhos	Após seis semanas, ocorrem expressões eventuais de sons vocais; passam a fazer parte da expressão de contentamento do bebê.
Balbucio	Por volta de 3 a 4 meses, repetição lúdica de consoantes simples e sons vocais ("ma-ma-ma-ma", "ba-ba-ba" etc.).
Ecolalia	Por volta dos 9 ou 10 meses, o bebê imita conscientemente os sons dos outros, mas sem compreender.

Tabela 15.10 Estágios do desenvolvimento da linguagem (*continuação*)	
Fala linguística	Características
Holófrase	Por volta de 12 meses, usa uma única palavra para exprimir um pensamento ("bola" significa "jogue bola comigo" ou "isso é uma bola" etc.). Em média, um bebê de 1 ano tem um vocabulário de 4 ou 5 palavras; de 10 palavras aos 15 meses, e de 50 palavras aos 19 meses, segundo alguns estudos (Nelson, 1973).
Fala telegráfica	Por volta dos 24 meses, a criança reúne 2 ou 3 palavras para formar uma sentença. Usa apenas substantivos e verbos.
Fala gramaticalmente correta	Por volta dos 3 anos, a criança pode ter um vocabulário de 900 palavras. Usa frases mais longas com todas as partes do discurso. Apreendeu os princípios gramaticais, embora a construção das frases siga as regras de modo excessivamente literal.

A linguagem é adquirida por uma série de estágios previsíveis que podem ser distinguidos conforme a criança fala ou não palavras inteligíveis. As vocalizações que ocorrem antes da fala são chamadas *pré-linguísticas* e as que incluem palavras reais são chamadas **linguísticas**. Assim, temos dois períodos distintos de desenvolvimento da linguagem subdivididos em estágios. Esses períodos e estágios estão descritos na Tabela 15.10 e na Tabela 15.11.

Objetivos da observação

Observar e registrar diversos comportamentos que indiquem o nível e as características do funcionamento cognitivo e da linguagem, incluindo habilidades como a memória e o pensamento conceitual. Identificar as situações em que ocorrem condicionamento operante e clássico.

Tabela 15.11 Sumário do desenvolvimento da coordenação mãos-olhos	
Idade em meses	Habilidades de manipulação
1,5	O controle manual consiste apenas no reflexo de agarrar; não é possível uma preensão coordenada neste estágio.
3	Já é possível golpear objetos de modo não coordenado. O bebê, além disso, observa suas próprias mãos.
5,5	O bebê consegue alcançar e pegar um objeto e levá-lo à boca. Consegue segurar a mamadeira, bater nos brinquedos e manipular objetos como chocalhos.
6,5	A manipulação dos objetos se amplia e as habilidades e coordenação são melhores.
9,5	Apresenta o início da preensão de pinça, ou seja, o bebê opõe o polegar ao indicador e consegue pegar objetos relativamente pequenos.
10	Adquire diversas habilidades novas; consegue tirar a tampa de uma caixa; cutuca e aponta com o indicador; tem capacidade de jogar objetos intencionalmente; é capaz de mostrar preferência pela mão direita ou esquerda.
11,5	Consegue segurar um lápis; consegue tirar objetos pequenos de um recipiente como uma xícara; larga intencionalmente um objeto com facilidade e com um propósito; imita o ato de rabiscar.
13	O bebê consegue por objetos pequenos em um recipiente, e tirá-los; é capaz de construir uma torre com 2 ou 3 blocos.

Tabela 15.11 Sumário do desenvolvimento da coordenação mãos-olhos	
Idade em meses	Habilidades de manipulação
16	O bebê consegue construir uma torre de 3 ou 4 blocos; consegue rabiscar com giz de cera ou lápis; vira as páginas de um livro, mas 2 ou 3 páginas ao mesmo tempo.
18 a 24	Tem preferência definida por uma das mãos; monta torres com 4 a 6 blocos; vira as páginas uma por vez.
24 a 30	Consegue enfiar contas em um fio e modelar argila enrolando, amassando, apertando, e assim por diante.

Adaptado de Gander e Gardener, 1981, p. 125-6.

Procedimento

Esse exercício tem três partes. Na Parte 1 você testará o conceito de permanência do objeto da criança. Precisará de um brinquedo atrativo e de duas peças de roupa grandes o suficiente para cobrir completamente o brinquedo. O teste consiste nas seguintes etapas: Etapa 1 – faça a criança sentar-se em uma cadeira e, após segurar um brinquedo na frente dela de modo que ela possa vê-lo, deixe o brinquedo cair no chão. Observe e registre sua resposta (baseie-se nas perguntas de orientação). Etapa 2 – faça a criança sentar-se em uma superfície plana. Mostre o brinquedo à criança, assegurando-se que ela o vê; ponha-o, então, sob a peça de roupa enquanto a criança observa. Observe e registre sua resposta. Etapa 3 – enquanto a criança observa, desloque o brinquedo que está sob a primeira peça de roupa para debaixo da segunda roupa (**deslocamento visível**). Observe e registre a resposta da criança. Etapa 4 – esconda o brinquedo debaixo da roupa enquanto a criança observa. Então, enquanto ela não estiver olhando, esconda o brinquedo sob a segunda roupa, mas deixe a primeira na posição original (**deslocamento invisível**).[8] Observe e registre a resposta da criança (em todas essas etapas, baseie-se nas perguntas de orientação da Parte 1).

Na Parte 2, observe a criança em duas ou três sessões de 10 minutos e registre, por meio de descrição narrativa, os comportamentos dela e as características relevantes do contexto. Depois de completar as observações, analise a descrição narrativa dos comportamentos que indiquem algo sobre o que a criança aprende e seu nível de funcionamento cognitivo. Procure comportamentos que indiquem se ela se encontra no período sensório-motor de Piaget; procure comportamentos que identifiquem em qual subestágio do período sensório-motor ela está. Procure também ocasiões em que o condicionamento clássico ou operante ocorra, como quando a mãe/o pai responde com "Muito bem, Mary!", quando a criança leva a ela/ele seu brinquedo favorito ou quando a mãe/o pai pune a criança (baseie-se nas perguntas de orientação da Parte 2).

Na Parte 3 você usará o procedimento de amostragem por evento para observar e registrar os comportamentos de linguagem do bebê. Despenda 20 ou 30 minutos no contexto da

---

[8] O método apresentado por Piaget em A *construção do real na criança* é um pouco diferente deste. De acordo com o que Piaget propõem nessa obra, um modo para se observar se há a noção do deslocamento invisível seria: o brinquedo que já está embaixo da primeira roupa; na frente da criança, colocar o brinquedo dentro de uma caixinha sem que ela o veja (mas ela vê a ação do adulto); transportá-lo e colocá-lo embaixo da segunda roupa. Em todo esse procedimento, a criança não vê o brinquedo (que está dentro da caixinha), mas vê a ação do adulto. (NRT)

criança, mas mantenha-se o mais invisível possível. Registre textualmente a fala da criança, a quem ela se dirige e sob quais circunstâncias, e as reações do outros às suas comunicações. Observe também os comportamentos que refletem as habilidades de recepção da fala – quanto da fala ela entende. Anote, além disso, os gestos físicos que a criança usa em suas tentativas de comunicação (baseie-se nas perguntas de orientação da Parte 3) (veja o Exercício de observação 15.3).

Perguntas de orientação – Parte 1

1. Como a criança responde visualmente quando o brinquedo cai? Olha para ele? Olha para o lugar certo? Em outras palavras, ela parece conhecer o percurso que o objeto faz ao cair? Explique.
2. Como a criança responde quando você esconde o brinquedo sob a roupa na Etapa 2? Ela procura o brinquedo debaixo da roupa ou em outro lugar? Fornece alguma resposta emocional ou motora – por exemplo, expressões faciais que indiquem prazer ou divertimento ou movimentos musculares grossos, indicando excitação?
3. Como a criança responde à Etapa 3? Continua a olhar sob a primeira peça de roupa, onde viu inicialmente o brinquedo, ou olha debaixo da segunda peça de roupa? Quais respostas emocionais ou motoras fornece enquanto participa desse jogo?
4. Como a criança responde ao deslocamento invisível do brinquedo? Continua olhando debaixo da primeira peça de roupa ou passa imediatamente para a segunda?
5. Dada a idade da criança, quais respostas você preveria quanto à questão da permanência do objeto (o que as normas indicam sobre seu provável nível de resposta)? Em que estágio a criança se encontra com relação ao desenvolvimento da permanência do objeto?

Perguntas de orientação – Parte 2

1. Que evidência há de que a criança esteja no estágio sensório-motor do desenvolvimento cognitivo segundo Piaget? Ou seja, quais respostas parecem características do bebê e de que modo se encaixam na teoria de Piaget?
2. Quais respostas o bebê fornece que possam ser classificadas como esquemas sensório-motores? Por que se encaixam nessa categoria e não na categoria de atividades aleatórias ou desprovidas de padrão?
3. Existem indicações de que a criança adquiriu conceitos? Quais comportamentos podem ser interpretados como indicadores de aquisição de conceitos?
4. Que evidências o bebê apresenta que indicam que ele consegue se lembrar de algo?
5. Os comportamentos do bebê são reforçados de algum modo? Quais respostas são reforçadas e como ocorre o reforço – por meio de um sorriso do adulto, pegando a criança no colo e fazendo alvoroço em torno dela? Que mudanças ocorrem nos comportamentos como resultado do reforço (mudanças na natureza básica do comportamento)? E na frequência?
6. Existem indicações de que o condicionamento clássico esteja ocorrendo? Quais as circunstâncias do processo de condicionamento? Qual é o estímulo originalmente neutro e qual estímulo é substituído por ele? Qual é a mudança de comportamento resultante? Mudanças emocionais? Mudanças na atividade motora? A criança esquiva-se de um objeto ou pessoa?

7. O bebê mostra evidências de acomodação? Por exemplo, ele modifica sua abordagem a um problema quando a abordagem inicial não é bem-sucedida? Se a criança se acomoda, qual é a mudança de comportamento resultante? Quais comportamentos indicam que ocorre assimilação? O bebê apresenta os sinais de "seleção internalizada de linhas de ação" de Fogel? Explique.
8. Existem ocasiões de aprendizagem criadas pelas atividades normais de cuidados – por exemplo, há verbalização sobre eventos ou objetos enquanto se troca a fralda do bebê? Que tipo de aprendizagem poderia ocorrer? Quais atividades específicas dos adultos contribuem para as oportunidades de aprendizagem do bebê?

Perguntas de orientação – Parte 3

1. O que estimula as vocalizações no ambiente físico ou social? O que as inibe? Quais são as possíveis explicações para cada um desses efeitos?
2. Quais são as principais características das vocalizações do bebê? São sons de balbucio? Frases de uma palavra? Fala telegráfica? Que efeito essas vocalizações têm sobre os outros? Como eles respondem? Essas respostas afetam as vocalizações seguintes do bebê?
3. Quando a criança chora? O que acontece quando ela chora? O efeito do choro sobre os adultos modifica o padrão do choro? O choro é usado como meio de comunicação ou a criança usa com mais frequência a linguagem para se comunicar?
4. Quais gestos físicos o bebê usa para tentar se fazer entender pelos outros? Ele aponta? Pega a pessoa pela mão e a leva até a "situação"? Seus gestos correspondem a suas verbalizações? Ou seja, ela coordena os gestos com a fala?
5. Quais respostas evidenciam a habilidade da criança de compreender a linguagem? Ou seja, quais são as habilidades receptivas? Quais ordens e orientações ela é capaz de compreender e obedecer? Suas habilidades receptivas e de produção [de linguagem] são diferentes? A criança compreende mais do que consegue falar ou o contrário?

Exercício 15.4: desenvolvimento e comportamento emocional do bebê (2 a 18 meses)

Informações básicas

As emoções constituem uma parte extremamente importante do comportamento humano e, como esclarecem Greenspan e Greenspan (1985), o desenvolvimento emocional começa praticamente ao nascer. Mencionamos no Capítulo 14 que o primeiro marco do desenvolvimento emocional (que ocorre entre o nascimento e os três meses) envolve a capacidade de autorregulação do recém-nascido. Esse primeiro marco envolve também o despertar do interesse do bebê pelo mundo. Os Greenspan afirmam:

> Seu recém-nascido enfrenta dois desafios fundamentais e simultâneos durante as primeiras semanas de vida. O primeiro é a autorregulação – habilidade de sentir-se calmo, relaxado, e não sobrecarregado pelo novo ambiente. O segundo é interessar-se pelo mundo por meio dos sentidos – o que ouve, vê, cheira, sente com o tato e toca, e o que experimenta por meio de sua sensação de movimento. (p. 14)

Essas tarefas são verdadeiros desafios, pois o recém-nascido, após nove meses na "escuridão e relativa tranquilidade do útero", é repentinamente catapultado em um mundo repleto de sensações variadas, completamente novas para ele. O recém-nascido precisa organizar essas sensações e, ao mesmo tempo, sentir-se confortável na presença delas; precisa envolver-se ativamente nelas de modo adequado a seu nível desenvolvimental de maturação – por exemplo, mostrar interesse pelas imagens e sons em volta dele, e não considerá-los penosos (Greenspan e Greenspan, 1985). Isso, então, permite atingir um segundo marco, que é "adquirir um interesse altamente especializado pelo mundo *humano*" (p. 5, grifo do original).

O segundo marco (entre duas e sete semanas) é o que os Greenspan chamam de "apaixonar-se":

> Quando o recém-nascido chega a dois, três ou quatro meses de vida, começa a mostrar um interesse seletivo pela parte mais especial de seu mundo, ou seja, você. (p. 41)

Presume-se que se o bebê não achar os estímulos ambientais agradáveis terá pouca probabilidade de progredir para o estágio em que o mundo dos seres humanos "é visto como a mais atraente, prazerosa e excitante de todas as experiências" (p. 4). O prazer que se quer que o bebê sinta, dizem os Greenspan, pode ser visto nos "sorrisos extasiados e na alegria ávida" do bebê quando "olha animadamente para seu rosto", ao sentir os movimentos de seu corpo ou ouvir sua voz. Eles indicam, além disso, que o "bebê se torna, então, mais reativo às interações sociais externas; anteriormente, era mais influenciado pelas sensações físicas internas (ou seja, fome, gases)" (p. 41).

O terceiro marco, atingido entre os 3 e 10 meses, baseia-se em seu interesse especial pelo mundo humano, mas agora o bebê diz "o amor apenas não é suficiente – agora eu quero dialogar" (p. 4). O diálogo, nesse caso, não significa sentar e conversar com o adulto. Refere-se a coisas como sorrir em resposta ao sorriso da mãe ou alcançar um objeto que se estendeu para ele, ou ainda emitir sons em resposta à mãe que fala com ele. O bebê se comunica de seu próprio modo, e a comunicação é intencional. De fato, os autores chamam esse marco de "desenvolvimento da comunicação intencional". Os Greenspan observam que o bebê está aprendendo que o mundo é um mundo de "causas e efeitos" (p. 5) (isso é também uma aquisição cognitiva da parte do bebê), o que significa que ele aprende que seu comportamento leva a comportamentos dos outros – quando sorri, por exemplo, sua mãe ou se pai também sorri. A criança está aprendendo também as emoções negativas, como a raiva, quando, por exemplo, você tentar tirar um brinquedo dela.

O quarto marco, atingido entre 9 e 18 meses, caracteriza-se como o "surgimento do senso organizado de si mesmo" (p. 83). Nesse estágio, a criança amplia seu "diálogo emocional" um pouco mais e "aprende a conectar pequenas unidades de sentimento e comportamentos sociais em padrões amplos, complicados e articulados" (p. 5). A ampliação das habilidades torna-se especialmente evidente perto da parte intermediária do quarto estágio, entre os 14 e 15 meses, quando a criança consegue integrar ou combinar comportamentos mais novos e mais complexos com comportamentos adquiridos anteriormente. Se Susan quiser brincar, por exemplo, ela não estará mais restrita a apontar um brinquedo e fazer sons que sua mãe possa entender ou não. Em vez disso, Susan poderá pegar o brinquedo e levá-lo até a mãe, tornando, assim, suas intenções bastante claras.

A habilidade de combinar padrões sociais e emocionais relativamente complexos indica também um aumento das habilidades cognitivas. Como escrevem os Greenspan, "o surgimento da habilidade de reunir uma série de pequenas atividades e emoções em um padrão, conhecida como habilidade de organizar, é crucial para o desenvolvimento de um nível mais alto de pensamento e de planejamento" (p. 83-4). No exemplo de Susan, ela demonstra que conhece o significado dos objetos – o brinquedo, nesse caso – e da ação de levar o brinquedo até a mãe para brincar. Novamente, como dizem os Greenspan, "esse é o começo de uma atitude 'conceitual' em relação ao mundo. Os objetos, agora, têm funções" (p. 5). Entretanto, é igualmente importante a questão de que as pessoas, especialmente os pais, também tenham funções para a criança; eles servem a propósitos especiais. Além disso, eles "assumem atributos" (p. 5). Os pais mostram sentimentos e apresentam ações cujas funções ou significados a criança, por fim, reconhece.

Objetivos da observação

O objetivo da Parte 1 é observar e registrar comportamentos que indiquem o nível de desenvolvimento emocional do bebê, conforme o segundo, terceiro e quarto marcos emocionais de Greenspan e Greenspan (1985). O objetivo da Parte 2 é simplesmente observar e registrar as respostas emocionais gerais ou comportamentos de dois bebês entre 2 e 18 meses. A finalidade, nesse caso, não é concentrar-se nos marcos emocionais dos Greenspan e, sim, naquilo que a maioria de nós imagina que são os sentimentos normais de um bebê expressos pelo choro (por muitas razões), sorrisos, arrulhos, pelo olhar em volta com curiosidade, e assim por diante.

Procedimento

Sugerimos que se observe um bebê entre 2 e 18 meses para aumentar a probabilidade de obter dados que sejam relevantes para os estágios do desenvolvimento emocional definidos nos objetivos de observação. Sugerimos que você use a técnica de amostragem por evento. Procure especificamente aqueles comportamentos ou capacidades que definem o marco emocional (estágio) que corresponde à idade do bebê que escolheu.

Sugerimos que você observe por pelo menos três ou quatro sessões de 10 minutos; isso lhe dará a oportunidade de ver os comportamentos que o interessam. Tente conseguir uma amostragem variada de comportamentos emocionais, comportamentos que demonstrem mais do que apenas um aspecto do estágio de desenvolvimento emocional do bebê. Na Parte 2 use a técnica de amostragem por evento para registrar as respostas emocionais gerais de pelo menos dois bebês entre 2 e 18 meses. Nesse exercício, concentre-se em coisas como choro, demonstrações de raiva ou tédio, respostas de medo, contentamento ou prazer etc. Assegure-se de registrar as circunstâncias ou contextos nos quais essas respostas ocorrem. Compare, então, e identifique as semelhanças e as diferenças entre os comportamentos emocionais dos dois bebês: no que diferem? No que são parecidos? Caso os tenha observado em circunstâncias semelhantes, os dois bebês se comportaram de modo diferente ou semelhante nessas circunstâncias? (veja o Exercício de observação 15.4).

Perguntas de orientação

1. Quais comportamentos específicos o bebê apresentou que o levaram a classificar seu nível emocional?
2. O bebê apresentou alguns comportamentos característicos do estágio seguinte? Se sim, eles não foram tão frequentes assim para que você o classificasse no estágio seguinte? Ou você classificou o bebê no estágio anterior em razão da idade?
3. O bebê está à frente de sua idade em relação ao desenvolvimento emocional? Está atrás?

	EXERCÍCIO DE OBSERVAÇÃO **15.1**
Características físicas e motoras e habilidades do bebê ou criança pequena (1 a 24 meses)	Nome do observador_____ Criança(s) observada(s)_____ Idade da(s) criança(s)_____ Sexo da(s) criança(s)_____ Contexto de observação (casa, creche, pré-escola, escola)_____ Data da observação____ Horário do início____ Horário do término____ Breve descrição das características físicas e sociais do ambiente de observação:
Objetivo 1: Características físicas	Comprimento total do recém-nascido____ Peso do recém-nascido____ Comprimento da cabeça____ Proporção entre cabeça e comprimento total do corpo____ Comprimento do tronco____ Proporção entre cabeça e tronco____ Descrição das características: CABEÇA e ROSTO (forma, olhos, ouvidos, boca, nariz etc.) TRONCO (por exemplo, tamanho em relação à cabeça, aspecto geral etc.) BRAÇOS e PERNAS (posição, forma): MÃOS e DEDOS: Comparação com recém-nascidos (se não for possível ou se não quiser usar observações reais de outro recém-nascido, use as normas estabelecidas): Comprimento: Peso: Proporção entre cabeça e comprimento total do corpo:

(continua)

EXERCÍCIO DE OBSERVAÇÃO 15.1 (continuação)

Objetivo 1 (Continuação)

Proporção entre cabeça e tronco:

Altura e peso da criança em relação às normas citadas:

Objetivo 2: Habilidades motoras do bebê (1 a 24 meses)

Nome do observador_____

Criança(s) observada(s)_____

Idade da(s) criança(s)_____ Sexo da(s) criança(s)_____

Contexto de observação (casa, creche, pré-escola, escola)_____

Data da observação_____ Horário do início_____ Horário do término_____

Breve descrição das características físicas e sociais do ambiente de observação:

Descrições comportamentais objetivas (DCOs) e interpretações: amostragem por evento

DCO Sessão 1: [Horário de início_____ Horário do término_____]

Interpretação 1:

DCO Sessão 2: [Horário de início_____ Horário do término_____]

Interpretação 2

Prossiga com tantas DCOs e interpretações forem possíveis ou necessárias:

Comparação do funcionamento do bebê com as normas etárias:

(continua)

EXERCÍCIO DE OBSERVAÇÃO 15.1 (continuação)

Objetivo 3: Habilidades motoras finas (se a criança foi testada pelo observador, descreva como ela foi persuadida a manifestá-las)

Diferenças individuais em recém-nascidos (Parte II) (Recém-nascido nº 2 de dois recém-nascidos observados)

Tarefas motoras finas

Criança 1: (Idade____)

Evento e descrição da resposta (DCO): amostragem por evento

Empilhar blocos:

Pegar uma uva passa:

Por blocos em um recipiente; retirá-los:

Enfiar contas no fio:

Resposta à massinha de modelar:

Rabiscar com giz de cera:

Virar páginas:

Mão e perna preferidas:

Indicações sobre uso de instrumentos:

Criança 2: (Idade____)

Empilhar blocos:

Pegar uma uva passa:

Por blocos em um recipiente; retirá-los:

Enfiar contas no fio:

Resposta à massinha de modelar:

Rabiscar com giz de cera:

Virar páginas:

Mão e perna preferidas:

Indicações sobre uso de instrumentos:

Comparação (semelhanças) entre a criança 1 e a criança 2:

Diferenças entre a criança 1 e a criança 2:

(continua)

EXERCÍCIO DE OBSERVAÇÃO 15.1 (continuação)

Objetivo 3 (continuação): Habilidades motoras grossas

Habilidades motoras grossas

Criança 1: (Idade___)

Evento ou descrição de resposta (DCO): amostragem por evento

Andar:

Correr:

Subir degraus:

Andar apoiando-se em paredes ou móveis, para trás:

Pular de pequena altura (um degrau):

Outros (rastejar, engatinhar, rastejar rapidamente etc.):

Criança 2: (Idade___)

Evento ou descrição de resposta (DCO): amostragem por evento

Andar:

Correr:

Subir degraus:

Andar apoiando-se em paredes e móveis, para trás:

Pular de pequena altura (um degrau):

Outros (rastejar, engatinhar, rastejar rapidamente etc.):

Semelhanças entre criança 1 e criança 2:

Diferenças entre criança 1 e criança 2:

(continua)

	EXERCÍCIO DE OBSERVAÇÃO 15.2
PARTE 1: Comportamento social do bebê (1 a 24 meses)	Nome do observador_____ Criança(s) observada(s)_____ Idade da(s) criança(s)_____ Sexo da(s) criança(s)____ Contexto de observação (casa, creche, pré-escola, escola)_____ Data da observação____ Horário do início____ Horário do término____ Breve descrição das características físicas e sociais do ambiente de observação:
Comportamentos sociais e padrões de interação	Descrições comportamentais objetivas (DCOs) e interpretações: Descrição narrativa DCO Sessão 1: [Horário de início____ Horário de término____] Interpretação 1: DCO Sessão 2: [Horário de início____ Horário de término____] Interpretação 2: DCO Sessão 3: [Horário de início____ Horário de término____] Interpretação 3: Prossiga com DCOs e interpretações enquanto for possível ou necessário.

(continua)

EXERCÍCIO DE OBSERVAÇÃO 15.2 (*continuação*)

PARTE 2: Comportamento social do bebê (1 a 24 meses)

Nome do observador_____

Criança(s) observada(s)_____

Idade da(s) criança(s)_____Sexo da(s) criança(s)

Contexto de observação (casa, creche, pré-escola, escola)_____

Data da observação_____ Horário do início_____ Horário do término_____

Breve descrição das características físicas e sociais do ambiente de observação:

....

Amostragem por tempo de comportamentos de apego

Intervalos de registro	1	2	3	4	5	6	7	8	9	10
Categorias de comportamento										
Olha para o cuidador										
Faz contato físico com o cuidador										
Sorri para o cuidador										
Mostra objeto ao cuidador										
Desloca-se para mais perto do cuidador										
Estabelece contato visual com o cuidador										
Chora quando o cuidador sai da sala										
Reação negativa à aproximação do cuidador										

(*continua*)

EXERCÍCIO DE OBSERVAÇÃO 15.2 (continuação)

Comentários interpretativos:

(Parcialmente adaptada de Willemsen, 1979, p. 250).

PARTE 3: Comportamento social do bebê (1 a 24 meses)

Nome do observador_____

Criança(s) observada(s)_____

Idade da(s) criança(s)_____Sexo da(s) criança(s)

Contexto de observação (casa, creche, pré-escola, escola)_____

Data da observação____ Horário do início____ Horário do término____

Breve descrição das características físicas e sociais do ambiente de observação:

Descrições comportamentais objetivas (DCOs): descrição narrativa

DCO Sessão 1: [Horário de início___ Horário de término___]

Qualidades de temperamento observadas 1:

DCO Sessão 2: [Horário de início___ Horário de término___]

Qualidades de temperamento observadas 2:

DCO Sessão 3: [Horário de início___ Horário de término___]

Qualidades de temperamento observadas 3:

Entrevista com a mãe/o pai

Pergunta formulada ao pai/à mãe (nº 1):

Resposta do pai/da mãe (nº 1):

Pergunta formulada ao pai/à mãe (nº 2):

Resposta do pai/da mãe (nº 2):

EXERCÍCIO DE OBSERVAÇÃO 15.3

**PARTE 1:
Comportamento
cognitivo e de
linguagem do
bebê
(1 a 24 meses)**

Nome do observador_____

Criança(s) observada(s)_____

Idade da(s) criança(s)_____ Sexo da(s) criança(s)_____

Contexto de observação (casa, creche, pré-escola, escola)_____

Data da observação_____ Horário do início_____ Horário do término_____

Breve descrição das características físicas e sociais do ambiente de observação:

**Parte 1:
Permanência do
objeto:
amostragem por
evento**

Evento testado e descrição da resposta observada:

Etapa 1 – Deixar o brinquedo cair:

Etapa 2 – Esconder o brinquedo enquanto a criança observa:

Etapa 3 – Deslocamento visível do brinquedo:

Etapa 4 – Deslocamento invisível do brinquedo:

Comentários:

**PARTE 2:
Comportamento
cognitivo e de
linguagem do
bebê
(1 a 24 meses)**

Nome do observador_____

Criança(s) observada(s)_____

Idade da(s) criança(s)_____ Sexo da(s) criança(s)_____

Contexto de observação (casa, creche, pré-escola, escola)_____

Data da observação_____ Horário do início_____ Horário do término_____

Breve descrição das características físicas e sociais do ambiente de observação:

(continua)

	EXERCÍCIO DE OBSERVAÇÃO 15.3 (continuação)
Descrições comportamentais objetivas (DCOs) e interpretações: *descrição narrativa*	DCO Sessão 1: [Horário de início___ Horário de término___] Interpretação 1: DCO Sessão 2: [Horário de início___ Horário de término___] Interpretação 2: DCO Sessão 3: [Horário de início___ Horário de término___] Interpretação 3: Prossiga com DCOs e interpretações enquanto for possível ou necessário.
PARTE 3: Comportamento cognitivo e de linguagem do bebê (1 a 24 meses)	Nome do observador_____ Criança(s) observada(s)_____ Idade da(s) criança(s)_____ Sexo da(s) criança(s)____ Contexto de observação (casa, creche, pré-escola, escola)_____ Data da observação____ Horário do início____ Horário do término____ Breve descrição das características físicas e sociais do ambiente de observação:
PARTE 3: Linguagem: *amostragem por evento*	DCO Sessão 1: [Horário de início___ Horário de término___] Interpretação 1: DCO Sessão 2: [Horário de início___ Horário de término___] Interpretação 2: DCO Sessão 3: [Horário de início___ Horário de término___] Interpretação 3: Prossiga com DCOs e interpretações enquanto for possível ou necessário.

EXERCÍCIO DE OBSERVAÇÃO 15.4

Desenvolvimento emocional do bebê (2 a 18 meses)

Nome do observador_____

Criança(s) observada(s)_____

Idade da(s) criança(s)_____ Sexo da(s) criança(s)____

Contexto de observação (casa, creche, pré-escola, escola)_____

Data da observação____ Horário do início____ Horário do término____

Breve descrição das características físicas e sociais do ambiente de observação:

Descrições comportamentais objetivas (DCOs) e interpretações: *amostragem por evento*

DCO Sessão 1: [Horário de início___ Horário de término___]

Interpretação 1:

DCO Sessão 2: [Horário de início___ Horário de término___]

Interpretação 2:

Prossiga com DCOs e interpretações enquanto for possível ou necessário.

Resumo comportamental:

Estágio emocional provável da criança:

Evidência de apoio:

(continua)

	EXERCÍCIO DE OBSERVAÇÃO **15.4** (*continuação*)
PARTE 2: **Desenvolvimento emocional do bebê (2 a 18 meses) (Exercício alternativo)**	Nome do observador_____ Criança(s) observada(s)_____ Idade da(s) criança(s)_____ Sexo da(s) criança(s)____ Contexto de observação (casa, creche, pré-escola, escola)_____ Data da observação____ Horário do início____ Horário do término____ Breve descrição das características físicas e sociais do ambiente de observação:
Descrições comportamentais objetivas (DCOs) e interpretações: amostragem por evento	Contexto da DCO 1: DCO Sessão 1 (criança nº 1): [Horário de início____ Horário de término____] Interpretação 1: Contexto da DCO 2: DCO Sessão 2 (criança nº 2): [Horário de início____ Horário de término____] Interpretação 2: Contexto da DCO 3: DCO Sessão 3 (criança nº 3): [Horário de início____ Horário de término____] Interpretação 3: Prossiga com DCOs enquanto for possível ou desejado. Semelhanças e diferenças entre os comportamentos emocionais dos bebês: Comentários de síntese:

Observando a criança pequena: de dois a cinco anos

Termos-chave

Playscapes (espaços recreativos); integração; egocentrismo; classificação; correspondência biunívoca; conservação de número; seriação; causalidade; animismo; artificialismo; discurso sociocêntrico (ou socializado); discurso privado; zona de desenvolvimento proximal; traço; sociocentrismo; discurso egocêntrico; sociograma.

Introdução

Neste capítulo, você concentrará suas observações e seus registros no período chamado de anos pré-escolares. Embora aconteçam coisas muito significativas neste período com duração de quatro anos, a taxa de crescimento e de modificações desenvolvimentais observadas durante os 18 a 24 meses da primeira fase da infância provavelmente nunca mais será igualada novamente em nenhum outro intervalo comparável.

Os exercícios de observação deste capítulo são diferentes daqueles dos capítulos anteriores. Diferentemente do período da primeira fase da infância, o período pré-escolar não será subdividido em unidades menores como de um ano cada, com exercícios distintos para cada ano. O período inteiro pré-escolar é abordado como uma única unidade, embora abranja um período mais extenso que a primeira fase da infância.

Uma segunda diferença refere-se à organização do material. As perguntas de orientação são apresentadas antes das folhas de exercício e algumas das informações básicas estão incluídas entre as perguntas, em vez de ocuparem uma seção à parte. As informações básicas são ponto de partida para suas observações. Pode-se consultar outras fontes de informação sobre o desenvolvimento infantil e várias teorias como pontos de vistas suplementares para a compreensão e interpretação do comportamento das crianças.

As perguntas numeradas (Perguntas de orientação) do Exercício 16.2 baseiam-se em parte nos trabalhos de Lay e Dopyera (1977) e Lay-Dopyera e Dopyera (1982).

Exercício 16.1: a criança pré-escolar no ambiente físico

Informações básicas

O ambiente físico exerce uma influência poderosa sobre todos nós. A quantidade de espaço de que dispomos, os objetos e o modo como estão dispostos, além do significado sociopsicológico desse espaço, combinam-se entre si para determinar e direcionar nosso comportamento. Uma sala de aula de pré-escola, um *playground*, ou a casa da criança são espaços particulares com pessoas, equipamentos, materiais e disposições que são utilizados, mesmo que não tenham sido planejados para propósitos especiais. À medida que as habilidades cognitivas e a linguagem da criança se tornam mais sofisticadas, ela começa também a compreender que os espaços têm definições. Essas definições indicam o que elas devem fazer em cada espaço – ou seja, o que os outros permitirão que elas façam. Entretanto, é importante também que ela aprenda o que se pode fazer em cada espaço em razão das propriedades físicas dos objetos e materiais que ele contém.

Objetivos da observação

Familiarizar-se com o ambiente físico no qual se faz as observações, aprender como as crianças respondem a ele e como são influenciadas pelos ambientes físicos.

Procedimento

A primeira tarefa é esboçar um diagrama dos ambientes fechados e ao ar livre. Em cada diagrama cite os equipamentos e materiais presentes e indique o ponto em que se localizam. Com o diagrama nas mãos, qualquer pessoa dever ser capaz de encontrar no ambiente de observação qualquer coisa que lá estiver (estantes, toalete, cantinho de arte). Do mesmo modo, o diagrama do ambiente ao ar livre deve indicar a localização dos equipamentos e materiais à disposição das crianças. Os ambientes ao ar livre contemporâneos destinados a crianças pequenas podem ser chamados *playscapes* (espaços recreativos). Quanto a estes *playgrounds* contemporâneos, Essa (2007) escreve "a maioria dos *playgrounds* para a primeira infância é dotada de estruturas tradicionais como balanços, escorregadores e brinquedos de escalar de metal; os *playscapes* contemporâneos combinam diversos materiais e permitem uma variedade de atividades. Os equipamentos devem atender a critérios de segurança e de adequação ao desenvolvimento. Além dos componentes fixos do espaço ao ar livre, vários elementos são capazes de incrementar e expandir as brincadeiras das crianças..." (p. 201, grifo do original). Dada a potencial variedade de objetos, pode não ser fácil dar-lhes um nome. É aconselhável descrever tanto os equipamentos quanto o uso ao qual é destinado. Por exemplo, um tubo de drenagem (ou "túnel") deve ser descrito em detalhes, não apenas quanto ao tamanho e localização, mas também em relação a como as crianças realmente o usam nas brincadeiras: o que elas fazem com o tubo?

A segunda parte de sua tarefa refere-se a como as crianças usam as áreas à disposição e como áreas diferentes têm efeitos diversos sobre o comportamento. Comece por selecionar duas áreas da sala de aula da pré-escola, ou outro ambiente, nas quais se realizam atividades diferentes e onde ocorram comportamentos também diferentes. Por exemplo, pode-se esperar que os comportamentos na área de construção com blocos sejam bem diferentes daqueles que ocorrem na área de narração de histórias ou de brincadeiras de dramatização. As diferenças podem derivar parcialmente da aplicação, por parte do professor, das regras que controlam o comportamento. Mas o próprio espaço também afeta o comportamento. O que se pode fazer em um dado espaço é determinado pelo que está à disposição no local. Se não houver blocos à mão, é óbvio que ninguém brincará com blocos. Se os quebra-cabeças estiverem guardados em prateleiras fora do alcance das crianças, montar quebra-cabeças dependerá da ajuda de um adulto.

Observe e registre o comportamento de duas crianças em duas áreas; siga-as enquanto se deslocam pela área. Identifique, então, as semelhanças e diferenças em seus comportamentos nas duas áreas. Observe se as ações das crianças condizem com as exigências e expectativas ligadas ao local. Resuma as mudanças específicas nos comportamentos (se ocorrerem), ao mudar de um lugar para outro. Para esse exercício, use a técnica da descrição narrativa, pois você não estará procurando um acontecimento em especial, mas estará interessado em tudo o que se relacionar à criança no ambiente físico (veja o Exercício de observação 16.1).

Perguntas de orientação

1. Os comportamentos das crianças mudam de um lugar para outro? Se sim, como?
2. Quais comportamentos se espera em cada um dos dois lugares em que se observa? Os comportamentos estão em conformidade com suas expectativas (ou definição do espaço)? Se sim, como? Se não, por que não? O cuidador precisa lembrá-las do comportamento adequado?
3. O que mantém o interesse das crianças no ambiente? Como exprimem esse interesse?
4. Como avaliaria a disposição geral da sala ou do *playscape*? Há espaço suficiente para que as crianças se movimentem livremente e para participar de atividades para as quais o espaço é destinado?

Exercício 16.2: crescimento físico e funcionamento motor

Informações básicas

As características físicas e habilidades motoras são, provavelmente, os aspectos mais perceptíveis e facilmente mensuráveis do crescimento e desenvolvimento humano. Essas características e habilidades são quase sempre da maior importância para os pais que apontam com orgulho os ganhos dos filhos em altura, peso, habilidade de caminhar, correr e manipular objetos. Visto que tudo o que fazemos envolve, de algum modo, o físico, faz sentido dizer que nosso desenvolvimento e habilidades físicas e motoras formam a base de nosso comportamento.

Em certos aspectos, esse exercício será fácil de fazer. As crianças pequenas com habilidades normais são, em geral, fisicamente ativas e muitos de seus comportamentos motores são óbvios. Por outro lado, há alguns aspectos sutis do comportamento motor que podem ser negligenciados. Por exemplo, todas as crianças em geral caminham e correm, mas cada uma faz isso com seu estilo único. Algumas caminham de modo macio e bem-coordenado, sem peculiaridades significativas; em outras, os dedos talvez apontem visivelmente para fora, os pés podem estar muito separados e talvez tenham pouco equilíbrio ao correr. Além disso, alguns comportamentos não têm componentes físico-motores óbvios. Sentar-se à mesa do lanche e comer não é uma atividade vigorosa como brincar livremente na área dos blocos grandes. Há ainda outras coisas a serem consideradas – por exemplo, a postura da criança (ela caminha com postura muito desleixada, senta sobre uma perna, reclina a cabeça para um dos lados?) e a habilidade de usar talheres, verter suco no copo e limpar as migalhas da mesa.

Os comportamentos de interesse, neste exercício, pertencem a três categorias gerais: (a) características físicas, (b) habilidades e movimentos motores grossos (grandes) e (c) habilidades e movimentos motores finos (pequenos). Todo o funcionamento físico-motor da criança recairá em uma dessas três categorias. As perguntas fornecidas ao longo de todo o capítulo têm a finalidade de orientar e direcionar suas observações e seu pensamento à medida que se aborda os exercícios de observação. Não pretendemos que você realmente responda a todas as perguntas. Reconhecemos que algumas delas não são apropriadas ou aplicáveis a crianças de dois e três anos e talvez nem a algumas de cinco anos. Seria possível argumentar que não faz sentido procurar comportamentos que não tenham probabilidade de ocorrer em razão da idade ou do nível de desenvolvimento da criança. Além disso, seria possível argumentar que não faz sentido fazer perguntas que provavelmente serão respondidas com um "sim" exatamente porque a criança tem uma idade ou está em um nível de desenvolvimento em que determinados comportamentos ou características são comumente observados. Em poucas palavras, por que se preocupar em observar comportamentos, habilidades e características que são improváveis ou comportamentos, habilidades e características que quase certamente ocorrerão?

A resposta mais razoável a essas perguntas está relacionada a um dos propósitos básicos da observação que é descobrir coisas importantes sobre as crianças. Você talvez procure comportamentos, habilidades e características improváveis, pois nem sempre terá certeza que as crianças que observa não podem apresentá-los. Poderá haver exceções, como as crianças precoces e avançadas capazes de demonstrar habilidades que estão além das expectativas dos adultos. Do mesmo modo, talvez você procure comportamentos, habilidades e características que sejam prováveis, dada a idade e o nível de desenvolvimento das crianças, porque a não ser que você realmente os testemunhe, não poderá ter certeza de que a criança os domina.

Pense no ambiente de observação como um território habitado, mas ainda inexplorado, um território para o qual (pelo menos inicialmente) você foi para aprender sobre o que existe nele, e sobre o modo pelo qual os habitantes se comportam e mudam ao longo do tempo. Se simplesmente presumir que as pessoas que moram lá são capazes ou não de fazer determinadas coisas, que sentido teria estar lá? Suas observações seriam desnecessárias, pois já se teria tirado conclusões sobre o que se veria ou não.

Este capítulo se refere à faixa etária entre dois e cinco anos. Nesse intervalo de tempo, a maioria das perguntas de orientação apresentadas, se não todas, poderia em princípio ser respondida ou os comportamentos que respondem a essas questões poderiam ser observados (é claro, ninguém conseguiria ver todos os comportamentos e habilidades que as crianças têm). E há também a questão das diferenças individuais. Não se pode presumir se Melinda, de três anos, irá ou não apresentar realmente determinada habilidade simplesmente porque as normas desenvolvimentais para crianças de três anos preveem o que ela fará ou não. Novamente, um dos objetivos gerais da observação do comportamento de crianças pequenas é aprender o que crianças específicas são capazes de fazer, assim como aprender sobre as crianças em geral.

Desse modo, suponha que se esteja observando uma criança, digamos, de três anos, com base na pergunta "Quais são as habilidades da criança no desempenho de movimentos rítmicos?". Se você se restringir aos exemplos de movimentos rítmicos do texto, talvez não consiga observar e registrar nenhuma habilidade rítmica. Mas o objetivo geral do primeiro exercício será observar e registrar comportamentos motores de qualquer tipo, até mesmo uma criança de dois anos pode fazer coisas rítmicas – caminhar, por exemplo, tem certo ritmo. Qualquer que seja o caso, seu objetivo será procurar todos os exemplos de comportamentos e habilidades motoras. Se não puder responder especificamente à determinada pergunta, não importa. O importante é o que você observa e o sentido ou o significado que extrai da observação.

Ao observar as habilidades motoras das crianças – e todas as demais áreas de funcionamento – é crucial levar em consideração sua idade. Você não deve se surpreender se observar que uma criança de dois anos, que provavelmente terá dois anos e alguns meses, preferir os movimentos musculares amplos aos pequenos. Isso não significa que a criança não possa desempenhar movimentos e atividades musculares finas. De fato, crianças com bem menos de dois anos têm algumas habilidades motoras finas, embora mais rudimentares que as das crianças maiores. Se, entretanto, uma criança de cinco anos parecer preferir atividades musculares grossas a atividades musculares finas, diversos fatores podem estar em jogo. A criança pode não ser tão bem desenvolvida do ponto de vista motor quanto os seus pares (ou coetâneos), ou talvez não ache tão interessante as oportunidades e atividades motoras finas à disposição em seu ambiente, o que a motiva a brincar com os movimentos amplos (veja as Tabelas 16.1, 16.2, 16.3 e 16.4 que apresentam resumos das habilidades motoras de crianças de dois a cinco anos).

O procedimento será observar pelo menos duas crianças de idades diferentes (seria ótimo observar uma de dois ou três anos e uma de cinco anos, as quais apresentam em geral diferenças acentuadas nas habilidades motoras). Se não tiver acesso a crianças da faixa de dois a cinco anos, observe duas crianças que sejam razoavelmente ativas fisicamente.

Tabela 16.1 Resumo das habilidades motoras das crianças de dois anos

- A postura anteriormente larga em que caminhava é substituída por um padrão de movimento do calcanhar para os dedos; consegue manobrar em torno de obstáculos.
- Corre com mais segurança e cai menos.
- Sobe degraus sem ajuda, mas ainda não consegue alternar os pés.
- Equilibra-se em um só pé por um tempo breve; ainda cai se tentar pular para cima e para baixo.
- Lança uma bola relativamente grande por sobre o ombro e não perde o equilíbrio.
- Segura copo ou xícara com uma mão.
- Abre zíperes grandes e desabotoa botões grandes.
- Gira maçanetas e abre portas.
- Segura um lápis grande com a mão; rabisca (faz isso com "entusiasmo em uma folha grande de papel").
- Sobe na cadeira, vira-se e senta-se.
- Enche e esvazia recipientes com areia, água.
- Empilha de 4 a 6 objetos, um em cima do outro.
- Empurra brinquedos com rodas (triciclo, por exemplo) com os pés.

Tabela 16.2 Resumo das habilidades motoras das crianças de três anos

- Sobe e desce degraus sem ajuda; alterna os pés; pula do último degrau para o chão, com os pés juntos.
- Equilibra-se brevemente em um pé só.
- Chuta uma bola grande.
- Alimenta-se sozinha sem ajuda ou com "assistência mínima".
- Pula no mesmo lugar.
- Pedala um pequeno triciclo ou outro brinquedo com rodas.
- Lança bola por sobre o ombro.
- Pega bola com braços estendidos.
- Mostra melhor controle/uso de giz de cera e canetas ao desenhar; faz movimentos verticais, horizontais e circulares.
- Segura um lápis ou caneta entre os primeiros dois dedos e o polegar, em vez de pegá-los com a mão toda, como fazia antes.
- Vira as páginas do livro, uma de cada vez.
- Gosta de construir com blocos.
- Constrói uma torre com 8 ou mais blocos.
- Pode mostrar preferência pela mão esquerda ou direita.
- Carrega um recipiente com líquido sem derramar muito; verte de um jarro para outro recipiente.
- Manipula botões grandes e zíperes das roupas.
- Lava e enxuga as mãos; escova os dentes.
- Em geral adquire controle completo da bexiga durante o terceiro ano.

Adaptado de Allen e Marotz, p. 131-2.

Tabela 16.3 Resumo das habilidades motoras das crianças de quatro anos

- Anda em linha reta (orientado por "fita adesiva ou marcas de giz no chão") (p. 142).
- Pula em um pé só.
- Pedala e dirige um brinquedo de rodas com habilidade e confiança; vira esquinas e evita obstáculos.
- Sobe degraus, escadas portáteis, árvores e brinquedos de *playground*.
- Pula por sobre objetos de 12 a 15 cm de altura, ou de um degrau, e toca o chão com os dois pés juntos.
- Corre, começa a correr, para de correr e se move em torno dos obstáculos sem dificuldade.
- Lança bola por sobre o ombro.
- Constrói torre com 10 ou mais blocos; usa a mão dominante.
- Dá forma à argila e constrói objetos com ela.
- Reproduz formas e letras.
- Segura um lápis ou caneta usando os primeiros dois dedos e o polegar ("preensão tripé").
- "Pinta e desenha com um propósito; pode ter uma ideia em mente, mas quase sempre tem dificuldade de pô-la em prática e, assim, dá outro nome à sua criação (p. 143).
- Bate em pregos e estacas com martelo, com mais precisão.
- Enfia contas de madeira em um fio.

Adaptado de Allen e Marotz, 2007, p. 142-3.

Tabela 16.4 Resumo das habilidades motoras das crianças de cinco anos
• Caminha para trás com movimento calcanhar-dedo.
• Sobe e desce degraus sem ajuda; alterna os pés.
• Dá cambalhotas.
• Toca os calcanhares sem flexionar os joelhos.
• Caminha sobre uma trave.
• Aprende a pular alternando os pés.
• Pode pegar uma bola arremessada de uma distância de 1 metro.
• Anda de triciclo com habilidade, com certa velocidade e dirige com habilidade. Alguns aprendem a andar de bicicleta.
• Pula para frente com ambos os pés, 10 vezes sucessivas sem cair.
• Equilibra-se em ambos os pés com bom controle, por 10 segundos.
• Reproduz uma variedade de formas e letras: quadrado, triângulo, A, I, O, U, C, H, L, T, V.
• Mostra bom controle do lápis ou da caneta; começa a colorir dentro das linhas.
• Corta com tesoura em cima da linha, embora não perfeitamente.
• Domínio das mãos bem estabelecido.

Adaptado de Allen e Marotz, 2007, p. 152.

Objetivos da observação

Aprender as características físicas e habilidades motoras das crianças pré-escolares e observar como elas podem ser parecidas ou diferentes nessas áreas.

Procedimento

Se possível, selecione duas crianças de idades diferentes (seria ótimo contar com uma de dois ou três anos e outra de cinco). Se não for possível, selecione duas crianças quaisquer que sejam razoavelmente ativas do ponto de vista físico. Use a técnica da amostragem por evento para descrever em detalhes (1) a aparência física das crianças e (2) as atividades motoras que apresentam enquanto brincam durante a sessão de observação. Observe cada uma por aproximadamente 10 ou 15 minutos. Para que seu tempo seja produtivo, observe-as quando a probabilidade de apresentarem os comportamentos que deseja ver for maior. Se o seu objetivo se refere às atividades motores amplas, observe-as nas áreas que promovem e incentivam os movimentos musculares amplos. Use o mesmo critério para as atividades musculares finas. Examine, então, seus dados e identifique as semelhanças e diferenças entre as duas crianças; tire algumas conclusões gerais quanto a suas habilidades motoras, grau de coordenação e atividades preferidas. As perguntas de orientação darão a você informações sobre os componentes do desenvolvimento e do comportamento motor e direcionarão suas observações e interpretações (veja o Exercício de observação 16.2).

Perguntas de orientação (parcialmente adaptadas de Lay e Dopyera, 1997)

1. Existe algo na constituição do corpo da criança que a mantém à parte do resto do grupo? Se sim, explique.

2. O que se pode dizer sobre a postura corporal da criança? Por exemplo, de que modo ela fica parada em pé, caminha e corre? Com ombros caídos? A cabeça está levantada ou a criança olha para baixo?

Habilidades e movimentos motores grossos

As habilidades e os movimentos grossos envolvem os músculos grandes do corpo. Os movimentos controlados por esses músculos são amplos e bruscos como escalar, dançar, caminhar, arremessar e pular. Esse exercício merece uma consideração importante. Quando as crianças acabam de aprender uma habilidade, tendem a praticar apenas essa habilidade, isolando as outras que já dominam. Esse processo de aprendizagem e prática de um comportamento é chamado diferenciação. É o processo pelo qual uma nova habilidade diferencia-se ou separa-se das habilidades já existentes. Durante a diferenciação, as crianças precisam dedicar toda a atenção à tarefa que ainda não é familiar. Uma vez que esta estiver aperfeiçoada, porém, elas podem combinar a nova habilidade com as já existentes, de modo a formar um conjunto integrado. As habilidades existentes não são necessariamente físico-motoras; podem ser verbais ou cognitivas. Por exemplo, uma criança pode subir e descer de um brinquedo de escalada usando as mãos e os pés de vários modos diferentes, enquanto grita ao mesmo tempo ao amigo "Olha o que estou fazendo". Esse é um exemplo de **integração**.

Quando observar um comportamento motor, repare se este se combina com outros comportamentos para formar um padrão mais complexo (integração) ou se o comportamento é apresentado por ele mesmo de modo repetitivo (diferenciação) (Lay e Dopyera, 1977).

As crianças são capazes de uma variedade de ações motoras, mas existem diferenças individuais. Algumas são capazes de correr, pular, escalar, cair intencionalmente (com controle), dar cambalhotas e virar estrela. Alguns dos comportamentos motores da criança são habilidades básicas (por exemplo, caminhar e correr), e certas crianças serão capazes de executar variações dessas habilidades básicas. Por exemplo, uma criança pode ser capaz de caminhar e correr para trás e para os lados. Preste atenção à variedade das ações motoras que a criança consegue desempenhar. Lembre-se que o nível de desenvolvimento – que é em alguma medida indicado pela idade – é determinante forte do que a criança pode fazer.

3. Quantos comportamentos motores diferentes a criança consegue desempenhar?

As crianças demonstram suas habilidades de equilíbrio de muitos modos. Atravessam traves de equilíbrio suspensas do solo; caminham sobre as rachaduras ou linhas do chão; caminham pulando de uma pedra para outra. Ao registrar exemplos desses comportamentos, tente indicar quanta habilidade de equilíbrio eles exigem. Por exemplo, qual a largura da trave que a criança atravessa? Quão rápido ela se movimenta sobre essa trave? Ela consegue fazer isso sem ajuda ou precisa segurar a mão de alguém? Qual é a semelhança da criança com as demais? Ela é capaz de desempenhar outras ações enquanto se equilibra (integração)?

4. Quão bem a criança desempenha as atividades de equilíbrio?

É possível medir a força de uma criança apenas vendo o quanto ela é capaz de erguer, puxar e empurrar em comparação com os pares. Mas talvez não seja possível determinar a força em termos do *máximo* que a criança consegue erguer, puxar ou empurrar. As crianças demonstram sua força de diversos modos: erguem e empilham blocos, empurram umas as outras em carrinhos, dependuram-se em escadas ou em brinquedos de escalada e lutam entre elas. Quais comportamentos mostram a força da criança? Quanta força é necessária para determinado comportamento? Por exemplo, quantos blocos a criança ergue de uma vez, quantas crianças empurra no carrinho ao mesmo tempo e assim por diante.

5. Quão forte a criança é?

Algumas crianças parecem fazer tudo com a maior velocidade que são capazes, enquanto outras têm um ritmo mais devagar. O quão rapidamente a criança faz várias atividades, como caminhar, correr e escalar? A taxa de movimento varia conforme a atividade ou equipamento usado? (Tenha em mente que algo como taxa de movimento também depende do nível e da habilidade da criança.) Os movimentos da criança são coordenados e bem distribuídos no tempo ou a criança faz atividades mais rapidamente do que sua coordenação permite?

6. O quão rapidamente a criança muda de atividade ou permanece nela?

Por quanto tempo a criança consegue desempenhar dada atividade sem pausa? Ela consegue passar de uma atividade a outra sem parecer cansada? Quantas vezes a criança executa dado movimento sem parar para descansar? A resistência pode ser determinada em parte por meio da comparação com os pares.

7. Quanta resistência e vigor a criança parece ter?

Muitas atividades exigem senso de ritmo, uma habilidade de mover o corpo em uma sequência de tempo adequada (por exemplo, dançar). Que evidência há de que a criança tem essa capacidade rítmica? Ela consegue acompanhar o tempo de uma música e bater uma bola? Consegue pular até metade da sala sem perder o padrão correto de movimento? Consegue executar uma atividade não rítmica e, simultaneamente, uma rítmica? Por exemplo, consegue conversar com alguém e, ao mesmo tempo, dançar ao ritmo da música?

8. Quais são as habilidades da criança em executar movimentos rítmicos?

Habilidades e movimentos motores finos

Esta categoria envolve movimentos dos músculos pequenos do corpo – por exemplo, aqueles usados para pegar objetos pequenos, fechar um zíper, escrever com lápis ou caneta e abotoar uma camisa. O comportamento motor fino se desenvolve ou se diferencia a partir dos movimentos motores grossos; ocorre, portanto, mais tarde, na sequência do desenvolvimento motor.

9. Quais são o alcance e a variedade das habilidades motoras finas da criança envolvidas no comportamento de cuidar de si mesma?

O ambiente da pré-escola está repleto de materiais que proporcionam oportunidades para atividades musculares finas. É preciso que haja ferramentas como chaves de fenda, martelos e alicates de brinquedo; quebra-cabeças com peças pequenas para encaixar; pequenos blocos para construir. Simplesmente virar as páginas de um livro exige habilidades musculares finas. Preste atenção ao funcionamento da criança nessas áreas. Tente tirar algumas conclusões relativas à sua habilidade em várias atividades bem como sobre a extensão das habilidades de seus músculos pequenos.

10. Qual é a habilidade da criança ao manipular e usar brinquedos, objetos e ferramentas de diferentes tipos? Quão extensas são suas habilidades nessa área?

Exercício 16.3: desenvolvimento e comportamento cognitivo e intelectual

Informações básicas

Este exercício refere-se ao funcionamento mental das crianças; como percebem e pensam sobre o mundo, o conhecimento factual que têm e como o usam. Jean Piaget distingue dois tipos de conhecimento: (1) o conhecimento de fatos e informações específicas, que chama de "sentido estrito" e o conhecimento que envolve o processo de pensamento da criança e o modo como raciocina sobre a realidade, o qual o autor chama de "sentido amplo". O conhecimento em sentido amplo refere-se às relações que as crianças formam entre os vários fatos que aprenderam no sentido estrito (veja Kamii e DeVries, 1977).

Uma das características do pensamento infantil relaciona-se ao que Piaget chama de egocentrismo. **Egocentrismo**, que é talvez o conteúdo cognitivo mais conhecido, refere-se à extensão em que as crianças veem a si mesmas como centro da realidade. Charles Brainerd (1978) oferece a regra interpretativa do polegar: "Qualquer comportamento que sugira que as crianças estão preocupadas com elas mesmas e/ou indiferentes em relação ao que acontece à sua volta pode ser chamado de egocêntrico" (p. 103). É importante reconhecer que o egocentrismo deriva da inabilidade cognitiva das crianças de assumir o ponto de vista dos outros ou de se separar dos diversos aspectos de seu ambiente. Não confunda com egoísmo, rótulo geralmente reservado para crianças maiores ou adultos intelectualmente capazes de ver o mundo a partir da perspectiva dos outros, mas por qualquer razão não o fazem.

O egocentrismo pode ser exprimido pela criança que faz uma observação sobre outra criança, sem perceber que tal observação possa ferir os sentimentos dela. Ou então, pela que conta uma história e menciona nomes ou descreve eventos que só ela conhece, presumindo que os outros conheçam as pessoas e os eventos como ela.

1. Procure exemplos de comportamento egocêntrico.

Os adultos consideram que todos têm determinadas habilidades cognitivas. Entretanto, a criança pequena precisa desenvolvê-las durante um longo período. Piaget argumentou que algumas habilidades não podem ser ensinadas diretamente; são, ao contrário, resultado da maturação, de muita experiência geral, de aprendizagem a partir dos outros (transmissão social) e do processo de assimilação e acomodação.

Uma dessas habilidades cognitivas é conhecida como **classificação**. Trata-se do processo de distribuir os objetos em grupos, segundo as semelhanças neles percebidas. A classificação exige que a criança note semelhanças e diferenças nas propriedades dos objetos. Em seguida, ela precisa agrupá-los com base na semelhança que mantêm entre eles quanto a uma propriedade particular – por exemplo, cor, tamanho, forma ou função. As propriedades dos objetos são chamadas também dimensões dos estímulos. Muitas dimensões podem constituir a base de classificação.

2. Observe como a criança seleciona os objetos. Ela percebe as coisas como semelhantes ou diferentes? Com que base a criança nota semelhanças e diferenças?

Outra habilidade cognitiva importante refere-se ao conceito de número. O conceito de número inclui a habilidade de contar, mas também algo como correspondência biunívoca e conservação de quantidade. A **correspondência biunívoca** é o processo de emparelhar dois grupos de objetos, alinhando um objeto de um grupo com um objeto do outro grupo. A criança com essa habilidade consegue, por exemplo, dar a cada criança que está na mesa do lanche um copo de suco ou colocar uma cadeira correspondente a cada uma. Repare que essa habilidade não exige contar e, sim, apenas a capacidade de ver que cada criança vai receber um copo, uma cadeira ou qualquer outra coisa.

A **conservação de número** é a compreensão de que o modo como os objetos estão dispostos no espaço não afeta sua quantidade – desde que nenhum objeto seja acrescentado ou retirado do grupo, a quantidade total permanece inalterada. Por exemplo, você mostra à criança duas fileiras iguais de moedas (digamos, cinco moedas em cada fileira). A criança concorda que as fileiras são iguais. Então, enquanto ela observa, você espalha as moedas de uma fileira de modo que ocupem mais espaço que na outra fileira. Se a criança não for capaz de conservar o número, dirá que a fileira alterada ("espalhada") terá mais moedas que a fileira inalterada. A criança que for capaz de conservar o número não se deixará enganar pelo fato de que a fileira alterada parece ter mais moedas, e dirá que as duas fileiras continuam iguais.

3. A criança é capaz de pôr objetos em uma correspondência biunívoca? Dê um exemplo. A criança tem o conceito de número? Como a criança mostra essa compreensão? Se ela não compreende o conceito de número, de que modo indica a ausência desse conceito?

Outra habilidade cognitiva que interessou Piaget foi a **seriação**. A seriação envolve a disposição sequencial de objetos ou ideias de acordo com um atributo particular. Especificamente, a seriação requer que a criança compare e coordene as diferenças entre os objetos. Assim, dispor palitos de diferentes comprimentos, do mais curto ao mais longo, é um exemplo de seriação de objetos. Um exemplo de seriação abstrata é saber que, se Billy é mais velho que Tommy e Tommy é mais velho que Mary, Billy é, portanto, mais velho que Mary.

4. A criança é capaz de seriar? Segundo qual critério a criança dispõe os objetos ou eventos? Quantos objetos a criança consegue dispor no mesmo tipo de ordem?

A criança pode ser capaz de dispor três palitos conforme o comprimento, mas ter dificuldade com mais de três palitos. Talvez ela simplesmente separe os palitos em diversos subgrupos de três cada, embora cada subgrupo de três possa ser seriado corretamente. Por exemplo, dados nove palitos de diferentes comprimentos, a criança pode distribuí-los em três grupos de três, embora cada subgrupo possa ser seriado corretamente.

5. A criança compreende de algum modo a conservação de líquidos e de substâncias? De que modo demonstra essa compreensão?

Os conceitos de causalidade, espaço e tempo também são aspectos importantes do funcionamento cognitivo. A **causalidade** é a compreensão que a criança tem das relações de causa e efeito e o modo como tenta explicar diversos fenômenos. Por exemplo, ela vê a relação entre o tempo e o modo como as pessoas devem se vestir? Ou então, de que modo explica por que alguns objetos flutuam e outros afundam?

Há diversos aspectos dos conceitos pré-operacionais infantis de causalidade que ao longo dos anos despertaram o interesse de muitos autores e teóricos. Vamos discutir brevemente dois deles, conhecidos como **animismo** e **artificialismo**.[1] Assim como ocorre com as visões

---

[1] Para mais informações sobre estes conceitos em particular e sobre egocentrismo de modo geral, consulte a obra *A representação do mundo na criança*, de Jean Piaget. (NRT)

sobre o egocentrismo, nem todos os autores e pesquisadores contemporâneos compartilham das conclusões de Piaget sobre os conceitos pré-operacionais de causalidade.

6. A criança apresenta animismo ou artificialismo ao pensar? Quais comportamentos evidenciam seu tipo de pensamento? Que evidências há da compreensão geral de causalidade e das relações de causa e efeito?

O conceito de espaço envolve a consciência de como os objetos se localizam no espaço, de suas posições relativas e da quantidade de espaço necessário para acomodar ou conter um objeto. É necessário ter algum conceito de espaço para se mover de um lugar a outro sem esbarrar nas coisas e para encontrar o próprio caminho sem se perder.

O conceito de tempo envolve uma compreensão do passado, presente, futuro e duração (que significa o tempo durante o qual alguma coisa continua a existir). A criança faz referências a algo que fez no dia anterior ou que fará no dia seguinte? A criança compreende termos como *antes*, *durante* e *depois*? Diz coisas como "Devo lavar as mãos antes de comer" ou "Papai sempre toma café depois das refeições"?

7. A criança demonstra compreensão de espaço e tempo? De que modo demonstra essa compreensão? Quão completa essa compreensão parece ser?

Deve-se prestar atenção também ao conhecimento factual da criança. Que tipo geral de informação ela tem? Ela é capaz de nomear objetos, pessoas e animais? Sabe onde mora (endereço, cidade)? Conhece algumas notícias correntes? Essa informação factual é o conhecimento em "sentido estrito" e pode ser considerada como parte do comportamento e do desenvolvimento intelectual da criança.

8. Quais informações factuais a criança tem e de que modo as usa ao lidar com os outros?

Há outros conteúdos cognitivos relevantes para o período pré-escolar, mas não discutiremos, obviamente, todos eles. Existe, entretanto, outro tipo de habilidade que acreditamos ser especialmente adequada para compreender a inteligência das crianças pré-escolares: a habilidade de representar mentalmente o mundo e seus vários aspectos. Ruth Saunders e Ann Bingham-Newman (1984) oferecem uma excelente explicação das seis características da habilidade de representação. Pode-se dizer que tais características identificam os tipos de nível de representação possíveis para a criança pré-operacional (assim como para crianças maiores e adultos). Vamos analisá-las brevemente (veja também Saunders e Bingham-Newman, 1984, p. 137-8).

(1) Habilidade de representar ou substituir objetos tridimensionais por outros objetos. Essa habilidade pode ser exprimida sob pelo menos três condições ou circunstâncias: (a) quando ambos os objetos são muito parecidos (p. 137), (b) quando ambos os objetos não são muito parecidos e (c) quando a criança constrói um modelo de algum objeto real usando uma variedade de outros objetos.

(2) Habilidade de reconhecer e usar objetos bidimensionais, como figuras ou desenhos, para representar outro objeto real ou ambiente. Os autores citam o exemplo de "usar uma foto do consultório de um médico para criar a atmosfera de um episódio de representação dramática" (p. 137).

(3) Habilidade de denotar objetos apresentando ações usualmente executadas com aqueles objetos, como "fazer um movimento de bater para representar um martelo ou um movimento de drible para representar uma bola de basquete" (p. 137).

(4) Habilidade de representar seres vivos por meio da mímica das ações ou dos comportamentos associados a eles – por exemplo, mover um braço para imitar a tromba de um elefante (p. 137).

(5) Habilidade de representar um evento real por meio de uma ação abreviada ou série de ações. Por exemplo, fazer alguns poucos movimentos para representar muitos movimentos que na situação real levariam muito tempo. Saunders e Bingham-Newman dão o exemplo de uma criança que leva "uma colher à boca três vezes para representar que toma o café da manhã" (p. 137).

(6) Habilidade de exprimir uma ideia de diversos modos diferentes.

Objetivos da observação

Sensibilizá-lo em relação ao modo como as crianças pensam e em relação aos tipos de informação que podem conhecer e são capazes de apreender. Observar como as crianças diferem em suas habilidades e seus estilos cognitivos. Conscientizar-se de como crianças pré-escolares e pré-operacionais representam mentalmente seu mundo.

Procedimento

Se puder, selecione duas crianças de idades diferentes como sujeitos de suas observações. O ideal seria uma criança de cinco anos e uma de dois ou três anos. Se não for possível, selecione aleatoriamente duas crianças que estejam no ambiente de observação. Registre, com a técnica de descrição narrativa, com o maior número possível de detalhes, os comportamentos das crianças e o contexto deles. Dedique cerca de 10 ou 15 minutos para cada criança. Examine, então, a descrição narrativa e descreva as características cognitivas das crianças. Escreva uma síntese do perfil cognitivo das duas crianças. De que modo as crianças se encaixam no estágio de desenvolvimento sensório-motor de Piaget? Quais habilidades representacionais as crianças demonstram? Descreva especificamente os comportamentos ou características que, em sua opinião, indicam o funcionamento da criança segundo uma categoria particular de habilidade representacional. O que a criança mais velha faz que uma criança mais nova não consegue fazer? Qual criança demonstra mais comportamentos egocêntricos? Quais as diferenças do modo de representar mentalmente o mundo, os objetos e os eventos? E ainda, de que modo se parecem em todas as áreas de funcionamento cognitivo? (veja o Exercício de observação 16.3).

Exercício 16.4: desenvolvimento da linguagem

Informações básicas

A linguagem é um dos comportamentos mais proeminentes na criança pré-escolar. A criança pré-escolar adquire rapidamente o vocabulário da fala, refina a gramática e sintaxe, tornando-as mais próximas aos padrões de linguagem dos adultos. Para muitas pessoas, a linguagem é uma indicação do progresso intelectual e social. Neste exercício, você descreverá e analisará a fala da criança, determinando a profundidade e a variedade do vocabulário, a estrutura característica da frase e as formas sintáticas que a criança é capaz de usar. Em exercícios posteriores você deverá observar e registrar os usos sociais da linguagem das crianças de modo mais amplo do que nesta unidade na qual se dará ênfase ao **discurso sociocêntrico** e egocêntrico.

Os pontos de vista de Piaget e Vygotsky sobre o discurso privado da criança: panorama geral e breve comparação

As teorias do psicólogo bielo-russo Lev Vygotsky adquiriram importância considerável no pensamento contemporâneo em relação ao desenvolvimento cognitivo e da linguagem. Parece que as interpretações do discurso privado de Vygotsky suplantaram amplamente as interpretações de Piaget em relação à mesma questão. Berk (2006), por exemplo, escreveu o seguinte: "Ao longo das últimas três décadas, quase todos os estudos confirmaram a perspectiva de Vygotsky. Em decorrência disso, o discurso autodirecionado é agora chamado de **discurso privado** em vez de discurso egocêntrico. As pesquisas mostram que as crianças o usam mais quando as tarefas são difíceis, depois de cometer erros e quando estão confusas sobre como proceder" (p. 259, grifo do original).

Para começar a entender a teoria de Vygotsky e de que modo ela difere essencialmente da de Piaget, vamos dar uma olhada na descrição que Berk e Winsler (1995) fazem da premissa básica de sua teoria:

> A teoria de Vygotsky sobre o desenvolvimento infantil presume que interação social e participação da criança nas atividades culturais autênticas são necessárias para que ocorra o desenvolvimento. Assim, pelo modo como, durante a evolução, a espécie humana desenvolveu novas habilidades a partir da necessidade de comunicar e funcionar como um coletivo, a teoria de Vygotsky reserva um lugar especial para a interação social na ontogênese como meio de desenvolver todas as funções mentais elevadas e complexas. (p. 4-5)

Miller (1993) dá início à sua discussão sobre a teoria de Vygotsky, fornecendo uma breve perspectiva histórica de como o desenvolvimento individual foi visto no passado:

> A maioria das teorias que influenciaram as pesquisas sobre o desenvolvimento no mundo ocidental vê o indivíduo como separado de seu ambiente social e físico. Nestes pontos de vista, como no de Piaget, o desenvolvimento é visto principalmente como uma atividade individual, e o ambiente, simplesmente como uma "influência" sobre o desenvolvimento individual. (...) Na visão contextualista de Vygotsky, os seres humanos estão incorporados em uma matriz social (contexto) e o comportamento humano não pode ser compreendido independentemente desta matriz. (p. 370)

Em razão da ênfase que dá à influência do contexto social sobre o desenvolvimento, Vygotsky é, muitas vezes, denominado contextualista. Miller define *contextualismo* e fala sobre a natureza essencial que a perspectiva de Vygotsky tem das crianças:

> O contexto sociocultural define e modela qualquer criança particular e suas experiências. Ao mesmo tempo, as crianças afetam seus contextos. Em razão desta inter-relação, olhar apenas para a criança e ignorar seu contexto distorce nossa concepção sobre a natureza da criança. Concentrar-se apenas na criança nos encoraja a buscar as causas do comportamento dentro dela, e não no contexto. Na verdade, o mesmo processo desenvolvimental pode levar a diferentes resultados, conforme as circunstâncias. (p. 375)

As ideias fundamentais da teoria de Vygotsky

Berk e Winsler (1995) identificaram oito ideias principais que constituem a essência da teoria de Vygotsky. Vamos nos deter em seis delas de modo relativamente breve, mas com detalhes suficientes, para dar algumas informações significativas para que possa aplicá-las em suas próprias observações e interpretações do comportamento cognitivo e da linguagem da criança.

Variação intercultural

A primeira ideia apresentada por Berk e Winsler é a variação intercultural. Essa ideia é relevante para a discussão do multiculturalismo neste texto. As culturas diferem quanto ao que enfatizam como importante e nas atividades nas quais as crianças se envolvem. Portanto, presume-se que já que as culturas diferem nas atividades que enfatizam como importantes, "as funções mentais elevadas, nos humanos, variam conforme as culturas" (Berk e Winsler, 1995, p. 5). Essa ideia é bastante fácil de entender, se concordarmos com a proposição de que a inteligência tem função adaptativa ou de sobrevivência. É o intelecto que nos torna capazes de atender e de nos adaptar às exigências que a sociedade e a cultura nos impõem. Portanto, as diferentes culturas, com suas diferentes exigências, requerem que essa ferramenta que é o intelecto seja usada de modos diferentes; em certa medida, esse uso é específico a cada cultura.

O método desenvolvimental ou genético

A segunda ideia mais importante de Vygotsky refere-se ao que ele chama de "método desenvolvimental ou genético" (p. 5). Como Berk e Winsler afirmam "só podemos entender o comportamento humano, se examinarmos o desenvolvimento ou a história do comportamento. Para conhecermos realmente a essência de algo, precisamos analisar como se formou desenvolvimentalmente" (p. 5). Essa ideia faz sentido em diversos contextos. Por exemplo, se você realmente quiser entender um automóvel, precisa acompanhar o modo como ele se desenvolve ao longo de toda a linha de montagem. Da mesma forma, para compreender mais profundamente uma criança de cinco anos, é preciso compreender o que aconteceu, do ponto de vista do desenvolvimento, durante todas as semanas, os meses e anos de sua vida. Esse é um dos objetivos da psicologia do desenvolvimento.

Duas linhas de desenvolvimento: a linha natural e a linha cultural

A terceira ideia identifica duas linhas de desenvolvimento. Berk e Winsler se referem a elas como "dois planos distintos nos quais o desenvolvimento acontece: a *linha natural* e a *linha cultural*" (p. 5, grifo nosso). A linha natural refere-se ao crescimento biológico e à maturação das estruturas físicas e mentais. A linha cultural refere-se à "aprendizagem do uso das ferramentas culturais e à consciência humana que surge do envolvimento na atividade cultural" (p. 5). No Capítulo 2 discutimos a hereditariedade *versus* ambiente (natureza *versus* criação), que se concentra na questão de qual é a principal fonte ou causa das mudanças desenvolvimentais. Uma das respostas tradicionais a essa questão é que as mudanças derivam de processos geneticamente determinados de maturação, o que apoia o lado da natureza, dentro do debate natureza *versus* criação. A linha cultural de Vygotsky justapõe as duas respostas ao debate sobre hereditariedade *versus* ambiente: (1) as mudanças desenvolvimentais são causadas por experiências que provêm do ambiente externo (o lado da criação, no debate) e (2) a fonte de mudanças desenvolvimentais provém da interação entre o ambiente e as forças de maturação. Piaget, entre outros, assumiu a segunda proposição.

Berk e Winsler (1995), porém, ressaltam que "na maioria das teorias sobre a cognição e o desenvolvimento cognitivo, o social e o cognitivo entram minimamente em contato. Em vez de serem realmente unidos e interativos, são vistos como domínios separados de funcionamento. Na melhor das hipóteses o mundo social é um contexto que circunda a atividade cognitiva, e não uma parte integrante dele" (p. 12). Como afirmam mais à frente:

> Os profissionais da primeira infância tradicionalmente encaram o que a criança conhece e desenvolve como construção pessoal, mais do que social – uma tradição que deriva das maciças contribuições de Piaget para o campo. Segundo a forte postura piagetiana, à medida que as crianças exploram independentemente seu mundo físico e social, elas constroem conhecimento – um processo que se localiza dentro do indivíduo e é governado por ele. Se o modo de compreender a realidade é semelhante entre os seres humanos, é porque todos nós temos o mesmo equipamento biológico para interpretar as experiências: o cérebro humano. (p. 12)

Vygotsky discorda profundamente de Piaget quanto ao papel e à importância do contexto social. Vygotsky acredita que "a experiência social modela o modo de pensar e interpretar o mundo à disposição dos indivíduos" (p. 12). Por dar ênfase às influências sociais e culturais sobre o desenvolvimento das crianças, sua teoria é frequentemente chamada de teoria sociocultural.

Funções mentais inferiores *versus* superiores

Berk e Winsler referem-se à quarta ideia principal de Vygotsky com a expressão *funções mentais inferiores* versus *superiores*. É suficiente dizer em relação a isso que as funções mentais inferiores são aquelas compartilhadas com as outras espécies de mamíferos, enquanto as funções mentais superiores são exclusivas dos seres humanos. Essas funções superiores implicam o uso da linguagem e outros recursos ou ferramentas culturais que "orientam ou mediam a atividade cognitiva" (Berk e Winsler, 1995, p. 5).

A lei genética geral do desenvolvimento cultural

A quinta ideia principal de Winsler e Berk refere-se à lei genética geral do desenvolvimento cultural. Esse conceito é interessante. Vygotsky invoca novamente a noção de que o desenvolvimento ocorre em dois planos. Esses planos enfatizam a distinção entre o indivíduo e sua cultura ou sociedade. O primeiro é o plano social ou interpessoal; o segundo é o plano individual ou psicológico: "Todas as funções mentais superiores têm origem social e são por fim internalizadas" (Berk e Winsler, 1995, p. 12). Essa ideia reforça a importância do *background* e das experiências socioculturais, em grande oposição à ênfase principal que Piaget dá à contribuição do indivíduo para seu próprio desenvolvimento.

Importância fundamental da linguagem

A sexta ideia de Vygostsky se refere à importância fundamental da linguagem. Como Berk e Winsler (1995) escrevem "a linguagem, principal ferramenta usada pelos humanos para mediar suas atividades, é fundamental na reestruturação da mente e para informar os processos de pensamento superiores e autorregulados" (p. 5). A discussão dos autores a respeito da visão de Vygotsky sobre a linguagem torna-se um tanto mais complicada a seguir, embora não incompreensível. Vamos resumir brevemente tanto as concepções de Piaget quanto as de Vygotsky sobre o papel da linguagem no desenvolvimento da criança.

O discurso privado segundo Vygotsky e Piaget

"Para Piaget, o discurso privado é um *efeito colateral importante ou uma característica residual da mente da criança pré-operacional – um fenômeno que não tem função positiva no desenvolvimento*" (Berk e Winsler, 1995, p. 35, grifo nosso). A importância do discurso privado constitui a base das diferenças entre Piaget e Vygotsky. Vygotsky difere profundamente de Piaget com relação à importância do discurso privado. Uma das diferenças básicas é que Vygotsky conceituou esse discurso como útil para propósitos diferentes da comunicação com as outras pessoas. Essa conclusão está baseada na observação de Vygotsky de que "as crianças usam mais o discurso privado enquanto trabalham em tarefas difíceis do que quando realizam tarefas fáceis ou não fazem tarefa nenhuma" (Berk e Winlser, 1995, p. 35). Vygotsky observou também que o discurso privado se torna mais frequente entre a metade e o final dos anos pré-escolares, e diminui quando "o discurso privado *aberto* das crianças é substituída por sussurros ou murmúrios inaudíveis" (Berk e Winlser, 1995, p. 35, grifo nosso). Uma terceira diferença entre a interpretação de Piaget e Vygotsky do discurso privado é que "ele não se torna mais social com a idade. Ao contrário, torna-se menos compreensível para os outros, como se fosse abreviado ou internalizado" (p. 35).

A última diferença entre os dois teóricos baseia-se na observação de Vygotsky de que "quanto mais oportunidades de interação social a criança tiver, mais o discurso privado ocorrerá. Em vez de o discurso privado dar lugar ao discurso social, parece que o discurso social e o interior procedem juntos" (Berk e Winsler, 1995, p. 35). Em consequência, dadas todas essas descobertas, Vygotsky concluiu que "o objetivo principal do discurso privado não é a comunicação com os outros, mas a *comunicação consigo mesmo*, com a finalidade de *autorregulação* ou de orientação do próprio processo de pensamento e ações" (Berk e Winlser, 1995, p. 37, grifo do original). Berk (2006) confirma essa perspectiva sobre o discurso privado das crianças:

> Ele [Vygotsky] ponderou que as crianças falam para si mesmas, com a finalidade de se auto-orientar. Já que a linguagem as ajuda a pensar sobre as atividades mentais, sobre o comportamento e a selecionar linhas de ação, Vygotsky a considera como fundamento dos processos cognitivos superiores, entre eles, a atenção controlada, a memorização, a recordação deliberada, categorização, planejamento, solução de problemas,

> raciocínio abstrato e autorreflexão. À medida que as crianças crescem e acham as tarefas mais fáceis, o discurso autodirecionado é internalizado em discurso interno ou silencioso – são os diálogos verbais que travamos com nós mesmos enquanto pensamos e agimos nas situações cotidianas. (p. 259)

Essa conclusão levou Vygotsky a argumentar que:

> o momento mais significativo do desenvolvimento cognitivo ocorre quando a criança pré-escolar começa a usar a linguagem não apenas para comunicar-se com os outros, mas como ferramenta do pensamento – um meio para dirigir a própria atenção ao comportamento. Em resumo, a linguagem é primeiramente usada para a comunicação social. Em seguida, volta-se para dentro e se torna uma ferramenta da mente para falar consigo mesma e orientar o comportamento. Essa linguagem autorregulatória é, no início, aberta (discurso privado) e, depois, torna-se gradualmente encoberta (discurso interior ou pensamento verbal). Desse modo, a partir do mundo social, a linguagem se estende e entra no mundo cognitivo individual. O discurso privado é o estágio intermediário do processo de internalização. (Berk e Winsler, 1995, p. 37)

Vamos dar uma olhada no discurso da criança em termos do conceito de egocentrismo e **sociocentrismo** de Piaget. O **discurso egocêntrico** não leva a outra pessoa em consideração; é um discurso privado em relação a qualquer propósito prático. Não há um esforço real para comunicar-se com o outro; além disso, o que quer que se diga tem sentido apenas para a pessoa que fala. Piaget identificou três tipos de discurso egocêntrico: (a) monólogo, no qual o indivíduo fala apenas para si mesmo, sem que haja pessoas presentes; (b) repetição, na qual o indivíduo repete diversas vezes palavras e frases como se estivesse treinando ou simplesmente apreciasse emitir sons; (c) monólogo coletivo, no qual duas ou mais pessoas falam juntas, mas nenhuma delas presta atenção ao que as outras dizem. Cada "conversa" é independente das outras.

Já o discurso socializado é discurso público. Tem a finalidade de se comunicar com alguém; cada um leva em conta o que os outros dizem e responde de modo condizente.

1. A criança se envolve no discurso egocêntrico ou socializado? Quais são as circunstâncias sob as quais cada um dos tipos de discurso é usado?

O vocabulário é a base da fala. Nós nos comunicamos juntando palavras individuais em sentenças e parágrafos adequadamente construídos. Presume-se que quanto maior for o número de palavras presentes no vocabulário de uma pessoa, maior será a quantidade e a variedade de frases e ideias que ela poderá exprimir e transmitir aos outros. As palavras têm diferentes significados e servem a diferentes finalidades. Além disso, devem ser colocadas na posição correta dentro da frase; assim, existem regras de gramática e sintaxe.

2. O que observa a propósito do vocabulário da criança?

Examine a fala da criança especialmente no que diz respeito a palavras que exprimam relações e oposições – por exemplo, palavras como *e, ou, não, algum, diferente, mais, menos, em vez de, então* e *por que*. Assim, quão variado ou rico é o vocabulário da criança quando esta fala sobre o mundo e sobre coisas e pessoas? Pense em termos de classes ou categorias gerais de objetos, pessoas e eventos e, então, avalie quantas palavras diferentes a criança usa para discutir essas categorias. Por exemplo, uma criança pode falar sobre animais, pessoas, cores, formas, veículos, sentimentos, tempo meteorológico, alimentos e construções, entre outras coisas.

Cada palavra (ou conceito) representa uma classe geral de fenômenos. Assim, quantos animais diferentes a criança consegue nomear especificamente ou sobre quais animais fala: cachorro, gato, esquilos, tigre, raposa, ovelhas, cabritos, e assim por diante? A criança talvez tenha apenas poucas palavras específicas que representem os membros da classe conhecida como animais. Avalie a habilidade dela em outras categorias do mesmo modo.

A estrutura da frase também é um aspecto importante da fala. A estrutura se refere a coisas como os tipos de frases que a criança usa: perguntas, imperativos (ou seja, ordens ou instruções) e frases com sujeito e objeto. A criança forma frases compostas (duas orações separadas por uma conjunção), frases com uma oração principal e uma subordinada (por exemplo, "Vou com você se brincar comigo antes") e sentenças que contêm orações relativas (por exemplo, "O menino que bateu em mim está lá")?

3. Examine a fala da criança segundo o tipo de frases que usa. Qual é a extensão aparente desse uso? Ou seja, a criança usa uma variedade ampla ou restrita de tipos de frases?

Por fim, há a área das formas sintáticas. Referem-se a vários tipos de palavras usadas dentro da frase para transmitir significado. As formas sintáticas referem-se também ao modo como as várias palavras de uma frase se colocam umas em relação às outras para transmitir significado. Por exemplo, usamos as formas do verbo *ser* em frases como "Johnny *é* grande" e "Minha mãe *era* magra"; palavras que terminam em "ndo", gerúndio, "Sam está bate*ndo* em Billy" e "As crianças estão atravess*ando* a rua". Verbos na forma infinitiva, como "Quero *assistir* à TV" e "Ele queria *ir* com a mãe". E os vários tempos – passado, presente e futuro, para mencionar apenas os tempos simples ("Eu *fui* à loja"; "Ela *brinca* comigo"; "Minha mãe *irá* trabalhar segunda-feira").

4. Que tipos de formas sintáticas a criança usa ao falar? O que diria sobre o modo como usa as várias partes da fala?
   singular e plural: um pássaro e dois pássaros; um homem e dois homens.
   formas possessivas: meu livro, casa deles, seu carro.
   verbos no singular e no plural: Eles não comem aqui. Ele não vem com frequência. Os boxeadores lutaram com violência.
   pronomes: você, eu, eles, nós, vocês, ele.
   advérbios: Ela caminhou *devagar* pela sala. Ele comeu *rápido* e foi embora.
   adjetivos: os sapatos *vermelhos*; o *grande* edifício.
   preposições ou expressões: Ele foi *à* lousa. O gato escondeu-se *debaixo* do sofá.

Breve resumo

Vygotsky afirma que o discurso privado passa por mudanças ao longo de seu desenvolvimento. Primeiro, ele se transforma de um evidente discurso privado aberto em um discurso cada vez mais internalizado, como o pensamento ou a fala interior. Segundo, o discurso privado torna-se mais frequente nos anos pré-escolares e, em seguida, diminui de frequência durante os primeiros anos escolares. Terceiro, as modificações estruturais e gramaticais ocorrem à medida que o discurso privado é abreviado e internalizado. Quarto, "o discurso se desloca do comportamento seguinte para o comportamento anterior, pois assume função de planejamento e de regulação" (Berk e Winsler, 1995, p. 38).

Objetivos da observação

Aprender a respeito das habilidades de produção de linguagem de crianças pré-escolares e do modo como estas a usam como meio de interação social.

Procedimento

Neste exercício você fará, possivelmente, uma observação de grupo. Você deverá escolher duas ou três crianças que brinquem juntas ou que estejam envolvidas umas com as outras de algum modo (exceção válida à observação de grupo é qualquer ocasião em que a criança conversa consigo mesma, como no caso do comportamento de autorregulação ou no brincar com linguagem – veja o Exercício 16.5 para obter uma descrição desse tipo de brincadeira – ou em outras circunstâncias nas quais a criança apresente habilidades de linguagem fora do contexto social). Se o grupo se dissolver durante a sessão de observação, complete suas anotações, busque um grupo semelhante e repita o processo. A finalidade é observar e registrar os comportamentos de linguagem de crianças que participem de trocas sociais. Use o método de amostragem por evento para registrar exemplos do uso da linguagem. Registre também o uso específico que as crianças fazem da linguagem para se comunicar umas com as outras. Na medida do possível, registre as falas palavra por palavra; não deixe de incluir dados sobre os aspectos sociais e emocionais da situação (veja o Exercício de observação 16.4).

Exercício 16.5: brincar

Informações básicas

O conceito de brincar é provavelmente semelhante ao conceito de família ou de criança; a maioria das pessoas pensa saber o que é brincar, o que é uma família e o que é uma criança. Do mesmo modo como acreditam que família e crianças são muito importantes, acreditam também que brincar é extremamente importante em suas vidas. De fato, segundo alguns psicólogos, brincar é a atividade infantil mais importante. As atividades de brincar acompanham toda a vida das crianças. Algumas brincadeiras parecem obviamente ligadas à observação dos adultos; outras parecem brotar das fantasias das crianças e das experiências que consideram especialmente agradáveis.

Há diversas explicações para as finalidades principais das brincadeiras. Segundo elas, as brincadeiras podem ser desde um modo de extravasar o excesso de energia até um meio de expressão socioemocional. Pode-se brincar em grupo ou em atividades individuais. Em princípio, pelo menos, brincar é diferente de não brincar por ter características especiais, entre as quais a mais importante é sua natureza voluntária e o fato de que os participantes a estruturam de modo completo, quase sem levar em conta a regulação externa. Os "cinco descritores" do brincar, de Dworetzky (1987), embora estejam um pouco ultrapassados, ainda são relevantes. Parte-se do pressuposto de que "quanto maior for a quantidade de descritores que podem ser aplicados a determinada situação, mais alta será a probabilidade de que as pessoas a definam como brincar" (Dworetsky, 1987, p. 368). Os cinco descritores isolam os diferentes aspectos do comportamento considerados como indicativos do brincar.

Os cinco descritores do brincar, segundo Dworetsky

1. *Motivação intrínseca*. Significa simplesmente que o comportamento é motivado ou incitado a partir do interior do indivíduo e é "executado com fim em si mesmo, e não para satisfazer exigências sociais ou funções corporais" (p. 369).
2. *Afeto positivo*. Brincar é prazeroso ou divertido.
3. *Sem lateralidade*. Significa que o comportamento "não segue um padrão ou sequência levados a sério"; é um faz de conta (p. 369).
4. *Meios/fim*. Os meios são mais enfatizados do que os fins da atividade. O interesse principal está no comportamento em si mesmo, e não em objetivos ou resultados que possam ser atingidos.
5. *Flexibilidade*. Significa simplesmente que o comportamento não é rígido, mas moldável quanto à forma e ao contexto, por meio das diversas situações.

Craig e Kermis (1995) identificam seis categorias ou formas de brincar, cada uma com suas próprias características e funções. Os autores observam que essas formas de brincar se sobrepõem e não são mutuamente exclusivas nem exaustivas.

As seis categorias do brincar, segundo Craig e Kermis

1. *Prazer sensorial*. "A finalidade desse tipo de brincadeira", dizem Craig e Kermis, "é a experiência sensorial em si e por si mesma" (p. 402). Esse tipo de brincadeira instrui as crianças a respeito de seus "corpos, sentidos e a respeito da qualidade das coisas do ambiente" (p. 402).
2. *Brincar com o movimento*. São movimentos físicos como correr, pular e saltar, apreciados em si mesmos. Como Craig e Kermis ressaltam "as brincadeiras com os movimentos são iniciadas em geral por um adulto e proporcionam ao bebê algumas das primeiras experiências sociais" (p. 255). Os autores destacam também que não é comum as crianças compartilharem esse tipo de atividade com outras crianças antes dos três anos (p. 402).
3. *Brincadeiras turbulentas*. Craig e Kermis observam que embora professores e pais costumem desencorajar esse tipo de brincadeira, há evidências de que ela é benéfica às crianças. Além do exercício (especialmente as que exercitam os músculos grandes) e da liberação de energia, as brincadeiras turbulentas ensinam às crianças o modo de "lidar com seus sentimentos, controlar impulsos e filtrar os comportamentos negativos inadequados em um grupo" (p. 402).
4. *Brincar com a língua/linguagem*. Esse tipo de brincadeira envolve experimentações com o ritmo e a cadência da linguagem, a mistura de palavras para obter novos significados, o uso da linguagem "para zombar do mundo e verificar a apreensão que têm da realidade" (p. 402). Não existe a preocupação de usar a linguagem para se comunicar; as crianças concentram-se na própria linguagem, manipulando sons, padrões e significados. É interessante que Craig observa também que as crianças brincam com a linguagem "como um amortecedor contra as expressões de raiva" (p. 402).
5. Jogo *dramático e com modelos*. Assumir papéis ou modelos é considerado o tipo principal de brincadeira. Envolve atividades ou comportamentos como "brincar de casinha, imitar um dos pais que sai para trabalhar, fazer de conta que se é um bombeiro, uma enfermeira,

astronauta ou motorista de caminhão" (p. 404). Não comporta apenas uma "imitação do padrão completo de comportamento, mas também bastante fantasia e modos novos de interação" (p. 404). Os autores notam, além disso, que "as crianças passam a entender diversas relações sociais, regras e outros aspectos da cultura ao brincar de imitar" (p. 404).

6. *Jogos, rituais e brincadeiras competitivas*. Esse último modo de brincar é o mais sofisticado. Envolve regras e objetivos específicos, decisões sobre revezamentos, estabelecimento de diretivas sobre o que é ou não permitido, e assim por diante. São jogos e atividades que requerem ajuda para desenvolver habilidades cognitivas como "aprender regras, compreender sequências de causa e efeito, compreender as consequências de várias ações, aprender a vencer e a perder, além de aprender a ajustar o comportamento a determinados padrões e regras" (em Craig e Kermis, 1995, p. 404; veja também Herron e Sutton-Smith, 1971; Kamil e DeVries, 1980).

Os três tipos de brincadeiras de linguagem, segundo Schwartz

Ao citar Judith Schwartz (1981), Craig e Kermis (1995) descrevem três tipos de brincadeiras de linguagem:

1. Repetição regular de "letras e palavras em ritmo constante: *la la la / tra la la / la la la / tra la la*" (p. 402).

2. Há uma brincadeira que consiste em padrões de palavras "como se as crianças estivessem praticando um exercício ou frases gramaticais com as mesmas palavras: *Bate nisso/ senta nisso/ olha isso. Olha a luz/ cadê a luz/ aqui está a luz*" (p. 402).

3. Existe uma brincadeira menos frequente na qual "as crianças brincam com os significados das palavras ou inventam palavras para ajustar os significados" (p. 402). Eles dão alguns exemplos "*San Diego, Sandiego, Sandi Ego / San Diego, Sandi Ego / Eggs aren't sandy!*".

Craig e Kermis propõem que as crianças brincam com a linguagem porque é divertido, dá a elas a oportunidade de "praticar e dominar a gramática e as palavras que estão aprendendo", além de permitir que "controlem suas experiências" (p. 402-4). Observam que crianças mais velhas usam a linguagem para estruturar suas brincadeiras, talvez por meio de rituais, os quais, quando seguidos, permitem que controlem a experiência (p. 404).

Definição e descrição do brincar: algumas considerações complementares

Em relação à finalidade deste livro, as seis formas de brincar, de Craig e Kermis (1995), servem tanto para definir quanto para descrever as brincadeiras. Mas há outras descrições e definições do brincar. Brewer (1998), por exemplo, define o brincar que ocorre em ambiente escolar como um *continuum* "que vai do brincar livremente ao brincar sob orientação e ao brincar direcionado" (p. 104). Quando se permite que as crianças escolham os materiais com que querem brincar e o modo como querem brincar, elas brincam livremente. Quando a professora seleciona materiais entre os quais as crianças podem escolher, e a intenção da professora é ajudá-las a descobrir conceitos específicos, as crianças brincam de modo orientado. Já a brincadeira direcionada é aquela em que "o professor dá instruções às crianças sobre como executar uma tarefa específica.

Cantar canções, cantigas de roda com movimentos coordenados das mãos, e brincar de roda são exemplos de brincadeiras direcionadas" (Brewer, 1998, p. 104-5).

Procure lembrar a discussão do Capítulo 7 sobre as descrições das interações sociais de Parten ou aquilo que Brewer chama de "níveis das brincadeiras sociais" (p. 105). As descrições de Parten implicam graus diferentes de interação social ou de envolvimento entre as crianças. Observe que a primeira das classificações de Parten usa o termo *comportamento*, e não *brincar*, notadamente *comportamento ocioso* e *comportamento de expectador*. As características-chave dessas duas classificações consistem no fato de que no comportamento ocioso "a criança não está envolvida em nenhuma atividade ou interação social evidente" e no comportamento de expectador, "a criança passa a maior parte do tempo observando as outras brincarem".

Berk (1998) discute a classificação de Parten no contexto de "sociabilidade entre os pares". Segundo a descrição de Parten, o desenvolvimento social ocorre numa sequência de três passos. O primeiro passo consiste no comportamento ocioso, comportamento expectador e no brincar solitário (Berk, 1998, p. 251). Nessas três categorias, observa-se a ausência consistente de qualquer tipo de interação social. O passo seguinte envolve o brincar paralelo no qual a criança brinca perto das outras, com o mesmo material ou material semelhante, mas ainda não há interação social nem nenhuma tentativa de influenciar o comportamento de outra criança (1998, p. 251). As formas verdadeiras de brincar aparecem no brincar associativo, no qual "as crianças fazem atividades separadas, mas interagem trocando brinquedos e comentando sobre os comportamentos umas das outras (...) e a brincadeira cooperativa – um tipo mais avançado de interação no qual as crianças orientam-se a um objetivo comum como representar um tema de faz de conta ou trabalhar no mesmo produto, como um castelo de areia ou uma pintura" (p. 251).

Berk (1998) observa, além disso, que a brincadeira associativa e a brincadeira cooperativa "surgem na ordem sugerida por Parten, mas não formam uma sequência desenvolvimental nítida na qual as aquisições mais recentes substituem as anteriores (...) Em vez disso, todos os tipos coexistem durante os anos pré-escolares" (p. 251). Além disso, embora a frequência das atividades não sociais diminua com a idade, "ainda é a forma mais frequente de comportamento entre as crianças de três a quatro anos" (p. 251-252). Berk indica que entre três e seis anos, "a brincadeira solitária e a paralela permanecem bastante estáveis (...) e, juntas, essas categorias são responsáveis pelas brincadeiras de interação cooperativa, altamente social" (p. 252). O mais interessante é que a quantidade de brincadeiras solitárias e paralelas – que são formas de atividades não sociais – mudam menos que os tipos de brincadeiras paralelas e solitárias. Para citar o trabalho de Pan, de 1994, e o de Rubin, Watson e Jambor, de 1998, sobre as brincadeiras de crianças pré-escolares, Berk escreve "dentro de cada tipo de brincadeira de Parten, as crianças mais velhas apresentam comportamento cognitivamente mais maduro que as crianças mais novas" (p. 252). A autora identifica o que denomina "sequência desenvolvimental das categorias das brincadeiras cognitivas" (p. 252). A Tabela 16.5 apresenta essas categorias.

Brewer (1998) propõe uma modificação interessante da descrição do comportamento de expectador que chama de "brincar de expectador" (p. 105). A autora define essas brincadeiras como "brincadeira na qual a criança que brinca individualmente observa ao mesmo tempo as que brincam no mesmo local" (p. 105). Brewer nota também que durante a brincadeira de expectador "as crianças que observam umas às outras ao brincar podem modificar seu próprio comportamento de brincar depois de observar. As crianças envolvidas em uma brincadeira de expectador talvez pareçam passivas enquanto as outras em torno delas brincam, mas estão muito atentas ao que acontece à sua volta" (p. 105). Brewer omite inteiramente a categoria do comportamento ocioso, provavelmente porque não comporta nenhum tipo de brincadeira. A diferença que parece ser essencial entre o comportamento de expectador e a brincadeira de expectador é que, na última, a criança está realmente em uma atividade de brincar, e não apenas observando passivamente as outras brincarem. Sendo assim, não há razão lógica para descartar a categoria de comportamento de expectador de Parten, se as ações da criança estão de acordo com a definição da categoria.

Brincar com objetos

Os quatro tipos de brincadeiras com objetos, segundo Piaget: brincadeira de exercício, brincadeira simbólica, jogos com regras, jogos de construção

TABELA 16.5 Sequência desenvolvimental das categorias das brincadeiras cognitivas			
Categoria da brincadeira	Idade típica	Descrição	Exemplos
Brincadeira funcional	Durante os dois primeiros anos de vida.	A brincadeira funcional consiste em movimentos motores repetitivos; a criança pode usar ou não objetos.	Manipulação de objeto (por exemplo, "amassar argila"), sem nenhum objetivo em mente; deslocar-se em uma sala pela simples razão de se movimentar; "fazer um carrinho andar para frente e para trás".
Brincadeira construtiva	Entre 3 e 6 anos.	Fazer ou construir alguma coisa.	"Fazer um desenho"; fazer uma casa com blocos ou outro material adequado; trabalhar em um quebra-cabeça.
Brincadeira de faz de conta	Entre 2 e 6 anos.	Assumir "papéis cotidianos e imaginários" (p. 252).	Fazer de conta que é pai/mãe, bombeiro ou personagem televisivo; "brincar de casinha, de escola ou de policial".

Adaptado de Berk, 2007, p. 262.

Não se brinca apenas com outras pessoas – as crianças brincam também com objetos. Piaget identifica quatro tipos de brincadeiras com objetos: brincadeira de exercício, brincadeira simbólica, jogos com regras e jogos de construção. As brincadeiras de exercício significam exatamente o que o termo sugere – a exploração de materiais quanto a seus possíveis usos e características. Esse tipo de brincadeira é semelhante, ou envolve, aquilo que Piaget chamou de assimilação funcional ou reprodutiva, na qual a criança aprende sobre o objeto ou o brinquedo interagindo repetidamente com ele, assimilando-o, assim, a seu esquema ou estrutura cognitiva. A brincadeira simbólica é aquela em que o objeto ou brinquedo representa outra coisa, como quando a criança faz de conta que o galho de uma árvore é uma espada ou um foguete. Os jogos com regras ocorrem quando as "crianças [podem brincar] brincam segundo regras que elas mesmas elaboraram ou de acordo com as regras que são geralmente concordadas para o jogo" (Brewer, 1998, p. 106-107). Por fim, Piaget acreditava que os jogos de construção derivam das brincadeiras simbólicas "mas tendem mais tarde a constituir adaptações genuínas (construções mecânicas etc.) ou soluções para problemas e criações inteligentes" (Piaget e Inhelder, 1969, apud Brewer, 1998, p. 107).

O ponto de vista de Vygotsky sobre o brincar

Brewer (1998) resumiu sucintamente as ideias de Vygotsky sobre as brincadeiras, e nos remetemos a elas para a presente discussão. Vygotsky teorizou que "o brincar se desenvolve das brincadeiras manipulativas das crianças pequenas para as brincadeiras orientadas socialmente das crianças pré-escolares e, por fim, para os jogos" (Brewer, 1998, p. 107). Brewer cita três modos pelos quais Vygostsky acreditava que brincar fosse importante para o desenvolvimento infantil:

1. *"Brincar cria a **zona de desenvolvimento proximal** da criança"*. No ambiente em que brinca, a criança é capaz de controlar comportamentos, como executar uma tarefa, antes de ser capaz de controlá-lo em outro ambiente.
2. *"Brincar facilita a separação entre o pensamento e as ações e objetos"*. Ao brincar, a criança pode fazer de conta que um bloco é um barco; essa separação entre objeto e significado é crucial para o desenvolvimento do pensamento abstrato.
3. "Brincar facilita o desenvolvimento da autorregulação". "Ao desenvolver a autorregulação, as crianças que brincam devem fazer com que seu comportamento corresponda ao papel que aceitaram. Por exemplo, a criança que representa um 'cachorro' precisa ser capaz de obedecer à ordem de parar de latir ou de sentar-se" (De Bodrova e Leong, 1996, p. 126, apud Brewer, 1998, p. 107-8).

A zona de desenvolvimento proximal (ZDP) é essencialmente o espaço entre o que as crianças podem fazer por si mesmas e o que só conseguem fazer com a ajuda de alguém. Portanto, o primeiro benefício da brincadeira, segundo Vygotsky, consiste no fato de que as crianças aprendem a fazer, por meio das brincadeiras, algo que não conseguiam fazer em outro ambiente que não fosse o de brincar. O brincar faz com que se desloquem no espaço que está entre a ausência de habilidade e a presença da habilidade, e elas podem, em seguida, exprimir a habilidade recentemente adquirida em situações diferentes daquela em que a adquiriram.

O segundo benefício das brincadeiras está diretamente relacionado à cognição. A principal realização, neste caso, é a criança reconhecer que o significado do objeto existe independentemente do próprio objeto. Existe também a compreensão de que o significado de um objeto não é inerente a este; o significado é dado ao objeto por alguém, e tanto o significado quanto o rótulo a ele aplicado são concordados entre aqueles que usam o objeto e seu rótulo.[2] O fato de que os objetos têm significados diferentes para pessoas diferentes atesta a natureza arbitrária – convencionada – destes significados. As crianças também, por fim, aprendem isso.

O terceiro aspecto ou benefício das brincadeiras – a autorregulação – não ocorre em todas as brincadeiras, pois algumas delas caracterizam-se por serem voluntárias e espontâneas. De

---

[2] Rótulo aqui é usado no sentido do nome dado ao objeto. (NRT)

fato, brincar costuma sugerir a ideia de que há uma total indiferença por qualquer tipo de regulação que não seja aquela que os próprios participantes impõem. Dizer, portanto, que "as crianças, ao brincar, devem fazer com que seu comportamento corresponda ao papel que aceitaram" parece excluir a espontaneidade. Tal correspondência soa como imitação, embora existam a brincadeira simbólica e a brincadeira de desempenho de papéis, por exemplo, que exigem, ambas, autorregulação.

Objetivos da observação

Estudar o comportamento de brincar a partir de uma perspectiva de grupo ou individual. Analisar o comportamento das crianças de acordo com critérios descritivos específicos e, assim, determinar se se trata de um comportamento de brincar ou não, além de analisar o conteúdo dos padrões de interação das crianças e determinar em qual das seis classificações de brincar ou de interação social de Parten se encaixam. Observar o comportamento de diversas crianças, buscando evidências dos benefícios ou consequências do brincar identificados por Vygotsky, tais como o fato de uma criança apresentar comportamentos, ao brincar, que não seja capaz de apresentar em outra que não a atividade de brincar. E, por fim, observar exemplos de brincadeiras funcionais, construtivas e de faz de conta.

Procedimento

O exercício consiste de duas partes. Na Parte 1, você usará a técnica da descrição narrativa. Pode-se observar e registrar crianças individualmente, grupos ou ambos. Observe pelo menos três crianças individuais, ou dois grupos, por 10 a 15 minutos, em cada ocasião. Analise, então, seus dados descritivos e extraia conclusões quanto à atividade registrada ter sido ou não uma atividade de brincadeira. Ao interpretar os dados, baseie suas decisões de acordo com os seis tipos de brincadeira de Craig e os cinco descritores de Dworetzky. Indique, sempre que possível, o tipo de brincadeira observada em cada caso e quais descritores parecem se aplicar aos comportamentos registrados. Se acreditar que o episódio comportamental não seja brincar, explique o porquê dessa conclusão.

Na Parte 2 do exercício, você receberá três opções ou propósitos, e precisará executar um ou todos eles, conforme as exigências da situação. Na primeira opção se usará a técnica de amostragem por evento. Observe duas ou três crianças, por um período de 10 ou 15 minutos, e procure exemplos de comportamento que se encaixem em qualquer uma das classificações de brincar/interação social, de Parten. Tente observar crianças que apresentem comportamentos de brincar que se encaixem em diversas categorias de Parten. Em outras palavras, se as crianças observadas anteriormente parecem apresentar os mesmos tipos de comportamento de brincar, como a brincadeira solitária, observe outras crianças que apresentem comportamentos de brincar diferentes. O objetivo é reunir dados sobre comportamentos de brincar diferentes relacionados às seis classificações de Parten.

A segunda opção talvez seja um pouco mais complicada que a primeira. Pede-se que você use a técnica de amostragem por evento e observe o comportamento de diversas crianças – digamos duas ou três – buscando evidências dos benefícios ou das consequências do brincar propostos por Vygotsky. Por exemplo, você consegue observar uma criança que apresenta um comportamento de brincar que não parecia ser capaz de apresentar em uma situação que não a de brincar? Você talvez interprete o tempo gasto na brincadeira como um período de exercício ou de prática após o qual a criança apresentará a nova habilidade que acabou de adquirir em diferentes circunstâncias.

Uma vez que nessa segunda opção se use a técnica de amostragem por evento, talvez seja necessário mais tempo que na primeira opção. A técnica de amostragem por evento requer que você espere que o evento-alvo ocorra. Entretanto, não gaste tempo demais tentando capturá-los. Se a criança que estiver observando não apresentar os comportamentos que deseja, tente selecionar outras crianças que talvez tenham probabilidade maior de apresentá-los.

Na terceira opção você usará novamente a técnica de amostragem por evento. Selecione diversas crianças – digamos, também neste caso, duas ou três – como foco de observação. Consulte a Tabela 16.5 que contém a sequência desenvolvimental das categorias das brincadeiras cognitivas. Com base nessa sequência, busque exemplos de brincadeiras funcionais, construtivas e de faz de conta.

Essas categorias de brincadeiras abrangem os primeiros seis anos de vida, o que significa que as informações da Tabela 16.5 não se restringem ao presente exercício de observação. É possível também que você observe uma criança entre três e seis anos que apresente as brincadeiras funcionais que Berk descreve como típicas dos primeiros dois anos de vida. Isso seria semelhante à criança que se encontra predominantemente no estágio pré-operacional de Piaget e apresenta comportamentos sensório-motores.

A sua finalidade é procurar comportamentos que se encaixem nas seis categorias de brincar ou de interação social de Parten (veja a Tabela 7.3a, p. 124). Você não observará necessariamente crianças individuais ou grupos de crianças pré-selecionados como na Parte 1. Em vez de considerar todos os comportamentos que ocorreram (descrição narrativa), você terá de esperar a ocorrência de determinado comportamento que se encaixe em uma das categorias de Parten (amostragem por evento). Colocar um comportamento em uma categoria específica já equivale, para os fins deste exercício, a fazer uma interpretação. Portanto, não há espaços especialmente dedicados a comentários interpretativos (veja o Exercício de observação 16-5).

Exercício 16.6: comportamento emocional

Informações básicas

As emoções são tão básicas psicologicamente para nós que às vezes parecem óbvias. Identificamos claramente algumas de nossas emoções. Sabemos quando estamos zangados, assustados ou alegres. Em outros momentos, entretanto, é possível que os sentimentos não estejam tão claros e talvez não sejamos capazes de dar nome ao que sentimos. Qualquer que seja o caso, as emoções são experiências internas privadas e diretamente acessíveis apenas ao indivíduo que as experimenta. Assim sendo, não podemos afirmar com certeza qual emoção outra pessoa sente. É preciso que ela nos diga ou que façamos uma dedução sobre a emoção que ela sente com base no comportamento individual, expressões faciais e no evento que precedeu e que possa ter causado aquele sentimento. Os comportamentos emocionais da criança refinam-se e estendem-se à medida que ela cresce. Assim, uma criança de quatro ou cinco anos é em geral emocionalmente mais expressiva que uma de dois anos. Mas qual é o papel das emoções? Qual é seu significado? Vamos examinar por um momento o conceito de emoção a partir de uma perspectiva desenvolvimental ou, talvez, teórica. Carrol Izard (1977), em seu livro *Human emotions*, pergunta se é necessário estudar as emoções. Observa que "existe uma ampla gama de opiniões científicas quanto à natureza e à importância das emoções" (p. 3). Prossegue fornecendo algumas dessas opiniões científicas, mas logo chega à sua própria conclusão: "Em minha opinião, as emoções constituem o *sistema motivacional básico*[3] dos seres humanos" (p. 3, grifo nosso).

A despeito das opiniões específicas que se possa ter a esse respeito, é fato que as emoções estão aqui para ficar. É também um fato que, em nível pessoal, as emoções – as nossas próprias e as das crianças – são extremamente importantes. São importantes também em nível profissional. Tradicionalmente, por exemplo, os programas educacionais da primeira infância enfatizam o desenvolvimento emocional e social das crianças enquanto a ênfase que se dá ao desenvolvimento cognitivo é relativamente recente.

Stanley Greenspan, psiquiatra atuante envolvido em pesquisas sobre o desenvolvimento de bebês e crianças, e sua mulher, Nancy Thorndike Greenspan, economista da saúde, escreveram um livro intitulado *First feelings* (1985) que aborda o desenvolvimento emocional das crianças desde o nascimento até os quatro anos. É muito interessante, para nós, os seis marcos que, segundo os autores, caracterizam ou definem o crescimento e o desenvolvimento emocional das crianças. Neste capítulo, discutimos rapidamente apenas o quinto e o sexto marcos, que começa aos 18 meses e vai até os 48 meses. Esse intervalo abrange os anos pré-escolares e nossa intenção é que se use os marcos como orientação para determinar aproximadamente o estágio do desenvolvimento emocional ou de maturidade em que se encontra uma criança. Os primeiros estágios (de um a quatro) estão contidos nos capítulos 14 e 15. Os seis marcos emocionais dos Greenspan foram obtidos "observando de perto o comportamento, as reações emocionais e os modos pelos quais as crianças se relacionam conosco" (p. 3-4). Você será requisitado a fazer algo semelhante, mas no seu caso, as bases teóricas já foram estabelecidas. Pediremos somente que ponha suas observações dentro dessa estrutura teórica e que tente tirar algumas conclusões em relação ao nível de desenvolvimento emocional da criança.

Queremos, entretanto, ressaltar novamente que a principal finalidade não é dar meios de intervir como terapeuta ou mesmo como professor na vida das crianças. Em vez disso, queremos dar, com este exercício, uma estrutura teórica a partir da qual se pode observar e registrar as ações das crianças na área específica do comportamento e do desenvolvimento emocional.

Os marcos emocionais durante os anos pré-escolares

O quinto marco emocional segundo os Greenspan

O quinto estágio ou marco identificado pelos Greenspan ocorre entre 18 e 36 meses. Quando as crianças atingem esse marco, já aprenderam o modo pelo qual os objetos funcionam e continuam a melhorar sua habilidade de "organizar padrões sociais e emocionais complicados" (Greenspan e Greenspan, 1985, p. 5), uma habilidade que se torna evidente no estágio 4. Esta competência do estágio 4 aumenta de modo a capacitar a criança a "criar (...) objetos

---

[3] No original, *"primary motivational system"*, que também pode ser traduzido por "sistema motivacional original ou primitivo". (NRT)

em seu próprio olho mental" (p. 5). As imagens mentais de sua mãe, por exemplo, permitem que a criança lide com ela – e com os objetos – mesmo em sua ausência. Como os Greenspan ressaltam, a habilidade de formar imagens e impressões (para "criar [as próprias] experiências" ou "construir as próprias ideias", dizem os autores) dá também à criança a habilidade de sonhar "de modo adulto" (p. 6). Isso ocorre depois dos 15 meses – talvez por volta dos dois anos ou dois anos e meio. Nesse estágio, a criança consegue também brincar de faz de conta.

O sexto marco segundo os Greenspan

O sexto e último marco, que ocorre entre 30 e 48 meses, leva as crianças ao que os Greenspan descrevem como "os reinos emocionais do prazer, da dependência, da curiosidade, da raiva, da autodisciplina, do estabelecimento dos próprios limites e até mesmo da empatia e do amor" (p. 6). Além disso, as crianças aprendem "a separar o faz de conta da realidade e são capazes de trabalhar com ideias para planejar e antecipar" (p. 6). Segundo os autores, nesse estágio, uma criança de três anos e meio é capaz de dizer coisas como "Sonhei que havia bruxas debaixo da minha cama. Esta noite vou sonhar com gatinhos" (p. 6).

É importante enfatizar que o desenvolvimento emocional da criança e seu desenvolvimento intelectual caminham, digamos assim, de mãos dadas. Como os autores afirmam, a criança

> começará agora a organizar e manipular suas ideias com base na compreensão de causa e efeito de suas próprias emoções e do mundo que *começa a levar em conta a realidade*.

e,

> assim como a criança aprendeu a combinar blocos para fazer uma casa original, ela é capaz agora de combinar ideias emocionais. Consegue criar novos sentimentos de vergonha e, por fim, de culpa, com base em seus próprios sentimentos relativos a seus desejos e comportamentos "ruins".

Além disso,

> ela usa agora a lógica de causa e efeito no nível das ideias emocionais, lógica esta que desenvolveu anteriormente no nível de comportamento. (p. 173, grifo nosso)

O trabalho dos Greenspan revela o curso desenvolvimental das emoções e dá uma pista sobre algumas das mudanças de conteúdo ou de foco do comportamento emocional da criança. Assim, uma parte de sua tarefa de observação será identificar o conteúdo específico, o caráter e o nível desenvolvimental das reações emocionais das crianças.

Existe uma ampla variedade de emoções que as crianças são essencialmente capazes de apresentar. Visto que nos baseamos em uma parte considerável do trabalho dos Greenspan sobre esse aspecto crucial do desenvolvimento, adotaremos as sete áreas de funcionamento emocional que esses autores identificaram. Essas áreas são "dependência, prazer, amor e intimidade, curiosidade, assertividade e exploração, protesto e raiva e autodisciplina". Também foram observadas emoções relacionadas a essas áreas: "[sentimentos de] perda, tristeza, ansiedade, medo, vergonha e culpa" (Greenspan e Greenspan, 1985, p. 8).

Discutimos brevemente apenas algumas dessas emoções ou áreas de funcionamento emocional. Decidimos abordar a agressão (a qual, no contexto da terminologia dos autores, pode ser considerada como assertividade, protesto e raiva), a dependência e o medo. Chegamos a relutar em nos concentrar em sentimentos ou comportamentos negativos como esses, mas eles costumam preocupar pais e adultos. A agressão inadequada pode ser particularmente preocupante para pais e professores, especialmente a agressão que ameaça a segurança dos outros ou a que seja dirigida contra os adultos.

Agressão

A agressão, como outros tipos de comportamento, é usada tanto para identificar comportamentos particulares, com características específicas, quanto para descrever um **traço** particular de personalidade. Um traço é uma tendência de se comportar de determinadas maneiras em determinadas circunstâncias. Cada um desses usos tem problemas que os acompanham. O comportamento agressivo é quase sempre definido como o comportamento cuja finalidade é ferir física ou psicologicamente outra pessoa (ou a própria pessoa) ou danificar e destruir bens. Uma questão importante é se um comportamento é intencionalmente agressivo ou uma simples ocorrência acidental. Além disso, algumas pessoas argumentam que para que um comportamento seja considerado agressivo, o agressor deve sentir raiva ou hostilidade em relação à "vítima" e precisa sentir satisfação em feri-la. Esse tipo de agressão chama-se agressão hostil. Em contraste à agressão hostil, pode haver casos em que o agressor esteja interessado apenas em obter algum objeto da vítima ou atingir algum objetivo. Essa agressão chama-se agressão instrumental, e não precisa envolver raiva ou hostilidade.

Assegure-se de rotular como agressão hostil apenas aqueles comportamentos que se acreditem ter a intenção de ferir outra pessoa (incluindo tanto a agressão física quanto a verbal):

1. Observe o comportamento da criança buscando exemplos de agressão, seja em relação a outra criança, seja em relação a um adulto ou em relação a objetos do ambiente.

2. Que tipos de situações ou frustrações fazem com que a criança se zangue? Quais comportamentos das outras pessoas fazem a criança se zangar? De que modo ela exprime sua raiva?

Dependência

A dependência consiste em comportamentos como agarrar-se ou manter-se nas proximidades dos adultos ou de outras crianças; buscar aprovação, reconhecimento, assistência, atenção e reconforto; e tentar obter afeto e apoio. É importante reconhecer que todos nós somos dependentes. A questão é o grau e as circunstâncias em que mostramos nossa dependência. É útil também distinguir entre dois tipos básicos de dependência: (a) dependência instrumental, que é essencialmente a confiança necessária que temos nos outros para determinadas coisas que estão além de nossa capacidade; e (b) dependência emocional, que é a necessidade de estar perto dos outros e de ter seu apoio, afeto e reafirmação. A dependência pode ser também a relutância ou a autopercepção de ser incapaz de fazer coisas, por si mesmo, que se poderia ou se deveria ser capaz de fazer.

É importante que se distinga, sempre que possível, os comportamentos de dependência instrumental e de dependência emocional. É importante também notar que à medida que as crianças crescem, as características de seus comportamentos de dependência mudam. É provável que crianças muito novas apresentem comportamentos de agarrar-se e buscar proximidade, enquanto as mais velhas, que têm também mais habilidades cognitivas, busquem atenção e aprovação.

3. Em quais situações ou atividades a criança é dependente e, por exemplo, busca a presença, a orientação ou a assistência dos outros? Em quais situações a criança é independente e não busca orientação e assistência dos outros?

Medo

O medo é demonstrado por comportamentos como chorar, retrair-se, buscar ajuda e evitar a situação que o produz. O medo pode promover tanto a dependência quanto comportamentos agressivos. No entanto, o medo pode ser exprimido de forma tal que seja ele, e não a agressão ou a dependência, a emoção principal.

4. Que tipos de objeto ou situação parecem assustar a criança? De que modo ela exprime seus medos? Como lida com seus medos (ou seja, retraindo-se, enfrentado a situação que a inspira, buscando ajuda)?

Além dos comportamentos emocionais que acabamos de discutir, há outros sentimentos que as crianças são capazes de experimentar e exprimir. Precisa-se prestar atenção ao maior número possível de estados afetivos da criança. Por exemplo, existem sentimentos de prazer e desprazer, frustração, tédio e tristeza. Como os adultos, as crianças diferem quanto ao que conseguem identificar a respeito do que sentem e, como os adultos, as crianças diferem quanto ao modo de explicar os sentimentos. De qualquer modo, algumas crianças podem não ter a habilidade de exprimir verbalmente seus sentimentos.

5. Que tipos de coisa a criança parece apreciar? Quais atividades, materiais para brincar, histórias, jogos etc. parecem ser particularmente atraentes a ela? Como ela exprime esse prazer?

6. Que tipos de coisas são desagradáveis ou desconfortáveis para a criança? Em quais situações a criança parece estar pouco à vontade? Como ela exprime esse desagrado?

Como tópico final, ligado a todos os anteriores, considere a seguinte questão:

7. A maioria dos sentimentos da criança, ou todos, se exprime com a mesma força, ou a intensidade deles varia conforme o sentimento ou situação em particular?

Esse exercício talvez seja um pouco complicado essencialmente porque pediremos a você que tente tirar algumas conclusões em relação aos estágios dos Greenspan em que se encontram as crianças que se observa. Nesse exercício, além disso, você tentará compreender algo sobre os comportamentos emocionais infantis, sobre a gama de emoções das crianças e sobre os tipos de situação que ensejam tais comportamentos. Ainda nesse caso, você conseguirá apenas inferir o que a criança sente, com base nos comportamentos manifestos que observar; não conseguirá observar as emoções diretamente.

Objetivos da observação

Aprender sobre as diferenças dos comportamentos emocionais das crianças e da gama de respostas emocionais de crianças pré-escolares. Determinar o nível de desenvolvimento emocional de uma criança com base nos estágios 5 e 6 dos seis marcos ou estágios emocionais dos Greenspan.

Procedimento

O exercício tem duas partes. Na Parte 1, selecione três crianças e, usando a técnica de amostragem por evento, observe e registre os comportamentos ou padrões de comportamento que indiquem ou reflitam o marco do desenvolvimento emocional em que a criança se encontra. Descreva objetivamente esses comportamentos e especifique do modo mais preciso possível por que acha que os comportamentos que registrou indicam realmente um nível particular do desenvolvimento emocional.

Na Parte 2, trabalhe com as mesmas três crianças da Parte 1 e use a técnica da descrição narrativa para observar e registrar o comportamento de cada criança, por um período de 10 a 15 minutos. Registre do modo mais detalhado possível e não deixe de incluir descrições do contexto físico e social que estejam relacionados aos comportamentos emocionais observados. Interprete ou comente sobre cada criança, usando as perguntas e as informações básicas como orientação. Por fim, compare as três crianças. Observe a variedade de expressões emocionais, a intensidade da expressão e o que evoca as reações emocionais. Faça uma síntese de como as crianças diferem umas das outras nessa área de funcionamento (veja o Exercício de observação 16.6).

Exercício 16.7: desenvolvimento social e interações com os pares

Informações básicas

Muitos acreditam que o desenvolvimento social deve ser a preocupação mais importante de um programa de educação para a primeira infância, em particular, e dos anos da primeira infância, em geral. É durante esse período da vida que os horizontes da criança se expandem drasticamente e suas habilidades cognitivas e emocionais se tornam cada vez mais adequadas para interagir socialmente com os outros.

Os comportamentos sociais são comportamentos orientados para os outros e influenciados por eles. Uma interação social é uma situação na qual dois ou mais indivíduos levam-se reciprocamente em consideração. Assim, por exemplo, se Alex e Thomas interagem socialmente, Alex influencia Thomas e é também influenciado por ele.

O conceito de habilidades sociais é familiar para a maioria de nós. As habilidades sociais compreendem coisas como a habilidade de se dar bem com os outros, de influenciá-los ou persuadi-los sem agressão, resolver conflitos e desacordos de modo socialmente aceito e, em geral, ser capaz de iniciar e sustentar amizades e interações sociais. As habilidades sociais envolvem a habilidade de liderar um grupo bem como a de segui-lo, de modo a trabalhar por seus interesses.

As habilidades sociais são um produto da diminuição do egocentrismo e do aumento do sociocentrismo. Ambos são sustentados pelas habilidades cognitivas e intelectuais crescentes e pelo maior contato com os outros nas situações sociais.

Muitas áreas de desenvolvimento e de comportamento pertencem ao comportamento social. É preciso notar também que muito do que a criança faz durante o período pré-escolar, ela o faz dentro de um contexto social. Portanto, a maioria dos exercícios de observação presentes neste capítulo, se não todos, tem um componente social.

1. De que modo a criança mostra ter consciência dos outros e sensibilidade em relação a eles? De que modo exprime interesse pelos sentimentos e pelas necessidades dos outros?
2. De que modo a criança reage em uma situação na qual seja um membro do grupo? Segue as orientações do líder ou recusa-se a cooperar? A criança é sensível às necessidades do grupo e tem boa vontade em desempenhar seu papel de membro do grupo de modo adequado? Com esse propósito, a criança segue qualquer regra que esteja em vigor na situação? Ela compartilha, espera a própria vez, e assim por diante?
3. Se a criança for líder, de que modo se comportará nesse papel? Oferece sugestões ou faz exigências aos outros? De que modo as outras crianças reagem a seus esforços de liderança? A criança inspira confiança nos outros ou tende a afastar-se deles?
4. De que modo a criança inicia um contato com outras crianças? De que modo tenta unir-se ao grupo, iniciar uma nova atividade, participar de um grupo que já esteja em andamento, ou começar uma amizade? Como os outros reagem a seus esforços?
5. De que modo a criança resolve brigas ou conflitos – com a força física, ameaças verbais, esforços para chegar a um acordo, chamando um adulto etc.?

Objetivos da observação

Identificar o *status* social de várias crianças em um grupo. Aprender a respeito dos diferentes estilos de interação social das crianças.

Procedimento

O exercício é composto por duas partes. Na Parte 1, tente identificar os líderes em situações particulares de interação social/com os pares. Observe e registre os comportamentos desses líderes e os comportamentos das outras crianças do grupo. Faça o seguinte:

1. Identifique as semelhanças e diferenças entre os estilos de liderança ou comportamentos dos diferentes líderes que se tenha observado. O *estilo*, nesse caso, refere-se simplesmente ao modo como a criança afirma a liderança: por meio da força, persuasão verbal, carisma ou pela pura força positiva da personalidade.
2. Identifique as diferenças e semelhanças entre os comportamentos dos líderes e os comportamentos dos membros do grupo. De que modo são diferentes? De que modo são semelhantes? De que modo os líderes conseguem que os demais os sigam? Determinada criança é líder em um grupo ou em uma situação, e membro em outro/outra?

Na Parte 2, elabore uma tabela ou diagrama (talvez o melhor seja um **sociograma**) que permita determinar as crianças mais populares e as menos populares do grupo – populares no sentido de quantidade de interações sociais que mantiverem e quantidade de outras crianças que as procurem ou mostrem sinais de querer estarem com elas. Observe então e registre os comportamentos da criança mais popular e da menos popular do grupo. Examine seu registro de dados e compare os estilos de interação e as características comportamentais gerais dessas crianças.

O sociograma foi desenvolvido pelo psiquiatra J. L. Moreno. Segundo o sociólogo Rodney Stark (1985), os sociogramas "são tabelas que mostram as redes sociais dentro de um grupo" (p. 22). As redes são relações dentro do grupo. Os sociogramas são quase sempre construídos por meio de perguntas feitas ao grupo, como: Quem é seu amigo mais próximo? Quem você mais admira? Com quem mais gostaria de fazer uma viagem? Talvez não seja possível ou desejável fazer essas perguntas a crianças pré-escolares; portanto, precisa-se observar as interações e trocas sociais que ocorrem entre as crianças e elaborar o sociograma a partir desses dados. Apresentamos a seguir um exemplo de sociograma (veja o Exercício de observação 16.7)

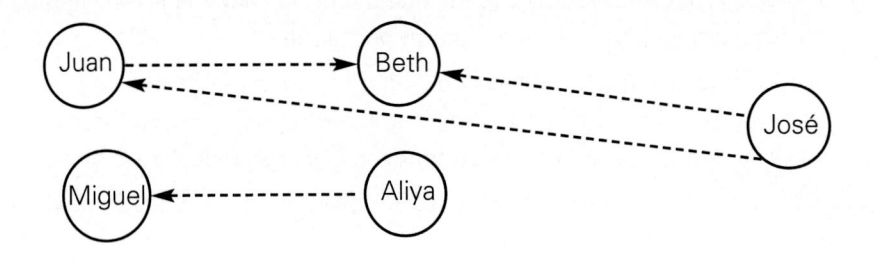

EXERCÍCIO DE OBSERVAÇÃO 16.1

PARTE 1: a criança pré-escolar e o ambiente físico

Nome do observador _____

Criança(s) observada(s) _____

Idade da(s) criança(s) _____ Sexo da(s) criança(s) _____

Contexto de observação (casa, creche, pré-escola, escola) _____

Data da observação ___ Horário do início ___ Horário do término ___

Breve descrição das características físicas e sociais do ambiente de observação:

Diagramas do ambiente físico

Dentro

Fora

PARTE 2: a criança pré-escolar e o ambiente físico

Nome do observador _____

Criança(s) observada(s) _____

Idade da(s) criança(s) _____ Sexo da(s) criança(s) _____

Contexto de observação (casa, creche, pré-escola, escola) _____

Data da observação ___ Horário do início ___ Horário do término ___

Breve descrição das características físicas e sociais do ambiente de observação:

(continua)

	EXERCÍCIO DE OBSERVAÇÃO 16.1 *(continuação)*
Descrições comportamentais objetivas (DCOs) e interpretações: *descrição narrativa*	DCO Sessão 1: [Horário de início ___ Horário de término ___] Interpretação 1: Localização 1: DCO Sessão 2: [Horário de início ___ Horário de término ___] Interpretação 2: Localização 2: DCO Sessão 3: [Horário de início ___ Horário de término ___] Interpretação 3: Localização 3: Prossiga com DCOs e interpretações o quanto for necessário. Resumo das diferenças comportamentais:

EXERCÍCIO DE OBSERVAÇÃO 16.2

Crescimento físico e funcionamento motor

Nome do observador _____

Criança(s) observada(s) _____

Idade da(s) criança(s) _____ Sexo da(s) criança(s) _____

Contexto de observação (casa, creche, pré-escola, escola) _____

Data da observação ___ Horário do início ___ Horário do término ___

Breve descrição das características físicas e sociais do ambiente de observação:

Descrições comportamentais objetivas (DCOs) e interpretações: *amostragem por evento*

DCO 1: Criança 1 (idade): [Horário de início ___ Horário de término ___]

Interpretação 1: Criança 1:

DCO 2: Criança 2 (idade): [Horário de início ___ Horário de término ___]

Interpretação 2: Criança 2:

Prossiga com DCOs o quanto desejar ou achar necessário.

Resumo das diferenças comportamentais:

EXERCÍCIO DE OBSERVAÇÃO 16.3

Desenvolvimento e comportamento cognitivo e intelectual

Nome do observador _____

Criança(s) observada(s) _____

Idade da(s) criança(s) _____ Sexo da(s) criança(s) _____

Contexto de observação (casa, creche, pré-escola, escola) _____

Data da observação ___ Horário do início ___ Horário do término ___

Breve descrição das características físicas e sociais do ambiente de observação:

Descrições comportamentais objetivas (DCOs) e interpretações: *descrição narrativa*

DCO 1: Criança 1 (idade): [Horário de início ___ Horário de término ___]

Interpretação 1: Criança 1:

DCO 2: Criança 2 (idade): [Horário de início ___ Horário de término ___]

Interpretação 2: Criança 2:

Prossiga com DCOs o quanto desejar ou achar necessário.

Resumo Criança 1:

Resumo Criança 2:

Semelhanças: Criança 1 com Criança 2:

Diferenças: Criança 1 com Criança 2:

| | EXERCÍCIO DE OBSERVAÇÃO 16.4 |

Desenvolvimento da linguagem

Nome do observador _____

Criança(s) observada(s) _____

Idade da(s) criança(s) _____ Sexo da(s) criança(s) _____

Contexto de observação (casa, creche, pré-escola, escola) _____

Data da observação ___ Horário do início ___ Horário do término ___

Breve descrição das características físicas e sociais do ambiente de observação:

Descrições comportamentais objetivas (DCOs) e interpretações: amostragem por evento

DCO 1: [Horário de início ___ Horário de término ___]

Interpretação 1:

DCO 2: [Horário de início ___ Horário de término ___]

Interpretação 2:

Prossiga com DCOs e interpretações o quanto desejar ou achar necessário.

Faça um resumo descritivo e interpretativo do comportamento de linguagem do grupo:

	EXERCÍCIO DE OBSERVAÇÃO **16.5**
Parte 1: Brincar	Nome do observador _____ Criança(s) observada(s) _____ Idade da(s) criança(s) _____ Sexo da(s) criança(s) _____ Contexto de observação (casa, creche, pré-escola, escola) _____ Data da observação ___ Horário do início ___ Horário do término ___ Breve descrição das características físicas e sociais do ambiente de observação:
Descrições comportamentais objetivas (DCOs) e interpretações: *descrição narrativa*	**DCO 1:** [Horário de início ___ Horário de término ___] **Interpretação 1:** **DCO 2:** [Horário de início ___ Horário de término ___] **Interpretação 2:** **DCO 3:** [Horário de início ___ Horário de término ___] **Interpretação 3:** **DCO 4:** [Horário de início ___ Horário de término ___] **Interpretação 4:** Prossiga com DCOs o quanto desejar ou achar necessário. Resumo e comentários interpretativos:

(continua)

EXERCÍCIO DE OBSERVAÇÃO 16.5 (continuação)

Parte 2: Brincar Opção 1 (Classificações do brincar/interações sociais de Parten):

Nome do observador _____

Criança(s) observada(s) _____

Idade da(s) criança(s) _____ Sexo da(s) criança(s) _____

Contexto de observação (casa, creche, pré-escola, escola) _____

Data da observação ___ Horário do início ___ Horário do término ___

Breve descrição das características físicas e sociais do ambiente de observação:

Descrição e classificação do brincar (Seis categorias de Parten – consulte a Tabela 7.3a, p. 139): amostragem por evento

Comportamento ocioso:

Comportamento de expectador:

Brincadeira solitária:

Brincadeira paralela:

Brincadeira associativa:

Brincadeira cooperativa:

Resumo e comentários interpretativos:

Parte 2: Brincar Opção 2 (benefícios e consequências do brincar segundo Vygotsky):

Nome do observador _____

Criança(s) observada(s) _____

Idade da(s) criança(s) _____ Sexo da(s) criança(s) _____

Contexto de observação (casa, creche, pré-escola, escola) _____

Data da observação ___ Horário do início ___ Horário do término ___

Breve descrição das características físicas e sociais do ambiente de observação:

(continua)

	EXERCÍCIO DE OBSERVAÇÃO **16.5** *(continuação)*
Descrições comportamentais objetivas (DCOs) e interpretações: amostragem por evento (veja a p. 157 para discussão dessas consequências)	Observe e registre os comportamentos de brincar que se encaixem corretamente em um ou mais dos benefícios de Vygotsky a seguir. Em cada exemplo, registre o nome da criança, o momento em que o comportamento se iniciou e o momento em que terminou. Brincadeira que cria a zona de desenvolvimento proximal da criança: **Criança:** _____ [Horário de início _____ Horário de término _____] Brincadeira que facilita a separação entre o pensamento e as ações e os objetos: **Criança:** _____ [Horário de início _____ Horário de término _____] Brincadeira que facilita o desenvolvimento da autorregulação: **Criança:** _____ [Horário de início _____ Horário de término _____] Continue com DCOs o quanto desejar ou for necessário. Resumo e comentários interpretativos:
Parte 2: Brincar Opção 3: Observar a sequência desenvolvimental das categorias das brincadeiras cognitivas	Nome do observador _____ Criança(s) observada(s) _____ Idade da(s) criança(s) _____ Sexo da(s) criança(s) _____ Contexto de observação (casa, creche, pré-escola, escola) _____ Data da observação ___ Horário do início ___ Horário do término ___ Breve descrição das características físicas e sociais do ambiente de observação:

(continua)

EXERCÍCIO DE OBSERVAÇÃO 16.5 (continuação)

Descrições comportamentais objetivas (DCOs) e interpretações: amostragem por evento (consulte a Tabela 17.5 para uma revisão dessas categorias)

Observe e registre os comportamentos de brincar que se encaixem em uma ou mais das categorias de brincar que se seguem. Em cada caso, registre o nome da criança e o momento em que o comportamento tenha se iniciado e terminado.

Brincadeira funcional:

Criança:____ [Horário de início ____ Horário de término____]

Brincadeira construtiva:

Criança:____ [Horário de início ____ Horário de término____]

Brincadeira de faz de conta

Criança:____ [Horário de início ____ Horário de término____]

Continue com DCOs o quanto desejar ou achar necessário.

Resumo e comentários interpretativos:

EXERCÍCIO DE OBSERVAÇÃO 16.6

Parte 1: Comportamento emocional (quinto e sexto marcos emocionais dos Greenspan)

Nome do observador _____

Criança(s) observada(s) _____

Idade da(s) criança(s) _____ Sexo da(s) criança(s) _____

Contexto de observação (casa, creche, pré-escola, escola) _____

Data da observação ___ Horário do início ___ Horário do término ___

Breve descrição das características físicas e sociais do ambiente de observação:

Descrições comportamentais objetivas (DCOs) e interpretações: amostragem por evento

Quinto marco emocional:

Criança 1: ___ [Horário de início _____ Horário de término _____]

Criança 2: ___ [Horário de início _____ Horário de término _____]

Sexto marco emocional:

Criança 1: ___ [Horário de início _____ Horário de término _____]

Criança 2: ___ [Horário de início _____ Horário de término _____]

Prossiga com DCOs o quanto desejar ou achar necessário.

Resumo e comentários interpretativos:

Parte 2: Comportamento emocional

Nome do observador _____

Criança(s) observada(s) _____

Idade da(s) criança(s) _____ Sexo da(s) criança(s) _____

Contexto de observação (casa, creche, pré-escola, escola) _____

Data da observação ___ Horário do início ___ Horário do término ___

Breve descrição das características físicas e sociais do ambiente de observação:

(*continua*)

EXERCÍCIO DE OBSERVAÇÃO 16.6 (continuação)

Descrições comportamentais objetivas (DCOs) e interpretações: descrição narrativa

DCO 1: **Criança 1:** [Horário de início ____ Horário de término ____]

Interpretação 1:

DCO 2: **Criança 2:** [Horário de início ____ Horário de término ____]

Interpretação 2:

DCO 3: **Criança 3:** [Horário de início ____ Horário de término ____]

Interpretação 3:

Prossiga com DCOs o quanto desejar ou achar necessário.

Resumo das diferenças comportamentais:

Resumo das semelhanças comportamentais

EXERCÍCIO DE OBSERVAÇÃO 16.7

Parte 1: Desenvolvimento social e interações com os pares

Nome do observador _____

Criança(s) observada(s) _____

Idade da(s) criança(s) _____ Sexo da(s) criança(s) _____

Contexto de observação (casa, creche, pré-escola, escola) _____

Data da observação ___ Horário do início ___ Horário do término ___

Breve descrição das características físicas e sociais do ambiente de observação:

Descrições comportamentais objetivas (DCOs) e interpretações: *descrição narrativa*

Líder 1: [Horário de início ___ Horário de término]
Comentários interpretativos 1:

Líder 2: [Horário de início ___ Horário de término]
Comentários interpretativos 2:

Líder 3: [Horário de início ___ Horário de término]
Comentários interpretativos 3:

Membros Situação 1: [Horário de início ___ Horário de término]
Membros Situação 2: [Horário de início ___ Horário de término]
Membros Situação 3: [Horário de início ___ Horário de término]

Comparação entre os líderes:

Comparação entre líderes e membros:

Prossiga com DCOs e com as interpretações dos líderes o quanto desejar ou achar necessário.

(continua)

EXERCÍCIO DE OBSERVAÇÃO 16.7 *(continuação)*

Parte 2: Desenvolvimento social e interações com os pares

Nome do observador _____

Criança(s) observada(s) _____

Idade da(s) criança(s) _____ Sexo da(s) criança(s) _____

Contexto de observação (casa, creche, pré-escola, escola) _____

Data da observação ___ Horário do início ___ Horário do término ___

Breve descrição das características físicas e sociais do ambiente de observação:

Descrições comportamentais objetivas (DCOs) e interpretações: *descrição narrativa*

DCO 1 (Criança menos popular) [Horário de início ___ Horário de término ___]

Interpretação 1 (criança menos popular):

DCO 2 (Criança mais popular): [Horário de início ___ Horário de término ___]

Interpretação 2 (criança mais popular):

Prossiga com DCOs e com as interpretações da criança menos popular e da mais popular o quanto desejar ou achar necessário.

Comparação entre a criança menos popular e a mais popular:

PARTE QUATRO

FASE INTERMEDIÁRIA DA INFÂNCIA – A IDADE ESCOLAR

CAPÍTULO 17
A IDADE ESCOLAR: A CRIANÇA DE SEIS ANOS

CAPÍTULO 18
A IDADE ESCOLAR: A CRIANÇA DE SETE E OITO ANOS

Introdução e preparação

A The National Association for the Education of Young Children (Naeyc) define *primeira infância* como os anos compreendidos do nascimento até os oito anos. Os últimos três anos dessa faixa etária normalmente colocariam a criança no primeiro, segundo ou terceiro ano do ensino fundamental. Certamente, crianças de seis, sete e oito anos passam algum tempo em outros lugares além da sala de aula, mas a maioria concorda que quase todos os dias da semana de uma criança em idade escolar se passa no cenário de sala de aula formal. Portanto, com relação à observação, presumimos que pelo menos alguns dos próximos exercícios de observação serão feitos em algum tipo de cenário de educação formal.

Embora dependa da escola em particular, também é provável que as observações feitas em uma sala de aula sejam mais estruturadas e controladas que aquelas realizadas em sala de aula da pré-escola. Isso significa que você terá menos liberdade para se movimentar ou participar de atividades com as crianças que teria em um cenário pré-escolar ou de cuidados infantis. Uma possível exceção a esta afirmação seria se você fosse um professor, um professor estagiário ou se estivesse, de alguma outra forma, oficialmente ligado à classe, mas mesmo assim, independentemente do seu estatuto oficial ou não oficial, você tem de respeitar as normas éticas que devem reger todas as interações com as crianças. No entanto, tenha sempre em mente que crianças de qualquer idade podem ser observadas em cenários de quase todo tipo e descrição. Na verdade, você tem muito a ganhar em relação à compreensão de crianças de qualquer idade se observá-las em muitos tipos diferentes de ambientes e situações.

Esta abordagem estendida do ciclo de vida da criança foi introduzida pela primeira vez na quinta edição do *Guia para observação e registro do comportamento infantil*. Assim, discorremos mais uma vez sobre a maioria das áreas do comportamento funcional abordada nos capítulos anteriores. O período dos seis aos oito anos continua a contemplar mudanças no desenvolvimento das habilidades físicas e motoras e no comportamento. As habilidades linguísticas e intelectuais atravessam um caminho inexorável, à exceção de algum problema físico, emocional ou médico que poderia desacelerar ou interferir no curso de seu desenvolvimento. Comportamentos sociais e emocionais mudam mediante a combinação de experiência e amadurecimento. E sim, as crianças dessas idades ainda continuam a brincar, embora o conteúdo e as motivações para isso sejam drasticamente diferentes do que eram apenas alguns anos atrás.

O formato geral para as séries de exercícios de observação a seguir – capítulos 17 e 18 – será semelhante ao formato dos exercícios dos capítulos anteriores. Há uma área funcional/comportamental que abordamos anteriormente que não será tratada nesta seção: a resposta da criança às características e aos requisitos particulares do ambiente físico (veja o Exercício de observação 16.1).

Os exercícios de observação abrangerão áreas relevantes do comportamento e competência de modo geral, o que significa que você tem a liberdade para aplicá-los em qualquer situação e de qualquer maneira que se adapte às suas finalidades legítimas. A premissa é que, em relação à observação como observação, e deixando de lado aspectos como as funções pragmáticas e sociais da linguagem, a linguagem – para adotarmos apenas um domínio de comportamento – é linguagem, seja ela apresentada, observada, registrada e interpretada durante uma atividade de aprendizagem em sala de aula ou durante um jogo de futebol na quadra da escola. No entanto, reconhecemos que pode haver mais interesse em como a criança fala sobre assuntos teóricos que no modo como dá instruções a um companheiro de equipe sobre como marcar um gol. Não obstante, em princípio, não há muita coisa que irá mudar significativamente de uma situação para outra com respeito às habilidades de observação e de registro necessárias.

O Capítulo 17 trata apenas da criança de seis anos. O capítulo final (Capítulo 18) combina os sete e oito anos. Tais separação e combinação têm um precedente em outros livros sobre desenvolvimento. Não podemos falar das razões dos outros autores, mas um dos motivos que orientam o presente livro baseia-se na afirmação de Piaget de que o período de operações concretas começa aproximadamente aos sete anos (e termina aproximadamente aos onze anos de idade). Isso significa que, mais ou menos tecnicamente, uma criança de seis anos ainda não fez a transição total do período pré-operatório. Esta declaração deve ser inserida no contexto de suposição geral, o que significa que pode não se aplicar a todas as crianças de seis anos. A hipótese de Piaget simplesmente fornece uma linha de demarcação entre muitas outras. Embora este livro não adote Piaget como a autoridade máxima no desenvolvimento cognitivo das crianças, suas ideias ainda têm lugar de destaque na literatura sobre desenvolvimento, fato que não deve ser ignorado, apesar das teorias que competem com sua atenção e credibilidade.

A idade escolar: a criança de seis anos

Termos-chave

Mudança dos cinco para os sete; intuitivo; *scaffolding* ou andaime; metacognição; consciência metalinguística; ambiguidade fonológica; ambiguidade lexical; ambiguidade sintática; capacidade de assumir papéis sociais; cognição social; comparação social; reputação entre os pares; crianças populares; crianças rejeitadas; crianças desprezadas; crianças controversas; crianças de *status* médio; sociometria; estrelas; amigáveis; isoladas; rejeitadas.

Crescimento físico e funcionamento motor

Informações básicas

Este é um momento de transições e ganhos significativos em todas as áreas de desenvolvimento e de comportamento. Esse caráter de transição e aperfeiçoamento pode ser percebido quando se lê a literatura sobre o desenvolvimento infantil. Pelo menos alguns autores descrevem as habilidades, capacidades e características das crianças em idade escolar comparando-as com crianças em idade pré-escolar. Krantz (1994), por exemplo, nos fornece um bom resumo de como é o crescimento físico e o funcionamento motor durante o período geral da fase intermediária da infância. Ele observa que, embora a "taxa de crescimento da criança diminua durante os anos pré-escolares, mudanças significativas no tamanho e na proporção do corpo afetam drasticamente o desenvolvimento de suas habilidades motoras" (p. 371). Trata-se de uma comparação útil da qual destaca que, mesmo durante o período pré-escolar inicial, mudanças rápidas influenciam a aparência da criança e o modo como ela atua ou se comporta. O crescimento diminui ainda mais após a idade pré-escolar, e as crianças em idade escolar mostram ganhos significativos ("extraordinários") no desenvolvimento físico e motor (Krantz, 1994, p. 371). Como ele afirma: "as mudanças físicas em tamanho, proporção, força e resistência fornecem a base para melhorias significativas nas habilidades motoras da criança" (p. 371).

Bukatko e Daehler (1995) também atestam as mudanças nas habilidades motoras e no desenvolvimento que ocorrem durante aproximadamente dois ou três anos. Essas mudanças estão resumidas na Tabela 17.1.

A descrição tabular é muito breve e pode não sugerir imediatamente o alcance das diferenças de comportamento exibidas entre as idades de quatro e seis anos. No entanto, amarrar sapatos e escrever alguns números e palavras representam um salto bastante significativo na capacidade motora fina (músculos pequenos).

Tabela 17.1 Resumos das mudanças nas habilidades motoras e no desenvolvimento	
Idade	Área ou habilidade funcional
4-5 anos	A criança • Consegue descer degraus alternando os pés. • Consegue galopar e saltar com um dos pé à frente e usando a perna de trás para se impulsionar. • Ao jogar uma bola, usa o corpo, transferindo seu peso para frente para acrescentar força à jogada. • Tenta pegar a bola com as mãos em vez de envolver os braços e o corpo. • Consegue comer com um garfo. • Consegue se envolver em habilidade de autoajuda, como se vestir sozinha.
5-6 anos	• Tem capacidade para andar sobre uma trave de equilíbrio. • Consegue pular a uma distância de cerca de 1 metro e saltar verticalmente a aproximadamente 30 centímetros do chão. • Agora consegue lançar e apanhar um objeto como um adulto.
6-7 anos	• Consegue amarrar seus sapatos. • Consegue escrever algumas palavras e números.

Adaptado de Bukatko e Daehler, 1995, p. 186.

Tenha em mente, também, que a criança de seis anos de idade retém todas as habilidades que tinha antes dessa idade, o que demonstra a natureza cumulativa do desenvolvimento.

Bukatko e Daehler (1995) também observam que durante a fase intermediária da infância, as habilidades motoras melhoram no que diz respeito à velocidade e complexidade dos movimentos. A criança demonstra maior coordenação e exibe habilidades físicas em uma variedade maior de situações e contextos em comparação ao que era possível anteriormente (p. 187).

Quatro capacidades motoras básicas de Berk em crianças em idade escolar: flexibilidade, equilíbrio, agilidade e força do movimento

Berk (2005) identifica e descreve quatro "capacidades motoras básicas" em que a criança em idade escolar mostra ganhos significativos. A primeira delas é a flexibilidade, que Berk descreve por meio de comparação e contraste. Ela observa que "comparadas a crianças em idade pré-escolar, crianças em idade escolar são fisicamente mais flexíveis e elásticas, uma diferença que pode ser vista quando elas rebatem e chutam uma bola, saltam sobre obstáculos e executam rotinas de exercício" (p. 417). O equilíbrio é a segunda capacidade em que percebemos melhorias. Apesar de alguns pré-escolares serem capazes de caminhar sobre uma trave de equilíbrio, a criança em idade escolar anda sobre uma viga ainda mais estreita que a criança mais nova. Melhor equilíbrio é importante porque, como observa Berk: "O equilíbrio mais desenvolvido serve de base para muitas habilidades atléticas, incluindo correr, pular, saltar, atirar, chutar e as rápidas mudanças de direção necessárias em muitos esportes coletivos" (2005, p. 418). A terceira área de melhoria é a agilidade: "Movimentos mais rápidos e precisos são evidentes no sofisticado trabalho com os pés ao pular corda e amarelinha, bem como nos movimentos para frente, para trás e para os lados que as crianças mais velhas fazem para se esquivarem dos adversários quando brincam de pega-pega ou jogam futebol" (p. 418). Por fim, a força com que as crianças executam seus movimentos aumenta drasticamente ao longo da infância. Berk reitera que "as crianças mais velhas atiram e chutam a bola com mais força e se impulsionam mais longe durante uma corrida ou quando saltam do que poderiam fazer quando mais novas" (p. 418). A Tabela 17.2 é um resumo de algumas descrições de Berk.

Tabela 17.2 Descrição resumida de algumas habilidades motoras grossas de uma criança de seis anos	
Área motora	Características
Corrida	A velocidade de corrida da criança é de aproximadamente 3,6 metros por segundo; ela tem bom equilíbrio durante a corrida; consegue mudar de direção com bastante facilidade; diverte-se com atividade física vigorosa como correr, pular, saltar, e assim por diante.
Saltar e variações	Consegue saltar verticalmente cerca de 10 cm; consegue saltar 90 cm de distância a partir da posição ereta. Aos sete anos, consegue saltar com certa precisão de um quadrado para outro, como no jogo de amarelinha.
Lançar	A velocidade, precisão e distância ao lançar algo aumenta mais em meninos do que em meninas. As diferenças na velocidade medida em metros por segundo (m/s) são refletidas em 11 m/s para uma bola lançada por um menino de seis anos contra 8 m/s para uma menina de seis anos. (A velocidade real da jogada não é possível de se determinar, mas subjetivamente, você deve ser capaz de detectar diferenças quando comparar o jeito e a capacidade de uma criança em idade pré-escolar.)
Pegar	A criança agora consegue pegar bolas menores e a distâncias maiores do que quando ela tinha idade pré-escolar.
Rebater	"Os movimentos feitos para rebater uma bola se tornam mais eficazes com a idade, aumentando sua velocidade e precisão e envolvendo o corpo inteiro". (Berk, 2005, p. 417)
Drible	Os movimentos de drible nos braços são mais sofisticados – mais suaves, controlados e coordenados – que os primeiros movimentos, difíceis e "estabanados" por natureza.

Adaptado de Berk, 1993, p. 403, 2005, p. 417.

Desenvolvimento e comportamento cognitivo e intelectual

Informações básicas: a "revolução cognitiva"

De um ponto de vista cognitivo e intelectual, a fase intermediária da infância é um momento interessante. A teoria de Piaget afirma que o período do pensamento operatório concreto, que é o terceiro de seus quatro estágios de desenvolvimento cognitivo, estende-se dos sete a aproximadamente onze anos. Portanto, tecnicamente, aos seis anos, a criança está na última fase do período pré-operatório. Isso não significa que uma criança com seis anos não seja capaz de atuar no período das operações concretas, mas que – pelo menos se Piaget estiver correto – não é típico para os seis anos de idade atuar principalmente no estágio posterior. Apesar da possibilidade de que as crianças que você venha a observar ainda estejam no período pré-operatório, fornecemos algumas informações que vão além do pré-operatório dos seis anos, introduzindo a fase de pensamento operatório concreto de Piaget.[1]

Steinberg e Meyer (1995) referem-se ao que eles chamam de "revolução cognitiva", a qual ocorre entre cinco e sete anos de idade. Estes autores identificam alguns dos ganhos cognitivos e intelectuais da criança durante esse período. Esses ganhos incluem uma ideia de conservação, melhora do raciocínio sobre a causalidade, aumento das habilidades de classificação e uma crescente capacidade de manipular símbolos (p. 347-348).

De acordo com Piaget, o raciocínio da criança pré-operatória é ilógico e assistemático, enquanto o período intermediário da infância permite justamente o estilo de raciocínio contrário: o início do pensamento e do raciocínio lógico e sistemático (cf. Krantz, 1994). No entanto, é importante notar que passar de um tipo de raciocínio para outro envolve uma mudança ou transição gradual, e não abrupta. Aqui, o termo *revolução cognitiva* pode ser substituído pelo termo de **mudança dos cinco para os sete** ou transição dos cinco para os sete. Krantz (1994) destaca que para Piaget, "o raciocínio da criança durante a mudança dos cinco aos sete [é] **intuitivo**" (p. 397, grifo do original). Como Krantz coloca: "Com o raciocínio intuitivo, a criança muitas vezes obtém as soluções certas para os problemas, mas sem compreender os princípios subjacentes" (p. 398). Ele descreve duas outras características de pensamento intuitivo que valem a pena mencionar: é inconsistente, dependendo das situações, e é provisório, mesmo quando uma solução está correta. A primeira característica significa que uma habilidade ou decisão cognitiva se quebra ou é abandonada se a situação original em que a criança raciocina corretamente é alterada. A segunda característica significa que a criança é facilmente persuadida a mudar sua decisão sobre a solução para um problema. A criança é insegura e indecisa em relação a quão correta é a sua solução para o problema.

---

[1] Vale acrescentar que, dentro da perspectiva piagetiana, o mais importante é a sequência lógica dos estágios, e não a idade média a eles relacionada. (NRT)

Teoria do processamento de informações e a teoria sociocultural

A teoria de Piaget não é a única a tentar explicar o desenvolvimento cognitivo da criança. A teoria de processamento de informações e a teoria sociocultural do desenvolvimento cognitivo de Vygotsky também competem pela atenção de psicólogos e, talvez, por sua lealdade. Os pontos de vista de Vygotsky são discutidos no livro *Child pshycology*, de Vasta, Haith e Miller (1995). Observe nesta passagem a comparação breve, mas significativa, das ideias de Vygostky com as de Piaget:

> Para ele [Vygotsky], o desenvolvimento do indivíduo é um produto de sua cultura. Desenvolvimento, na teoria de Vygotsky, refere-se em grande parte ao desenvolvimento mental, tal como processos de pensamento, linguagem e raciocínio. Presumiu-se que essas capacidades se desenvolvem por meio de interações sociais com os outros (especialmente com os pais) e, portanto, representavam o conhecimento compartilhado da cultura. De modo similar, as capacidades e os processos mentais eram vistos em termos da sequência histórica dos eventos que os produziu. *Enquanto Piaget acreditava que todo o desenvolvimento cognitivo infantil segue um padrão muito semelhante de estágios, Vygotsky entendia as capacidades intelectuais como muito mais específicas à cultura em que a criança foi educada*. (p. 23, grifo nosso)

A ênfase de Vygotsky nas influências culturais sobre o desenvolvimento cognitivo é significativa. Spodeck e Saracho (1994) discutem a distinção que Vygotsky faz entre desenvolvimento natural e desenvolvimento cultural. *Desenvolvimento natural*, como o termo pode sugerir, é o desenvolvimento que é resultado da maturação, enquanto o *desenvolvimento cultural* "se refere à linguagem e capacidade de raciocínio" (p. 77). Spodeck e Saracho discutem a interação entre linguagem e pensamento da seguinte forma:

> Os padrões de pensamento do indivíduo são produto das atividades praticadas na cultura em que ele cresce. Além disso, os modos avançados de pensamento (pensamento conceitual) precisam ser comunicados verbalmente às crianças; assim, a linguagem é uma ferramenta essencial na determinação da capacidade de uma pessoa para aprender a pensar. A educação informal e formal da criança, usando um meio de linguagem, determina seu nível de pensamento conceitual. Se a criança experimenta uma atmosfera de linguagem com discurso direto e meios de comunicação de massa dominados por linguagem simplista ou "primitiva", então seu pensamento será simplista ou primitivo. Por outro lado, se o ambiente de linguagem da criança inclui conceitos variados e complexos, seu pensamento será diversificado e intrincado, desde que seu equipamento biológico (os sentidos, sistema nervoso central etc.) não esteja incapacitado. (p. 77)

Vygotsky também propôs o conceito de zona de desenvolvimento proximal, que parece ser semelhante ao que Hunt (1961) alguns anos atrás chamou de "problema de combinação". A *zona de desenvolvimento proximal (ZDP)* refere-se a tarefas que a criança não consegue dominar, mas pode vir a dominar com a ajuda e a orientação de um adulto ou de uma criança mais velha, mais qualificada (Santrock, 1993, p. 287). A ZDP leva ainda ao conceito de ***scaffolding*** ou **andaime**, que é o apoio ou orientação oferecido pelo adulto e sobre o qual a criança constrói – usa como andaime – suas próprias habilidades e competências funcionais a serem incorporadas em seu repertório.

Uma implicação ou previsão da teoria de Vygotsky é que crianças de diferentes culturas mostram diferentes ritmos de desenvolvimento e conteúdos diferentes em seus pensamentos e raciocínio. Ao observar crianças de diferentes origens culturais, a consciência sobre essas diferenças pode exigir que modifique o que se espera encontrar em termos de comportamento, atitudes, valores e desempenho nas diversas áreas de desenvolvimento.

A teoria do processamento de informações tornou-se bastante popular, porque, dizem Bukatko e Daehler (1995), os psicólogos se "desencantaram com a aprendizagem, as teorias piagetianas e outras perspectivas para explicar o comportamento" (p. 53). A teoria do processamento de informações tenta explicar como a mente funciona na prática; ela presume que os seres humanos são realmente muito parecidos com computadores. Nós lidamos com símbolos assim como os computadores; temos estruturas cognitivas, tais como memórias de curto e longo prazo. Podemos usar diversos processos mentais, tais como estratégias de aprendizado e memória, regras e planos que influenciam a nossa "atenção, tomada de decisões, lembrança" (p. 53).

Um aspecto crítico da perspectiva da teoria do processamento de informações é o pressuposto de que os seres humanos têm uma capacidade limitada. Isto significa que existe apenas um número limitado de recursos mentais à nossa disposição. Duas condições importantes se originam dessa capacidade limitada. Primeiro, a prática de uma atividade limita nossa capacidade de nos envolvermos em outra atividade; segundo, algumas atividades mentais precisam de mais recursos mentais que outras. Com o desenvolvimento, a prática e a experiência, as funções mentais da criança se tornam mais eficientes e eficazes (Krantz, 1994, p. 407-8). Krantz identifica "três aspectos-chave do funcionamento cognitivo da criança" (p. 408) que sustentam o aumento da eficiência e eficácia: (1) o uso cada vez maior de estratégias por parte da criança, (2) a expansão de sua base de conhecimento e (3) crescente conscientização e controle de suas habilidades mentais.

Estratégias

Resumidamente, Krantz (1994) define *estratégias* como "operações voltadas às metas que os indivíduos usam deliberadamente para facilitar a memória, a atenção e a resolução de problemas" (p. 408). O ensaio (ou a recitação), que é basicamente repassar várias vezes algo novo, é um tipo de estratégia. A organização também é um tipo de estratégia pela qual o indivíduo coloca objetos ou eventos em categorias conceituais significativas – por exemplo, colocar todas as coisas que podem ser comidas na categoria "alimentos", e assim por diante. Uma terceira estratégia é a elaboração, que pode ser usada "quando os itens não podem ser facilmente agrupados em categorias familiares" (p. 408). A elaboração envolve "relacionar objetos uns com os outros com imagens fantasiosas absurdas" (p. 408). Isso envolve a criação de uma imagem mental de vários objetos – que deve ser lembrada ou relembrada – e que estão em algum tipo de relação ridícula e absurda uns com os outros. O exemplo que Krantz oferece é o de uma criança que tem de memorizar as palavras "livro, menino, cavalo, campo, chuva". Por meio da elaboração, a criança poderia imaginar "um menino montado em seu cavalo em um campo, lendo o livro na chuva" (p. 408).

Podemos nos questionar se uma criança de seis anos usa essas estratégias. Aparentemente não, pelo menos não de forma consistente ou espontânea. Krantz (1994), por exemplo, relata que as crianças podem aprender estratégias simples para "facilitar a atenção e a memória" ao chegarem aos anos iniciais do ensino fundamental. No entanto, elas parecem parar de usá-las depois que as sessões de treinamento específico terminam, um fenômeno conhecido como deficiência de produção (p. 409).

Uma base de conhecimento em expansão

Uma base de conhecimento em expansão significa, de forma mais simples, que a criança na fase intermediária da infância tem mais fatos, informações e conhecimentos sob seu comando que quando era mais nova, uma realização que deve ser levada em conta quando se considera a natureza fundamental da mudança no desenvolvimento. Essa expansão do conhecimento pode ser facilmente determinada ao conversarmos com uma criança de três ou quatro anos e vendo o que ela sabe em comparação a uma de seis anos. Contudo, o conhecimento factual e a experiência relativamente extensos normalmente devem aguardar a maturação, a experiência e as melhorias adicionais no uso das estratégias de aprendizagem da criança.

Metacognição

O terceiro aspecto-chave identificado por Krantz também merece alguma discussão: uma maior consciência e controle da criança sobre suas habilidades mentais. Essa nova capacidade é chamada **metacognição** (Krantz, 1994). Como Krantz descreve o termo: "Ele inclui o que você sabe, saber o que não sabe e saber o que fazer com o que sabe para resolver os problemas" (p. 410). Em termos mais simples, é saber o que sabe e o que não sabe e ser capaz de tirar proveito desse conhecimento para resolver problemas, tomar decisões, e assim por diante. É importante notar os dois principais componentes da metacognição. O primeiro desses componentes é a autoavaliação, que se refere à conscientização sobre o que alguém sabe ou não sabe sobre alguma coisa, a capacidade de determinar o que é preciso aprender para realizar uma tarefa (por exemplo) e a capacidade de chegar a uma conclusão quanto ao trabalho necessário para completar adequadamente uma tarefa ou atribuição (p. 411). A autogestão, o segundo componente da metacognição, envolve a capacidade de executar os comportamentos necessários que permitirão obter sucesso em determinada tarefa. Assim, por exemplo, será que uma garota de seis anos como a Alyce percebe que ela não entendeu corretamente as instruções de um companheiro de brincadeira, que precisa fazer perguntas ao amigo e que não saberá o que deve fazer depois para realizar com êxito as ações ou os comportamentos desejados? Isso poderia se aplicar também à compreensão de uma criança sobre a atribuição de uma tarefa pelo professor, e assim por diante. Pensar sobre o pensamento, que é a metacognição, é uma adição significativa aos recursos intelectuais da criança.

Um pouco mais sobre Piaget

Apesar da crescente popularidade de teorias concorrentes, muitos livros ainda colocam grande ênfase na teoria de Piaget, que, não obstante as críticas contra algumas de suas ideias e conclusões, ainda tem mérito e é digna de consideração. À luz disso, apresentamos a Tabela 17.3, que resume algumas das características do pensamento da criança durante a fase intermediária da infância. Somos gratos ao resumo dessas características feito por Harris (1993), do qual aproveitamos muito para a nossa própria apresentação deste tópico.

Dizemos que o estágio das operações concretas segundo Piaget normalmente começa aos sete anos, o que parece tornar a Tabela 17.3 irrelevante para a observação de crianças de seis anos. No entanto, nossa premissa é a de que para o estudante iniciante, aprender primeiro o que as crianças não conseguem fazer, pode, em alguns casos, ser tão importante quanto aprender o que elas conseguem fazer. Além disso, as faixas etárias que demarcam os estágios em qualquer teoria nunca são definitivas ou absolutas, o que deixa em aberto a possibilidade de existirem algumas crianças de seis anos capazes de atuar em algum nível dentro do estágio de operações concretas. Por fim, o observador não está limitado à teoria de Piaget para os dados sobre funcionamento cognitivo das crianças; por isso, se necessário, a Tabela 17.3 pode ser desconsiderada.

Tabela 17.3 Resumo de algumas características do pensamento operatório concreto

Características do pensamento operatório concreto (anos escolares)

- Compreende as regras gerais que fundamentam ou levam a resultados específicos (ideia de causa e efeito).
- Tem a capacidade de descentração, isto é, levar em conta mais de uma característica ou dimensão de um objeto ou uma situação ao mesmo tempo.
- Entende o conceito de operações mentais e físicas e o fato de que elas são reversíveis (por exemplo, a criança entende que o líquido derramado de um frasco pequeno e largo dentro de um frasco grande e estreito pode ser despejado de volta no recipiente largo e que nenhuma quantidade de líquido foi acrescentada ou retirada durante a "operação". A criança não é tão vulnerável à aparência das coisas).
- Consegue transferir o aprendizado (regras ou princípios) obtido a partir da solução de problemas concretos para resolver problemas na vida real.
- Não é enganada por percepções ou pelo que parece ser verdade, mas pode confiar no que ela sabe ser verdadeiro.
- É mais lógica e consegue raciocinar indutivamente – consegue formular hipóteses ou suposições baseadas no que conhece (consegue, de certo modo, raciocinar a partir de um caso específico para uma teoria geral).
- É mais sociocêntrica que egocêntrica – consegue acompanhar um ponto de vista ou perspectiva e não está restrita a seu próprio ponto de vista.
- "Muda os fatos para que caibam em suas hipóteses em vez de mudar suas hipóteses para caberem nos fatos (um novo egocentrismo)". (Harris, 1993, p. 529)

Adaptado de Harris, 1993, p. 529.

Resumo das habilidades cognitivas

Como uma última fonte de informações sobre o desenvolvimento e capacidades cognitivas e intelectuais da criança de seis anos, apresentamos na Tabela 17.4 alguns dos dados resumidos encontrados no livro de Brewer (1998) chamado *Introduction to early childhood education: preschool through primary grades*. Desse modo você pode fazer algumas comparações informativas que também incluem informações sobre as faixas etárias de quatro a cinco anos e sete a oito anos, idades que precedem e seguem imediatamente a idade-alvo de seis anos.

Tabela 17.4 Resumo das habilidades e características cognitivas da criança de três a oito anos		
Três a quatro anos	Cinco a seis anos	Sete a oito anos
• Entende e segue instruções com até dois comandos. • Os julgamentos não são pensados, e os erros são frequentes. • O vocabulário aumenta rapidamente. • Utiliza números, mas não tem a compreensão de seu significado, não tem o conceito de número. • Confunde fantasia e realidade; pode acreditar, por exemplo, que os sonhos entram em sua cabeça vindos de fora. • Tem o início de classificação, especialmente de acordo com a função ou a finalidade de um objeto. • Faz uso de algumas palavras funcionais abstratas. • Usa incessantemente a palavra "por quê"; quer saber como as coisas funcionam, por que se comportam de determinada forma. • O pensar é predominantemente egocêntrico – ou seja, centraliza-se em si mesma; é difícil para a criança tomar o ponto de vista de outra pessoa.	• O período de atenção está aumentando; consegue responder aos estímulos por mais tempo e por períodos ininterruptos. • Sabe como colocar objetos em série – consegue, por exemplo, organizar objetos de acordo com seu tamanho. • Sabe como colocar objetos em grupos de acordo com alguns critérios predeterminados. • O pensamento é mais deliberado, os julgamentos são menos impulsivos; a criança consegue prever o resultado de seu comportamento antes de realizá-lo realmente. • Distingue entre a fantasia e a realidade; sabe a diferença entre os sonhos e as experiências reais, por exemplo. • Usa a linguagem para categorizar as coisas, fazendo-o conscientemente. • Tem conhecimento da função representativa das palavras e figuras (sabe que elas representam objetos reais). • Mostra interesse em números e letras. • Consegue dar nome às cores. • Em tarefas de memória, o ensaio não é uma estratégia espontânea, mas deve ser induzido ou sugerido. • Consegue seguir três comandos ou instruções independentes. • Algumas crianças podem começar a demonstrar a compreensão de números e tamanhos.	• "As diferenças nas capacidades de leitura e linguagem se ampliam". (Brewer, 2007, p 17) • Começa a transição para o pensamento operacional concreto – o terceiro estágio do desenvolvimento cognitivo de Piaget. • Falar e discutir são importantes – usa a linguagem para resolver problemas e trocar ideias. • Sabe como planejar, uma das características do pensamento operacional concreto. • O interesse nas atividades dura mais tempo. • Causa e efeito começam a ser compreensíveis. • A compreensão sobre o tempo e o dinheiro aumenta, o que se trata de um exemplo de pensamento abstrato. • Usa gírias e linguagem chula. • Maior compreensão e uso de termos abstratos. • Demonstra mais consciência da comunidade e do mundo.

Adaptado de Brewer, 1998, p. 13; 2007, p. 17.

Linguagem

Informações básicas: linguagem e pensamento, segundo Vygotsky

De início queremos comentar muito brevemente sobre as opiniões de Vygotsky quanto à linguagem e sua relação com o pensamento, uma relação que promove algumas controvérsias ou diferenças de opinião entre os teóricos. Piaget acreditava que o pensamento e o desenvolvimento cognitivo em geral precedem à linguagem. A linguagem, nessa perspectiva, é essencialmente um veículo para expressar os pensamentos ou para a manipulação de ideias ou conteúdo intelectual. Assim, Piaget pensou, por exemplo, que a criança não usa expressões como "em cima" ou "ao lado" até que ela entenda o que tais palavras ou frases significam. Vygotsky conceituou a linguagem e o pensamento como desenvolvimentos independentes um do outro inicialmente, mas fundidos posteriormente (veja Santrock, 1993, p. 289).

As visões de Vygotsky sobre o desenvolvimento cognitivo também salientaram a importância da linguagem. Ao discutir a teoria de Vygotsky e o papel da cultura na influência do desenvolvimento cognitivo, Vasta, Haith e Miller (1995) escrevem sobre o "processo dialético", um processo pelo qual a aprendizagem ocorre quando a criança compartilha experiências na solução de problemas com outra pessoa (p. 38). Interações com outras pessoas são o mecanismo dominante para o crescimento cognitivo, e, embora essas interações possam ter muitas formas, Vygotsky enfatizou os "intercâmbios de linguagem" (Vasta et al., 1995, p. 38). As observações desses autores valem uma inclusão aqui:

> É principalmente por meio de seu discurso que os adultos presumem transmitir às crianças um rico corpo de conhecimentos que existe na cultura. À medida que a aprendizagem progride, a linguagem própria da criança vem a servir como sua principal ferramenta de adaptação intelectual. Eventualmente, as crianças podem, por exemplo, usar discurso interno para dirigir seu próprio comportamento da mesma maneira que o discurso dos pais já dirigiu. (p. 38)

Vygotsky chamou a transferência do controle dos pais para a criança de internalização: "Corpos de conhecimentos e ferramentas de pensamento, em princípio, existem fora da criança, na cultura subjacente. O desenvolvimento consiste na internalização gradual – principalmente por meio da linguagem – destas formas de adaptação cultural" (Vasta et al., 1995, p. 38). Estes comentários e citações ajudam a explicar por que a teoria de Vygotsky é chamada de teoria sociocultural ou sócio-histórica. Talvez a descrição mais simples e mais compreensível do ponto de vista de Vygotsky sobre a relação entre linguagem e pensamento venha de Graves, Gardiulo e Sluder (1996), que escrevem que Vygotsky "visualizou o processo de aquisição da linguagem da seguinte forma: os adultos dão nomes aos objetos, dão instruções e sugestões e, gradualmente, reduzem o nível de assistência à linguagem à medida que a criança ganha mais competência e confiança" (p. 297). É aqui que a zona de desenvolvimento proximal entra em jogo, um conceito discutido anteriormente.

Consciência metalinguística[2]

Berk resume muito bem as características gerais das conquistas da criança em idade escolar e sua posição relativa na sequência contínua da linguagem:

> Vocabulário, gramática e pragmática continuam a se desenvolver na fase intermediária da infância, embora de modo menos óbvio que em idades anteriores. Além disso, a atitude da criança em relação à linguagem sofre mudança fundamental. Ela desenvolve a **consciência metalinguística**, a capacidade de pensar na linguagem como um sistema. (Berk, 2005, p. 451, grifo do original)

Santrock (1993), ao abordar o mesmo fenômeno, coloca desta forma:

> Durante as fases intermediária e final da infância ocorre uma alteração na forma como a criança pensa nas palavras. Ela fica menos ligada às ações e dimensões perceptuais associadas às palavras, e ela se torna mais analítica em sua abordagem às palavras (...). A crescente capacidade elementar que a criança tem na análise das palavras ajuda a entender as palavras que não têm relação direta com suas próprias experiências pessoais. Isso permite que a criança acrescente mais palavras abstratas a seu vocabulário (...). Além disso, as crescentes capacidades analíticas da criança permitem distinguir entre palavras como *primo* e *sobrinho*, ou *cidade*, *vila* e *bairro*. (p. 422, grifo do original)

Parte dessa conquista descrita por Berk e Santrock pode ser explicada pela seguinte citação:

> Ela (...) desenvolve uma consciência intuitiva de como funciona a linguagem, conhecida como *consciência metalinguística*, que surge aos 5 anos, aproximadamente, e se desenvolve ao longo da fase intermediária da infância (...). A consciência metalinguística se refere a intuições sobre a linguagem que permitem que a criança saiba, por exemplo, se uma sentença está correta ou detectar se uma frase ambígua tem dois significados. (Zigler e Stevenson, 1993, p. 427, grifo do original)

Bukatko e Daehler (1995) também descrevem este fenômeno da consciência: "Crianças mais velhas – por exemplo, as do primeiro ou do segundo ano [do ensino fundamental] – mostram a capacidade de detectar problemas nas mensagens das outras e podem até mesmo sugerir revisões" (p. 261). Schickedanz et al. (1993) acrescentam algo importante e esclarecedor ao significado de consciência metalinguística, observando que tal consciência é capaz de fazer com que se "preste atenção à forma de linguagem – às estruturas usadas para transmitir o significado – em vez do próprio significado" (p. 484).

Há dois componentes da consciência metalinguística que nos interessa: humor e metáfora. O humor pode parecer evidente, mas as crianças de seis anos têm humor significativamente diferente das crianças mais velhas e dos adultos. Bukatko e Daehler (1995) usam o termo *jogo*

---

[2] Também pode ser utilizada a expressão "percepção metalinguística". (NRT)

de linguagem na discussão de humor e metáfora. Por jogo de linguagem, eles querem dizer "a criação de palavras engraçadas, contar piadas e fazer charadas ou usar palavras em sentido figurado" (p. 263). Schickedanz et al. (1993) referem-se a um aspecto do jogo de linguagem como **ambiguidade fonológica**, que é a ambiguidade ou incerteza sobre como as palavras são pronunciadas. Eles oferecem um exemplo de humor interessante de uma história fonologicamente ambígua, em inglês, de uma criança de seis anos:

"Knock, knock."
"Who's there?"
"Duane."
"Duane who?"
"Duane the tub... I'm dwowning." (p. 485)

Schickedanz et al. também identificam a **ambiguidade lexical**, que é a incerteza sobre o significado das palavras, e a **ambiguidade sintática**, que tem a ver com a própria estrutura da frase em si. Estes autores ilustram a ambiguidade lexical com a piada, em inglês, a seguir:

"Why did the farmer name his hog Ink?"
"Because he kept running out of the pen." (p. 484)

A ambiguidade sintática pode ser facilmente ilustrada pelo exemplo a seguir em inglês:

"Do you know how long cows should be milked?"
"How long?"
"As long as short ones, of course." (p. 485)

A ambiguidade consiste no duplo sentido da palavra *long*, que funciona como adjetivo ou advérbio.

Schickedanz et al. (1993) destacam que a compreensão e o uso das várias ambiguidades seguem uma espécie de progressão em estágios: a criança aprende a ambiguidade fonológica em primeiro lugar aos seis ou sete anos, a ambiguidade lexical vem depois, e a sintática não é compreendida até os onze ou doze (p. 486).

Vocabulário e um pouco de sintaxe

O vocabulário médio de uma criança de seis anos varia entre 10 mil e 14 mil palavras (veja Berk, 1993, 2005; Harris, 1993; Allen e Marotz, 2003, 2007). Apesar desse número impressionante de palavras utilizáveis que ela tem sob seu comando, ela ainda não domina todas as facetas do uso da linguagem. Como Papalia, Olds e Feldman (2007), por exemplo, notam: "Embora a gramática seja bastante complexa aos seis anos, as crianças, durante os primeiros anos escolares, raramente usam a voz passiva (como em "A calçada foi limpa com uma pá"), tempos verbais que incluem o auxiliar *ter* ("Eu já tinha limpado a calçada com uma pá") e sentenças condicionais ("Se Bárbara estivesse em casa, ela ajudaria a limpar calçada com uma pá") (p. 337).

Com base na obra de Carol S. Chomsky (1969) – que não deve ser confundida com Noam Chomsky –, Papalia e Olds (1992) citam três tipos de estruturas de sentença, os conceitos difíceis que eles contêm e a idade em que as crianças geralmente adquirem uma compreensão desses conceitos. Essas informações são apresentadas na Tabela 17.5.

Tabela 17.5 Aquisição de estruturas sintáticas complexas		
Estrutura	Conceito difícil	Idade de aquisição
É fácil ouvir o cachorro.	Quem está ouvindo?	5, 6 a 9 anos
Allen prometeu ajudar Fran.	Quem está ajudando?	5, 6 a 9 anos
Bill perguntou a Anthony o que dizer.	Quem está dizendo?	Algumas crianças de dez anos ainda não aprenderam (Papalia e Olds, 1992)
Ela sabia que Amy iria meter-se em confusão.	"Ela" se refere a Amy?	5, 6 anos

Adaptado de Papalia e Olds, 1992, p. 257.

Metacomunicação

Queremos discutir um último aspecto da capacidade e do funcionamento da linguagem relevante aos próximos exercícios de observação. Nossa discussão geral sobre a linguagem foi, de modo necessário, muito breve e incompleta. Na verdade, tratamentos mais completos para todos os domínios comportamentais e de desenvolvimento devem ser deixados para os livros sobre desenvolvimento humano e infantil. Este último tópico de linguagem é chamado *metacomunicação*, que se refere à compreensão dos processos de comunicação. Papalia e Olds (1992) parecem ter capturado ao menos um pouco da essência deste conceito e o que ele significa para crianças e adultos que trabalham com crianças:

> Crianças pequenas não entendem tudo o que veem, ouvem ou leem, mas muitas vezes não sabem que não entendem. Elas podem estar tão acostumadas a não entender as coisas do mundo em torno delas que isso não parece incomum. Portanto, os adultos precisam estar cientes de que a compreensão das crianças não pode ser tida como certa. Por questão de segurança, bem-estar e progresso escolar da criança, temos de encontrar algumas maneiras de determinar se a criança realmente sabe o que queremos que ela faça. (p. 258)

Um bom conselho, de fato. É relevante notar aqui que, por vezes, a criança pode nos enganar fazendo acreditar que ela sabe mais do que realmente sabe ou que é mais sofisticada do que realmente é por causa da linguagem que ela usa. O engano, não deliberado da sua parte, é possível graças a nossa incapacidade de reconhecer a diferença entre uma criança dizendo determinadas palavras e sua compreensão sobre os conceitos que essas palavras representam. Você pode imaginar, por exemplo, uma criança de seis anos dizendo: "Eu queria um pouco de leite, por favor, porque acredito que estou sofrendo de uma deficiência de cálcio"? O ponto aqui é se uma criança de seis anos realmente compreende o significado de "deficiência de cálcio". O exemplo não precisa ser tão inusitado como este. Coloque a questão no contexto de um professor dando a uma criança do primeiro ano instrução ou direção. O professor pode ter certeza que a instrução ou direção foi totalmente entendida? A resposta a esta questão é particularmente crítica se ou quando a segurança e o bem-estar da criança estão em jogo.

Desenvolvimento social e emocional

Esta é a última área funcional/comportamental a ser abordada. Optamos por combinar comportamento social e emocional sob a hipótese de que grande parte da expressão emocional do indivíduo ocorre em um contexto social de um tipo ou outro. Além disso, a norma nos livros didáticos sobre o desenvolvimento parece ser a de fazer a mesma combinação, tratando o desenvolvimento social e o emocional dentro de um mesmo capítulo. Além disso, colocar o desenvolvimento e comportamento social e emocional sob a mesma rubrica enfatiza o caráter interativo do crescimento e do desenvolvimento humano.

Esse "caráter interativo" dos domínios de desenvolvimento e comportamento é muito bem apontado por Steinberg e Belsky (1991): "A fase intermediária da infância é momento de desenvolvimento de competências psicológicas e sociais em um mundo que está em expansão e é exigente. A fase intermediária da infância é uma época em que o desenvolvimento psicossocial e o cognitivo *interagem intensamente*" (p. 377, grifo nosso). Assim, os muitos avanços da criança em idade escolar são possíveis por meio dos ganhos intelectuais que ela obtém. Esses autores acrescentam ainda que "ganhos cognitivos dão um impulso ao desenvolvimento social, e o desenvolvimento social, por sua vez, fornece o impulso para mais ganhos cognitivos" (Steinberg e Belsky, 1991, p. 377).

Um elemento importante do desenvolvimento social e emocional é a **capacidade de assumir papéis sociais**, definido por Schickedanz et al. (1993) como "[a] capacidade de se colocar no lugar de outra pessoa e antecipar o que ela pode sentir ou fazer" (p. 504). Estes autores descrevem a capacidade de assumir papéis sociais como um dos marcos ou marcas importantes do desenvolvimento social e emocional da criança em idade escolar. Além disso, a capacidade de assumir papéis sociais "leva a criança à maior compreensão das outras, bem como de si mesma, uma vez que ela agora é capaz de pensar em si mesma do ponto de vista dos outros". Esta capacidade envolve habilidades como "entender emoções, entender intenções e entender o pensamento" (p. 504). **Cognição social** é o conceito utilizado para explicar esta nova habilidade social e intelectual; é a capacidade de compreender "uma ampla gama de eventos sociais e interpessoais" (p. 504).

A cognição social inclui também uma capacidade de definir a si mesmo, assim como aos outros. Dessa forma, Bee (1995) escreve que "aos cinco ou seis anos, a maioria das crianças define a si mesma em conjunto de dimensões". Bee também observa que no início essas autodescrições são fortemente ligadas ao aqui e agora (p. 296). Com a idade e o aumento da maturidade em termos de desenvolvimento, suas descrições vão em direção "a uma autodefinição mais abstrata, mais comparativa e mais generalizada" (p. 296). As descrições das crianças para as outras também se tornam mais abstratas, comparativas e generalizadas. Como o termo *cognição social* implica, as habilidades sociais interpessoais dependem fortemente das habilidades intelectuais, criando assim a ocasião ou a oportunidade para interação entre esses dois conjuntos de habilidades.

Para manter os exercícios de observação dentro de limites razoáveis, vamos nos concentrar no relacionamento de uma criança de seis anos com seus pares, especificamente na amizade.

Relacionamento com os pares: amizades

A fase intermediária da infância é uma época em que os grupos de colegas começam a assumir importância singular. Essa importância é reforçada pela crescente influência de outros indivíduos ou grupos não familiares que assumem papéis importantes na socialização da criança. As interações sociais da criança em idade escolar estão em nítido contraste com as da criança pré-escolar, por exemplo, cujo círculo de amigos é geralmente limitado aos irmãos, crianças do bairro, colegas de classe na creche ou escola infantil, e assim por diante. É importante reconhecer que, embora as relações dos pré-escolares sejam baseadas, pelo menos em parte, em sentimentos, o que torna mais importante os amigos que os não amigos, ainda são os pais que satisfazem a maioria das suas necessidades emocionais relevantes (Krantz, 1994, p. 438). Entretanto, este arranjo muda durante a fase intermediária da infância, em parte, por conta da independência crescente da criança em relação aos pais. Agora a criança pode escolher como amigo alguém que possui características de personalidade capazes de preencher suas necessidades emocionais (Krantz, 1994, p. 438).

A criança em idade escolar também experimenta maior mobilidade física e contatos mais extensos com outras crianças, o que resultará em uma ampliação do seu círculo de amigos potenciais (Krantz, 1994). Crianças em idade escolar escolhem amigos, em grande parte, com base em características de personalidade, mas os critérios pelos quais os amigos são selecionados mudam com a idade e com a maturidade. Traços ou características específicas passam a ser mais valorizados que outros. Por exemplo, como Krantz (1994) relata: "As crianças nas primeiras séries [isto é, primeiro e segundo ano] selecionam seus amigos com base no autoatendimento a suas necessidades: Quem é um companheiro de brincadeiras bom e confiável? Quem está disposto a compartilhar recursos, como brinquedos e videogames?" (p. 439). Outras considerações também se aplicam, e algumas delas se baseiam no gênero. Embora as crianças em idade escolar em geral escolham amigos semelhantes a si em termos de idade, raça, classe social, sexo e *status* social (Krantz, 1994, p. 439; veja também Ramsey e Myers, 1990, entre outros), "os meninos tendem a enfatizar a semelhança de comportamentos superficiais, tais como interesse em histórias em quadrinhos ou esportes". As meninas, por outro lado, enfatizam a "semelhança de personalidade, tais como bondade ou amizade" (Krantz, 1994, p. 439; veja também Erwin, 1985).

Selman e Selman (1979), e mais tarde Selman (1981), estudaram a progressão das amizades. Selman e Selman (1979) descreveram amizade em cinco etapas, com algumas sobreposições consideráveis entre as faixas etárias. A publicação posterior de Selman (1981) identifica quatro estágios, e as idades são delineadas com mais precisão. Suas descrições são interessantes e informativas, e ambas as versões são apresentadas na Tabela 17.6a e na Tabela 17.6b.

No entanto, Craig e Kermis (1995) apressaram-se em salientar que alguns pesquisadores discordam de Selman e de seu modelo. Eles escrevem que "há evidências que as crianças implicitamente conhecem mais as regras e expectativas sobre um amigo que são capazes de dizer a um entrevistador" (p. 558). Também observado é o fato de que "amizades reais são bastante complicadas e estão em constante mudança" (p. 558).

Tabela 17.6a Três dos cinco estágios de amizade segundo Selman e Selman (1979)		
Estágio	Idades	Características
"0 – Colegas momentâneos (não diferenciados)"	3 a 7 anos	A criança é egocêntrica e vê a amizade principalmente em termos do que pode obter a partir dela. A criança define ou escolhe seus amigos em termos de quão perto eles moram; a criança também vê valor no que um amigo pode oferecer em termos de recursos ou bens materiais, como brinquedos.
"1 – Assistência de mão única (unilateral)"	4 a 9 anos	A criança define um bom amigo como alguém obediente a seus desejos, que faz o que ela quer que o "amigo" faça.
"2 – Cooperação interessada, de mão dupla (recíproca)"	6 a 12 anos	Embora haja alguma reciprocidade nas amizades nesta idade e estágio, os amigos ainda são definidos pelos interesses de cada indivíduo e não por interesses comuns.

Adaptado de Papalia e Olds, 1992, p. 284.

Tabela 17.6b Dois dos quatro estágios no desenvolvimento da amizade segundo Selman (1981)		
Estágio	Idades	Características
1	6 anos ou menos	As amizades são baseadas em coisas como onde a criança mora (localização geográfica) ou por outras características físicas ou aparência. A criança é egocêntrica e tem dificuldade em enxergar as coisas da perspectiva de outra pessoa.
2	7 a 9 anos	A criança começa a formar amizades com base nos sentimentos dos outros e no princípio da reciprocidade – cada um fazendo pelo outro. As amizades também começam a ser feitas com base nos comportamentos sociais e envolvem avaliação mútua.

Adaptado de Craig e Kermis, 1995, p. 558.

As habilidades cognitivas e sociais necessárias para que a criança em idade escolar faça e mantenha amizades são consideravelmente maiores (e diferentes) que as habilidades necessárias para a criança mais nova fazê-lo. Há dois elementos específicos envolvidos ao fazer e manter amigos: **comparação social** e **reputação entre os pares** (Krantz, 1994, p. 439).

Comparação social

Comparação social é uma habilidade cognitiva que permite ao indivíduo "descrever, classificar e graduar colegas em várias características e atributos" (Krantz, 1994, p. 439). Relatou-se que crianças em idade escolar dedicam grande quantidade de tempo comparando seus colegas. Ao fazê-lo, elas consideram qualidades abstratas, como gostos e aversões, pensamentos e sentimentos (Krantz, 1994, p. 439; veja também Diaz e Berndt, 1982).

Essas comparações sociais desempenham funções importantes e têm algumas consequências relevantes. Comparações precisas permitem à criança avaliar o quanto ela satisfará as necessidades e motivações de seus colegas; o *ranking* que se origina também orienta as interações sociais infantis. Além disso, as crianças têm uma espécie de espelho – ou padrão – para outras crianças por meio do qual podem avaliar suas próprias competências. Estes autojulgamentos também afetam o comportamento social das crianças (veja Krantz, 1994, p. 439-440).

Reputação entre os pares

Todos nós sabemos da importância da reputação e como nossa própria reputação e a dos outros influenciam o modo como estes lidam conosco e como lidamos com eles. Krantz (1994) define *reputação entre os pares* como a "caracterização relativamente estável de uma criança compartilhada por membros do grupo de pares" (p. 441). É significativo o fato de que as crianças aprendem a influenciar sua própria reputação. Elas conseguem fazer isso mediante o controle da impressão que exercem sobre os outros por meio de coisas como aparência pessoal e vestimentas, exibindo atributos valorizados por um colega ou por se comportar de maneiras que contradizem uma reputação negativa (p. 441).

Mantendo amigos e emoções

Nesta área, fizemos breve levantamento sobre o tema do comportamento emocional, questão a que temos, até agora, dado pouca atenção. Uma coisa é estabelecer uma amizade, mas pode ser bem diferente mantê-la viva.

Competências necessárias para responder às demandas do relacionamento

Estabelecer uma amizade requer certas habilidades sociais que já discutimos. No entanto, uma vez estabelecidas, outras habilidades entram em jogo, pois o próprio relacionamento faz certas exigências mais ou menos contínuas e que requerem monitoramento e ajustes cuidadosos por parte dos participantes. Krantz (1994) identifica como habilidade crítica o gerenciamento das emoções "no contexto dos relacionamentos cada vez mais íntimos e recíprocos" (p. 441). Esse gerenciamento das emoções envolve várias habilidades ou realizações. Primeiro, a criança – que iremos chamar de Andrew – deve ser capaz de controlar explosões emocionais que possam comprometer a amizade intimidando e subjugando Rebecca, sua suposta amiga. Segundo, Andrew deve ser sensível às emoções variáveis próprias de Rebecca e ajustar seu comportamento de acordo. Rebecca deve retribuir, porque a sensibilidade é uma via de mão dupla. Sensibilidade e compreensão dos sentimentos da outra pessoa e seu possível contexto preparam o caminho para a expressão de empatia e apoio emocional. Um terceiro aspecto, intimamente relacionado com a segunda habilidade que acabamos de mencionar, requer o que Krantz descreve como "aprender a sintonizar ou combinar suas emoções e o ritmo de seu comportamento ao dos seus amigos" (Krantz, 1994, p. 442, veja também Field et al., 1992). Assim, Rebecca pode ter de moderar o tom ou diminuir sua emoção e alegria, porque o humor de Andrew não está tão alegre. Como Krantz colocaria, a sintonia pode exigir que Rebecca seja menos animada em sua expressão emocional e que Andrew seja um pouco mais bem-humorado se pretende que sua interação seja relativamente boa (Krantz, 1994, p. 442). Por fim, Andrew e Rebecca "devem aprender a evitar apreensão e reclamação persistentes" que um deles ou ambos podem achar irritante (p. 442).

Categorias de *status* sociais que refletem a popularidade da criança

Mais uma faceta da amizade merece um pouco de atenção, a saber, a popularidade. Pesquisadores estabeleceram categorias que chamam de *status* sociais os quais refletem a popularidade da criança entre seus colegas. Citando pesquisadores como Bukowski e Hosa (1989) e Coie, Dodge e Coppotelli (1982), Krantz (1994) discute cinco dessas categorias sociais e suas respectivas características.

A primeira dessas categorias é chamada **crianças populares**, descritas como crianças "que são benquistas pela maioria de seus pares e não são malquistas por ninguém" (p. 443). **Crianças rejeitadas** são aquelas "malquistas pela maioria de seus colegas e benquistas por muito poucos" (p. 443). Depois, há **crianças desprezadas**, "que não são nem benquistas nem malquistas por ninguém" (p. 443). Há crianças "que são benquistas por muitos de seus colegas e malquistas por muitos outros"; essas crianças são chamadas **crianças controversas** (p. 443). Por fim, existem as chamadas **crianças de *status* médio**, "que são benquistas por poucos colegas e malquistas por alguns outros" (p. 443).

Há ainda mais um conjunto de descritores associado a um método de estudo das relações dentro de um grupo, chamado **sociometria**. Steinberg e Meyer (1995) especificam quatro grupos que podem ser colocados em uma sequência de popularidade por meio do uso desta técnica sociométrica. O primeiro desses grupos contém crianças **estrelas**, descritas como crianças que "são muito benquistas e têm *status* e influência consideráveis no grupo de pares". Os autores acrescentam a esta descrição observando que as estrelas, além de serem "espertas e atraentes, têm melhores habilidades sociais e são mais propensas a agir como líderes" (p. 421). Elas são socialmente ativas e tendem a assumir o planejamento das atividades e iniciar eventos sociais.

As **amigáveis**, o segundo grupo em ordem de popularidade, são "benquistas pelos outros, mas têm menos *status* e impacto que as estrelas" (p. 421). Em seguida na ordem de popularidade estão as **isoladas**, que "não são nem bem-quistas nem malquistas; essas crianças muitas vezes são simplesmente ignoradas" (p. 421). Na parte inferior do totem da popularidade, por assim dizer, estão as **rejeitadas**, crianças que "são ativamente malquistas pelos outros e têm um impacto negativo sobre seu grupo de colegas" (p. 421). Você pode achar instrutivo comparar e contrastar os dois conjuntos de categorias para descrever a popularidade. Voltaremos a eles nos exercícios de observação sobre comportamento social e emocional das crianças de seis anos.

Isto conclui nossa apresentação das informações básicas sobre as quatro áreas do comportamento e do desenvolvimento abordadas nesta seção do livro. Discutimos o desenvolvimento físico e motor, o desenvolvimento cognitivo e intelectual, o desenvolvimento da linguagem e o desenvolvimento social e emocional. Tudo o que resta são os exercícios de observação que acompanham cada um desses domínios.

Exercício de observação 17.1: crescimento físico e funcionamento motor

Objetivos da observação

Neste exercício, seu objetivo será aprender sobre as capacidades motoras grossas (grandes) e finas (pequenas) da criança de seis anos, bem como suas características físicas gerais.

Procedimento

Como mencionado anteriormente na apresentação das informações básicas, muito discernimento e compreensão podem ser alcançados por meio do processo de observação de semelhanças (comparação) e diferenças (contrastes) entre uma criança de seis anos e uma mais nova. Portanto, seu objetivo pode ser atingido de uma das duas maneiras: (1) observe de fato, pelo menos duas crianças de três ou quatro anos e compare e contraste suas características físicas e habilidades motoras com, pelo menos, duas crianças de seis anos; ou (2) observe, pelo menos duas crianças de seis anos e compare e contraste suas características físicas e habilidades motoras com relatórios de observação escritos sobre pré-escolares que você possa já ter feito em outra tarefa. Se não puder observar dois pré-escolares, nem ter acesso aos relatórios de observação já feitos sobre algumas dessas crianças, basta selecionar pelo menos duas crianças de seis anos como metas de observação e registro.

Parte 1 – Características físicas das crianças de seis anos

Usando um formato de amostragem por eventos, faça o seguinte: (1) descreva, em detalhes, as características físicas gerais de pré-escolares e as características físicas gerais de crianças de seis anos; (2) compare e contraste as características físicas das mais velhas com as das mais novas; além disso, compare e contraste as duas crianças de seis anos uma com a outra. A intenção aqui é observar as diferenças individuais que podem existir entre as duas crianças. Essas diferenças podem ser mais aparentes ou pronunciadas ao se observar um menino e uma menina em vez de dois meninos ou duas meninas. No primeiro caso, as diferenças de sexo nas habilidades motoras e no desenvolvimento tendem a ser evidentes; já no último caso, as diferenças individuais não relacionadas ao sexo entre as crianças se manifestarão, se houver alguma.

Parte 2 – Habilidades motoras grossas e finas da criança de seis anos

Usando um formato de amostragem por eventos, siga o mesmo padrão explicado para a Parte 1, salvo que agora observará e registrará ocorrências de habilidades que envolvam músculos grandes e pequenos e não características físicas. Você também pode consultar o Capítulo 16, Exercício de observação 16.2 ("Informações básicas"), para descrições de vários tipos de comportamentos motores que podem ser observados. No entanto, saiba que nem todas as descrições encontradas no Exercício 16.2 serão aplicadas à criança de seis anos. Tenha bom senso ao selecionar os exemplos de comportamento motor que deseja aplicar às crianças observadas neste exercício. Ao consultar essas descrições, voltará a fazer comparação e contraste; o que não se encaixar no repertório de habilidades motoras aos seis anos será um lembrete de como a criança mudou desde seus dias de pré-escola (veja o Exercício de observação 17.1).

Exercício de observação 17.2: desenvolvimento e comportamento cognitivo e intelectual

Objetivos da observação

Este exercício global poderia ter uma série de objetivos, principalmente porque esta área funcional é muito rica em possibilidades de observação e estudo. Selecionamos dois objetivos, designados como partes 1 e 2, deixando que você ou seu instrutor (se estiver em um ambiente formal de ensino) elabore outros exercícios práticos, se necessário ou desejado. Os dois objetivos são baseados em duas das três abordagens do estudo do desenvolvimento e funcionamento cognitivo discutido anteriormente: a teoria de Piaget (Parte 1) e a teoria do processamento de informações (Parte 2).

Parte 1 – Objetivos da observação

Determinar se as crianças que estão sendo observadas apresentam alguma das características do pensamento operatório concreto de Piaget.

Procedimento

Para este primeiro objetivo (Parte 1.A), pedimos que consulte o Capítulo 16, Exercício de observação 16.3 ("Informações básicas"), para obter informações adicionais sobre a teoria do desenvolvimento cognitivo de Piaget, que abrangem o estágio de pensamento pré-operatório. Observe pelo menos duas crianças de seis anos. Você tem várias opções em aberto para este primeiro objetivo. Se acredita que apenas observar as crianças, sem intervir de qualquer forma, renderá informações suficientes, então use essa abordagem. Acreditamos que tanto a descrição narrativa como a técnica de amostragem por eventos são escolhas apropriadas, pois são as técnicas disponíveis menos seletivas e fornecem dados mais brutos a serem interpretados. Você dependerá de seu próprio bom senso e avaliação em relação ao cenário de observação para decidir qual método renderá mais informações de maneira mais eficaz e eficiente.

Tenha em mente que o método de amostragem por eventos depende mais da ocorrência frequente do comportamento-alvo do que a descrição narrativa. Você pode simplesmente assistir, de modo casual, às crianças por um tempo curto para ver se apresentam qualquer um dos comportamentos ou habilidades de seu interesse. Se o fizer, então a observação naturalista pode ser suficiente como abordagem plausível para o exercício. Se parecer que as crianças, ou as condições particulares de sua situação não se prestam à observação naturalista, então pode ser que você tenha de fazer o que poderia ser chamado de "abordagem de teste" (Parte 1.B), Mas lembre-se de que testar é interromper a forma habitual como as coisas são feitas no ambiente das crianças. No ambiente escolar, não podemos interferir com a rotina oficial ou as atividades que estão acontecendo. É claro que se você é o professor ou se é parte legítima da sala de aula, pode ter considerável liberdade sobre o que está autorizado a fazer. Caso contrário, pode ter de esperar o recreio ou alguma outra ocasião, quando seu teste não for causar uma interrupção da rotina normal.

Veja a Tabela 17.3, que resume algumas das características do pensamento operatório concreto. Observe as duas crianças que selecionou e determine se elas apresentam uma das habilidades descritas nesta tabela. Por exemplo, alguma delas ou ambas compreendem a noção de causa e efeito? Alguma delas ou ambas são capazes de classificar objetos conforme mais de um critério por vez, e assim por diante? Por outro lado, alguma delas ou ambas exibem mais as características de pensamento pré-operatório que do pensamento operatório concreto? O que você conclui a respeito de qual estágio de desenvolvimento cognitivo predomina? (Veja o Exercício de observação 17.2.)

Parte 2 – Objetivos da observação

O segundo objetivo enfatiza a abordagem de processamento de informações para compreensão do comportamento cognitivo. As finalidades dessa tarefa são (1) determinar quais estratégias a criança usa para "facilitar a memória, a atenção e a solução de problemas" (essas estratégias incluem ensaios, organização e elaboração) e (2) explorar a base de conhecimento da criança, o que significa descobrir os tipos de informações e fatos que ela tem sob seu comando.

Procedimento

Selecione pelo menos duas crianças para o primeiro objetivo deste exercício (Parte 2.A), mas escolha crianças diferentes das que observou no exercício anterior. Você utilizará uma combinação das técnicas de lista de verificação modificada e amostragem por eventos. Deve-se reconhecer que a amostragem por eventos também serve como forma de lista de verificação, na medida em que cada vez que observa e registra os comportamentos que compõem o evento desejado, também mantém um controle contínuo sobre a frequência relativa que esses comportamentos ocorrem. Este é o primeiro exercício que exige que use especificamente a lista de verificação. Basta colocar um "X" ou uma marca de seleção na caixa à direita da estratégia utilizada pela criança. Depois, descreva (na forma de Descrições comportamentais objetivas) como a criança utilizou a estratégia – o que ela fez especificamente, sob quais circunstâncias ou condições etc.

Lembre-se, também, de que o uso do método de amostragem por eventos exige que você decida se a criança está ou não usando uma estratégia. Se for utilizar a descrição narrativa, tudo deve ser registrado e só mais tarde será determinado se a criança empregou o pensamento estratégico. No entanto, reconhecemos que a aprendizagem ocorre muitas vezes de forma silenciosa e não é uma questão obviamente pública. Portanto, pode-se não saber se a criança está usando uma estratégia de aprendizagem quando está sentada em sua cadeira e repassando silenciosamente as informações a serem lembradas mais tarde. Assim sendo, pode ter de recorrer novamente a algum tipo de abordagem de teste ou interação para realizar o objetivo deste exercício. A decisão é sua, mas lembre-se que deve sempre ser o mais discreto possível, e sempre obedecer aos princípios éticos que regem as nossas relações com as crianças.

Para o segundo objetivo deste exercício (Parte 2.B), você usará a amostragem por eventos. Pode ser informativo e interessante escolher duas crianças de seis anos que tenham, no entanto, alguns meses de diferença na idade. O objetivo deste critério de escolha seria verificar se a diferença de idade entre as duas crianças produziu qualquer diferença no funcionamento cognitivo. A maior diferença, se houver alguma, pode ser em relação à quantidade de conhecimento e informação que a criança mais velha apresenta em virtude de ter adquirido mais experiências de vida. Talvez a melhor abordagem aqui seja simplesmente ouvir o que as crianças têm a dizer a seus professores, umas às outras, ou ainda mesmo para você, se a ocasião exigir que interaja diretamente com elas. Ouça os tipos de informação ou conhecimento geral que elas têm sob o comando, a precisão das informações, se é possível determiná-las; os tipos específicos de conhecimentos que possuem, qual é o conhecimento que não é necessariamente comum ou compartilhado por muitas outras crianças no grupo, e assim por diante. Embora não estejamos necessariamente recomendando, um gravador pode ser uma ferramenta útil em situações em que é desejável registrar palavra por palavra. No entanto, não recomendamos que um instrumento eletrônico substitua as habilidades necessárias para observar e registrar o comportamento da fala utilizando apenas lápis e papel (veja o Exercício de observação 17.2).

Exercício de observação 17.3: linguagem

Objetivos da observação

Existem três objetivos para este exercício global, e eles tratam dos três principais temas discutidos nas informações básicas: (1) consciência metalinguística, especificamente o uso da metáfora e do humor por parte da criança; (2) vocabulário e compreensão prática da sintaxe e (3) metacomunicação, mas em termos mais simples de quão bem a criança entende o que se espera dela. Estes três objetivos são designados como partes 1, 2 e 3.

Parte 1 – Consciência metalinguística: objetivos

O principal objetivo da Parte 1 é observar e registrar as ocorrências do uso do humor e da metáfora. O humor pode ser o mais fácil dos dois para se testemunhar, embora ouvir até mesmo uma conversa informal provavelmente revelará um pouco de discurso figurado, caso a criança o utilize. Dito de outra forma, o discurso metafórico ou figurado geralmente não requer circunstâncias especiais, porque as pessoas muitas vezes falam em metáforas, sem ter pensamentos específicos. A metáfora parece ser uma ocorrência linguística bastante natural. O humor não deve ficar restrito apenas a casos específicos de piadas ou pedido de respostas para charadas. Usamos a abordagem de que qualquer evento que as crianças achem engraçado é digno de nota e, talvez, análise por seu conteúdo.

Procedimento

Selecione várias crianças (o número exato deixaremos que decida com base em sua capacidade de testemunhar exemplos de humor ou metáfora). Pode ser interessante comparar o que crianças diferentes consideram engraçado e como elas utilizam o discurso figurado e em que circunstâncias. Pode ser que não consiga observar o uso de humor e metáfora. Isso não é essencial; se conseguir exemplos de apenas um ou outro, já será suficiente.

Sugerimos que use a técnica da descrição narrativa. Ao fazer isso, você também pode ter uma ideia da proporção relativa do discurso engraçado ou metafórico da criança em relação ao, digamos, mais comum.

Parte 2 – Vocabulário e sintaxe: objetivos

Os objetivos da Parte 2 são: (1) determinar a extensão e as características do vocabulário da criança e (2) determinar as características sintáticas de seu discurso.

Procedimento

Para ambos os objetivos da Parte 2, selecione pelo menos duas crianças e registre, palavra por palavra, o discurso das crianças utilizando a técnica de descrição narrativa. Seu objetivo é obter o máximo de informações necessárias ou desejáveis e, em seguida, analisar o conteúdo quanto a vocabulário, gramática – o uso de formas verbais, como tempo pretérito, advérbios, adjetivos, verbos etc. – e à estrutura ou sintaxe das frases. Se tiver acesso a quaisquer registros de observação de crianças em idade pré-escolar já efetuado, eles darão a oportunidade de comparar e contrastar as habilidades linguísticas apresentadas por crianças dentro dessas duas faixas etárias.

Este exercício vai lhe dar a oportunidade de testar a declaração de Papalia e Old (1992) de que "durante os primeiros anos escolares, elas [as crianças] raramente usam a voz passiva, os verbos que incluem a forma *tinha* ou sentenças condicionais ('se ... então')" (p. 257).

Pode ser necessário refrescar sua memória sobre os exemplos de formas gramaticais – partes do discurso, como advérbios, preposições e adjetivos – e as questões referentes à estrutura e sintaxe das frases.

Parte 3 – Metacomunicação: objetivos

O objetivo desta última parte é observar e registrar casos em que a criança deve seguir as indicações ou instruções dadas por um professor, adulto ou outra criança. Reconhecemos que as crianças muito abaixo dos seis anos também têm de aprender a seguir instruções. No entanto, é nossa premissa de trabalho que, se estiver observando em uma sala de aula ou em outro tipo de ambiente escolar formal, indicações e instruções serão um aspecto comum da relação professor-aluno. Além disso, as consequências de seguir ou não tais instruções serão diferentes daquelas que podem ocorrer em uma creche, em uma pré-escola ou em casa. Ademais, comparativamente falando, a complexidade das instruções dadas às crianças de seis anos é maior que aquelas dadas, por exemplo, para um bebê ou para uma criança pequena.

Assim, comportamentos cognitivos, sociais e emocionais desempenham papéis mais sofisticados em crianças de seis anos do que em uma criança mais nova.

Procedimento

Selecione duas ou três crianças dentro de um ambiente escolar, se possível. Usando a técnica de amostragem por eventos, busque ocasiões em que as crianças recebem instruções ou indicações específicas. Observe e registre como elas realizam essas instruções. Como elas entendem o que se espera delas? Se elas parecem não entender, como lidam com os mal entendidos? Elas fazem perguntas ou seguem de qualquer jeito por meio da experimentação, por assim dizer, com uma abordagem de tentativa e erro? Você também pode ter a oportunidade de comparar e contrastar a proficiência das crianças nesta área de funcionamento da linguagem, pois é provável que as que observe não estejam todas funcionando no mesmo nível de habilidade (veja o Exercício de observação 17.3).

Exercício de observação 17.4: desenvolvimento social e emocional

Objetivos gerais da observação

Os objetivos gerais deste exercício final são, naturalmente, aprender como as crianças dessa idade se comportam socialmente com adultos e pares, e como elas reagem emocionalmente, seja na companhia de outras pessoas ou quando sozinhas e confrontadas por várias circunstâncias. No entanto, colocamos a ênfase principal no desenvolvimento e no comportamento social e pedimos que trate o comportamento emocional, essencialmente, no contexto das interações sociais – em que muitas expressões emocionais ocorrerão de qualquer maneira.

Já salientamos, na apresentação anterior das informações básicas, a importância do funcionamento social para a criança em idade escolar. Uma das áreas que assumem significado especial são as relações entre colegas e a amizade. É sobre esta faceta do comportamento e as mudanças na fase intermediária da infância que nos baseamos para os exercícios de observação finais. Deixamos para a sua criatividade e imaginação elaborar exercícios e outros formatos de registro que lidem com os aspectos restantes do funcionamento social e emocional, uma abordagem que até então nós não usamos. No entanto, é lógico que há a probabilidade de haver ocasiões em que terá de criar um formato de registro do comportamento de crianças de várias idades, com diversas finalidades e em vários cenários e situações. Damos a oportunidade de fazê-lo agora, se for de seu interesse.

Parte 1 – Popularidade da criança (categorização do *status* social): objetivos da observação

O objetivo da Parte 1 deste exercício é observar e registrar as interações sociais ou interpessoais das crianças e avaliar sua popularidade em relação a seus pares. Essas observações e avaliações se baseiam na discussão de Krantz (1994) sobre as cinco categorias de *status* social que indicam ou refletem popularidade entre os colegas.

Procedimento

Selecione três ou quatro crianças e, utilizando o formato ou técnica de amostragem por eventos, procure comportamentos e padrões de interação que ajudem a identificar em que categoria de *status* social cada criança pode ser colocada. Você pode observar, pelo menos, duas coisas: (1) as respostas das outras crianças às crianças-alvo selecionadas para observação e (2) os comportamentos das crianças-alvo que podem ajudar a explicar as reações das outras em relação a elas. Dito de outra forma, o que poderia explicar por que Roxanne é uma criança popular e Jody é uma criança rejeitada, e assim por diante? Leia atentamente as breves descrições dessas cinco categorias fornecidas nas informações básicas. A identificação da respectiva categoria de cada criança depende de sua compreensão das características comportamentais associadas a cada categoria.

Neste exercício, busque também exemplos de expressão emocional, em especial com respeito à forma como cada criança reage emocionalmente a várias situações e indivíduos no cenário. Em suas interpretações, comente sobre eventuais diferenças entre o comportamento emocional das crianças colocadas em diferentes categorias sociais ou de popularidade. Isto é, a criança emocionalmente controversa se comporta diferente da criança, digamos, desprezada ou da criança de *status* médio?

Parte 2 – Análise sociométrica da popularidade e amizades da criança: objetivo da observação

O objetivo deste exercício final é observar e registrar comportamentos interpessoais entre crianças e, a partir dos dados recolhidos, construir um sociograma usando os quatro agrupamentos de popularidade de Steinberg e Meyer (1995): estrelas, amigáveis, isoladas e rejeitadas. Isso pode parecer uma repetição da Parte 1, mas é diferente por duas razões: (1) usa um conjunto um pouco diferente de descritores de popularidade e (2) envolve o método chamado sociometria. Sociogramas são definidos como "gráficos que mostram as redes sociais dentro de um grupo" (Stark, 1985, p. 22). Em um sociograma, cada criança é representada por um círculo ou um quadrado com seu nome escrito dentro dele. Os círculos ou quadrados – isto é, as crianças – estão ligados por linhas ou setas que representam um contato com outra criança. A cabeça ou ponta da seta é desenhada onde a linha toca o círculo e indica a direção em que o contato ocorreu. Observe a Figura 17.1 para um breve exemplo.

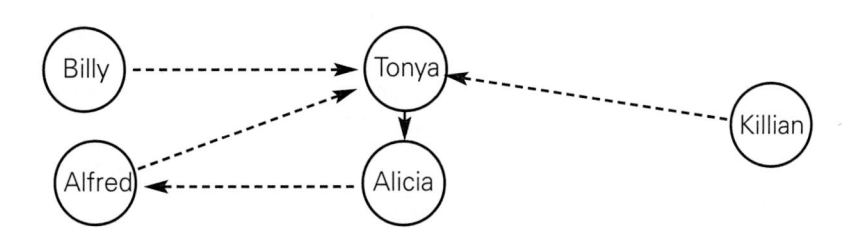

A seta de Billy em direção a Tonya indica que Billy iniciou contato social com Tonya, a seta de Tonya em direção a Alicia indica que Tonya iniciou contato com Alicia, e assim por diante com as demais crianças e setas. A figura com o maior número de setas será a criança mais popular, desde que as incursões sociais da criança popular tenham sido respondidas de forma positiva pelas outras crianças. Aliás, pode haver mais de uma criança muito popular, mas o sociograma vai revelar este fato.

Procedimento

Usando o formato de descrição narrativa, observe e registre o comportamento do máximo de crianças que puder sem se sobrecarregar com a tarefa. Se o tamanho do grupo for muito vasto, pode fazer este exercício ao longo de vários dias, nos quais observará, sucessivamente, um subgrupo de crianças diferente. Quando seus registros de observação estiverem completos, analise os dados e a partir deles construa um sociograma que retrate as crianças que são estrelas, amigáveis, isoladas ou rejeitadas. Você pode desenvolver seu próprio sistema de codificação pelo qual possa dizer não só quem iniciou o contato com quem, mas também como a criança contatada respondeu aos esforços da outra criança. Assim, no exemplo anterior, você sabe que Billy contatou Tonya, mas sabe se Tonya respondeu positivamente à abertura de Billy? E é assim que um círculo pode ter várias setas saindo a partir dele para outros círculos, mas isso não é prova de que as outras crianças reagiram positivamente às incursões dessa criança. Talvez não existam setas de volta para determinado círculo (criança) (veja o Exercício de observação 17.4).

EXERCÍCIO DE OBSERVAÇÃO 17.1

Parte 1: Características físicas da criança de seis anos

Nome do observador _____

Criança(s) observada(s) _____

Idade(s) da(s) criança (s) _____ Sexo(s) da(s) criança(s) _____

Contexto de observação (casa, creche, escola, pré-escola) _____

Data da observação_____ Horário de início _____ Horário do término _____

Breve descrição das características físicas e sociais do cenário de observação:

Descrições comportamentais objetivas (DCOs) e interpretações: *amostragem por evento*

DCO 1 (seis anos): [Horário de início_____ Horário do término____]
Interpretação 1:

DCO 2 (seis anos): [Horário de início_____ Horário do término____]
Interpretação 2:

DCO A (idade pré-escolar): [Horário de início_____ Horário do término____]
Interpretação A:

DCO B (idade pré-escolar): [Horário de início_____ Horário do término____]
Interpretação B:

Continue com DCOs e interpretações o quanto for possível ou necessário.

Comparação da criança de seis anos com a criança em idade pré-escolar:

Contraste da criança de seis anos com a criança em idade pré-escolar:

Comparação e contrastes das crianças de seis anos uma com a outra:

Resumo ou descrições:

(continua)

EXERCÍCIO DE OBSERVAÇÃO 17.1 (continuação)

Parte 2: Habilidades motoras grossas e finas da criança de seis anos

Nome do observador _____

Criança(s) observada(s) _____

Idade(s) da(s) criança(s) _____ Sexo(s) da(s) criança(s) _____

Contexto de observação (casa, creche, escola, pré-escola) _____

Data da observação_____ Horário de início _____ Horário do término _____

Breve descrição das características físicas e sociais do cenário de observação:

....

Descrições comportamentais objetivas (DCOs) e interpretações: *amostragem por evento*

DCO 1 (seis anos): [Horário de início_____ Horário do término_____]

Interpretação 1:

DCO 2 (seis anos): [Horário de início_____ Horário do término_____]

Interpretação 2:

DCO A (idade pré-escolar): [Horário de início_____ Horário do término_____]

Interpretação A:

DCO B (idade pré-escolar): [Horário de início_____ Horário do término_____]

Interpretação B:

Continue com DCOs e interpretações o quanto for possível ou necessário.

Comparação da criança de seis anos com a criança em idade pré-escolar:

Contraste da criança de seis anos com a criança em idade pré-escolar:

Comparação e contrastes das crianças de seis anos uma com a outra:

Resumo ou descrições:

EXERCÍCIO DE OBSERVAÇÃO 17.2

Parte 1.A: Funcionamento cognitivo da criança de seis anos: teoria de Piaget (observação naturalista)

Nome do observador _____

Criança(s) observada(s) _____

Idade(s) da(s) crianças(s) _____ Sexo(s) da(s) criança(s) _____

Contexto de observação (casa, creche, escola, pré-escola) _____

Data da observação_____ Horário de início _____ Horário do término _____

Breve descrição das características físicas e sociais do cenário de observação:

....

Descrições comportamentais objetivas (DCOs) e interpretações: descrição narrativa e amostragem por evento

DCO 1 (seis anos): [Horário de início_____ Horário do término____]

Interpretação 1 (Em que estágio cognitivo a criança parece estar funcionando?):

DCO 2 (seis anos): [Horário de início_____ Horário do término____]

Interpretação 2:

Continue por quanto tempo ou com quantas DCOs forem necessárias.

Resumo dos dados descritivos:

Conclusões gerais quanto ao nível predominante de funcionamento cognitivo das crianças:

....

(continua)

EXERCÍCIO DE OBSERVAÇÃO 17.2 *(continuação)*

Parte 1.B: Funcionamento cognitivo da criança de seis anos: teoria de Piaget (abordagem de "teste")

Nome do observador _____

Criança(s) observada(s) _____

Idade(s) da(s) crianças(s) _____ Sexo(s) da(s) criança(s) _____

Contexto de observação (casa, creche, escola, pré-escola) _____

Data da observação_____ Horário de início _____ Horário do término _____

Breve descrição das características físicas e sociais do cenário de observação:

....

Método de teste ou abordagem usada (interação) e interpretação de resultados

(Descrever o que a criança respondeu, as perguntas feitas etc.)

Interação 1: [Horário de início_____ Horário do término_____]

Interpretação 1 (nível de funcionamento cognitivo):

Interação 2: [Horário de início_____ Horário do término_____]

Interpretação 2:

Continue por quanto tempo ou por quantas sessões de teste forem necessários.

Conclusões gerais quanto ao nível de funcionamento cognitivo das crianças:

(continua)

	EXERCÍCIO DE OBSERVAÇÃO **17.2** (*continuação*)

Parte 2.A: Funcionamento cognitivo da criança de seis anos (abordagem de processamento de informações): uso de estratégias

Nome do observador _____

Criança(s) observada(s) _____

Idade(s) da(s) criança(s) _____ Sexo(s) da(s) criança(s) _____

Contexto de observação (casa, creche, escola, pré-escola) _____

Data da observação_____ Horário de início _____ Horário do término _____

Breve descrição das características físicas e sociais do cenário de observação:

....

Descrições comportamentais objetivas (DCOs) e interpretações: lista de verificação e amostragem por evento ou abordagem de "teste"

Ensaio ☐   Organização ☐   Elaboração ☐

DCO 1: [Horário de início_____ Horário do término_____]

Ensaio ☐   Organização ☐   Elaboração ☐

DCO 2: [Horário de início_____ Horário do término_____]

Ensaio ☐   Organização ☐   Elaboração ☐

DCO 3: [Horário de início_____ Horário do término_____]

Continue por quanto tempo ou com quantas DCOs ou eventos forem necessários.

Resumo de observações e interpretações (resuma brevemente os tipos de estratégias usadas e sob quais circunstâncias cada estratégia foi usada):

(*continua*)

	EXERCÍCIO DE OBSERVAÇÃO **17.2** (*continuação*)
Parte 2.B: Funcionamento cognitivo da criança de seis anos (abordagem de processamento de informações): extensão da base de conhecimento das crianças	Nome do observador _____ Criança(s) observada(s) _____ Idade(s) da(s) crianças(s) _____ Sexo(s) da(s) criança(s) _____ Contexto de observação (casa, creche, escola, pré-escola) _____ Data da observação_____ Horário de início _____ Horário do término _____ Breve descrição das características físicas e sociais do cenário de observação:
Descrições comportamentais objetivas (DCOs) e interpretações: *amostragem por evento*	DCO 1: Idade em anos e meses da criança 1_____ [Horário de início_____ Horário do término_____] Interpretação ou comentários 1: DCO 2: Idade em anos e meses da criança 2_____ [Horário de início_____ Horário do término_____] Interpretação ou comentários 2: Continue por quanto tempo ou com quantas DCOs desejar ou achar necessário. Comentários resumidos (comparações e contrastes das crianças):

(*continua*)

EXERCÍCIO DE OBSERVAÇÃO 17.3

Parte 1: Consciência metalinguística

Nome do observador _____

Criança(s) observada(s) _____

Idade(s) da(s) crianças(s) _____ Sexo(s) da(s) criança(s) _____

Contexto de observação (casa, creche, escola, pré-escola) _____

Data da observação_____ Horário de início _____ Horário do término _____

Breve descrição das características físicas e sociais do cenário de observação:

Descrições comportamentais objetivas (DCOs) e interpretações: *descrição narrativa*

DCO 1: [Horário de início_____ Horário do término_____]

Interpretação 1 (A criança usou discurso metafórico-figurado ou humor? Em qual das categorias de humor de Schickedanz et al. você colocaria o discurso da criança?):

DCO 2: [Horário de início_____ Horário do término_____]

Interpretação 2:

Continue com DCOs o quanto desejar ou achar necessário.

Comentários resumidos (inclua as circunstâncias sob as quais a metáfora ou o humor foram utilizados):

Parte 2: Vocabulário e sintaxe

Nome do observador _____

Criança(s) observada(s) _____

Idade(s) da(s) crianças(s) _____ Sexo(s) da(s) criança(s) _____

Contexto de observação (casa, creche, escola, pré-escola) _____

Data da observação_____ Horário de início _____ Horário do término _____

Breve descrição das características físicas e sociais do cenário de observação:

(continua)

EXERCÍCIO DE OBSERVAÇÃO 17.3 (*continuação*)

Descrições comportamentais objetivas (DCOs) e interpretações: *descrição narrativa*

DCO 1: [Horário de início_____ Horário do término_____]

Interpretação 1 (avaliação do discurso da criança no que tange ao vocabulário, estrutura da frase etc.):

DCO 2: [Horário de início_____ Horário do término_____]

Interpretação 2 (mesmo procedimento que o da Interpretação 1):

Continue com DCOs o quanto desejar ou achar necessário.

Comentários resumidos:

Parte 3: Metacomunicação

Nome do observador _____

Criança(s) observada(s) _____

Idade(s) da(s) crianças(s) _____ Sexo(s) da(s) criança(s) _____

Contexto de observação (casa, creche, escola, pré-escola) _____

Data da observação_____ Horário de início _____ Horário do término _____

Breve descrição das características físicas e sociais do cenário de observação:

Descrições comportamentais objetivas (DCOs) e interpretações: *amostragem por evento*

DCO/evento/criança 1: [Horário de início_____ Horário do término_____]

Interpretação 1

DCO/evento/criança 2: [Horário de início_____ Horário do término_____]

Interpretação 2

DCO/evento/criança 3: [Horário de início_____ Horário do término_____]

Interpretação 3

Continue com DCOs o quanto desejar ou achar necessário.

Comentários resumidos (inclua comparações e contrastes entre as crianças observadas):

EXERCÍCIO DE OBSERVAÇÃO 17.4

Parte 1: Popularidade das crianças (categorização do *status* social)

Nome do observador _____

Criança(s) observada(s) _____

Idade(s) da(s) crianças(s) _____ Sexo(s) da(s) criança(s) _____

Contexto de observação (casa, creche, escola, pré-escola) _____

Data da observação _____ Horário de início _____ Horário do término _____

Breve descrição das características físicas e sociais do cenário de observação:

Descrições comportamentais objetivas (DCOs) e interpretações: *amostragem por evento*

DCO 1 (registre os comportamentos da criança observada e as respostas das outras crianças àquela. Continue com esse procedimento para cada DCO):

[Horário de início _____ Horário do término _____]

Interpretação 1 (identifique uma possível categoria de *status* social na qual a criança se encaixe e inclua as razões pelas quais acredita que a criança observada está nessa categoria escolhida):

DCO 2: [Horário de início _____ Horário do término _____]
Interpretação 2

DCO 3: [Horário de início _____ Horário do término _____]
Interpretação 3

Continue com DCOs o quanto desejar ou achar necessário.

Comentários resumidos (comparações e contrastes entre as crianças observadas):

(continua)

EXERCÍCIO DE OBSERVAÇÃO 17.4 (continuação)

Parte 2: Análise sociométrica da popularidade e amizades das crianças

Nome do observador _____

Criança(s) observada(s) _____

Idade(s) da(s) criança(s) _____ Sexo(s) da(s) criança(s) _____

Contexto de observação (casa, creche, escola, pré-escola) _____

Data da observação_____ Horário de início _____ Horário do término _____

Breve descrição das características físicas e sociais do cenário de observação:

Descrições comportamentais objetivas (DCOs) e interpretações: *descrição narrativa*

DCO 1: [Horário de início_____ Horário do término_____]

Interpretação 1:

DCO 2: [Horário de início_____ Horário do término_____]

Interpretação 2:

Continue com DCOs o quanto desejar ou achar necessário.

Comentários resumidos:

Parte 2 (concluída): Sociograma

A idade escolar: a criança de sete e oito anos

Termos-chave

Autoestima; autoconceito; atribuições voltadas ao domínio.

Crescimento físico e desenvolvimento motor

Informações básicas

No Capítulo 17, por vezes, apresentamos dados que nem sempre se referem especificamente às crianças de seis anos. Alguns dos itens que discutimos tratavam de crianças com menos de seis anos, e outros, de crianças com mais de seis anos. Isso comprova a qualidade contínua da idade, totalmente diferente de contar o número de maçãs em um saco e chegar a um número total. Não é sempre fácil ou possível – de fato, pode ser impossível – definir com precisão em que ponto os ganhos do sexto ano de vida acabam e os do sétimo ano começam, e assim por diante, pela vida inteira. (Como você bem sabe, as alterações são com frequência relatadas dentro de faixas etárias, embora ocasionalmente sejam feitos esforços para atribuir alterações a idades específicas.) Em todo caso, em vez de repetir todas as informações quando aplicadas a crianças de sete e oito anos, queremos que consulte o material relevante para essas idades. Neste capítulo, embora apresentemos algumas das mudanças físicas que ocorrem em crianças de sete e oito anos, não estamos interessados em mudanças físicas por si só. Queremos situar essas mudanças principalmente no contexto do desenvolvimento e do funcionamento motor da criança.

Conforme afirmado no Capítulo 17, o crescimento físico durante este período é constante e sustentado, tanto quanto durante a infância,[1] e é diferente do crescimento rápido que ocorre

---

[1] O autor refere-se à fase dos 2 aos 6 anos, aproximadamente, correspondente ao que foi trabalhado nos capítulos 16 e 17 deste livro. (NRT)

durante a primeira fase da infância.[2] Muitas das mudanças nas características físicas e nas habilidades motoras, que começam de um a dois anos até seis a oito anos, parecem ser aumentos na sofisticação das atividades selecionadas e melhorias em coisas como "agilidade, equilíbrio, controle de habilidades motoras e persistência" (Allen e Marotz, 2007). A Tabela 18.1 resume algumas das características físicas e motoras da criança de sete e oito anos.

Tabela 18.1 Resumo das características físicas e motoras da criança de sete e oito anos de idade	
Características físicas	Habilidades motoras
• Ganha uma média de 2 a 3 quilos por ano. • Ganho de altura de, em média, 5 cm por ano; a altura média das meninas vai de 1,16 m a 1,20 m; a dos meninos, de 1,20 m a 1,32 m. • Braços e pernas crescem mais, dando aparência de uma criança magra, esguia. • Postura mais reta, ereta. • Dentes permanentes mais proeminentes que os de leite. • Sofre pequenas doenças com menor frequência. • Os "níveis de energia vêm e vão, oscilando entre picos de alta energia e intervalos de fadiga temporária" nas crianças de sete anos. (p. 176) • Os "dentes de leite continuam a ser substituídos por dentes permanentes" nas crianças de sete anos. (p. 176)	• Participa avidamente das atividades competitivas. • Gosta de atividades como dança, patinação, natação, corrida, luta romana e esportes como futebol e beisebol. • Mostra muito mais agilidade, equilíbrio, controle da capacidade motora e resistência; é capaz de se equilibrar em um pé, pular corda e pegar uma bola. • A forma de segurar apertado um lápis aos sete anos torna-se mais relaxada aos oito. • Escrita deliberada e confiante de letras e números; o tamanho dos caracteres se torna mais consistente e uniforme. • Usa garfo e faca quando come. • Dedica-se à prática repetida de novas habilidades.

Adaptado de Allen e Marotz, 2003, p. 151-2, 158-9 e Allen e Marotz, 2007, p. 176-7, 185-7.

No Capítulo 17, discutimos sobre brincar mais com relação às suas implicações e componentes sociais que em termos motores e físicos. Neste capítulo, queremos inverter esta ênfase e tratar das brincadeiras entre crianças de sete e oito anos, principalmente no contexto de seu desenvolvimento motor. Lembramos ao leitor que as mudanças no brincar das crianças de sete e oito anos são produto não apenas das habilidades físicas e motoras melhoradas, mas também de suas habilidades cognitivas em desenvolvimento, da mesma forma que a maturidade social e emocional. Como Berk (1996) coloca: "A maturidade cognitiva e social permite que crianças mais velhas usem suas habilidades motoras de forma mais complexa" (p. 409). Também queremos discutir brevemente a questão das diferenças de gênero (sexo) no desenvolvimento motor, algumas das quais tendo começado nos anos pré-escolares, tornam-se mais evidentes durante a fase intermediária da infância (veja Berk, 2005, especialmente a partir da p. 419). Vamos começar com essas diferenças.

---

[2] O autor refere-se à fase de 1 aos 24 meses, aproximadamente, correspondente ao que foi trabalhado no Capítulo 15 deste livro. (NRT)

Algumas diferenças de gênero no desenvolvimento motor

Berk (2005) escreve que "diferenças entre sexos nas habilidades motoras que aparecem durante a idade pré-escolar se estendem até a fase intermediária da infância[3] e, em alguns casos, tornam-se mais evidentes. As meninas permanecem à frente dos meninos na área motora fina, incluindo caligrafia e desenho" (p. 419). Curiosamente, diz Berk, as meninas "(...) continuam tendo uma margem no que diz respeito a pular, saltar, coisas que dependem de equilíbrio e agilidade" (p. 419). Como para a maioria das outras habilidades motoras – correr, arremessar, apanhar, chutar, rebater, driblar etc. – os meninos confirmam o pensamento tradicional e apresentam melhor desempenho que as meninas. Berk se esforça em apontar, no entanto, que não é a genética por si só que responde pelo desempenho superior dos meninos em atividades motoras grossas. O meio ambiente, ela acredita, "desempenha um papel importante" (p. 419), uma questão que não tratamos aqui. Como podemos notar, meninas e meninos também diferem nas características de brincadeiras mais turbulentas.

Jogos, regras e funcionamento motor

É intuitivamente razoável que, com o maior porte físico e força e com a melhora constante das habilidades motoras, as atividades físicas das crianças durante os anos da fase intermediária da infância devem também se tornar mais sofisticadas e mais organizadas, características que contribuíram, e não pouco, para as crianças aumentarem as competências cognitivas e sociais. Neste contexto, vemos uma interação entre a qualidade de suas brincadeiras e o caráter de suas atividades físicas. Apesar de não serem limitados ao período de sete a oito anos, jogos organizados com regras tornam-se mais comuns na vida diária das crianças, e jogos demandam coisas diferentes do que era demandado pelas formas mais simples de brincadeiras praticadas por crianças em idade pré-escolar.

É claro que nem todos os jogos com regras são fisicamente exigentes; muitos fazem sua demanda em campos cognitivos e sociais – jogos de tabuleiro e jogos de cartas, e assim por diante. Por outro lado, jogos como bate-cara, pega-pega, esconde-esconde, pula-carniça exigem habilidades físico-motoras, bem como seu quinhão de habilidades interpessoais, habilidades para assumir papéis e tomada de perspectiva, e assim por diante. A importância da brincadeira pode ser capturada pela afirmação sucinta de Steinberg e Meyer (1995): "*Brincar é o trabalho da infância*: quando as crianças brincam, elas produzem, quer seja uma fantasia ou um produto" (p. 292, grifo nosso). Mas, novamente, o nosso interesse em brincadeiras neste momento está na oportunidade que elas oferecem à criança de expor seus atributos físicos e motores em desenvolvimento. Portanto, desconsiderando o testemunho das brincadeiras referente às relações entre pares, habilidades cognitivas e outras dimensões do comportamento humano, vamos olhar para os aspectos corpóreo-musculares da brincadeira entre crianças de sete e oito anos.

---

[3] Correspondente aos capítulos 16 e 18 deste livro, ou seja, a faixa etária que se estende entre 6 e 8 anos. (NRT)

Brincadeiras turbulentas

Existem muitas formas de brincar, mas por estarmos preocupados com brincadeiras que exigem habilidades motoras da criança, o próprio nome *turbulenta*, exige atenção. No entanto, devemos salientar que essas brincadeiras não são a única forma do que podemos chamar de brincadeiras físicas. Berger (1991), por exemplo, discute "três tipos de brincadeiras que são especialmente adequadas para o desenvolvimento das habilidades motoras". Estas são brincadeiras sensório-motoras, brincadeiras de domínio e brincadeiras turbulentas (p. 254). Nos ocuparemos desta última.

Bukatko e Daehler (1995) chamam de brincadeiras turbulentas "uma forma especial de brincar", que, dizem, "emerge em torno da idade de dois anos e se torna mais visível durante os anos do ensino fundamental, especialmente entre os meninos" (p. 566). Berk (2005) indica que brincadeiras turbulentas "são atividades de boa índole, sociáveis, distintas do combate agressivo" (p. 421). Berk ainda destaca que "as crianças em idade escolar em muitas culturas praticam-na com os colegas de quem especialmente gostam e continuam interagindo após um episódio turbulento em vez de se separarem, como acontece no final de um conflito agressivo" (p. 421). Bukatko e Daehler fazem a mesma distinção: "As crianças não pretendem ferir umas às outras e a brincadeira ocorre muitas vezes entre crianças que gostam umas das outras" (p. 566). A partir desta breve descrição, você pode perceber os fortes componentes sociais que existem mesmo em uma forma de interação física tão vigorosa.

Berk (2005) observa que os meninos dessa idade se envolvem mais em brincadeiras turbulentas que as meninas, e suas brincadeiras "consistem basicamente em brincadeiras com puxões, controle e golpes, enquanto as meninas tendem a envolver-se em corrida e perseguição, além de contato físico breve" (p. 42).

Nos exercícios de observação que estão por vir, será solicitado que concentre sua atenção nas atividades em que as crianças se envolvem e que fazem exigências especiais dos atributos físicos e habilidades motoras delas. Optamos pelas brincadeiras como um veículo para o exercício de tais habilidades, mas aconselhamos não restringir-se de modo desnecessário a elas. Existem muitos caminhos para a exibição de comportamentos motores, e você deve aproveitar esse fato. Dito de outra forma, a discussão anterior é necessariamente limitada em seu alcance, mas não impõe as mesmas limitações para que você complete os exercícios.

Desenvolvimento e comportamento cognitivo e intelectual

Informações básicas

Se Piaget estiver correto, a criança típica de sete e oito anos está no período das operações mentais concretas, ou ao menos progrediu significativamente nessa direção. No capítulo anterior discutimos várias perspectivas sobre o comportamento e o desenvolvimento intelectual das crianças, e pelo menos algumas dessas informações podem ser aplicadas às crianças de sete e oito anos. Nós não reproduzimos todo o material neste capítulo. A Tabela 18.2 descreve algumas das características do período relacionado ao pensamento operatório concreto de

Piaget. Também como um lembrete, *concreto* aqui significa que "as crianças são ligadas pela realidade física imediata e não podem transcender o aqui e agora" (Vander Zanden, 1993, p. 302). Em outras palavras, grande parte do pensamento operatório concreto da criança tem de ocorrer na presença dos objetos reais de pensamento, visto que ela não consegue lidar facilmente com questões ou eventos que estão longe de suas próprias experiências, que são hipotéticos, ou que estão muito longe no futuro.

Tabela 18.2 Resumo de algumas características do pensamento operatório concreto

Características do pensamento operatório concreto (anos escolares)

- Compreende as regras gerais que fundamentam ou levam a resultados específicos (ideia de causa e efeito).
- Tem a capacidade de descentração, isto é, levar em conta mais de uma característica ou dimensão de um objeto ou situação ao mesmo tempo.
- Entende o conceito de operações mentais e físicas e o fato de que elas são reversíveis. (Por exemplo, a criança entende que o líquido derramado de um frasco baixo e largo dentro de um frasco alto e estreito pode ser despejado de volta no recipiente largo e que nenhuma quantidade de líquido foi acrescentada ou retirada durante a "operação". A criança não é tão vulnerável à aparência das coisas.).
- Consegue transferir o aprendizado (regras ou princípios) obtido a partir da solução de problemas concretos para resolver problemas na vida real.
- Não é enganada por percepções ou pelo que parece ser verdade, mas pode confiar no que ela sabe ser verdadeiro.
- É mais lógica e consegue raciocinar indutivamente – consegue formular hipóteses ou suposições baseadas no que ela conhece (consegue raciocinar a partir do caso específico para uma teoria geral, de vários tipos).
- É mais sociocêntrica que egocêntrica – consegue acompanhar um ponto de vista ou perspectiva e não está restrita ao seu próprio ponto de vista.
- "Muda os fatos para que caibam em suas hipóteses em vez de mudar suas hipóteses para caberem nos fatos (um novo egocentrismo)". (Harris, 1993, p. 529)

Adaptado de Harris, 1993, p. 529.

No Capítulo 16, abordamos a questão de haver ou não crianças no período da primeira infância que poderiam apreender coisas como números, substância ou volume. Isto é, por um acaso as crianças desta idade entendem, por exemplo, que se houver duas fileiras iguais de moedas de um centavo, e que se uma fileira for espalhada para ocupar mais espaço que a outra, ainda haverá o mesmo número de moedas em cada uma? Esta é uma tarefa de conservação de número típica, e se a criança responder que o número de moedas de um centavo não foi alterado, ela conservou o número. Até recentemente, o consenso era de que crianças menores de seis anos não podiam conservar coisas como números. Agora as pesquisas sugerem fortemente que crianças muito novas conseguem realizar algumas tarefas de conservação se o problema for apresentado de forma apropriada para seu nível de desenvolvimento e experimentado anteriormente. Bukatko e Daehler (1995), por exemplo, confirmam que as habilidades dos jovens e das crianças foram realmente subestimadas. Observando os resultados de diversos pesquisadores, eles notam que, se as tarefas cognitivas forem simplificadas e reestruturadas e se as crianças forem observadas em condições que lhes são mais naturais que em laboratórios artificiais, "elas [as crianças] mostram habilidades cognitivas em idades muito menores que Piaget acreditava ser possível" (p. 296). Algumas destas pesquisas remontam a 1969, quando Gelman demonstrou que as crianças de cinco anos poderiam conservar números e comprimentos quando foram testadas sobre essa capacidade por meio da utilização de diferentes estímulos. Gelman (1972) descobriu mais tarde que crianças a partir dos três e quatro anos podem, com treinamento, aprender a conservar números (Bukatko e Daehler, 1995, p. 297).

Na Tabela 18.3, apresentamos as idades aproximadas em que as crianças adquirem várias habilidades de conservação. Algumas destas vão além dos parâmetros de idade da primeira infância, mas nós as incluímos de qualquer maneira para manter um senso de continuidade, bem como para dar a possibilidade de que suas observações possam descobrir uma criança ou crianças cujo nível de funcionamento cognitivo é mais alto que de seus pares de sete e oito anos. No entanto, é mais provável que a Tabela 18.3 possa servir como um guia de prática adequada de desenvolvimento e expectativas apropriadas de desenvolvimento. Você deve se lembrar, no Capítulo 13, da discussão sobre o conceito de padrões. Lá nós escrevemos, "A seleção do padrão (...) é essencial em muitos casos, porque o padrão determinará se o desempenho da criança satisfaz a concepção do adulto do que ela pode e deve ser capaz de fazer". Cada

Tabela 18.3 Ordem de aquisição das habilidades de conservação	
Habilidade de conservação	Características da habilidade de conservação
Número (5-7 anos)	O número de objetos é independente de como são organizados no espaço, desde que nenhum seja acrescentado ou retirado.
Substância (7-8 anos)	A quantidade de uma substância – como argila ou massinha de modelar – permanece inalterada pela forma como essa substância é modelada (por exemplo, a quantidade de argila em uma bola não aumenta ou diminui se esta bola for achatada em forma de panqueca).
Comprimento (7-8 anos)	O comprimento, digamos, de um pedaço de corda não é alterado apenas mudando a forma como está organizada (por exemplo, uma corda disposta em uma linha reta mantém seu comprimento original quando é colocada em uma forma circular).
Área (8-9 anos)	A quantidade da área total de um espaço não é alterada ao se reorganizar qualquer dos componentes dessa área total (por exemplo, quatro blocos quadrados de 1,50 m formando um grande quadrado de 9 m^2 de área não ganham ou perdem nenhuma quantidade de área se os quadrados individuais forem reorganizados para formar uma forma geométrica diferente).
Peso (9-10 anos)	O peso de um objeto não muda se apenas sua forma for alterada (por exemplo, quatro blocos de 0,45 g empilhados uns sobre os outros, que pesam um total de 1,80 kg, ainda pesarão um total de 1,80 kg se forem colocados lado a lado).
Volume (12-14 anos)	A quantidade (volume) de líquido em um recipiente, por exemplo, não depende da forma do recipiente (por exemplo, um litro de água em uma jarra baixa e larga ainda é um litro de água quando colocado em um frasco alto e estreito).[4]

Adaptado de VanderZanden, 1993, p. 305.

---

[4] Este exemplo diz respeito à conservação de substância. Um exemplo para a conservação de volume seria: pega-se dois pedaços iguais de massinha em formato de bola e dois copos iguais, com ¾ de água cada um. Então, na frente da criança, um dos pedaços de massinha é transformado em "salsicha". Após mudança na forma, pergunta-se à criança: "será que a bola deslocará o mesmo tanto de água se transformada, por exemplo, em 'salsicha'?". Se a criança concluir que, independentemente do formato as duas bolas de massinha deslocarão a mesma quantidade de líquido quando mergulhadas em um copo com água, então ela já adquiriu a noção de conservação de volume. (NRT)

uma das habilidades de conservação é um padrão, e não se espera normalmente que uma criança de sete anos seja capaz de conservar peso ou volume, habilidades normalmente realizadas por crianças dos 9 aos 14 anos.

Outras funções cognitivas e intelectuais aplicáveis às crianças de sete e oito anos foram discutidas no capítulo anterior: a teoria do processamento de informações, a teoria de Vygotsky, a teoria de Piaget e algumas das principais ideias que acompanham essas perspectivas. No presente capítulo, enfatizamos o conceito de conservação porque pode servir como um exemplo de como as habilidades cognitivas da criança se tornam cada vez mais sofisticadas ao longo de seu desenvolvimento.

Portanto, para completar esta seção do capítulo, oferecemos um breve resumo de algumas habilidades, comportamentos ou habilidades que parecem caracterizar o estado mental geral da criança de sete e oito anos (Tabela 18.4). Tenha em mente, porém, que quando chegar a hora de realizar suas observações, tudo o que é relevante para o funcionamento cognitivo de uma criança pode ser importante.

Linguagem

Informações básicas

Nós já escrevemos bastante sobre a linguagem e suas características desenvolvimentais. Na verdade, tamanha é a importância da linguagem como área funcional, que é difícil imaginar que se tenha dito o suficiente sobre ela, embora não se deva incorrer no risco de prolongar a discussão para além de uma duração razoável e tolerável.

Tabela 18.4 Resumo de algumas características do pensamento operatório concreto
Algumas atividades e interesses demonstrados por crianças de sete e oito anos indicativos do funcionamento cognitivo
• A criança recolhe coisas, as organiza e as exibe de acordo com um sistema mais complexo de classificação que o usado quando mais jovem; também faz negociações com os amigos para adquirir mais itens.
• A criança consegue identificar e nomear moedas e papel-moeda.
• A criança se torna mais sociocêntrica ou centrada no outro, isto é, ela tem interesse no que as outras pessoas pensam e fazem, que se reflete em um interesse sobre "culturas diferentes, lugares distantes". (Allen e Marotz, 2003, p. 159)
• A criança pode adiar a gratificação, bem como planejá-la com antecedência (por exemplo, adiar fazer algo agradável até um momento posterior, em um momento mais apropriado).
• A criança pode usar alguma lógica nos esforços para entender como as coisas funcionam ou para realizar um objetivo (por exemplo, procura de forma sistemática um objeto perdido).
• A criança pode dizer as horas e sabe o dia correto, mês e ano.
• A criança entende a ideia de causa e efeito; ela sabe como um evento pode afetar ou influenciar outro.
• A criança está aprendendo adição e subtração de números.
• A criança usa palavras para expressar ideias de forma mais eficiente e precisa.
• A criança consegue lembrar detalhes de histórias e acontecimentos vividos com considerável precisão.
• A criança agora gosta de ler e faz isso sozinha, sem necessidade de ajuda ou supervisão externa.

Adaptado de Allen e Marotz, 2003, p. 153, 159-60; veja também Allen e Marotz, 2007, p. 178, 187.

Vocabulário

Como premissa geral, podemos dizer que as habilidades linguísticas das crianças de sete e oito anos continuam melhorando ainda mais que quando elas tinham seis. Considerando somente a área do vocabulário, aumentos acentuados parecem ser a regra. Berk (1996), por exemplo, afirma que:

> Como o vocabulário médio de uma criança de seis anos já é bastante vasto (aproximadamente 10 mil palavras), pais e professores geralmente não percebem ganhos rápidos durante os anos escolares. Entre o início do ensino fundamental e sua conclusão, o reconhecimento de vocabulário aumenta quatro vezes, atingindo, finalmente, cerca de 40 mil palavras. Em média, cerca de 20 novas palavras são aprendidas por dia – uma taxa de crescimento que supera a da primeira infância. (p. 446)

Esta rápida expansão de vocabulário é o resultado de ganhos em outras áreas de funcionamento relacionadas. Por exemplo, Berk (2005) observa que "crianças em idade escolar ampliam seu vocabulário por meio de uma capacidade cada vez mais eficiente de analisar a estrutura de palavras complexas". Ela dá o exemplo da criança capaz de aprender palavras como "feliz" e "decidir" e discernir ou derivar "os significados de 'felicidade' e 'decisão'" (p. 451).

Outro ganho vem na forma de conhecimento conceitual maior, que por sua vez constitui a base para aquisições concomitantes no vocabulário. Como Berk (2005) relata: "Crianças de cinco e seis anos fornecem descrições concretas referentes a funções ou aparência – por exemplo, *faca*: 'quando você está cortando cenouras'; *bicicleta*: 'ela tem rodas, uma corrente e guidão'" (p. 451). Porém, "no final do ensino fundamental, sinônimos e explicações de relações categóricas aparecem – por exemplo, *faca*: 'algo com que você pode cortar. Uma serra é como uma faca. Ela também pode ser uma arma'" (p. 451, grifo do original). Por fim, por volta do quinto ou sexto ano do ensino fundamental, as crianças podem adquirir novas palavras apenas quando sua definição é dada (Berk, 2005, p. 452). As crianças também apreciam cada vez mais os múltiplos significados das palavras. Estes incluem significados psicológicos, assim como físicos, o que permite uma utilização mais rica, mais completa do caráter ambíguo da linguagem. Essa compreensão do duplo sentido de muitas palavras, é claro, ainda permite o uso de metáforas mais sofisticadas do que era possível em idade ou nível de desenvolvimento de linguagem anteriores. Por sua vez, de acordo com Berk (2005), o humor das crianças muda drasticamente, considerando que "charadas e trocadilhos que vão e vêm com significados diferentes da mesma palavra-chave são comuns, como em: '*Hey, did you take a bath? No! Why, is one missing?*" ['Ei, você tomou banho?' 'Não! Por que, está faltando um?']" (p. 452).

Gramática

Outro aspecto do desenvolvimento e funcionamento da linguagem é o da gramática. Indicamos ao leitor uma discussão mais longa da linguagem no Capítulo 17, se e quando mais informações forem necessárias que as fornecidas aqui.

A gramática, juntamente da sintaxe, é o que torna a linguagem – falada ou escrita – inteligível. Gramática é um conjunto de regras que regem o uso correto das palavras e suas relações umas com outras em sentenças. *The American heritage talking dictionary* (1994) define gramática como "o sistema de regras implícitas em uma linguagem, vista como um mecanismo para gerar todas as sentenças possíveis naquele idioma (...) Um conjunto de regras normativas ou prescritivas estabelecendo o padrão atual para fins pedagógicos ou de referência (...) O estudo de como as palavras e seus componentes se combinam para formar frases".

Uma construção gramatical digna de nota é o uso da voz passiva – "A bola *foi rebatida* por Alonzo" – contraposta à voz ativa – "Alonzo *rebateu* a bola". Berk (1996) escreve que "passivas completas são raramente utilizadas por crianças de três a seis anos", mas que "elas aumentam progressivamente ao longo da fase intermediária da infância" (p. 447). Também observado por Berk é o fato de que "crianças mais velhas também aplicam sua compreensão da voz passiva a uma ampla gama de substantivos e verbos" (p. 447).

Na fase intermediária da infância também é apresentado o "entendimento avançado de frases no infinitivo, tais como a diferença entre 'é fácil agradar John' e 'John está ansioso para agradar'" (Berk, 2005, p. 452). Todas as realizações mencionadas anteriormente são em parte resultados de habilidades cognitivas melhoradas e em parte resultados de uma "capacidade aperfeiçoada de analisar e refletir sobre a linguagem" (Berk, 1996, p. 447), ou o que mais tarde Berk caracteriza como "consciência metalinguística aperfeiçoada adquirida durante as atividades de alfabetização" (2005, p. 452). A confusão surge sobre quem exatamente está fazendo o quê, ou quem exatamente tem quais características. Na sentença "John está ansioso para agradar", quem está fazendo o agrado ou quem quer agradar? É difícil para crianças menores de cinco ou seis anos, que é a idade estimada para o início da aquisição dessa estrutura sintática, fazer distinção entre esta frase e a sentença "John é fácil de agradar". Neste último caso, John é o destinatário potencial de ações que irão agradá-lo, enquanto no caso anterior, John é o agente potencial de ações que irão agradar os outros.

Um aspecto final da linguagem de interesse para nós é a pragmática, que está relacionada ao que Berk (2005) chama de "o lado comunicativo da linguagem" (p. 452). Ou seja, o indivíduo tem de lidar com as tarefas práticas associadas com o fazer-se entender pelos outros. Uma das tarefas é levar em conta as necessidades ou situações particulares do ouvinte. Por exemplo, a pragmática exigiria que a criança soubesse o que seu parceiro de conversa sabe sobre o tema em discussão, ou sobre o contexto da conversa. Não levar em conta tais questões pode ser parcialmente explicado invocando o conceito de egocentrismo de Piaget. A criança mais nova e mais egocêntrica pode deixar de fornecer informações suficientes para que a outra pessoa entenda o que está sendo comunicado ou exigido, na situação. Dar instruções, por exemplo, não vai resultar em ações significativas se essas instruções forem incompletas, vagas ou ambíguas. A criança mais velha pode perceber ou discernir as lacunas e ajustá-las em conformidade, algo que a criança pré-escolar é incapaz de fazer.

Essa capacidade de dar instruções adequadas desenvolve-se por meio de uma progressão gradual. A criança mais velha é, provavelmente, uma criança de cerca de dez ou onze anos. Berger (1991), por exemplo, discute esta questão no contexto de um estudo realizado por Sonnenschein (1986), que envolveu crianças de primeira e quarta séries que dão instruções a um companheiro sobre como encontrar um brinquedo. Como Berger (1991) relata as descobertas: "Somente as instruções das crianças da quarta série foram bem elaboradas para encontrar o brinquedo; as das crianças da primeira série incluíram informações adicionais tanto úteis quanto irrelevantes" (p. 380).

A relevância destes resultados para as suas observações é que você pode esperar que crianças de sete e oito anos demonstrem, pelo menos, alguma capacidade de fornecer a um ouvinte informações significativas em determinadas situações.

Outra faceta importante da pragmática é a habilidade aprimorada da criança em compreender "as distinções entre a forma e o significado das expressões" (Berk, 1996, p. 447). Trata-se de um fenômeno interessante, pois é um aspecto de nossas interações diárias que envolvem a linguagem e que provavelmente passa despercebido pela maioria de nós. Pense nisso em termos do seguinte exemplo de uma criança de oito anos. A mãe de Josie quer que esta limpe seu quarto. Várias vezes a mãe pede para que Josie faça essa tarefa doméstica. Ela geralmente expressa seu pedido assim: "Josie, limpe seu quarto". Josie responde com um "OK, mãe", mas não completa a tarefa. Por fim, em desespero e frustração, sua mãe diz, "Josephine Markowitz, limpe seu quarto". Agora, Josie corre para fazê-lo, sabendo que a reformulação do pedido de sua mãe mostra alguns sinais de raiva e de urgência. Essa percepção por parte de Josie foi derivada do uso simples de seu nome completo por parte da mãe, com um aumento provável no volume e no tom de sua voz.

Berk (1996), mais uma vez, fornece uma ilustração informativa sobre essa habilidade da comunicação:

> Até mesmo crianças de três anos sabem que um colega que diz: "Eu preciso de um lápis", não está apenas fazendo uma declaração. Ele está pedindo um lápis. Porém, crianças de oito anos entendem expressões mais inconvencionais. Por exemplo, no dia seguinte ao que ela se esqueceu de levar o lixo para fora, Lizzie sabia que a afirmação de sua mãe: "O lixo está começando a cheirar", na verdade significava "Leve esse lixo para fora". Fazer inferências sutis sobre a relação entre um enunciado e seu contexto está além da capacidade dos pré-escolares. (p. 447)

É esperado que esses exercícios de observação forneçam a oportunidade de testemunhar e registrar algumas dessas habilidades linguísticas, e comparar as habilidades das crianças de sete e oito anos nesta área com as das crianças mais novas.

Comportamento social e emocional

Informações básicas

A idade escolar (6-12) é aquela em que as crianças adquirem e até mesmo dominam determinadas competências básicas, muitas das quais estão funcionalmente ligadas à educação formal. É viável colocar essas competências e suas realizações na rubrica geral das mudanças de personalidade. Prosseguimos com este pressuposto a partir da afirmação de Berk (2005): "De acordo com Erikson (1950), as *mudanças de personalidade* [grifo nosso] da idade escolar são construídas sobre a *fase de latência* de Freud [grifo do original]" (p. 470). A crise ou tarefa psicossocial na perspectiva teórica de Erikson relacionada à fase intermediária da infância é a de desenvolver ou um senso de diligência ou um sentimento de inferioridade. É o senso de diligência que permite à criança realizar as tarefas educativas associadas à escolaridade formal, entre outras exigências feitas em outros contextos e situações. Como Berk (1996) coloca: "Na escola, as crianças se dedicam ao trabalho produtivo ao lado de e com outras crianças" (p. 466). Para os nossos propósitos, é este o compromisso significativo, a atividade produtiva que capta a essência da diligência.

Um sentimento de inferioridade pode ser capturado pelas ideias de pessimismo ou inadequação que interferem no desenvolvimento da competência e do domínio, componentes cruciais da diligência. Os conceitos de diligência e de inferioridade se prestam muito bem aos conceitos e questões associadas à **autoestima**, ao **autoconceito**, ao comportamento moral e raciocínio, e à cooperação com os outros, em esforços como a realização de tarefas. Este último conjunto de questões vai ao âmago da personalidade e das relações sociais.

Autoconceito e autoestima

Autoconceito deve ser diferenciado da autoestima. Para nossos propósitos, autoconceito refere-se à maneira pela qual um indivíduo se descreve – ou seja, quais qualidades ou atributos a criança atribui a si mesma? Podemos pensar em autoconceito como uma avaliação mais ou menos objetiva do que somos, nossos pontos fortes e fracos, nossas características de personalidade, e assim por diante. Como Berk (2005) escreve: "Durante os anos escolares, as crianças desenvolvem um *eu mesmo*, ou autoconceito, muito mais refinado, organizando suas observações de comportamentos e estados internos em disposições gerais, com uma mudança importante ocorrendo entre oito e onze anos" (p. 471, grifo do original). Berk oferece uma comparação informativa entre as descrições de duas crianças, um menino de sete anos e uma menina de onze anos. Observe as diferenças bastante significativas entre estas duas autodescrições:

> *Um menino de sete anos*: Eu tenho sete anos e tenho cabelos castanhos e meu *hobby* é colecionar selos. Eu sou bom em futebol e eu sou muito bom em somas e meu jogo favorito é futebol e eu adoro a escola e eu gosto de ler livros e meu carro favorito é o Austin. (Berk, 1996, p. 467, apud Livesly e Bromley, 1973, p. 237)

> *Uma menina de onze anos e meio*: Meu nome é A. Eu sou um ser humano. Eu sou uma menina. Sou uma pessoa confiável. Não sou bonita. Sou mais ou menos nos estudos. Eu sou uma violoncelista muito boa. Sou uma pianista muito boa. Sou um pouco alta para a minha idade. Eu gosto de vários meninos. Gosto de várias meninas. Eu sou antiquada. Jogo tênis. Sou uma nadadora muito boa. Tento ser útil. Estou sempre pronta para ser amiga de qualquer pessoa. Na maior parte do tempo eu sou boa, mas eu perco a calma. Alguns meninos e meninas não gostam de mim. Não sei se sou admirada por meninos ou não. (Berk, 2005, p. 471, apud Montemayor e Eisen, 1977, p. 317-8)

Bukatko e Daehler (1995) discutem autoconceito – ou o que eles chamam de "autodefinição" – em termos de categorias próprias. Eles observam que "durante os anos pré-escolares, o conhecimento de si mesmo se estende para além das características físicas e incluem as atividades que a criança gosta e em quais são boas, o que possui e seu relacionamento com os outros" (p. 441). No desenvolvimento de uma categoria própria, as crianças "classificam-se em termos de adesão a certos grupos com base em seu sexo, idade, habilidades, o que elas possuem, onde vivem e quem são seus amigos" (p. 441).

Em diferença bastante acentuada ao pré-escolar e à criança de sete anos, a criança de onze anos vai além de uma lista de comportamentos específicos e descreve as competências e categorias gerais de características. Como Berk (1996) também aponta, a criança mais nova

– como com as crianças mais novas em geral – não identifica nenhum traço psicológico, enquanto a criança mais velha descreve sua personalidade (p. 467).

A autoestima se refere a um senso de valor pessoal. Assim, por exemplo, embora a garota descrita anteriormente considere suas habilidades escolares ou desempenho apenas como "mais ou menos", ela ainda pode ter um sentido positivo de valor pessoal que não é essencialmente afetado por sua competência escolar ou realizações menos exemplares.

Como Berk (2005) relata: "Na idade de sete a oito anos, as crianças em diversas culturas ocidentais formaram pelo menos quatro competências de autoestima separadas – competência acadêmica, competência social, competência física/atlética e aparência física. Dentro delas estão categorias mais refinadas que se tornam cada vez mais distintas com a idade" (p. 472). Esse refinamento consiste, em parte, de valores escolares próprios dividindo-se em desempenhos relativos a matérias escolares diferentes, valores sociais próprios dividindo-se em relações parentais e de amizade, e "competência física/atlética nas habilidades de vários esportes" (p. 472).

A sabedoria convencional diz que a autoestima boa e positiva contribui para níveis mais elevados de confiança e desempenho que a autoestima baixa ou negativa. Porém, as pesquisas também sugerem que a autoestima das crianças torna-se mais realista à medida que elas envelhecem e se envolvem em mais comparações sociais com outros indivíduos: "A autoestima diminui durante os primeiros anos do ensino fundamental. Esse declínio ocorre enquanto a resposta relacionada à competência torna-se mais frequente, o desempenho das crianças é cada vez mais julgado em relação ao desempenho dos outros e as crianças se tornam cognitivamente capazes de fazer comparação social" (Berk, 2005, p. 472).

Em relação às crianças em idade escolar, há um aspecto do comportamento infantil particularmente relevante para o desempenho escolar; aspecto este que, supõe-se, é facilmente acessível à observação mais ou menos direta. Estamos nos referindo aqui aos motivos que nós – pessoas em geral – oferecemos como explicações para o nosso comportamento. No presente contexto, são razões classificadas por Berk (2005) como "atribuições relacionadas à realização" (p. 474 ss.). Estas atribuições estão entre as influências que contribuem para a autoestima da criança. Berk (2005) identifica duas atribuições básicas que as crianças fazem com relação à sua autoestima escolar: (1) atribuições voltadas ao domínio e (2) desamparo aprendido, o que resulta em atribuições feitas pela própria criança e que são críticas e depreciativas em relação à própria capacidade.

Crianças com autoestima escolar elevada, escreve Berk, "(...) fazem **atribuições voltadas ao domínio**, creditando seu sucesso à habilidade – característica que pode melhorar pelo esforço e que pode ser utilizada quando confrontada com novos desafios" (2005, p. 475). Quando a falha ocorrer, elas a atribuem a "(...) fatores que podem ser alterados e controlados, tais como o esforço insuficiente ou uma tarefa difícil" (p. 475). Em forte contraste, a criança com desamparo aprendido atribui seus fracassos à falta de capacidade; mas, curiosamente, atribui seu sucesso à sorte, em vez de sua capacidade (Berk, 2005, p. 475). Em qualquer circunstância, crianças com desamparo aprendido eventualmente "(...) possuem uma *visão fixa de capacidade* – que não pode ser mudada. Elas realmente não pensam que a competência pode ser melhorada pelo esforço" (p. 475, grifo do original). Consequentemente, em suas cabeças, o esforço não possui muita relevância e não terá um efeito apreciável sobre a competência. Ainda como consequência, tarefas futuras difíceis apenas reforçarão o sentimento de incompetência e seus sentimentos de perda de controle, condição que leva ao sentimento de inferioridade de Erikson (Berk, 2005, p. 475).

Isto conclui o segmento preliminar deste capítulo. Tentamos selecionar as ocorrências de desenvolvimento e comportamento na vida de crianças de sete e oito anos razoavelmente abertas ou acessíveis à observação naturalista ou, quando não o são, de alguma forma de intervenção ou teste que possa revelar os comportamentos de interesse. Novamente, as restrições de tempo e espaço nos forçaram a fazer escolhas que podem não ter sido feitas por outros. Você deve sempre se sentir livre para tomar suas próprias decisões sobre o que e como observar. Nós só podemos oferecer algumas orientações para direcioná-lo por alguns caminhos entre os muitos que existem no contexto de crescimento, desenvolvimento e comportamento infantil.

Antes de entrar nos exercícios de observação, queremos lembrá-lo de que, a menos que já seja oficialmente associado à escola ou outro estabelecimento em que fará suas observações, a permissão prévia é necessária para entrar e observar as crianças. Obter tal autorização deve ser uma das primeiras tarefas em sua agenda. O processo real envolvido já foi, sem dúvida, estabelecido pelas autoridades competentes no local de observação. Consulte-as antes de começar a fazer seu trabalho.

Exercício de observação 18.1: habilidades físicas e motoras gerais

Parte 1 – Crescimento físico e desenvolvimento motor: objetivos da observação

Os objetivos deste exercício seguem, pelo menos, duas vertentes: (1) observar o comportamento motor de crianças de sete e oito anos de idade no contexto de suas atividades de brincar e (2) comparar e contrastar as características das brincadeiras e o funcionamento motor de meninas e meninos. Presume-se que dois fatores operem aqui. Primeiro, há o pressuposto de que as crianças de sete e oito anos de ambos os sexos tendem a brincar com mais sofisticação e complexidade que quando eram mais jovens, características que influenciarão o tipo e a qualidade dos comportamentos motores que uma criança, de qualquer um dos sexos, vai expor durante o curso da brincadeira. Em segundo lugar, há a suposição de que as meninas brincam de forma diferente dos meninos, o que significa que as características das ações físicas/motoras de cada gênero serão diferentes umas das outras. São estas duas classes gerais de diferenças que queremos que você observe e registre.

Procedimento

Na Parte 1 deste exercício, o formato ou a técnica de amostragem por eventos será utilizado. Encontre diversas crianças – pelo menos duas ou três, se possível – que estão brincando juntas e cuja brincadeira envolva atividade motora significativa. Observe e registre seu comportamento enquanto ele durar, a menos que sua duração seja muito longa e se torne inviável continuar.

Quando todos os dados forem coletados, interprete-os com relação às características gerais de funcionamento motor das crianças. Tente estabelecer semelhanças e diferenças entre o tipo e a qualidade dessas habilidades motoras apresentadas por crianças de sete e oito anos, e as preferências e o que você sabe – ou pode vir a descobrir – sobre o tipo e a qualidade das habilidades motoras e preferências de crianças de seis anos. Essas comparações podem ser feitas usando as informações adquiridas por meio de observações anteriores feitas com crianças dessa faixa etária.

PARTE 2 – Diferenças no funcionamento motor relacionadas ao gênero: objetivos da observação

A Parte 2 deste exercício se volta à descoberta de qualquer diferença que exista no comportamento motor entre meninos e meninas, ou seja, que tipos de brincadeiras eles fazem (ou outras atividades em que possam participar) e as diferenças nas habilidades motoras que essas brincadeiras ou atividades possam exigir.

Procedimento

Você voltará a usar a técnica de amostragem por eventos. Desta vez, selecione um pequeno grupo de meninas e um grupo similar de meninos envolvidos em algum tipo de atividade que envolve o movimento do corpo e suas habilidades e capacidades motoras.

Seu foco, nesta parte, será menos a criança e mais o funcionamento geral de todos os indivíduos considerados como um grupo, mas com relação às exigências físico-motoras que a atividade impõe às crianças. A suposição é que o grupo, como um todo, aparentemente se reuniu para alguma brincadeira qualquer em que cada criança apresente, pelo menos, a maioria das habilidades que são pré-requisitos necessários à atividade. Se as brincadeiras das meninas exigirem habilidades diferentes das dos meninos, essas diferenças devem tornar-se evidentes e acessíveis a sua observação e seu registro (veja o Exercício de observação 18.1).

Exercício de observação 18.2: desenvolvimento e comportamento cognitivo e intelectual

Parte 1 – Pensamento operatório concreto: objetivos da observação

Enfatizamos o estágio operatório concreto do desenvolvimento cognitivo segundo Piaget tanto no Capítulo 17 como novamente no capítulo presente. Você deve se lembrar que no início do livro mencionamos que, apesar de testes de teorias não serem uma de suas tarefas habituais, no curso de suas observações você pode muito bem fazer isso – ou seja, testar uma teoria. Parte de sua tarefa no Exercício 17.2 foi determinar se as crianças de seis anos que observou funcionavam de forma significativa na fase de operações concretas. Estava em questão a afirmação de que o período de operações concretas não começa "oficialmente" até sete anos, aproximadamente.[5] Um dos objetivos deste exercício é encontrar as diferenças e semelhanças entre o pensamento operatório concreto de crianças de cerca de sete e oito anos e o pensamento operatório concreto de crianças de aproximadamente seis anos. Você deverá decidir qual grupo de crianças, conforme identificado por suas idades, de fato melhor representa o funcionamento cognitivo característico desse terceiro estágio na teoria de Piaget.

Procedimento

Portanto, para a Parte 1 deste exercício, selecione duas ou três crianças para observação. Use o formato ou técnica de amostragem por eventos e busque exemplos de comportamento cognitivo que possam ser descritos como pensamento operatório concreto. Consulte a Tabela 18.2 para mais informações sobre as características importantes dessa fase. Com as informações que precisa em mãos, compare seus dados sobre o nível de funcionamento cognitivo de crianças de sete e oito anos com todos os dados sobre o nível de funcionamento cognitivo de crianças de seis anos. Existem diferenças ou semelhanças nítidas entre estes dois grupos etários? Se não tiver dados de observação anteriores sobre crianças de seis anos, ou se não conseguir observar crianças desta idade antes de completar o presente exercício, você pode simplesmente comparar as informações que possui com as informações disponíveis neste livro ou em outra obra. Embora essas informações não sejam obtidas a partir de suas próprias observações pessoais, elas serão o resultado das observações de alguém, e esse fato serve para atestar a importância da observação como uma atividade necessária e válida.

Parte 2 – Características gerais do comportamento cognitivo da criança: objetivos da observação

Na Parte 2 deste exercício, será necessário concentrar-se nas características gerais do funcionamento cognitivo infantil, com o simples objetivo de descrever, em termos mais ou menos gerais, como crianças de sete e oito anos pensam e processam informações, os tipos de conhecimento que elas podem ter e como lidam ou usam esse conhecimento, e assim por diante.

Procedimento

Selecione pelo menos três crianças e, usando o formato de descrição narrativa, observe e registre seu comportamento pelo que simplesmente chamamos de período de tempo razoável. No entanto, poderíamos acrescentar que deve selecionar uma situação e um cenário em que seja possível testemunhar os tipos de comportamentos que se deseja observar. Consulte a Tabela 18.4 para algumas orientações quanto aos tipos de comportamentos cognitivos relevantes para este exercício (veja Exercício de observação 18.2.).

---

[5] Dentro da teoria piagetiana, o que importa é a sequência lógica entre os estágios, e não as idades médias em que eles apareçam. Isto porque, a teoria piagetiana parte do princípio de que o desenvolvimento cognitivo depende de potencialidade pré-existentes e da interação com o meio; logo, a velocidade de construção das estruturas cognitivas pode variar dependendo da qualidade e da quantidade de interação da criança com o meio em que vive. (NRT)

Exercício de observação 18.3: linguagem

Objetivos da observação

Embora nossa discussão preliminar sobre linguagem apresente informações bastante específicas, os objetivos deste exercício são propositadamente deixados um pouco em aberto. Seu objetivo é simplesmente capturar o máximo de informações sobre o comportamento de linguagem de diversas crianças e oferecer uma descrição geral interpretativa das características básicas de sua linguagem verbal. As características de grande importância para este exercício são vocabulário, gramática e pragmática, uma vez que estas foram discutidas anteriormente nas informações básicas.

Procedimento

Selecione pelo menos duas crianças como seus alvos. Recomendamos que ambos os sexos sejam representados, e que você observe, digamos, três crianças, dois meninos e uma menina ou duas meninas e um menino, em vez de três meninos ou três meninas, pois seria a composição de grupo mais interessante. Usando o formato de descrição narrativa, registre fielmente o discurso das crianças. Em seguida, interprete ou discuta seus dados com relação ao vocabulário, à construção gramatical de frases e a qualquer aspecto pragmático que seja capaz de discernir.

Por fim, compare as características gerais do comportamento de linguagem exibido por uma criança de cada um dos sexos. Por exemplo, as meninas falam sobre coisas diferentes dos meninos? Você consegue detectar diferenças significativas em seus respectivos vocabulários, construções gramaticais etc.? Qual deles têm melhores habilidades verbais, meninos, meninas, ou nenhum deles? Os meninos e as meninas diferem no uso de linguagem quando estão no mesmo ambiente e situação? Isto é, os meninos usam linguagem mais assertiva, agressiva ou autoritária em comparação às meninas quando estão atuando como líderes, por exemplo (veja o Exercício de observação 18.3)?

Exercício de observação 18.4: desenvolvimento e comportamento social e emocional

Objetivos da observação

O principal objetivo deste exercício é observar e registrar evidências de autoestima das crianças quando expressas em suas atividades e interações diárias. Essas expressões podem ser feitas em relação a um ou mais dos três tipos de autoestima relatados por Berk (1996) e discutidos anteriormente nas informações básicas: autoestima escolar, física e social. Coincidindo com a autoestima está o autoconceito, que é como a criança descreve a si mesma. Você deve entender e manter a distinção entre autoestima e autoconceito a fim de concluir este exercício com sucesso.

Procedimento

Este exercício pode ser difícil de ser concluído pela observação estritamente naturalista, pois requer que ouça e registre especificamente o que as crianças dizem sobre si mesmas – descrições em termos de autoconceitos e autoestima. Em face desta condição um pouco limitante, pode-se recorrer a algum tipo de estratégia de intervenção, talvez pedir diretamente para a criança falar de si mesma, descrever a si própria, ou dizer algo sobre si mesma. Você pode perguntar à criança no que ela é boa ou não na escola, por exemplo, ou quando brinca com seus colegas etc. Deverá tentar fazer com que a criança se avalie quanto a seus pontos fortes e fracos; essa avaliação lhe dará alguma noção do valor que a criança atribui a si mesma com relação a seu desempenho escolar, habilidades sociais e *status*, além de aparência física, se for possível abranger todas as áreas.

Você terá de decidir se usará a observação naturalista ou uma abordagem de teste. Em todo caso, use o procedimento seguinte se a observação for viável, pois ele fornecerá as informações necessárias para completar a tarefa.

Selecione pelo menos duas crianças para este exercício. É desejável observar um menino e uma menina em vez de dois meninos ou duas meninas. Use o formato de descrição narrativa, pois essa técnica produz a maior quantidade de informações por unidade de tempo gasto em observação. O objetivo é tentar testemunhar as expressões verbais e comportamentais das crianças com relação a como elas se sentem sobre si mesmas e como se avaliam em face de diversos critérios de desempenho, sociais e físicos, quer a respeito de si mesmas ou em comparação a seus colegas.

Caso a observação ocorra em um ambiente escolar formal, a autoestima escolar das crianças pode ser colocada no contexto das atribuições voltadas ao domínio ou das atribuições associadas ao desamparo aprendido. Seja qual for o contexto específico, tente obter informações sobre todos os aspectos possíveis da autoestima das crianças, assim como descrições de seus autoconceitos ou como elas descrevem a si mesmas e quais qualidades ou características atribuem a si mesmas. Temos utilizado a expressão *estratégia de teste* para indicar um meio de obter informações que não por meio da observação naturalista. Embora recomendemos esta abordagem com muita moderação, o *teste* pode ainda não ser a palavra adequada, pois poderia sugerir um procedimento que não serve aos melhores interesses da criança, ou é demasiado intrusivo, ou não é realmente uma observação em sua forma mais pura. Portanto, no presente contexto, oferecemos a expressão *estratégia de conversação* ou *abordagem de conversação* para substituir *estratégia de teste*. Além da observação direta e não interventiva, e com exceção de uma possível abordagem alternativa, será por meio da conversa com as crianças que terá de obter as informações que precisa para completar este exercício.

Além disso, se você acredita que uma abordagem de conversação é a melhor opção, mesmo que apenas para parte do exercício, então deixamos a seu critério a criação de uma forma adequada de obter os dados necessários. Porém, devemos lembrar que a inviolabilidade dos sentimentos da criança, a confidencialidade das informações obtidas e qualquer outra questão ética associada ao processo de observação têm de ser prioritárias. Elas são de especial relevância neste exercício porque se está investigando as percepções infantis sobre quem elas são e o valor que dão a si mesmas como pessoas, como alunos, como seres físicos e como os parceiros sociais de seus professores, amigos e pares.

Portanto, tenha em mente que, embora as crianças possam fazer julgamentos sobre si mesmas, você não deve fazer julgamentos sobre elas.

Como tarefa final, pode ser interessante comparar as declarações de autoconceito que as crianças fazem com as declarações autodescritivas feitas pelo menino de sete anos e pela menina de onze anos relatadas por Berk. Quão perto as características gerais dos autoconceitos de suas crianças chegam aos das crianças citadas no exemplo?

Há, no entanto, aqueles que se opõem à abordagem de conversação para obtenção de informações sobre a autoestima e o autoconceito das crianças. Se você ou aqueles com autoridade no cenário de observação se opõem a essa abordagem, então, por respeito a esse ponto de vista, sugerimos outra maneira possível de se obter os dados visados. Se estiver em um ambiente escolar formal, converse com um professor ou outro membro da equipe sobre a autoestima e o autoconceito de uma criança. Quais são as percepções ou impressões do indivíduo sobre a criança nesse aspecto? Em seguida, observe a criança e procure indicações comportamentais das impressões do professor/membro da equipe. Por exemplo, a criança persevera quando encontra tarefas difíceis? A criança se sente responsável ou responsabiliza os outros por seu sucesso? E por suas falhas? A criança se descreve de maneira correspondente à descrição do professor sobre o autoconceito dela? Em vez de um professor, um pai pode ser a pessoa a oferecer esse tipo de informação (veja o Exercício de observação 18.4.).

Epílogo

Há apenas mais uma coisa que temos a dizer neste momento: "Parabéns!". A distância e o tempo que viajou depende de quantos exercícios de observação fez e o quanto se envolveu no conteúdo geral deste livro. Esperamos sinceramente que sua viagem tenha sido informativa e interessante, mesmo que às vezes tenha sido difícil e demorada. No entanto, acreditamos que, se não for agora, no presente imediato, em algum momento no futuro entenderá que o trabalho duro valeu a pena. Se hoje você é um observador melhor e mais astuto que era ontem, e certamente que antes de começar, então atingimos nosso objetivo principal.

EXERCÍCIO DE OBSERVAÇÃO 18.1

Parte 1: Habilidades físicas e motoras gerais da criança de sete e oito anos (no contexto de brincadeiras ou jogos)

Nome do observador _____

Criança(s) observada(s) _____

Idade(s) da(s) criança(s) _____ Sexo(s) da(s) criança(s) _____

Contexto de observação (casa, creche, escola, pré-escola) _____

Data da observação_____ Horário de início _____ Horário do término _____

Breve descrição das características físicas e sociais do cenário de observação:

Descrições comportamentais objetivas (DCOs) e interpretações: *amostragem por evento*

DCO 1: [Horário de início_____ Horário do término_____]

Interpretação 1:

DCO 2: [Horário de início_____ Horário do término_____]

Interpretação 2:

Continue com DCOs o quanto desejar ou achar necessário.

Semelhanças entre as habilidades motoras da criança de sete e oito anos e as da criança de seis anos:

Diferenças entre as habilidades motoras da criança de sete e oito anos e as da criança de seis anos:

(continua)

EXERCÍCIO DE OBSERVAÇÃO 18.1 (*continuação*)

Parte 2: Diferenças relacionadas ao gênero no funcionamento motor

Nome do observador _____

Criança(s) observada(s) _____

Idade(s) da(s) criança(s) _____ Sexo(s) da(s) crianças _____

Contexto de observação (casa, creche, escola, pré-escola) _____

Data da observação _____ Horário de início _____ Horário do término _____

Breve descrição das características físicas e sociais do cenário de observação:

....

Descrições comportamentais objetivas (DCOs) e interpretações: *amostragem por evento*

DCO 1: [Horário de início _____ Horário do término _____]

Interpretação 1:

DCO 2: [Horário de início _____ Horário do término _____]

Interpretação 2:

Continue com DCOs o quanto desejar ou achar necessário.

Comentários resumidos referentes às características gerais do funcionamento motor e brincadeiras de meninos e meninas:

Comentários resumidos referentes às semelhanças e diferenças entre o funcionamento motor e as brincadeiras de meninos e meninas:

EXERCÍCIO DE OBSERVAÇÃO 18.2

Parte 1: Funcionamento cognitivo no estágio do pensamento operatório concreto segundo Piaget: uma comparação entre crianças de seis anos e de sete e oito anos

Nome do observador _____

Criança(s) observada(s) _____

Idade(s) da(s) criança(s) _____ Sexo(s) da(s) criança(s) _____

Contexto de observação (casa, creche, escola, pré-escola) _____

Data da observação_____ Horário de início _____ Horário do término _____

Breve descrição das características físicas e sociais do cenário de observação:

Descrições comportamentais objetivas (DCOs) e interpretações: *amostragem por evento*

DCO 1: [Horário de início_____ Horário do término_____]

Interpretação 1:

DCO 2: [Horário de início_____ Horário do término_____]

Interpretação 2:

DCO 3: [Horário de início_____ Horário do término_____]

Interpretação 3:

Continue com DCOs o quanto desejar ou achar necessário.

Semelhanças entre os dois grupos de crianças (no que tange ao estágio de funcionamento cognitivo):

Diferenças entre os dois grupos de crianças (no que tange ao estágio de funcionamento cognitivo):

(continua)

EXERCÍCIO DE OBSERVAÇÃO 18.2 (continuação)

Parte 2: Características gerais do comportamento cognitivo das crianças

Nome do observador _____

Criança(s) observada(s) _____

Idade(s) da(s) criança(s) _____ Sexo(s) da(s) criança(s) _____

Contexto de observação (casa, creche, escola, pré-escola) _____

Data da observação _____ Horário de início _____ Horário do término _____

Breve descrição das características físicas e sociais do cenário de observação:

Descrições comportamentais objetivas (DCOs) e interpretações: *descrição narrativa*

DCO 1: [Horário de início _____ Horário do término _____]

Interpretação 1:

DCO 2: [Horário de início _____ Horário do término _____]

Interpretação 2:

DCO 3: [Horário de início _____ Horário do término _____]

Interpretação 3:

Continue com DCOs o quanto desejar ou achar necessário.

Comentários resumidos sobre as características cognitivas gerais das crianças:

	EXERCÍCIO DE OBSERVAÇÃO 18.3
Linguagem	Nome do observador _____ Criança(s) observada(s) _____ Idade(s) da(s) criança(s) _____ Sexo(s) da(s) criança(s) _____ Contexto de observação (casa, creche, escola, pré-escola) _____ Data da observação_____ Horário de início _____ Horário do término _____ Breve descrição das características físicas e sociais do cenário de observação:
Descrições comportamentais objetivas (DCOs) e interpretações: *descrição narrativa*	DCO 1: Sexo da criança ☐ Masculino ☐ Feminino [Horário de início_____ Horário do término_____] Interpretação 1: DCO 2: Sexo da criança ☐ Masculino ☐ Feminino [Horário de início_____ Horário do término_____] Interpretação 2: DCO 3: Sexo da criança ☐ Masculino ☐ Feminino [Horário de início_____ Horário do término_____] Interpretação 3: Continue com DCOs o quanto desejar ou achar necessário. Comentários resumidos sobre o comportamento de linguagem geral das crianças, habilidades etc.: Semelhanças e diferenças entre as habilidades e comportamentos linguísticos etc. de meninos e meninas:

(continua)

EXERCÍCIO DE OBSERVAÇÃO 18.3 (continuação)

EXERCÍCIO OPCIONAL:

Comparação entre as habilidades de linguagem em crianças de sete e oito anos e as de crianças de

Seis anos:

Cinco anos:

Três anos:

Observe que não há nada de errado em comparar as habilidades de linguagem de crianças de sete e oito anos com, digamos, as habilidades de linguagem de crianças de nove anos. Presumimos que você possa já ter informações sobre capacidades linguísticas de crianças de três, cinco e seis anos a partir das tarefas de observação anteriores. Além disso, essas idades mais tenras caem na definição de primeira infância, ao passo que a criança de nove anos não.

EXERCÍCIO DE OBSERVAÇÃO 18.4

Desenvolvimento e comportamento social e emocional (autoestima e autoconceito)

Nome do observador _____

Criança(s) observada(s) _____

Idade(s) da(s) criança(s) _____ Sexo(s) da(s) criança(s) _____

Contexto de observação (casa, creche, escola, pré-escola) _____

Data da observação_____ Horário de início _____ Horário do término _____

Breve descrição das características físicas e sociais do cenário de observação:

Descrições comportamentais objetivas (DCOs) e interpretações: *descrição narrativa*

DCO 1: [Horário de início_____ Horário do término_____]

Interpretação 1:

DCO 2: [Horário de início_____ Horário do término_____]

Interpretação 2:

DCO 3: [Horário de início_____ Horário do término_____]

Interpretação 3:

Continue com DCOs o quanto desejar ou achar necessário.

Comentários resumidos:

EXERCÍCIO OPCIONAL 1:

Compare as declarações de autoconceito observadas com as declarações feitas por crianças no exemplo de Berk citado no texto deste capítulo:

(continua)

	EXERCÍCIO DE OBSERVAÇÃO 18.4 (*continuação*)
Versão alternativa: Desenvolvimento e comportamento social e emocional – Formato de teste (autoestima e autoconceito)	Nome do observador _____ Criança(s) observada(s) _____ Idade(s) da(s) criança(s) _____ Sexo(s) da(s) criança(s) _____ Contexto de observação (casa, creche, escola, pré-escola) _____ Data da observação_____ Horário de início _____ Horário do término _____ Breve descrição das características físicas e sociais do cenário de observação:
Descrições comportamentais objetivas (DCOs) e interpretações: *abordagem de conversação*	Se forem feitas perguntas diretas, indique especificamente as perguntas feitas à criança. Faça isso para cada DCO ou sempre que a forma de pergunta mudar. **Pergunta feita:** **Resposta da criança 1:** **Comentário interpretativo 1:** **Pergunta feita:** **Resposta da criança 2:** **Comentário interpretativo 2:** Continue com DCOs o quanto desejar ou achar necessário. Comentários resumidos referentes à autoestima e ao autoconceito das crianças:

(continua)

EXERCÍCIO DE OBSERVAÇÃO 18.4 (continuação)

EXERCÍCIO OPCIONAL 2: Compare a descrição de um professor ou pai sobre o autoconceito e a autoestima de uma criança com os comportamentos dela que presumidamente refletem ou confirmam essas descrições ou percepções. Em outras palavras, a criança se comporta de modo que se encaixa às percepções do adulto sobre o autoconceito e autoestima da criança?

Lista de verificação de desenvolvimento

Apêndice 1

LISTA DE VERIFICAÇÃO DE DESENVOLVIMENTO			
Nome da criança_____ Idade_____ Observador_____ Data_____			
	Sim	Não	Às vezes
Aos três anos, a criança:			
Corre bem para frente?			
Pula no lugar com os dois pés juntos?			
Anda na ponta dos pés?			
Joga a bola (mas sem direção ou alvo)?			
Chuta a bola para frente?			
Coloca quatro miçangas grandes em um cordão?			
Vira as páginas de um livro sozinha?			
Segura um giz de cera: imita riscos circulares, verticais e horizontais?			
Reconhece as formas?			
Demonstra conceitos de número um e dois? (Consegue selecionar um e dois; consegue dizer se são um ou dois objetos.)			
Usa colher sem derrubar?			
Sabe usar um canudo?			
Coloca e tira o casaco?			
Lava e seca as mãos com um pouco de auxílio?			
Observa outras crianças; brinca perto delas; às vezes se junta a elas para brincar?			
Defende suas coisas?			
Usa símbolos nas brincadeiras – por exemplo, uma panela na cabeça vira uma nave espacial?			
Responde a "Coloque ___ na caixa", "Tire ___ da caixa"?			
Seleciona o item correto quando perguntado sobre grande e pequeno; um ou dois?			
Identifica objetos pelo uso: aponta para o próprio sapato quando questionada: "O que você usa nos pés?"			
Faz perguntas?			
Fala sobre algo com frases funcionais com significado: "Papai viaja avião." "Eu com fome agora"?			

LISTA DE VERIFICAÇÃO DE DESENVOLVIMENTO			
Nome da criança_____ Idade_____			
Observador_____ Data_____			
	Sim	Não	Às vezes
Aos quatro anos, a criança:			
Anda em fila?			
Equilibra-se em um pé brevemente? Pula em um pé só?			
Pula por cima de um objeto a 15 cm de altura e pousa com os dois pés juntos?			
Joga a bola em uma direção?			
Copia círculos e cruzes?			
Reconhece seis cores?			
Conta até cinco?			
Coloca suco na jarra? Espalha manteiga, geleia com a faca?			
Abotoa e desabotoa botões grandes?			
Sabe o próprio sexo, idade, sobrenome?			
Usa o banheiro de forma independente e confiável?			
Lava e seca as mãos sem assistência?			
Ouve histórias por, pelo menos, cinco minutos?			
Desenha a cabeça de uma pessoa e, pelo menos, outra parte do corpo?			
Brinca com outras crianças?			
Compartilha, reveza (com um pouco de auxílio)?			
Entra em brincadeiras dramáticas e de faz de conta?			
Responde apropriadamente a "Ponha ao lado", "Ponha embaixo"?			
Responde a instruções de dois passos: "Dê-me um suéter e coloque o sapato no chão"?			
Responde selecionando o objeto correto – por exemplo, objeto duro ou macio?			
Responde perguntas com "se", "o quê" e "quando"?			
Responde perguntas sobre função: "Para que servem os livros?"?			

LISTA DE VERIFICAÇÃO DE DESENVOLVIMENTO			
Nome da criança_____ Idade_____			
Observador_____ Data_____			
	Sim	Não	Às vezes
Aos cinco anos, a criança:			
Anda para trás, do calcanhar ao dedo do pé?			
Sobe e desce escadas alternando os pés?			
Corta o papel com a tesoura em cima da linha desenhada?			
Escreve algumas letras?			
Aponta e dá nome às três formas geométricas?			
Agrupa objetos relacionados comuns: sapato, meia e pé; maçã, laranja e ameixa?			
Demonstra conceitos numéricos para 4 ou 5?			
Corta os alimentos com a faca: aipo, sanduíche?			
Amarra os sapatos?			
Lê livros ilustrados de histórias – em outras palavras, conta a história olhando as figuras?			
Desenha uma pessoa com 3-6 partes do corpo?			
Brinca e interage com outras crianças; participa de brincadeiras dramáticas próximas da realidade?			
Constrói estruturas complexas com blocos ou outros materiais de construção?			
Responde a instruções simples de três passos: "Dê o lápis, coloque o livro sobre a mesa e segure o pente na mão"?			
Responde corretamente quando é solicitada a mostrar moedas de cinco centavos, dez centavos e 25 centavos?			
Usa o pronome "Como" nas perguntas?			
Responde verbalmente a "Oi" e "Como vai"?			
Conta sobre um evento usando tempo passado e futuro?			
Usa conjunções para ligar palavras e frases – por exemplo: "Eu vi um urso e uma zebra e uma girafa no zoológico"?			

LISTA DE VERIFICAÇÃO DE DESENVOLVIMENTO			
Nome da criança_____ Idade_____			
Observador _____ Data_____			
	Sim	Não	Às vezes
Aos seis anos, a criança:			
Anda sobre uma trave de equilíbrio?			
Pula alternando os pés?			
Pula em um pé só por alguns segundos?			
Corta formas simples com a tesoura?			
Copia o primeiro nome?			
Mostra destreza manual bem-estabelecida; demonstra destreza manual direita e esquerda consistente?			
Classifica objetos em uma ou mais dimensões: cor, forma ou função?			
Dá nome a letras e algarismos?			
Conta de cor até dez; sabe qual número virá a seguir?			
Veste-se completamente sozinha; dá nó em gravata?			
Escova os dentes sem ajuda?			
Tem algum conceito de horário em relação à programação diária?			
Atravessa a rua com segurança?			
Desenha uma pessoa com cabeça, tronco, pernas, braços e feições; muitas vezes adiciona detalhes às roupas?			
Joga jogos de tabuleiro simples?			
Participa de brincadeiras cooperativas com outras crianças, as quais envolvem decisões em grupo, atribuições de função, observância às regras?			
Usa brinquedos de construção, como Lego, blocos, para fazer estruturas reconhecíveis?			
Monta quebra-cabeça de 15 peças?			
Usa todas as estruturas gramaticais: pronomes, plurais, tempos verbais e conjunções?			
Usa frases complexas; mantém conversações?			

LISTA DE VERIFICAÇÃO DE DESENVOLVIMENTO

Nome da criança_____ Idade_____

Observador _____ Data_____

	Sim	Não	Às vezes
Aos sete ou oito anos, a criança:			
Participa de atividades competitivas?			
Mostra melhora significativa em relação a idades anteriores em agilidade, equilíbrio, controle de habilidades motoras etc.?			
Reproduz letras e números deliberadamente e com confiança?			
Corta alimentos com o garfo e a faca?			
Dá as denominações de moedas e dinheiro?			
Planeja com antecedência?			
Conta o tempo e sabe o dia, mês e ano corretamente?			
Compreende causa e efeito em situações apropriadas ao desenvolvimento?			
Mostra alguns conhecimentos de adição e subtração de números?			
Lembra de histórias com detalhes consideráveis?			
Usa sentenças semelhantes aos adultos?			
Usa gestos para enfatizar algo em uma conversa?			
Brinca com dois ou três amigos íntimos da mesma idade?			
Gosta de falar com os amigos no telefone?			
Quer pertencer a grupos, gosta de falar em códigos secretos; deseja fortemente aceitação dos colegas?			

Adaptado de Allen e Marotz, 2003, p. 151-62.

Lista de verificação socioemocional

Apêndice 2

1. Início de atividade:
   ___ Quase sempre se envolve em atividade construtiva por escolha própria; muitas vezes rejeita sugestões.
   ___ Ocasionalmente precisa de ajuda para iniciar a atividade; aceita a ajuda prontamente.
   ___ Frequentemente gasta muito tempo antes de iniciar a atividade; às vezes pode rejeitar sugestões.
   ___ Raramente inicia atividades ou geralmente rejeita sugestões.

2. Período de atenção:
   ___ Pode permanecer em uma atividade escolhida por períodos muito longos, até mesmo voltando a fazê-la no dia seguinte.
   ___ Pode permanecer em uma tarefa apropriada a sua idade até terminá-la.
   ___ Necessita incentivo para permanecer na tarefa até terminar.
   ___ Raramente termina uma tarefa. Passa rapidamente de uma a outra.

3. Curiosidade:
   ___ Interessada em novas ideias – palavras e relacionamentos, bem como objetos.
   ___ Explora ativamente qualquer coisa nova na sala.
   ___ Pode ficar intrigada com coisas realmente interessantes, mas geralmente desinteressada.
   ___ Mostra pouco ou nenhum interesse em qualquer coisa nova.

4. Tolerância à frustração:
   ___ É inventiva na solução de problemas práticos. Se estiver completamente bloqueada, mostra comportamento maduro.
   ___ Normalmente se esforça e aceita bem as falhas, mas se seriamente frustrada pode se comportar de forma imatura.
   ___ Às vezes reage a frustrações leves desistindo, chorando ou se comportando agressivamente.
   ___ Incapaz de tolerar qualquer nível de frustração; desiste, chora ou se comporta de forma agressiva.

5. Relacionamento com professor:
   ___ Autossuficiente; pode ajudar ou apoiar o professor voluntariamente.
   ___ Relação calorosa, mas pede ajuda ou atenção, quando apropriado.

___ Às vezes requer quantidade incomum de ajuda ou contato físico ou procura atenção por meio de ações tolas ou desenfreadas; ou é ocasionalmente agressivo com o professor.
___ Procura ajuda, contato ou atenção continuamente; ou com frequência se comporta de forma agressiva; ou ignora totalmente o professor (mas se apega para evitar algumas situações).

6. Aceitação de rotinas e limites:
   ___ Compreende e obedece de forma inteligente, mesmo quando o professor não está presente.
   ___ Normalmente está em conformidade com os limites e rotinas, mas pode desviar-se com facilidade quando apropriado.
   ___ Frequentemente testa os limites; ou não segue rotinas; ou fica ansiosa com mudanças na rotina.
   ___ Problema contínuo com teste de limites e resistência a rotinas; ou compulsiva com a rotina – fica ansiosa com qualquer desvio da programação.

7. Reações a adultos que não sejam professores:
   ___ Interessada em novos adultos; terá liderança na conversa, mas não tentará monopolizar.
   ___ Não inicia o contato, mas vai aceitá-lo e sairá da sala com o adulto se o professor disser para fazê-lo.
   ___ Não responderá a iniciação; ou se recusará a sair da sala até que conheça bem a pessoa; ou muito ansioso por atenção de estranhos.
   ___ Chora ou se esconde quando um estranho se aproxima; ou exige imediata atenção exclusiva dos novos adultos.

8. Interação com outras crianças:
   ___ Inicia brincadeiras cooperativas regularmente.
   ___ Ocasionalmente inicia a brincadeira e geralmente aceita a iniciação dos outros.
   ___ Muitas vezes rejeita os avanços dos outros; ou brinca mais sozinha que com os outros.
   ___ Evita outras crianças na maioria das vezes.

Reimpresso com a permissão de Helen Chauvin, diretora do Programa Head Start, Plattsburgh State University College.

Áreas de atenção ao se observar uma criança

Apêndice 3

Aparência física

Quais são as características físicas gerais da criança?
Ela parece ter boa saúde física?

Movimentos do corpo e uso do corpo

Ela se move rápido ou devagar?
Ela parece à vontade com seu corpo, ou ela é rígida ou insegura?
Suas habilidades musculares e movimentos grandes e pequenos estão quase igualmente desenvolvidos ou uma área é mais desenvolvida que a outra?
Ela expressa seus sentimentos por meio do corpo – má postura dos ombros, cabeça caída, movimentos lentos, ou ritmo rápido, alegre, peito estufado, balanço marcado dos braços?

Expressões faciais

Ela usa o rosto para expressar sentimentos?
Seu rosto registra reações minuto a minuto ao que ela está experimentando e ao que está ocorrendo a seu redor?
Seu rosto mostra apenas sentimentos intensos?
Ela normalmente apresenta uma expressão impassível?[1]

Discurso

Quanto de seus sentimentos ela expressa através do tom de voz?
Ela geralmente mantém a voz sob controle ou expressa mudanças de humor?
Quando perturbada, ela fala mais ou menos que o normal?
A fala é um meio importante de comunicação da criança, ou raramente fala, preferindo se comunicar de outras maneiras?
Ele brinca com a fala cantando músicas, fazendo trocadilhos, contando histórias?
Sua fala é fluente, mediana, desarticulada?

---

[1] No original, *"deadpan expression"*, que pode ser traduzido também por um "rosto sem expressão". (NRT)

Reações emocionais

Como e quando ela mostra felicidade, raiva, tristeza, dúvida, entusiasmo, medo?
Ela parece ter muito controle sobre seus sentimentos, muito pouco controle ou um bom equilíbrio?

Atividades lúdicas

Em que atividades ela se envolve?
Como ela se envolve; como as atividades progridem; o que ela faz a seguir?
Ela brinca por bastante tempo com uma coisa ou passa de uma atividade a outra?
Ela brinca apenas brevemente em algumas atividades, mas mostra atenção prolongada em outras?
Ela evita algumas atividades?
O que parece derivar de uma de suas atividades – o prazer de estar com outras crianças, a estimulação ou o prazer sensorial, uma sensação de domínio ou resolução de problemas, um senso de expressão criativo de ideias e sentimentos?
Algum aspecto de uma atividade parece frustrá-la ou agradá-la especialmente?
O tempo ou ritmo de sua brincadeira permanece o mesmo? Acelera? Desacelera? Em que circunstâncias?
Ela prefere brincar sozinha – nunca, sempre, às vezes? Em que circunstâncias?
Ela expressa fantasia ao brincar por meio da linguagem verbal, gestos, materiais da brincadeira?
Ela se envolve em brincadeiras dramáticas, que tipo de papéis gosta de interpretar – mãe, bebê, pai, cachorro?
Ela tenta coisas novas?
Ela mostra curiosidade sobre seu ambiente, equipamentos, pessoas?
Ela prefere limitar sua brincadeira a um espaço relativamente pequeno ou ela se expande por uma área grande?
Ela parece mais confortável brincando dentro de casa ou ao ar livre?
Ela tem habilidades especiais (música, pintura, quebra-cabeças, encenação)?

Necessidades básicas

Você percebeu alguma coisa em particular sobre seus hábitos e sentimentos com os alimentos? Eliminação? Sexualidade? Sono? Descanso?

Comportamento de dependência emocional: procedimento de amostragem por tempo

Apêndice 4

Nome do observador_____
Cenário de observação (casa, creche etc.) _____
Data_____ Horário_____Atividade_____
Breve descrição do cenário/situação:

Intervalos de registro: 1 2 3 4 5 6
SINAIS DO COMPORTAMENTO DA CRIANÇA

Busca de proximidade

SP	Segue o professor
SC	Segue outra criança
CP	Chora quando o professor deixa a área
RE	Resiste a estranhos
AP	Se apega ao professor

Busca positiva de atenção

AP	Busca a aprovação do professor para atos específicos feitos, trabalhos realizados
AC	Busca a aprovação das crianças para os atos feitos, trabalhos realizados
RP	Reconhecimento geral do professor – sem foco específico dos esforços
RC	Reconhecimento geral das crianças – sem foco específico dos esforços

Busca negativa de atenção

CmA	Choraminga por atenção
CA	Chora por atenção
BA	Faz birra para chamar a atenção ou se não recebe atenção
IG	Interrompe atividades em grupo para chamar a atenção

Definições de sinais de comportamento e procedimento

A busca por proximidade consiste em comportamentos que (1) servem para manter a criança fisicamente próxima ao professor ou a outra criança ou (2) indicam ansiedade ou descontentamento por ter sido separada do professor ou de outra criança. "Se apega ao professor" (ou a outra criança) envolve contato físico real, enquanto "seguir" indica estar perto sem realmente tocar. "Resiste a estranhos" implica ansiedade quanto a estranhos e um desejo da criança de estar perto de um adulto ou criança que lhe seja familiar. A proximidade é feita por seu próprio interesse e pela segurança emocional que proporciona à criança.

As buscas positiva e negativa por atenção é mais específica em seu foco, apesar de geralmente exigir que a criança esteja, pelo menos momentaneamente, perto do adulto ou de outra criança. O "Reconhecimento geral" refere-se a busca de atenção, sem foco ou intenção específica; a criança simplesmente deseja que um adulto ou outra criança saiba que ela está lá ou que fez algo. Ela não exige aprovação real para seu feito; assim, um mero "sei" do professor pode ser suficiente. A busca por aprovação exige um tipo específico de reconhecimento do professor ou de outra criança – "Sim, John, *muito bom!*" pode ser a resposta que John quer ouvir.

Comportamentos de busca negativa por atenção são comportamentos que os adultos (e às vezes as crianças) normalmente definem como desagradáveis ou inaceitáveis. Gemer, chorar, fazer birra e os comportamentos disruptivos em geral são com frequência considerados negativos. A criança que exibe tais comportamentos, muitas vezes o faz pelo valor que isso tem na obtenção de atenção; ela pode até correr o risco de ser castigada se essa for uma maneira de chamar atenção ou se parecer para ela que esse seja o único jeito de chamar a atenção quando ela quer ou sente que precisa. Esses comportamentos podem ser vistos como busca por atenção se a criança para o comportamento quando recebe atenção.

Procedimento

Observe por 10 segundos e perceba se a criança está exibindo qualquer um dos comportamentos listados na folha de observação. Registre o comportamento usando as abreviações de codificação; dê 20 segundos para fazer o registro. Em seguida, passe para a próxima criança; fique na coluna 1 até que todas as crianças tenham sido observadas uma vez. Repita esse processo até ter um total de 6 registros separados para cada criança. Se você observar 10 crianças, vai demorar 5 minutos para completar a primeira rodada de observações.

Anote sempre o comportamento mais complexo apresentado pela criança. Por exemplo, se a criança segue o professor para obter sua aprovação para um desenho que ela tenha acabado de terminar, marque o incidente como AP, porque a busca por proximidade serviu apenas o propósito primário de obter a aprovação do desenho.

Apêndice 5

Registro de observação (Habilidades sociais)

Data											
	Frequência de participação										
Atividades	9h	9h15	9h30	9h45	10h	10h15	10h30	10h45	11h	11h15	Total
Marcadores de cavalete, desenho de tartaruga, impressão, massinha											
Arrumação											
Blocos grandes / pequenos											
Brinquedos de manipulação / dominós / contagem de ursos											
Calendário / Tempo (clima)											
Brincadeiras com os dedos / "8 porquinhos" / "Esta vaquinha"											
Arte com marionetes (grupo)											
Bingo com nomes (grupo)											
Brincadeira na areia (grupo)											
Livros / Música											
Fazer um lanche											
Jogo: adivinha quem está batendo?											

Reproduzido com permissão de Susan Benzon.

Comentários

Apêndice 6

Registros de observação

Totais:
Registro de observação 1
Data:

Nome	Situações sociais											
	1	2	3	4	5	6	7	8	9	10	11	12
ARTE												
MÚSICA												
AREIA E ÁGUA												
ARRUMAÇÃO												
ENCENAÇÃO												
BLOCOS												
LIVROS												
QUEBRA-CABEÇAS												

Reproduzido com permissão de Susan Benzon.

Registro de observação 2

Data:

	Atividades do grupo						
	Grupos grandes			%	Grupos grandes			%
Nome								

Reproduzido com permissão de Susan Benzon.

Comentários:

Nota:

Os Apêndices 5 e 6 são utilizados com permissão de Susan Benzon, ex-diretora, Humpty Dumpty Preschool, Plattsburgh Air Force Base, Plattsburgh, New York.

Resumo dos dois primeiros estágios do desenvolvimento cognitivo segundo Piaget

Estágio 1	Sensório-motor	A criança aprende a controlar seu corpo no espaço. Comporta-se de forma inteligente, mas sem o uso da linguagem; usa seus sentidos físicos e a capacidade motora para interagir e aprender sobre o ambiente. A permanência do objeto[1] é o ponto culminante desta etapa.
Estágio 2	Pré-operacional	Julgamentos de quantidade com base em percepções. Diversas operações cognitivas iniciam-se – seriação; classificação; conceitos de espaço, tempo, causalidade.[2] Egocêntrico em alguns pensamentos e comportamentos. Linguagem usada para expressar pensamentos. Ainda precisa de experiências práticas e concretas, não consegue raciocinar hipoteticamente. Raciocínio do particular para particular; não consegue raciocinar do geral para o particular.

---

[1] Juntamente das noções de espaço, tempo e causalidade, no contexto da construção do real na criança. (NRT)
[2] Estes já foram construídos no estágio anterior dentro do nível sensório-motor. Agora, inicia-se a construção destes conceitos no nível representacional. Trata-se de uma nova construção, que implica, ao mesmo tempo, uma conservação e uma superação do que foi construído no nível anterior. (NRT)

Tarefas de desenvolvimento de Havighurst – da primeira fase da infância até a fase intermediária da infância

Havighurst (1953, p. 2) definiu *tarefa de desenvolvimento* como "uma tarefa que surge em certo período da vida de um indivíduo, cuja realização bem-sucedida leva à felicidade e ao sucesso em tarefas posteriores, enquanto o fracasso leva à infelicidade do indivíduo, desaprovação da sociedade e dificuldade com tarefas posteriores".

Primeira fase da infância (primeiros 5 anos)

1. Aprender a andar
2. Aprender a comer alimentos sólidos
3. Aprender a falar
4. Aprender a controlar a eliminação de resíduos do corpo
5. Aprender as diferenças de sexo e pudor
6. Alcançar a estabilidade fisiológica
7. Formar conceitos simples da realidade física e social
8. Aprender a relacionar-se emocionalmente com os pais, irmãos e outras pessoas
9. Aprender a distinguir o certo e o errado e a desenvolver uma consciência

Fase intermediária da infância (6-12 anos)

1. Aprender habilidades físicas necessárias para brincadeiras comuns
2. Construir atitudes saudáveis em relação a si mesmo como um organismo em crescimento
3. Aprender a conviver com colegas da mesma idade
4. Aprender um papel social masculino ou feminino adequado
5. Desenvolver competências fundamentais em leitura, escrita e cálculo
6. Desenvolver conceitos necessários para a vida cotidiana
7. Desenvolver consciência, moralidade e uma escala de valores
8. Alcançar independência pessoal
9. Desenvolver atitudes em relação a grupos sociais e instituições

Glossário

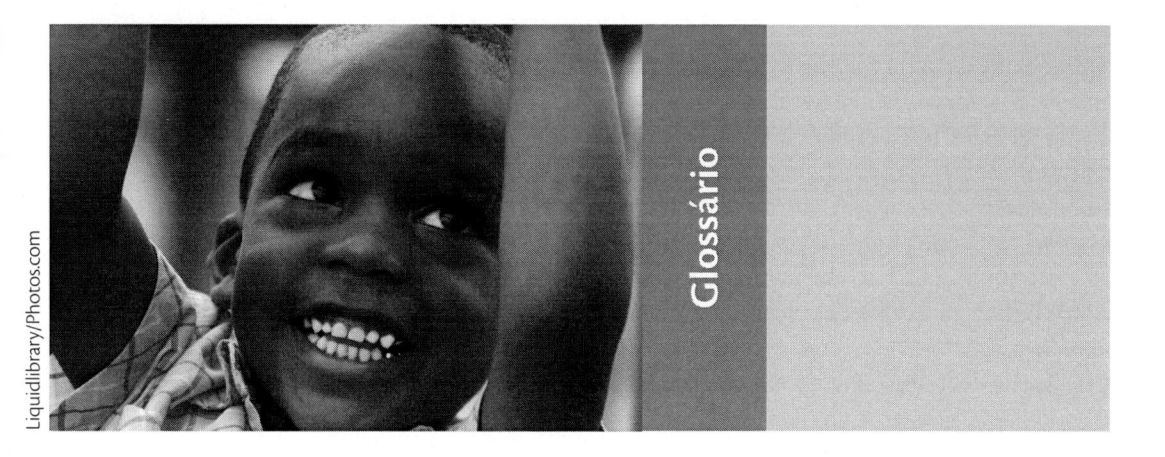

A

Ações – Comportamentos; ações formam uma classe ou um conjunto de itens registrados por listas de verificação, o que Brandt (1972) chamou listas de verificação de ações.

Acomodação – Processo mental em que a pessoa transforma sua estrutura cognitiva ou esquema sensório-motor para lidar com uma nova situação; por exemplo, uma criança acomoda quando entende que nem todo animal de quatro patas é um cachorrinho.

Agressão hostil – Agressão em que o agressor sente raiva ou hostilidade em relação à vítima e obtém satisfação ao feri-la.

Agressão instrumental – Agressão em que o agressor está interessado apenas na obtenção de um objeto da vítima ou em alcançar algum objetivo; não precisa envolver raiva ou hostilidade.

Ambiguidade fonológica – Ambiguidade na linguagem baseada em como as palavras soam ou são pronunciadas.

Ambiguidade lexical – Ambiguidade baseada nos diferentes significados das palavras – por exemplo, a palavra em inglês *pen* pode se referir a um instrumento de escrita ou um local onde os animais são mantidos.[1]

Ambiguidade sintática – Ambiguidade com base em diferentes interpretações de uma frase. Essa ambiguidade depende da estrutura da frase em si e como a estrutura permite que diferentes significados sejam colocados na frase.

Amigáveis – Crianças que são "queridas pelas outras, mas têm menos *status* e impacto do que as estrelas"; o segundo grupo em ordem de popularidade.

Amostragem de comportamento – Este é o objetivo geral e característico de toda observação; a amostragem envolve tomar uma parte (amostra) dos comportamentos a partir do fluxo de comportamento de um indivíduo. Diferentes métodos de observação e registro retiram amostras de diferentes tamanhos com diferentes quantidades e tipos de informação.

Amostragem por evento – Método formal que observa e registra tipos específicos de comportamentos (eventos), sempre que eles ocorrem. É uma técnica de amostragem porque retira do fluxo de comportamento apenas comportamentos ou categorias de comportamentos pré-selecionados.

Amostragem por tempo – Método formal de observação e registro em que se registram comportamentos selecionados durante períodos uniformes predefinidos e em intervalos de tempo regularmente recorrentes ou selecionados aleatoriamente.

Andaime (*scaffolding*) – Relacionado à zona de desenvolvimento proximal, o andaime ou *scaffolding* é o processo pelo qual um adulto dá à criança a assistência necessária para permitir que ela "funcione" por sua própria conta (veja, por exemplo, Krantz, 1994).

Animismo – A crença de que objetos inanimados estão realmente vivos e se comportam como seres humanos.

---

[1] Em português, a palavra *manga* pode se referir a uma fruta ou a uma parte de uma camisa. (NRT)

Apego – Processo condicional no qual uma pessoa é dependente de outra para ter satisfação e apoio emocional; o apego se estabelece com outras pessoas específicas e é permanente ao longo do tempo.

Artificialismo – A crença de que tudo o que existe foi criado por seres humanos ou por um deus que constrói as coisas da mesma maneira pela qual as pessoas fazem, de acordo com um plano ou projeto.

Assimilação – Processo mental em que a pessoa tenta fazer com que um estímulo ou uma parte da informação se encaixe ao que ela já conhece.

Associação estímulo-resposta – Conexão ou associação entre um estímulo ambiental e a resposta do indivíduo a esse estímulo; a conexão é estabelecida porque as consequências da resposta são gratificantes ou reforçadoras para o indivíduo.

Atividade alerta (também chamada de alerta ativo, atividade de vigília) – Um dos seis estados ou níveis relativos de estímulo infantil identificados pela primeira vez por Wolff (1966). A atividade alerta é caracterizada por características como respiração irregular e movimentos vigorosos do corpo.

Atividade *versus* passividade – Dois pontos de vista opostos ao se considerar a maneira como a criança participa em seu próprio desenvolvimento. A visão passiva sustenta a ideia de que a criança é essencialmente um *reator* ao ambiente e absorve os estímulos como uma esponja; já a visão ativa entende a criança como um ator que busca estímulo em vez de esperar passivamente que ele ocorra.

Autoconceito – Avaliação mais ou menos objetiva de quem somos, de nossos pontos fortes e pontos fracos, das características de nossa personalidade. O autoconceito refere-se à maneira pela qual um indivíduo se descreve – por exemplo, as qualidades ou atributos que a criança atribui a si mesma.

Autoestima – Refere-se ao senso de valor pessoal de alguém. Distingue-se do autoconceito, embora esteja relacionado.

Autonomia social – Capacidade de confiar em si mesmo para satisfação de suas várias necessidades e desejos; autossuficiência.

Avaliação – Aplicação de seus próprios valores e atitudes ao comportamento, características e personalidade da criança; em geral, a atribuição de um valor ou o julgamento sobre o valor de alguma coisa.

B

Brincadeiras turbulentas – Brincadeiras que envolvem uma série de atividades físicas extenuantes, como luta, corrida e empurrar. No entanto, é uma atividade boa e pró-social muito diferente da luta agressiva. Neste tipo de brincadeira, não há intenção de ferir o outro, e é muitas vezes praticada por crianças que gostam umas das outras.

C

Capacidade de assumir papéis sociais – Capacidade de entender a posição ou situação da outra pessoa e o que ela poderia estar sentindo ou pensando. Envolve coisas como a compreensão de emoções, intenções e pensamentos (veja, por exemplo, Schickedanz et al., 1993).

Capacidade de ser acalmado ou "acalmabilidade"– A capacidade de um bebê que está chorando ou triste para se acalmar por meio das respostas de adultos, como balanço, abraço, enrolar em uma manta ou dar uma chupeta.

Causalidade – Compreensão das relações de causa e efeito.

Cenário (ou *setting*) – O ambiente físico onde uma observação ocorre; inclui elementos como espaço físico, objetos, oportunidades e recursos que permitem às pessoas se comportarem de determinadas maneiras.

Classificação – Um processo de classificação de objetos em grupos de acordo com as semelhanças percebidas; por exemplo, colocar todas as coisas verdes em um grupo, e todas as vermelhas, em outro. Objetos (e ideias) podem ser classificados de acordo com inúmeras dimensões ao mesmo tempo; por exemplo, de acordo com forma, tamanho e cor.

Cognição social – Capacidade de pensar e compreender eventos sociais e interpessoais dos quais alguém é parte. A cognição social inclui coisas como a capacidade de assumir papéis sociais (o que veem), empatia, identificação e experimentação vicárias, entre outros.

Comparação social – Descrever, avaliar, classificar os colegas de acordo com várias características e traços. De forma mais simples, a comparação social envolve comparar colegas (ou outros) em diversos aspectos de funcionamento e atributos sociais e pessoais.

Complexidade – Desenvolvimento direcional que resulta em comportamento, emoção, capacidade e linguagem mais sofisticados e refinados.

Comportamento – Qualquer coisa que um indivíduo faça e que possa ser observado diretamente por um ou mais dos cinco sentidos físicos.

Comportamento social – Comportamento entre duas ou mais pessoas que se levam em consideração e se influenciam de alguma forma.

Comportamentos espontâneos – Comportamentos gerados internamente, e não em resposta a estímulos externos; e compreendem sobressaltos aleatórios, sorrisos fugazes e chutes, entre outros.

Conceito – Representação mental ou memória de alguma coisa. Conceitos reúnem atributos que são comuns a vários eventos diferentes; por exemplo, o conceito "cão" é representado por atributos como animal carnívoro com pelo, quadrúpede, mamífero e domesticado que caracteriza collies, terriers, pastores alemães e todas as outras raças de cães.

Condicionamento clássico – Forma de aprendizagem em que um estímulo neutro – que não evoca nenhuma resposta – é associado com um estímulo que o faça [ou seja, provoque uma resposta]. Por fim, o estímulo neutro acaba evocando uma resposta. Por exemplo, um sopro de ar nos olhos faz com que o indivíduo pisque; um tom suave, não. Se o tom e o sopro de ar são administrados muito próximos no tempo, ocasionalmente, o tom, por si só fará com que o indivíduo pisque.

Condicionamento operante – Modo de aprendizagem em que as consequências de uma resposta determinam se esta é suscetível de ser repetida sob as mesmas circunstâncias ou em circunstâncias semelhantes; por exemplo, se o choramingo de uma criança chama a atenção do professor para o que ela deseja, a criança provavelmente vai choramingar em situações futuras quando quiser atenção.

Confiabilidade interobservador(res) – O grau no qual dois ou mais observadores concordam um com o outro sobre o que ocorreu durante uma sessão de observação. Alta confiabilidade interobservador indica desacordo mínimo e relativamente poucas diferenças nos julgamentos e inferências dos observadores.

Confiabilidade intraobservador – O uso repetido de uma lista de verificação (*checklist*) pelo mesmo indivíduo produzirá os mesmos resultados se as categorias dessa lista forem cuidadosamente definidas e o observador souber as definições de comportamento e reconhecer o comportamento como tal.[2]

Confiança básica *versus* desconfiança – A primeira crise na teoria de Erikson; as experiências da criança com seu ambiente e as pessoas nele inseridas vão determinar se ela resolverá a crise ou conflito, estabelecendo forte senso de confiança em vez de desconfiança. Uma sensação de confiança permitirá à criança ver seu mundo como um lugar predominantemente seguro, propício e confiável.

Confidencialidade – A condição de pesquisa e observação na qual o observador ou pesquisador não revela informações sobre qualquer indivíduo pesquisado ou observado a qualquer um.

Consciência metalinguística[3] – A capacidade de observar e entender a forma que a linguagem assume, a estrutura pela qual o significado é transmitido. O significado em si é de importância secundária.

Conservação – Princípio geral segundo o qual a aparência física de uma substância não afeta necessariamente a sua quantidade. O princípio se aplica a coisas como substância, volume, número, área e comprimento; por exemplo, o princípio da conservação do número dita que o arranjo físico de um grupo de moedas não tem efeito sobre seu número.

Conservação de número – Uma das várias tarefas ou habilidades de conservação; a conservação de número refere-se ao fato de que duas quantidades numericamente iguais permanecem iguais,

---

[2] Se um mesmo observador produzir os mesmos dados ao utilizar uma lista de verificação, isso aponta para a objetividade do método, dando consistência aos resultados encontrados. Ou seja, sugere que os dados não foram encontrados por mero acaso. (NRT)
[3] Também pode ser utilizada a expressão "percepção metalinguística". (NRT)

mesmo quando uma delas é alterada de alguma forma, desde que nada tenha sido acrescentado ou retirado. Mudanças que não afetam a quantidade de alguma coisa são chamadas transformações irrelevantes.

Contagem de frequência – Método de observação informal no qual o observador simplesmente faz uma marca ou registro em uma folha de observação cada vez que um comportamento em particular ocorre.

Contexto – Um termo que combina cenário e situação de forma a incluir todos os aspectos de um ambiente – tempo, espaço, circunstâncias, outras pessoas e condições físicas e psicológicas.

Contextualismo – Conceito mais notavelmente associado ao psicólogo russo Lev Vygotsky, que argumentou que o desenvolvimento da criança não pode ser estudado, compreendido nem ocorrer fora de um contexto cultural ou de outro tipo. Em outras palavras, toda mudança no desenvolvimento – assim como, aliás, todo o comportamento atual – tem de ser visto como parte ou como ocorrendo dentro de um ambiente social/cultural mais amplo.

Controle – Relacionado à estrutura, o controle também se refere à observação do comportamento infantil de modo padronizado e sistemático. O observador controla a observação sabendo seu propósito e sendo capaz, na maioria das vezes, de realizar seus objetivos.

Correspondência biunívoca – A combinação de dois grupos de objetos em que um objeto de um grupo é emparelhado com um e apenas um objeto do outro grupo; por exemplo, uma criança que tem essa capacidade consegue distribuir na mesa de lanche um bolinho e um guardanapo para cada criança.

Crescimento – Aumento no tamanho, função ou complexidade até um ponto de maturidade ideal; associado à mudança quantitativa.

Crianças controversas – Crianças que parecem alcançar um equilíbrio entre ser benquista ou não. Muitos de seus colegas gostam dela, e muitos também não gostam.

Crianças de *status* médio – Crianças das quais alguns colegas gostam e alguns não gostam. Crianças de *status* mediano parecem diferir das controversas em termos do número de colegas com sentimentos positivos ou negativos em relação a elas.

Crianças desprezadas – Crianças essencialmente neutras na escala de "benquistas *versus* malquistas". Seus colegas não gostam nem desgostam delas ativamente. Pode-se dizer que os colegas dessas crianças são indiferentes a elas.

Crianças populares – Crianças de quem a maioria dos colegas gosta e ninguém desgosta.

Crianças rejeitadas – Crianças de quem a maioria dos colegas não gosta e muito poucos gostam.

Crise psicossocial – Um conceito na teoria do desenvolvimento da personalidade de Erikson; uma crise é um conflito, um ponto de virada ou um momento de especial sensibilidade a determinadas influências sociais.

D

Dados brutos – Descrições de comportamento e eventos como eles originalmente ocorreram.

Dados empíricos – Dados que estão ligados ao mundo real, que foram observados através de um ou mais dos cinco sentidos físicos.

Deficiência de produção – Termo usado para descrever o caso em que uma criança sabe como usar uma determinada estratégia, mas não a usa espontaneamente em situações em que esta a ajudaria a resolver problemas.

Definição espacial – Conceito segundo o qual os espaços ou ambientes físicos têm significados específicos associados a eles, e esses significados ou definições determinam o que se pode fazer quando se estiver naquele espaço ou ambiente.

Definição operacional – Definir algo de acordo com critérios comportamentais. Um psicólogo, por exemplo, pode definir comportamento agressivo como aquele que envolve uma criança batendo em outra. Uma definição operacional de comportamento agressivo, neste exemplo, exige que certos comportamentos ou ações predeterminadas tenham de ocorrer para que um comportamento seja definido como agressivo.

Dependência emocional – A necessidade de estar perto dos outros e ter o seu apoio, afeto e confiança; também pode envolver a falta de vontade ou uma presumida incapacidade de fazer por si mesmo coisas que se poderia ou deveria ser capaz de fazer.

Dependência instrumental – A confiança necessária que todos nós temos nos outros para certas coisas que estão além das nossas próprias capacidades.

Descrever – Dizer ou escrever sobre algo; formar uma imagem em palavras para algum objeto, ideia ou evento.

Descrição em diário – Método de observação informal em que os registros são feitos diariamente sobre os aspectos selecionados do crescimento e do desenvolvimento de uma criança. O diário em tópicos se restringe a novos comportamentos exibidos pela criança em determinada área de desenvolvimento, como linguagem, comportamento social e comportamento emocional; o diário abrangente registra, em ordem, tanto quanto for possível, tudo que se apresenta como novo.

Descrição narrativa – Um método formal de observação e registro em que se registra continuamente, com o máximo de detalhes possíveis, o que a criança faz e diz por si só e em interação com outras pessoas ou objetos (veja **registro de amostras**).

Descrição objetiva – Descrição do comportamento e eventos que não contém interpretações, impressões subjetivas ou especulações, mas descreve somente o que foi observado e ouvido de tal forma que outro observador concordaria com seu relatório.

Descritores estáticos – Elementos descritivos que pertencem a uma característica altamente estável dos sujeitos ou cenários da pesquisa (Brandt, 1972); sexo, idade, raça e condições socioeconômicas são exemplos de descritores estáticos. Esses descritores são frequentemente registrados em uma lista de verificação.

Desenvolvimento – Mudança ao longo do tempo na estrutura, pensamentos e comportamentos de um indivíduo devido a fatores biológicos e influências ambientais.

Deslocamento invisível – Tirar um objeto de um local escondido (debaixo de um pedaço de pano, por exemplo) e movê-lo para outro, sem que a criança veja você fazendo esse procedimento; esta é uma técnica utilizada para testar o conceito de permanência do objeto da criança.

Deslocamento visível – Tirar um objeto de um local escondido (debaixo de um pedaço de pano, por exemplo) e movê-lo para outro, permitindo que a criança veja esse procedimento sendo feito. Esta é uma técnica utilizada para testar o conceito de permanência do objeto da criança.

Diferenciação – Processo em que os comportamentos inicialmente expressos de forma difusa e não específica, por fim, se separam e se tornam mais qualificados, específicos e independentes uns dos outros. Também se refere à aprendizagem de uma nova habilidade em que, durante esse processo, é necessário que se pratique somente esta nova habilidade, isolando-a de outras já dominadas.

Direcional – Desenvolvimento que ocorre em direção a uma maior complexidade ou meta ideal.

Discurso egocêntrico – Discurso que não leva em conta outras pessoas e que, para todos os efeitos práticos, é particular.

Discurso sociocêntrico (ou socializado) – Discurso público; discurso que se destina à comunicação com alguém; cada pessoa leva em conta o que o outro diz e responde apropriadamente.

E

Ego – Aquela parte da personalidade, na teoria de Sigmund Freud, que tem a função de manter a criança em contato com a realidade e com as exigências feitas a ela pela família e por outros indivíduos e grupos em sua comunidade social maior. O ego é também aquela parte da personalidade que dá ao indivíduo um sentido de identidade.

Egocentrismo – A incapacidade cognitiva de tomar os pontos de vista dos outros e reconhecer suas necessidades e interesses; uma preocupação com a própria visão do mundo.[4]

Elaboração – Na teoria de processamento de informações, a elaboração é um dispositivo de memória que faz associações ou conexões absurdas entre os itens a serem lembrados. É o absurdo das associações que faz lembrar os itens com mais facilidade.

---

[4] Dentro da perspectiva piagetiana, *egocentrismo* diz respeito a uma indiferenciação entre sua própria visão de mundo e a dos outros. (NRT)

Empírico – Tem a ver com coisas que possam ser vistas, ouvidas, tocadas, cheiradas e saboreadas; dados obtidos por observação direta, e não por processos de pensamento abstrato ou teoria; ligado ao mundo "real".

Empirismo – Um ponto de vista que enfatiza o papel do ambiente na determinação do comportamento e desenvolvimento em contraste ao papel da hereditariedade.

Ensaio ou recitação – Estratégia que envolve repassar as informações várias vezes a fim de lembrar delas posteriormente. Na teoria do processamento de informações, o ensaio auxilia o armazenamento e recuperação de processos.

Erros de comissão – Erros nos quais se inclui mais informações do que as apresentadas realmente na situação; relatar comportamentos e interações que não ocorreram ou dizer que determinadas pessoas estavam presentes, quando, na verdade, não estavam.

Erros de omissão – Erros em que se deixa de fora informações úteis ou necessárias para a compreensão do comportamento da criança.

Erros de transmissão – Erros nos quais se registra comportamentos observados na ordem errada.

Esquema – Termo usado por Piaget para conceito ou representação mental de eventos no mundo.

Esquema de codificação – Uma forma de reduzir as descrições complexas e detalhadas do comportamento a uma marca simples ou registro em uma folha de observação; esquemas de codificação geralmente registram categorias de comportamento, tais como dependência, agressão ou brigas.

Esquemas cognitivos – Representações mentais ou conceitos do ambiente.

Esquemas comportamentais – Padrões organizados de comportamento.

Esquemas sensórios-motores – Ações ou sequências de ações organizadas que permitem ao indivíduo interagir com o ambiente.

Estados – Níveis de estímulo, como dormindo, alerta, sonolento e chorando; são condições comportamentais que (1) são estáveis durante um período, (2) ocorrem repetidamente em uma criança e (3) são encontrados de forma similar em outros indivíduos.

Estímulos brutos – Estímulos – tais como percepções, dados adquiridos por meio da observação, e assim por diante – que não tenham sido interpretados ou processados de qualquer forma, daí o termo "brutos". Usar o método de descrição narrativa para registro do comportamento, por exemplo, é uma coleta de dados brutos ou estímulos que devem ser posteriormente interpretados e receber algum significado se a observação assim o exigir.

Estratégias – Operações mentais usadas para melhorar a memória, atenção e resolução de problemas.

Estrelas – Classificação que pode ser determinada a partir de um sociograma e que identifica ou descreve uma criança ou crianças muito apreciadas e populares entre os seus colegas. Essas crianças também têm *status* e influência consideráveis sobre o grupo de colegas.

Estrutura – Na observação, estrutura refere-se a observar e registrar o comportamento de forma sistemática e padronizada de tal modo que o observador saiba por que está no cenário de observação e por meio de qual método os comportamentos de interesse serão registrados.

Estrutura cognitiva – Conceito de Piaget que se refere à organização mental de ideias e fatos; a estrutura cognitiva de um indivíduo determina seu comportamento e habilidades intelectuais em um determinado estágio de desenvolvimento.

Ética profissional – Padrões de conduta que servem para proteger a privacidade, confidencialidade, direitos e segurança de quem é sujeito de observação ou de pesquisa.

Evento – Comportamentos que possam ser colocados em categorias especiais – por exemplo, quando uma criança bate em outra para obter o brinquedo desta, pode-se classificar tal comportamento na categoria "agressão instrumental".

Explicar – Dar o significado ou interpretação; tornar claro ou simples; mostrar a relação entre os fatos ou ideias.

F

Fase intermediária da infância – Período da vida que compreende dos 6 aos 12 anos de idade. É também frequentemente chamado de idade escolar.

Filtro – Termo usado metaforicamente para ilustrar a ideia de que as coisas e os eventos passam por nossas personalidades através de nossas experiências individuais, valores, atitudes e conhecimento; estes atuam como filtros que permitem que determinadas informações cheguem até nós, enquanto exclui ou seleciona algumas outras informações.

Fluxo de comportamento – A metáfora utilizada por Herbert Wright para definir o caráter contínuo do comportamento; o comportamento é uma sequência contínua ao longo da vida, um fluxo que não poderá nunca ser visto em sua totalidade.

Fragmento de ação – Uma amostra de comportamento que não é representativa e, portanto, não fornece qualquer informação sobre o fluxo maior de comportamento; a amostra de comportamento é, portanto, apenas um fragmento da ação total que ocorreu.

G

Grau de inferência exigido do observador – Trata-se de uma característica dos métodos de observação e registro que envolve a quantidade de inferência necessária à utilização de um método em particular; também se discute em relação ao momento apropriado da utilização da inferência durante o processo de observação. Descrições narrativas (registros de amostras) não exigem inferências no momento do registro inicial; a amostragem por tempo que utiliza um esquema de codificação exige inferências no momento do registro.

Grau de seletividade – É uma característica dos métodos de observação e registro que determina quantos comportamentos são alvo para a observação e registro. Os métodos variam de totalmente não seletivos (registro de amostra) a altamente seletivos (como amostragem por evento).

Grupo – Uma reunião de indivíduos que estão organizados em torno de um propósito comum. Alguns grupos são organizados por uma agência ou autoridade externa – um sistema escolar ou igreja, por exemplo – e estes são chamados de grupos institucionais. Outros grupos se formam espontaneamente com base em interesses mútuos e características comuns e são chamados grupos de pares.

H

Habituação – Após ser exposto a um estímulo físico que originalmente evoca uma resposta, o indivíduo deixa de prestar atenção; acostuma-se com o estímulo e perde o interesse nele.

Histórico de aprendizagem – As experiências de vida de um indivíduo que formam um conjunto único de associações aprendidas ou ligações estímulo-resposta; essas experiências constituem a história única da pessoa e a torna diferente de todo mundo.

I

Id – Aquela parte da personalidade, na teoria de Sigmund Freud, que funciona a partir do momento do nascimento. O id opera de acordo com o que Freud chamou de princípio do prazer. Essencialmente, o id está preocupado com a satisfação das necessidades e desejos da criança, mas talvez com mais frequência, o id pode ser considerado como contribuinte para a característica autocentrada da criança. O mote norteador do id é: "Eu quero o que eu quero, quando eu quero".

Inferência – Conclusão baseada em dados, premissas ou evidências diretamente observáveis, mas que não é, em si, diretamente observável. A conclusão é alcançada por meio de um processo mental.

Integração – Combinação de uma habilidade recém-aprendida com as habilidades existentes para formar um todo integrado. As habilidades podem não ser apenas físicas e motoras, mas verbais ou cognitivas.

Integração hierárquica – Processo no qual as habilidades e comportamentos inicialmente separados e independentes uns dos outros são combinados e podem trabalhar juntos como uma unidade harmoniosa (por exemplo, a habilidade de pegar um objeto e a habilidade de mover a mão em direção a um objeto são combinadas para formar a habilidade integrada de alcançar e agarrar).

Interpretação – Ir além das descrições objetivas e tentar explicá-las ou dar-lhes significado; relacionar algo que seja diretamente observável a algo que não seja diretamente observável, mas que talvez seja baseado em uma teoria ou hipótese.

Intuitivo – Um subestágio da fase pré-operatória do desenvolvimento cognitivo de Piaget. Pensamento intuitivo é o tipo de raciocínio que ocorre durante a mudança de cinco para sete. (Veja **mudança dos cinco para os sete**.)

Isoladas – Crianças que "não são nem amadas nem odiadas; estas crianças são muitas vezes simplesmente ignoradas".

L

Linguísticas – Vocalizações que incluem palavras reais.

Lista de verificação (*checklist*) – Método de observação de informações que denota a presença ou ausência de alguma coisa. Ao estudar crianças, as listas de verificação registram se comportamentos específicos ocorreram.

M

Maturação – Mudanças no desenvolvimento ao longo do tempo que são resultado da hereditariedade; alterações incorporadas ao indivíduo que se desdobram natural e sequencialmente com o tempo.

Metacognição – Pensar sobre o pensamento; estar ciente das habilidades cognitivas de alguém e exercer algum controle sobre elas.

Metacomunicação – Semelhante à metacognição, a metacomunicação é comunicar sobre a comunicação. É a capacidade, por exemplo, de falar sobre o que torna um estilo de comunicação em particular eficaz ou ineficaz, ou considerar sobre qual o melhor modo de comunicar a alguém uma mensagem na qual seu significado não se perca ou seja distorcido.

Métodos – Um conjunto de instruções que especifica o que se deve fazer para realizar alguma tarefa; pode também descrever como fazer o que precisa ser feito.

Método aberto – É uma característica de qualquer método que preserva descrições de comportamento e eventos como originalmente ocorreram.

Métodos de observação formal – Um método de observação e registro de comportamento que é altamente estruturado e controlado; geralmente envolve grande quantidade de preparo prévio, incluindo a construção de elaborados formulários de dados e o treinamento de observadores. Os métodos formais são frequentemente utilizados em estudos de pesquisa.

Métodos de observação informal – Métodos de observação e registro de comportamento que não têm o formato de pesquisa rigorosa dos métodos formais; é menos estruturado que um método formal e é adequado para uso imediato por parte de professores e outros que possam usar o método para a realização do programa diário e interações com as crianças.

Método fechado – É uma característica de qualquer método que não preserva descrições de comportamento e de eventos como eles originalmente ocorreram.

Monólogo – Uma forma de discurso egocêntrico em que o indivíduo conversa consigo mesmo e com mais ninguém presente.

Monólogo coletivo – Uma forma de discurso egocêntrico em que duas ou mais pessoas estão falando juntas, mas nenhuma delas presta atenção ao que as outras estão dizendo; cada conversa é independente das outras.

Mudança dos cinco para os sete – Período de transição gradual a partir do pensamento ilógico e assistemático do pré-escolar para o pensamento mais lógico da criança em idade escolar.

Mudanças qualitativas – Mudança nas funções psicológicas como fala, emoções e inteligência; envolve mudança na organização fundamental de comportamentos e nos padrões de comportamento; mudança na estrutura cognitiva da criança.

Mudanças quantitativas – Crescimento; mudanças na quantia, número ou quantidade de alguma coisa (por exemplo, aumento na altura e peso).

Mudança sequencial – Mudança que ocorre de modo legítimo e ordenado e de acordo com uma série predeterminada de passos ou estágios; as teorias de estágios sustentam que a mudança é sequencial.

Mudanças cumulativas - Uma característica do desenvolvimento em que os comportamentos se acumulam uns sobre os outros e contribuem para o caráter e direção geral do processo de desenvolvimento.

O

Observação – Observar e registrar fatos e eventos; procurar algo de um modo controlado, estruturado.

Observação de grupo – Observações em que (1) o indivíduo é observado no contexto de um grupo e as mudanças no seu comportamento enquanto ele participa de diferentes grupos são documentadas, ou (2) o próprio grupo é considerado uma entidade única ou unidade e seu comportamento é observado e registrado.

Observação discreta ou imperceptível – Observação que não impõe ou introduz nada ao cenário e à situação (contexto) de observação além do que é necessário para alcançar objetivos legítimos.

Observação participante – Quando um observador se torna parte do grupo que está observando e participa de tantas atividades quanto for apropriado, com o objetivo de reduzir os efeitos da observação do comportamento no grupo.

Observar – A capacidade de absorver informações por meio de um ou mais dos cinco sentidos físicos e dar sentido a essas informações para que possam ser usadas de maneira significativa.

Organização – Estratégia para se lembrar das coisas colocando-as em categorias maiores; por exemplo, colocar todas as coisas que podem ser consumidas na categoria "alimentos", ou todas as coisas que podem ser vestidas, na categoria "roupas". Lembrando que a categoria mais ampla supostamente ajuda a lembrar dos itens específicos nessa categoria.

P

Papéis – Comportamentos recorrentes e padrões de comportamento que estão associados a *status* específicos; o papel dos professores inclui ensinar, dar notas e aconselhar os alunos, por exemplo; o papel dos pais inclui criar, proteger e socializar a criança.

Par ou colega[5] – Um companheiro que tem aproximadamente a mesma idade e nível de desenvolvimento.

Pensamento operatório concreto – O tipo de habilidade intelectual possível para a criança no estágio de operações concretas de Piaget. O pensamento operatório concreto permite à criança se adaptar a vários aspectos de seu ambiente através do uso da lógica sistemática. Esse pensamento é caracterizado pela capacidade de (1) reverter ações mentais, (2) afastar-se da aparência das coisas em direção a sua realidade, (3) lidar com vários aspectos de uma situação de uma vez, em vez de apenas um, e (4) ver o pontos de vista dos outros – isto é, há um declínio do egocentrismo.

Pensamento operatório formal – Nome dado por Piaget ao quarto e último estágio do desenvolvimento cognitivo. Um indivíduo que está no estágio operatório formal é capaz de pensar abstratamente, lidar com situações hipotéticas e compreender o conceito de conservação de número, área, volume, comprimento etc.

Percepção – Obter informações por meio de um ou mais dos cinco sentidos físicos e organizá-las de forma significativa.

Período pré-operatório – O segundo estágio na teoria do desenvolvimento cognitivo de Piaget. Ele é definido principalmente pela capacidade da criança em usar a linguagem e envolver-se na manipulação de símbolos (o que Piaget chamou de "função simbólica"). Ao contrário dos estágios posteriores, no entanto, a criança pré-operatória não é capaz de desenvolver um pensamento operatório verdadeiro.

Período sensório-motor – O primeiro estágio na teoria do desenvolvimento cognitivo de Piaget. Nesta fase, o bebê aprende sobre seu ambiente por meio da manipulação ativa dos objetos; aprendizagem e desenvolvimento intelectual são realizados pelo uso dos sentidos físicos e capacidades motoras.

Permanência do objeto – O entendimento de que os objetos continuam a existir mesmo quando estão fora do campo de visão ou audição; essa é a conquista mais importante no período sensório-motor.[6]

Plano de observação – Um plano que orienta todas as fases do processo de observação. O plano determina quais comportamentos serão observados, quanto do fluxo de comportamento será amostrado e que método de observação será utilizado para realizar as outras etapas do plano.

Playscapes (paisagens de brincar, espaços recreativos) – Termo relativamente recente para descrever estruturas de *playgrounds* contemporâneas e inovadoras, pois combinam "uma variedade de materiais" (Essa, 1996).

---

[5] No original em inglês, "peer": É comum encontrarmos a palavra "pares", no plural, em pesquisas comparando grupos semelhantes de crianças (em idade, nível sociocultural, socioeconômico, série escolar etc.), com uma diferença a ser observada, por exemplo, ser bilíngue ou monolíngue. (NRT)

[6] No contexto da Construção do Real, conforme Piaget, em conjunto com a construção das noções de espaço, tempo e causalidade. (NRT)

Pragmática – Pragmática tem a ver com o lado prático e comunicativo da linguagem. Aqui, o indivíduo tem de lidar com as tarefas práticas associadas ao se fazer entender pelos outros. Uma dessas tarefas é levar em conta as necessidades ou situações particulares do ouvinte.

Pré-linguísticos – Vocalizações que ocorrem antes do discurso real (fazer sons e balbuciar, por exemplo).

Princípio cefalocaudal – O princípio que descreve o desenvolvimento motor como progressivo na direção que vai da cabeça ao pé; a criança primeiro controla a cabeça e o pescoço e depois adquire o controle que desce pelo corpo até as pernas e os pés.

Princípio próximo-distal – O princípio que descreve o desenvolvimento motor como a progressão a partir da linha mediana do corpo para as extremidades; assim, peito, ombros e braços são controlados antes das mãos e dos pés.

Processar (verbo) – Pensar, dar um rótulo verbal ou fazer a correlação significativa de um fato com outros fatos.

Processo (substantivo) – Uma série de atividades relacionadas que precisam de tempo para serem realizadas.

Propriedades emergentes – Termo usado para mudança qualitativa; as propriedades emergentes são os traços ou características que não estão presentes em um estágio anterior de desenvolvimento, mas emergem à medida que o indivíduo passa de um estágio do desenvolvimento para outro. Andar, por exemplo, pode ser considerado um comportamento que emerge dos comportamentos anteriores de engatinhar e rastejar.

Punição vicária – Semelhante ao reforço vicário, a punição vicária é um castigo que a criança experimenta indiretamente quando observa outra criança sendo punida e, assim, reage como se fosse ela mesma quem fosse punida (veja **reforço vicário**).

R

Reflexo – Um padrão inerente, pré-programado, de comportamento motor involuntário provocado por uma forma específica de estímulo; por exemplo, o reflexo de sobressalto é provocado por um ruído alto repentino.

Reforço[7] – Condição na qual a resposta de um indivíduo a um estímulo tem recompensa ou consequências satisfatórias; essas consequências proporcionam reforço da resposta, aumentando assim a probabilidade de que, no futuro, o indivíduo responda de maneira semelhante a um estímulo similar.

Reforço vicário – Reforço que um indivíduo experimenta indiretamente por meio da observação de alguém ser reforçado ou recompensado por seu comportamento. O conceito de reforço vicário está geralmente associado à teoria da aprendizagem social (veja **punição vicária**).

Registro anedótico – Método de observação informal muitas vezes utilizado pelos professores como um auxílio para a compreensão da personalidade ou comportamento da criança. Ele fornece uma análise corrida do comportamento típico ou incomum da criança observada.

Registro de amostra (ou amostral) – Método formal de observação e registro em que se registra continuamente, com o máximo de detalhes, o que a criança faz e diz para si mesma e em interação com outras pessoas ou objetos (veja **descrição narrativa**).

Registro de duração – Variação da frequência de contagem na qual o observador cronometra a duração de determinado comportamento.

Rejeitadas – Crianças na parte inferior da escala de popularidade, que "são ativamente malquistas pelas outras e têm um impacto negativo no seu grupo de colegas".

Repetição – Uma forma de discurso egocêntrico em que o indivíduo repete palavras e frases várias vezes como se estivesse praticando ou como se simplesmente gostasse de fazer os sons.

Representatividade – Uma característica desejável nas amostras de comportamento; amostras representativas são aquelas que exemplificam ou refletem as características típicas da população maior ou classe de comportamentos da qual a amostra é parte.

---

[7] É possível encontrar o uso dos termos "reforço positivo" (equivalente ao verbete "reforço" neste texto) e "reforço negativo" ou "punição". (NRT)

Reputação entre os pares – Maneira relativamente estável e consistente de como os colegas de uma criança a percebem, descrevem ou caracterizam.

Resposta de orientação – Uma resposta na qual o indivíduo se volta para a fonte de um estímulo sonoro ou outro estímulo.

S

Seriação – Processo de organização de objetos segundo uma ordem, realizado de acordo com uma dimensão em particular; a seriação exige a capacidade de comparar e coordenar as diferenças entre objetos; por exemplo, organizar uma coleção de pedras em ordem crescente de peso, da mais leve à mais pesada.

Sistema de categorias – Um tipo de sistema de codificação em que as categorias de comportamento escolhidas para observação são mutuamente exclusivas e exaustivas, ou seja, cada categoria exclui todas as outras categorias e inclui a gama total de comportamentos que uma criança possa exibir.

Sistema de sinais – Um tipo de sistema de codificação em que as categorias de comportamento escolhidas para observação são mutuamente exclusivas, ou seja, nenhum dado comportamento pode ser colocado em mais de uma categoria, porque cada categoria exclui todas as outras.

Situação – As características e condições sociais e psicológicas que existem em um determinado cenário – a natureza da brincadeira da criança, eventos que ocorrem e que podem mudar o caráter das atividades em curso etc.

Social – Uma interação ou situação em que cada participante leva em conta os outros, ou em que cada participante influencia e é influenciado pelos outros.

Sociocentrismo – O oposto do egocentrismo; a capacidade de tomar o ponto de vista dos outros e reconhecer suas necessidades e seus interesses.

Sociograma – Representação gráfica de como as crianças se sentem em relação umas às outras dentro de um grupo. As crianças são muitas vezes representadas por círculos, e suas interações com os colegas são representadas por setas que conectam um círculo (criança) a outro.

Sociometria – Técnica para o estudo da popularidade ou *status* social da criança entre seus colegas. A técnica pode envolver perguntar à criança o nome de seu(s) melhor(es) amigo(s) ou identificar a(s) criança(s) que são mais queridas na classe ou no grupo.

Status – Posição dentro de um grupo ou organização social; professor, aluno, criança, adulto, presidente e pai são exemplos de *status*.

Superego – Aquela parte da personalidade na teoria de Sigmund Freud que se desenvolve a partir do id e do ego e, essencialmente, funciona como a consciência do indivíduo (veja **id** e **ego**).

T

Temperamento – Os modos característicos de uma criança responder a várias situações; o temperamento é descrito pelas respostas da criança em seis dimensões de personalidade: nível de atividade, ritmicidade, abordagem/retraimento, adaptabilidade, intensidade da reação e qualidade de humor.

Teoria – Conjunto formal de declarações ou proposições gerais sustentadas por dados e que tentam explicar um fenômeno particular.

Teoria construtivista – Uma teoria do desenvolvimento humano que é organísmica em sua orientação básica. A teoria construtivista supõe que a criança em desenvolvimento participa do processo de desenvolvimento e, literalmente, constrói sua própria realidade. Essa realidade sofre uma série de reconstruções que a coloca cada vez mais em linha com a realidade assumida pela maioria dos adultos em determinada cultura ou sociedade. Essa teoria se encaixa mais adequadamente na visão organísmica mais ampla (veja **visão organísmica**.)

Teoria de processamento de informações – Modelo de funcionamento cognitivo que presume que (1) a mente é semelhante a um computador, pois armazena e processa informações; (2) as informações processadas também são transformadas pelo indivíduo, por exemplo, de uma forma visual para uma forma conceitual ou verbal, e (3) a capacidade do indivíduo de processar informações é limitada. (Veja, por exemplo, Zigler e Stevenson, 1993).

Teoria dos estágios – Teoria que sustenta que o desenvolvimento ocorre em etapas (passo a passo), e cada etapa ou nível se distingue qualitativamente e é mais complexo do que os níveis anteriores.

Teoria sociocultural (também chamada teoria sócio-histórica) – O nome dado à teoria do desenvolvimento mental de Vygotsky, no qual a ênfase é deslocada, na explicação do desenvolvimento, da criança para a influência do ambiente social ou cultural do indivíduo.

Traço – Tendência ou predisposição a se comportar de determinadas maneiras em determinadas circunstâncias.

U

Unidade natural – Uma sequência de comportamentos que forma um todo lógico ou segmento dentro do fluxo de comportamento geral; a unidade tem um início distinto, comportamentos no meio que constituem um evento específico, e um final distinto. A amostragem por eventos estrutura o ambiente de observação em unidades naturais (Wright, 1960).

V

Validade – Relativo à precisão e à solidez de uma observação ou uma interpretação; o grau em que algo mede o que afirma.[8]

Viés – Uma perspectiva ou ponto de vista particular; os vieses podem ser pessoais ou baseados em uma teoria ou uma filosofia.

Visão mecanicista – A perspectiva teórica ou filosófica que conceitua os seres humanos e outros seres vivos como máquinas essencialmente passivas que atuam principalmente como respondedores aos estímulos ambientais (veja **visão organísmica**).

Visão organísmica (*organismic view*) – A perspectiva teórica ou filosófica que conceitua o ser humano como participante ativo em seu próprio desenvolvimento e não como reator passivo ao mundo ao seu redor (veja **visão mecanicista**).

Z

Zona de desenvolvimento proximal – Conceito encontrado na teoria de Vygotsky, a zona de desenvolvimento proximal (ZDP) refere-se ao "espaço" ou à distância entre o que uma criança pode fazer por si mesma e o que ela pode fazer apenas com o auxílio de alguém. A finalidade da zona de desenvolvimento proximal nos cuidados da primeira fase da infância e da educação infantil é, essencialmente, orientar os cuidadores e professores – bem como os pais – em seus esforços para promover o desenvolvimento cognitivo da criança.

---

[8] Métodos e instrumentos de avaliação e medida. (NRT)

Referências

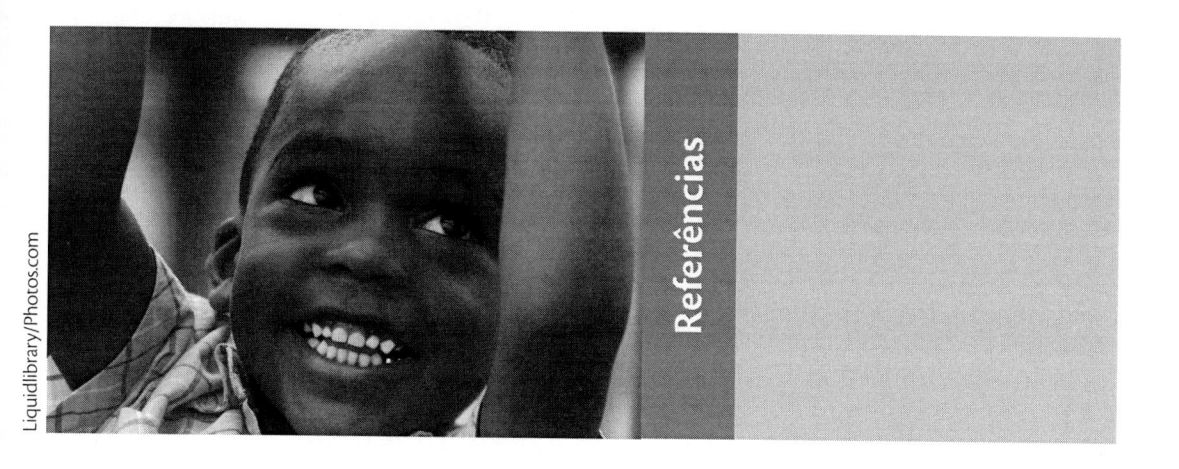

ALOHA, D. & KOWARI, A. (2007). *Observing and understanding child development: A child study manual*. Clifton Park: Thomson Delmar Learning.

AINSWORTH, M. (1967). *Infancy in Uganda: Infant care and the growth of love*. Baltimore: Johns Hopkins University Press.

AINSWORTH, M. O. (1973). The development of mother-infant attachment. In: B. Caldweel & H. Ricciuti (Eds.). *Review of child development research* (Vol. 3). Chicago: University of Chicago Press.

ALLEN, K. E. & MAROTZ, L. (2003). *Developmental profiles: Prebirth through eight* (4th ed.). Clifton Park: Thomson Delmar Learning.

_____. (2007). *Developmental profiles: Prebirth through twelve* (5th ed.). Clifton Park: Thomson Delmar Learning.

ALMY, M. & GENISHI, C. (1979). *Ways of studying children* (rev. ed.). New York: Teachers College Press.

AULT, R. (1977). *Children's cognitive development*. New York: Oxford University Press.

BARKER, R. G. & WRIGHT, H. F. (1951). *One boy's day*. New York: Harper and Row.

BEATY, J. J. (2002). *Observing development of the young child* (5th ed.). Columbus: Merrill. (4th ed. 1998).

BEE, H. (1995). *The growing child*. New York: Harper Collins. (2nd ed., 1999).

BERGER, K. S. (1980). *The developing person*. New York: Worth. (4th ed., 1998).

BERGER, K. S. (1991). *The developing person: Through childhood and adolescence* (3rd ed.). New York: Worth. (5th ed., 1999).

BERK, L. E. (1989). *Child development*. Needham Heights: Allyn and Bacon. (5th ed., 2000).

_____. (1993). *Infants, children, and adolescents*. Boston: Allyn and Bacon. (3rd ed., 1999).

_____. (1996). *Infants, children, and adolescents* (2nd ed.). Boston: Allyn and Bacon. (3rd ed., 1999).

_____. (1998). *Development through the lifespan*. Boston: Allyn and Bacon.

_____. (2005). *Infants, children, and adolescents* (5th ed.). Boston: Pearson Allyn and Bacon.

_____. (2006). *Child development* (7th ed.). Boston: Pearson Allyn and Bacon.

_____. (2007). *Development through the lifespan* (4th ed.). Boston: Pearson Allyn and Bacon.

BERK, L. E. & WINSLER, A. (1995). *Scaffolding children's learning: Vygotsky and early childhood education*. Washington, DC: National Association for the Education of Young Children.

BERNDT, T. J. (1997). *Child development* (2nd ed.). Chicago: Brown and Benchmark.

BERNS, R. M. (1994). *Topical child development*. Clifton Park: Thomson Delmar Learning.

BIGNER, J. J. (1983). *Human development: A lifespan approach*. New York: Macmillan.

BJORKLIND, D. F. (1987). How age changes in knowledge base contribute to the development of children's memory: An interpretive review. *Developmental Review*, 7, 93-130.

BOWER, T. G. R. (1977). *A primer of infant development*. San Francisco: W. H. Freeman.

BOWLBY, J. (1969). *Attachment and loss: Volume 1. Attachment*. New York: Basic.

BRAINERD, C. J. (1978). *Piaget's theory of intelligence*. Englewood Cliffs: Prentice-Hall.

BRANDT, R. M. (1972). *Studying behavior in natural settings*. New York: Holt, Rinehart and Winston.

BREDEKAMP, S. & COPPLE, C. (Eds.). (1997). *Developmental appropriate practice in early childhood programs* (rev. ed.). Washington, DC: National Association for the Education of Young Children.

BREWER, J. A. (1998). *Introduction to early childhood education* (3rd ed.). Boston: Allyn and Bacon.

_____. (2007). *Introduction to early childhood education: Preschool through primary grades* (6th ed.). Boston: Pearson Allyn and Bacon.

BRUNER, J. (1975). From communication to language. *Cognition*, 3, 255-287.

BUKATKO, D. & DAEHLER, M. W. (1995). *Child development: A thematic approach*. Boston: Houghton Mifflin.

BUKOWSKI, W. M. & HOSA, B. (1989). Popularity and friendship: Issues in theory, measurement, and outcome. In: T. J. BERNDT & G. W. LADD (Eds.). *Peer relationships in child development*. New York: Wiley.

CARPENTER, G. (1974). Mother's face and the newborn. *New Scientist*, 61, 742-744.

CHARLESWORTH, R. (2008). *Understanding child development* (7th ed.). Clifton Park: Thomson Delmar Learning.

CHOMSKY, C. S. (1969). *The acquisition of syntax in children from five to ten*. Cambridge: MIT Press.

COIE, J. D. DODGE, K. A. & COPPOTELLI, H. (1982). Dimensions and types of social status: A cross-age perspective. *Developmental Psychology*, 18, 557-570.

COOMBS, C. H. (1964). *A theory of data*. New York: Wiley.

CRAIG, G. J. (1989). *Human development* (5th ed.). Englewood Cliffs: Prentice-Hall. (8th ed., 1999).

CRAIG, G. J. & KERMIS, M. D. (1995). *Children today*. Englewood Cliffs: Prentice-Hall.

DE MAUSE, L. (1974). The evolution of children. In: DE MAUSE, L. (Ed.). *The history of childhood*. New York: Pyschohistory Press.

DIAZ, R. M. & BERNDT, T. J. (1982). Children's knowledge of a friend: Fact or fancy? *Developmental Psychology*, 18, 787-794.

DREIKERS, R. (1964). *Children: The challenge*. New York: Hawthorne.

DWORETZKY, J. P. (1987). *Introduction to child development* (3rd ed.). New York: West. (6th ed., 1996).

ELKIND, D. (1981). *The hurried child: Growing up too fast too soon*. Reading: Addison-Wesley. (revised 1989).

ERWIN, P. G. (1985). Similarity of attitudes and constructs in children's friendships. *Journal of Experimental Child Psychology*, 40, 470-485.

ESSA, E. (2007). *Introduction to early childhood education* (5th ed.). Clifton Park: Thomson Delmar Learning.

FANTZ, R. L. (1963). Pattern vision in newborn infants. *Science*, 140, 296-297.

FAW, T. & BELKIN, G. S. (1989). *Child psychology*. New York: McGraw-Hill.

FEDERICO, R. C. (1979). *Sociology* (2nd ed.). Reading: Addison-Wesley.

FIELD, T. M. et al. (1992). Behavior state matching during interactions of preadolescent friends versus acquaintances. *Developmental Psychology*, 28, 242-250.

FOGEL, A. (1984). *Infancy: Infant, family, and society*. (3rd ed., 1997). New York: West.

GANDER, M. J. & GARDNER, H. W. (1981). *Child and adolescent development*. Boston: Little, Brown.

GARDNER, D. B. (1973). *Development in early childhood* (2nd ed.). New York: Harper and Row.

GAVER, D. & RICHARDS, H. C. (1979, jan./fev.). Dimensions of naturalistic observation for the prediction of academic success. *Journal of Educational Research*.

GELMAN, R. (1969). Conservation acquisition: A problem of learning to attend to relevant attributes. *Journal of Experimental Child Psychology*, 7, 167-187.

_____. (1972). Logical capacity of very young children: Number invariance rules. *Child Development*, 43, 75-90.

GIBSON, J. J. (1966). *The senses considered as perceptual systems.* Boston: Houghton Mifflin.

GONZALEZ-MENA, J. (1997). *Multicultural issues in child care* (2nd ed.). Mountain View: Mayfield.

_____. (1998). *Foundations: Early childhood education in a diverse society.* Mountain View: Mayfield.

_____. (2005). *Foundations of early childhood education: Teaching children in a diverse society* (3rd ed.). Boston: McGraw-Hill.

GOODWIN, W. R. & DRISCOLL, L. A. (1980). *Handbook for measurement and evaluation in early childhood education.* San Francisco: Jossey-Bass.

GRAVES, S. B., GARDIULO, R. M. & SLUDER, L. C. (1996). *Young children: An introduction to early childhood education.* New York: West.

GREENSPAN, S. & GREENSPAN, N. T. (1985). *First feelings: Milestones in the emotional development of your baby and child.* New York: Viking Penguin.

HANSEN, N. R. (1958). *Patterns of discovery.* Cambridge: Cambridge at the University Press.

HARRIS, A. C. (1993). *Child development* (2nd ed.). New York: West.

HAVIGHURST, R. J. (1953). *Human development and education.* New York: Longmans, Green.

HERRON, R. E. & SUTTON-SMITH, B. (1971). *Child's play.* New York: Wiley.

HUNT, J. McV. (1961). *Intelligence and experience.* New York: Ronald.

HUTT, S. J., LENARD, H. G. & PRECHTL, H. E. R. (1969). Psychophysiology of the newborn. *Advances in child development and behavior.* New York: Academic Press.

IHDE, D. (1977). *Experimental phenomenology: An introduction.* New York: Paragon.

IRWIN, D. M. & BUSHNELL, M. M. (1980). *Observational strategies for child study.* New York: Holt, Rinehart and Winston.

IZARD, C. E. (1977). *Human emotions.* New York: Plenum.

JALONGO, M. R. & ISENBERG, J. P. (2000). *Exploring your role: A practitioner's introduction to early childhood education.* Columbus: Merrill.

KAGAN, J. (1971). *Personality development.* New York: Harcourt Brace Jovanovich.

_____. (1984). *The nature of the child.* New York: Basic.

KAMII, C. & DEVRIES, R. (1980). *Group games in early education.* Washington, DC: National Association for the Education of Young Children.

_____. (1977). Piaget for early education. In: M. S. DAY & R. K. PARKER (Eds.). *The preschool in action: Exploring early childhood programs* (2nd ed.). Boston: Allyn and Bacon.

KRANTZ, M. (1994). *Child development: Risk and opportunity.* Belmont: Wadsworth.

KROGH, S. L. (1994). *Educating young children: Infancy to grade three.* New York: McGraw-Hill.

LAY-DOPYERA, M. & DOPYERA, J. E. (1982). *Becoming a teacher of young children* (2nd ed.). Lexington: Heath. (5th ed., 1993).

LEFRANCOIS, G. R. (2001). *Of children: An introduction to child and adolescent development.* Belmont: Wadsworth.

LERNER, R. (1976). *Concepts and theories of human development.* Reading: Addison-Wesley. (2nd ed., 1997).

LIVESLY, W. J. & BROMLEY, D. B. (1973). *Person perception in childhood and adolescence.* London: Wiley.

MARTIN, P. Y. & O'CONNOR, G. G. (1989). *The social environment: Open systems application.* New York: Longman.

MILLER, P. H. (1993). *Theories of developmental psychology* (3rd ed.). New York: W. H. Freeman.

MONTEMAYOR, R. & EISEN, M. (1977). The development of self-conceptions from childhood to adolescence. *Developmental Psychology, 13,* 314-319.

MORRISON, G. S. (1995). *Early childhood education today* (6th ed.). Englewood Cliffs: Merrill.

MUSSEN, P. H., CONGER, J. J. & KAGAN, J. (1979). *Child development and personality* (5th ed.). New York: Harper and Row.

MUSSEN, P. H. et al. (1984). *Child development* (6th ed.). Philadelphia: Harper and Row. (8th ed., 1996).

NELSON, K. (1973). Structure and strategy in learning to talk. *Monographs of Society for Research in Child Development, 38,* 182.

NEUMAN, W. L. (1994). *Social research methods: Qualitative and quantitative approaches* (2nd ed.). Needham Heights, MA: Allyn and Bacon. (3rd ed., 1997).

NILSEN, B. A. (2001). *Week by week: Plans for observing and recording young children* (2nd ed.). Clifton Park: Thomson Delmar Learning.

PAPALIA, D. E. & OLDS, S. W. (1987). *A child's world: Infancy through adolescence* (4th ed.). New York: McGraw-Hill. (8th ed., 1999).

_____. (1992). *Human development* (5th ed.). New York: McGraw-Hill. (7th ed., 1998).

_____. (1993). *A child's world: Infancy through adolescence* (6th ed.). New York: McGraw-Hill. (8th ed., 1999).

PAPALIA, D. E. OLDS, S. W. & FELDMAN, R. D. (1999). *A child's world: Infancy through adolescence* (8th ed.). New York: McGraw-Hill.

_____. (2006). *A child's world: Infancy through adolescence* (10th ed.). New York: McGraw-Hill.

_____. (2007). *Human development* (10th ed.). New York: McGraw-Hill.

PARTEN, M. B. (1932). Social participation among preschool children. *Journal of Abnormal and Social Psychology*, 27, 243-269.

PILLARI, V. (1998). *Human behavior in the social environment: The developing person in a holistic context* (2nd ed.). New York: Brooks/Cole.

RAMSEY, P. G. & MYERS, L. C. (1990). Salience of race in young children's cognitive, affective, and behavioral responses to social environments. *Journal of Applied Developmental Psychology*, 11, 49-67.

RICHARZ, A. S. (1980). *Understanding children through observation*. New York: West.

SALKIND, N. (1981). *Theories of human development*. New York: Van Nostrand.

SANTROCK, J. W. (1993). *Children* (3rd ed.). Madison: Brown and Benchmark. (6th ed., 1999).

SAUNDERS, R. & BINGHAM-NEWMAN, A. M. (1984). *Piagetian perspective for pre-schools: A thinking book for teachers*. Englewood Cliffs: Prentice-Hall.

SCHIAMBERG, L. B. (1985). *Human development* (2nd ed.). New York: Macmillan.

SCHICKEDANZ, J. A. et al. (1993). *Understanding children* (2nd ed.). Mountain View: Mayfield. (3rd ed., 1998).

SCHWARTZ, J. I. (1981). Children's experiments with language. *Young Children*, 36, 16-26.

SEIFERT, K. L. & HOFFNUNG, R. J. (1987). *Child and adolescent development*. Boston: Houghton Mifflin. (4th ed., 1997).

SELMAN, R. L. (1981). The child as a friendship philosopher. In S. R. Asher & J. M. Gorman (Eds.), *The development of children's friendships*. Cambridge, UK: Cambridge University Press.

SELMAN, R. L. & SELMAN, A. P. (1979). Children's ideas about friendship: A new theory. *Psychology Today*, 13 (4), 71-80, 114.

SHAFFER, D. R. (1996). *Developmental psychology: Childhood and adolescence* (4th ed.). Pacific Grove: Brooks/Cole.

SHAFFER, D. R. & KIPP, K. (2007). *Developmental psychology: Childhood and adolescence* (7th ed.). Belmont: Thomson Learning.

SONNENSCHEIN, S. (1986). Development of referential communication skills: How familiarity with a listener affects a speaker's production of redundant messages. *Developmental Psychology*, 22, 549-552.

SPODECK, B. & SARACHO, O. N. (1994). *Right from the start: Teaching children ages three to eight*. Boston: Allyn and Bacon

SROUFE, L. A. & COOPER, R. G. (1988). *Child development: Its nature and course*. New York: Knopf.

STARK, R. (1985). *Sociology*. Belmont: Wadsworth. (7th ed., 1998).

STEINBERG, L. & BELSKY, J. (1991). *Infancy, childhood, and adolescence: Development in context*. New York: McGraw-Hill.

STEINBERG, L. & MEYER, R. (1995). *Childhood*. New York: McGraw-Hill.

STERN, V. & COHEN, D. (1958). *Observing and recording the behavior of young children*. New York: Teachers College. (Revised 1978).

STONE, L. J. & CHURCH, J. (1979). *Childhood and adolescence: A psychology of the growing person* (4th ed.). New York: Random House.

_____. (1984). *Childhood and adolescence: A psychology of the growing person* (5th ed.). New York: Random House.

THOMAS, A., CHESS, S. & BIRCH, H. (1968). *Temperament and behavior disorders in children*. New York: New York University Press.

_____. (1970). The origin of personality. *Scientific American*, 232(2), 102-109.

THORNDIKE, R. L. & HAGAN, E. P. (1977). *Measurement and evaluation in psychology and education* (4th ed.). New York: Wiley. (6th ed., 1997).

TRAVERS, J. F. (1982). *The growing child* (2nd ed.). Dallas: Scott, Foresman.

VANDER ZANDEN, J. W. (1993). *Human Development* (4th ed.). New York: Knopf. (7th ed., 1999).

VASTA, R., HAITH, M. M. & MILLER, S. A. (1995). *Child psychology: The modern science* (2nd ed.). New York: Wiley. (3rd ed., 1999).

WADSWORTH, B. J. (1984). *Piaget's theory of cognitive and affective development* (3rd ed.). New York: Longman. (5th ed., 1996).

WILLEMSEN, E. (1979). *Understanding infancy.* San Francisco: W. H. Freeman.

WOLFF, P. H. (1973). The classification of states. In: L. J. STONE, H. SMITH & L. B. MURPHY (Eds.). *The competent infant: Research and commentary.* New York: Basic.

WRIGHT, H. F. (1960). Observational child study. In: P. H. MUSSEN (Ed.). *Handbook of research methods in child development.* New York: Wiley.

ZIGLER, E. F. & STEVENSON, M. F. (1993). *Children in a changing world: Development and social issues* (2nd ed.). Pacific Grove: Brooks/Cole.

Bibliografia comentada

Crianças com problemas de desenvolvimento ou com alto risco de problemas de desenvolvimento (identificação e intervenção)

ADLER, S. & KING, D. (Eds.). (1986). *A Multidisciplinary treatment program for the preschool exceptional child.* Springfield: Charles C. Thomas.

Este texto é um manual abrangente, interdisciplinar, sobre cuidados, educação e tratamento de crianças com problemas de desenvolvimento; é direcionado para profissionais, prestadores de cuidados às crianças e pais.

ALLEN, K. E. & SCHWARTZ, I. (2001). *The exceptional child: Inclusion in early childhood education.* (4th ed.). Clifton Park: Thomson Delmar Learning.

Este texto fornece uma visão abrangente de intervenção precoce e educação na primeira infância para crianças com problemas de desenvolvimento, bem como sua inclusão na sala de aula integrada.

BLACKMAN, J. A. (1984). *Medical aspects of developmental disabilities in children birth to three.* Rock-ville: Aspen. (3rd ed., 1997).

Este é um livro excelente para equipe de primeira infância, pois ele oferece informações bem ilustradas e de fácil entendimento sobre questões médicas que afetam o progresso no desenvolvimento de crianças; é muito recomendado.

FALLEN, N. F. & UMANSKY, W. (1985). *Young children with special needs.* Columbus: Merrill.

Este texto é útil, sobretudo para o foco nas crianças diferentes no desenvolvimento, sendo necessária uma abrangência holística para cuidados e educação com antecedência, assim como é com a criança de desenvolvimento normal.

HANSON, M. J. & HARRIS, S. R. (1986). *Teaching the young child with motor delays.* Austin: Pro-Ed.

Este manual de fácil leitura faz a ponte entre pais e profissionais que trabalham com crianças com deficiência motora até três anos de idade, e inclui estratégias de ensino e atividades terapêuticas a serem usadas em casa e no centro infantil.

HASLAM, R. H. A. & VALLETUTTI, P. J. (1985). *Medical problems in the classroom.* Austin: Pro-Ed.

Este livro oferece dicas para professores e profissionais de outras disciplinas, para identificar antecipadamente e apontar as formas que os professores podem auxiliar na gestão desses problemas.

KRAJICEK, M. J. & TOMLINSON, A. I. T. (1983). *Detection of developmental problems in children.* Baltimore: University Park Press.

Prático e de fácil leitura, este é um texto de enfermagem pediátrica que foca na identificação antecipada, separação e início de estratégias de intervenção de crianças com potencial ou problemas de desenvolvimento identificados.

McCormick, L. & Schiefelbusch, R. L. (1984). *Early language intervention*. Columbus: Merrill.

Uma boa introdução do desenvolvimento da linguagem típica e atípica, e do desenvolvimento de comunicação geral com exemplos práticos de programas, procedimentos e materiais para promover as habilidades de comunicação em crianças.

Peterson, N. L. (1987). *Early intervention for handicapped and at-risk children*. Denver: Love.

Este é um texto excelente para alunos e profissionais em educação de crianças e disciplinas relacionadas que trabalham com crianças com problemas de desenvolvimento; ele oferece uma perspectiva valiosa sobre no que a intervenção antecipada realmente acarreta.

Bebês, crianças pequenas e pais

Apgar, V. & Beck, J. (1972). *Is my baby all right? A guide to birth defects*. New York: Trident.

Esta continua sendo uma das melhores fontes de informações sobre genética e causas ambientais de problemas de desenvolvimento e o que é o progresso e o tratamento de um problema desde o nascimento; é sensível e de fácil leitura.

Brazelton, T. B. (1969). *Infants and mothers: Differences in development*. New York: Dell.

Embora este livro tenha sido publicado há muitos anos, ele continua sendo uma das melhores descrições sobre o primeiro ano de vida. É escrito por um pediatra muito perceptivo e observador, que tem permanecido na vanguarda da pediatria do desenvolvimento.

Brazelton, T. B. (1974). *Toddlers and parents*. New York: Dell.

Como no livro de bebê de Brazelton, este é um livro excepcionalmente bom para pais e responsáveis por crianças; como o livro anterior, trata-se de uma abordagem extremamente sensível, repleto de bons conselhos e sugestões sensatas sobre bebês.

Bricker, D. D. (1986). *Early education of at-risk and handicapped infants, toddlers, and preschool children*. Glenview: Scott, Foresman.

Escrito por um dos maiores especialistas em bebês, este texto oferece a alunos e praticantes uma visão contemporânea da área, com exemplos de aplicações por aqueles que trabalham com bebês e crianças diferentes.

Bromwich, R. M. (1981). *Working with parents and infants*. Austin: Pro-Ed.

Este continua sendo um dos melhores livros na área de ajudas aos pais para que aprendam a lidar com filhos deficientes ou de alto risco; particularmente, digno de nota é a inclusão de histórias de casos de intervenções bem-sucedidas, parcialmente bem-sucedidas e mal-sucedidas; é valioso para os que trabalham com os pais.

Caplan, F. & Caplan, T. (1982). *The first twelve months of life* and *The second twelve months of life*. New York: Putnam.

Livros de fácil leitura e que oferecem excelentes descrições de crescimento e desenvolvimento normal, embora sua ênfase em mudanças a cada mês em vez de uma sequência de desenvolvimento pode contribuir para alguma ansiedade indevida em pais recentes. Esses livros incluem muitas sugestões práticas para lidar com comportamentos e rotinas diárias.

Hanson, M. J. (1984). *Atypical infant development*. Austin: Pro-Ed.

Este texto interdisciplinar apresenta alunos e profissionais com uma revisão atual da pesquisa e material sobre problemas típicos e atípicos de desenvolvimento de bebês.

Leach, P. (1986). *Your baby and child from birth to age five*. New York: Knopf.

Este livro oferece aos pais e responsáveis explicações excelentes de desenvolvimento, bem como sugestões práticas para rotinas de cuidados diários, material de jogos apropriados e gestão de comportamento.

Marotz, L., Rush, J. & Cross, M. (2001). *Health, safety and nutrition for the young child* (5th ed.). Clifton Park: Thomson Delmar Learning.

Este livro oferece uma visão abrangente dos fatores que contribuem para maximizar o crescimento e o desenvolvimento de cada criança. Inclui algumas das informações de pesquisa mais atuais e conhecimento relacionado a cada uma dessas áreas e é útil principalmente para professores, responsáveis e pais.

WILSON, L. C., WATSON, L. & WATSON, M. (2003). *Infants and toddlers* (5th ed.). Clifton Park: Thomson Delmar Learning.

Pais e responsáveis vão achar esse livro particularmente útil para entender as sequências de desenvolvimento, criando ambientes enriquecedores e fornecendo experiências de aprendizado adequado para bebês e crianças pequenas com base nas necessidades de desenvolvimento por parte destes.

Índice remissivo

Nota: "t" é utilizado para designar as páginas que contêm tabelas.

A

Acalmabilidade ou capacidade de acalmar-se em recém-nascidos, 236-237
Ação em massa, primeira fase da infância (fase 1), 268-269, 274
Ações, 180
Acomodação, 37, 287, 288
Adaptabilidade, 239t, 240t, 281t, 282t
Agilidade, 360-361
Agressão, 336
"Além do que aparece", 43
Ambiente
    de desenvolvimento, 54-55
    externo, fatores que afetam a observação, 61-63
    físico, crianças de dois a cinco anos, 308-309, 339-34-, 341t
    geral, 54
Ambiguidade
    fonológica, 370
    léxica, 370
    sintática, 370
Amigáveis, 376
Amizades, 373-376. *Ver também* Interações entre pares
Amostragem de comportamento, 85-86
Amostragem por eventos. *Ver também* Métodos de observação e registro
    aberta *versus* fechada, 142
    algumas aplicações da, 144-145
    com a descrição narrativa, 140, 143
    contra amostragem por tempo, 139-140
    dados de referência, 146
    definição, 139-140
    descrição, 139-141, 143
    desvantagens, 144
    diretrizes, 144
    e descrição em diário, 155-156
    esquemas de codificação, 143, 147
    eventos espaço/equipamentos, 144-145
    exercício, 146-147
    formulários, 141t, 142t
    grau de inferência, 143
    grau de seletividade, 143
    resumo de, 193t
    técnica de registro, 140
    unidades naturais, 143
    vantagens, 143
    versus descrição narrativa, 141, 142
    versus registro anedótico, 164
Amostragem por tempo. *Ver também* Métodos de observação e registro
    aberta *versus* fechada, 128-129
    amostragem de comportamento *versus* descrição, 118
    ampliação de anotações, 128
    anotações, 128
    brincadeiras, classificações de, 124-125
    categorias exaustivas, 119-120
    categorias exclusivas, 119-120
    categorias pré-determinadas, 131
    comportamentos, 119, 120, 124-125, 128-129, 130
    confiabilidade interobservadores, 129
    contexto, 133-135
    descrição, 116-117
    desvantagens, 129-131
    e amostragem por eventos, 139-140
    e descrição narrativa, 110, 128
    economia, 130
    esquemas de codificação de categoria, 119-120
    esquemas de codificação de sistema de sinais, 119, 121t
    esquemas de codificação, 119-120, 131
    estrutura, 119
    exercício, 124-126, 134-135
    formulários, 121t, 122t, 123t, 126t, 132t, 133t
    grau de inferência, 128
    grau de seletividade, 128
    interações sociais, classificações, 124-125
    intervalos de tempo, especificando, 121, 122, 123, 124
    quando usar, 128, 130-131
    representatividade, 118, 131-132 (representativos)
    resumo de, 192t
    técnicas de registro, combinando, 129
    usos para, 131-134
    vantagens, 129
    variações de, 119
Ampliação de observações, 128
Animismo, 317
Anotações, 64, 128
"Apaixonar-se", 293

Aparelho genital, recém-nascidos, 233-234
Apego, 278, 279t, 280t
Aprendizagem observacional, 36
Aprendizagem, definição, 35
Aproximação/retraimento, 239t, 281t, 282t
Áreas de competência, primeira fase da infância (de 1 a 24 meses). Ver Primeira fase da infância, áreas de competência
Áreas de desenvolvimento, foco nas, 51
Artificialismo, 317-318
Assimilação, 38, 287-288
Atenção, papel na observação, 11-12
Atividade *versus* passividade, 17, 19, 27
Atribuições voltadas ao domínio, 406-407
Audição, recém-nascidos, 245
Autoavaliação, 365
Autoconceito, 405-407
Autoestima, 405-407
Autogestão, 365
Autor, efeito na observação, 6
Autorregulação, 292
Avaliação contínua, 223-224
Avaliação, definição, 67, 189-190

B

Bandura, Albert, 36
Bebês. Ver Primeira fase da infância (de 1 a 24 meses); Recém-nascidos (do nascimento até um mês)
Berk, Laura
    conquistas de linguagem, 369-370
    em Piaget, 9
    habituação, 245
Berndt, Thomas J., 216
Brincadeira
    associativa, 125, 126, 329
    complementar organizada, 125t
    cooperativa, 124, 329
    de domínio, 398-399
    de meios/fim, 327
    física, 398-399
    paralela, 125, 329
    prática, 333
    sem lateralidade, 327
    simbólica, 330-331
    social, níveis das, 329
Brincadeiras
    com a linguagem, 12, 370
    com afeto positivo, 327
    competitivas, 12, 328
    de prazer sensorial, 12, 327
    sensório-motoras, 398
    solitárias, 125
    turbulentas, 12, 283, 397, 398
Brincar, 12, 124-125, 397. Ver também Crianças pequenas, brincar

C

Cabelo (lanugem), de recém-nascidos, 233, 234t
Caminhar, infância, 273
Capacidade de assumir o papel social, 373
Capacidades motoras básicas, 360-361
Características, 336
    contextuais, componente do grupo, 72-73
    dos membros, componente do grupo, 70-71
Categorias
    exaustivas, 119-120
    exclusivas, 119-120
    próprias, 405
Causalidade, 317
Cenários
    definição, 87
    e situações, 86-87
    efeito sobre a observação, 61
    identificação, 50
    publicação Naeyc sobre, 86
    suposições sobre, 87
Choro, 235, 236t, 278
Ciclo normal de procedimentos, 72
Classificação, 316
Clima, componente do grupo, 72
Cognição social, 372
Comparação social, 374-375
Comparando o passado ao presente, 363
Comparando resultados com padrões, 223-224
Competências de relacionamento, 375
Complexidade, 21, 22, 23-24
Comportamento
    amostragem por tempo, 118, 119, 124-126, 128-134
    amostragem, 85-86
    cenários, 86-87
    como um fluxo, 85-86
    definição, 85, 95
    definição operacional, 95
    desocupado, 125, 328-329
    explicação, 40, 42-43
    foco no, 51
    foco principal do observador, 85
    planos de observação, 85-86
    qualidade contínua, 85-86
    selecionando para observação, 50
    situações, 86-87
    solitário, 329
Comportamento social em crianças. Ver Primeira fase da infância (de 1 a 24 meses), desenvolvimento social/emocional
Comportamentos
    dos membros, componente do grupo, 72
    específicos, 179-180
    espontâneos em recém--nascidos, 237-238
Comprimento médio do recém--nascido, 234
Comunicação não verbal, significância cultural, 219-221
Conceitos, definição de, 285-286
Conclusões. Ver Grau de inferência
Condicionamento
    clássico, 35, 41t, 288-290
    operante, 36, 41t
Conduta profissional, 61
Confiabilidade
    interobservador, 129, 185
    intraobservador, 185
    listas de verificação, 184-186
Confiança *versus* desconfiança, 35, 278-279
Confidencialidade, 58-60
Conhecimento factual, 316-318
Consciência metalinguística, 369-370, 380-381
Consciência, efeito na observação, 61
Contagem de frequência. Ver também Registros de duração; Métodos de observação e registro
    aberta *versus* fechada, 172
    definição, 171-172
    desvantagens, 174
    exercício, 176-177
    formato, 176t
    grau de inferência, 172-173
    grau de seletividade, 172

representação gráfica de dados, 174
resumo de, 193t
usos para, 174-176
vantagens, 173-174
Contato visual, significado cultural, 220
Contexto. *Ver também* Natureza *versus* criação
amostragem por tempo, 134-135
definição, 87-88
efeitos do, 19, 39
influências ambientais, 19, 22
Contextualismo, 27, 34, 320
Controle
da cabeça, primeira fase da infância, 269
da mão/braço, 272-273
descrição narrativa, 100
manual, 31t, 32t
postural, 31t, 32t
Coordenação mãos-olhos em crianças, 289-290
Correspondência biunívoca, 316-317
Crescimento, 24-26, 25t
Crescimento e desenvolvimento. *Ver também* Teorias do desenvolvimento
"além do que aparece", 43
áreas funcionais. *Ver* Desenvolvimento cognitivo/intelectual
combinando habilidades, comportamentos, movimentos. *Ver* Integração hierárquica
desenvolvimento, definição, 23-24, 25t
efeitos culturais no, 214-218
explicando o comportamento, 39-40, 44-45
físico. *Ver* Desenvolvimento físico-motor
habilidades motoras. *Ver* Desenvolvimento físico-motor
ideias abstratas, 43
intelectual. *Ver* Desenvolvimento cognitivo e intelectual
interpretando o comportamento, 39-40, 44-45
linguagem. *Ver* Desenvolvimento da linguagem

mudança qualitativa, 24-26, 25t
mudança quantitativa, 24-26, 25t
mudança sistemática, 24
ponto de referência, 19-22, 21t, 22t, 36
propriedades emergentes, 24, 25t
testando crianças, 7. *Ver também* Faixas etárias
Crianças
controversas, 376
de *status* médio, 376
desprezadas, 376
populares, 376
rejeitadas, 376
Ver Primeira fase da infância
Crianças pequenas (dois a cinco anos). *Ver também* Primeira fase da infância; Recém--nascidos; Idade escolar
ambiente físico, 308-309
brincar, 326, 327-328, 328-330, 330t, 330-333, 346-349
crescimento físico e habilidades motoras, 309-313, 311t, 312t, 313t
desenvolvimento cognitivo e intelectual, 316-319, 344
desenvolvimento da linguagem, 319-326, 345
desenvolvimento emocional, 333-337, 338, 350-351
desenvolvimento social e emocional, 338-340, 352-353
habilidades e movimentos motores grossos e finos, 314-316
playscapes ou espaços recreativos, 308-309
Crise psicossocial, 33, 35, 404-405
"*Cruising*", 269

D

Dados
brutos (originais), 92-93
empíricos, 11
perda, escalas de avaliação, 192
DCOs (Descrições comportamentais objetivas), 106-107
De Mause, Lloyd, 261
Definição operacional, 95
Dependência, 336-337
Desabituação, 245

Desamparo aprendido, 406
Descobertas, definição de, 222. *Ver também* Implementação de descobertas
Desconforto, efeito na observação, 61-62
Descrição em diário. *Ver também* Métodos de observação e registro
aberta *versus* fechada, 150
definição, 150
desvantagens, 151
diários abrangentes, 150, 154
diários temáticos, 150, 154
e descrição narrativa, 150-151
e o estudo de caso, 151-152
exercício, 157
grau de inferência, 150
grau de seletividade, 150
novos comportamentos, 154
objetivo, 149
propósito, 149
registro anedótico, 154
relatório, 153t, 153t
resumo de, 193t
vantagens, 150-151
versus amostragem por eventos, 154-155
versus registro corrido, 156
Descrição em diários, 149-150, 154
Descrição narrativa. *Ver também* métodos de observação e registro
aberta *versus* fechada, 103
aspectos aleatórios, 110-111
com amostragem por eventos, 146, 148
considerações sobre energia, 111
considerações sobre o tempo, 111
contra descrição em diário, 149-150
controle, 100
critérios predeterminados, 101
DCOs (Descrições Comportamentais Objetivas), 106-107
definição, 100
descrevendo comportamentos, 103
descrição, 100-101
desvantagens, 151
e amostragem por tempo, 110t, 128
estrutura, 100
exercício, 112-115
formulários, 102t, 103t, 106t, 107t, 108, 109t, 119t

grau de inferência, 103-104
grau de seletividade, 103
narrativa escrita, 101
objetivo de, 101
permanência, 111
propósito de, 100, 110
registro corrido, 101
resumo de, 193t
técnica de registro disseminada, 111
técnica de registro genérica, 111
vantagens, 104-105, 111
versatilidade, 105
versus amostragem por eventos, 147-148
versus registro anedótico, 163-164
Descrição objetiva, 65-66
Descritores estáticos, 180
Desenvolvimento cognitivo natural e cultural, 363
Desenvolvimento cognitivo/intelectual, teorias do, 8-10, 37-38. *Ver também* Faixas etárias
Desenvolvimento cultural, 322, 363. *Ver também* Multiculturalismo
Desenvolvimento da linguagem
  comportamento, registro, 56
  importância fundamental da linguagem, 323
  natural, 321-322
  natureza cumulativa, 20-22
Desenvolvimento direcional, 21
Desenvolvimento emocional. *Ver* Faixas etárias
Desenvolvimento físico-motor, descrição, 34. *Ver também* Faixas etárias
Desenvolvimento infantil. *Ver* Crescimento e desenvolvimento
Desenvolvimento intelectual. *Ver* Desenvolvimento cognitivo/intelectual
Desenvolvimento social/emocional. *Ver* Faixas etárias
Desenvolvimento, definição, 24, 25t. *Ver também* Crescimento e desenvolvimento
Deslocamento
  invisível, 290
  visível, 290
Determinado contexto, 179
DeVries, Rheta, 13

Diálogo emocional, 293
Diário temático, 150, 154, 157
Diferenças de gênero, desenvolvimento físico-motor, 397-398, 408
Diferenças individuais, 218, 19, 38. *Ver também* Recém-nascidos, diferenças individuais
Diferenciação, 21, 22, 23-24
Direcionalidade, 21
Direitos dos observados, 199
Discrição, 57-60,78
Discurso egocêntrico, 324-325
Discurso privado, 323-325
Discurso socializado, 324-325
Discurso sociocêntrico, 319-320
Diversidade. *Ver* Multiculturalismo
Doença, efeito na observação, 61-62
Domínio
  cognitivo, 29
  de linguagem, 29
  emocional, 29
  físico, 29
  psicossocial, 29
  social, 29
Domínios comportamentais, 29, 34t

E

Ego, 32
Egocentrismo
  definição, 8-9, 316-317
  desenvolvimento de linguagem, 403
  papel no desenvolvimento, 9-10, 316-317
Elaboração, 364
Elkind, David, 267
Episódios, componente de grupo, 73
Equilíbrio, 360-361
Erikson, Erik, 30, 34, 35, 278-279
Erros
  de comissão, 63-64
  de omissão, 64
  de transmissão, 65
  no registro, 63-64
Escalas de avaliação. *Ver também* Listas de verificação; Métodos de observação e registro
  aberta *versus* fechada, 211-212
  avaliação, 191
  construção, 196-197
  desvantagens, 192
  escalas, 189

escolha de critérios de classificação, 190
estruturação, 192
exemplo abreviado, 191t, 194t, 195t, 205t
filmagem, 197-198
grau de inferência, 192
grau de seletividade, 191-192
gravação em áudio, 200
perda de dados, 192
resumo de, 194t, 195t
sequência contínua (*continuum*), 189
usos para, 203
vantagens, 192
versus listas de verificação, 189-190
Escalas, definição de, 189
Espaço pessoal, significado cultural, 219
Espaço, conceito de, 317
Esquemas
  cognitivos, 37
  comportamentais, 37
Esquemas de codificação de categoria, 119-120
  amostragem por eventos, 146, 150
  classificação de brincadeiras, 124-125
  classificação de interação social, 124-125
  descrição, 119-120
  desvantagens dos, 129-130
  formulário para registro, 126
  limitações impostas pelos, 131
Esquemas de codificação do sistema de sinais, 119-120, 121t
Esquemas de codificação. *Ver também* Métodos de observação e registro
Estado
  de alerta ativo, 236t
  de atividade de vigília, 236t
  de inatividade alerta, 236t
  de sono irregular, 235t
  de sono periódico, 235t
  de sono regular, 235t
  de sonolência, 237t
Estados, dos recém-nascidos, 235-236, 235t, 259t
Estágio operatório formal, 30
Estágio pré-operatório do desenvolvimento, 10
Estímulos brutos, 4
Estratégia de conversação, 411
Estratégias de teste, 411
Estrelas, 376

Estresse, 7-8
Estrutura da frase, aprendizagem, 325, 370, 371t
Estudo de caso, descrição em diário e o, 151-153
Ética profissional, 58-60, 77, 198
Evento espaço/equipamento, 144-145
Eventos, 52, 139, 144-145
   compartilhados, componente de grupo, 73
Evidência, 203
Exercícios. *Ver* Faixas etárias
Expandindo a base de conhecimento, 365
Explicação
   das razões adaptativas, 44
   de circunstâncias imediatas, 44
Explicação, descrição, 66-67. *Ver também* Grau de inferência; Interpretação
Explicando o comportamento, 39-40, 41. *Ver também* Grau de inferência, Interpretação

F

Fadiga, efeito sobre a observação, 61-62
Faixas etárias. *Ver* Primeira fase da infância (de 1 a 24 meses); Recém-nascidos (do nascimento até um mês); Idade escolar (seis anos); Idade escolar (sete a oito anos); Crianças pequenas (dois a cinco anos)
Fase de latência, 404
Fatores que afetam a observação, 6, 61-63
Fatos, processamento, 13-14
Ficar em pé, infância, 268, 269
Filmagem, 68-69, 197, 199, 206
   desvantagens, 198-199
   direitos da pessoa gravada, 199-200
   escalas de avaliação, 180-182
   limitações, 198
   listas de verificação, 199-200
   observação de um grupo, 68-69
   permissão, 199
   propósito de, 198
   "*soft eyes*", 199
   utilidade, 198
   vantagens, 198
Flexibilidade, 327, 360-361
Fluxos de comportamento, 85-86
Foco da observação, 51
Fogel, Alan, 261-262
Fontanelas (moleiras), 233, 234t
Força do movimento, 360-361
Forma da cabeça, recém-nascidos, 233-234
Forma *versus* significado, 403-404
Formas sintáticas, 325
Formulários. *Ver também* Listas de verificação; Métodos de observação e registro
   amostragem por eventos, 141t, 142t
   amostragem por tempo, 121t, 122t, 123t, 126t, 132t, 133t
   brincadeiras, crianças de dois a cinco anos, 346-347
   descrição em diário, 152t, 153t
   descrição narrativa, 102t, 103t, 106t, 107, 108t, 109t
   desenvolvimento cognitivo/intelectual, 344, 387-390, 415-416
   desenvolvimento da linguagem, 303-305, 345, 391-393, 417-421
   desenvolvimento físico-motor, 253-254, 266-269, 343, 346-347, 385-386, 413-414
   desenvolvimento social/emocional, 300-302, 305-306,
   crianças pequenas (dois a cinco anos), 350-351, 393-394, 419-421
   interações entre pares, crianças de dois a cinco anos, 352-353
   registro anedótico, 165t
   registros de duração, 176t
   relatório de estudo de caso, 153
Frases no infinitivo, 403
Freud, Sigmund, 30, 32-33
Funcionamento emocional dos recém-nascidos, 247-248, 257t

G

Gerenciando emoções, 375
Gibson, Eleanor J., 244
Gibson, James J., 244
Gramática
   em idade escolar (seis anos), 470
   em idade escolar (sete a oito anos), 402-404
Grau de inferência
   amostragem por eventos, 150
   amostragem por tempo, 128
   contagens de frequência, 174-175
   contraste entre os métodos, 93
   dados brutos e, 92
   desacordo do observador, 95-96
   descrição em diário, 151
   descrição narrativa, 103-104
   descrição, 94-96
   escalas de avaliação, 192
   listas de verificação, 186
   maximizar a exatidão, 95
   planejamento, 51-53
   registro anedótico, 166
   registros de duração, 174-175
Grau de seletividade
   amostragem por eventos, 150
   amostragem por tempo, 128
   contagem de frequência, 174
   descrição em diário, 150
   descrição narrativa, 104-105
   descrição, 93-94
   escalas de avaliação, 191
   listas de verificação, 186
   registro anedótico, 163, 165
   registros de duração, 174-175
Gravação em áudio, escalas de avaliação, 200
Grupos de pares, 69-70
Grupos institucionais, 69-70
Grupos, 69-76
Grupo formal, 69

H

Habilidades
   autorregulação/enfrentamento, 265-266
   comunicativas/linguísticas, 264
   Ver Desenvolvimento da linguagem
   conceituais de pensamento, 262
   expressivas/emocionais, 264-265
   pré-linguísticas, 20
   representacionais/simbólicas, 264
   sensório-motoras/de uso de instrumentos, 262
   sociais/interativas, 264
Habilidades de conservação
   aquisição, 400t
   idade escolar (sete e oito anos), 399-400, 400t
   número, 317
   Piaget em, 10-11
   substâncias, 10

Habilidades de enfrentamento. *Ver* Habilidades, autorregulação/enfrentamento
Habilidades de pensamento. *Ver* Habilidades, conceituais de pensamento
Habilidades emocionais, 264-265. *Ver também* Faixas etárias
Habilidades interativas. *Ver* Habilidades, sociais/interativas
Habilidades linguísticas. *Ver* Desenvolvimento da linguagem
Habilidades motoras. *Ver* Desenvolvimento físico-motor
Habilidades motoras grossas, 361t. *Ver também* Desenvolvimento físico-motor
Habilidades no uso de instrumentos. *Ver* Habilidades sensório-motoras/de uso de instrumentos
Habilidades sensoriais. *Ver* Habilidades, sociais/interativas
Habilidades simbólicas. *Ver* Habilidades representacionais/simbólicas
Habilidades, em crianças. *Ver* Primeira fase da infância, áreas de competência
Habituação, 245, 286
Hereditariedade, papel no desenvolvimento. *Ver* Natureza *versus* criação
Humor, e desenvolvimento da linguagem, 369-370, 402
Humor, qualidade de, 239t, 240t, 281t, 283t

I

Id, 32
Idade escolar (seis anos)
 desenvolvimento cognitivo e intelectual, 362-364, 366, 367t, 378-379, 387-390
 desenvolvimento de linguagem, 368, 370-371, 371t, 380-381, 391-392
 desenvolvimento físico-motor, 359-361, 360t, 361t, 376-378, 385-386
 desenvolvimento social e emocional, 372-376, 382-384, 393-394
Idade escolar (sete e oito anos)
 desenvolvimento cognitivo e intelectual, 396t, 395-397, 399t, 400t, 408-409, 415-416
 desenvolvimento de linguagem 401-404, 410-412, 417-418
 desenvolvimento físico-motor, 396t, 395-398, 408-410, 413-414
 desenvolvimento social e emocional, 444-447, 452-454, 461-463404-407, 410-411, 419-421
 psicológico *versus* fisiológico, 4
Idade pré-escolar. *Ver* Infância (de 1 a 24 meses); Recém-nascidos (do nascimento até um mês); Crianças pequenas (dois a cinco anos)
Ideias abstratas, crescimento e desenvolvimento, 43
Ihde, Don, 40, 42
Implementação de descobertas
 avaliação contínua, 223-224
 comparando resultados com padrões, 223-224
 descobertas, definição de, 222
 exemplos, 224-228
 introdução, 222-223
Inconsistências entre observadores, 5-6
Inferência. *Ver* Grau de inferência
Influências ambientais, 19, 22. *Ver também* Contexto; Natureza *versus* criação
Integração hierárquica, 21, 23-24
Integração, desenvolvimento físico/motor, 314
Integralidade, 12
Intensidade de reação, 239t, 240t, 281t, 283t
Interações entre pares
 amizades, 373-374
 crianças pequenas (dois a cinco anos), 338-339, 339-340, 352-353
 formulários, 352-353
 idade escolar (seis anos), 373-374
 informações básicas, 338-339
 observação, objetivos e procedimentos, 338-340
 sociabilidade, 329
 sociograma, 340
Interações sociais, classificações, 124-125
Interatividade, 19
Interesse no mundo *humano*, 293
Internalização, desenvolvimento da linguagem, 368
Interpretação. *Ver também* Grau de inferência
 concepções, 39-40, 43
 definição, 39
 multiculturalismo, 215-221
 no processo de observação, 68-70
 personalidade como filtro, 210
 viés, 210-211
Interpretação do crescimento e desenvolvimento, 39-40, 41t
Isoladas, 376
Itens de registro, listas de verificação, 180

J

Jogo dramático e com modelos, 12, 327
Jogos
 categoria de jogo, 12, 327-328
 com modelos, 12, 327
 com regras, 330-331
 de construção, 330-331
 desenvolvimento físico/motor397

K

Kamii, Constance, 13

L

Lanugem (cabelo), de recém--nascidos, 233, 234t
Lei genética geral do desenvolvimento cultural, 322-323
Lembrar o passado, 263
Limitações da observação, 68-69
Listas de verificação. *Ver também* Formulários; Métodos de observação e registro; Escalas de avaliação
 aberta *versus* fechada, 185
 ações, 180
 amostras, 182t, 183t, 184t, 186t, 188t, 201t, 203t, 204t
 avaliação, 203-205
 capacidades físico-motoras, 270, 271t
 comportamentos específicos, 179, 180
 comportamentos sociais, 107t-108t
 confiabilidade, 185
 construção, 187
 definição, 179
 descritores estáticos, 180

desvantagens, 187
determinado contexto, 179, 180
estrutura, 184-185
exercício, 207
grau de inferência, 186
grau de seletividade, 186
itens de registro, 180
métodos de registro, 180
resumo de, 193t
subjetividade, 180-181
Teste de Triagem de Desenvolvimento de Denver, 184
tipos de, 184
uso para, 201-205
validade, 185
vantagens, 187
versus escalas de classificação, 189-190
Locais públicos, cenário de observação, 60
Locomoção, 31t, 32t

M

Manipulação de objetos, infância, 274
Marcos
desenvolvimento social/emocional, 292-294, 334, 338
do desenvolvimento, 31t, 32t
pré-escolares, 333-338
Martin, Patricia, 70
Maturidade do pensamento da criança, 9
Medo, 337
Memória, em crianças, 262-263
Metacognição, 365
Metacomunicação, 371, 381-382
Metáfora, desenvolvimento da linguagem, 369-370
Método de desenvolvimento, 320
Método desenvolvimental ou genérico da linguagem, 321
Metodologia, definição, 83-84
Métodos abertos *versus* métodos fechados
amostragem por eventos, 142
amostragem por tempo, 126-127
contagens de frequência, 173-174
descrição, 91-92
descrição em diário, 149-150
descrição narrativa, 101-103
escalas de avaliação, 189-190

listas de verificação, 184-185
registro anedótico, 163
registros de duração, 172-173
Métodos de observação e registro. *Ver também* Esquemas de codificação
abertas, 92
altamente estruturado. *Ver* Métodos formais
amostragem por eventos. *Ver* Amostragem por eventos
contagem de frequência. *Ver* Registros de duração; Contagens de frequência
dados brutos, 92-93
definição, 83
fechadas, 92
formal, 92. *Ver também* Amostragem por eventos; Descrição narrativa; Amostragem por tempo
formulários. *Ver* Listas de verificação; Formulários
grau de inferência, 94-96
grau de seletividade, 93-94
inferência, grau de, 94-96
informal, 92
listas de verificação. *Ver* Listas de verificação; Formulários
propósito de, 83-85
registros em diário. *Ver* Descrição em diário
tabela de resumo, 193-195
tirar conclusões. *Ver* Grau de inferência
Ver também Faixas etárias
Métodos fechados. *Ver* Métodos abertos *versus* fechados
Métodos formais, 92. *Ver também* Amostragem por eventos; Descrição narrativa; Amostragem por tempo
Métodos informais, 92, 162. *Ver também* Registros anedóticos; Listas de verificações; Descrição em diário; Registros de duração; Contagem de frequência; Escalas de avaliação
Miller, Patricia, 26
Modelagem, 35, 57
Modo de ajuda, 261
Modo de socialização, 261
Moleiras (fontanelas), 233
Moreno, J. L., 340
Motivação intrínseca para brincar, 327
Movimento
grosso, 314-315. *Ver também*

Desenvolvimento físico/motor
brincar, 12, 327
muscular aleatório, infância, 268
Movimentos finos, 315
Mudança
dos cinco para os sete, 362
qualitativa, 24, 25t, 28, 34t
sistemática, 24
Multiculturalismo. *Ver também* Desenvolvimento natural/cultural
comunicação não verbal, 219-221
conceitos de tempo, 221
contato visual, 220
crenças dos pais sobre o ensino de crianças, 216
definição, 215
desenvolvimento, efeitos sobre, 214-218
diversidade, 218
espaço pessoal, 219
exemplo, 217-218
fazendo as perguntas corretas, 212-214
interpretação, efeitos sobre, 214
nichos, 216
psicologia dos adultos que cuidam de crianças, 216
regras, 216-218
significado de, 215-216
sorrir, 219-220
toque, 220-221
Músculos grandes, 314-315
Músculos pequenos, 315-316

N

Naeyc (Associação Nacional para a Educação de Crianças)
diretrizes éticas profissionais, 58-59
em cenários e situações, 86-87
em testes padronizados, 7
Nariz, recém-nascidos, 233-234
Natureza cumulativa do crescimento e desenvolvimento, 20, 22, 360
Natureza dos seres humanos, 27, 33t, 34t
Natureza *versus* criação. *Ver também* Contexto; Influências ambientais
descrição, 28
perspectiva cognitiva, 37-38

perspectiva contextual, 38
perspectiva psicanalítica, 32-33
resumo, 33t, 34t
visão de aprendizagem, 35-37
Necessidades do ouvinte, 403
Nicho, 216-217
Nível de atividade, 238t, 239t, 281t

O

Objetivos, definição, 75-76
Objetos, brincar com, 330-331
Observação
  atenção, 6
  de grupo, 68-70
  e teoria, 8-11
  estresse no observado, 8
  estruturada e controlada, 12, 13
  estruturas formais. *Ver* Teoria do desenvolvimento,
  importância do, 4-7
  inconsistências do observador, 5-7
  influências culturais. *Ver* Multiculturalismo
  integralidade, 12
  métodos de. *Ver* Métodos de observação e registro
  participante, 54
  planejamento. *Ver* Preparo para a observação
  processo de, 11
  validade (precisão), 12
    Ver também Faixas etárias
  versus testes, 7-8
Observação naturalista. *Ver* Métodos informais
Observador do comportamento, 125, 329, 330
Observadores
  e o processo de observação, 11-14
  efeitos sobre a observação, 8-9
  inconsistências, 5-7
  quadros de referência, 5
  treinado *versus* destreinado, 5-6
  viés, 5-6
Observar, definição, 4
O'Connor, Gerald, 70
Organização, desenvolvimento cognitivo/cultural, 364-365, 368
Orientação de adultos, desenvolvimento cognitivo/intelectual, 363

P

Padrões de desenvolvimento. *Ver* Teorias do desenvolvimento

Padrões, comparando os resultados aos, 223-224
Papéis, 87
Pensamento
  operatório concreto, 42, 362, 366, 378-379, 398-399, 399t, 401t
  pré-operatório, 362
Percepção, definição, 4
Percepção seletiva, 211
Percepção/habilidades sensoriais, 262
Período
  "anterior ao alcançar", 274-275
  inicial, 274-275
  pré-operatório, 42
  sensório-motor, 37
Permanência, 111
  do objeto, 286, 286t
Permissões para observar, 60, 199
Pernas, recém-nascidos, 234
Personalidade, efeito na observação, 5, 210. *Ver também* Viés
Perspectiva da aprendizagem, 35-37, 41t. *Ver também* Visão mecanicista
Perspectiva psicanalítica do crescimento e desenvolvimento, 32-33, 40t, 45
Pés, recém-nascidos, 234
Pescoço, recém-nascidos, 233-234
Peso ao nascer, 233-234
Piaget, Jean
  acomodação, 37, 287-288
  assimilação, 37, 287-288
  brincar, 330-331
  competências das crianças, 266
  desenvolvimento
    cognitivo e intelectual, 362-363, 366-367, 398-399
  desenvolvimento de linguagem, 321-323, 368, 370
  desenvolvimento direcional, 21
  discurso privado, 320-324
  egocentrismo, 8-9, 316,403
  esquema, 37
  esquemas cognitivos, 37
  esquemas de comportamento, 39
  estágio operatório formal, 37
  estágios de desenvolvimento, 29, 40
  habilidades de conservação, 10-11, 317, 400t
  maturidade do pensamento infantil, 9
  modelando o comportamento adulto, 36
  modelo de desenvolvimento, 30
  pensamento concreto, t42, 362-363, 366-367, 399t, 408-409
  pensamento pré-operatório, 10, 37, 378
  período sensório-motor, 37, 287t
  permanência do objeto, 286, 287t
  seriação, 317
  tarefa com argila, 10
  tarefa da "vista da montanha", 9
  teoria do desenvolvimento cognitivo, 8-10, 37-38
Planejamento para a observação. *Ver* Preparo para a observação
Playscapes ou espaços recreativos, 308
Popularidade, 376-377, 382-383
Pragmática, desenvolvimento da linguagem, 404
Preparo para a observação
  abordagens, 74-75
  ambiente de desenvolvimento, 54-55
  ambiente geral, 54
  áreas de desenvolvimento, foco nas, 51
  aspectos de observação, 65-68
  atribuição de tempo, 50
  avaliação, 67-68
  cenário, 51, 53
  comportamento linguístico, registro, 56
  comportamentos, foco nos, 51
  comportamentos-alvo, seleção de, 50
  confidencialidade, 58-60
  definição, 50-51
  desconforto desnecessários, 56
  descrição objetiva, 65-66
  discrição, 58-60
  erros de registro, 63-65
  estruturas básicas, 52
  ética profissional, 58-60
  explicação, 66-67
  fatores que afetam a observação, 6, 61-63
  foco da observação, 51
  grau de inferência, 91-92
  interpretação, 66-67
  limitações, 53, 56

metas, definição, 75
modelagem, 57
objetivos, 50, 53, 56, 76-77
observação participante, 54
presença de observadores. *Ver* Discrição
sujeitos, seleção de, 51
supervisão, 57
técnicas de registro, 51, 56
Primeira fase da infância (de 1 a 24 meses). *Ver também* Recém-nascidos; Idade escolar; Crianças
áreas de competência, 262-267
definição, 259-260
desenvolvimento de linguagem, 285-288, 288t, 289-290, 289t, 290t, 290-292
desenvolvimento físico/motor, 268-269, 270t, 271t, 272-273, 272t, 273-276, 289t, 296-299
duração, 260-261
habilidades. *Ver* Primeira fase da infância, áreas de competência, Desenvolvimento social/emocional, 277-280, 279t, 280t, 281, 281t, 282t, 283t, 292-294, 296-299, 305-306
importância das, 267
modo de auxílio, 261
modo de socialização, 261
processamento de informações, 265-266
revisão histórica das, 261
Princípio
cefalocaudal, 30
próximo-distal, 30
Processamento de informações, 265-266, 363-364
Processo
de observação, 11
definição, 13
dialético, 368
Propriedades particulares, cenário de observação, 60
Propriedades emergentes, 24, 25t
Punição vicária, 36, 41t

Q

Quadros de referência, 5. *Ver também* Viés
Qualidade contínua do comportamento, 85-86

Qualidade de humor, 239t, 240t, 281t, 283t
Queixo, recém-nascidos, 233

R

Raciocínio intuitivo, 362
Razão evolutiva, 44-45
razões históricas, 44
Reação, intensidade de, 239t, 240t, 281t, 283t
Recém-nascidos (do nascimento até um mês). *Ver também* Idade escolar; Crianças
aparelho genital, 233-234
cabeça, moleiras (fontanelas), 233-234
cabelo (lanugem), 233-234
características físicas, 233-234, 234t, 249t
choro, tranquilizar, 236
cumprimento médio, 234t
diferenças individuais, 237-238, 239t, 240t, 251
estado de alerta ativo, 236t
estado de atividade de vigília, 236t
estado de choro, 236t
estado de inatividade alerta, 236t
estado de sono irregular, 235t
estado de sono periódico, 235t
estado de sono regular, 235t
estado de sonolência, 236t
estados, 235-237, 235t, 250t
forma da cabeça, 233-234
funcionamento emocional, 247-248, 257t
moleiras (fontanelas), 233-234
nariz, 233-234
pé, 234, 234t
pernas, 233-234
pescoço, 233-234
peso ao nascer, 233, 234t
queixo, 233, 234t
reflexos. *Ver* Responde à estimulação, recém-nascidos
resposta ao estímulo, 235-236, 250t
respostas motoras, 240, 241, 242t, 253-254. *Ver também* Desenvolvimento físico-motor
respostas perceptuais, 244-246, 255-256
Recuperação, 245
Recuperação do passado, 263
Reflexo de Babinski, 240, 242t

Reflexo de caminhar, 242, 242t
Reflexo de caminhar, 242t
Reflexo de Moro, 240, 242t
Reflexo de piscar, 242t
Reflexo de preensão, 241-242, 242t
Reflexo de procura, 241, 242t
Reflexo de sobressalto. *Ver* Reflexo de Moro
Reflexo plantar, 241, 242t
Reflexo tônico cervical, 242t
Reflexos. *Ver* Responde à estimulação, recém-nascidos
Reforçado, 36
Reforço vicário, 36 41t
Registro corrido, 100-101
Registro de amostra, 100. *Ver também* Descrição narrativa
Registro de comportamento. *Ver também* Listas de verificação; Formulários; Métodos de observação e registro
amostragem por eventos, 146
categorias de erros, 63-65
comportamento linguístico, 56
filmagens, 68
influência sobre a observação, 63
juízos negativos, 166-167
momento do, 167
registro eletrônico, 69, 102, 199
registro escrito, 61, 101, 150
selecionando um método, 52
técnica de registro disseminada, 111
técnica de registro genérica, 111
técnicas, combinação de, 129. *Ver também* Métodos de observação e registro
Registro eletrônico
descrição narrativa, 103
filmagem, 68, 197, 206
gravação em áudio, escalas de avaliação, 200
pós-observação, 167
Registros anedóticos. *Ver também* Métodos de observação e registro
aberta *versus* fechada, 164
características, 163
definição, 156
desvantagens, 166-167
exercício, 169
formulários, 165t
grau de inferência, 166
grau de seletividade, 162, 165-166

método de observação
informal, 162
momento do registro, 167
perspectiva mais histórica,
162-163
propósito de, 163
registro de julgamentos
negativos, 166-167
registro pós-observação, 167
resumo de, 193t
vantagens, 166
versus amostragem por
eventos, 164
versus descrição em diário,
155-156
versus descrição narrativa, 164
versus registro corrido, 163
visão contemporânea, 163
Registros de duração. *Ver também*
Contagens de frequência;
Métodos de observação e
registro
aberta *versus* fechada, 172
definição, 172
desvantagens, 174
exercício, 176-177
formato, 176t
grau de inferência, 172
grau de seletividade, 172
representação gráfica de
dados, 174
resumo de, 193t
usos do, 174-176
vantagens, 173-174
Regras
descrição, 100
habilidades físico-motoras,
397-398
interpretação multicultural,
215
jogos, 330-331
Registro corrido. *Ver também*
Descrição narrativa
versus descrição em diário,
155-156
versus registro anedótico, 164
Regras, componente do grupo, 72
Rejeitadas, 376
Representatividade, amostragem
por tempo, 118, 131-132
Resiliência, 19, 20, 22
Responde à estimulação, recém-
-nascidos, 235-236, 250t
Respostas motoras, recém-nascidos.
Ver Responde à estimulação,
recém-nascidos
Respostas perceptivas dos recém-
-nascidos. *Ver* Recém-nascidos,
respostas perceptivas

Revolução cognitiva, 362
Ritmicidade, 238t, 239t, 281t, 282t
Rituais, 12, 328
Rotulando crianças, 67-68

S

Scaffolding ou andaimes, 363-364
Seletividade. *Ver* Grau de
seletividade
Sensibilidade, 59, 61
Senso organizado de si mesmo,
293-294
Sentimento de inferioridade, 406
Seriação, 317-318
Sintaxe, 370, 381
Situações, 63, 86-87
Skinner, B. F., 30
Socialização, 373
Sociocentrismo, 324
Sociogramas, 340
Sociometria, 376, 383-384
Soft eyes ("olhos suaves") (que
veem a totalidade), 199
Sorrir, 219-220, 279
Status social, 376, 382-383
Status, 87
Subgrupos, 69-70
Superego, 32
Supervisão, 57

T

Tarefa com argila, 10
Tarefa da "vista da montanha", 9
Técnica de registro disseminada,
111
Técnica de registro genérica, 111
Técnicas para registro do
comportamento. *Ver* Métodos
de observação e registro
Temas
direito de privacidade, 59
seleção, 51
Temperamento, 237-238, 238t,
239t, 281t, 282t, 283t
de adaptação lenta em recém-
-nascidos, 237-238
difícil em recém-nascidos, 237
fácil em recém-nascidos, 237
Tempo
conceito de aprendizagem de,
316-317
conceitos, importância
cultural, 221
considerações, descrição
narrativa, 111-112
distinção, 51
intervalos, especificando, 119,
120, 123-124

Teoria
construtivista, 27
contextual, 38
da aprendizagem social, 36-37,
41t
de aprendizagem do reforço,
288
dos estágios, 29-30, 31t, 32t
Ver também Erikson; Piaget
sociocultural, 38, 42t,
363-364
Teoria, relação com a observação,
8-11. *Ver também* Teorias do
desenvolvimento
Teorias do desenvolvimento. *Ver*
também Crescimento e
desenvolvimento; Piaget;
Vygotsky
aprendizagem observacional,
36
aprendizagem, definição, 35
condicionamento clássico,
35, 41t
condicionamento operante,
36, 41t
controle manual, 31t, 32t
controle postural, 31t, 32t
crise psicossocial, 33, 35
desenvolvimento físico-motor,
30
domínio cognitivo, 29
domínio emocional, 29
domínio físico, 29
domínio linguístico, 29
domínio psicossocial, 29
domínio social, 29
domínios comportamentais,
18, 21, 29, 34t
ego, 32
Erikson, Erik, 33, 35
Freud, Sigmund, 32-33
id, 32
importância do, 26
locomoção, 31t, 32t
modelagem, 36
natureza do desenvolvimento,
29-30
natureza humana/dos seres
humanos a, 26, 27, 33t
natureza *versus* criação, 28-29,
31-32, 34t, 35, 37-38
perspectiva cognitiva, 36-37,
42t. *Ver também* Piaget;
Vygotsky
perspectiva da aprendizagem,
35-37, 41t. *Ver também*
Visão mecanicista
perspectiva psicanalítica,
32-33, 49t
princípio cefalocaudal, 30

princípio próximo-distal, 30
punição vicária, 36, 41t
qualitativo *versus* quantitativo, 28, 34t
reforço vicário, 36, 41t
reforço, 36
resumo de, 40t, 41t, 42t
superego, 32
teoria da aprendizagem social, 36-37, 41t
teoria dos estágios, 29-30, 38, 40
teoria sociocultural, 38, 42t
teoria sócio-histórica. *Ver* Teoria, sociocultural
Vygotsky, Lev, 38
Teste de Triagem de Desenvolvimento de Denver, 184, 206
Testes desnecessários, 57
Testes padronizados, adequação, 7
Testes *versus* observação, 6-7
Testes, 6-7, 57
Toque, significado cultural, 220-221
Trocadilhos, 402

U
Unidades naturais, 143

V
Validade (precisão), 12, 184-185
Variação linguística cultural cruzada, desenvolvimento, 321-322
Viés
 definição, 210
 descrição, 5-6
 efeito sobre a observação, 62-63, 211-212
 percepção seletiva, 211
 personalidade, efeito na observação, 6, 210
 pessoal, 210
 quadro de referência, 5
 teórico, 210-211
Vieses pessoais, 210
Vietnamita, sorrir, 220
Visão mecanicista, 27, 29, 33t
Visão organísmica, 27, 33t
Visão, recém-nascidos, 244-245

Vocabulário, 324, 370, 381, 402-402
Vocalizações pré-linguísticas, 289
Voz ativa, 403
Voz passiva, 403-404
Vygotsky, Lev, 320, 425
 brincadeira, 331-332
 desenvolvimento cognitivo/intelectual, 266, 363
 desenvolvimento de linguagem, 319-320, 321-322, 323-325, 368
 teoria contextual, 38
 teoria sociocultural, 38, 363-364

W
Wright, Herbert F., 85, 86-87

Z
Zona de desenvolvimento proximal, 331-332, 363